MEMORIES LOST IN THE MIDDLE AGES

L'OUBLI COLLECTIF AU MOYEN ÂGE

MEMORIA AND REMEMBRANCE PRACTICES

VOLUME 4

Academic board
Arnoud-Jan Bijsterveld, *The Netherlands*
Sanne Frequin, *The Netherlands*
Tillmann Lohse, *Germany*
Meta Niederkorn, *Austria*
Corine Schleif, *U.S.A.*
Annemarie Stauffer, *Germany*
Anne-Laure Van Bruaene, *Belgium*
Philipp Winterhager, *Germany*

Memories Lost in the Middle Ages

Collective Forgetting as an Alternative Procedure of Social Cohesion

L'oubli collectif au Moyen Âge

Un autre processus constitutif de la cohésion sociale

Edited by / Sous la direction de
NOËLLE-LAETITIA PERRET ET HANS-JOACHIM SCHMIDT

BREPOLS

Cover illustration: Cambridge, University Library, Ms Gg. 1.1, fol. 490v

© 2023, Brepols Publishers n.v., Turnhout, Belgium.

This is an open access publication made available under a CC BY-NC 4.0 International License: https://creativecommons.org/licenses/by-nc/4.0/. Some rights reserved. No part of this publication may be reproduced, stored in a retrieval system, or transmitted, in any form or by any means, for commercial purposes, without the prior permission of the publisher, or as expressly permitted by law, by license or under terms agreed with the appropriate reprographics rights organization.

D/2023/0095/100
ISBN 978-2-503-59693-8
eISBN 978-2-503-59694-5
DOI 10.1484/M.MEMO-EB.5.126159
ISSN 2565-8565
eISSN 2565-9804

Printed in the EU on acid-free paper.

Contents

List of illustrations   7

Introduction. Memories Lost in the Middle Ages. Collective Oblivion as an Alternative Process to Ensure Social Cohesion
Hans-Joachim SCHMIDT   11

Lost Memories. An Approach by Neurological Science
Karen G. LANGER and Julien BOGOUSSLAVSKY   17

La politique d'effacement des crimes dans le cadre des systèmes dictatoriaux. À propos de la fonction du pacte dénégatif entourant la disparition forcée de personnes
Muriel KATZ, Manon BOURGUIGNON et Alice DERMITZEL   31

Contested Memories. Aspects of Collective Remembering and Forgetting
Dietmar J. WETZEL   67

L'oubli au Moyen Âge. Sélection, transformation et rejet du passé
Gerald SCHWEDLER   81

Fragments of Antiquity in Medieval Processes of Oblivion
Lukas CLEMENS   107

Poétique de l'oubli
Nicolas REVEYRON   119

The King of Sicily's Testaments. Hidden, Falsified and Forgotten
Hans-Joachim SCHMIDT   167

Records and Oblivion. Strategies and Events of Cancellation of the Documentary Memory (Some Example, Late Medieval Italy)
Isabella LAZZARINI   185

Oubli collectif et renouveau intellectuel. Impacts de la *Ratio studiorum* jésuite
Olivier RIBORDY   205

Appropriation et effacement. La chapelle du chœur du pape Sixte IV dans l'ancienne église Saint-Pierre
Antonella BALLARDINI 251

Collecting and Drawing against Oblivion. Panvinio, Ceccarelli and Chacón and their Search for the Genealogical-Heraldic Identity of the Families of Rome
Andreas REHBERG 295

The Poverty of 'Civism'
Martial STAUB 325

Conclusion. L' « oubli collectif » : un nouveau paradigme pour la recherche en histoire ?
Noëlle-Laetitia PERRET 347

Biographies des auteurs 359

List of illustrations

Nicolas Reveyron

Figure 1:   Lyon, cathédrale Saint-Jean, façade occidentale (XIVe-XVe). Cliché J.-P. Gobillot.   163
Figure 2:   Lyon, cathédrale Saint-Jean, portail central : piédroits nord. La lecture des médaillons s'effectue des vantaux vers l'extérieur. Les 4 médaillons de l'histoire des filles de Loth se situent au 4e registre, dans les deux piédroits de gauche. Cliché de l'auteur.   164
Figure 3:   Lyon, cathédrale Saint-Jean, portail central, histoire des filles de Loth : médaillons frontaux. 2e médaillon (à droite) : les deux filles enivrent Loth. 4e médaillon (gauche) : les deux filles sont enceintes. Cliché de l'auteur.   164
Figure 4:   Lyon, cathédrale Saint-Jean, portail central, histoire des filles de Loth : médaillons latéraux. 1e médaillon (à droite) et 3e médaillon (gauche) : images aniconiques. Cliché de l'auteur.   165
Figure 5:   Lyon, cathédrale Saint-Jean, portail central, histoire des filles de Loth, 1er médaillon aniconique. Cliché J.-P. Gobillot.   165

Antonella Ballardini

Figure 1:   Saint-Pierre au Vatican, tombeau de Sixte IV (1471-1484) et de Jules II (1503-1513) (© Fabbrica di San Pietro in Vaticano).   253
Figure 2:   Tiberio Alfarano, plan de l'ancien Saint-Pierre (1590), en évidence l'Oratoire de Jean VII (706) et la chapelle du chœur Sixtine (1479) (Photo: Hertziana – Max-Planck-Institut für Kunstgeschichte, Rome).   255
Figure 3:   L'oratoire de Jean VII (706) (3D éd. M. Carpiceci et G. Dibenedetto, données de recherche de A. Ballardini et P. Pogliani).   259
Figure 4:   Grottes du Vatican, *titulus* de l'oratoire de Jean VII (©Fabbrica di San Pietro in Vaticano).   260
Figure 5:   Grottes du Vatican, cinq pilastres sévériens de l'oratoire de Jean VII (©Fabbrica di San Pietro in Vaticano).   261
Figure 6:   Grottes du Vatican, pilastre sévérien avec Tellus de l'oratoire de Jean VII (détail) (©Fabbrica di San Pietro in Vaticano).   261
Figure 7:   Saint-Pierre au Vatican, l'autel de St. François, colonnes torses avec des rameaux de vigne (première moitié du IIe siècle) autrefois réutilisé dans l'Oratoire de Jean VII (©Fabbrica di San Pietro in Vaticano).   263
Figure 8:   Grottes du Vatican, fragment de l'autel de l'Oratoire de Jean VII avec inscription ajoutée en 783 (©Fabbrica di San Pietro in Vaticano).   264
Figure 9:   Florence, Basilique Saint-Marc, mosaïque de la Théotokos de l'Oratoire de Jean VII (par concession du Bureau de l'Archidiocèse de Florence Art et Patrimoine Culturel, la reproduction est interdite).   266

Figure 10: Saint-Pierre au Vatican, Musée du Trésor, monument funéraire de Sixte IV (Antonio del Pollaiuolo, 1494) (©Fabbrica di San Pietro in Vaticano). 268

Figure 11: Le sarcophage de Sixte IV della Rovere, (©Fabbrica di San Pietro in Vaticano). 269

Figure 12: Martino Ferrabosco, plan de l'ancien Saint-Pierre imprimé au f. 4v et au f. 10r (1620), détail de la chapelle du chœur Sixtine: 1) le corps du pape est dessiné selon l'orientation de l'inhumation; 2) le gisant est représenté selon la mise en place du bronze du Pollaiuolo (Photo: Hertziana – Max-Planck-Institut für Kunstgeschichte, Rome). 270

Figure 13: Rome, Saint-Jean de Latran, Monument funéraire de Martin V (Donatello, 1445) (Bologna, Fototeca Zeri, inv. 142790). 271

Figure 14: Toledo Museum of Art (Ohio), Piero di Cosimo, Adoration de l'enfant (1495-1500) détail de la basilique Saint-Pierre (https://commons.wikimedia.org/wiki/File:Piero_di_cosimo,_adorazione_del_bambino,_1495-1500_ca._02.jpg). 273

Figure 15: Domenico Tasselli da Lugo, Nef de Saint André et l'arc d'entrée de la chapelle du choeur Sixtine (BAV, Arch. Cap. San Pietro, A.64ter, f. 21r) (©Biblioteca Apostolica Vaticana). 274

Figure 16: Chapitre de Saint-Pierre au Vatican, L'apôtre Pierre, fragmente de fresque attribuée à Melozzo da Forli (©Fabbrica di San Pietro in Vaticano). 275

Figure 17: Saint-Pierre au Vatican, Musée du Trésor, défense d'éléphant de la chapelle du choeur Sixtine (©Fabbrica di San Pietro in Vaticano). 276

Figure 18: Giacomo Grimaldi, élévation de la chapelle du chœur Sixtine (BAV, Arch. Cap. S. Pietro H.2, f. 66v) (©Biblioteca Apostolica Vaticana). 277

Figure 19: Musées du Vatican, Galerie Clémentine, colonnes tétrarchiques (début du IVe siècle) autrefois réutilisées dans la chapelle du choeur Sixtine (foto©Governatorato SCV – Direzione dei Musei). 279

Figure 20: Le Voile de la Sainte Vierge, photo à l'occasion de la reconnaissance de l'autel du chœur du Chapitre (1978), Archivio fotografico de la Fabbrica du Saint-Pierre au Vatican (©Fabbrica di San Pietro in Vaticano). 282

Figure 21: Domenico Tasselli, élévation de l'autel de la Théotokos (BAV, Arch. Cap. San Pietro, A.64ter, f. 31r) et Giacomo Grimaldi, élévation de la chapelle du chœur Sixtine (BAV, Arch. Cap. S. Pietro H.2, f. 66v) (©Biblioteca Apostolica Vaticana). 284

Figure 22: Giacomo Grimaldi, élévation de la chapelle du choeur Sixtine (BAV, Arch. Cap. S. Pietro H.2, f. 66v) 285

Figure 23: Le plan de l'Oratoire de Jean VII: A. en 706; B. en 1197; C. 1425; D. en 1500 (traitement M. Viscontini) 287

Figure 24: Saint-Pierre au Vatican, Musée du Trésor, Monument funéraire de Sixte IV (Antonio del Pollaiuolo, 1494), détail de la Caritas comme la Tellus de Jean VII 294

Andreas Rehberg

Table 1: The number of coats of arms in ms 201, Biblioteca Angelica. 305

Figure 1: Page from the Angelica Armorial collected by Alonso Chacón, 4th quarter XVI c. (© Roma, Biblioteca Angelica, ms. 201, fol. 100v, su concessione del Ministero della Cultura). 309

Figure 2: Page from the Angelica Armorial collected by Alonso Chacón, 4th quarter XVI c. (© Roma, Biblioteca Angelica, ms. 201, fol. 122v, su concessione del Ministero della Cultura). 312

LIST OF ILLUSTRATIONS   9

Figure 3: Page from the Angelica Armorial collected by Alonso Chacón, 4th quarter XVI c.
(© Roma, Biblioteca Angelica, ms. 201, fol. 125v, su concessione del Ministero della Cultura). 314

HANS-JOACHIM SCHMIDT

Introduction

Memories Lost in the Middle Ages. Collective Oblivion as an Alternative Process to Ensure Social Cohesion

1. Problems

Collective memory as the foundation of social cohesion has been a subject of historiography since the seminal studies by Maurice Halbwachs. In a slight modification of the concept, Jan Assmann has introduced the cultural memory as a precondition for political, religious and social organisation and for its stability. This book will focus on a different phenomenon which is closely related to collective memory, however, it appears as an antagonism or even as negation. The intention is to see whether forgetting could also be a collective phenomenon, whether collective oblivion had social, political and cultural consequences and whether it was conducive to understand the actions of large groups of population. Memory and remembering have been analysed by cultural studies but no attention was paid to oblivion as the foundation of social cohesion. Medieval scholarship did not study oblivion as a source of social cohesion but rather as a tool in situations of political and religious tension.[1] This is the context for research in the *damnatio memoriae*, which takes for granted that the procedure used in Roman Antiquity also existed in the Middle Ages and which made important contributions to remembering and to the destruction of memory, highlighting the social and political productivity of oblivion.[2]

The contrast between remembering and forgetting points to different results of mental processes. The contrast had its roots in shared causes, i.e. the construction of narrative plausibilities in the mind. It aimed to have similar effects, to generate groups whose members had a shared identity and whose actions were coherent.

For this reason forgetting is not to be seen as a malfunction, as a pathological deficit but as an unavoidable constituent of the mind's appropriation of experience,

---

1 *Les usages de l'oubli. Contributions au colloque de Royaumont*, ed. by Yoses H. Yerushalmi et al. (Paris: Seuil, 1987); conference on this subject: *L'oubli, arme, trace ou droit. Colloque du 16 et 17 novembre 2017*, organized by Claire Soussen and Juliette Sibon.
2 *Damnatio in memoria. Deformation und Gegenkonstruktionen in der Geschichte*, ed. Sebastian Scholz, Gerald Schwedler and Kai-Michael Sprenger (Cologne, Weimar, Vienna: Böhlau, 2014); Gerd Schwedler, *Vergessen, Verändern, Verschweigen und damnatio memoriae im frühen Mittelalter* (Cologne: Böhlau, 2021).

at the level of the individuum and also as an element of the shaping of social experiences, imaginations and modes of behaviour. Remembering and forgetting are in a reciprocal relationship; both elements are socially effective.

The investigations into collective or cultural memory conducted so far by historians and cultural scientists need to be complemented, in order to extend the scope to all processes involved, processes dealing with mental acquisition, mental retention as well as the segregation of imagination, which lead from the individual experience to the moulding of social consciousness. The title of the collective volume *Memoria: ricordare e dimenticare nella cultura del medioevo*, edited by Michael Borgolte and Cosimo Damiano Fonseca, Bologna 2005' also promised an analysis of oblivion, however, none of the articles dealt with this specific aspect. The extensive research into the *Damnatio memoriae* of Roman Antiquity is equally unable to fill this gap in the study of the subject because it firstly only deals with actions which had a political aim rather than opening a wider social perspective and secondly because it only dealt with goal-oriented activities – deliberate oblivion – and failed to take into account passive or incidental oblivion as a phenomenon of historical significance. This excluded the effects of non-intentional forgetting. Thirdly and most importantly, it has not been extended to the Middle Ages.

Oblivion is unavoidable, common, necessary and occasionally useful. An individual would be suffering from a dysfunction without this ability. It would be a loss the of mental ability required to respond adequately to the perception and to the impact of reality. Forgetting is based on the individual's neuronal plasticity. Plasticity also applies to memories which have their roots in society. The loss of memory removes inappropriate links and offers freedom from obsolete perceptions. However, dealing with memory in a productive way is more than a mere manipulative replacement of the 'factual' by 'implants' and supplanting the negative, the non-event, with a positive, fictional narrative. Paul Ricoeur analysed the tense relationship between remembering and forgetting and presented it as a consequence of a perception of time.[3] There was also the uncompensated loss of memory. It also needs to be taken into account that explicit and intended deletions or reshapings are not a precondition for the adjustment of cultural identity. The unintentional and implicit loss of memories which have become mere relics and their displacement into unconscious, unreflected and routine use also needs to be considered. The losses leave room for innovation but they also endanger a tradition which was assumed to be secure. These useful, at the same time inevitable but potentially also deficient processes shape collective consciousness. Resistance to the disappearance of memory had the best potential to produce suitable sources for an investigation of the phenomenon.

The processes briefly described here can also be found in the Middle Ages and the loss of memory in this period is the subject of this volume. A study of this phenomenon has so far not been published because research focused either on processes and institutions dealing with the preservation of memory or on its deliberate, planned

---

[3] Paul Ricoeur, *La mémoire, l'histoire et l'oubli* (Paris: Editions du Seuil, 2000); C. Pleh, 'Remembering the Collective Memory of Maurice Halbwachs' *Semiotica*, 128 (2000), 435-443.

and organised removal or reshaping – and even this approach was pursued only to a limited extent. Starting point of the discussion so far were gaps caused by memory deficiencies which created barriers for the systematic reconstruction of historical events.

Significant progress in medievalists' analytical research into remembering and memoria revealed institutions, texts, objects and places which preserved memories and shaped them. Ideas of the respective past, which were created and consolidated collectively, occasionally into mythologies, are seen as cultural achievements which helped to stabilise large social groups (urban populations, religious orders, kingdoms, nations). On the other hand they were seen as obstacles for historical study because facts were obscured behind a veil of interpretation. Apart from the view that it was a socially productive achievement to present fiction as memory, as explained by Maurice Halbwachs, there was the image of a neurologically and psychologically deficient memory, expanded into society, which accompanied historical processes and caused problems for historians.[4]

Despite the results of previous research, an important aspect of social memory and social oblivion is not covered. In constrast to earlier research, the opposite of *memoria* is not going to be its reshaping or replacement by implanting inventions,[5] but oblivion. So the focus of attention is going to be a negative. Admittedly the complete eradication of memory is a paradox if statements about the removal of contents of meaning lead in turn to its preservation in memory. Oblivion achieves an ambivalent result because it often leaves relics of the forgotten and suppressed matters and thus it is not only incomplete but it also contributes to the creation of new memories whose origins were denied, suppressed or reinterpreted in the past.

The term *damnatio memoriae*, derived from Roman Antiquity, usually describes strong interventionist action to delete. Oblivion becomes an official punishment, either silently suffered or actively challenged by the delinquent. A transfer of this to the medieval period requires institutions which defined, interpreted or deleted memory, just as there were institutions which tried to counteract the sanctioned loss of memory. The deletion of memory was not only a process based on deliberate action. Often it was possible to delay or even avert the eventually unavoidable process of forgetting by commandments, prohibitions or abstinence, by the creation of monuments and inscriptions.

Medieval views differed, some regarding oblivion as the precondition for innovation, others saw it as a deficit which needed to be amended, as individual and collective failure, as an unintentional outcome, as unavoidable so that only remnants of a vague memory were left, which, however, could be reactivated and returned to consciousness.

The loss of memory in social, political and religious institutions is to be added to the loss of memory which is part of the individual and psychological sphere.

---

4 Johannes Fried, *Schleier der Erinnerung. Grundzüge einer historischen Memorik* (Munich: Beck, 2004).
5 Id., 'Ungeschehenes Geschehen, Implantate ins kollektive Gedächtnis – eine Herausforderung für die Geschichtswissenschaft', *Millenium*, 5 (2005), 1-36.

The questions to be addressed by this volume are derived from the different medieval views mentioned above: how did medieval authors and texts deal with the involuntary loss of memory? How did they assess it? Which consequences did they attribute to it? Was loss of memory to be prevented in certain cases or should it be accepted? What did texts of the *ars memoriae* contribute to the understanding of oblivion? How was the loss of memory to be compensated? Which relics of lost memory were preserved? Were they interpreted in ways which differed from their original meaning? Which intermittent, sliding stages can be identified between intended, accepted and created losses of memory? In what ways were individual and social memories connected when it came to oblivion? Was there – in parallel to the productive destruction of memory – the potential of an innovative loss of memory? Was the disappearance of older forms of consciousness and behaviour a precondition for innovation? All this will discussed after the initial discussion of the anthropological and psychological processes which guide memory and oblivion.

2. Methods

The questions suggest a diversified picture which can only be sketched by an interdisciplinary approach and different epistological methods. The heterogeneity of anthropological and historical research emerges when the results a compared.

This volume faces the challenge of dealing with a methodological problem: the task is to analyse a negative, which makes it difficult to identify suitable sources. Nevertheless research is possible, firstly because there was no uniform process of oblivion in the Middle Ages which excluded rival and parallel memories so that it is possible to use them as a source. An example are the depictions of obsolete processes in technology, science, art and politics. Secondly the sources usually present the views of the 'victors in history'. Hence they take the views of dominant groups, alliances, states and thus exclude the information related to earlier and consequently obsolete facts. An example is the Christian depiction of pre-Christian ideas and practices. However, representation by the dominant faction did not exclude references to the past, so that apart from the negative which consists of the intended non-existence, the positive was preserved in so far as it was included in the negation.

Thirdly there are – in traditional historical scholarship – the 'remains' which serve as antipodes to the 'traditions', i.e. the intentional achievements of memory which are used to counter oblivion. These 'remains' were created for pragmatic reasons or requirements and even though they also could be forgotten, they tended to be less prone to become the objects of deliberate oblivion, so that they survive as sources.

The efforts made to reactivate past knowledge offer the best testimony of its existence. In the Middle Ages, procedures known as *ars memoriae* were developed and codified which were to prevent the loss of memory. These texts are documents which formed the contrast to oblivion *ex negativo*. There was a medieval 'archaeology of knowledge', designed to secure aspects and procedures of the past which were regarded as significant and to give them new – and occasionally divergent –

meaning. This applied when old monuments were interpreted, when the knowledge of geography of Antiquity was preserved, for the use of heathen texts, the relics of past languages. Of importance for the individual was the requirement to activate and preserve the memory of past action for confession and the scrutiny of conscience. This created norms for all social groups, formally at the IV Lateran Council of 1215 which laid down the duty of annual confession. This implied the phenomenon of oblivion which was to be actively prevented by the scrutiny of conscience. Oblivion could also be caused by innovation which replaced the past. Authors, among them philosophers, texts, buildings, images and processes of production were forgotten.

Collective oblivion also threatens historical scholarship. One is easily tempted to forget those who left few sources and they are often to be found among the losers of history (historical tradition is not democratic). For this reason it is intended to reflect on the discipline of historical cultural studies which should also include self criticism.

3. Concepts

In line with Josef Schumpeter's concept of 'creative destruction' the following thoughts are based on the question of how a productive deletion of memory was achieved. The focus is to be on the contrast between the continuity of tradition and its negation. It is possible that tradition continued to be meaningful but that it survived only as an emblematic shell to which a changed meaning was attributed rather than being completely replaced by new forms with different contents.

Based on the assumption that oblivion is a precondition for the functioning of individuals as well as societies, attention will be paid to the ways in which it can generate a social and political advantage while it has to be acknowledged that unintended and unplanned effects were also possible.

The volume will begin with a presentation on individual-psychological concepts which are the foundation for a perspective expanded into wider society and a discussion of specific medieval conditions.

Current debates assess the usefulness of forgetting and the 'right to oblivion'. There are related efforts to cleanse the past, to remove memories from it, which do not meet standards expected for modern moral and political values. There is a risk that the present can no longer be adequately understood as the result of past action and that the quest for historical knowledge is stifled by the burden of excessive moralisation. Attempts to establish a 'Cancel Culture' imply the danger to arrive at an anachronistic assessment, to cleanse the now unavailable past or to supercharge the past with unrealistic moral expectations. However, the condemnation of such efforts carries the no less risky, perhaps even more severe, danger to tack the present on to conditions which have already been overcome or to hinder their abolition. In a democratic state it was and it is acceptable to rename streets, squares, monuments and institutions which had been named to honour protagonists and leaders of authoritarian and autocratic political systems. Stalinalleen have vanished, statues of Lenin have been removed, markers to the memory of Hitler, Göbbels, Franco a.o. have been destroyed. The decisions are made on a case-by-case basis and cannot follow a unilateral directive which is unable to encompass moral and political ambivalences and which requires a chronologically extended or even limitless homogeneity of evaluation. The filtering of monuments of remembrance will be necessary also today, especially in the case of monuments designed to promote hero worship, however, it is also important to safeguard the knowledge of the preconditions for modern achievements, deficits, dysfunctionalities and failures.

The aim of this publication is to provide theoretical foundations for current debates about what should be remembered or forgotten. Each society has access to the past, not only by remembering it but also by discarding elements of potential knowledge, so that the past is cleansed, oblivion begins or is accepted. The creation of a 'culture of oblivion' as an element of social cohesion will be studied for the Middle Ages and will be analysed from different perspectives, with differing questions and for different topics.

KAREN G. LANGER AND JULIEN BOGOUSSLAVSKY

Lost Memories

An Approach by Neurological Science

▼ **ABSTRACT** Memory, as a distinct cognitive faculty, has held the interest of scholars through the ages. Neurological attention has focused on the pathologies of memory, in tandem with psychological research on everyday forgetting; taken together, there is a broad literature underscoring the specificity and dissociability of memory functions, such as declarative (explicit; semantic and episodic) and nondeclarative (implicit; procedural, motor, and prior acquired skills). Deficits in the various stages and processes of memory (short-term and long-term, recent and remote, registration and encoding, consolidation, storage, and retrieval) have each been considered as sources of forgetting or of amnesia. The decade of the 1880s saw the advent of new rules about progression of memory loss and the predictable order of forgotten contents by Ribot and others, the experimental studies of Ebbinghaus establishing parameters of forgetting, and demonstration of existence of nonconscious experience and implicit recall in hysteria and in dissociative or psychogenic amnesia, often revealed by hypnosis and psychodynamic techniques. In the 1950s, theories of interference took hold in psychological assessment techniques demonstrating the impact of distraction intervals on forgetting, there was discovery that neuro-stimulation of specific cortical areas in patients undergoing neurosurgery evoked whole memories, and an experimental neurosurgical procedure which resulted in a tragic case of lifelong amnesia taught much about the neuropsychology and neuroanatomy of memory systems.

Despite the vast neuroscientific contributions to memory in several fields, the terrain of memory study continues to pose exciting, creative challenges to the clinician, scientist, and scholar interested in exploring the mysteries of forgotten and lost memories.

Combined duality of the durability of memory and its evanescence have held the fascination of scholars and everyday thinkers through the ages. Memory has been addressed from a broad variety of perspectives, philosophical, psychological, medical, literary, and artistic, which address at once its durability and its evanescence. Classical and philosophical approaches addressed theoretical questions concerning the nature of memory. For centuries, the predominant views of memory and of forgetting were based on foundations laid by Plato and Aristotle and recognized in writings of others to follow. Theories about memory from the classical period through the Middle Ages, from Plato's block of wax image to Aristotle's laws of association for voluntary recollection, the medieval localization of memory to the ventricles and later developed Cartesian models, and theories of vibration and of association of ideas, have been placed in historical context (Finger, 1994). The sustained influence of Aristotle's associationism (similarity, contrast, and contiguity principles) on study of processes of recollection is demonstrated over time, reflected in thinking even centuries later on memory (Murray, 1976). A historical review (Berrios, 2000) offers insights on memory from a clinical and psychiatric perspective, noting also the social and conceptual frames of 'collective memory', the latter being the foundation of the works in the present collection.

Much of what we know of forgetting comes from the coalescence of knowledge from disparate fields. Notably, there have been medical studies of amnesia from neurological, neuropsychological, and psychiatric perspectives; philosophical approaches to knowledge and memory; experimental psychological strategies for quantifying forgetting; and psychoanalytic perspectives on repression and memory. These divergent lines of inquiry and fundamentally different approaches have common elements in the shared quest for understanding of memory. A well-known contemporary memory scientist has stated that while we know now more about causes of forgetting, we still cannot definitively determine its mechanisms (Baddeley, 1990). It has been noted ironically that "It is a perverse fact of human memory that we often remember things we would rather forget and forget things we want to remember" (Parkin, 1987, p. 12), pointing to the complexities involving intentionality and voluntary, or involuntary, recall.

Beyond the debate about the merit of particular theories, we focus on the contribution of processes to memory and forgetting, noting that likely there are multiple factors, and even dimensions, involved in memory and its disruption or loss. We devote our attention here specifically to the neurological and neuropsychological aspects of memory and forgetting, placing these within the historical context of their development and knowledge of brain functioning and cognitive processes.

Distinction can be made between the pathological forgetting with profound memory loss in amnesia and the parameters of non-pathological, 'everyday" or otherwise forgetting and memory loss. Not all forgetting, as we know from everyday life, results from amnesia. We shall examine the parameters of forgetting in each. For amnesia, the causes of loss or of disruption of memory are considered; for routine forgetting, the systems of memory and the processes leading to forgetting are explored.

Forgetting and the clinical disorder of amnesia

Pre-dating amnesia, 'oblivione' was one term used to describe loss of memory. The physician Galen actually distinguished various terms for forgetting, or amnesia ('Lethe' was the term he used) and utilized pre-existing designations for lack of memory, forgetfulness, or loss of memory, while other terms were reserved for the illness, damage, or infirmity related memory loss (Boudon-Millot, 2013). Nascent concepts of clinical amnesia and medical pathologies of memory had taken root in classical ideas about forgetting. Though beyond the scope of this paper to review, the reader will find familiar some key aspects of contemporary memory concepts particularly in notions of impressions engraved upon a wax tablet (Plato's Theaetetus), in distinctions between sensation, memory, and recollection (Plato's Philebus), between retention and retrieval (Aristotle's De Memoria et Reminiscentia), in retrieval and associative cues (Aristotle's De Memoria et Reminiscentia), and other ideas (Herrmann and Chaffin, 1988). The wax tablet idea of Plato has undergone many iterations even to this day. Memory was considered engraved upon the tablet for as long as the impression remained, and the quality of the wax (hard or soft), likely a constitutional variable or proclivity for acquiring knowledge or remembering, also played a role in rate of learning and retention abilities (Coleman, 1992). Aristotle's work on Memory and Reminiscence is often considered a progenitor of literature on memory and recollection, with some enduring ideas about both structure and imprinting of memory as well as "intellectual reconstruction of the past" (Coleman, 1992, p. 15).

Certainly, we know that notions of memory and forgetting preceded modern empiricism by centuries, and speculation about the nature of memory filled the minds of great thinkers from earliest civilization. Literary depictions of 'amnesia' (such as in Homer's *Odyssey*) have been traced back through the ages, vivid and dramatic portraits of profound loss of memory have fascinated readers for generations (Dieguez and Annoni, 2013). Prior to the designation of amnesia as a medical disorder, evidence of memory loss or forgetfulness was often presented in individual cases, often anecdotal, or even chronicles of epidemic related effects (Langer, 2019).

Rare opportunity to understand memory loss from first-person accounts appeared, as scholars Montaigne and Rousseau powerfully depicted their own post-traumatic loss of memory, associated with concussion or head injury (Feinsod and Langer, 2012).

Origins of the medical term amnesia have been traced to the 18th century, when Sauvages introduced the term into his nosology, thus establishing loss of memory as a medical disorder (Langer, 2019). Attributions of amnesia recognized a variety of medical sources, whose bases in Sauvage's classification reflected a sophisticated consideration of possible causes known at the time, later elaborated by followers. When first introduced, amnesia was classified as a category of "mental illness". Nosologies of the period were fashioned after botanical classification systems (Munsche and Whitaker, 2012). Multi-national writings on amnesia reflected broad recognition and foundations of memory loss defined in medical literature include entries in scientific dictionaries and medical encyclopedias (Langer, 2019). Distinctions between complete and partial amnesia reflected consideration for magnitude of memory loss (Louyer-Villermay, 1817). Through the late 1800s, medically related sources included a remarkably nuanced array: illness-related, including neurologic and mental illnesses, environmental and occupational, toxic, intoxication, and metabolic, and traumatic (both physical and emotional), many of which continue to this day to be recognized as causes of memory dysfunction (Langer, 2021). The newly conceptualized medical context shaped approaches to follow.

Along with amnesia, the problem of too much memory, or hypermnesia, was also considered among the pathologies of memory, along with periodic amnesia of multiple personality, as explored by Azam and Janet, among others. Remembering too much can be chaotic and forgetting too much creates a void. The two polar extremes, amnesia and hypermnesia, "allow us to fix the normal by illuminating its borders" (Roth, 1989, p. 57).

Though there appears to be a natural range between what is a normal level of forgetfulness and that which represents an abnormally marked amount, still, the line of demarcation between everyday forgetting and more pathological memory loss in neurological conditions (e.g., the amnesias, dementias, etc.) is considered. In the process, a great deal of medical and multi-genre (literary, journalistic, and media) interest has been stimulated.

In one of the most important historical periods for memory studies, several concurrent paths led to critical discoveries about memory and forgetting. The almost simultaneous appearance of novel approaches to memory and forgetting marked the 1880s as a decade of spectacular flourishing growth for the topic of memory. Disparate ideas converged relatively simultaneously; empirical findings on forgetting and memory were reported by Ebbinghaus (1913/1885) and followers, just as astute foundational principles about memory by Ribot (1882/1881) were developed. The vivid picture of alcoholic-based memory disintegration (often accompanied by confabulation) was described by Korsakoff (1889) after whom it was named. William James (1890) distinguished in primary and secondary memory key ideas for later concepts of memory (short-term and long-term) systems. Furthermore, late 19th century demonstrations of hypnosis in Charcot's lectures (Bogousslavsky, 2020; Goetz, Bonduelle, and Gelfand, 1995), of dissociation of memories (Janet, 1892) and of multiple personalities (Azam, 1881; Janet, 1892), along with developing conceptualizations of hysteria by Charcot and followers (Bogousslavsky, 2020; Bogousslavsky, 2014; Walusinski and Bogousslavsky 2020), and of repressed memory by Freud (Freud, 1957/1915) and others, as reviewed (Bogousslavsky, 2020), allowed a glimpse into nonconscious (implicit) recall of seemingly forgotten contents of the past.

A time-dependent quality of forgetting has been recognized for centuries. The 'Law of Regression' of Theodule Ribot (1882/1881) remains the gold standard for order of content dissolution in forgetting. Ribot's law proposed that recent memories are less well preserved than older memoires (especially in context of brain injury or emotional trauma), and that recovery (of memories) progressed in the converse direction from that of the loss. Furthermore, memory loss progressed from the unstable to the stable, from more recent and less organized to more fixed, sensory, or instinctual memory. Even contents were predictable in forgetting (and amnesia); first for events, then for ideas, then "sentiments and affections", and lastly, for actions.

Distinctions between processes of encoding/storage and retrieval/recollection were developed, recognized in descriptions (e.g., fixation and evocation) by Richet (1886), who noted physiological changes underlying some very basic memory functions (e.g., registration and fixation). These and other novel ideas were soon elaborated by other authors. Sollier's works on memory further described amnesia and prior theories and identified factors for stabilization of memory, including stimulus intensity, duration, repetition, attention, emotion and will (Sollier 1900, 1901). Importantly he noted even if voluntary recall is unsuccessful, involuntary recall demonstrates that here has been memory stabilization (Bogousslavsky 2007b; Bogousslavsky and Walusinski, 2011).

The experimental study of forgetting as a science is credited to German psychologist Hermann Ebbinghaus (Ebbinghaus 1913/1885). It is said that he was browsing in a secondhand bookstore in Paris in the late 1870s, where he found a book by Gustav Fechner on experimental study of sensory perception, and later applied those methods to his own studies (Schacter, 2001b). The experimental techniques involved generating "nonsense syllables" for study of parameters of learning, retention, and forgetting, using himself as a subject of his experiments. Ebbinghaus contrasted retention with forgetting ("obliviscence" as a term used for fading and forgetting). His detailed description of a forgetting curve with exponential informational loss over time placed learning, memory and forgetting within the domain of experimental psychology. Additionally, documentation of the serial position effect paved the way for further study of recency (e.g., material learned more recently on a word list) versus primacy effects (material learned earlier in the list). Through his work, further, the notion of 'savings' involved learning over time, such that after repetition, the time-interval between learning and relearning becomes smaller (i.e., enhanced learning is demonstrated). Ebbinghaus found that the rate of forgetting is reduced over time, and declines can be quantifiably predicted over hours days, and even a month. The forgetting curve illustrated time-based declines in recall and suggested that with repeated practice, rate of forgetting is more rapid initially and then slows over time; other factors, including nature and meaningfulness of material, original learning, repetition frequency, strength of the associations, and spaced (rather than massed) practice, all had impact on forgetting.

Development of scientific conceptions of memory

Ideas regarding forgetting are in part contingent upon the way in which information is originally acquired; as such, several theories were based upon conceptualization of memory involving traces or impressions. Various trace theories had been proposed (Gomulicki, 1953) to account for the preservation of impressions explaining storage and retention. Some, however, rejected the idea that memories resided in specific cells (e.g., Ebbinghaus' criticism of the idea of storage in "ganglion cells"). The notion of the 'engram', a term used by Semon for a memory trace (Schacter, 2001a) assumed a controversial place in scientific study, as the search for this elusive trace became a source of debate, and respected scientist Karl Lashley devoted much effort to the unsuccessful 'search' for the engram (Lashley, 1950). The idea that memory traces might reside within specific areas of the brain was not a new one, and some medieval writers localized memory to anterior, posterior, or medullary brain regions (Finger, 1994). Perhaps owing to the fact that efforts to localize the memory trace were not fruitful, search for the trace may have led to other directions for understanding memory.

Explanations of forgetting at the beginning of the 20th century included that traces fade or decay over time without rehearsal and repetition for retrieval, and one explanation of forgetting proposed that decay and disuse were the sources of forgetting. This view was challenged shortly thereafter (McGeoch, 1932) by the important proposal that it was not just disuse, but interference that occurred in between (i.e., between storage and retrieval) which leads to forgetting. Earlier, Burnham (Burnham, 1889) summarized previous views (e.g., that of Herbart), suggesting that "forgetting is the arrest of weak presentations by stronger presentations" (Burnham, 1889, p. 248), implicating competition between ideas of differing strength in recall and forgetting. Interference theories and retroactive inhibition were suggested to have their roots in work of Müller and Pilzecker (Murray, 1976), with interference of new material with the recall of previously learned material considered retroactive inhibition. A converse concept, namely, interference from previously learned material that hinders learning and retrieval of newer information, was later considered to be proactive inhibition.

Interference theory assumed a major role in memory theorizing in the 1950s, through the work of Underwood (1957) and other psychologists using experimental techniques to assess memory. The impact of interference on forgetting was powerfully demonstrated as a startlingly unexpected rapid rate of forgetting, even over seconds, was discovered experimentally using newly developed distraction methods (e.g., the Brown-Peterson paradigm) that introduced interference. Distraction at varying intervals of seconds interfered with to-be-remembered material in working memory, preventing its rehearsal and its transfer into short term memory, thus recognizable as a determinant of forgetting (Teague et al., 2017).

Though the engram, and to a lesser extent, strict localizationist and trace theories of memory were subject to scrutiny and questioned, advances in fields of neurology and psychology, and later, neurosurgery, neurophysiology, and neurobiology all pointed to the critical role played by the brain in memory, amnesia, recall and forgetting. Contemporary approaches repeatedly illustrate involvement of neural networks in the complexities of cognitive, affective, sensory, motor, and perceptual activity (Carota and Bogousslavsky, 2018).

FOUNDATIONS OF CONTEMPORARY NEUROSCIENTIFIC IDEAS OF MEMORY

Just as the 19th century taught that there is not one memory, but rather, memories (Ribot, 1882/1881), the 20th century has expanded this notion, to different types of memories. Recent advances in neurological and neuropsychological knowledge support the latter differentiation, providing evidence for early speculation about varying forms of memory and memory loss or forgetting.

Systems and processes

Diverse approaches to memory study grew through the 20th century, yet the challenge in explaining forgetting persisted. The measurement of forgetting included techniques to investigate proposed stage of memory (short-term; long-term) by level of cueing needed to facilitate recall: none (i.e., spontaneous, free recall), cueing (cued recall), or recognition (from alternatives provided). The related concept of 'working memory', proposed as a temporary storage and processing system was also investigated (Baddeley, 1990). Using these techniques, material that appears to be "forgotten" at one stage may be elicited using a greater level of cueing. This finding demonstrates that material that appears to be forgotten may not be entirely lost, but may simply be less accessible, as one explanation of forgetting.

Recent, remote, long past, short-term, and long-term are all mnestic distinctions that help to account for what is recalled, and what is forgotten. Memory deficits in processes including registration and encoding, consolidation, storage, and retrieval have each been considered as sources of forgetting or of amnesia. Primarily, forgetting has been conceived of as a defect in storage, or a failure in retrieval. Generally, there are presumed processes of memory, including registration and encoding, storage and retention, and retrieval, and a defect at any one of these levels may result in faulty recall. Remembering has been classified in terms of three general conditions measuring retrieval: free (or spontaneous) recall, cued recall (where a cue is provided to facilitate recall) and recognition (with provision of correct and incorrect alternative, one needs only to recognize the correct choice, or select it from an array). To account for retrieval failure where information can be retrieved under certain conditions, but not others, several types of theories (e.g., encoding-specificity theories, generation-recognition theories, and interference theories) have been proposed, each with supporting research, though the problems of forgetting have not yet been fully resolved (Parkin, 1987).

Models of memory are characterized by presumptive memory storage stages; reduced to basic elements, these are sensory, short-term, and long-term storage components. Short- and long-term memory are often considered synonymous with an original distinction made by William James (1890) between primary and secondary memory. Knowledge or information that is perceived may then enter into storage. While in the more temporary short-term storage, what is needed for long-term recall may undergo consolidation, while the rest is sorted out and cleared, not transferred to long-term storage (i.e., like a temporary file cleared with the cache of the computer).

The value of clearing what is not needed had been recognized in clinical disorders, such as hypermnesia, a century earlier.

It is pointed out that memories can be acquired without conscious intent, based on other factors of salience and interest (i.e., context and emotional content) (Parkin, 1987, p. 41). The very process of recollection in memory presupposes that the initial memoires have been collected and "stored", and are thereby available to be recollected as images, emotions, sensory experiences, and thought contents. If information has not been properly registered or encoded, or has not reached storage stages, it may seem to be lost to recall. The idea, introduced by Halbwachs, that recollection of personal, autobiographical information in memory inherently involves a 'biased "reconstruction"', is understood in context (Berrios, 2000). The notion of an "intellectual reconstruction of the past" (Coleman, 1992, p. 15), may derive from Aristotelian views. One key question is whether memories forgotten may remain, but be inaccessible to recall, or whether they are permanently erased and lost completely. But all may not be forgotten.

Living with forgetting: a poignant case

One of the most celebrated, and tragic cases, of amnesia and forgetting is that of HM (known simply by this acronym until after his death in 2008). Much of what we know about amnesia today is based on the dramatic patterns of forgetting in HM's amnesia. No single case in history has taught more, perhaps, than that of HM about memory and amnesia. After a psychosurgical procedure in 1953 attempted in order to reduce debilitating and intractable seizures, involving radical surgical resection of bilateral medial temporal lobes (Scoville, 1954), severe anterograde amnesia (with partial retrograde amnesia) resulted (Scoville and Milner, 1957).

Extensive neuropsychological evaluations conducted over decades by several prominent neuropsychologists delineated the nature of HM's memory losses demonstrating that these were dissociable, that is, certain types of memory were relatively preserved, and others lost, as elsewhere reviewed (Langer, 2021). What was remarkable was that his memory loss and forgetting occurred against a background of preservation of general intellectual abilities, perceptual skills, and motor skill acquisition (Milner, Corkin, and Teuber, 1968), important for demarcating the 'pure' loss of memory. The dissociations separated declarative (episodic and semantic) memory functions from non-declarative (implicit) functions, the latter being relatively spared. Importantly, HM also demonstrated evidence of some implicit memory without awareness of having learned (priming) (Milner, Corkin, and Teuber, 1968). Studies from HM confirmed that certain remembered skills may be acquired without conscious perception of their acquisition. This dissociation of explicit and implicit knowledge was in keeping with earlier observations by master clinicians of patients whose responses hinted at, or demonstrated (Langer, 2021), implicit affective recall.

Thoughts about memory and forgetting

Speculation about memory and forgetting, which has entertained the minds of the great thinkers and the general populace for centuries, continues to pose questions: if there is more than one 'memory' as has been suggested, which distinctions are critical, how much so, and to what micro-level of detail should memory be investigated; is modality-specificity sufficient, or is nature of material to be remembered important as well (i.e., lexical, numerical, pictorial, facial, etc.), and are the neural underpinnings of one type of memory the same as those for another type? The age-old question of where memory lives in the brain has undergone multiple iterations, but the fundamental essence of this seemingly basic matter remains.

The issue of how forgetting or loss of information at a behavioral level may coincide with 'molecular' levels of neural synaptic loss (Squire, 1987) derives some clarification from advances in neuroscience. Behavioral neuroscience has offered opportunities to highlight the contrasting perspectives of localized regions involved in memory and forgetting, and those of distributed networks involving interconnections between memory-critical areas. Interconnections between structures and association cortices involved in memory processes are implicated in memory loss (Markowitsch, 2000). The critical role played by the hippocampus in consolidation of experience into "new and enduring memories", whose destruction led to anterograde amnesia (Milner and Klein, 2016, p. 230), along with the essential role played by medial temporal lobe structures in (explicit) memory, became the focus of celebrated study of HM and other patients.

The complexities of structural contributions have thus been summarized; medial temporal lobe structures and medial diencephalon are said to be essential for new declarative memories, but not nondeclarative or previously learned memory, and basal ganglia structures are implicated in some nondeclarative memory (Lucas, 2002). The amygdala is involved in emotional and affective aspects of memory and learning (Kandel and Sieglebaum, 2012), and the role of affect is known now to be crucial in forgetting. Regarding implicit memory, different combinations of systems work together, such as for emotional states (amygdala), forming new habits (neostriatum), learning new motor skills (cerebellum), and simple reflex learning (sensory and motor pathways), in turn working in parallel together with explicit memory systems of the hippocampus (Kandel and Sieglebaum, 2012).

While searching for the neural substrate of memory at structural levels and synaptic levels of connectivity, the activation of multiple, interacting functional regions is implicated in different types of neurological studies involving patients with brain lesions, electroencephalographic monitoring or pre-surgical stimulation, and fMRI studies. It is suggested that memory is distributed throughout the brain and that neural networks are fundamental to memory and to forgetting. Summarizing a large body of data, it can be said that memory is subserved by discrete brain areas that have functional specialization, but that there are interconnections of memory (and other) functions, which are distributed within neural networks.

The pre-eminent neurosurgeon Wilder Penfield had pioneered neurosurgical approaches in the 1940s and 1950s to treatment of epilepsy, and among other discoveries noted that stimulation of the brain cortex (temporal lobe localization) evoked recollection (Penfield, 1952). Yet despite the localization-specificity for which he is known, Penfield most poignantly addressed the notion of neural networks and memory cortex:

> The "place of understanding" is not walled up in a cell or in a center of gray matter. It is to be sought in the perfect functioning of all these converging circuits. [...] the existence of cortical "patterns" that preserve the detail of current experience [...] and the integrative processes that form the substratum of consciousness – these will one day be translated into physiological formulas. But when that day dawns, I surmise that men will still stand in doubt before the ultimate riddle – What is the bridge between nerve impulse and thought? And what about a man's soul?
>
> *(Penfield, 1952, p. 191).*

Finally, although stimulation was not apparently noted to evoke the memory of a smell in Penfield's investigations, odors revivify recollection and richly complex memory (Penfield, 1952) in everyday life. It is most interesting then that the foundation of the literary masterpiece by Proust, in the form of a madeleine pastry, was an early life memory vividly recollected, the "'involuntary memory'… counterbalancing the decaying effects of time" (Bogousslavsky, 2007a, p. 89).

Bibliography

E. Azam, 'Les troubles intellectuels provoqués par les traumatismes cérébraux', *Archives Générales de Médecine*, 7 (1881), 291-315.

A. Baddeley, *Human Memory: Theory and Practice* (Boston: Allyn and Bacon, 1990).

G.E. Berrios, 'Historical aspects of memory and its disorders', in *Memory Disorders in Psychiatric Practice*, ed. by G.E. Berrios and J.R. Hodges (Cambridge: Cambridge University Press, 2000), 1-31.

J. Bogousslavsky, 'Marcel Proust's diseases and doctors: the neurological story of a life', in *Neurological Disorders in Famous Artists – Part 2*. ed. by J. Bogousslavsky and M.G. Hennerici, *Frontiers of Neurology and Neuroscience*, vol. 22 (Basel: Karger 2007a), 89-104.

———, 'Memory after Charcot: Paul Sollier's visionary work', *Journal of Neurology, Neurosurgery, and Psychiatry*, 78 (2007b), 1373-1374.

———, 'The mysteries of hysteria: a historical perspective', *International Review of Psychiatry*, 32 (2020), 437-450.

———, 'Jean-Martin Charcot and his legacy', in *Hysteria: the Rise of an Enigma*, ed. by J. Bogousslavsky, *Frontiers of Neurology and Neuroscience*, vol. 35 (Basel: Karger, 2014), 44-55.

J. Bogousslavsky And O. Walusinski, 'Paul Sollier: the first clinical neuropsychologist', in *Following Charcot: A Forgotten History of Neurology and Psychiatry*, ed. by J. Bogousslavsky, *Frontiers of Neurology and Neuroscience*, vol. 29 (Basel: Karger, 2011), 105-114.

V. Boudon-Millot, 'What is a mental illness, and how can it be treated? Galen's reply as a doctor and philosopher', in *Mental Disorders in the Classical World*, ed. by W.V. Harris, *Columbia Studies in the Classical Tradition*, vol. 38 (Boston, Leiden: Brill, 2013), 129-146.

W.H. Burnham, 'Memory, historically and experimentally considered', *American Journal of Psychology*, 2 (1889), 225-270.

A. Carota and J. Bogousslavsky, 'Minor Hemisphere Major Syndromes', in *Neurologic-Psychiatric Syndromes in Focus. Part I – From Neurology to Psychiatry*, ed. by J. Bogousslavsky, *Frontiers of Neurology and Neuroscience*, vol. 41 (Basel: Karger, 2018), 1-13.

J. Coleman, *Ancient and Medieval Memories: Studies in the Reconstruction of the Past*, (Cambridge: Cambridge University Press, 1992).

S. Dieguez and J.M. Annoni, 'Stranger than fiction: literary and clinical amnesia', in *Literary Medicine: Brain Disease and Doctors in Novels, Theater, and Film*, ed. by J. Bogousslavsky and S. Dieguez, *Frontiers of Neurology and Neuroscience*, vol. 31 (Basel: Karger, 2013), 137-168.

H. Ebbinghaus, *Memory: A Contribution to Experimental Psychology*, trans. by Henry A. Ruger and Clara E. Bussenius (New York: Teachers College Press, 1913) (Originally published as: *Uber das Gedachntnis* [Leipzig: Dunker, 1885]).

M. Feinsod and K.G. Langer, 'The philosopher's swoon – the concussion of Michel de Montaigne: a historical vignette', *World Neurosurgery*, 78 (2012), 371-374.

S. Finger, *Origins of Neuroscience: A History of Explorations into Brain Function* (New York, Oxford: Oxford University Press, 1994).

S. Freud, 'Repression (1915)', in *A General Selection from the Works of Sigmund Freud*, ed. by J. Rickman (New York: Doubleday, 1957), 87-97.

C.G. Goetz, M. Bonduelle, and T. Gelfand, *Charcot: Constructing Neurology* (New York, Oxford University Press, 1995).

B.R. Gomulicki, 'The development and present status of the trace theory of memory', *British Journal of Psychology Monograph supplements* 29 (Cambridge: Cambridge University Press, 1953).

D.J. Herrmann and R. Chaffin, 'Introduction', in *Memory in Historical Perspective: The Literature before Ebbinghaus*, ed. by D.J. Herrmann and R. Chaffin (New York: Springer, 1988), 1-15.

W. James, Principles of Psychology (New York: Henry Holt, 1890).

P. Janet, 'Étude sur quelques cas d'amnésie antérograde dans la maladie de la désagrégation psychologique', in *International Congress of Experimental Psychology* (London, Williams and Norgate, 1892), 26-30.

E.R. Kandel and S.A Siegelbaum, 'Cellular mechanisms of implicit memory storage and the biological basis of individuality', in *Principles of Neural Science*, ed. by E.R. Kandel, J. H. Schwartz, T.M. Jessell, S.A. Siegelbaum, and A.J. Hudspeth, 5th ed.,(New York: McGraw Hill, 2012), 1461-1485.

S. Korsakoff, 'Étude médico-psychologique sur une forme des maladies de la mémoire', *Revue Philosophique de la France et de l'étranger*, 28 (1889), 501-530.

K.G. Langer, 'Early history of amnesia', in *A History of Neuropsychology*, ed. by J. Bogousslavsky, F. Boller, and M. Iwata, *Frontiers of Neurology and Neuroscience*, vol. 44 (Basel: Karger, 2019), 64-74.

——, 'The history of amnesia – a review', *Current Neurology and Neuroscience Reports*, 21(8), (2021), 40.

K.S. Lashley, 'In search of the engram', *Symposia of the Society for Experimental Biology*, 4 (1950), 454-482.

J.B. Louyer-Villermay, 'Essai sur les maladies de la mémoire', *Mémoires de la Société de Médecine de Paris*, (1817), 68-96.

J.A. Lucas, 'Memory, Overview', in *Encyclopedia of the Human Brain*, ed. by V.S. Ramachandran (Cambridge,Mass.: Academic Press, 2002), 817-833.

H.J. Markowitsch, 'Memory and amnesia', in *Principles of Behavioral and Cognitive Neurology*, ed. by M.M. Mesulam (New York: Oxford University Press), 2000, 257-293.

J.A. McGeoch, 'Forgetting and the law of disuse', *Psychological Review*, 39 (1932), 352-370.

B. Milner, S. Corkin and H.L. Teuber. 'Further analysis of hippocampal amnesic syndrome – 14-year follow-up study of HM', *Neuropsychologia*, 6 (1968), 215-234.

—— and D. Klein, 'Loss of recent memory after bilateral hippocampal lesions: memory and memories – looking back and looking forward', *Journal of Neurology, Neurosurgery, and Psychiatry*, 87 (2016), 230.

H. Munsche and H. A. Whitaker, 'Eighteenth-century classification of mental illness: Linnaeus, de Sauvages, Vogel, and Cullen', *Cognitive and Behavioral Neurology*, 25 (2012), 224-239.

D.J. Murray, 'Research on human memory in the nineteenth century', *Canadian Journal of Psychology/ Revue Canadienne de Psychologie*, 30 (1976), 201-220.

A.J. Parkin, *Memory & Amnesia: An Introduction* (Oxford: Basil Blackwell, 1987).

W. Penfield, 'Memory mechanisms' *AMA Archives of Neurology and Psychiatry*, 67 (1952), 178-198.

T. Ribot, *Diseases of Memory*: *An Essay in the Positive Psychology* (London: Kegan Paul Trench 1882) (Translation of *Les Maladies de la Mémoire*, 1881).

C. Richet, 'Les origines et les modalités de la mémoire: Essai de psychologie générale', *Revue Philosophique de la France et de l'Étranger*, 21 (1886), 561-590.

M.S. Roth, 'Remembering forgetting, *Maladies de la Memoire* in 19th-century France', *Representations* (1989), 49-68.

D.L. Schacter, *Forgotten Ideas, Neglected Pioneers: Richard Semon and the Story of Memory* (Philadelphia: Psychology Press, 2001a).

―――, *The Seven Sins of Memory: How the Mind Forgets and Remembers* (Boston: Houghton Mifflin, 2001b).

W.B. Scoville, 'The limbic lobe in man', *Journal of Neurosurgery*, 11 (1954), 64-66.

――― and B. Milner, 'Loss of recent memory after bilateral hippocampal lesions', *Journal of Neurology, Neurosurgery, and Psychiatry*, 20 (1957), 11-21.

P. Sollier, *Le Problème de la Mémoire: Essai de Psycho-mécanique* (Paris: Alcan, 1900).

―――, *Les Troubles de la Mémoire* (Paris: J. Rueff, 1901 (Originally published 1892).

L.R. Squire, *Memory and Brain* (New York: Oxford University Press, 1987).

E.B. Teague, K.G. Langer, A.D. Bono, J.C. Borod, and H.A. Bender, 'Proactive interference', in Encyclopedia of Clinical Neuropsychology, ed. by J. DeLuca, J. Kreutzer, and B. Caplan, 2nd ed., (Cham: Springer, 2017).

B.J. Underwood, 'Interference and forgetting', *Psychological Review*, 64 (1957), 49-60.

O. Walusinski and J. Bogousslavsky, 'Charcot, Janet, and French models of psychopathology', *European Neurology*, 83 (2020), 333-340.

MURIEL KATZ, MANON BOURGUIGNON ET
ALICE DERMITZEL

La politique d'effacement des crimes dans le cadre des systèmes dictatoriaux

À propos de la fonction du pacte dénégatif entourant la disparition forcée de personnes

▼ **RÉSUMÉ** À partir des années soixante-dix, des dizaines de milliers de personnes ont disparu dans le cadre des dictatures latino-américaines. Arrêtées et séquestrées illégalement par les agents de l'État, elles ont été pour la plupart assassinées. Leurs dépouilles, comme les preuves de ces crimes, restent aujourd'hui encore en grande partie introuvables.

À partir des travaux psychanalytiques portant sur la violence d'État, nous explorons les mécanismes sur lesquels repose la politique d'effacement des crimes dans le cadre de ces systèmes dictatoriaux. Nous illustrons nos propos en nous appuyant sur des témoignages recueillis dans le cadre d'une recherche qualitative conduite par nos soins. Les participants à l'étude sont des proches de disparus politiques et leurs descendants. Nous tentons de montrer quels sont les ressorts du pacte dénégatif sur lesquels une telle politique repose tout en pointant la teneur de ses dérives perverses : menace, imposition du silence, promotion du mensonge d'État, distorsion des faits comme des preuves et, enfin, manipulation de la culpabilité des proches. Souvent confrontés à l'institutionnalisation de l'oubli promue par les lois d'amnistie, les proches de disparus insistent sur l'importance du travail de mémoire et de transmission afin de lutter contre l'impunité. Ils pointent la portée significative des actions, discours, mémoriaux, créations artistiques visant à honorer la mémoire des disparus. C'est d'autant plus pertinent pour eux quand l'existence même des disparus politiques, en tant que personne, en tant que citoyen, a été jusqu'à faire l'objet d'un déni en après-coup des crimes pour disculper les coupables. Explorer davantage les ressorts d'une telle politique d'effacement des crimes politiques paraît significatif : une telle démarche contribue à endiguer les répercussions catastrophiques de ce dispositif de répression idéologique et d'effacement des crimes tant sur les individus, sur les familles, sur les groupes militants que sur la société tout entière.

Introduction

À partir des années soixante-dix, les juntes militaires des pays liés entre eux par le Pacte Condor ont fait disparaître plus des dizaines de milliers d'opposants à la dictature[1]. Arrêtés arbitrairement, ils sont immédiatement privés de leurs droits personnels, et plus largement civils. Ils sont dès lors soustraits au cadre légal qui les protège et garantit leur droit à disposer librement de leur corps. Organisée illégalement, leur incarcération les place donc dans une zone de non-droit. Les détenus sont symboliquement expulsés hors du cadre des institutions qui médiatise habituellement les relations sociales tout en garantissant le respect de la liberté individuelle dans un État de droit[2]. On prive ainsi arbitrairement une partie non négligeable de citoyens de leurs droits personnels.

Déshumanisant s'il en est, un tel dispositif prend en otage les citoyens dont on cherche à se débarrasser. Ils deviennent la proie des plus atroces et cruels sévices tant physiques que mentaux. Ils sont détenus dans des conditions le plus souvent très dégradantes, sans compter qu'ils sont souvent déplacés de camp de concentration en prison afin de brouiller les pistes de ceux et celles qui cherchent à les localiser. Il s'agit de tout mettre en place pour que leurs proches perdent la moindre trace de celui ou celle qui manque à l'appel et dont on n'a plus de nouvelles suite à son arrestation arbitraire.

Lors de leur incarcération, les prisonniers politiques sont très souvent torturés. Il n'est pas rare qu'ils soient assassinés par la suite. Mais la spécificité du crime politique en question consiste en outre à faire disparaître le corps des disparus. Brûlées, enterrées sommairement dans des fosses communes ou encore abandonnées à la voracité des animaux sauvages, leurs dépouilles sont chosifiées par des procédés particulièrement déshumanisants. Les agents de la junte argentine au pouvoir ont même été jusqu'à se débarrasser d'innombrables prisonniers politiques en les pous-

---

1 Il n'y a pas de consensus clair sur le nombre de victimes de la disparition sous ces dictatures : 1189 disparus politiques au Chili selon Adams (2019) ; environ 30'000 en Argentine selon Amnesty International (2018); environ 400 disparus au Brésil (Commission Nationale de la Vérité, 2014) ; 400 disparus au Paraguay (Comisión de Verdad y Justicia, 2008) ; 230 disparus en Uruguay selon la Comisión para la Paz (2003); 486 disparus en Bolivie (Morales Ayma, 2017).
2 René Kaës, « Ruptures catastrophiques et travail de la mémoire. Notes pour une recherche », in *Violence d'état et psychanalyse*, ed. by Janine Puget, René Kaës et al. (Paris : Dunod, 1989), pp. 169-204.

sant vivants depuis un hélicoptère au-dessus du Rio del Plata[3]. Des plus cruels, un tel dispositif est à la fois terrifiant, terrorisant et infâme.

Laissés sans sépulture, les corps des innombrables disparus politiques restent introuvables. C'est ce qui fait dire à René Kaës[4] que la disparition témoigne de la volonté non seulement de tuer les vivants, mais aussi de détruire la trace des morts. En ce sens, la disparition des dépouilles humaines constitue une atteinte majeure à la dignité humaine fondamentale des victimes comme de leurs proches d'ailleurs : ceux-ci sont dès lors privés des rites funéraires et du support social qui entoure la mort et le temps du deuil depuis la nuit des temps[5]. Le processus de deuil est singulièrement mis à mal. Ils sont eux aussi déshumanisés et profondément humiliés. Les frontières habituellement tracées pour distinguer le monde des morts et le monde des vivants sont brouillées. Du coup, le statut conféré à l'objet disparu est « affolant »[6] : la « représentation fantômatique » de la personne dont on est sans nouvelle prend le relais de sa représentation habituelle en chair et en os. Or, si la dépouille des victimes reste introuvable et si aucune déclaration officielle ne permet d'établir d'acte de décès, ni d'éclairer la cause de la disparition[7], c'est avant tout pour semer la terreur dans la population civile. Il s'agit par tous les moyens de dissuader quiconque de s'engager dans des groupes opposés au régime autoritaire en place.

Mais la violence extrême organisée par les dirigeants et leurs collaborateurs ainsi que la cruauté dont témoignent leurs méthodes de répression politique (séquestration arbitraire, détention, torture, assassinat, disparition forcée) visent également à semer la terreur dans la société civile en général pour enrayer toute forme d'opposition. Le musèlement général de la parole condamne ainsi les proches des militants et la société civile tout entière à vivre sous une chape de plomb : celle du silence qui entoure ces crimes et que nous tenterons d'éclairer à travers le concept de pacte dénégatif[8].

C'est afin de garantir l'impunité des coupables qu'une telle politique d'effacement systématique des crimes politiques est mise en place. Il s'agit en effet de *disculper* tous ceux et celles qui ont participé à rendre la disparition forcée possible. En outre, et

---

3 Ces « vols de la mort » n'étaient pas la seule méthode utilisée par les militaires (Amandine Cerutti, « Fils et filles de disparus en Argentine et au Chili: identité(s), mémoire(s) et résilience » Etudes Ibériques et Ibéro-américaines (Limoges : Université de Limoges, 2017). Dans d'autres cas, la dépouille des prisonniers politiques assassinés sauvagement aurait été incinérée (Franck Lafage, *L'Argentine des dictateurs, 1930-1093. Pouvoir militaire et idéologie contre-révolutionnaire*, Paris: L'Harmattan, 1991) ce qui n'est pas sans rappeler de nombreuses pratiques génocidaires, et celles des Nazis en particulier (Cerutti, 2017).
4 René Kaës, « Postface. Traduire les restes, écrire l'héritage », in *La survivance. Traduire le trauma collectif*, ed. by Janine Altounian (Paris : Dunod, 2000), pp. 181-188.
5 Emmanuel Anati, *La religion des origines* (Paris : Hachette, 2006) ; Muriel Gilbert, *Antigone et le devoir de sépulture* (Genève : Labor et Fides, 2005) ; Moises Kijak et Maria Lucila Pelento, « Mourning in certain situations of social catastrophe », *International Rewiev of Psycho-analysis*, 13 (1986), pp. 463-471. André Leroi-Gourhan, *Les religions de la préhistoire* (Paris : PUF, 1964).
6 René Kaës, « Ruptures catastrophiques et travail de la mémoire », p. 180.
7 Maria Lucila Pelento, « Mourning for missing people » in *On Freud's Mourning and Melancholia* ed. by Thierry Bokanowski (Roulledge, 2019), pp. 56-79; Julia Braun de Dunayevich et Janine Puget, « State terrorism and psychoanalysis », *International Journal of Mental Health*, 18, 2 (1989), pp. 98-112. https://doi.org/10.1080/00207411.1989.11449126.
8 René Kaës, « Ruptures catastrophiques et travail de la mémoire ».

dans un mouvement de renversement particulièrement pervers, ce sont les disparus, ses proches et tous leurs camarades que le régime va parfois aller jusqu'à *inculper*. C'est du moins ce que nous tenterons de mettre en évidence en nous appuyant pour cela sur des travaux psychanalytiques portant sur la dynamique des familles, des groupes et plus largement des institutions[9].

La présente contribution adopte un point de vue original puisqu'elle mobilise des travaux psychanalytiques sur des questions qui sont le plus souvent explorées par des juristes, des historiens, des anthropologues, des sociologues et des politologues. Nous nous appuyons principalement sur les travaux de René Kaës. À partir des années quatre-vingt, ce psychanalyste, qui fut aussi professeur, a en effet ouvert un champ psychanalytique original en France qui promeut l'extension de la psychanalyse. Ses travaux visent principalement à explorer les espaces psychiques communs et partagés entre deux ou plusieurs sujets (couple, famille, fratrie, groupe, institution). Dans cette perspective, le sujet ne saurait être appréhendé indépendamment des liens qu'il tisse avec d'autres. On postule donc que le groupe, le social, précède le sujet. Ce dernier est donc conçu comme un inter-sujet : il est d'abord et avant tout sujet du groupe. Les travaux développés dans ce champ théorico-clinique original semble particulièrement utiles pour explorer les ressorts d'une politique d'effacement systématique des crimes politiques. Celle-ci vise précisément à mettre fortement à mal, pour ne pas dire à disloquer, des groupes de citoyens : désignés comme de dangereux complotistes, il s'agit de les éliminer coûte que coûte en semant la terreur dans la société civile tout entière.

Pour illustrer notre propos, nous nous appuierons en outre sur quelques résultats d'une étude qualitative basée sur les témoignages de proches de disparus politiques que nous avons rencontrés en Suisse[10].

Mais avant cela, nous entendons rappeler les lignes principales de la métapsychologie des ensembles sociaux telles qu'elles ont été échafaudées par René Kaës et ses successeurs. Ce détour nous semble indispensable pour tenter de cerner ensuite les ressorts, complexes s'il en est, de la violence d'État et la politique d'effacement systématique des crimes politiques dont procède la disparition forcée de personnes.

---

9 Silvia Amati Sas, *Ambiguità, conformismo e adattamento alla violenza sociale* (Milano : Franco Angeli, 2020) ; René Kaës, « Postface. Traduire les restes, écrire l'héritage », in *La survivance. Traduire le trauma collectif*, ed. by Janine Altounian (Paris : Dunod, 2000), pp. 181-188 ; Janine Puget, René Kaës et al., *Violence d'état et psychanalyse* (Paris : Dunod, 1989).

10 Ce projet de recherche est conduit par M. Katz-Gilbert avec M. Bourguignon et A. Dermitzel à l'Institut de Psychologie à l'Université de Lausanne en Suisse. Il est intitulé : « *De la disparition forcée de personnes au deuil compliqué des proches de disparus : explorer le processus d'historicisation* ». Il est financé par le Fonds National Suisse de la Recherche Scientifique (FNS).

Une approche originale de la réalité psychique inconsciente : appréhender le sujet avant tout comme sujet du groupe

À propos du rôle des institutions dans une société : la notion de cadre méta-social

Pour aborder la politique d'effacement qui sous-tend la disparition forcée de personnes, il nous paraît important de rappeler que l'État de droit repose sur des institutions à la fois politiques, juridiques, religieuses, scientifiques, culturelles qui médiatisent les rapports sociaux. En ce sens on peut considérer à la suite de Touraine, que les institutions sont des structures intermédiaires qui constituent le *cadre méta-social* de la vie collective. Or, contrairement à la violence arbitraire qui caractérise les régimes autoritaires, l'État de droit est fondé sur la Loi symbolique. René Kaës rappelle par ailleurs que les institutions ont une fonction de régulation[11]. Elles sont là pour veiller au respect des interdits fondateurs de l'inceste, du meurtre et du cannibalisme sauvage dans l'espace social. En ce sens, la cohésion sociale repose sur des *garants* méta-sociaux.

Dans un État de droit, la justice structure et régit ainsi les rapports, parfois conflictuels, entre les groupes et entre les individus. La régulation de la violence est dès lors assurée, non par la force et la violence du corps-à-corps, mais par des actes de paroles qui médiatisent le lien entre agresseur et victime[12]. Le cadre méta-social est donc là pour assurer que les conditions d'un vivre ensemble pacifié et pacifiant soient *suffisamment bonnes et partagées*, ce qui suppose la référence à une instance tiercéisante. Les garants méta-sociaux ont donc une fonction civilisatrice dans l'espace social : vivre en groupe suppose en effet un possible étayage des liens sur un cadre structurant pour assurer le développement et la continuité de l'ensemble.

Indispensable au développement de la vie non seulement sociale, politique et culturelle de tout sujet, mais aussi psychique, ce cadre méta-social constitue l'arrière-fond silencieux et muet de l'existence humaine[13]. On notera enfin que seules les situations de crise et de rupture, autrement dit lorsque ce cadre est défaillant, qu'il se transforme brusquement, voire qu'il s'effondre, conduit à prendre conscience de sa fonction de garant.

À propos de l'étayage de la psyché sur les espaces psychiques communs et partagés : la notion de garants métapsychiques

Le modèle développé par René Kaës pour rendre compte de la réalité psychique dépasse en ce sens largement le modèle classique freudien. Le psychanalyste contemporain entend au contraire aborder la réalité inconsciente propre aux *espaces*

---

11 René Kaës, « Ruptures catastrophiques et travail de la mémoire » ; René Kaës, *Les alliances inconscientes* (Paris : Dunod, 2009).
12 René Kaës, « Ruptures catastrophiques et travail de la mémoire » ; René Kaës, « Postface. Traduire les restes, écrire l'héritage ».
13 Silvia Amati Sas, *Ambiguità, conformismo e adattamento alla violenza sociale*.

psychiques communs et partagés[14]. Il s'agit donc d'une extension du modèle psychanalytique. Il développe ainsi une métapsychologie des ensembles humains : il s'agit de rendre compte de la consistance psychique des pactes et des contrats qui scellent les relations inter- et transsubjectives et non plus uniquement des caractéristiques de l'espace intra-subjectif.

Le sujet est en effet pensé et parlé avant même qu'il ne parle. Avant de pouvoir porter un regard réflexif et rétrospectif sur sa vie, le sujet doit pouvoir faire une expérience capitale pour son développement : que sa propre psyché soit hébergée par celle d'un autre, lui-même étant porté par l'ensemble au sens large. Il s'agit d'un autre avec qui il aura tissé des liens significatifs et qui est lui-même capable de se penser et de penser l'enfant en l'inscrivant dans la continuité des liens généalogiques où il prend place. Enfin, l'autre en question doit être capable d'offrir une écoute symboligène favorisant la subjectivation du vécu intime.

Abordant le sujet comme un *inter-sujet*, René Kaës a mis en évidence le rôle central des alliances psychiques[15] : un concept qui rend compte de la dimension inconsciente en jeu lorsque plusieurs sujets tentent d'assurer les investissements vitaux. Il s'agit en effet de maintenir les liens dans une exigence de réciprocité des membres du groupe. Or certaines alliances sont structurantes pour la vie psychique, si elles promeuvent la transmission de la vie psychique entre les générations, d'autres sont au contraire défensives. On les qualifiera alors d'aliénantes, de destructrices ou encore de pathogènes[16]. Dans ce cas, elles entravent la transmission de la vie psychique entre générations.

Les alliances psychiques constituent des formations qui rendent compte des liens selon des processus qui les font tenir ensemble dans un espace intersubjectif commun et partagé[17]. Elles constituent l'arrière-fond sur lequel repose la psyché individuelle. Enfin, elles ont une fonction de garant métapsychique : « les interdits fondamentaux, les lois structurantes, les repères identificatoires, les idéaux communs, les représentations imaginaires et symboliques [...] »[18] enveloppent, structurent et étayent la psyché. Dans le modèle élaboré par René Kaës, l'espace inter-subjectif commun et partagé du groupe famille et du groupe d'appartenance est ainsi en position méta- par rapport à l'espace intra-subjectif.

On voit dès lors se dessiner les bordures de la vie psychique : l'espace intra-subjectif est structuré et enveloppé par des formations intermédiaires – les alliances psychiques inconscientes – qui forment un cadre métapsychique. L'une des princi-

---

14 René Kaës, *L'extension de la psychanalyse. Pour une métapsychologie de troisième type* (Paris: Dunod, 2015), pp. 91-102.
15 René Kaës, *Le groupe et le sujet du groupe : éléments pour une théorie psychanalytique du groupe* (Paris : Dunod, 1993).
16 René Kaës, *Les alliances inconscientes* (Paris : Dunod, 2009).
17 René Kaës, *Le groupe et le sujet du groupe : éléments pour une théorie psychanalytique du groupe* (Paris : Dunod, 1993) ; René Kaës, *Un singulier pluriel* (Paris : Dunod, 2007).
18 René Kaës, « La transmission de la vie psychique et les contradictions de la modernité », in *Transmissions et soins psychiques*, ed. by Marcel Sassolas (Toulouse : ÉRES, 2009), p. 30. https://doi.org/10.3917/eres.sasso.2009.01.0021.

pales fonctions de ces alliances consiste à protéger la psyché du danger que représente l'effraction traumatique. Elles ont donc une fonction de pare-excitation.

Pour favoriser la continuité des liens, l'alliance doit également être « reconnue et garantie par les institutions sociales, religieuses, politiques et juridiques »[19]. Les alliances psychiques sont donc elles-mêmes enveloppées par les cadres méta-sociaux. C'est pourquoi, lorsque ce métacadre est fragilisé, la vie des liens en est perturbée, ce qui bouleverse les contrats et les pactes.

Quant à la vie psychique, elle bénéficie également de cet étayage à la fois contenant, enveloppant, et structurant que représente le cadre méta-social. En effet, la psyché prend pour sa part forme et se développe dans et par les liens. C'est pourquoi, lorsque les cadres méta-sociaux sont défaillants, les garants métapsychiques ne peuvent plus assurer leur fonction pare-excitante et protectrice.

En résumé, que ce soit à l'échelle d'un couple, d'une famille, d'un groupe ou d'une société, les garants méta-sociaux sont nécessaires à structurer, envelopper, contenir, étayer les liens entre les sujets. De même, la psyché s'étaye à son tour sur les garants métapsychiques. Or, les processus générateurs de liaison psychique, de symbolisation, de remémoration, d'historicisation et plus largement de pensée et de sublimation ne peuvent se déployer que dans la mesure où ils trouvent un étayage sur le cadre métapsychique[20]. Autrement dit, la capacité à promouvoir la continuité des liens et la continuité du sujet n'est pas le fait du sujet pris isolément. Penser, se penser, faire récit de sa vie en se remémorant l'histoire du groupe dont on fait partie dépend donc de la capacité d'autrui et de plus-d'un-autre d'en faire de même. Dans leur dimension structurante, les « alliances consistent dans les pactes et les contrats qui instituent les interdits majeurs (interdiction du meurtre du semblable, du cannibalisme, de l'inceste) »[21].

Voici deux exemples d'alliances inconscientes qui permettront d'éclairer notre propos : le contrat narcissique et le pacte dénégatif. Précisons que ce sont les enjeux de tels pactes et contrats qui sont inconscients. Avant même de naître par exemple, le sujet est rêvé par ses parents, comme par le groupe d'appartenance socio-culturel dans lequel il vient au monde. On l'imagine ainsi assurer la continuité de l'ensemble et c'est à cette condition qu'il sera investi comme faisant partie du groupe. C'est ce qu'on appelle le *contrat narcissique* – un type d'alliance inconsciente structurante primaire – qui lie le sujet à l'ensemble et réciproquement[22]. Ce type de contrat identificatoire repose sur des énoncés de fondement, des principes, des prescriptions et des interdits en lien avec la question de l'origine, de la fin. Ces énoncés promeuvent des mythes, des croyances et des rites qui sont « régulateurs des passages vitaux de la vie à la vie, de la vie à la mort, de l'amour et du deuil »[23]. Enfin, les contrats

---

19 René Kaës, *Les alliances inconscientes* (Paris : Dunod, 2009), p. 3.
20 René Kaës, « Ruptures catastrophiques et travail de la mémoire ».
21 René Kaës, « Dénis collectifs et mémoire et travail de l'intersubjectivité », *Garrigues et Sentiers*, 13 (2010), p. 1. http://www.garriguesetsentiers.org/article-denis-collectifs-et-memoire-43311396.html.
22 Piera Castoriadis-Aulagnier, *La Violence de l'interprétation – Du pictogramme à l'énoncé* (Paris : PUF, 1975).
23 René Kaës, « Ruptures catastrophiques et travail de la mémoire », p. 179.

en question fournissent divers repères identificatoires qui structurent et organisent l'appartenance au groupe, ce qui en assure la continuité.

Quant au *pacte dénégatif*, il s'agit d'un autre type d'alliance inconsciente qui constitue pour sa part un « pacte sur le négatif »[24]. Ce dernier joue lui aussi un rôle important dans l'autoconservation du groupe à travers le temps. Passer sous silence certains éléments de la réalité est en effet souvent nécessaire à assurer la continuité du groupe, même s'il faut rappeler que cela peut avoir des effets aliénants sur les sujets.

En résumé, advenir comme sujet suppose la rencontre préalable avec un semblable capable de le penser comme de le rêver, le tout dans un cadre méta-social structurant et sécurisant.

Explorer les conséquences des catastrophes psychiques d'origine sociale

À propos des catastrophes d'origine sociale : quelles répercussions sur la vie des liens ?

Mais quel est le destin à la fois des liens et des sujets lorsque les garants méta-sociaux sont défaillants, voire qu'ils s'effondrent privant du même coup les groupes et la population civile dans son ensemble des repères étayants qu'offre habituellement le cadre institutionnel ? On pense ici à un génocide, aux conflits armés ou encore à un coup d'État. Qu'advient-il, écrit Puget, lorsque « subitement ou progressivement on ne reconnaît plus les règles qui gouvernent l'interdépendance groupales autour de la vie et de la mort, du délit et de sa pénalisation ? […] Le contexte social devient incohérent, incompréhensible, insaisissable »[25].

C'est ce que ces auteurs appellent une *catastrophe psychique et sociale*. Ce type de catastrophe est provoquée intentionnellement par des humains par opposition à une catastrophe naturelle[26]. Cela suppose des « tentatives de déshumanisation infligées par des hommes sur d'autres hommes »[27]. Le caractère abrupt et inattendu de ces formes de violence faites au cadre méta-social serait à l'origine de la confusion qu'elle génère, tant sur le sujet que sur son groupe familial et social[28].

---

24 René Kaës, *Les alliances inconscientes*, p. 113.
25 Janine Puget, « État de menace et psychanalyse. De l'étrange structurant à l'étrange aliénant » in *Violence d'état et psychanalyse*, ed. by Janine Puget & René Kaës (Dunod, 1989), pp. 1-40, p. 12.
26 Janine Puget, René Kaës et al., *Violence d'état et psychanalyse* (Paris : Dunod, 1989).
27 Élise Pestre et Fethi Benslama, « Traduction et traumatisme », *Recherches en psychanalyse*, 11, 1 (2011), p. 19. https://doi.org/10.3917/rep.011.0018.
28 Jorge Barudy et Dario Páez, « Salud mental y exilio politico: la búsquedad de una terapia liberadora », in *Lecturas de psicología y política: crisis política y daño psicológico*, ed. by E. Lira (Ediciones Universidad Alberto Hurtado, 2017), pp. 255-263 ; Elizabeth Lira, « Psicologia del miedo y conducta colectiva en Chile », *AVESPO – Asociación Venezolana de Psicología Social*, (1987), pp. 1-27 ; Elizabeth Lira, et María Isabel Castillo, *Psicologia de la Amenaza Política y del Miedo*, (Santiago de Chile : CESOC, 1991) ; Eugenia Weinstein et Elizabeth Lira, « La tortura », in *Trauma, duelo y reparación*, ed. by Eugenia Weinstein, Elisabeth Lira et Maria Eugenia Rojas (Santiago de Chile: FASIC/Editorial Interamericana, 1987), pp. 33-91.

Lorsqu'un pays entre en guerre, lorsqu'un gouvernement démocratique est renversé suite à un putsch militaire, cela expose les groupes comme le sujet à un climat de déstructuration majeure entraînant un ensemble de ruptures catastrophiques à trois niveaux. Du point de vue du cadre méta-social, les institutions ne sont premièrement souvent plus en mesure de faire respecter les interdits majeurs. Les agents au service des institutions ne parviennent plus à assurer la transmission des représentations partagées concernant la place de chacun dans l'espace social et dans la généalogie familiale. Les mythes portant « sur l'origine, sur la fin et sur la succession des générations »[29] ainsi que sur les fondateurs du groupe sont dévoyés, dénigrés, voire anéantis. Dans le contexte d'un génocide ou de la violence d'État, la prescription du meurtre prend par exemple le relais de l'interdit de tuer un semblable, quel qu'il soit. Les systèmes symboliques encadrant la vie sociale sont en ce sens soit pervertis, soit anéantis ouvrant du même coup à une déferlante de violence.

La charge traumatique associée à la violence agie et parlée ne peut dès lors plus être hébergée par l'ensemble, ce qui génère un défaut d'inscription pour les sujets[30]. Du coup, les liens tissés avec l'ensemble sont fortement mis à mal ; le sujet est destitué de sa place dans le groupe, de son statut social et politique. Il peine, en ce sens, à se situer à la fois comme « sujet de sa propre fin » et comme « maillon d'une chaîne » généalogique. « La catastrophe sociale constitue une menace pour le lien avec l'ensemble, dans la mesure où le sujet pourrait n'y plus tenir sa place ; par conséquent, elle met en cause en le détruisant l'ordre commun sur lequel s'est fondée narcissiquement sa propre continuité »[31].

Qu'en est-il par ailleurs des répercussions d'une catastrophe sociale et des ruptures qu'elle entraîne sur le cadre métapsychique ? Dans ce contexte, la fonction de garants métapsychiques dévolue aux contrats comme aux pactes qui scellent les liens d'appartenance au groupe, à la famille, fait l'objet d'une profonde et violente mise à mal qui les rend défaillants. La dislocation des liens sociaux, leur désagrégation engendre un climat de profonde insécurité pour le sujet qui est par définition dépendant de l'ensemble[32]. Ignacio Martín-Baró parle ainsi de polarisation de la société[33]. L'articulation entre l'individu et les groupes auquel il appartient est directement touché : « les groupes d'appartenance se désorganisent ou au contraire augmentent leur cohésion défensive, et les groupes de référence se perdent »[34].

Désorienté, hébété et perdu, le sujet se retrouve du même coup souvent privé de la protection, de l'enveloppement, du « soutien narcissique » que représentent habituellement pour lui les liens d'appartenance au(x) groupe(s) dont il fait partie[35]. De telles ruptures catastrophiques peuvent condamner le sujet à un profond isolement

---

29 René Kaës, « Ruptures catastrophiques et travail de la mémoire », p. 201.
30 René Kaës, « Ruptures catastrophiques et travail de la mémoire ».
31 René Kaës, « Ruptures catastrophiques et travail de la mémoire », p. 183.
32 René Kaës, « Ruptures catastrophiques et travail de la mémoire ».
33 Ignacio Martín-Baró, « Notes pour une recherche », in *Violence d'état et psychanalyse,* ed. by Janine Puget, René Kaës et al. (Paris : Dunod, 1989), pp. 169-204.
34 Janine Puget, « État de menace et psychanalyse », p. 12.
35 René Kaës, « Ruptures catastrophiques et travail de la mémoire ».

social. Directement exposé à la violence, il ne bénéficie du coup plus de l'étayage qu'offrent le ou les groupes au sein desquels il a tissé des liens significatifs, protecteurs et étayants.

À propos des catastrophes d'origine sociale : quelles répercussions sur la vie psychique ?

Mais si une catastrophe sociale a un impact sur les liens, les ruptures qu'elle entraîne ont par ailleurs d'importantes répercussions psychiques qui mettent à mal le fondement de la subjectivité, l'intégrité du Soi. C'est dans ce sens qu'on peut parler de *catastrophes psychiques d'origine sociale*[36]. Ici encore, l'auteur se démarque de la doxa psychanalytique classique qui, dans le contexte de la violence d'État par exemple, tendrait à réduire le traumatisme à une « causalité purement psychique selon le modèle que Freud a élaboré à partir de la théorie du fantasme »[37]. L'impact d'une telle catastrophe vient donc « réinterroger certaines théories psychanalytiques qui évacuaient la dimension événementielle externe au seul profit de l'événement interne et fantasmé »[38].

Or, pour René Kaës toujours, les traumatismes psychiques qui résultent de telles catastrophes sociales « ne peuvent en aucun cas être ramenés à une causalité purement psychique, car ce serait dépouiller une nouvelle fois le sujet de son rapport historique à l'évènement. L'escamoter reviendrait à soutenir le déni du traumatisme produit par la violence d'État »[39].

Dans le même ordre d'idée, Ignacio Martín-Baró avance la notion de *trauma psychosocial* pour penser les violences perpétrées dans le cadre des dictatures latino-américaines[40]. Cette notion est intéressante dans le sens où elle intègre les registres socio-politique et psycho-social. L'auteur pointe l'articulation entre la dimension historique et dynamique ; il souligne la nécessité d'identifier les causes sociales dans lesquelles les événements s'inscrivent. Le trauma psycho-social est pensé comme l'effet dévastateur d'une crise affectant la société, les cadres méta-sociaux établis ; ses répercussions portent non seulement sur le psychisme du sujet, mais également sur les liens sociaux et enfin, les groupes.

C'est à partir d'une perspective à la fois critique et originale que René Kaës décrit en détail le bouleversement majeur que représente, pour la psyché individuelle de certains sujets, l'effondrement des garants méta-sociaux et métapsychiques caractérisant une catastrophe sociale. En effet, les ruptures catastrophiques que génère une telle

---

[36] René Kaës, « Postface », *Cahiers de psychologie clinique*, 54, 1 (2020), pp. 227-232. https://doi.org/10.3917/cpc.054.0227.
[37] René Kaës, *Le malêtre* (Paris : Dunod, 2012), p. 246.
[38] Élise Pestre et Fethi Benslama, « Traduction et traumatisme », *Recherches en psychanalyse*, 11, 1 (2011), p. 19. https://doi.org/10.3917/rep.011.0018.
[39] René Kaës, *Le malêtre* (Paris : Dunod, 2012), p. 246.
[40] Ignacio Martín-Baró, « Guerra y salud mental », *Estudios centroamericanos* 429 (1984), pp. 503-514 ; Ignacio Martín-Baró, « La violencia política y la guerra como causas en el país del trauma psicosocial », *Revista de Psicología de El Salvador*, 7, 28 (1989), pp. 123-141 ; Ignacio Martín-Baró, *Guerra y Salud Mental, en Psicología Social de la Guerra*, (San Salvador : UCA editores, 2000).

macro-catastrophe – laquelle ne relève pas d'une cause naturelle – ont des effets de déstructuration majeurs qui peuvent être dévastateurs. La mise à mal des formations intermédiaires nécessaires à la possible articulation de la vie individuelle et de la vie collective se répercute également sur la vie subjective.

Les observations cliniques livrées par les psychanalystes qui ont eu l'occasion d'écouter et d'accompagner des victimes de conflits armés, de génocide, de torture, de dictatures, etc. sont formelles : l'effondrement des garants méta-sociaux et métapsychiques bouleverse en profondeur le fonctionnement et l'intégrité de l'appareil psychique qui est dès lors privé d'étayage[41]. La continuité des liens n'étant plus assurée, les sujets sont du même coup exposés, sans protection, à l'effraction traumatique que génère la violence infligée par leurs semblables. La difficulté de se représenter la violence d'origine humaine et intentionnelle provoquerait des effets de rupture dans le travail psychique de liaison. La confrontation avec les expériences traumatogènes générées dans ce contexte met à mal la capacité de figurabilité de la victime, du fait de la défaillance de l'appareil à interpréter/signifier [*ein Apparat zu deuten*][42]. Le travail psychique de liaison et de représentation est dès lors mis à rude épreuve. Il subit d'importants effets de rupture invalidants pour le sujet. Le « traitement de la négativité inhérente à l'expérience traumatique » est fortement entravé[43]. De même, la capacité de penser l'expérience comme « l'activité interprétative du Je » est bouleversée à la suite de l'abolition des possibles espaces d'élaboration à la fois intersubjectifs et intra-psychiques. Le sujet ne peut donc ni se représenter la situation, ni donner sens aux événements.

Les processus de symbolisation sont par conséquent en panne, ils restent gelés. Le sujet se retrouve dès lors hébété et sidéré, en « perpétuel défaut d'énoncé » selon la précieuse formule que René Kaës emprunte à Henri-Pierre Jeudy[44]. La discontinuité psychique prend dès lors le relais creusant le sillon de la répétition et de la destructivité dans la psyché.

Mais si l'effraction traumatique déloge le sujet des liens sociaux et familiaux où il avait une place symbolique à la fois sexuée et singulière, cela affecte donc également le sentiment de continuité de soi et l'intégrité du Soi[45]. Les assises narcissiques du sujet sont mises à mal. L'étayage de la psyché sur les garants méta-sociaux et métapsychiques étant entravé, ses capacités d'élaboration et de subjectivation de l'expérience sont souvent défaillantes ; le sujet devient dès lors étranger à sa propre histoire qu'il n'est plus en mesure de raconter, ni même de retracer. Le sujet ne saurait lui conférer ni continuité, ni cohésion, ni surtout un sens.

---

[41] Silvia Amati Sas, *Ambiguità, conformismo e adattamento alla violenza sociale*; Julia Braun de Dunayevich et Janine Puget, « State terrorism and psychoanalysis »; René Kaës, « Ruptures catastrophiques et travail de la mémoire ».
[42] Sigmund Freud, *Pour introduire le narcissisme* (Paris : Payot, 1914), p. 191.
[43] René Kaës, « Ruptures catastrophiques et travail de la mémoire », p. 176.
[44] Henri-Pierre Jeudy, « Les mésaventures d'une subculture du désastre ou la théorie catastrophique », *Confrontation* 7, (1982), pp. 113-117, p 116.
[45] René Kaës, « Ruptures catastrophiques et travail de la mémoire ».

La violence personnellement endurée par les sujets, comme celle dont ils sont parfois les témoins directs, reste dès lors impensable, irreprésentable et même indicible. Elle les plonge dans un climat à la fois externe et interne d'incertitude extrême, ce qui génère un sentiment de terreur des plus paralysant[46].

Étant donné la défaillance des repères symboliques qui fait suite à l'effondrement des garants, les angoisses primaires ne trouvent en effet aucun relais étayant. De type catastrophique, elles engendrent un « vécu de désintégration et de mort »[47]. C'est ce que Wilfred R. Bion[48] et Winnicott[49] décrivent très bien lorsqu'ils parlent de « terreur sans nom » ou « d'agonie primitive » pour le second.

Les processus de socialisation, le travail de culture et l'accès à l'ordre symbolique fondés sur les cadres méta-sociaux et métapsychiques se désagrègent, entraînant une profonde *catastrophe psychique d'origine sociale*[50]. Au point que le sujet, écrit René Kaës, « se meurt psychiquement de la désintrication du lien intersubjectif »[51]. Quant aux répercussions de telles ruptures catastrophiques sur les processus de remémoration, elles sont bien entendu très graves. Inélaborables, les traces qui, dans l'inconscient, signent l'effondrement de la culture, entravent le travail de subjectivation. Les processus de symbolisation étant gelés, la mise en mots de l'expérience subjective, le récit du passé et la capacité d'historicisation sont fortement mis à mal, ce qui entrave du même coup le processus de deuil[52]. Le passé semble alors comme enterré, suspendu et enveloppé d'un profond silence qui signe la paralysie des processus de symbolisation. Il s'agit en ce sens d'un passé qui ne passe pas[53].

Explorer les enjeux de la violence d'État

Quelques ressorts spécifiques de la violence d'État : désagréger les liens sociaux

Lorsque le cadre méta-social est défaillant, ou lorsqu'il s'effondre, l'État de droit s'affaiblit, voire s'anéantit dans sa fonction de régulation et de garant du respect des

---

46 Julia Braun de Dunayevich et Janine Puget, « State terrorism and psychoanalysis »; Maria Lucila Pelento, « Mourning for missing people » ; Janine Puget, René Kaës et al., *Violence d'état et psychanalyse* (Paris : Dunod, 1989); Silvia Amati Sas, *Ambiguità, conformismo e adattamento alla violenza sociale*.
47 René Kaës, « Ruptures catastrophiques et travail de la mémoire », p. 176.
48 Wilfred R. Bion, *Aux sources de l'expérience* (Paris : PUF, 1962).
49 Donald W. Winnicott, « La préoccupation maternelle primaire », in *De la pédiatrie à la psychanalyse*, ed. by Donald W. Winnicott (Paris : Payot, 1956).
50 René Kaës, « Postface », *Cahiers de psychologie clinique*, 54, 1 (2020), pp. 227-232. https://doi.org/10.3917/cpc.054.0227.
51 René Kaës, « Ruptures catastrophiques et travail de la mémoire », p. 183.
52 Manon Bourguignon, Alice Dermitzel et Muriel Katz (2021), « Grief among relatives of disappeared persons in the context of state violence: An impossible process? », *Torture Journal*, 31(2), 19-37. https://doi.org/https://doi.org/10.7146/torture.v31i2.127344 ; Julia Braun de Dunayevich et Janine Puget, « State terrorism and psychoanalysis »; Maria Lucila Pelento, « Mourning for missing people ».
53 Dominique Scarfone, (2012), « Moments de grâce : présence et élaboration de "l'impassé" », in *Michel de M'Uzan ou le saisissement créateur*, ed. by Murielle Gagnebin & Julien Milly (Champ Vallon Editions, coll. L'Or de l'Atalante, 2012), pp. 31-41.

interdits fondateurs. Il est relayé par un régime qui s'arroge le droit de légitimer son pouvoir de manière arbitraire en adoptant un discours autoritaire. Il n'est pas rare que ce dernier promeuve en effet des valeurs qui prescrivent des actes de corruption, des actes pervers servant avant tout les intérêts du régime et le maintien de son autorité par la force. Autrement dit, le discours en question renverse les interdits encadrant habituellement les rapports sociaux et dont les institutions sont garantes. Tous les moyens sont dès lors bons, à commencer par la violence, pour instaurer un climat de répression politique. C'est au nom d'un « idéal de pureté » que le groupe en question est dès lors combattu[54]. Quant à la teneur de l'idéal en question, il peut être d'ordre racial, religieux ou doctrinal. L'objectif principal de ce que Puget et al. appellent la violence d'État consiste à épurer la société d'une partie de la population civile jugée hostile au pouvoir en place[55].

Dans le cadre des dictatures militaires affiliées au pacte du Condor qui ont marqué l'histoire du continent latino-américain dans les années soixante-dix, les groupes d'opposants à éliminer sont constitués de militants de gauche défendant les principes démocratiques. Scellé en 1975 durant le contexte de la guerre froide, ce pacte consiste, pour les pays membres, à lutter contre la menace que représente aux yeux des dictateurs la subversion et le terrorisme communistes. L'objectif consiste à avoir le monopole de l'autorité sur tout le continent latino-américain à travers l'échange d'informations visant à lutter contre le communisme. Des commandos policiers ou militaires franchissent les frontières, arrêtent les personnes recherchées et exilées dans les pays limitrophes ; ils interrogent les détenus ensemble ou s'échangent les prisonniers ; ils les exécutent parfois sur place, tout en constituant un important fichier de renseignements.

Les opposants politiques, leurs familles ou toute personne potentiellement menaçante pour la junte militaire au pouvoir font dès lors l'objet d'une violente répression systématique. Cette dernière est légitimée par un discours de type paranoïaque dont les ressorts sont la projection et l'identification projective. Les militants qu'on cherche à éliminer sont en effet accusés d'être les émissaires d'un « complot subversif » à l'encontre du pouvoir en place, complot qui justifierait la répression idéologique sous toutes ses formes[56]. Le discours officiel incite à considérer la dissidence politique comme une forme d'inadaptation sociale faite de comportements moralement condamnables, voire d'actes antisociaux appelant des mesures coercitives. La logique causale (unique) qui sous-tend le discours des agents de ces régimes autoritaires présente les victimes comme de perfides terroristes dont il faut protéger à tout prix l'État et la société. Persécutoire s'il en est, ce discours fallacieux légitime du même coup la répression sous toutes ses formes[57].

Le climat instauré par les agents de la violence d'État relève de la terreur ; elle vise non seulement les membres des groupes d'opposants politiques en question, mais

---

54 René Kaës, « Ruptures catastrophiques et travail de la mémoire », p. 180.
55 Janine Puget, René Kaës et al., *Violence d'état et psychanalyse*.
56 René Kaës, « Ruptures catastrophiques et travail de la mémoire », p. 180.
57 René Kaës, « Ruptures catastrophiques et travail de la mémoire ».

la population civile dans son entier qui est prise en otage. Or, ici encore, les effets dévastateurs de ce type de violence organisée orchestrée au plus haut niveau de l'État sont multiples. On anéantit les garants qui promeuvent la capacité de penser et de symboliser. Le vécu d'angoisse catastrophique conduit les citoyens à se terrer, à se taire, à ne pas se manifester, occupés qu'ils sont avant tout à se protéger comme à protéger leurs proches. Il s'agit d'abord et avant tout de survivre à tout prix en se conformant au modèle attendu[58].

On comprend du même coup mieux en quoi la mise à mal, la dislocation des liens sociaux, leur désagrégation intentionnelle permet à un régime autoritaire de faire régner la terreur dans un groupe. Si la psyché individuelle ne peut plus être contenue, protégée et étayée par les garants métapsychiques que représentent la famille et les groupes dont ils font partie, alors les sujets sont souvent aux prises avec un vécu agonistique. Cela génère une profonde insécurité qui bouleverse les rapports sociaux et engendre l'isolement social. Elisabeth Lira observe qu'une telle violence provoque une peur généralisée qui, au fil des années, s'intériorise[59]. Elle peut même devenir invisible et provoquer un sentiment d'inhibition et d'impuissance important. Cette clinicienne voit en outre dans la peur une des « motivations de la conduite politique »[60].

Dans ce même ordre d'idée, Silvia Amati Sas note pour sa part que, lorsque les pouvoirs (gouvernementaux, mafieux, terroristes) parviennent à manipuler les contextes communs à tous en faisant régner la terreur, la faim, le chômage, etc., les sujets développent des vécus partagés d'incertitude et d'ambiguïté jusqu'à développer des pensées aliénantes[61].

Ce type de répercussions psychiques met l'accent « sur la rupture radicale des projets vitaux » comme sur l'impact destructeur prolongé « sur l'identité des personnes et leurs relations familiales et sociales »[62]. Dans ce climat répressif, plusieurs auteurs observent l'émergence de stratégies de survivance.

Dans le contexte des régimes dictatoriaux en Amérique latine en particulier, Elisabeth Lira observe par exemple le développement d'une importante tendance à la sur-adaptation[63]. Elle suppose qu'il est généré à la fois par le fait que les autorités en place nient la teneur de la réalité sociale et par le sentiment d'impuissance associé à l'intériorisation de la terreur. Pour s'en défendre, des mécanismes de fragmentation, d'isolement et de dispersion se déploient au sein des groupes. Silvia Amati Sas parle pour sa part de l'*adaptation à n'importe quoi* : il s'agit d'un aménagement défensif transsubjectif, qui favorise l'acceptation, la banalisation des situations extrêmes et

---

58 Silvia Amati Sas, *Ambiguità, conformismo e adattamento alla violenza sociale*.
59 Elizabeth Lira, « Psicologia del miedo y conducta colectiva en Chile », *AVESPO – Asociación Venezolana de Psicología Social*, (1987), pp. 1-27.
60 Elizabeth Lira, « Psicologia del miedo y conducta colectiva en Chile », p. 1.
61 Silvia Amati Sas, « Transubjectivité entre cadre et ambiguïté », in *L'expérience du groupe*, ed. by Martine Pichon, Henri Vermore et René Kaës (Paris : Dunod, 2010), pp. 115-134. https://doi.org/10.3917/dunod.picho.2010.01.0115.
62 Marcela Cornejo, Jean-Luc Brackelaire, et Francisca Mendoza, « Des chaînes du silence à la chaîne de l'écoute », *Cahiers de psychologie clinique*, 32, 1 (2009), p. 207. https://doi.org/10.3917/cpc.032.0203.
63 Elizabeth Lira, « Psicologia del miedo y conducta colectiva en Chile ».

insoutenables pour la réalité psychique[64]. Ces cliniciennes décrivent bien la profonde confusion associée à ce que Janine Puget et collègues appellent la violence d'État : c'est à-dire, les situations où un régime autoritaire légitime son pouvoir de manière tout à fait arbitraire, sans égard au cadre légal sur lequel repose l'État de droit[65].

Quelques ressorts spécifiques de la violence d'État : instaurer le mensonge d'État

Mais il est un autre point important qu'il faut relever dans la mesure où il est emblématique des ressorts sur lesquels reposent les juntes latino-américaines en place dès les années soixante-dix. En effet, si les régimes autoritaires dont il est question ici ont cherché à se débarrasser purement et simplement d'une partie de la population en imposant une forme de violence arbitraire très organisée, cette forme de violence d'État s'est le plus souvent également doublée d'un discours négationniste. Or, ce dernier impose à son tour une forme de violence tout à fait spécifique : la junte argentine a en effet tout simplement nié la possible implication de ses agents dans la conduite de telles entreprises, autrement dit dans les actes de violence extrême qu'elle a pourtant conçu et orchestré de toutes pièces[66].

Il va sans dire que cette seconde forme de violence infligée aux citoyens en général et aux familles des victimes en particulier accroît l'impact de celle qu'on leur fait subir, lequel est déjà dévastateur en soi. Dans un contexte de désinformation et de censure généralisée, la difficulté d'interpréter la situation globale de la violence du pays creuse le sentiment de menace, d'impuissance et de peur qu'éprouvent les sujets[67].

Dans la plupart des cas, aucune information officielle ne sera délivrée par les autorités en place[68]. Elles ne mèneront pas l'enquête et ne rendront dès lors aucun compte sur les disparus contrairement à ce qui est attendu dans un état de droit. Les séquestrations de personnes dont le sort reste méconnu affectent non seulement la famille, mais également la société. Être témoin de l'arrestation d'un ami, d'un proche, d'un voisin et devoir affronter ensuite la désinformation permanente a des répercussions néfastes sur le corps social tout entier. La non-reconnaissance de la détention constitue une situation destructrice et désubjectivante pour tout citoyen.

En réalité, les informations relatives aux détenus comme au sort des disparus politiques sont contrôlées et manipulées de manière fallacieuse par les autorités et par les media. Il s'agit d'une stratégie qui contribue à la stigmatisation des victimes et de leurs familles. Amandine Cerutti a observé comment, en Argentine par exemple,

---

64 Silvia Amati Sas, « L'interprétation dans le trans-subjectif », *Psychothérapies*, 24, 4 (2004). https://doi.org/10.3917/psys.044.0207.
65 Janine Puget, René Kaës et al., *Violence d'état et psychanalyse* (Paris : Dunod, 1989).
66 René Kaës, « Ruptures catastrophiques et travail de la mémoire ».
67 Elizabeth Lira, « Psicologia del miedo y conducta colectiva en Chile » ; Elizabeth Lira, & María Isabel Castillo, *Psicologia de la Amenaza Politica y del Miedo*, (Santiago de Chile: CESOC, 1991).
68 Kordon and Edelman (1987) avancent à ce sujet le terme de *percepticide* pour définir cette facette singulière du terrorisme d'état : le fait de détourner ou nier systématiquement les réalités que les individus perçoivent, tout en minimisant leur caractère menaçant pour l'ensemble d'une société. « Le percepticide génère une situation de psychose, qui s'accentue ensuite en raison de l'absence d'information » [traduction libre] (Kordon et Edelman, 2005, p. 363).

de nombreuses campagnes médiatiques pointaient du doigt les disparus, tout en préservant et en entretenant un climat d'incertitude à leur sujet[69]. Par le biais de la presse, de la radio ou encore de la télévision, la junte en place diffuse des discours de propagande afin de créer le doute dans l'ensemble de la société : « *por algo será* [Ils ont forcément fait quelque chose de mal], *algo malo habrán hecho* [Il doit bien y avoir une raison], *se lo merecía* [C'est bien fait/ Il le méritait], ou encore, *por comunista* [C'était un communiste] martèlent les militaires au sujet des disparus »[70]. « Les disparitions sont ainsi justifiées par un discours officiel tendant à minimiser les faits et insinuant que c'est parce qu'elles le méritent que certaines personnes disparaissent, quand, en revanche, il n'arrive rien à ceux qui "se tiennent tranquilles" », commente Amandine Cerutti[71]. La junte militaire impose ainsi le silence aux proches comme aux citoyens en général de manière à assurer la pérennité de son pouvoir.

Du coup, prendre la parole, témoigner, réclamer des informations, autant d'actions pourtant si légitimes dans un Etat de droit, constituent une importante prise de risque : résister ainsi peut valoir d'importantes représailles aux proches des disparus, voire leur faire encourir un danger de mort. Quant à l'enjeu d'une telle négation de la violence, il est de taille : la junte et ses collaborateurs visent en effet en priorité à disculper les agents de tels crimes, à les mettre hors de cause ; autrement dit, à garantir l'impunité des coupables.

Afin d'apporter un éclairage psychanalytique à la teneur de la répression politique que les juntes militaires auront déployé au nom du pacte du Condor, nous allons maintenant nous appuyer sur le concept d'alliances psychiques inconscientes et sur celui de pacte dénégatif en particulier. Il s'agit en effet d'explorer en quoi ces contrats et ces pactes permettent de cerner les ressorts spécifiques de la politique d'effacement des crimes politiques commis lors de cette sombre période de l'histoire de l'Amérique Latine.

À propos du rôle central du pacte dénégatif dans l'effacement des crimes d'État

Assurer la permanence et la continuité des liens dans une famille, un groupe, une société suppose le plus souvent de passer une partie de la réalité sous silence. C'est précisément cette opération qui est caractéristique de ce que René Kaës appelle le *pacte dénégatif*[72]. Cette alliance méta-défensive consiste à traiter la négativité dans tous les liens. Elle a deux polarités, l'une organisatrice et l'autre défensive.

Lorsqu'il s'organise positivement, le pacte dénégatif est structurant pour les liens comme pour les sujets du lien. Il procède alors du refoulement. Il assure la mise à l'écart conjointe d'une partie de la réalité dans un espace psychique commun et partagé par au moins deux personnes. « Sa formule, jamais énoncée » écrit René

---

69 Amandine Cerutti, *Fils et filles de disparus en Argentine et au Chili: identité(s), mémoire(s) et résilience* (Limoges : Université de Limoges, 2017).
70 Amandine Cerutti, « Fils et filles de disparus en Argentine et au Chili », p. 81.
71 Amandine Cerutti, « Fils et filles de disparus en Argentine et au Chili », p. 81.
72 René Kaës, *Les alliances inconscientes* (Paris : Dunod, 2009).

Kaës « pourrait être : "Ne te souviens pas de ce qui pourrait mettre en péril notre lien et qui est plus précieux que le rappel de ce qui est arrivé, car ce qui est arrivé pourrait nous mettre en péril dans notre lien" »[73]. Dans ce cas, le pacte dénégatif soutient le contrat narcissique : un ensemble d'énoncés structurants au sujet de l'origine, de la mort et des fondateurs est à disposition du groupe qui assure ainsi la continuité des liens dans une « complémentarité d'intérêts » entre ses membres[74]. Le groupe est dès lors structuré de manière pérenne à un *idéal narcissique commun et mutuellement partagé*[75] que ses membres continuent d'investir ensemble.

En son versant structurant, le pacte dénégatif participe à garder des espaces psychiques intra, inter- et transsubjectifs ouverts et transformables. Dans ce cas, le passé reste malgré tout élaborable à la fois subjectivement et collectivement. Un tel pacte est en outre nécessaire à fonder le « cadre social de la mémoire »[76], dans lequel un groupe, une nation se meut, se reconnaît et se transmet. On se souvient et on oublie ensemble, de concert, pour assurer la continuité du lien; on garantit ainsi la reprise des mythes, des rites et de l'ensemble des repères identificatoires générant un sentiment d'appartenance au groupe. Taire un certain nombre d'événements, de faits, de souvenirs permet en ce sens de satisfaire à la fois l'économie du sujet et de la chaîne dont il est un maillon.

Mais le pacte dénégatif a aussi un versant aliénant[77]. Abordé sous cet angle, le pacte en question assure la mise hors champ d'une partie de réalité ; celle-ci étant trop menaçante pour la pérennité des liens que tisse un groupe de personnes. L'effacement, le rejet, le déni, le désaveu, la dénégation sont dès lors requis[78]. Lorsque le pacte dénégatif est défensif, il « [...] se fonde sur le déni, il contribue à l'effacement des traces, il attaque l'activité de remémoration et de liaison psychique », écrit René Kaës[79]. Les secrets pathogènes qui gangrènent les familles, parfois de génération en génération, sont emblématiques de ce type de pacte. Dans de tels cas, le lien repose sur l'effacement des traces traumatiques générées par une catastrophe. Les débris traumatiques, les signifiants « bruts, gelés, énigmatiques »[80] restent du même coup irreprésentables, inélaborables et non-transformables par la psyché. Cela génère un défaut d'inscription aliénant qui paralyse la vie psychique comme la vie des liens.

Mais c'est aussi le travail de mémoire et le processus d'historicisation dans des ensembles collectifs plus larges que les pactes dénégatifs gangrènent. C'est par exemple le cas dans un État soumis à un régime dictatorial qui promeut le déni des crimes politiques. « Les grands séismes de l'histoire, l'impensable des catastrophes collectives appellent toujours des processus psychiques propres à assurer des défenses

---

73 René Kaës, « Ruptures catastrophiques et travail de la mémoire ». p. 192.
74 René Kaës, « Ruptures catastrophiques et travail de la mémoire ». p. 183.
75 René Kaës, *Les alliances inconscientes*.
76 René Kaës, « Ruptures catastrophiques et travail de la mémoire » p. 193.
77 René Kaës, *Les alliances inconscientes*.
78 René Kaës, « Postface. Traduire les restes, écrire l'héritage », in *La survivance. Traduire le trauma collectif*, ed. by Janine Altounian (Paris : Dunod, 2000), pp. 181-188.
79 René Kaës, « Ruptures catastrophiques et travail de la mémoire ». p. 192.
80 Évelyne Grange-Ségéral, « Les "choses" de la transmission », in *Transmissions et soins psychiques*, ed. by Marcel Sassolas (Toulouse : Érès, 2009), pp. 187-200, p. 191. https://doi.org/10.3917/eres.sasso.2009.01.0187.

collectivement agencées sur lesquelles prennent appui les défenses individuelles et se maintiennent les institutions. Ces *méta*défenses sont souvent construites et gérées au prix d'amputations psychiques considérables contre la pensée, contre l'acceptation de la réalité »[81].

L'impensable s'insinue ainsi dans les espaces psychiques subjectifs ainsi que dans ceux qualifiés de communs et partagés, creusant le sillon de l'oubli, des trous de mémoire de l'effacement[82]. Cela génère des zones de silence, des poches d'intoxication, des espaces poubelles[83], des cryptes et des fantômes[84] qui constituent autant de formations psychiques invalidantes pour la vie psychique. Une boîte de Pandore s'installe, qui renferme le malheur, la violence, la transgression, les crimes laissés à l'état brut et leur lot de honte inélaborée[85]. Car telle est bien la fonction première de tels pactes dénégatifs défensifs : protéger les membres du groupe de la honte associée au passé traumatique, tant ce pénible sentiment est menaçant pour l'économie du lien et pour l'économie psychique du sujet[86].

Toutefois, le prix à payer est élevé : en effet qui dit pacte dénégatif pathogène dit aussi désubjectivation et aliénation. Le pacte est là pour maintenir les sujets étrangers à leur propre histoire comme à celle de leur(s) groupe(s) d'appartenance. La répétition prend dès lors le relais de la transformation, enkystant la transmission entre les générations[87]. Lorsqu'un régime dictatorial cherche par exemple à se débarrasser d'une partie des citoyens, l'État va jusqu'à nier l'existence-même des disparus politiques, comme en témoigne le fameux discours du Général Videla en 1979 : « Le disparu, c'est une inconnue. Il n'a pas d'entité, il n'est ni mort ni vivant, il est disparu », déclare-t-il officiellement[88]. La junte argentine serait ainsi lavée de tout crime puisqu'il s'agirait d'une soi-disant invention fomentée par de dangereux ennemis du pouvoir en place qu'il s'agit d'éliminer à tout prix. On cherche ainsi à mettre fin aux complots subversifs dont ils seraient les promoteurs.

En ne prenant pas en charge publiquement les dettes du passé, on agit par conséquent « comme si le conflit n'avait pas existé ni l'accord explicite ou implicite

---

81 René Kaës, *Les alliances inconscientes*, p. 7.
82 René Kaës, « Ruptures catastrophiques et travail de la mémoire ».
83 René Roussillon, « Espaces et pratiques institutionnelles, le débarras et l'interstice », in *L'institution et les institutions – Études psychanalytiques*, ed. by Didier Drieu (Paris : Dunod 1988), pp. 157-176. https://doi.org/10.3917/dunod.drie.2013.01.0279.
84 Nicolas Abraham & Maria, Torok, « "L'objet perdu-Moi" : Notations sur l'identification endocryptique », *Revue Française de Psychanalyse*, 39, 3 (1975), pp. 409-426.
85 Evelyn Granjon, « La Boîte de Pandore. Que reste-t-il de l'espérance ? », *Le Divan familial*, 28, 1 (2012), pp. 31-40. https://doi.org/10.3917/difa.028.0031.
86 René Kaës, *Le malêtre*.
87 Quant aux descendants, ils sont dès lors les destinataires directs de cet héritage traumatique qui pèse lourd dans leur berceau de par la chape de plomb qu'il scelle autour du passé. Tel est le pouvoir du négatif transgénérationnel (Evelyn Granjon, « La Boîte de Pandore. Que reste-t-il de l'espérance ? »). Or, "ce que tu as enterré dans ton jardin, ressortira dans celui de ton fils", dit un proverbe arabe !
88 Discours de Videla lors d'une conférence de presse en 1979 en réponse à la question d'un journaliste sur « le problème des disparus » : « *Frente al desaparecido en tanto éste como tal, es una incógnita el desaparecido. No tiene entidad, no está, ni muerto ni vivo, está desaparecido… Frente a eso, frente a lo cual no podemos hacer nada.* » (Face à la personne disparue en tant que telle, c'est une inconnue le disparu. Il n'a pas d'entité, il n'est ni mort, ni vivant, il est disparu… Face à cela, face à quoi nous ne pouvons rien faire. [Traduction libre]) (GVT Noticias, 2020).

de l'oubli »[89]. L'État n'a que des "mensonges à offrir" en partage aux citoyens en quête de leurs proches disparus[90]. Les agents et les collaborateurs du régime autoritaire échappent ainsi à toute poursuite judiciaire. Tel est l'enjeu de ces politiques d'effacement systématique des crimes politiques : garantir l'impunité des coupables.

Or, en abolissant les procédures juridiques officielles, l'État met par ailleurs fortement à mal le travail des historiens. Cela reflète bien l'effondrement des garants métapsychiques et méta-sociaux qui, dans un état de droit, promeuvent au contraire les processus de remémoration partagée assurant la promotion d'un récit collectif au service de la continuité historique. Les institutions en charge de favoriser les commémorations officielles sont relayées par des organes dont la mission consiste ici au contraire à orchestrer le musèlement de la parole dans l'espace public. La politique d'effacement systématique des crimes politiques génère un défaut d'inscription mémorielle et historique qui, au niveau collectif, prive les citoyens de mémoriaux officiels.

Dans un tel contexte, l'injonction « Ne te souviens pas ! » n'est par conséquent pas commandée « par le refoulement de l'horreur, mais par l'annulation de l'histoire et de l'expérience »[91]. Il ne s'agit pas d'oublier au sens littéral du terme, mais plutôt de ne pas « se souvenir ». Les processus de symbolisation et de mise en récit dont la justice a la charge dans un état de droit où la parole est mise au service de l'établissement de la vérité sont dès lors profondément mis à mal. Au service « d'utopies meurtrières »[92], un pacte dénégatif aliénant et désubjectivant anéantit la pensée et le rapport au passé traumatique honteux. Un silence de plomb entoure donc à la fois les crimes politiques, leurs agents d'un côté, et les disparus politiques et leurs proches de l'autre.

Pour explorer les ressorts de l'effacement systématique des crimes commis par les agents d'un régime autoritaire, nous avons choisi d'illustrer notre propos en nous basant sur des témoignages que nous avons recueillis dans le cadre d'une recherche qualitative. L'étude porte spécifiquement sur la disparition forcée de personnes[93]. En effet, cette forme de violence paraît emblématique de la politique d'effacement des crimes d'État mise en place pendant les dictatures en question. Elle perdure aujourd'hui encore malgré la restauration de la démocratie dans les pays autrefois liés entre eux par le Pacte du Condor.

Pour cela nous entendons montrer en quoi consiste concrètement la politique d'effacement mise en place par les juntes d'alors, pour pointer ensuite les ressorts du *pacte dénégatif pervers* sur lesquels une telle politique repose.

---

89 Elizabeth Lira, « Trauma, duelo, reparación y memoria », *Revista de estudios sociales* 36 (2010), p13.
90 Sylvain Estibal, *Terres voraces* (Actes Sud, 2022).
91 René Kaës, communication personnelle, (2022).
92 René Kaës, « Ruptures catastrophiques et travail de la mémoire ».
93 On entend par disparition forcée « l'arrestation, la détention, l'enlèvement ou toute autre forme de privation de liberté par des agents de l'État ou par des personnes ou des groupes de personnes qui agissent avec l'autorisation, l'appui ou l'acquiescement de l'État, suivi du déni de la reconnaissance de la privation de liberté ou de la dissimulation du sort réservé à la personne disparue ou du lieu où elle se trouve, la soustrayant à la protection de la loi » (ONU, 2014) article 2, p. 314.

Dispositif de recherche clinique

Afin d'illustrer les ressorts de la politique d'effacement que génère la disparition forcée de personnes, nous nous basons sur l'étude que nous menons depuis 2020 à l'Université de Lausanne. La présente contribution s'appuie sur les premiers résultats de la recherche qualitative issus de l'analyse thématique du discours recueilli lors des premiers entretiens. Les données de recherche sont collectées par le biais d'entretiens individuels en face à face. La participation est entièrement volontaire. Les entretiens sont audio-enregistrés. La confidentialité est garantie tout au long de la recherche. Les rencontres durent environ deux heures et comportent deux modalités : des récits de vie centrés sur les circonstances de la disparition forcée selon une méthode inspirée de Rosenthal[94], d'une part ; des questions qui structurent des entretiens de type semi-directifs, d'autre part.

Les participant.e.s à l'étude sont des proches de personnes disparues ainsi que leurs descendant.e.s. La principale condition pour prendre part aux rencontres est d'avoir un membre de sa famille qui a disparu dans le cadre de la répression politique qui a gangréné les pays engagés dans l'Opération Condor dès les années soixante-dix (Chili, Argentine, Bolivie, Brésil, Paraguay, Uruguay). Dans le cadre de cette recherche, nous nous centrons sur les disparitions qui sont considérées comme des crimes continus et donc non résolus[95]. Les personnes que nous avons rencontrées n'ont pas retrouvé la dépouille de leur proche disparu. Quant aux faits entourant la disparition forcée de leur proche, ils n'ont pu être ni officiellement établis, ni reconnus par l'État. Chacun des participant.e.s a demandé l'asile en Suisse alors que dans leur pays natal la dictature régnait. Actuellement, la plupart d'entre eux réside encore en Suisse. Nous avons rencontré vint-neuf personnes au total.

Quant à l'analyse des données, elle s'appuie sur deux méthodes : analyse de discours et analyse thématique de contenu[96]. Chaque entretien est d'abord investigué comme un cas individuel avant d'être mis en relation transversale avec l'ensemble du corpus.

Quant aux extraits de discours que nous commenterons par la suite, ils ont été choisis pour mettre en évidence les ressorts spécifiques du pacte dénégatif singulier dont procède la politique d'effacement systématique des crimes en question, d'une part. Ce pacte conduit en effet à instaurer un climat de menace qui génère le silence et qui prive les familles de disparus de nouvelles et d'informations relatives à leurs proches. Certains de ces extraits permettront, d'autre part, de souligner comment la politique en question permet non seulement de disculper les coupables, mais aussi

---

[94] Gabriele Rosenthal, « Reconstruction of life stories: Principles of selection in generating stories for narrative biographical interviews », *The narrative study of lives*, 1, 1 (1993), pp. 59-91; Gabriele Rosenthal, « Biographical research », *Qualitative research practice*, (2004), pp. 48-64.

[95] Nations Unies – Assemblée Générale, *Rapport du Groupe de travail sur les disparitions forcées ou involontaires* (2010). https://digitallibrary.un.org/record/697810?ln=fr.

[96] Judy Foster, « Ethnography », in *Qualitative research in clinical and health psychology* ed. By Paul Rohleder et Antonia C. Lyons (Basingstoke : Palgrave Macmillan, 2015), pp. 238-256; Pierre Paillé et Alex Mucchielli *L'analyse qualitative en sciences humaines et sociales* (Paris : Armand Colin 2016), 4e ed.

d'inculper les victimes[97]. Particulièrement pervers, ce renversement contribue non seulement à nourrir « l'apriori du soupçon »[98] comme c'est le cas dans les violences faites aux femmes, mais aussi à manipuler le sentiment de culpabilité des proches dans un contexte politique qui promeut le mensonge d'État[99]. Le pacte dénégatif ne vise dès lors pas uniquement à taire un pan de la réalité, mais bien de faire endosser la faute aux victimes elles-mêmes comme à leurs proches.

Illustration de la politique d'effacement des crimes d'État : à propos de quelques témoignages de proches de disparus

NE TE SOUVIENS PAS ! *Le mensonge d'État et ses dérives perverses*

Faire taire à tout prix en instaurant un climat de menace et de terreur

Afin de dissuader les citoyens de soutenir comme de rejoindre les groupes de dissidents politiques, autrement dit pour endiguer toute forme d'opposition politique, le régime autoritaire en place vise avant tout à faire régner la terreur dans la population civile. « La peur de la mort associée à la violence »[100] se transforme en terreur généralisée. On tente ainsi de museler la parole comme les actes de ceux et celles qui pourraient être tentés de résister au pouvoir. Chacun est dès lors potentiellement rendu complice d'une forme de mutisme comme de surdité.

Le discours de certains participant.e.s à l'étude illustre de manière poignante les répercussions du climat répressif dans la population civile. C'est par exemple le cas d'Isabel[101] qui a perdu la trace de sa sœur Estela, engagée très jeune dans un groupe dissident. Elle a disparu suite à son arrestation arbitraire par la junte.

> C'est pour cela que ouais, c'est – je reste tranquille... Bon maintenant, je peux vous parler comme ça [mais] pendant des années, c'était horrible ! Je me souviens que les gens me demandaient : « ah et tu as combien de sœurs ? »... Et je disais « une ». Je niais l'autre totalement, parce qu'on ne savait pas avec qui on parlait. On pouvait être dénoncé ou poursuivi.
>
> *(Isabel : 143)*

---

97 Nous tenons à remercier chaleureusement René Kaës pour ses précieux et généreux éclairages dont il nous a fait part au sujet du pacte dénégatif pervers.
98 René Kaës, *Le malêtre*, p. 255.
99 Julia Braun de Dunayevich et Maria Lucila Pelento, « Les viscissitudes de la pulsion de savoir dans certains deuils spéciaux », in *Violence d'état et psychanalyse*, ed. by Janine Puget, René Kaës et al. (Paris : Dunod, 1989), pp. 86-104; René Kaës, « Postface. Traduire les restes, écrire l'héritage », in *La survivance. Traduire le trauma collectif*, ed. by Janine Altounian (Paris : Dunod, 2000), pp. 181-188; Maria Lucila Pelento, « Mourning for missing people ».
100 Elizabeth Lira, « Trauma, duelo, reparación y memoria », *Revista de estudios sociales* 36 (2010), pp. 14-28, p. 15.
101 Pour une question de confidentialité, tous les prénoms des participants ainsi que les informations les concernant ont été anonymisés.

L'extrait montre bien combien la menace d'être dénoncé ou poursuivi pèse, dans ce contexte dictatorial, sur les familles de proches de disparus. Au point qu'elle ira jusqu'à taire ce lien familial compromettant, tant elle se sentait menacée par le simple fait de mentionner son existence.

La terreur est d'ailleurs telle dans la population civile que sa famille en viendra également à renoncer faire valoir ses droits : craignant des représailles, sa mère et elle ne se risqueront pas à déclarer cette disparition à la police au moment des faits. De même, elles ne se rendront pas à la morgue pour reconnaître le corps alors que c'était possible. C'est ce que relate de manière très émouvante et pudiquement Isabel :

> Mais ma mère et moi, on avait tellement peur de nous approcher au département de police qu'on n'a jamais réclamé son corps. Et il paraît que – pour quinze jours, il a été reconnu, mais on n'a rien fait. Alors à ce moment-là, ils la mettent dans une fosse commune et maintenant, c'est pire. Après quelques années, ils mettent dans un ossuaire, où il y a des os- des os- Parce que bon, on n'avait rien voulu faire [sur le moment] avec ma mère [...]

(Isabel : 109)

Ce témoignage illustre de manière emblématique à quels extrêmes auront été conduits certains proches qui, paralysés, renonceront à faire valoir leurs droits. Cela montre bien l'effet dissuasif de la terreur puisque certaines familles iront jusqu'à trahir leurs liens familiaux pour éviter de se compromettre avec certains proches disparus qui étaient politiquement engagés dans la résistance à la junte.

Diabolique et barbare, un tel dispositif génère en outre de multiples points d'interrogation quant aux conditions de la disparition, lesquels sont condamnés à rester ouverts. Cela met profondément à mal le rapport à l'origine, le lien de génération et le processus de symbolisation. D'où le caractère irreprésentable du crime en question qui ne peut dès lors être situé ni dans le temps, ni dans l'espace[102].

Promouvoir le mensonge d'État et dissimuler les crimes politiques fomentés par la junte

Toute information qui pourrait donner un "sens politique" à la disparition est déniée par les autorités en place. De nombreux participant.e.s à notre étude témoignent de ces fausses allégations de la part des autorités lorsqu'ils tentent d'obtenir des informations sur le lieu de détention de leur proche, sur le sort de leur proche.

Dans l'histoire de la famille de Julian, c'est une catastrophe naturelle qui est officiellement invoquée comme cause de la disparition d'un oncle qui était un fervent militant socialiste opposé à la junte :

> Y'aurait une suspicion de disparition, euh: puisque y'en a un [de mes oncles] qui s'est volatilisé – littéralement en mer ! Euh il était marin militaire et en fait,

---

[102] René Kaës, « Postface. Traduire les restes, écrire l'héritage », in *La survivance. Traduire le trauma collectif*, ed. by Janine Altounian (Paris : Dunod, 2000), pp. 181-188.

il a disparu du jour au lendemain soi-disant à cause d'une tempête, alors qu'on suspecte fortement justement euh comment dire cette euh : disparition d'ordre politique, une sorte d'extermination [euh politique]

(Julian : 6)

Les agents du régime autoritaire en place font régner la terreur en semant la confusion à la fois sur « l'ordre des choses et des causes »[103]. René Kaës évoque à ce propos le « trou » que creuse la disparition dans la pensée des proches et dans l'espace social tout entier. Rendu muet par la silenciation, ce crime politique repose sur l'effacement des traces qui a été soigneusement orchestré pour disculper ses agents.

Dans d'autres cas, le régime fait peser la cause de la mort sur un facteur organique ou sur une maladie. C'est le cas pour ce qui concerne Herminia, la sœur de José. Elle a disparu sans qu'on soit toutefois en mesure d'éclaircir dans quelles circonstances. Comme le relate José, la version officielle présentée par une doctoresse de l'hôpital dans lequel l'acte de décès a été établi est la suivante :

> Et c'est elle [la doctoresse] qui lui a donné l'information, comme quoi ma sœur avait été amenée à l'hôpital avec une malaise cardiaque, respiratoire […] Mais ça, je crois pas, parce que – A partir de là, ma doute – mon doute s'est installé en moi quoi ! Je me dis "mais non, c'est pas possible ! Nous, dans la famille, il n'y a personne qui a – qui a des maladies au cœur ou respiratoire ou rien du tout [de cet ordre].

(José : 174)

Officiellement, Herminia serait morte d'un malaise cardiaque. Mais José et les siens rejettent cette thèse à laquelle il ne leur est pas possible d'adhérer. Cette version officielle des faits paraît invraisemblable aux proches de la disparue ; ils ont d'excellentes raisons de la réfuter. On sait par ailleurs que sous la pression et l'emprise du régime en place, de nombreux fonctionnaires collaboraient avec la junte. Ils craignaient en effet de devenir à leur tour la cible de la violence d'État. Cela a conduit certains à travestir leurs déclarations, pour éviter d'être inquiétés et arrêtés à leur tour. D'autres ont agi par adhésion idéologique avec la junte. Tous auront ainsi participé de près à l'instauration d'un mensonge d'État, dont l'enjeu consiste à effacer les crimes pour disculper les coupables.

Semer la confusion chez les proches de disparus en falsifiant les faits et en manipulant les restes funéraires

Une autre stratégie qui relève aussi de la manipulation mentale des proches de disparus consiste à les inciter à le déclarer officiellement comme étant décédé, quitte à manipuler ses restes et à tromper sa famille et ses camarades.

---

103 René Kaës, « Ruptures catastrophiques et travail de la mémoire ». p. 200.

La manipulation sordide des restes des disparus est en effet malheureusement courante dans de tels contextes politiques, et cela même après la dictature. En témoigne Diana, une participante à l'étude, qui est toujours à la recherche du corps de Luis, son premier mari, dissident politique, disparu il y a plus de cinquante ans :

> Actuellement bah on est encore à la recherche de son cadavre [...] Après suite à l'intervention de *Amnesty International* et des autres organismes, ils nous ont donné un corps pour vérifier si c'était son corps. – On a (soupire) – on a reçu ce corps, on l'a enterré ! Et après on l'a dés-enterré pour savoir s'il correspondait à l'ADN qui était marqué. Le corps : il avait disparu. Donc euh-ils l'ont sorti de-d'une niche et il a disparu. On n'a pas de preuves matérielles de son corps jusque aujourd'hui.
>
> *(Diana : 5)*

Ce témoignage poignant illustre de manière édifiante le processus de déshumanisation dont les dépouilles font parfois l'objet. Il souligne la barbarie du régime en place : avec l'aide des associations, Diana récupère un corps que les autorités présentent officiellement comme étant celui de Luis, son mari disparu. Elle et les siens peuvent enfin l'enterrer, lui rendre hommage par des rites funéraires et se recueillir. Toutefois, les associations de défense des droits humains ont été ensuite confrontées à des cas où il s'est finalement avéré que l'identité des dépouilles restituées aux familles avait été falsifiée à dessein. C'est pourquoi il arrive qu'elles exigent l'exhumation des corps pour vérifier si l'ADN correspond ou non.

Lorsque Diana et les siens ont exigé de rouvrir la tombe, la dépouille de Luis avait disparu ! Impossible dès lors de vérifier si le corps qui reposait dans la tombe correspondait bien à l'ADN du mari de Diana. Pire encore, les proches et les associations qui encadrent leurs démarches réalisent qu'ils ont sans doute été trompés : le fait qu'on ait fait disparaître la dépouille sonne en l'occurrence comme un aveu de la part des instances officielles. Les proches de Luis ont été pris au piège, la restitution de la dépouille en question constituait un simulacre, visant à disculper les agents de l'État et leurs collaborateurs. À qui appartient donc ce corps qu'elle et les siens avaient enterrés en croyant inhumer la dépouille de Luis ? Où se trouve dès lors son corps ? Les questions restent criantes, mais demeurent toujours sans réponses.

On voit ainsi comment tout est mis en place pour inciter les proches de disparus à renoncer à élucider les causes de sa mort. Il s'agit donc de mettre coûte que coûte le passé sous clé, le mettre sous silence en l'enfouissant sous une chape de plomb.

La reconnaissance du corps du disparu par ses proches est présentée par les autorités en place comme porte du salut alors qu'en fait elle est d'abord et avant tout pensée pour disculper les agents du crime et surtout l'État qui est incapable d'endiguer la violence.

Manipuler la culpabilité des proches de disparus : une dérive perverse du pacte dénégatif

Dans d'autres récits que nous avons recueillis, le régime autoritaire en place fait passer le disparu pour un mari infidèle qui aurait refait sa vie ailleurs avec une autre femme.

En témoigne, le dialogue que relate Diego, dont le père a disparu alors qu'il était encore en bas-âge :

> [Ouais on a envie d'y croire] et pis en plus faut pas oublier un truc, c'est que du côté des fachos, ils ont toujours dit, « les disparus ils existent pas, en fait ils sont cachés, en fait c'est des gens qui sont en Europe » [(aspiration)] [...] J'ai eu droit à une policière qui m'a dit, qu'a dit à ma grand-mère, « mais pourquoi vous dites qu'il est mort s'il a disparu, qui vous dit qu'il est pas parti avec une autre femme ? » [...] Une fois que j'devais r'faire mes papiers quand j'étais ado, j'avais treize-quatorze ans.
> [« Ah ouais, donc en période, c'était la démocratie quoi ? »]
> [Oui-oui] c'était la démocratie.
>
> *(Diego : 154)*

Dans l'extrait, la policière fait du disparu politique un mari comme un père de famille irresponsable qui aurait abandonné sa femme et les siens pour des motifs d'infidélité sentimentale et conjugale, donc égoïstes. Ses propos disculpent ainsi le régime, d'une part, tout en inculpant le disparu qui serait le seul fautif : il aurait orchestré sa propre disparition pour des raisons privées. On peut faire l'hypothèse que cette fonctionnaire s'associe ainsi à la junte, voire qu'elle réalise par procuration un fantasme morbide de faire disparaître les dissidents politiques[104] ce qui génèrait une jouissance haineuse.

Or, une telle version des faits est non seulement fallacieuse, mais elle fait du disparu un coupable, celui qui a fait du mal aux siens en les trahissant. La policière fait ainsi passer la fille de la grand-mère en question, partant la mère de Diego, pour une femme soit disant cocue et trahie qui n'aurait pas su faire en sorte de garder son mari auprès d'elle et de leur fils, désormais orphelin de père.

On voit ici combien le sentiment de culpabilité fait l'objet d'une manipulation pour disculper les coupables et garantir leur impunité. Non seulement l'existence-même du disparu politique est niée, mais on impose une version des faits fallacieuse qui fait basculer la culpabilité de l'espace public à l'espace privé, ce qui dépolitise le débat. Tout est en effet fait et pensé dans les moindres détails pour générer un « effet de non-sens »[105] qui nourrit une « attitude de suspicion »[106] à l'égard des victimes.

---

104 Nous nous basons ici sur la clinique de l'inceste familial pour décrire la dérive perverse du pacte dénégatif en question (René Kaës, « communication personnelle », 2022).
105 René Kaës, « Ruptures catastrophiques et travail de la mémoire », p. 200.
106 René Kaës, *Le malêtre*, p. 255.

Si la personne s'est volatilisée, si elle reste introuvable, c'est en l'occurrence qu'elle devrait, daprès la junte, être considérée comme coupable de son destin[107] : elle aurait organisé sa disparition pour des motifs privés. Pervers, un tel pacte dénégatif procède en ce sens d'un double renversement : les victimes sont présentées comme les coupables et la souffrance endurée devient une « affaire privée » pour les proches[108]. Le mensonge d'État est ainsi enterré d'office. Voici comment les agents de la violence d'État rendent les proches complices de ce qu'Estibal[109] appelle l'assassinat de la mémoire[110].

Dans le cadre de la violence d'État, la culpabilité fait en effet l'objet d'une manipulation perverse qui vise à mettre à mal la causalité historique des faits[111]. C'est vrai premièrement pour la culpabilité que l'on fait endosser au disparu[112], lequel est par exemple rendu coupable d'avoir perdu la tête en s'engageant dans la dissidence ou d'être un dangereux complotiste à la solde des communistes.

Mais ce sont également les proches qu'on tente d'inculper : on leur reproche par exemple de ne pas être parvenus à dissuader le disparu de privilégier la dissidence, voire de s'engager dans la guérilla. Bref, la famille du disparu serait coupable de ne pas avoir su éviter qu'il ne perde la tête, qu'il rejoigne l'"ennemi". Pire encore, les proches sont soupçonnés d'être impliqués dans les choix politiques de la victime.

On voit bien ici la dérive perverse du pacte dénégatif imposé par les autorités en place. Le complot que les juntes n'ont de cesse de fomenter pour se débarrasser d'une partie de la population civile est projeté sur les dissidents politiques qui se battent en faveur d'idéaux démocratiques[113]. Accusés d'être à l'origine de stratagèmes menaçant la sécurité publique, l'État réprime sévèrement les opposants au régime, qui sont aussitôt désignés comme des cibles idéales. Le danger qu'ils représentent légitimerait dès lors la mise en place d'un système dictatorial supposé endiguer les risques d'une dérive démocratique qui conduirait à leurs yeux l'État à la faillite. On voit bien combien l'identification projective constitue le levier de la confusion semée par la junte dont le discours autoritaire est fortement empreint de mécanismes projectifs relevant de la paranoïa. Tout est fait pour générer et nourrir « l'apriori du soupçon »[114].

Or, du fait que la violence imposée par l'État aux opposants est à la fois niée et annulée, cela « permet » de mettre à mort d'innombrables citoyens « en toute impunité »[115]. Cette situation renvoie à ce que René Kaës appelle l'*absence de répondant* au niveau du cadre méta-social[116]. Le sujet fait face à un manque d'adresse, de

---

107 Maria Lucila Pelento, « Mourning for missing people ».
108 Elizabeth Lira, « Trauma, duelo, reparación y memoria », *Revista de estudios sociales* 36 (2010), pp. 14-28.
109 Sylvain Estibal, *Terres voraces* (Actes Sud, 2022).
110 Cette expression fait écho au titre de l'important ouvrage de Vidal-Naquet (1981) intitulé : *Les assassins de la mémoire. "Un Eichmann de papier" et autres essais sur le révisionnisme.*
111 René Kaës, « Ruptures catastrophiques et travail de la mémoire ».
112 Maria Lucila Pelento, « Mourning for missing people » ;
113 René Kaës, « Ruptures catastrophiques et travail de la mémoire ».
114 René Kaës, *Le malêtre*, p. 255.
115 René Kaës, « Postface. Traduire les restes, écrire l'héritage ». p. 186.
116 René Kaës, *Le malêtre*.

destinataire. Le cadre institutionnel socio-politique ne peut contenir ni soutenir les demandes des sujets. Faire l'expérience de la non-reconnaissance des crimes dans la sphère sociale risque ainsi selon Mario De Vincenzo de générer « un véritable désétayage social du psychisme, qui réactive des états de détresse psychique auxquels le sujet répondra à travers une déliaison subjectale »[117].

Quant à Elisabeth Lira, elle souligne combien « cette situation semble obliger les victimes à assumer les préjudices subis, l'exclusion et les abus comme s'il n'y avait pas d'auteurs et comme si l'État n'avait pas la responsabilité de rétablir l'ordre et l'état de droit, c'est-à-dire garantir la reconnaissance des droits de tous »[118]. Lorsque ces situations perdurent, poursuit-elle, les victimes peuvent se retrouver dans le désespoir, la désolation et l'isolement, ou continuer à revendiquer leurs droits sans relâche et jusqu'à leur mort, en tentant de résister à l'absence de justice. En effet, les familles et les groupes politiques qui osent dénoncer la répression politique, ceux et celles qui opposent des actes de résistance aux juntes, et celles qui, comme les Mères de la Place de Mai, réclament qu'on leur rende les disparus vivants, deviennent autant de coupables idéaux. Si ces dernières sont considérées comme les « Folles de la Place de Mai », ou encore comme des mythomanes, des menteuses, des aliénées dont le propos est qualifié de délirant, la population civile et les militants sont pour leur part désignés comme de dangereux complotistes, des manipulateurs redoutables qui mettraient la sécurité publique en péril[119].

Accusés de fomenter un discours construit de toutes pièces en vue de nuire au régime en place, ils deviennent ainsi coupables de tous les maux. Du coup, l'instance qui inflige la violence n'est pas reconnue en tant que telle. Elle est au contraire blanchie de tout crime[120].

Garantir l'impunité à tout prix : l'effondrement des instances judiciaires comme garants méta-sociaux

Si le travail de la justice définit la légitimité des sanctions en cas d'infraction à la loi en vigueur dans un état démocratique, si les procès participent au développement de la culture et garantissent la continuité du cadre méta-social, la vengeance et la loi du talion sont au contraire légion dans le contexte de la violence d'État. Dans un système dictatorial, la déferlante criminelle que le pouvoir en place exerce au nom de l'État lui-même n'est pas régulée par la parole. La violence du corps-à-corps sanglant et terrorisant prend le relais de la fonction tiercésisante habituellement dévolue aux institutions officielles. Les agents de la dictature en place et leurs collaborateurs peuvent donc faire fi de toute loi comme de toute morale. En abolissant la différenciation entre désir et interdit, la tyrannie et les règles arbitraires qui sont imposés portent

---

[117] Mario De Vincenzo, « Souffrances dans les liens et processus sans sujet », *Corps & Psychisme*, 71, 1 (2017) pp. 97-108, p. 102. https://doi.org/10.3917/cpsy2.071.0097.
[118] Elizabeth Lira, « Trauma, duelo, reparación y memoria », p. 16.
[119] René Kaës, « Ruptures catastrophiques et travail de la mémoire ».
[120] René Kaës, « Postface. Traduire les restes, écrire l'héritage ».

fortement atteinte à toutes les institutions habituellement garantes du respect des interdits fondateurs[121].

Dans un état de droit, le procès constitue un ressort juridico-politique favorisant l'émergence de la vérité, comme le rappelle René Kaës. Mais ce sont au contraire la violence et l'arbitraire associés à la loi du plus fort qui règnent sous un régime autoritaire où les cadres et les garants juridiques sont désormais abolis. L'institution judiciaire se fait dès lors complice des agents de la répression politique. Elle n'est du coup plus au service de la restauration d'une référence tiércésiante qui la caractérise. Tous les moyens sont dès lors bons pour manipuler et définir des « énoncés sur l'Histoire capables de la légitimer »[122].

Le travail de mémoire et d'historicisation – qui prend du temps et appelle la confrontation de plusieurs versions souvent contradictoires de l'Histoire pour favoriser l'émergence de la vérité – est fortement mis à mal, voire aboli[123]. Une seule version de l'Histoire est à la fois tolérée et imposée par le régime autoritaire en place. L'impunité que génère le pacte dénégatif pervers est donc in fine au service d'une falsification de l'Histoire collective qui signe « un déni de justice »[124].

L'État impose la mise sous silence du passé traumatique qui reste, en l'état, irreprésentable et impensable. Cela condamne la société tout entière au mensonge comme au mutisme[125]. Le travail d'historicisation est d'ailleurs d'autant plus entravé que certains États édictent des lois d'amnistie[126]. Celles-ci promeuvent l'oubli par décret dans un souci de réconciliation nationale[127], certes, mais elles ouvrent ainsi du même coup la porte au négationnisme[128]. On comprend pourquoi ce sont bien "les vainqueurs qui proclament une amnistie générale mais qui le plus souvent les protège bien davantage que leurs adversaires", comme le rappelle justement Jeanne-Marie Gagnebin[129]. D'où les importantes limites d'une telle politique. L'impact de ces lois sur les individus et la société n'est pas négligeable. En effet, à travers cette institutionnalisation du silence et de l'oubli, le contrôle sur la population perdure après la dictature. Pour Nora Sveaass and Nils Johan Lavik, il s'agit dès lors de pointer en quoi cette situation constitue « une continuation de la violence politique »[130].

L'épisode que retrace Diego, un participant à notre étude, est emblématique de la politique d'effacement des crimes et de l'impunité qu'elle génère. Son père a disparu au cours de sa petite enfance; sa mère a quant à elle été séquestrée et torturée par la

---

[121] René Kaës, « Postface. Traduire les restes, écrire l'héritage », p. 187.
[122] René Kaës, « Ruptures catastrophiques et travail de la mémoire », p. 202.
[123] René Kaës, *Le malêtre*.
[124] René Kaës, « Postface. Traduire les restes, écrire l'héritage », p. 186.
[125] René Kaës, « Ruptures catastrophiques et travail de la mémoire », p. 201.
[126] Les lois d'amnisties ont été introduites dans les différents pays : 1978 au Chili, 1985 en Argentine, 1982 en Bolivie, 1979 au Brésil, 1984 et 1990 au Paraguay et 1986 en Uruguay (Vincent Gouëset, 2009).
[127] Paul Ricoeur, *Le juste* (Paris : Editions Esprit, 1995).
[128] René Kaës, *Le malêtre*.
[129] Jeanne Marie Gagnebin, « Les empêchements de la mémoire », *Etudes Ricoeuriennes*, 10, 1 (2019), pp. 43-57, p. 51. https://doi.org/10.5195/errs.2019.454.
[130] Nora Sveaass, et Nils Johan Lavik, "Psychological aspects of human rights violations: the importance of justice and reconciliation", *Nordic Journal of International Law*, 69, 1 (2000), pp. 35-52, p. 43.

junte avant d'être libérée. Elle a ensuite pris le chemin de l'exil avec son enfant en bas âge. Or, alors même que la dictature avait pris fin et que la démocratie avait été restaurée dans son pays d'origine, cette ancienne prisonnière politique se retrouve nez à nez avec deux des gardiens de la prison qui l'ont maltraitée durant sa captivité. La scène se déroule à l'aéroport de leur pays natal.

> Parce que ça c'était aussi des trucs qui nous étaient arrivés avec ma mère, c'était de se retrouver nez à nez dans un café avec deux de ses geôliers – et pis qui la regardaient en s'marrant [Ça vous est arrivé?] Ouais, oui, je devais avoir douze ans moi. Pis ma mère est devenue blanche comme c'est pas possible, et les gars au café d'à côté (pause), ils la regardaient en s'marrant.
> [Et qu'est ce qui s'est passé ensuite?] Ben rien, c'était en plus au café de l'aéroport, donc moi j'suis monté dans l'avion, et pis ma mère restait en plus au pays, ce qui était extrêmement traumatisant (aspiration), mais ouais [...] Ben ça c'est justement, c'est c'que, ben à c'moment-là y étaient protégés...
> Euh, ils étaient protégés par des lois, euh – d'impunité justement qui ont été annulées courant-, au milieu des années deux-mille [...]
> [Ouais, par Amnesty]
> [Ouais] et donc justement, c'est-à-dire qu'effectivement, au sein de la commission (nom de l'association), on a très activement lutté contre cette impunité (aspiration).
>
> *(Diego : 177)*

Au bénéfice des lois d'amnistie en vigueur au moment de la restauration de la démocratie, les deux geôliers en question se promènent impunément et éhontement dans l'espace public. Libres, ils croisent une de leurs anciennes victimes, la dénigrent du regard devant son fils, sans avoir fait l'objet d'aucune poursuite judiciaire. À tout moment, la mère de Diego et tant d'autres risquent ainsi d'être directement exposés à leurs bourreaux; une telle situation maintient éveillées les douleurs impensées et impansées du passé, ravivant un profond sentiment d'injustice devant l'impunité dont jouissent les agents de tels crimes d'Etat. De plus, comme le souligne Elina Aguiar, le climat de menace et d'incertitude suscité par le contexte d'impunité risque de réactualiser les expériences traumatiques[131]. Du coup, les disparus comme leurs proches deviennent les « victimes émissaires » des crimes restés impunis, ce qui permet le maintien du mensonge entourant les vrais coupables[132].

Abolies, les institutions dévolues à l'élaboration des blessures traumatiques du passé ne sont plus au service des victimes des crimes politiques commis par et au nom-même de l'État. Ce dernier est au contraire trop occupé à soutenir sa propre négativité par le déni de sa propre violence qui aura pourtant généré une transgression significative des interdits majeurs. Or, une telle négation de la violence amplifie bien

---

131 Elina Aguiar, « Efectos Psicosociales de la Impunidad ». https://www.apdh-argentina.org.ar/sites/default/files/u6/Efectos%20psicosociales%20de%20la%20impunidad.pdf.
132 René Kaës, « Postface. Traduire les restes, écrire l'héritage », p. 188.

entendu la portée de celle infligée au nom même de l'Etat aux innombrables victimes comme à leurs proches survivants[133].

« S'il n'y a pas de sanction, il n'y a pas de justice ni de réparation. Mais il n'y a pas non plus de crime ; alors il n'y a pas de vérité et pas d'histoire »[134].

SOUVIENS-TOI ! *Témoigner pour lutter contre la politique d'effacement des crimes politiques et pour endiguer la répétition du passé*

Lutter contre les défauts d'inscription mémorielle et historique suppose de restaurer les cadres méta-sociaux garantes du droit entourant le respect des interdits fondateurs. C'est à cette condition, et à celle-ci uniquement que les processus de symbolisation au service de l'établissement de la vérité des faits pourront progressivement reprendre leurs droits. La restauration des dispositions légales entourant le respect de la liberté d'expression dans l'espace public constitue en effet un des préalables nécessaires au travail de mémoire et d'historicisation. Ce dernier appelle la mise en tension souvent conflictuelle de fragments du passé. On tente ainsi d'élaborer un récit officiel des faits au service d'une continuité narrative au service de la vérité. L'échange, la confrontation des récits parfois, souvent divergents sont donc nécessaires à retracer les actes qui auront conduit à violer les droits humains fondamentaux d'une partie des citoyens.

Mais si le rétablissement de tels cadres institutionnels est nécessaire pour restaurer la capacité d'un État à se maintenir garant des droits fondamentaux de chaque citoyen, il est aussi indispensable à assurer la capacité de résister à cette violence par la pensée et par l'action[135].

Violemment réprimées sous la junte, les associations qui luttent en faveur du respect des droits humains représentent un étayage groupal significatif pour les proches de disparus[136]. Cela favorise un partage élaboratif autour de la mise à mal du processus de deuil[137]. Enfin, ces groupes soutiennent et promeuvent le travail de mémoire et le processus d'historicisation afin de combattre l'oubli[138]. La lutte contre l'impunité passe en effet inévitablement par la valorisation du travail mémoriel[139]. En recueillant leurs témoignages, en endossant un rôle de porte-parole ou encore en les

---

133 René Kaës, « Ruptures catastrophiques et travail de la mémoire ».
134 Silvia Alvarez Merino, *Efectos psicosociales de la impunidad* (Federación Estatal de Foros por la Memoria, 2012), p. 9.
135 René Kaës, « Ruptures catastrophiques et travail de la mémoire ».
136 Jacqueline Adams, « Enforced disappearance: Family members' experiences », *Human Rights Review*, 20, 3 (2019), 335-360. https://doi.org/10.1007/s12142-019-0546-6; Ximena Faúndez, Bárbara Azcárraga Gatica, Carolina Benavente Morales et Manuel Cárdenas Castro, « La desaparición forzada de personas a cuarenta años del golpe de estado en chile: Un acercamiento a la dimensión familiar » *Revista Colombiana de Psicología*, 27, 1 (2018), pp. 85-103 ; Elizabeth Lira, « Desaparición forzada trauma y duelo: Chile 1973-2014 ».
137 Laura Marina Panizo, « Disparus, mort négligée et rituels en Argentine. De la quête à l'exhumation des corps» [The disappeared, unattended death, and rituals in Argentina: From the search to the exhumation of bodies], *Problèmes d'Amérique latine*, 104, 1 (2017), pp. 85-100. https://doi.org/10.3917/pal.104.0085.
138 Nadia Tahir et Marina Franco, « Associations de victimes, terrorisme d'État et politique dans l'Argentine de 1973 à 1987 », *Vingtième Siècle. Revue d'histoire*, 105, 1 (2010), pp. 185-198. https://doi.org/10.3917/ving.105.0185.
139 Silvia Alvarez Merino, *Efectos psicosociales de la impunidad* (Federación Estatal de Foros por la Memoria, 2012).

aidant à porter plainte quand cela est possible, en menant leur propre enquête, en dénonçant les crimes commis, les associations de défense des droits humains luttent vigoureusement contre l'impunité qui gangrène certaines démocraties après la chute d'un régime autoritaire. Les permanents comme les militants de telles associations s'accordent ainsi à « affirmer qu'il faut se souvenir pour s'assurer que ne se reproduisent *plus jamais* [*nunca mas* !140] tant de morts, tant de douleur et de peur, tant de pertes. L'expression *nunca mas* ["plus jamais ça"] est répétée comme un exorcisme, et elle est également associé à l'expression "se souvenir pour ne pas répéter" [*"recordar para no repetir"*]. Dans un autre registre, une telle affirmation est aussi familière au savoir psychanalytique. Elle sous-tend l'urgence d'examiner le passé, de l'élaborer et de le subjectiver pour proposer des changements dans ce qui peut reproduire et activer le conflit [traduction libre] »[141].

Institutions officielles et associations promouvant le respect des droits humaines favorisent ainsi le travail de remembrance, de co-mémoration d'une part[142] et le processus d'historicisation, d'autre part[143]. C'est ainsi qu'elles pourront, souvent main dans la main, progressivement endiguer les politiques d'effacement des crimes politiques. Il s'agit en effet idéalement non seulement d'instituer des procès, de favoriser le travail des historiens en mettant par exemple sur pied des commissions au service de l'établissement de la vérité, mais aussi de promouvoir des lieux de mémoire au sein de l'espace public.

Quant aux enjeux associés au témoignage des victimes comme des proches dans le travail de mémoire et d'historicisation, il y aurait beaucoup à dire au sujet de son importance capitale et à ses enjeux dans la lutte contre les politiques d'effacement des crimes politiques comme la disparition forcée. Dans les entretiens que nous avons conduits, certains proches de disparus ont souligné l'importance de témoigner pour lutter contre de telles politiques promouvant l'effacement dont leur famille a douloureusement pâti et continue de souffrir aujourd'hui encore.

C'est le cas par exemple de Paco, dont l'oncle a disparu au cours de la dictature. Malgré les nombreuses recherches qu'elle a entreprises, la famille ne dispose d'aucune information sur le sort réservé à leur proche. Dans l'extrait qui suit, Paco relate la chape de plomb et la cruauté à laquelle sont confrontés les proches de disparus lorsqu'ils témoignent officiellement du passé.

---

140 Ce slogan ¡Nunca más ! trouve ses origines en Argentine, il figure comme titre dans le rapport final d'une des premières commissions mises en place après la junte militaire, à savoir la Comisión Nacional sobre Desaparicion de Personas (1984) [Commission Nationale sur la Disparition de Personnes]. Elle a été dirigée par l'écrivain Ernesto Sábato.
141 Elizabeth Lira, « Trauma, duelo, reparación y memoria », p. 25.
142 René Kaës, « Ruptures catastrophiques et travail de la mémoire » ; René Kaës, « Postface. Traduire les restes, écrire l'héritage » ; René Kaës, « Dénis collectifs et mémoire et travail de l'intersubjectivité » ; René Kaës, *Le malêtre* ; René Kaës, *L'extension de la psychanalyse. Pour une métapsychologie de troisième type* (Paris: Dunod, 2015), pp. 91-102.
143 Pierre Nora, « Mémoire de l'historien, mémoire de l'histoire. Entretiens avec J.-B. Pontalis », *Nouvelle revue de psychanalyse*, 15, (1977), pp. 221-232 ; Pierre Nora, *Les lieux de mémoire*, (Paris : Gallimard, 1997).

> Mes parents sont allés témoigner à l'ONU comme étant témoin et membre de la famille, de ce qu'ils avaient vécu et dénoncé qu'ils le connaissaient parce qu'il y avait beaucoup ça aussi. Parfois, on disait « mais non, cette personne n'a jamais existé, c'est pas vrai ». Donc, il fallait prouver que c'était une vraie personne, avec une vraie famille, avec de vrais enfants, des vrais parents. [...] Et il y a eu ça. Et puis, il y a eu le fait que « mais non, il est pas disparu, il est probablement avec une autre femme ailleurs. Il avait une autre femme, pis il est parti ». Ils ont eu beaucoup aussi. Avec tout l'impact sur la famille que ça pouvait avoir à ce moment-là.
>
> *(Paco, 44).*

Pour dénoncer les crimes commis sous la junte, les parents de Paco témoignent auprès de l'ONU. Dans ce cadre, ils racontent comment le régime militaire en place les aura contraints de démontrer l'existence du crime en rétablissant l'existence-même de leur proche disparu. Ils ont en effet dû rappeler sa place sexuée singulière dans la généalogie familiale, « avec de vrais enfants, de vrais parents ». On voit combien le discours porté par la famille et dont témoigne ici Paco vise à redonner un statut, une dignité humaine à l'oncle disparu, afin qu'il ne soit pas condamné à l'oubli. Les proches luttent contre l'injustice : ils témoignent en ce sens « contre la justice » qui, lorsqu'elle est corrompue, promeut l'impunité. La junte ayant consciencieusement pris soin d'éliminer toute trace concernant leur victime, ses proches auront dès lors été confrontés à une forme de violence qui s'ajoute et amplifie de manière exponentielle la violence d'État à l'origine de la disparition forcée et des sévices qui lui sont associés : il s'agit ici bien de la négation par les militaires de leur propre destructivité.

Si « le devoir de mémoire est fondé sur la loyauté et l'affection envers les victimes [traduction libre] », s'il vise à participer à la restauration des cadres méta-sociaux garants du respect des droits fondamentaux de tout en chacun dans un État de droit, « il est aussi l'expression d'une responsabilité sociale envers la communauté humaine mondiale, en faisant connaître cette violence et ses effets, et en demandant qu'elle ne se répète jamais [traduction libre] »[144].

Mais c'est aussi pour honorer la mémoire des disparus politiques et plus largement de toutes les victimes des juntes militaires en place dans l'Amérique latine des années soixante-dix que les survivants témoignent. Ils tentent ainsi de recouvrir symboliquement les morts d'un linceul de paroles[145] qui, à défaut de rites funéraires, contribue à restaurer la dignité de ceux qui ont été laissés sans sépulture[146].

Héritiers d'une « histoire illicite » qui ne se laisse pas officiellement conter[147], les survivants sont souvent condamnés à vivre dans le secret les effets dévastateurs des politiques d'effacement systématique des traces des crimes commis impunément

---

144 Elizabeth Lira, « Trauma, duelo, reparación y memoria », p. 25.
145 René Kaës, « Postface. Traduire les restes, écrire l'héritage ».
146 Muriel Gilbert, *Antigone et le devoir de sépulture* (Genève : Labor et Fides, 2005).
147 René Kaës, « Postface. Traduire les restes, écrire l'héritage ».

par le régime en place. Ils luttent ainsi contre « l'insidieux et anesthésiant brouillard de l'oubli », selon les termes de René Kaës[148]. « Le devoir de mémoire a été rendu explicite dans les écrits de Primo Levi qui l'interprète en termes de loyauté des vivants envers leurs morts[149]. Cela s'inscrit dans une vision évaluative des relations sociales fondées sur le respect de l'autre, de son individualité et de sa diversité, dans l'espoir que la mémoire contribuera à éradiquer la cruauté et les abus pour des motifs politiques »[150] [traduction libre].

Conclusion

Dans la présente contribution, nous avons tenté de cerner les ressorts de la politique d'effacement systématique des crimes en place dans le cadre de régimes dictatoriaux. Pour cela nous nous sommes appuyées, d'une part, sur des travaux psychanalytiques portant sur la violence d'État et, d'autre part sur le témoignage des participants à notre recherche qualitative. Nous nous sommes particulièrement intéressées à la disparition forcée de personnes comme crime politique emblématique de la violence d'État. Dans ce contexte, la défaillance des cadres méta-sociaux et métapsychiques génère à la fois une catastrophe sociale et des catastrophes pychiques d'origine sociale. Nous avons souligné à quel point toute la politique de répression en place est pensée et élaborée pour inciter la population à se taire ; les mensonges d'État et la manipulation des faits et des preuves créent un climat de confusion et de terreur chez les proches de disparus et au sein de la société tout entière. L'enjeu consiste en l'effacement des crimes et dans le maintien à tout prix de l'impunité des coupables : cela va jusqu'à faire disparaître la dépouille d'innombrables victimes.

Nous avons en ce sens tenté de montrer que c'est bien à un simulacre de justice que certains participants à notre étude ont parfois été confrontés. Un procès appelant à la barre de faux-témoins complices des militaires est organisé pour garantir l'impunité des agents de la répression politique. Dans ces pseudo-tribunaux – quand il y en a – la vérité des faits est tout simplement annulée, déniée, niée par des témoins qui adoptent un récit construit de toute pièce de manière à le mettre au service de l'impunité des agents de tels crimes d'Etat.

Or, si l'une des fonctions du procès consiste à favoriser la levée des résistances à la libre prise de parole comme au travail de remémoration, on comprend pourquoi sa tenue représente au contraire une importante menace pour certains régimes autoritaires. Ces derniers prétendent en effet détenir le monopole du discours officiel reposant sur la causalité unique[151]. La mise à mal des processus de symbolisation sur lesquels repose la culture et la justice entraînent des désastres, non seulement à l'échelle d'une nation, des groupes et des familles, mais aussi au niveau subjectif.

---

148 René Kaës, « Ruptures catastrophiques et travail de la mémoire », p. 170.
149 Primo Levi, *Deber de memoria* (Madrid : Libros de Zorzal, 2006).
150 Elizabeth Lira, « Trauma, duelo, reparación y memoria », p. 25.
151 René Kaës, « Ruptures catastrophiques et travail de la mémoire ».

Quant aux lois d'amnistie qui sont parfois adoptées une fois la démocratie restaurée dans les pays autrefois soumis à un régime dictatorial, elles ont bien entendu officiellement pour fonction première de colmater les brèches creusées par la violence d'État dans le corps social. Il s'agit en effet de réduire l'effet dévastateur des clivages en tentant de réconcilier les parties qui se seront opposées, souvent violemment, pendant la junte. Or, l'imposition d'un tel pacte dénégatif qui se voudrait structurant, génère de fait une « mémoire empêchée » qui constitue une forme d'oubli paradoxal. « Imposer l'oubli est, de manière paradoxale, imposer une forme unique de mémoire, produisant du même coup une « mémoire empêchée » qui n'aura de cesse de revenir et de miner l'équilibre difficilement atteint : la mémoire vivante réclame son indépendance et bat en brèche les précaires arrangements de la mémoire officielle », rappelle à ce sujet Jeanne Marie Gagnebin[152].

Même si de telles dispositions légales sont parfois nécessaires pour promouvoir la réconciliation nationale, comme pour instaurer une forme de paix indispensable à la survie d'un ensemble social, il n'en reste pas moins qu'elles ne sont pas sans générer un coût significatif. Le prix qui va de pair avec une telle *amnésie institutionnelle* est des plus lourds[153]. En effet, les lois d'amnistie en question sont proclamées par les parlementaires. Elles sont donc encadrées par des garants institutionnels d'ordre politique et non par des instances juridiques. Elles consistent donc « en un effacement qui va bien au-delà de l'exécution des peines. A l'interdiction de toute action en justice, donc à l'interdiction de toute poursuite de criminels, s'ajoute l'interdiction d'évoquer les faits eux-mêmes sous leur qualification criminelle. Il s'agit donc d'une véritable amnésie institutionnelle invitant à faire comme si l'événement n'avait pas eu lieu ». C'est précisément pour maintenir sous silence des pans tout entiers de la violence et des crime politiques commis au nom de l'Etat que de telles lois d'amnistie mobilisent un pacte dénégatif des plus aliénants pour les citoyens. Ces dispositions génèrent donc l'impossibilité d'évoquer les faits eux-mêmes dans l'espace public « sous leur qualification criminelle »[154].

Parce qu'elles suppose d'anéantir « jusqu'à la trace des événements traumatiques »[155], impliquant de sacrifier une nouvelle fois le calvaire enduré par les victimes et leurs proches sur l'autel de la réconciliation nationale, les lois d'amnistie en question génèrent par ailleurs toutes sortes d'abus. Il en va ainsi quand les pans du passé qui sont enterrés vifs sont non seulement au service de l'impunité des coupables, mais que cela conduit également certains à inculper les victimes et leurs proches. Les dérives perverses du pacte dénégatif en question promeuvent ainsi un renversement des rôles des plus infâmes: les coupables sont disculpés et le dispositif conduit les victimes et leurs proches à devoir porter la culpabilité, déresponsabilisant ainsi les agents de l'État pourtant à l'origine du crime.

---

152 Jeanne Marie Gagnebin, « Les empêchements de la mémoire », p. 50.
153 Paul Ricoeur, *Le juste*, p. 205.
154 Paul Ricoeur, *Le juste*, p. 205.
155 Paul Ricoeur, *Le juste*, p. 205.

Comment lutter contre un tel effacement des crimes, comment faire pour qu'une telle barbarie ne se répète pas ? Les témoignages et la valorisation du travail à la fois mémoriel et historicisant jouent un rôle capital. Mais pour parvenir à reconnaître la violence sanglante perpétrée au nom de l'État, il faudrait que la justice fasse la lumière sur les innombrables crimes politiques restés impunis, ce qui est malheureusement loin d'être le cas, même lorsque la démocratie est rétablie. Tant que les cadres méta-sociaux juridiques ne sont ni restaurés ni fonctionnels, les agents de tels crimes d'Etat restent libres, les mains recouvertes de sang, sans être ni inquiétés, ni jugés. Or, dès lors que leurs responsabilités ne sont pas reconnues, la question de la transmission du travail de mémoire se pose : jusqu'à quand et jusqu'à quel point les héritiers de ces crimes politiques parviendront-ils à maintenir les disparus vivants dans la mémoire collective et à leur donner une place dans l'Histoire ? Quant à la transmission du devoir de mémoire aux héritiers de cette sombre période, elle est évidemment centrale, mais sans aller toutefois de soi.[156]

On voit ici combien le silence imposé aux survivants comme au corps social tout entier complexifie le travail de l'héritage[157]. L'insu, les défauts d'inscription psychiques génèrent des blancs, des silences, des secrets qui se transmettent à travers les générations non sans dommages. C'est aussi ce que nous tentons d'éclairer à travers notre recherche en donnant la parole aux descendants de disparus politiques.

Dans ce contexte, le témoignage des proches de disparus qui ont été personnellement et directement confrontés à de tels crimes politiques tout en leur survivant prend une valeur capitale. Prendre la parole, témoigner peut être considéré comme « mandat des morts aux survivants, mandat des survivants aux générations qui les suivent ce qui suppose le rétablissement des cadres méta-sociaux et métapsychiques de manière à rendre possible la symbolisation de la violence »[158].

En témoignant, les proches dénoncent la déshumanisation dont les disparus ont fait l'objet en raison de la cruauté des agents de tels crimes d'État. Car en plus de leur jeter l'opprobre, en plus de leur infliger les pires sévices, en plus de les assassiner sauvagement, les bourreaux qui œuvraient pour la junte ont cherché à humilier leurs victimes comme leurs proches en faisant disparaître, sans doute à tout jamais, leur dépouille.

Or, l'humiliation, qui génère un sentiment de honte et donc l'enfouissement du passé traumatique, est peu traitée dans la littérature. Cela questionne et appelle bien entendu des travaux scientifiques, la publication de témoignages, mais probablement aussi des créations artistiques pour dire les ravages insensés de tels outrages faits à l'humanité de l'homme et qui restent impunis à ce jour. Gageons que de telles productions à la fois intellectuelles et culturelles se multiplieront et continueront à

---

156 Manon Bourguignon, Muriel Katz et Alice Dermitzel, « Traumatic traces of enforced disappearance through generations: From psychoanalytic theory to a family case study », in *The Crime of Enforced Disappearance: Between Law and Psyché*, ed. by Maria Giovanna Bianchi et Monica Luci (Londres : Routledge, sous-presse).

157 Manon Bourguignon, *Les destins de l'héritage traumatique au cœur du processus de parentalité : à propos de la transmission entre les générations chez les descendants d'exilés politiques chiliens vivant en Suisse* (Lausanne : Université de Lausanne, 2020). https://serval.unil.ch/fr/notice/serval:BIB_B3FA716F9624.

158 René Kaës, *Le malêtre*, p. 247.

voir le jour à l'avenir, afin de rappeler le combat de tous ceux et celles qui ont lutté pour un monde plus juste d'une part et d'honorer, d'autre part, la mémoire des disparus politiques.

Que leurs innombrables dépouilles laissées sans sépulture puissent être enveloppés d'un linceul symbolique![159]

---

[159] Nous remercions chaleureusement Silvia Amati Sas pour les nombreux et précieux échanges que nous avons eu la chance d'avoir avec elle, ainsi que Alain Roquejoffre pour sa relecture attentive d'une première version de ce texte.

DIETMAR J. WETZEL

Contested Memories

Aspects of Collective Remembering and Forgetting

▼ **ABSTRACT** After an introduction to the topic, in a second section, in a diachronic perspective, some of the central yields of classical and more recent memory research, especially the sociology of memory, are recapitulated in four points of research history (section 2). In a third section, I address two forms of memory that are often used synonymously, namely collective and social memories, from a more synchronic perspective (section 3). In critical distance to previous research and taking a political-historical perspective, I argue in the fourth section for a stronger social-theoretical embedding and politically oriented, reflexive interlocking of the insights resulting from memory research (section 4). After a brief summary, I problematise in the conclusion with an outlook the question that has recently arisen about a possible end of collective memory and confront these considerations with the concept of transcollective memory (section 5).

> La société, suivant les circonstances, et suivant les temps, se représente de diverses manières le passé : elle modifie ses conventions. Comme chacun de ses membres se plie à ces conventions, il infléchit ses souvenirs dans le même sens où évolue la mémoire collective. Il faut donc renoncer à l'idée que le passé se conserve tel quel dans les mémoires individuelles, comme s'il en avait été tiré autant d'épreuves distinctes qu'il y a d'individus.
>
> Maurice Halbwachs, Les cadres sociaux de la mémoire, *1994 [1925]*,
> *p. 279*

> Ce ne pas c'est qui est, mais ce qui pourrait et devrait être, qui a besoin de nous.
>
> *Cornelius Castoriadis*, Fait et à faire, *1997, p. 77*

1. Introduction

Collective and individual processes of recollection as well as of forgetting are events which significantly shape our humanity and identity. The increase of illnesses involving dementia provides painful awareness of the fact that we are (almost) nothing without memory.[1] The (partial) loss of memory by individuals or by a group can be traced back to different factors. The social environment and aspects which will be discussed later in the context of Maurice Halbwachs's work, are subject to change and they can even be lost altogether and this is the point where memory is increasingly replaced by oblivion. Whatever the specific perspective on collective memory and the related question what will – and what will not be included in it – it all points to a phenomenon which I define as Contested Memories (*Umkämpfte Gedächtnisse*) in my title. To what extent is this definition justified and what did the traditional sociological study of memory contribute? In which fields of research is it possible to identify gaps and to what extent do we need a theoretical and conceptual readjustment in the approaches to the study of memory?

In the past decades the sociological study of memory has dealt with the following questions with greater or lesser intensity:[2] Which collective and social forms of remembering and of oblivion are there? What can be contributed by the traditional and the modern sociology of memory? How can a reasonable distinction be made between collective and social memory? Why is it important for social theory to achieve a stronger contextualisation of the study of memory? Furthermore: is it justified to claim that collective memory has ended – or not? In this article I shall try to find answers to these and related questions.

This article will present a programmatic sketch, beginning with the classic contributions to the study of the sociology of memory by Maurice Halbwachs, Jan and Aleida Assmann, Harald Welzer and others. In addition an attempt will be made to indicate the most important aspects of collective / individual memory and oblivion.[3] It is important to define three different yet related terms or concepts at the outset: *experience*, *remembering* and *memory*: 'If experience is the commodity of history, constituted by it, then remembering is to be understood as the process of reconstructing this experience in the present. Memory draws on modification by turning the

---

[1] In this sense memory is not the only paradise from which we cannot be expelled (Jean Paul).
[2] *Die Sozialität des Erinnerns. Beiträge zur Arbeit an einer Theorie des sozialen Gedächtnisses*, ed. by Oliver Dimbath and Michael Heinlein (Wiesbaden: Springer, 2014); Dietmar Jürgen Wetzel, 'Maurice Halbwachs – Kollektives Erinnern und Vergessen', in *Soziologie des Vergessens. Theoretische Zugänge und empirische Forschungsfelder*, ed. by Oliver Dimbath and Peter Wehling (Konstanz: UVK, 2012), pp. 37-55; Masahiro Ogino, 'Collective Memory, Sociology of', *International Encyclopedia of the Social & Behavioral Sciences*, II, 4 (2015), pp. 200-205.
[3] Astrid Erll, *Memory in Culture* (Basingstoke: Palgrave Macmillan, 2011).

matters to be remembered in to language, images or items in internal and external repositories. These processes are always selective, narrative, fragmentary and social'.[4]

According to Wolfgang Müller-Funk the terms memory and remembering in their typical form can be distinguished as follows: remembering is 'the spontaneous and involuntary return of personal experiences, of painful, pleasurable or embarrassing occurrences whereas memory is the rational and intentional effort to make use of our mental capacities: knowledge, information and cultural techniques'.[5]

Survey

Following a short introduction, the next section will offer some of the results of traditional and more recent research into memory in a diachronic perspective, with special reference to the sociology of memory which will be divided into four chronological points (Section 2). Thirdly, two forms of memory, collective and social memory – often used synonymously – will be discussed in a more synchronic perspective. (Section 3). Maintaining a critical distance to previous research in favour of a political-historical perspective, it is intended to provide a greater social-theoretical context in the fourth section, in which the results of the research into memory are integrated according to political and reflective criteria (Section 4). Following a brief conclusion I shall discuss the recent demand for the end of the notion of a collective memory in the light of a concept of a transcollective memory (Section 5).

Four central ideas

1. Maurice Halbwachs and the more recent sociology of memory still provide essential insights which allow the understanding of collective processes of remembering and of forgetting (Section 2)
2. It is still useful to distinguish between collective and social memory. While collective memories aim to generate the imagined creation of collectives, social memories focus on – empirically visible – socially activated continuity, e.g. with a view to co-ordinate action and individual identity.[6] (Section 3)
3. There is a two-fold necessity of a stronger basis in social theory as well as of a study of memory rooted more firmly in politics, especially as far as the sociology of memory is concerned. (Section 4)
4. The idea of collective memory remains useful. However, modifications and more precise definitions are achieved by ongoing debates (transcultural, transcollective memory etc.). (Section 5)

---

4 Bodo Mrozek, 'Zur Frage des kollektiven Erinnerns. Die Semantik der Memoria', *Merkur* 66 (2012), p. 418.
5 Wolfgang Müller-Funk, *Die Kultur und ihre Narrative. Eine Einführung* (Second Edition) (Vienna and New York: Springer, 2007), p. 264.
6 Heike Delitz, 'Das kollektive und das soziale Gedächtnis. Neue Literatur zur "Gedächtnissoziologie"', *Soziologische Revue*, 40 (2017), 44-60.

2. Links and results: Maurice Halbwachs and the new sociology of memory

In this section some results of traditional as well as of more recent research into memory will be briefly summarised in a diachronic perspective. For the sake of brevity I shall focus on the four most important aspects.

2.1. The constructive character of processes of memorising and forgetting

When we remember, we – strictly speaking – never remember precisely how we experienced an adventure or an event at the time. The French sociologist Maurice Halbwachs had this insight already in the early 20th century when he explicitly pointed out that we always direct our memory from the present into the direction of the past (or future) and that this involves an act of social construction.[7] According to the theory of memory developed by Halbwachs the past is a social construct. A social construct which derives 'aus den Sinnbedürfnissen und Bezugsrahmen der jeweiligen Gegenwarten her'.[8] If we agree with this view the process of remembering can be defined as follows: each individual has their own memories and controls the potential of their memory. This has a two-fold implication: to remember and to forget. Caution is advised because this does not mean 'that the individual can invent what they remember. Remembering is largely unavailable; you often cannot escape the past in your inner self. The past inescapably maintains its presence even up to the degree of pressurisation or traumatic overpowering'[9]. This is important because it removes the seemingly arbitrary element from processes of remembering and forgetting. In addition, this frequently confirmed view clarifies the dynamics and the changeability of the mind and its achievements and failures. Recent references to the illusions of the mind[10] lead to the absurd situation that we claim to have experienced events which can be shown never to have occurred in this way.

2.2. The significance of social contexts

Halbwachs's statement according to which the ability to remember depends on the social context (*cadres sociaux*) remains valid and accepted. Put differently: oblivion is

---

7 Results from the neurological sciences confirm the chronological dual referential quality of memory: 'We often see memory as being directed backwards. We remember moments which shaped our individual life. However, memory also has another function. Its real purpose is to forecast the future', says neuroscientist Wolf. 'Because it helps us to learn from the past' (Alexandra Bröhm, *Süddeutsche Zeitung*, 3.11.2021).
8 Jan Assmann, *Das kulturelle Gedächtnis. Schrift, Erinnerung und politische Identität in frühen Hochkulturen* (6. edition Munich: Beck, 2007), p. 48. 'from the needs for meaning and the frames of reference of the respective present'.
9 Dietmar Schenk, *Kleine Theorie des Archivs* (Stuttgart: Franz Steiner Verlag, 2008), p. 24. In analogy to this, truth cannot be invented because it always requires the search for truth which is to be intersubjective and guided by scholarly or scientific criteria. Today we see the increasing appearance of a vulgar form of radical constructivism which insists against better knowledge, to defend its own subjective, often assumed truth.
10 Julia Shaw, *Das trügerische Gedächtnis. Wie unser Gehirn Erinnerungen fälscht* (Munich: Hanser, 2016).

fast and thorough if a memory is not socially rooted in groups or linked to them. This has practical consequences: researchers into Alzheimer take it for granted that mental agility and activity are stimulated by an active social environment.[11] Consequently, as a method of prevention, care would have to be taken to preserve social networks (friendship, clubs etc.) especially in later age. Loneliness and isolation promote the process of forgetting because memories fade or are lost in the absence of communication.[12] Halbwachs is interested primarily in the social context of the individual's memory. However, his focus is precisely not the individual but the mutual relationship between the individual and groups: 'On peut dire aussi bien que l'individu se souvient en se plaçant au point de vue du groupe, et que la mémoire du groupe se réalise et se manifeste dans les mémoires individuelles[13]'. Even in a (hyper-) individualised society with its continuous processes of fragmentation into various milieus and forms of life, such social contexts are preserved, even though they are becoming more diversified and fragile, e.g. because of increasing mobility, an increase of patchwork-families and an increasing superficiality of social contacts and relationships.

2.3. Collective and individual memory

For Halbwachs the processes of remembering and forgetting are social processes in which he 'denied the independence of the individual memory, in contrast to all psychological or psychoanalytical assumptions[14]'. According to him, individual and collective memory influence each other. Memory is individual so far as it functions 'as part of a unique connection of collective memories, as a place for different group-based memories and their specific links[15]'. Whereas different collective memories inevitably overlap in the individual memory, due to the individual's membership in different groups, collective memory is absorbed by these individuals according to their environment and the communication relationships within it. For this reason the collective memory is not able to determine the process of reconstruction of an individual's past in its entirety. And yet the individual memory is not able to operate without an instrument which was not created by an individual from words and ideas, derived from its environment.[16] How does Halbwachs envisage the interaction between the two memory components in practice? He describes this in a lengthy passage:

---

11   Hans Förstl, *Alzheimer und Demenz. Grundlagen, Diagnose, Therapie* (Munich: Beck, 2021).
12   In this context family memory plays a special role, cf. Harald Welzer, Das kommunikative Gedächtnis der Familie, *Familiendynamik*, 30 (2005), 353-369.
13   Maurice Halbwachs, *Les cadres sociaux de la mémoire. Postface de Gérard Namer* (Paris: Albin Michel, 1994), p. VIII.
14   *Kulturelles Vergessen: Medien – Rituale – Orte*, ed. by Günter Butzer and Manuela Günter (Göttingen: Vandenhoeck und Ruprecht, 2004), p. 9.
15   Jan Assmann, *Das kulturelle Gedächtnis. Schrift, Erinnerung und politische Identität in frühen Hochkulturen* (6th edition Munich: Beck, 2007), p. 37.
16   Maurice Halbwachs, *On collective memory. Edited, translated, and with an introduction by Lewis A. Coser* (Chicago and London: University of Chicago Press, 1992).

If the collective memory takes its strength and durability from the fact that it has a group of people to support it, these are individuals who remember as members of the group. Out of this quantity of shared memories, of which one relies on the other, different ones appear with the greatest intensity to the respective individuals. We are happy to say that each individual memory is a point of view of the collective memory, that this point of view changes according to the perspective I take and that this perspective itself changes according to the relations I have with other environments.[17]

Here emerges a clear shift from Halbwachs's book *Les cadres sociaux de la mémoire*, published already in 1925, because in this instance the individual remembers and not (only) the group as an abstract unit. Secondly, the collective memory of these groups functions as a central resource, which is used by the individuals according to their point of view (*point de vue*). Therefore the immediate presence in the mind is neither a purely individual nor a purely collective memory, which imposes itself on the individual from outside.[18] More important is the interactive link between the two. In other words: even the most personal memories are conditioned by the changes which result from our interaction with different contexts. This affects the changes of each context as well as of their sum. While Halbwachs saw collective memory as given and the individual only as something defined in a social context before this publication on collective memory (1950, German translation 1967), this concept obtained a more differentiated structure and – as far as the individual memory was concerned – a comparatively more relational character.[19]

2.4. Differentiation between forms of memory

A survey of the sociological and cultural research into memory in the past few decades[20] reveals differentiations and more precise definitions of the various forms of memory.[21] Basically all of them have Maurice Halbwachs, sometimes also Aby Warburg as their starting point.[22] Cultural memory was more closely defined especially by Jan and Aleida Assmann, as the resource available to each society of

---

17 Maurice Halbwachs, *La mémoire collective. Édition établie par Gérard Namer* (Paris: Albin Michel, 1997), pp. 94-95.
18 Henri Bergson, *Materie und Gedächtnis. Eine Abhandlung über die Beziehung zwischen Körper und Geist* (Hamburg: Felix Meiner, 1991).
19 Dietmar Jürgen Wetzel, *Maurice Halbwachs. Klassiker der Wissenssoziologie* (Konstanz: UVK, 2009).
20 Nicola Pethes, *Kulturwissenschaftliche Gedächtnistheorien zur Einführung* (Hamburg: Junius, 2008); Dietmar Jürgen Wetzel, 'Gedächtnis aus kultursoziologischer Perspektive', in *Handbuch Kultursoziologie*, ed. by Stephan Moebius, Frithjof Nungesser and Katharina Scherke (Wiesbaden: Springer, 2019), pp. 337-350.
21 I have recently discussed an overlap and the concomitant differentiation between different forms of memory with a particular reference to family memory: Dietmar Jürgen Wetzel, 'Kontexte des Familiengedächtnisses – Aspekte, Funktionen und Formen des Erinnerns/des Vergessens', in *Narrative Praxis. Ein Handbuch für Beratung, Therapie und Coaching*, ed. by Peter Jakob, Maria Borcsa, Jan Olthof and Arist von Schlippe (Göttingen: Vandenhoeck und Ruprecht, 2022), pp. 105-119.
22 When Halbwachs produced his studies on memory in the 1920s the art historian Aby Warburg worked on his collection of images Mnemosyne in order to demonstrate with the help of pictures that Antiquity continued to exist in European culture.

texts, images and rituals which can be re-used and whose conservation stabilizes and projects its self-perception, "collectively shared knowledge, preferably (but not exclusively) of the past, on which a group bases its consciousness of unity and uniqueness".[23]

Apart from Jan and Aleida Assmann, Harald Welzer has worked on communicative memory. In contrast to cultural memory, which is characterised by its distance to everyday life, communicative memory is a short-term memory. It is linked to individuals, it is disseminated by communication and it extends to c. 70-80 years, i.e. three or four generations. Harald Welzer adopts Aleida and Jan Assmann's differentiation between cultural and communicative memory. These two forms of memory treat the past 'mainly intentionally (…); this is about intentional or at least potentially intentional forms of communication and the shaping of the past'.[24]

Since much attention has been given to social memory in recent years,[25] I shall devote the next section to a description of this form of memory, attempting to define the difference to collective memory at the same time.

3. Two forms of memory: collective and / or social memory?

In contrast to earlier publications in which I drew attention to the overlap between different forms of memory and their characteristic features,[26] I shall focus on the significance of a differentiation between collective and social memory in this section. Following the earlier discussion of collective memory, I shall summarise the debate concerning social memory. Harald Welzer defines 'social memory as the sum of social experiences made by the members of a coherent group[27]' For Peter Burke (1993) oral tradition, 'the stock of conventional historical documents such as memoirs, diaries, etc. painted or photographic images, collective commemorative rituals and geographical and social spaces'[28] are a part of a social history of remembering. In this context Welzer believes that it is essential for the study of memory to turn to the subconscious and to unintentional practices of social memory because these practices play an important part in determining who we are and what allows us to be individuals

---

23 Jan Assmann, 'Kollektives Gedächtnis und kulturelle Identität', in *Kultur und Gedächtnis*, ed. by Jan Hölscher (Frankfurt am Main: Suhrkamp, 1988), pp. 9-19, esp. p. 15.
24 *Das soziale Gedächtnis. Geschichte, Erinnerung, Tradierung*, ed. by Harald Welzer (Hamburg: Hamburger Edition, 2001), p. 15.
25 *Die Sozialität des Erinnerns. Beiträge zur Arbeit an einer Theorie des sozialen Gedächtnisses*, ed. by Dimbath and Heinlein (note 2); *Vergangene Vertrautheit. Soziale Gedächtnisse des Ankommens, Aufnehmens und Abweisens*, ed. by Oliver Dimbath, Anja Kinzler and Katinka Meyer (Wiesbaden: VS Verlag, 2019); Heike Delitz, 'Das kollektive und das soziale Gedächtnis' (note 6). pp. 44-60.
26 Dietmar Jürgen Wetzel, 'Kontexte des Familiengedächtnisses' (note 21), pp. 105-119; Maria Borcsa and Dietmar Jürgen Wetzel, 'Transmission familiale entre ambivalence et résilience: le travail intergénérationnel de mémoire après une migration forcée', in Maria Borcsa et Ivy Daure (dir.), *Mobilités et Migrations. Repenser l'approche systémique à l'heure de la mondialisation* (Paris : ESF Sciences humaines, 2023), pp. 105-114.
27 *Das soziale Gedächtnis*, ed. by Harald Welzer (note 24), p. 15.
28 Peter Burke, *Die Geschichte der 'Annales'. Die Entstehung der neuen Geschichtsschreibung* (Berlin: Wagenbach, 2004), p. 15.

in a historical setting – irrespective of intentional activities and reflections about our past.

German-speaking authors in particular, with a background in the sociology of knowledge (in combination with system theory and / or the research by Alfred Schütz) have in recent years focused on social memories and a renewal of the sociology of memory and attempted greater concretisation. This may give the appearance that social memories are to be prioritised with the consequence that social and collective memories could no longer be clearly separated. In order to counter this, the sociologist Heike Delitz advocates a helpful separation of the two forms of memory, stating: 'Sociologies of collective memories would deal with the imaginised (hegemonial, exclusive, subject-forming) creation of collectives; those of social memory deal with social transfer, e.g. with a view to co-ordinated action and individual identity[29]'. In consequence, the debate of social memory should primarily focus on processes of empirical formation related to remembering and forgetting. Interesting studies and edited volumes on this matter have been published in recent years.[30]

It seems to me to be more difficult to deal with what Delitz calls the *imaginised institutionalisation of collectives* (*imaginierte Instituierung von Kollektiven*). If I am not mistaken the imaginary enables collectives which have not been recognised so far. The creation – and this is my interpretation of the term institutionalisation – of other collectives is conceivable and possible, but has emerged in practice only in the way in which we have experienced it, due to hegemonic power constellations, mechanisms of exclusion and specific forms of subject shaping. In this sense the collective memory is not to be understood as arbitrary and without limits but it is linked to imaginary characteristics of societies, groups and individuals.[31] The connections to the collective memory are not always obvious but there are limits to its creative institutionalisation. These are known to the individual but they are given shape at a level above. To give an example: the capitalist imaginary would be the bureaucratic organisation of the world required to maximise the efficiency of control- and surveillance mechanisms over workers and production processes.

On the other hand social memory is based on the conscious and subconscious practices of social interactions which are organised by processes of remembering and forgetting. They ensure the preservation of a specific way of co-ordinating activities and of a specific (personal) identity. At the level of the social memory the creative potential of an institutionalisation via different agents (individually, in co-operation with others, at the level of society). In other words: while the collective memory

---

29 Heike Delitz, 'Das kollektive und das soziale Gedächtnis' (note 6), p. 57.
30 *Vergangene Vertrautheit*, ed. by Dimbath and others (note 25); *Soziale Gedächtnisse des Ankommens*, ed. by Dimbath and others (note 25).
31 An analysis of the differences in the use of the category of the imaginary by Cornelius Castoriadis and Jacques Lacan would require a separate study. Harald Wolf's comments on this are: "The imaginary is in this case not to be equated with ideology, which deviates and detracts, the fictitious or the mirror image (as in the case of Lacan) but indeterminate creations of figures/shapes/images which are at the root at each account of 'something'. They create what we call "reality" or "rationality"', Harald Wolf, 'Gesellschaftskritik und imaginäre Institution. Zur Aktualität von Cornelius Castoriadis', *PROKLA*, 167 (2012), 271.

serves as an imagined reservoir for associations of remembering and forgetting, the study of social memories deals with the manifestation of these associations at the empirical level.

It is true for both forms of memory (and this is true also for all the others) that they are always generated in a consensual way and free of conflict.[32] The exercise of power and lordship plays an important role and the same is true for the social and historical context, so it seems plausible to accept the concept of the *contested memories* (*umkämpfte Gedächtnisse*). In order to do this the political dimension of forms of remembrance and remembering requires greater attention and the same is true for the inclusion of social theories. This will be explained in the following section which will also reveal the advantages of such an approach.

4. Advocating research into memory Involving social theory and political studies

Remembering and what may be forgotten are not only aspects of individual memory but they are a part of competing interpretations and thus depend on the power structures and customs within different levels of society. It needs to be pointed out that while this confirmed time and again in empirical studies of memory, it is rarely used in the systematic and theoretical analysis. For this reason the study of memory in social sciences has rightly been accused of disregarding or neglecting conflicts and power structures.[33] It is no excuse that this situation may be based on an understanding of remembering derived from cultural studies. By now there have been attempts to find a remedy for this deficit.

Kristina Chmelar[34] demands greater attention to the political sphere in the study of memory while Heike Delitz[35] advocates a greater contextualisation in social theory. I shall now comment on both opinions.

(1) According to Kristina Chmelar (2020) a stronger integration of political issues and perhaps also a continuation of social-theoretical debates would be possible if a post-structural perspective could be found to provide a fresh view on memory, remembering and forgetting. The advantage would be as follows:

---

[32] Andrea Langenohl, 'Gedächtnissoziologie, Erinnerung und die Kulturwissenschaften', in *Wissensrelationen. Beiträge und Debatten zum 2. Sektionskongress der Wissenssoziologie*, ed. by Angelica Poferl and Michaela Pfadenhauer (Weinheim: Beltz Juventa, 2018), pp. 690-700; Jan-Christoph Marschelke, 'Transkollektive Gedächtnisse: Notizen zu den Kritiken an der Assmannschen Theorie des kollektiven Gedächtnisses', *Zeitschrift für Kultur- und Kollektivwissenschaft*, 5 (2019), pp. 103-130 have shown that neither the works of Maurice Halbwachs nor of Jan and Aleida Assmann are free from the idealised view of harmonious practices of remembering, which are free of conflict but also one sided because of this.
[33] Maurice Halbwachs already adopted a more narrow perspective, Wetzel, Maurice (note 2), p. 50.
[34] Kristina Chemlar, 'Konfliktscheu? Für eine stärkere Politisierung der sozialwissenschaftlichen Gedächtnisforschung', *Zeitschrift für theoretische Soziologie*, 1 (2020), 70-86.
[35] Heike Delitz, 'Für eine gesellschaftstheoretische Gedächtnissoziologie' (note 6), pp. 87-103.

> Talking of social memory one is always talking of diverse representations, of social memories (in the plural). These memories define themselves (primarily) not via an essence. They rather constitute themselves in synchronous perspective via counter-memories or forgetting, and, analysed in detail, reveal numerous gaps and fissures. The form regarded as dominant at a specific point in time and in a specific location, presents itself as universal. At the same time it is regularly challenged and put under pressure to maintain itself by counter-dominant forms. Social memories, on the other hand, can largely be described in a diachronic perspective as eventful series of open-ended competitions for dominance, marked by rifts and shifts.[36]

Maurice Halbwachs as well as Jan and Aleida Assmann do not pay sufficient attention to different forms of interpretation which inevitably occur between collectives, as we know from conflict sociology. Antagonistic and controversial elements in the formation of memory are supressed by patriarchal and conservative institutions (family, marriage). Oliver Marchart stresses the – in its roots political – nature of collective memory. Past and future of this politicised memory are always challenged. The collective memory can be understood as a kind of sediment consisting of contingent layers. In confrontation with rival definitions of the past this can lead to oblivion especially when one form of memory has become dominant. In other words: although the roots of collective memory are political, their political nature and the conflicts surrounding their origins and their arbitrariness in their chronological appearance are neglected. This means that it is neutralised to the benefit of the prevailing authority.[37]

Ruling elites as well as conservative forces and agents have a fundamental interest in defending the unambiguousness and inevitability of past events.

(2) A more advanced social-theoretical perspective in the sociology of memory can be reached through the inclusion of two aspects: time and the imagination of collective identities in a chronological context.[38] In her very informative text Delitz summarises Castoriadis's idea of society as an imaginary institution as follows: 'Since collectives or societies are subject to unpredictable change, their fixed state is imaginary, in imaginations of a continuity – with the help of procedures of remembrance, rituals and historical monuments'.[39] If this accepted, society is no longer the subject of collectively shared memories but it would have to be considered as their object. As in the case of Chmelar, this interpretation is based on a post-fundamentalist social theory. The core idea of such a post-fundamentalist perspective is an analytical focus on antagonism, absence, contingency and the conviction that there is no ultimate

---

36 Kristina Chemlar, 'Konfliktscheu?' (note 34), p. 9.
37 Oliver Marchart, 'Das historisch-politische Gedächtnis. Für eine politische Theorie kollektiver Erinnerung', in *Transformationen gesellschaftlicher Erinnerung. Zur Gedächtnisgeschichte der Zweiten Republik*, ed. by Christian Gerbel and others (Vienna: Turia und Kant, 2005), pp. 25-27.
38 The term 'social theory' is to represent here social theories which intend to make statements about the mode of existence of collectives, Heike Delitz, 'Für eine gesellschaftstheoretische Gedächtnissoziologie', *Zeitschrift für theoretische Soziologie*, 1 (2020), pp. 87-103, esp. p. 88.
39 Heike Delitz, 'Für eine gesellschaftstheoretische Gedächtnissoziologie', p. 89.

justification for social order and that it cannot be described as static. The idea of single society, would be just as futile as envisaging society as an entity which exists without preconditions. The advantage of such a point of view could result in two perspectives for research: (1) The neglected questions 'of the societal shaping of whatever is related to the past[40]' can be phrased in a different way because neither society nor agents are regarded as given entities from such a theoretical perspective. They rather constitute themselves during the events. (2) Such a research perspective might allow the analysis of the specific social conditions in which individual memory and identity are created with a view to gaining greater clarity of socially constructed collective memory.

The two approaches mentioned here may enable us to formulate new questions relating to a social-theoretical sociology of memory and they may also lead to more politicised reflections on memory, remembering and forgetting which will open new areas in the study of memory.

5. Result: the end of collective memories?

The intention of this brief tour de force through the classical and the more recent sociological study of memory was to point out the most important results and differentiations (Section 2). Furthermore, particular attention has been given to the differences between collective and social memories, since the latter in particular have recently received much attention from researchers (Section 3). In advocating social-theoretical foundations of the sociology of memory, I pointed out a task for future theoretical and empirical research (Section 4). My purpose was to highlight the *contested memories*, cf. the title of this article. As far as collective processes of remembering and forgetting are concerned, which have been studied for many decades in interdisciplinary research on memory, a lack of attention to aspects like conflict, rivalry, power and ultimately also politics has become apparent. The historian Cornelia Siebeck summarises the deficits and the future programme as follows:

> Discourses about memory need to be analysed in the light of hegemonic practices which point towards a normative structuring of the 'social'. They are always also political practices. However, since it is never possible to provide a final structure for the 'social', there will always be a struggle for its memory. It is important to reconstruct these struggles in the historical and socio-political contexts, instead of imagining consensual collective subjects from their results.[41]

---

40 Oliver Dimbath, Nina Leonhard and Gerd Sebald, 'Einführung: Gedächtnissoziologie ohne Gesellschaft? Zweiter Akt einer Debatte um den Zusammenhang von Gedächtnis, Gesellschaft und Konflikten', in *Wissensrelationen. Beiträge und Debatten zum 2. Sektionskongress der Wissenssoziologie*, ed. by Angelica Poferl and Michaela Pfadenhauer (Weinheim: Beltz Juventa, 2018), p. 665.
41 Cornelia Siebeck, 'In ihrer kulturellen Überlieferung wird eine Gesellschaft sichtbar? – Eine kritische Auseinandersetzung mit dem Assmannschen Gedächtnisparadigma', in *Formen und Funktionen sozialen Erinnerns. Soziales Gedächtnis, Erinnern und Vergessen – Memory Studies*, ed. by René Lehmann, Florian Öchsner and Gerd Sebald, Theorien und empirische Befunde zur sozialen Gedächtnis 1 (Wiesbaden: Springer, 2013), p. 85.

In a final discussion of future research, I would like to address the controversial issue of the (alleged) end of the collective memory. Social scientists and philosophers find an increase in the singularisation and the pluralisation of forms of living in late- or postmodern society.[42] This is accompanied by a differentiation and, as will perhaps be noted with some regret, by an increasing insistence on respective individual experiences. This in turn promotes the famous bubble effect and a fragmentation of society into different groups – and this is not all. In a society of individualities (*Gesellschaft der Singularitäten*[43]) described by Andreas Reckwitz, collectivity and the notion of an overarching entity, seems to be getting lost increasingly.[44] Or are we dealing with new forms of the collective or of collectivization, also in the sense of social imperatives, e.g. by individuals feeling under pressure to turn into something special or even into a work of art (Michel Foucault)?

If we agree with this view (and the related reduction of the interest in common welfare), the resulting state of affairs is ironic. At a time when the recourse to common welfare and collective action is needed more than ever in the view of multiple crises (climate change, war, pandemics etc.), we allegedly lose them. Is it possible to transfer these rather pessimistic observations to the collective memory and its continued existence?

It cannot be a coincidence that the collective memory has come under suspicion or that its existence has been put into question.[45] Perhaps it is true that it is more difficult for collective memories to emerge at the present time. We have to separate conditions in the past on the one hand from those in the present and in future. Put in another way: the continuing functional differentiation and the hyper-individualisation of individuals turn collective identity (Émile Durkheim) and the creation of collective memories into necessary but tenuous events – put in a normative way. Despite these concerns I agree with Heike Delitz whose above-mentioned definition of collective memories refers to an imagined creation of collectives, if a hegemonial, excluding and subject-forming perspective is adopted.[46] For tangible processes of creating historical traditions and shaping identities I accordingly adopt the term of social memories.

Jan-Christoph Marschelke offers an interesting perspective for the salvation of the collective memory in his article *Transkollektive Gedächtnisse* (2019). He argues: 'Collective memories can also be understood as transcollective phenomena. Memories are constantly taken across the boundaries of collectives by their agents, they are

---

[42] Rahel Jaeggi, *Kritik von Lebensformen* (Berlin: Suhrkamp, 2016).

[43] Andrea Reckwitz, *Die Gesellschaft der Singularitäten* (Berlin: Suhrkamp, 2017).

[44] This is the return of a discussion about individualisation which caught the attention of scholars beyond the subject of sociology at the end of the 20th century. Already at that time individualisation was wrongly interpreted as the end of the community or of collectivisation. The emergence of new forms of community, e.g. virtual, ecological and spiritual communities, was overlooked.

[45] Recently by the historian Erik Petry especially in his conversation with Samuel Schlaefli, Das kollektive Gedächtnis – ein Mythos? https://www.unibas.ch/de/Aktuell/Uni-Nova/Uni-Nova-137/Uni-Nova-137-Das-kollektive-Gedaechtnis-ein-Mythos.html [last accessed on: 01.03.2022].

[46] At this juncture the studies by Cornelius Castoriadis on the imaginary become more prominent while the importance of the one-sided work by Maurice Halbwachs decreases; Cornelius Castoriadis, *Gesellschaft als imaginäre Institution. Entwurf einer politischen Philosophie* (Frankfurt am Main: Suhrkamp, 1990).

imported or exported according to the respective perspective[47]'. This idea may result in understanding collective remembering as *Doing Collectivity* where the focus is on collective (including shared) practices of remembering. Marschelke identifies at least four advantages of this concept, firstly,

> that it points to the strategies and dynamics of processes of dissemination and domination in a particularly transparent manner. A second advantage is the absence of the accusation of methodological nationalism which applies to certain uses of the attributes 'transnational' and 'transcultural'. A third advantage would be that trans-collectivity – if the 'trans' is understood in the way in which I have proposed it – does not give the impression of limitlessness, in contrast to the term 'transcultural memory'. Instead each crossing of a boundary results in the creation of a new boundary. A fourth advantage would be that the focus on collectives as agents would avoid the inflexible tendencies of certain sociological theories, e.g. system theory or the early theory on discourse.[48]

If we accept this argument there is no end in sight for the (trans-) collective memory. However, the increased use of the word 'trans' in memory sociology and in the research of memory in cultural history indicates a removal of national boundaries and identities. The focus is likely to be on crossing boundaries and on amalgamation, following the transformations caused by migration. This requires a recalibration of the research of memory in order to understand the new collective processes of remembering and forgetting.

---

47 Jan-Christoph Marschelke, 'Transkollektive Gedächtnisse', (note 32), p. 103.
48 Jan-Christoph Marschelke, 'Transkollektive Gedächtnisse', (note 32) p. 129.

GERALD SCHWEDLER

L'oubli au Moyen Âge

Sélection, transformation et rejet du passé

▼ **RÉSUMÉ** Cet article présente de manière différenciée les formes négatives dans l'approche du passé au Moyen Âge. Celles-ci vont de la sélection et de la transformation jusqu'au rejet complet de l'histoire. L'exposé commence par une étude des métaphores utilisées par les historiens médiévaux pour décrire leur activité de sélection de la matière historique. Dans un deuxième temps, il présente les approches théoriques et méthodologiques selon lesquelles la recherche a jusqu'à présent abordé le problème de l'oubli collectif et individuel. Dans la troisième partie, les techniques et les processus d'oubli au Moyen Âge sont analysés de manière systématique et illustrés par des exemples individuels. Les huit formes d'oubli comprennent l'effacement, la destruction d'images (iconoclasme), le recodage d'espaces, d'objets et de souvenirs, les « graphoclasmes » et « biblioclasmes », la réécriture et la transformation du savoir historique, l'omission délibérée ainsi que l'oubli consensuel sous forme d'amnésie, de prescription et enfin l'oubli du progrès et la croyance en l'innovation. Enfin, l'oubli de l'histoire est abordé en tant que raison de l'approche oblivionale du passé.

« Cancel culture », « framing », « fake-news », « trigger warning » ou encore « alternative facts » sont des termes qui ont enrichi le discours politique et social au cours des dernières années.[1] Ils thématisent à chaque fois une utilisation consciente du savoir et de la mémoire des événements historiques et imposent une certaine direction d'interprétation. L'éventail des actions que ces termes impliquent s'étend des allusions subtiles à une utilisation attentive du savoir en passant à une utilisation attentive et à l'exclusion des discours, jusqu'à la censure et la destruction. La forme

---

1 Je remercie les éditeurs de m'avoir donné l'occasion de formuler mes réflexions dans ce cadre. La traduction a été faite par Noëlle-Laetitia Perret et Mathieu Olivier. Je tiens à remercier mon équipe de la Chaire d'histoire économique et sociale de l'Université de Kiel pour son assistance technique.

extrême évoque des images d'écrits brûlés et de statues renversées, mais aussi les représentations révisées de personnalités tombées en disgrâce à l'époque stalinienne, ou encore lors de destructions de patrimoine culturel palmyrénien, commises notamment à Palmyre par les terroristes de l'EI. De tels actes servent à écarter les connaissances, les indices ou les symboles du discours social actuel par la violence réelle ou verbale et à déclencher ce que l'on appelle la spirale du silence. Ce terme désigne le processus par lequel une communication réduite ou péjorative sur certains événements ou personnes entraîne une attention marquée du sceau du négatif, une baisse de la connaissance et, par conséquent, une communication et une connaissance toujours plus limitée jusqu'à l'oubli final. Il s'agit de procédés d'effacement de l'histoire, de véritables luttes d'interprétation autour et dans l'histoire, que l'on peut qualifier d'exclusion « rétroactive » ou « historique ».

Mais ni ces techniques ni la réflexion sur celles-ci ne sont l'apanage de la postmodernité : la transformation du passé par la sélection et l'effacement du savoir historique a une histoire de plusieurs siècles. En effet, à chaque époque, on trouve de nombreuses formes de traitement sélectif du passé, par lesquelles des positions, opinions et déductions du passé sont écartées et finissent par tomber dans l'oubli. Faire oublier apparaît comme un instrument global d'acteurs qui cherchent à entraver et à éliminer la mémoire antagoniste (ou contre-mémoire) en éliminant les porteurs de mémoire. Dans son roman 1984, George Orwell a exagéré de manière utopique la production massive en décrivant comment, au Ministry of Truth, tous les documents contenant des informations sur le passé étaient adaptés aux circonstances politiques du moment. Ce faisant, les informations ne sont pas seulement effacées et censurées, mais également falsifiées, modifiées et placées dans d'autres contextes, afin de rendre difficile voire impossible, la mobilisation de souvenirs structurés qui existait jusqu'alors. L'impulsion de l'oubli a été sciemment initiée et l'effet de déstabilisation des connaissances a été anticipé pour un large cercle de destinataires, ce qui constitue l'un des paradoxes centraux de l'oubli. Par des actions ciblées de décontextualisation, de déconstruction et d'effacement, le processus peu contrôlable de l'oubli devait être ainsi enclenché chez certains individus.

Cet oubli progressif et incontrôlable constitue le côté passif de l'oubli. L'impossible contrôle et l'impuissance humaine face aux processus d'oubli en constituent en quelque sorte le côté démoniaque. En particulier lorsque ce ne sont pas seulement des détails qui échappent à la mémoire, mais des pans entiers du savoir qui disparaissent, ainsi que le fait même d'avoir su quelque chose. Lorsque la mémoire ne joue pas seulement des tours aux individus, mais qu'elle est considérée, dans son ensemble, comme peu fiable, voire qu'elle écarte des secteurs entiers, les personnes concernées sont véritablement confrontées à une perte d'identité et d'ego, raison pour laquelle la maladie d'Alzheimer est aujourd'hui perçue comme une maladie menaçant l'existence. Dans une logique matérielle, l'oubli est un processus inéluctable qui, avec chaque élément oublié, réduit un stock de connaissances et donc la possibilité d'évaluer ou de juger l'actualité. Le savoir, d'un point de vue matérialiste, se perd par l'oubli. L'oubli dépossède.

De telles visions de l'oubli, essentiellement négatives, sont la cause d'un traitement réducteur du sujet dans la recherche historique. La perspective consistant à considérer l'oubli uniquement comme une force opposée au savoir et à la mémoire n'est pas pertinente. Il faut au contraire tenir compte d'une autre dimension du savoir. Tout ne peut pas être mémorisé. Et surtout, tout ne doit pas être remémorable. Cela n'est pas possible, ne serait-ce que parce que pour pouvoir enregistrer tout ce qui se passe à un moment donné, il faudrait des capacités de stockage insoupçonnées. Pour des raisons techniques, seule une très petite partie des choses et événements passés peut être remémorée. En outre, des raisons liées au contenu jouent également un rôle. En particulier, les aspects désagréables ou involontaires du passé ne sont pas rappelés ; ils sont refoulés, sombrent dans l'oubli.

Dans le domaine de la psychologie, des modèles récents suggèrent de ne pas considérer l'oubli comme le contraire de la mémoire. La recherche neurologique récente ne travaille plus principalement avec une théorie du déclin (*Decay Theory*), mais souvent aussi avec l'influence des interférences (*Interference Theories*), l'influence des stimuli de rappel, l'échec des tentatives de rappel (*Retrieval Failure Theory*) et l'oubli motivé. Pour les sciences humaines et culturelles, ces impulsions méthodologiques peuvent être reprises de manière productive dans de nombreux cas. Cela vaut en particulier pour la notion de processus, d'antériorité et de multicausalité de l'oubli, qui donnent toute sa valeur à une réévaluation de l'oubli de et dans l'histoire[2].

Pour pouvoir analyser l'oubli en tant que phénomène historique, il est tout d'abord important d'observer l'oubli dans un cadre interpersonnel, et au fil du temps. En effet, comprendre l'oubli comme un processus signifie en même temps ne pas se focaliser uniquement sur les détails et les personnalités individuelles, mais sur les structures et les réseaux au sein desquels l'oubli peut agir comme un grand processus de structuration du savoir. Dans une perspective historique, l'oubli doit être lu sous la forme d'un oubli social et culturel. Il s'agit ici des structures sociales sous-jacentes qui font avancer la structuration du savoir, qui, entre l'interaction violente, le rejet et l'ignorance, présentent un éventail de stratégies et de connaissances sur les processus afin de générer de la pertinence. L'oubli devient ainsi un objet de recherche permettant de lire l'efficacité et l'interaction sociales. La recherche a déjà souligné à plusieurs reprises que l'oubli social constitue l'une des différentes opérations de base

---

2 Pour plus de détails sur l'état de la recherche, nous nous contenterons de renvoyer ici : Christine Abbt, « Ich vergesse » : *über Möglichkeiten und Grenzen des Denkens aus philosophischer Perspektive* (Frankfurt am Main, Campus, 2016) ; Olivier Dimbath, *Oblivionismus. Vergessen und Vergesslichkeit in der modernen Wissenschaft* (Constance: UVK, 2014); G. Schwedler, *Vergessen, Verändern, Verschweigen und damnatio memoriae im frühen Mittelalter* (Köln, Wien: Böhlau Verlag, 2021), Zürcher Beiträge zur Geschichtswissenschaft 9.

de la société³. Le regard sur la fonction sociale de l'oubli complète le potentiel de connaissance au-delà de la perspective de l'histoire culturelle et littéraire⁴.

La question de l'oubli au Moyen Âge, de la disparition des souvenirs, nous conduit au au coeur de la question des conflits d'interprétation et de la question connexe de l'autorité herméneutique propres à cette époque : tels qu'ils se présentaient alors.

Elle attire l'attention sur des conflits dont l'une des formes était d'influencer, activement ou passivement, l'évaluation de l'histoire jugée pertinente. L'oubli représente en quelque sorte l'autre face de la focalisation. L'oubli en tant que processus d'occultation est à la fois individuel et supra-individuel, guidé par des facteurs intrinsèques et extrinsèques. Il convient donc de mettre en lumière l'alternance entre actif et passif, entre individu et groupe. Mais il faut surtout tenir compte du fait que les multiples processus de mise en valeur ou de rejet des connaissances du passé ont été utilisés pour renforcer ses propres positions.

Comment réfléchissait-on à l'oubli au Moyen Âge ? Le percevait-on comme un phénomène social ? Pour répondre à ces interrogations, il convient tout d'abord de retracer les moments où l'on réfléchissait, déjà au Moyen Âge, au processus de perte de connaissances et de sélection consciente par les historiographes. Il n'est pas question ici des voix qui utilisent l'oubli comme motif littéraire ou de celles qui l'articulent comme ennemi principal de leur propre création et de leurs efforts. Nous renvoyons à cet égard aux études sur les Artes memoriae ou sur les topoï imaginés par le personnel de chancellerie pour justifier les diplômes et les écrits⁵. Il s'agit plutôt d'analyser comment les historiographes médiévaux, en tant que sélectionneurs de savoirs contemporains, comprenaient leur méthode. Ce premier constat doit être

---

3 Peter Burke, « History as Social Memory », in *Memory: History, Culture and the Mind*, ed. by Thomas Butler (Oxford: Basil Blackwell, 1989), *Wolfson College lectures*, pp. 97-113 (p. 108): « To understand the workings of the social memory it may be worth investigating the social organisation of forgetting, the rules of exclusion, suppression or repression, and the question of who wants whom to forget what and why. Amnesia is related to 'amnesty' to what used to be called 'acts of oblivion', official erasure of memories of conflicts in the interest of social cohesion ». Voir aussi : Werner Vogd : « Soziales Gedächtnis », in *Handbuch Wissenssoziologie und Wissensforschung*, ed. by Rainer Schützeichel (Konstanz: UVK, 2007), *Erfahrung – Wissen – Imagination* 15, pp. 456-462 ; Harmut Winkler, « Vergessen. III. Dans les sciences des médias », in *Gedächtnis und Erinnerung. Ein interdisziplinäres Lexikon*, ed. by Nicola Pethes et Jens Ruchatz (Reinbeck: Rowohlt, 2001), pp. 628f. ; Jakob Tanner, « Erinnern/Vergessen », in *Lexikon Geschichtswissenschaft: Hundert Grundbegriffe*, ed. by Stephan Jordan (Stuttgart: Reclam 2002), p. 77.

4 Gadi Algazi, « Forget Memory. Some Critical Remarks on Memory, Forgetting and History », in *Damnatio in Memoria. Deformation und Gegenkonstruktionen in der Geschichte*, ed. by Sebastian Scholz, Gerald Schwedler und Kai-Michael Sprenger (Köln, Weimar, Vienne: Böhlau Verlag, 2014), *Zürcher Beiträge zur Geschichtswissenschaft* 4, pp. 25-34 ; voir aussi: Guy Beiner, « Disremembering 1789 », *History & Memory* 25, 1 (2013), pp. 9-50 ; Harald Weinrich, *Léthé : art et critique de l'oubli* (Paris: Fayard, 1999) ; *Kulturelles Vergessen. Medien – Rituale – Orte*, ed. by Günter Butzer und Manuela Günter (Göttingen, Vandenhoeck & Ruprecht, 2004); *Figures de l'oubli, IVᵉ-XVIᵉ siècle*, ed. by Patrizia Romagnoli et Barbara Wahlen (Lausanne : Faculté des Lettres de l'Université de Lausanne, 2007) ; Achim Landwehr, « Kulturelles Vergessen. Erinnerung an eine historische Perspektive », *Merkur* 69,795 (2015), pp. 84-92.

5 Mary Carruthers, *The Book of Memory, a Study of Memory in Medieval Culture* (Cambridge: Cambridge University Press, 1990) 2ᵉ edition: 2008. Carruthers s'inscrit dans la longue tradition de recherche sur les mnémoniques depuis : Helga Hajdu, *Das mnemotechnische Schrifttum des Mittelalters* (Budapest, 1936) ; Atzuko Iwanami, *Memoria et oblivio. Die Entwicklung des Begriffs memoria in Bischofs- und Herrscherurkunden des Hochmittelalter* (Berlin: Duncker & Humblot, 2004), Berliner historische Studien 36.

confronté aux positions plus modernes de la recherche, avant que 8+1 techniques et processus d'oubli ne soient présentés, en nous appuyant sur des exemples médiévaux. Nous pourrons ainsi rendre compte de l'ampleur du phénomène.

Écrire l'histoire comme abattre un arbre

L'Histoire n'est pas le peu de chose que nous offrent à lire les livres ou qui nous a été transmis dans le domaine de la culture matérielle, mais bien plutôt la masse de tout ce qui a dû être laissé de côté pour mettre en valeur/ pour que ressorte cette maigre part que l'on cherche à délimiter. Ce n'est que par l'omission que l'on peut donner un sens au peu. En ce sens, l'historiographie consiste en premier lieu à sélectionner ce qui doit être transmis. Si l'on se penche sur la troupe fournie de ceux qui écrivent l'histoire au Moyen Âge, on constate que très rares sont ceux qui offrent une réflexion sur l'importance…

Si l'on observe les travaux d'un grand nombre d'historiens médiévaux, on constate combien peu de réflexions sont menées sur l'importance de la sélection ou de l'omission pour l'élaboration d'une propre narration. Dans la recherche historique moderne non plus d'ailleurs. La non-réflexion sur ce qui a été omis est l'attitude communément adoptée dans l'histoire de l'historiographie. Isidore de Séville (env. 560-636) occupe déjà une position très influente avec sa définition de l'histoire, répandue en Europe depuis le début du Moyen Âge. Selon lui, l'histoire est par essence une sélection et doit être préservée des ajouts, raison pour laquelle elle doit être fondamentalement distinguée de la fable : « L'histoire est le récit des événements passés ; grâce à elle, les faits du passé sont connus »[6].

Pour symboliser le processus complexe de la mise par écrit des perceptions et des sources les plus divers du passé en un récit historique, de nombreuses métaphores ont été utilisées au Moyen Âge. Les comparaisons avec la cueillette des fleurs ou la récolte du miel sont certes populaires, mais il existe également des métaphores qui impliquent le tri, la sélection et l'oubli versus oblitération[7]. La métaphore d'Arnold de St. Emmeram, qui utilise l'image de l'abattage d'un arbre, compte sans doute parmi les plus impressionnantes. L'acuité de l'image s'explique par la situation historique dans laquelle elle est utilisée. Arnold était le prieur de l'important couvent de Saint-Emmeram à Ratisbonne. On retrouve sa trace en tant qu'auteur dans la première moitié du XIe siècle (des environs de l'an Mil jusqu'au milieu du siècle ou un peu

---

6 Isidore, *Etymologiae*, 1,41 : *Historia est narratio rei gestae, per quam ea, quae in praeterito facta sunt, dinoscuntur*, ed. by Wallace Martin Lindsay (Oxford: Oxford University Press, 1911).

7 Giles Constable, « Medieval Latin Metaphors », *Viator* 38, 2 (2007), pp. 1-20 ; Gert Melville, « Zur "Flores–Metaphorik" in der mittelalterlichen Geschichtsschreibung. Ausdruck eines Formungsprinzips », *Historisches Jahrbuch*, 90 (1970), pp. 65-80 ; Friedrich Ohly, « Metaphern für die Inspiration », *Euphorion*, 87 (1993), pp. 119-171 ; Andreas Bihrer, 'Vielerlei Bienen. Aethelwolds *Regularis Concordia* und das Bienengleichnis im Mittelalter', in *Imitationen. Systematische Zugänge zu einem kulturellen Prinzip des Mittelalters*, ed. by Jörg Sonntag et al. (Stuttgart, Fink, 2021), pp. 177-197.

avant)⁸. Lorsqu'il exprima son intention de remanier le style de la Vita de Saint Emmeram. il se heurta à une forte opposition de son couvent. La seule biographie du saint dont le culte était célébré à St Emmeram était la Vita Haimhrammi due à l'évêque Arbeo (env. 723-784), émaillée de traits caractéristiques du latin de l'époque mérovingienne⁹. Arnold raconte dans sa préface qu'il a dû fuir ses coreligionnaires à Magdebourg, car ceux-ci ne voulaient soi-disant pas qu'il porte atteinte à l'intégrité d'un texte liturgiquement et rituellement central pour la mémoire de la communauté. Après plusieurs années, il acheva finalement sa propre version de la Vita d'Emmeram. Il évoque, de façon prolixe, sa méthode de sélection et de réécriture dans le prologue, intitulé Apologia de ratione vel veterum inmutatione, qui doit donc être compris comme une justification de ses remaniements et de ses coupes. On y lit en effet :

> Je pourrais dire tant de choses sur la paix de ceux-là et de tous les bons, parce qu'il est permis non seulement de remplacer les choses anciennes par des nouvelles, mais aussi, si les choses sont désordonnées, de les abandonner complètement, et si elles sont ordonnées, mais peu utiles, de les enterrer dignement. Car, par la divine providence, beaucoup de choses sont laissées par ceux qui ont précédé à ceux qui suivent, ce qui leur permet d'obtenir soit l'accès, soit le pardon de quelque péché. Les paysans eux-mêmes nous rappellent que nous devons nous méfier d'une telle simplicité ou, pour mieux dire, d'une telle stupidité, car ils croient que ceux qui abattent des arbres commettent un péché¹⁰.

Patrick Geary a interprété le témoignage d'Arnold comme une métaphore du processus de l'entreprise historienne, au cours de laquelle vastes champs sont arrasés. On pense notamment à la coupe de bois autrefois sacrés, afin que la terre puisse être labourée pour le présent¹¹. Mais le *dictum* de l'historien bûcheron est encore plus explosif. La masse chaotique de ce qui nous vient du passé représente un danger aux yeux d'Arnold. La chose ancienne n'est certes pas dangereuse en soi, mais elle recèle la possibilité de plonger les générations ultérieures dans le péché. Il ne place toutefois pas d'avertissement au début du texte pour mettre en garde d'éventuels lecteurs influençables contre les contenus proposés, mais opte pour la méthode plus

---

8 David Hiley, « Arnold von St. Emmeram – Komponist der *Historia Sancti Emmerammi* (um 1000-1050) », in *Berühmte Regensburger. Lebensbilder aus zwei Jahrtausenden*, ed. by Karlheinz Dietz et Gerhard H. Waldherr (Regensburg: Universitätsverlag Regensburg, 1997), pp. 35-42.

9 Arbeo, *Vita et passio Sancti Haimhrammi martyris / Leben und Leiden des hl. Emmeram*, ed. by Bernhard Bischoff (München: Heimeran, 1953) *Tusculum-Bücherei* ; Friedrich Prinz, « Arbeo von Freising und die Agilulfinger », *Zeitschrift für bayerische Landesgeschichte*, 29 (1966), pp. 580-590.

10 Arnold von St. Emmeram, « De miraculis beati Emmerami », ed. by Georg Waitz (Hannover, Hahn, 1841) *MGH SS IV*, p. 547: *Quare illi hoc fecerint, immo quod utile fuit hac in parte non fecerint, a vilitate mei temerarium est discussum iri. Hoc tantum dixerim pace eorum et omnium bonorum, quia non solum novis vetera licet mutare, sed etiam, si sint inordinata, penitus abicere, sin vero ordinaria sed minus utilia, cum veneratione sepelire, et quia dispensatione divina a precedentibus multa relinquuntur sequentibus in quibus possint mereri aliculus aut admissionem aut remissionem peccati. Quod cavendum huiuscemodi simplicitate, seu quo verius dicam, stoliditate, etiam rustici nos monent, qui peccare illos putant, qui arbores succidant, in quibus pagani auguriari solebant.* Traduction française de Noëlle-Laetitia Perret.

11 Patrick Geary, *Phantoms of Remembrance. Memory and Oblivion at the End of the First Millennium* (Princeton: Princeton University Press, 1994), p. 113.

claire de l'effacement du texte. Chez lui, un lecteur ne doit pas avoir la possibilité de décider lui-même si la lecture lui est personnellement bénéfique. Au contraire, Arnold utilise une métaphore clairement valorisante pour placer l'élimination et l'abattage au-dessus de la préservation. Il assimile les vieilles histoires de la *Vita* originelle à ces vieux arbres, qui pourraient servir de points de départ potentiels à des interprétations païennes pour des personnes sans réflexion. Il souhaite que tant les bosquets que les passages de texte soient effacés et compare les défenseurs des passages du textes qu'il condamne aux paysans qui défendent les vieux arbres. Les partisans de l'ancien état du texte, hostiles au progrès, risquent donc d'en déduire des prophéties. Couper les arbres et omettre des passages dans les textes sur le passé servent tous deux à éliminer les stimuli du passé qui pourraient avoir une influence néfaste sur le présent. Les effacer constitue l'opération du processus d'oubli imposé, dans lequel l'oubli socialement efficace doit contribuer à faire progresser l'humanité.

La métaphore d'Arnold, qui assimile l'écriture de l'histoire à la coupe d'arbres, pourrait être considérée comme l'interprétation la plus radicale de l'effacement et de l'oubli de connaissances sur le passé intempestives. Une réflexion plus générale sur l'enregistrement et l'omission de contenus est cependant plus fréquente dans les prologues d'auteurs médiévaux. La tradition de l'historiographie, qui consiste à réfléchir dans les introductions à sa propre méthode d'assimilation et d'abandon des modèles et des connaissances, remonte à l'Antiquité[12]. Parmi de nombreux exemples, nous en avons retenu quelques-uns.

Les auteurs du haut Moyen Âge se sont souvent inspirés des formulations de l'historiographie antique, montrant ainsi qu'ils étaient conscients de leur activité hautement sélective dans la rédaction de textes historiques. Dans les passages autoréflexifs, comme les préfaces et les prologues, des auteurs comme Grégoire de Tours, Frédégaire, Bède le Vénérable privilégient, pour décrire leur effacement et leur omission des connaissances du passé, des formules euphémistiques, telles que *selectio*, *scinderatio*, *eligere*, *scarpere* ou *sigillare*, plutôt que l'usage du terme fort d'*omissio*[13].

Omettre, *omittere*, est plus significatif si l'on tient compte de l'imaginaire des historiographes ainsi que de l'importance qu'ils accordent à leur travail. En effet, l'évêque de Tours, Grégoire de Tours (vers 538 – vers 594), utilise par exemple le mot *memorare*, c'est-à-dire 'se souvenir', pour désigner son activité d'historien. La formule *altius memorandam putavi* signifie qu'il souhaite en raconter davantage, tandis que lorsqu'il évoque *taedit…memorare*, il exprime ainsi sa réticence à raconter un épisode particulier. Raconter, c'est pour lui se souvenir et inversement[14]. L'oubli

---

12 Markus Mülke, « Die Epitome – das bessere Original? », in *Condensing texts – condensed texts*, ed. by Marietta Horster et Christiane Reitz (Stuttgart: Steiner, 2010), *Palingenesia* 98, pp. 69-90.
13 Sebastian Scholz et Gerald Schwedler, « Less is More. Medieval Memory as Process of Creative Selection. An Introduction », in *Creative Selection between Emending and Forming Medieval Memory*, ed. by Sebastian Scholz et Gerald Schwedler (Berlin, Boston: De Gruyter, 2021) *Millennium-Studien* 96, pp. 2-5.
14 Gregorius Turonensis « Gregorii episcopi Turonensis libri historiarum X », ed. by Bruno Krusch et Wilhelm Levison (Hannover: Hahn, 1951) *MGH SS rer Merov.* I,1, ch. X,8, p. 489 : *Sed hanc causam, vel qualiter Eulalium reliquerit vel quemadmodum ad Desiderium confugirit, altius memorandam putavi. Ibid.* V.1, p. 193 : *Taedit…memorare…* Klaus Dockhorn, « Memoria in der Rhetorik », *Archiv für Begriffsgeschichte*, 9 (1964), pp. 27-35.

lui-même, l'*oblivio*, a toujours un aspect négatif. Ne pas se souvenir de quelqu'un, donc le laisser tomber dans l'oubli, exigeait, du moins implicitement, une justification. Grégoire de Tours a une idée de ce qui, selon lui, doit être conservé comme partie de l'histoire pour les générations futures. Oublier quelque chose d'aussi important que les histoires des saints lui coûte beaucoup (*valde molestum*)[15]. Dans l'ensemble, il conçoit l'écriture de l'histoire comme un acte de mémoire, il considère l'oubli comme une tare, sans toutefois réfléchir lui-même au fait qu'il choisit et rassemble le matériel de manière extrêmement sélective, aussi bien dans les *Dix Livres d'histoire* de Grégoire de Tours (plus connus sous le nom d'*Histoire des Francs*) que dans ses œuvres hagiographiques.

L'historien Hugues de Fleury (mort après 1118) propose une réflexion plus approfondie sur le fait qu'il doit laisser de côté d'énormes quantités de textes pour son œuvre. Dans le prologue du livre VI de son *Historia Ecclesiastica*, il évoque en effet la quantité de matériel dont il dispose et dans laquelle il puise en faisant des choix :

> Voici que je me propose de parcourir l'immense océan des histoires et de rassembler en un seul volume un grand nombre de livres, il semble que j'aie dépassé pour certains la mesure de la brièveté promise. Mais vous entendrez, je vous en prie, ceux qui apprécient les discours courts. J'avoue qu'il faut veiller à la brièveté des discours, lorsque le sujet le permet, car un discours volumineux risque d'encombrer l'esprit de certaines personnes plutôt que de les instruire[16].

Hugues de Fleury réfléchit lui aussi à l'omission en termes généraux, comme moyen de guider l'auditeur ou le lecteur, sans préciser selon quels critères distinguer ce qui doit être conservé de ce qui peut être oublié. Mais il avance ailleurs son argument clé sur la raison pour laquelle les choses doivent être oubliées. Ce qui est incertain et non documenté n'a pas sa place dans « l'histoire » et relève davantage de ragots de vieilles femmes[17]. Il se réfère ainsi à la définition de l'histoire donnée par Isidore de Séville qui souligne l'oubli implicite des fabulae. Hugues de Saint-Victor (mort en 1141) réclame, avec des contours encore plus clairs, une grille de questions pour l'historiographe qui écrit, grâce à laquelle il serait plus facile de décider ce qui fait partie de l'histoire et ce qui n'en fait pas partie : l'historien doit répondre aux

---

15 Gregorius Turonensis, « Liber in gloria confessorum, Praefatio », ed. by Bruno Krusch (Hanovre: Hahn, 1885), MGH SS rer. Germ. 1,2 pp. 297f…*quia valde molestum erat, ut traderentur oblivioni*. Pour plus de détails sur la compréhension de Gregor de la *memoria* et de l'écriture de l'histoire : Gerald Schwedler, *Vergessen, Verändern, Verschweigen*, pp. 215-225.

16 Hugo Floriacensis, « Historia Ecclesiastica, Prologus libri sexti », ed. By Georg Waitz (Hanovre: Hahn, 1851). MGH SS 9, p. 357 : *Ecce dum immensum pelagus historiarum cupio perstringere, et numerosam librorum copiam uno uolumine coartare, uideor quibusdam modum proposite breuitatis excessisse. Sed audient, queso, quos breuis delectat oratio. Breuitatem in oratione custodiendam esse confiteor, si causa permittat, quia quorumdam sensus hominum magis onerat oratio prolixa quam doceat.*

17 Hugo Floriacensis, « Historia Ecclesiastica, Prologus libri sexti », p. 355, l. 54f : *Illae quippe res gestae quae nulla regum ac temporum certitudine commendantur, non per historiam recipiuntur, sed inter aniles fabulas deputantur.*

quatre questions – qui ? quoi ? quand ? où ? – s'il veut écrire l'histoire[18]. Seul ce qui s'inscrit dans la structure de son questionnement est digne d'être raconté.

La structure du savoir historique doit non seulement s'adapter au cadre du récit, mais également éviter toute forme de confusion, de mensonges et de fables, de vérités alternatives. En 1284, Muzio de Monza, l'auteur des *Annales gibelines* de Plaisance, affirme avec force, dans son récit sur l'époque de Frédéric Barberousse, vouloir apprendre la vérité et la raconter (*veritatem discere et narrare*). Mais dès l'articulation de sa prétention à la vérité sans réserve, il attire l'attention, de manière rhétorique, sur les transformations nécessaires de la vérité. On connaît par des récits les troubles, les guerres, les oppressions et les tourments de l'époque de Frédéric Barberousse, qu'il s'agit de rappeler comme vrais pour les générations futures en tant que guerres, troubles, oppressions, révoltes et tourments[19]. La modification de l'ordre des aspects à se remémorer, ainsi que l'ajout des révoltes (*seditiones*), qui n'ont manifestement pas été suffisamment rappelées dans le passé, répondent à une exigence de vérité.

Dans sa chronique, le franciscain Johannes von Winterthur (* vers 1300, mort en 1348 ou 1349) se représente l'écriture de l'histoire comme le reflet d'une impossible mise en ordre. Il s'excuse ainsi de ne pas avoir rapporté un événement au bon endroit : « Les histoires de Meersburg et de Schwanau rapportées ci-dessus n'ont pas précédé celle-ci. Mais comme la faiblesse de ma mémoire m'y incitait et que, d'autre part, la commodité de la matière le suggérait, j'ai raconté cette histoire dans l'ordre inverse »[20]. La faiblesse de la mémoire compte ici comme justification du désordre et de la confusion structurelle qui conduit à la perte de cohérence.

La grande majorité des justifications de l'écriture de l'histoire ne suivent cependant pas la tradition rhétorique d'une exposition étroitement factuelle de la matière. La pensée antiquaire, le plaisir de collectionner et de se souvenir des choses et des événements comme une fin en soi se retrouvent régulièrement dans la topique traditionnelle de l'*oblivio*. Parmi les nombreuses évocations selon lesquelles trop de connaissances se perdraient et ne seraient arrachées à l'oubli que par la perspicacité et la volonté de l'historien, citons celle de Lambert de Wattrelos (mort en 1172). Dans les *Annales de Cambrai*, rédigées dans le troisième quart du XIIe siècle, ce dernier s'exprime ainsi à propos d'un événement vécu par son seigneur en 1156 : "Il faut livrer à la mémoire ce qui est détruit par l'âge et qui est oublié"[21]. Son expression accentue

---

18 Hugo de Sancto Victore, « Didascalicon de studio legendi », ed. by Charles-Henry Buttimer (Washington: The Catholic University Press, 1939) *Studies in medieval and Renaissance Latin language and literature*, 10, pp. 113-114.
19 « Muzio de Monza Annales Piacentini gibellini auctore Mutio de Modoetia », ed. by Georg Heinrich Pertz (Hanovre: Hahn, 1863) *MGH SS* 18, pp. 457-581, ici 469 : *Quoniam quidem tribulationes bella angustie et tormenta que gesta sunt in Lombardia tempore istius domni Frederici imperatoris ab antiquis in scriptis nobis tradita esse noscuntur, dignum et utile duximus ad memoriam posterum reducenda bella et tribulationes, angustias, seditiones et tormenta, gesta in Lombardia tempore domni Frederici Romanorum imperatoris, cupiens solummodo veritatem discere et narrare.*
20 Johannes Vitoduranus, « Chronica », ed. by Friedrich Baethgen (Berlin: Weidmann, 1955) *MGH SRG N.S.* III, p. 118 : *Historia supra dicta de Merspurg et de Swanow istam non precesserunt. Sed imbecillitate tamen mee memorie causante et alias id materie comoditate exigente hanc hystoriam ordine preposterо enarravi.*
21 Lambert de Wattrelos, « Annales de Cambrai », ed. by Georg Heinrich Pertz (Hanovre: Hahn, 1859) *MGH SS* 16, p. 530 : *Memoriae tradendum est, quod vetustate deletur et obliviscitur.*

le lieu commun largement répandu de l'autopromotion honorable de l'historien en tant que combattant contre l'oubli. Ce qui n'est pas écrit est voué à l'oubli.

Il faut noter qu'au Moyen-Âge, seules quelques voix isolées ont réfléchi à l'importance de la sélection pour les récits historiques. On constate par exemple que beaucoup de choses sont certes importantes, mais que tout ne peut pas être transmis durablement à la génération suivante. Dans la tradition rhétorique, la sélection était généralement justifiée par le peu d'espace disponible pour le récit. L'acte qui conduit à l'oubli, c'est-à-dire la réécriture et la réinterprétation actives, n'a en revanche été discuté dans aucun des exemples présentés. Un rejet complet du passé, qui peut correspondre à un oubli culturel et social, n'a pas été explicitement constaté au niveau du récit des auteurs médiévaux. Pour ce faire, il convient de se placer à d'autres niveaux d'observation.

'oubli collectif' – mise à jour – fonder la mémoire

Dans le domaine de la recherche sur la mémoire, on ignore souvent que Theodor Reik (1888-1969) a utilisé pour la première fois, en 1920, le terme d''oubli collectif' contribuant ainsi à souligner l'idée selon laquelle le groupe social et l'oubli sont étroitement liés. Cette thèse était novatrice dans la mesure où l'on considérait généralement, en psychologie, l'oubli comme un phénomène individuel. Elève de Sigmund Freud, il adopte une approche psychanalytique pour analyser l'interaction entre l'individu et le souvenir. Son hypothèse, marquée par cette approche, voit l'oubli comme une conséquence et une réaction au sentiment du moi des individus ; celui-ci exclut les représentations incompatibles avec lui-même et ne peut donc pas être considéré comme une menace pour l'intégrité de la personne. Il s'intéresse néanmoins à la manière dont l'oubli peut affecter des individus ayant le même niveau de connaissances, de valeurs et d'émotions. Partant de ses propres observations, il cherche des possibilités d'abstraction pour parvenir à des conclusions générales sur l'oubli collectif. Ainsi, en ce qui concerne les raisons d'un oubli collectif, il constate les causes suivantes :

> Il faut également rappeler ici qu'une tendance à l'oubli de certaines représentations, expression des tendances au refoulement, peut déjà être conditionnée par une prédisposition héréditaire qui fait que ce qui était présenté comme plaisant est désormais psychiquement mis sous l'éteignoir. Les points communs de l'éducation et de l'ascendance, de la classe sociale et de la religion, de la société et des expériences peuvent certainement favoriser l'oubli commun en réaction à des représentations incompatibles avec le sentiment du moi de l'individu[22].

---

22 Theodor Reik, « Über kollektives Vergessen », *Internationale Zeitschrift für Psychoanalyse*, 6 (1920), pp. 202-215, ici p. 214.

Comme le fera ensuite Maurice Halbwachs, il part du principe que la mémoire collective et l'oubli collectif ne sont pas directement observables, mais qu'ils doivent être pris au sérieux comme quelque chose de réel[23]. L'individu, qu'il soit de sexe masculin ou féminin, fait partie d'un groupe, d'une communauté de mémoire ou d'oubli, qu'il le veuille ou non. Les réflexions de Reik sont utiles pour sonder les phénomènes d'échange entre l'individu et le groupe, qui sont en fin de compte nécessaires à la compréhension de la mémoire et de l'oubli collectifs. Reiks considère en effet que l'oubli n'est pas seulement favorisé du côté de celui qui détient la connaissance, mais aussi et surtout du côté de la réception, des publics. Les publics, en fonction des conditions de réception, sont d'une importance considérable pour la mémoire et l'oubli. Il compte parmi celles-ci l'ascendance, la classe sociale et la religion, la société et les expériences individuelles, qui constituent chacune un sentiment du moi qui détermine l'incompatibilité. Bien sûr, contrairement à Maurice Halbwachs et, à sa suite, à Jan Assmann, la conscience de groupe et le sentiment de continuité en tant que groupe sont nettement moins prononcés dans la perspective de Reiks. En revanche, l'oubli collectif au sens de Reik peut avoir un effet indirect de formation de groupe sur plusieurs générations et pour des nations entières :

> Mais il est certain que ce sont les mêmes puissances psychiques qui décident ici et là, chez l'individu et chez le peuple, dans la vie éphémère de l'individu et dans la succession d'innombrables générations, de l'oubli et du souvenir, du refoulement et du retour[24].

L'oubli, en tant que réaction du sentiment du moi à des incompatibilités, peut donc avoir un effet suprarégional et transgénérationnel. Même si l'utilisation d'approches psycho-historiques est souvent controversée, comme dans la *Memorik* de Johannes Fried, elles ouvrent la perception d'intérêts individuels sur des processus supra-individuels[25]. La mémoire en tant qu'instance de médiation entre l'individu, le groupe, la génération et la nation a fait l'objet de discussions intensives dans les *memory-studies*[26]. Mais c'est précisément en ce qui concerne l'oubli collectif que la théorisation a besoin d'être affinée. Tandis que les impulsions à l'origine d'une mémoire commune (déclencheurs) se révèlent propices à des regards critiques postérieurs, les manifestations de rejet commun et d'incompatibilité avec des sentiments individuels apparaissent, eux, plus éphémères, moins durables et surtout rarement tangibles matériellement : un oubli collectif n'est donc perceptible qu'indirectement, ce qui vaut aussi bien pour la perspective de l'observateur que pour l'observation

---

23 Concernant la vaste littérature consacrée à Halbwachs : *The Collective Memory Reader,* ed. by Jeffrey Olick and al. (New York/ Oxford, Oxford University Press, 2011), pp. 16-17, ainsi que Jan Assmann, *Das kulturelle Gedächtnis. Schrift, Erinnerung und politische Identität in frühen Hochkulturen,* (Munich: Beck, 1992); Astrid Erll, *Kollektives Gedächtnis und Erinnerungskulturen: Eine Einführung,* (Stuttgart, Weimar: Metzler, 2005), pp. 14-18.
24 Theodor Reik, « Über kollektives Vergessen », *Internationale Zeitschrift für Psychoanalyse,* 6 (1920), p. 215.
25 Johannes Fried, *Der Schleier der Erinnerung : Grundzüge einer historischen Memorik* (Munich: Beck, 2004); Johannes Fried, « Erinnerung und Vergessen. Die Gegenwart stiftet die Einheit der Vergangenheit », *Historische Zeitschrift,* 273 (2001), pp. 573-585.
26 Noa Gedi et Ygal Elam, « Collective Memory – What is it? », *History & Memory* 8,1 (1996), pp. 30-50.

postérieure[27]. De ces phénomènes complexes, Niklas Luhmann et, par la suite, Elena Esposito ont donné un tableau tout en nuances.

Dans le cas des organisations, un oubli institutionnel est nécessaire pour éviter les blocages[28]. Les formes d'oubli institutionnel ne s'appréhendent cependant qu'en adoptant une autre perspective et nécessitent donc d'autres instruments d'analyse.

Dans la mesure où l'on interprète les processus d'oubli comme des processus de transfert et de transformation, on mesure alors le potentiel de la recherche historique sur l'oubli[29]. Tout comme le processus de transfert culturel, l'oubli sélectionne, décontextualise et recontextualise le savoir[30]. De cette manière, le savoir issu des contextes d'origine est adapté à de nouveaux contextes d'utilisation et rendu fructueux, ou bien il est écarté comme étant inapproprié, inopportun ou inutile. Les aspects d'utilité, mais aussi de connectivité, d'appréciation ou de malléabilité du passé jouent un rôle particulier. La différence entre l'oubli et le transfert culturel réside dans le fait qu'en ce qui concerne le passé, il ne s'agit pas d'expériences de différences géographiques, mais chronologiques. Ce n'est pas à travers les distances et les espaces, mais à travers les années et les générations que les connaissances, les événements et les personnes sont ignorés ou utilisés pour consolider sa propre position. Le passé est ainsi considéré comme un 'autre' exploitable qui peut être transféré et transformé de manière profitable par l'individu ou le groupe concerné.

Dans les sciences historiques, la technique culturelle la plus importante étudiée est l'écriture en tant qu'opération de base de la mémoire. Les travaux de Michael Clanchy et Brian Stock ont été d'une grande importance. L'alphabétisation croissante au cours du Moyen Âge central a entraîné des changements dans l'organisation sociale et la pensée[31]. L'alphabétisation a ouvert de nouvelles perspectives dans la formation de groupes. La perspective des « communautés textuelles » a ainsi permis de rechercher et d'acquérir un savoir et une mémoire commune[32]. L'importance de l'écriture pour la mémoire a été à nouveau soulignée par Patrick Geary dans « Phantoms of Remembrance », lorsqu'il a mis en évidence comment la création de souvenirs répondait généralement à des objectifs utilitaires. Les monuments ou les listes de noms en disent plus sur les successeurs et les héritiers que sur les choses

---

27 Olivier Dimbath, « Reden wir nicht mehr darüber …? Überlegungen zum Nutzen und Nachteil sozialen Vergessens », *Zeitschrift für Evangelische Ethik* 63, H. 3, 2019, pp. 203-207.
28 Niklas Luhmann, *Gesellschaft der Gesellschaft*, (Frankfurt am Main: Suhrkamp, 1997), p. 579 : « Die Hauptfunktion des Gedächtnisses liegt also im Vergessen, im Verhindern der Selbstblockierung des Systems durch ein Gerinnen der Resultate früherer Beobachtungen ». Elena Esposito, *Soziales Vergessen. Formen und Medien des Gedächtnisses der Gesellschaft*, (Frankfurt am Main: Suhrkamp, 2002).
29 Mary Douglas, « Forgotten Knowledge », in *Shifting Contexts: Transformations in Anthropological Knowledge*, ed. by Marilyn Strathern (New York : Routledge, 2007), p. 13.
30 *Kulturtransfer. Kulturelle Praxis im 16. Jahrhundert*, ed. by Wolfgang Schmale (Innsbruck: Studienverlag, 2003) ; *Cultural Translation in Early Modern Europe*, ed. by Peter Burke and R. Po-Chia Hsia (Cambridge: Cambridge University Press 2007) ; *Monarchische Herrschaftsformen der Vormoderne in Transkultureller Perspektive*, ed. by Wolfram Drews et al. (Berlin, Boston : De Gruyter 2015), pp. 8-22.
31 Michael Clanchy, *From Memory to Written Record: England 1066-1307* (Hoboken, New Jersey: Wiley Blackwell, 2013), 3ᵉ édition.
32 Brian Stock, *Listening for the Text: On the Uses of the Past* (Philadelphia: University of Pennsylvania Press, 1996).

ou les personnes dont on se souvient[33]. L'analyse des processus de sélection et de désélection dans le contexte de la production d'écrits et de l'historiographie médiévale s'est depuis révélée être une approche extrêmement fructueuse du phénomène de la mémoire au Moyen Âge[34].

8+1 techniques et processus d'oubli

Pour l'oubli, on utilise souvent la métaphore de la tache aveugle de la pensée, lorsque même l'oubli est oublié et que l'ignorance est ignorée. Dans le domaine de la recherche en sciences humaines et culturelles, différentes catégorisations ont été développées pour désigner la perte de savoir afin de pouvoir en décrire les différentes facettes. Outre les listes de Daniel Schacter[35], on peut citer comme particulièrement influentes celles de Paul Connerton dans ses *Seven Sins of Memory*[36] et *Formen des Vergessens* d'Aleida Assmann[37] Pour catégoriser les processus d'oubli, il semble toutefois judicieux de le considérer comme un terme générique désignant la perte de connaissances, dans lequel différentes techniques et processus sont regroupés. Ainsi, au sein d'un continuum d'oubli, des actions concrètes sont menées d'un côté pour déclencher des processus attendus qui ont pour objectif une limitation des connaissances. A l'autre extrémité de l'échelle, on trouve les aspects individuels qui mettent en valeur le fait d'être à la merci de sa propre mémoire et qui combattent l'oubli, tout en l'acceptant et en le souhaitant parfois. C'est précisément parce que l'on trouve dans l'oubli la gamme des *agentes* et des *patientes* que nous nous écartons de la désignation habituelle de « formes d'oubli » pour privilégier la catégorie des « techniques et processus ». Aux huit techniques et processus de l'oubli intentionnel[38], qui ont (déjà) été exposées ailleurs de façon plus détaillée, il convient d'ajouter une nouvelle perspective subjective que nous souhaitons présenter sur la base de la documentation médiévale.

---

33 Patrick Geary, *Phantoms of Remembrance. Memory and Oblivion at the End of the First Millennium* (Princeton: Princeton University Press, 1994).
34 Constance Bouchard, *Rewriting Saints and Ancestors: memory and forgetting in France, 500-1200*, (Philadelphia: University of Pennsylvania Press, 2014).
35 Daniel Schacter, *The Seven Sins of Memory. How the Mind Forgets and Remembers* (Boston: Houghton Mifflin, 2001).
36 Paul Connerton, *How Modernity Forgets* (Cambridge: Cambridge University Press, 2009). L'auteur cite les éléments suivants : 1. Repressive erasure, 2. Prescriptive forgetting, 3. New identity, 4. Structural amnesia, 5. Forgetting as annulment, 6. Planned obsolecene 7. Forgetting as humiliated silence (en français: 1. L'effacement répressif, 2. l'oubli prescriptif, 3. la nouvelle identité, 4. l'amnésie structurelle, 5. l'oubli comme annulation, 6. l'obsolecène planifié, 7. l'oubli comme silence humilié).
37 Aleida Assmann, *Formen des Vergessens* (Göttingen : Wallstein, 2016) *Historische Geisteswissenschaften* 9. L'auteur établit une autre catégorisation : 1. oubli automatique, 2. oubli de conservation, 3. oubli sélectif, 4. oubli punitif, 5. oubli défensif, 6. oubli constructif, 7. oubli thérapeutique.
38 Gerald Schwedler, *Vergessen, Verändern, Verschweigen*, pp. 424-444. *La damnatio memoriae* est définie comme un « oubli intentionnel » et se réfère aux mécanismes d'oubli dans leur ensemble.

1. L'effacement

L'effacement est un acte élémentaire de destruction du savoir. Contrairement aux actes ostentatoires de l'iconoclasme ou de graphoclasme (voir ci-dessous), l'effacement vise à retirer délibérément des informations d'un discours. Il s'agit en premier lieu de dissimuler, de détruire ou de rendre méconnaissables des supports d'information qui peuvent servir de stimuli pour la mémoire sociale[39]. L'éventail des supports de signification sémiotiques est très large. Il ne s'agit pas seulement de livres, d'actes et d'écrits qui peuvent être brûlés, déchirés, découpés, cancellés, noircis ou arrosés[40]. L'effacement concerne également les biens, la famille et la clientèle des personnes que l'on cherche à effacer de la mémoire collective. Les transferts forcés, les exils et les migrations forcées qui dispersent des groupes de personnes porteurs d'informations particulières peuvent également être considérés à l'origine d'oublis sociaux. Ces formes de mémoire se perdent ainsi par dissémination. L'effacement entraîne des lacunes matérielles et personnelles difficilement identifiables. Il s'assimile à la tentative de créer une tache aveugle, car lorsque le souvenir et le collectif du souvenir n'agissent plus activement, un chemin vers un « unknown unknown » est emprunté, c'est-à-dire l'achèvement de la spirale du silence par un silence et un oubli durables. Il suffit de mentionner, par exemple, la manière dont l'héritage architectural du roi arien Théodoric a été traité pendant des décennies à Ravenne, qui est devenue par la suite une ville catholique : des mosaïques ont été effacées, mais des bâtiments ont également été transformés et entièrement réaménagés au fil du temps[41]. Les rares cas où il est donné à l'historien d'observer le caractère contingent de la transmission dans le contexte médiéval confirment la règle[42].

2. Iconoclasmes

Les iconoclasmes sont beaucoup plus envahissants que l'effacement. Il s'agit de la destruction manifeste de monuments, de statues et d'images. Cela ne concerne pas seulement la destruction des images religieuses, mais aussi et surtout de tous les symboles de domination. La technique iconoclaste de l'oubli ne vise pas à rendre invisible, mais à rendre visible l'invisibilisation et l'acte même de la suppression, lorsque, pour des personnalités, des événements et des éléments du passé non souhaités, le renversement, la profanation et la destruction de monuments et de statues ont été effectués à cor et à cri et de manière démonstrative[43]. Ces mesures n'avaient

---

39 Amadeo De Vincentiis, « Memorie bruciate. Conflitti, documenti, oblio nelle città italiane del tardo medioevo », *Bullettino dell'Istituto storico italiano per il Medioevo*, 106 (2004), pp. 167-198.
40 Paru récemment: Thomas Werner, *Den Irrtum liquidieren. Bücherverbrennungen im Mittelalter* (Göttingen, Vanderhoeck & Ruprecht 2007), *Veröffentlichungen des Max-Planck-Instituts für Geschichte* 225.
41 Davide Longhi, « Regalità di Cristo e regalità di Teodorico nei mosaici di Sant'Apollinare Nuovo a Ravenna », *Journal of Iconographic Studies*, 5 (2012), pp. 29-46.
42 Gerald Schwedler, *Vergessen, Verändern, Verschweigen*, pp. 154-156.
43 Caroline Vout, « The Art of *damnatio memoriae* », in *Un discours en images de la condamnation de mémoire*, ed. by Stéphane Benoist et al. (Metz : Centre Régional Universitaire Lorrain d'Histoire, 2008), pp. 153-172.

pas pour but d'effacer des informations, mais de nuire de manière frappante à la réputation de la personne représentée, de rendre impossible toute pensée positive et tout rattachement. Dans de nombreuses inscriptions du Moyen-Âge, on constate qu'il ne s'agit pas en premier lieu d'effacer des noms, mais davantage de mutiler les supports des inscriptions[44]. La destruction ou la profanation de statues, d'armoiries et d'autres symboles pouvait toucher, tout au long de cette période médiévale, toutes les personnalités de premier plan[45]. On soulignera toutefois, en raison d'habitudes épigraphiques différentes, que les statues de souverains étaient beaucoup moins répandues au Moyen Âge qu'elles avaient pu l'être dans l'Antiquité et qu'elles le seront plus tard au début de l'époque moderne[46].

3. Non-lieux de mémoire : recodage d'espaces, d'objets et de souvenirs

Le recodage des souvenirs est également très proche de la destruction à des fins publiques. Cette technique, très fréquente au Moyen Âge, se rapproche du « Fraiming » ou du « Reframing » cités au début de cet article. Il s'agissait avant tout de découpler des contextes de signification fixes, de les réévaluer et de les considérer comme inacceptables, inappropriés à la lumière d'un autre système d'évaluation. Les supports de mémoire sont définis comme des non-supports de mémoire, des non-lieux de mémoire. Cela fonctionne d'une part par une intervention matérielle – parfois violente – mais en règle générale par une attribution d'une nouvelle signification par un travail de redéfinition. Ainsi, la technique de création de non-lieux de mémoire est un palimpseste conscient d'un contexte de sens existant, qu'il soit écrit, ornemental, architectural ou géographique.

Un cas très connu est celui de la basilique Santa Maria in Trastevere à Rome, dont la reconstruction équivaut à un recodage créatif de la mémoire monumentale et peut donc tout à fait être considérée comme la création d'un non-lieu de mémoire[47]. Elle nous rappelle la querelle mémorielle de deux papes concurrents au XIIe siècle, qui s'est poursuivie même après leur mort. Anaclet II (Pietro Pierleoni 1130-1138), qui résidait à Rome, fit en effet richement décorer son église titulaire afin qu'elle serve à sa *memoria*. A la mort d'Anaclet II, en 1138, son rival Innocent II (1130-1143) réussit à s'imposer politiquement et accusa Anaclet en le qualifiant d'antipape. Il fit achever la rénovation de l'église du Trastevere à son goût. Il ordonna à cette occasion d'être représenté en fondateur dans l'impressionnante mosaïque de l'abside sur fond

---

44 Renate Neumüllers-Klauser, « Zum Phänomen der Erasio nominis im Mittelalter und in der frühen Neuzeit », *Zeitschrift für die Geschichte des Oberrheins*, 447 (1999), pp. 255-272.
45 Jas Elsner, « Iconoclasm and the Preservation of Memory », in *Monuments and Memory, Made and Unmade*, ed. by Robert Nelson et Margaret Olin (Chicago: University of Chicago Press, 2003), pp. 209-232 ; Norbert Schnitzler, *Iconoclasme – Bildersturm. Theologischer Bilderstreit und iconoklastisches Handeln während der 15. und 16. Jahrhunderts* (München: Fink, 1996).
46 Paul Zanker, *Augustus und die Macht der Bilder* (Munich: C.H.Beck, 2009).
47 Katrin Bull-Simonsen Einaudi, « L'arredo liturgico medievale in Santa Maria in Trastevere », *Mededelingen van het Nederlandsche Historisch Instituut te Rome*, 59 (2000), pp. 175-194, en particulier pp. 184-187 ; 190f. Mary Stroll, *The jewish pope: ideology and politics in the papal schism of 1130* (Leiden: Brill, 1987), Brill's studies in intellectual history 8, pp. 125-127.

d'or. Ce faisant, il effaça toute trace d'Anaclet, réduisant à néant le projet de faire de cette église un monument, particulièrement somptueux, à la mémoire de ce dernier. Il convient de souligner qu'Anaclet n'avait pas adapté la mosaïque de l'abside sur fond d'or à la sensibilité stylistique de l'époque. Il fit plutôt le choix de faire référence à l'époque des débuts du christianisme par le biais de réminiscences byzantines. La volonté d'Anaclet de s'inscrire dans « les premiers temps de la chrétienté », notamment à travers l'iconographie et le style antiquisant fut de sorte effacée par Innocent II qui chercha, à son tour et dans un style également antiquisant, à s'inscrire dans la mémoire de la chrétienté[48].

4. Graphoclasmes, biblioclasmes, rescissio actorum

Si l'aspect de la destruction publique prédomine dans le cas des iconoclasmes, c'est l'efficacité sociale d'un usage du passé tourné vers l'avenir qui est au premier plan dans le cas des graphoclasmes, des biblioclasmes et de la *rescissio actorum*, c'est-à-dire l'annulation d'actes juridiques. Il ne s'agit pas seulement de déplorer des pertes particulièrement élevées de textes en période de troubles politiques, mais aussi de détruire de manière ciblée les traditions d'une partie adverse, qui auraient permis de régler une cohabitation sociale. On observe même que des diplômes, des séries documentaires et des archives ainsi que des dossiers comptables ont été détruits de manière ciblée afin de faire disparaître de la vue, voire de l'histoire, les structures administratives dont ces écrits émanaient[49]. On constate régulièrement des cas de suppression et d'altération à grande échelle de documents qui faisaient référence à l'activité politique passée de personnes individuelles ou collectives. C'est précisément là où la stabilité des institutions était en jeu que l'attention portée à l'archivage des documents s'est présentée comme un facteur important. Parfois, les omissions et les lacunes dans les archives ne sontpas des actes de vengeance ou des expressions de mécontentement, mais plutôt des mesures de précaution[50].

En la matière, un exemple particulièrement frappant, de la fin du Moyen-Âge, révèle la manière avec laquelle Charles IV, concurrent et successeur de l'empereur Louis de Bavière, traita la mémoire intempestive de ce dernier. De son vivant, l'empereur Louis, excommunié, avait été toléré par Charles sans pour autant que

---

48 Sible De Blaauw, « Kirchenbau und Erinnerung in Rom unter Anaklet II. und Innozenz II. », in *Damnatio in memoria*, pp. 129-152 ; Dale Kinney, « Managed memory in S. Maria in Trastevere », in *Monuments & memory: Christian cult buildings and constructions of the past: Essays in Honour of Sible de Blaauw*, ed. by Mariette Verhoeven, Lex Bosman et Hanneke van Asperen (Turnhout: Brepols, 2016), Architectural Crossroads 3, pp. 337-347.

49 Marco Mostert, Anna Adamksa, « The "Violent Death" of Medieval Charters. Some Observations on the Symbolic Uses of Documents », in *Ecclesia, Cultura, Potestas. Studia z dziejów kultury i spoleczenstwa*, ed. by Pawel Kras et Agnieszka Januszek (Krakow, 2007), pp. 699-710.

50 Par exemple, pour l'époque ottonienne, voir Thomas Scharff, « Der rächende Herrscher. Über den Umgang mit besiegten Feinden in der ottonischen Historiographie », *Frühmittelalterliche Studien* 36 (2002), pp. 241-253.

ce dernier ne le reconnaisse/reconnût officiellement comme souverain[51]. Après la mort de Louis, la coutume aurait voulu que l'on confirmât les diplômes émis par ses soins, dans un but de stabilité juridique. Charles IV évita cependant autant que possible de le faire. En effet, selon l'inventaire des *Regesta Imperii*, établi, pour le règne de Charles IV, par Alfons huber, on ne dénombre que quatre répétitions claires, alors qu'il y en a des dizaines pour d'autres souverains[52]. Les experts en diplomatiques ont dû s'employer pour identifier, parmi les nombreuses autres chartes confirmées par Charles, une Vorurkunde remontant au règne de Louis. Le fait de ne pas maintenir implicitement les privilèges de Louis était pour Charles un moyen efficace pour consolider sa politique. En effet, il pouvait ainsi accorder ses faveurs à celui qui lui semblait le plus utile. L'oubli politique par la *rescissio actorum* était donc un avantage manifeste pour les successeurs des souverains concernés. Mais l'avantage que peuvent trouver les nouvelles générations dans ce procédé se manifeste encore plus clairement dans leur capacité à effacer et supprimer des lois. Il suffit de rappeler ici que l'importante loi constitutionnelle du Saint Empire romain germanique, la Bulle d'or de Charles de 1356, est issue à de nombreux égards de réflexions et de matériaux juridiques élaborés à l'époque de Louis de Bavière. Avec l'effacement des références aux travaux préparatoires, seule une recherche intensive a permis de découvrir la part ludovicienne de la Bulle d'or[53].

Dans l'ensemble, les graphoclasmes, les biblioclasmes et la *rescissio actorum* ont apporté de la clarté et de la sécurité juridique, même si certaines revendications ont ainsi été ignorées. Mais les nombreux contre-exemples médiévaux montrent justement à quel point la sécurité juridique, et donc l'abandon de certaines positions, étaient essentiels.

5. *Réécriture et transformation*

Le texte se présente comme un média propice au processus de réécriture et de transformation. En particulier dans les textes à caractère unique, et donc non produits en série, des modifications peuvent être apportées lors de la phase de transcription. Les textes médiévaux sont ainsi modifiés, transformés, améliorés. On n'hésite pas non plus à enjoliver des événements, des développements ou des personnalités indésirables ou de les faire apparaître sous un autre jour. D'un point de vue méthodologique, les chercheurs se sont intéressés avec profit à ces modifications,

---

[51] Michael Menzel, « Die Memoria Kaiser Ludwigs des Bayern », in *Auxilia historica. Festschrift für Peter Acht zum 90. Geburtstag, München*, ed. by W. Koch (Schriftenreihe zur Bayrischen Landesgeschichte 132 (2001), pp. 247-283.

[52] « Preuves évidentes : Regesta Imperii VIII. Die Regesten des Kaiserreichs unter Kaiser Karl IV. 1346-1378 », ed. by Alfons Huber (Innsbruck 1877) disponible en ligne : http://www.regesta-imperii.de : RI VIII n. 494, 1347 déc. 13 ; RI VIII n. 418, 1347 nov. 7.

[53] Michael Menzel, « Feindliche Übernahme. Die ludovicianischen Züge der Goldenen Bulle », in *Die Goldene Bulle. Politik – Wahrnehmung – Rezeption*, ed. by Ulrik. Hohensee (Berlin: Akademie Verlag, 2009) *Berichte und Abhandlungen. Berlin-Brandenburgische Akademie der Wissenschaften* Sonderband 12, vol. 1, pp. 39-64.

rédactions et révisions progressives[54]. Par le passé, la recherche s'est généralement contentée de voir dans l'élimination d'aspects ponctuels l'effet d'une forme de censure[55]. Il a fallu que s'impose l'idée que la question n'est pas seulement celle des contenus éventuellement effacés, mais aussi et surtout celle du cadre qui préside à leur reformulation et leur adaptation (réécriture) pour que les déformations et les transformations du contenu puissent être étudiés comme autant d'impulsions visant à oblitérer les contextes cognitifs d'origine[56]. C'est ici qu'intervient la notion d'oubli par la transformation. Le savoir du passé a toujours été adapté et transformé pour le temps présent, afin de pouvoir servir de guide ou même de base à assertions normatives. Les *mutatis* étaient bien entendu *mutandis*, c'est-à-dire qu'ils devaient être adaptés et transformés. Cette transformation n'a toutefois pas été effectuée d'un point de vue esthétique ou purement linguistique. Au contraire, certains aspects ont été délibérément retravaillés, omis, transformés et surtout placés dans un nouveau contexte narratif. Par le biais d'un langage choisi et de prises de position directes ou plus subtiles, des attitudes peuvent être présentées comme marginalisées, dépassées, muséifiées ou historicisées. De tels processus de transformation du savoir existant n'ont pas pris place dans un contexte de réception positive, comme dans le cas de la réception de l'Antiquité d'un point de vue esthétique et discursif, mais explicitement dans un contexte beaucoup plus politique et parfois hostile[57].

Les Annales dites impériales, les *Annales regni Francorum*, nous livrent un exemple emblématique de ces techniques de réécriture et de transformation qui conduisent à l'oubli. Au premier regard, il s'agit d'un texte conçu sous forme d'annales, c'est-à-dire d'entrées historiographiques annuelles. Ce texte, rédigé dans l'entourage de Charlemagne, a été largement diffusé et copié en tant que source importante[58]. Les *Annales*

---

54 Marie-Agnès Lucas-Avenel, « Les silences de l'Anonyme du Vatican dans sa réécriture de l'Histoire de Geoffroi Malaterra », in *Les silences de l'historien: oublis, omissions, effets de censure dans l'historiographie antique et médiévale*, ed. by Corinne Jouanno (Turnhout: Brepols, 2019) *Les silences de l'historien* 20, pp. 275-300.

55 Wolfgang Speyer, *Büchervernichtung und Zensur des Geistes bei Heiden, Juden und Christen* (Stuttgart, Hiersemann, 1981), *Bibliothek des Buchwesens* 7.

56 Monique Goullet, *Écriture et réécriture hagiographiques. Essais sur les réécritures de Vies de saints dans l'Occident latin médiéval VIII*ᵉ*-XIII*ᵉ *s.* (Turnhout : Brepols 2005) *Hagiologia* 4. Martin Heinzelmann, « La réécriture hagiographique dans l'œuvre de Grégoire de Tours », in La réécriture hagiographique dans l'Occident médiéval. Transformations formelles et idéologiques, ed. by Monique Goullet et Martin Heinzelmann (Ostfildern : Thorbecke, 2003) Beihefte der Francia 58, pp. 15-70.

57 Hartmut Böhme, Lutz Bergmann, Martin Dönike et al. *Transformation. Ein Konzept zur Erforschung kulturellen Wandels* (Munich: Wilhelm Fink, 2011), en particulier pp. 50-52.

58 *Annales regni Francorum inde ab a. 741 usque ad a. 829, qui dicuntur Annales Laurissenses maiores et Einhardi*, ed. by Friedrich Kurze (Hannover, 1895) MGH SR Germanicarum in usum scholarum 6 ; classification critique : Matthias Becher, *Eid und Herrschaft. Untersuchungen zum Herrscherethos Karls des Großen* (Sigmaringen: Thorbecke, 1993) (Vorträge und Forschungen Sonderband 39), p. 23; rehabilitierend: Rudolf Schieffer, « Ein politischer Prozess des 8. Jahrhunderts im Vexierspiegel der Quellen », in « Das Frankfurter Konzil von 794. Kristallisationspunkt karolingischer Kultur », ed. by Rainer Berndt (Mainz, 1997), akten zweier Symposien (vom 23. Bis 27. Februar und vom 13. Bis 15. Oktober 1994) anläßlich, Bd. 2, (Quellen und Abhandlungen zur mittelrheinischen Kirchengeschichte 80), pp. 167-182, p. 167 f.; Roger Collins, « The "Reviser" Revisited. Another Look at the Alternative Version of the Annales regni Francorum », in *After Rome's Fall. Narrators and Sources of Early Medieval History*. Essays Presented to Walter Goffart, ed. by Alexander Callander Murray (Toronto: University of Toronto Press, 1998), pp. 191-213, p. 193; Rosamond McKitterick, *Karl der Große* (Darmstadt: Wissenschaftliche Buchgesellschaft, 2008), pp. 38-58; Helmut Reimitz, « Nomen Francorum

regni Francorum ont ainsi été intégrées dans les *Annales de Murbach* ou dans les *Annales dites d'Eginhard*[59]. Intéressons-nous plus particulièrement au traitement que ces annales réservent à l'un des adversaires majeurs de Charlemagne, le duc Tassilon III de Bavière. En analysant de près le texte des *Annales impériales*, Mathias Becher a constaté qu'il s'appuyait sur de nombreuses sources, mais qu'il était lui-même construit de telle sorte qu'il pouvait en quelque sorte être lu comme un réquisitoire habilement construit contre Tassilon de Bavière. Les détails le concernant sont lissés en lignes narratives linéaires qui, au sein des entrées annuelles, racontent un récit qui aurait pour titre « splendeur et misère de Tassilon ». Sa prétendue désertion, le fameux *harisliz*, le procès politique d'Ingelheim de 788 et sa réapparition et sa demande de grâce vers 794 offrent une intrigue plausible qui a été retravaillée pour les *Annales impériales* par assemblage, réécriture et omission de textes disponibles[60]. Les *Annales regni francorum* sont ainsi un bon exemple de réécriture politiquement ciblée, dont le but était de faire oublier Tassilon, seigneur historique et autrefois puissant, en le présentant comme un perdant né. Herwig Wolfram a qualifié avec justesse cette technique de « Lügen mit der Wahrheit » (« Mentir sans s'écarter de la vérité (factuelle) »)[61]. Il faut partir de ce constat pour étudier la question des stratégies franques visant précisément à empêcher une histoire agilolfingienne dans le sens d'une *contre-histoire* identitaire[62].

6. Lacunes de l'histoire et inventio *négative*

Les récits présentent des lacunes. L'apparition de ces lacunes peut toutefois s'expliquer de différentes manières. Le fait que ces lacunes doivent être interprétées comme un processus et une technique d'oubli s'explique par la nature même de la condensation du contenu par des textes et par la nécessité de procéder à des omissions pour une conduite claire de la pensée. Plus encore que dans le cas d'une réécriture, où l'on procède notamment à des remaniements sur le fond et sur la forme, à des lissages et à des sélections, les lacunes et les vides sont ici nettement

---

obscuratum. Zur Krise der fränkischen Identität zwischen der kurzen und langen Geschichte der *Annales regni Francorum* », in *Völker, Reiche und Namen im frühen Mittelalter*, ed. by Matthias Becher et Stéphanie Dick (München, 2010) *MittelalterStudien* 22, pp. 279-296; Johannes Fried, *Karl der Große. Gewalt und Glaube. Eine Biographie* (München: Beck, 2013), p. 22.

59 *Annales qui dicuntur Einhardi*, ed. by Friedrich Kurze ; à ce sujet Roger Collins, *The 'Reviser' Revisited* (1998) ; Rosamond McKitterick, *History and Memory in the Carolingian World* (Cambridge: Cambridge University Press, 2004), pp. 21 et pp. 103-117 ; Erik Goosmann, *Memorable Crisis. Carolingian Historiography and the Making of Pippin's Reign 750-900* (Amsterdam: University of Amsterdam Press, 2013), pp. 58-65; Thomas Scharff, *Die Kämpfe der Herrscher und der Heiligen. Krieg und historische Erinnerung in der Karolingerzeit*, (Darmstadt: Wissenschaftliche Buchgesellschaft, 2002) *Symbolische Kommunikation in der Vormoderne*.

60 Matthias Becher, *Eid und Herrschaft. Untersuchungen zum Herrscherethos Karls des Großen* (Sigmaringen: Thorbecke, 1993) *Vorträge und Forschungen* Sonderband 39, p. 23; Helmut Reimitz, *History, Frankish Identity and the Framing of Western Ethnicity (550-850)* (Cambridge: Cambridge University Press, 2015), pp. 340-345.

61 Herwig Wolfram, « Einleitung oder Lügen mit der Wahrheit: Ein historiographisches Dilemma », in *Historiographie im frühen Mittelalter*, ed. by Anton Scharrer et Georg Scheibelreiter (Wien: Oldenbourg Verlag, 1994) *Veröffentlichung des Instituts für Österreichische Geschichtsforschung* 32, pp. 11-25.

62 Gerald Schwedle, *Vergessen, Verändern, Verschweigen*, pp. 336-338.

plus importants et atteignent le domaine de la structure. Dans le cas d'omissions de ce genre, les lacunes sont délibérément acceptées pour servir un récit en particulier : elles participent à sa construction afin de rendre d'autres structures plus visibles. D'autres perspectives, alternatives ou même concurrentes, sont sciemment ou inconsciemment occultées, ce qui peut conduire à la formation de taches aveugles, voire de perspectives aveugles. Iil faut donc parfois faire preuve de perspicacité analytique pour mettre en évidence ces zones blanches dans la structure de certains ouvrages de nature historiographique[63].

Un exemple connu est le remaniement de l'*Histoire des Francs* de Grégoire de Tours (538-vers 594) par l'auteur anonyme du compendium de Frédégaire, rédigé entre 655 et 660[64]. L'auteur, généralement désigné sous le nom de Frédégaire, a utilisé une version abrégée de l'œuvre de Grégoire de Tours et l'a à nouveau raccourcie. Il a notamment supprimé l'objectif principal de Grégoire, à savoir souligner l'action de Dieu et l'intervention généralement positive des évêques pour le développement de la *Gallia* ou de la *Francia*. Parmi les nombreux épisodes et anecdotes évoqués, plusieurs centaines d'évêques sont mentionnés. Chez Frédégaire, on n'en retrouve plus que onze. Non seulement leur nombre est massivement réduit, mais ceux que Frédégaire mentionne véhiculent le plus souvent une image négative et ne sauraient aucunement être érigés en modèles. Ce préjugé critique à l'égard des évêques n'a été découvert que tardivement par les chercheurs, bien qu'on ait il y a déjà fort longtemps suggéré pareil parti pris sur la foi de certaines notations incidentes dans le texte de Frédégaire en lien avec les missions diplomatiques de ce dernier au service du pouvoir[65]. Ce qui ne correspondait pas à la vision du monde de Frédégaire a été omis, tout en dessinant un panorama historique cohérent. La reprise sélective par Frédégaire de l'œuvre historique de Grégoire et le rétrécissement thématique sont paradigmatiques d'une interprétation de l'histoire guidée par une vision du monde dans laquelle d'autres perspectives ont été exclues.

Le concept d' « *inventio* négative », emprunté au domaine de la rhétorique mais revêtu ici d'un accent particulier, apparaît comme particulièrement approprié. Le terme d'*inventio* a été utilisé par les rhétoriciens de l'Antiquité classique, comme Cicéron, pour décrire le principe heuristique important pour la recherche et l'organisation des pensées et des arguments. Ces idées ont été reprises et appliquées au Moyen Âge et plus intensément encore à la Renaissance[66]. Alors que l'*inventio* exprime la « volonté de trouver », le terme « *inventio* négative » désigne plutôt la « volonté d'omettre » ou la « volonté de ne pas écrire ». L'*inventio* négative sert à occulter

---

[63] Anna-Dorothee von den Brincken, « Lücken und Lückenlosigkeit in der Geschichtspräsentation des Martin von Troppau († 1278) », in *Leben und Wahrheit in der Geschichte: Festgabe zum 90. Geburtstag von Hans Tümmler*, ed. by Herbert Hömig (Bochum: Akademie gemeinnütziger Wissenschaften zu Erfurt, 1996), pp. 1-16.

[64] Roger Collins, *Die Fredegar-Chroniken* (Hanover: Hahnsche Buchhandlung, 2007) Monumenta Germaniae Historica. Studien und Texte 44, pp. 20-22.

[65] Pour plus de détails, voir Gerald Schwedler, *Vergessen, Verändern, Verschweigen*, pp. 288-294.

[66] Cic. De Inventione I,9 : *Inventio est excogitatio rerum verarum aut veri similium quae causam probabilem reddant*. Manfred Keinpointner, « Art. Inventio », in *Historisches Wörterbuch der Rhetorik 4*, ed. by Gert Ueding (Darmstadt: Wissenschaftliche Buchgesellschaft, 1998), pp. 561-587.

délibérément des informations, à exprimer un désintérêt qui peut-être le fait d'un individu, d'un groupe particulier ou d'une culture[67].

La technique consiste ici non seulement à omettre, mais aussi à diffamer ou à obscurcir le savoir, comme nous l'avons déjà vu sous d'autres aspects, c'est-à-dire à présenter quelque chose comme fragile afin d'anticiper, le cas échéant, la critique de l'omission[68]. Dans une certaine mesure, l'accord du public est pris en compte. C'est précisément dans le cas de l'historiographie et des textes traitant de positions controversées qu'il existe une possibilité de retrait du lectorat. Faire siennes la structure et les valeurs d'un texte (d'auteurs connus ou anonymes) signifie donc aussi passer un contrat avec l'auteur, s'engager dans ses tentatives de raconter sa propre histoire cohérente et d'omettre, de relativiser et de laisser tomber dans l'oubli les alternatives et les contre-discours.

7. Un oubli consensuel : prescription, amnistie, grâce et histoire de vainqueur

L'oubli peut être un objectif explicitement convenu par contrat. Du moins, il existait dans les sociétés médiévales de nombreuses situations dans lesquelles l'oubli résulte d'un consensus et d'une convention sociale. Il ne s'agit pas seulement d'usages juridiques et de lois communément acceptés, qui connaissent certains processus selon lesquels le passé ne doit plus avoir d'effet sur le présent (c'est le cas, notamment, dans la figure juridique de la prescription, en vertu de laquelle les anciens droits, aussi légitimes qu'ils aient pu être, ne peuvent plus être revendiqués : ils ne sont lles ne sont plus pertinents et peuvent être oubliées)[69].

Plus fortement que dans le cas d'un consensus autour du principe général de l'oubli comme il fonctionne domaine de la prescription, l'oubli dans le contexte des efforts de paix est explicitement fixé par contrat et fait l'objet d'un serment par les parties contractantes. La paix a besoin d'être accompagnée, en particulier après les horreurs de la violence et des guerres, de la possibilité d'un nouveau départ, sans que le souvenir des actes de violence ne fasse ressurgir d'anciens conflits. L'amnistie contractuelle, la remise des peines, doit ainsi permettre de déclencher un processus d'oubli pour les victimes comme pour les coupables. L'institution juridique de l'amnistie, déjà utilisée par les Grecs, servait à établir la paix ; elle est identique à l'amnésie, la perte de mémoire, dans son sens le plus originel[70]. L'oubli imposé n'efface aucune connaissance, il est simplement constaté que l'affaire ne doit plus être soulevée[71].

---

67 Helmut Reimitz, Berhard Zeller, *Vergangenheit und Vergegenwärtigung frühes Mittelalter und europäische Erinnerungskultur* (Wien: Österreichische Akademie der Wissenschaften, 2009) *Forschungen zur Geschichte des Mittelalters* 14.
68 Martin Mulsow, *Prekäres Wissen. Eine andere Ideengeschichte der Frühen Neuzeit* (Berlin: Suhrkamp, 2012).
69 Reinhard Zimmermann, *Comparative Foundations of a European Law of Set-Off and Prescription*, (Cambridge: Cambridge University Press, 2010) ; Karl Spiro, *Die Begrenzung privater Rechte durch Verjährungs-, Verwirkungs- und Fatalfristen* (Berne, Stämpfli, 1975²), vol. 2.
70 Nicole Loraux, « De l'amnistie et de son contraire », in *Usages de l'oubli* (Paris : Seuil, 1988), pp. 23-47.
71 Paul Ricoeur, *Gedächtnis, Geschichte, Vergessen* (München : Fink, 2004) *Übergänge* 50, p. 694 ; Stéphane Gacon, « L'oubli institutionnel », in *Oublier nos crimes. L'amnésie nationale, une spéificité française?* ed. by Dimitri Nicolaïdis (Paris : Autrement, 1994), pp. 98-111.

Ainsi, on trouve des clauses d'amnistie dans la plupart des traités de paix médiévaux. Un exemple significatif est le traité de Thorn. Après des combats prolongés entre l'ordre Teutonique et le royaume de l'Union polono-lituanienne, l'ordre Teutonique perdit une grande partie de ses terres et le château de Marienburg. L'article 24,3 du traité prévoyait des clauses d'absolution[72].

Les clauses d'oubli s'avèrent toutefois illusoires au fur et à mesure qu'elles sont répétées de manière plus fréquente et articulée. Ainsi, les traités de paix se succèdent à un rythme soutenu pendant la guerre de Cent Ans. L'invitation sans cesse répétée à laisser l'oubli jouer un rôle dans la paix ne semble finalement pas avoir fonctionné et la paix s'instaure finalement par d'autres voies que l'oubli invoqué[73].

8. Innovation et oubli du progrès

L'avenir détruit le passé, constate Lucian Hölscher, résumant ainsi le phénomène selon lequel les civilisations en général agissent dans l'ici et maintenant et peuvent développer de multiples forces destructrices[74]. Il en est ainsi du passé mordant sur le temps présent et qui doit pourtant s'effacer devant celui-ci et sombrer dans l'oubli. L'idée reprend ainsi la dialectique entre *antiqui* et *moderni*, objet de réflexions constantes au cours de l'Antiquité et du Moyen Âge. La recherche a reconnu très tôt que les processus de croissance s'accompagnent de la destruction de structures plus anciennes[75]. Cela ne signifie pas seulement la destruction du bâti, des iconoclasmes et des dévastations ou encore de l'incendie de bibliothèques, comme on peut le constater dans les phases les plus turbulentes d'un prétendu changement d'époque[76]. Il s'agit plus encore, et surtout, des processus omniprésents d'effacement, de suppression et de proclamation d'obsolescence portant sur divers savoirs et pratiques quand ces processus ont précisément pour visée de faire apparaître la nouveauté pour encore plus neuve qu'elle ne l'est en réalité.

---

72 Traité de Thorn 1466, in *Die Staatsverträge des Deutschen Ordens in Preußen im 15. Jahrhundert*, ed. by Erich Weise (Marburg: Elwert, 1955) Bd. 2, pp. 262-287 : 24, 3 : *Tenebimurque nos et successores nostri illos habere in favore et gracia nec verbo vel facto eorum commemorare hostilitates nec de illis umquam aliquam sumere ulcionem per nos vel submissam personam publice vel occulte, directe vel indirecte aut quovis quesito colore.*

73 Nicolas Offenstadt, *Faire la paix au Moyen Âge. Discours et gestes de paix pendant la guerre de Cent Ans* (Paris : Université Paris-I-Panthéon-Sorbonne, 2007), pp. 64-74 ; Claude Gauvard, « Pardonner et oublier après la guerre de Cent Ans : le rôle des lettres d'abolition de la chancellerie royale française », in *Vergeben und Vergessen? Vergangenheitsdiskurse nach Besatzung, Bürgerkrieg und Revolution*, ed. by Reiner Marcowitz et Werner Paravicini (München: Oldenburg, 2009), pp. 27-56.

74 Lucian Hölscher, *Semantik der Leere : Grenzfragen der Geschichtswissenschaft* (Göttingen: Wallstein-Verlag, 2009), p. 199.

75 L'analyse de l'antagonisme antiqui et moderni a elle-même déjà une histoire de recherche : Johannes Spörl, « Das Alte und das Neue im Mittelalter: Studien zum Problem des mittelalterlichen Fortschrittsbewußtseins », *Historisches Jahrbuch*, 50 (1930), pp. 297-341, 498-524 ; Albert Zimmermann, *Antiqui und moderni. Traditionsbewußtsein und Fortschrittsbewußtsein im späteren Mittelalter* (Berlin, New York : 1974) *Miscellanea mediaevalia* 9. Dernièrement Jean-Marie Sansterre, *L'autorité du passé dans les sociétés médiévales*, (Rome : École française de Rome, 2004), *Collection de l'École française de Rome* 333.

76 Mareike Menne, « Stören, Vergessen, Zerstören: Ein anderer Blick auf einen frühneuzeitlichen Kulturtransfer », in *Archiv, Macht, Wissen. Organisation und Konstruktion*, ed. by Anna Horstmann et Vanina Kopp (Frankfurt a. M. : Campus Verlag, 2010), pp. 123-137.

Il s'avère que l'acte de faire oublier repose délibérément sur la création de vides et de d'écrasement. Du point de vue de l'économie, la notion de 'destruction créative' a été introduite par Werner Sombart et Joseph Schumpeter, dans le cadre de laquelle ce qui est indésirable ou inadapté doit clairement laisser la place à ce qui est nouveau et voulu[77]. Dans le domaine de la création artistique, Horst Bredekamp a pu le montrer à travers différents exemples : les esthétiques sont soumises à des modes qui, parfois, ne permettent pas la persistance d'expressions esthétiques plus anciennes – l'ancien doit être éliminé pour que le nouveau puisse naître[78]. L'élimination ne conduit pas nécessairement immédiatement à la destruction et à l'oubli, mais les transformations, les dissimulations, la relégation et la muséification amorcent également un processus de scission qui favorise l'oubli.

Cependant, un changement structurel généralisé, mû par l'innovation, n'est que rarement perçu comme un accélérateur d'oubli. Ce n'est qu'en se plaçant à un certain niveau d'observation que les processus d'innovation qui se déroulent le plus souvent en arrière-plan peuvent être considérés comme des accélérateurs d'oubli, lorsque l'ancien doit céder la place au nouveau. Mais ce n'est qu'après coup que l'on peut déterminer si le « grand-ménage » était l'option la plus porteuse d'avenir ou si le maintien de l'ancien pour lui-même aurait apporté des avantages en termes de création d'identité ou autres. Il est parfois possible de réactiver ou de rénover des œuvres et des connaissances latentes et de les arracher à l'oubli.

8+1 Oubli de l'histoire [Geschichtsvergessenheit]

Les réflexions sur l'oubli de l'histoire ne s'intègrent pas entièrement dans la série des huit techniques et processus d'oubli mentionnés jusqu'ici, car elles jouent un rôle à un niveau supérieur, celui de la perception de soi et de l'évaluation morale par les individus et les groupes. Le terme allemand « Geschichtsvergessenheit » (oubli de l'histoire), qui désigne la non-réception du passé, est parfois utilisé comme un reproche spécifique, voire une accusation gratuite à l'encontre d'individus ou de groupes dont on estime qu'ils ne prennent pas le passé suffisamment au sérieux, qu'ils ne connaissent et ne comprennent pas suffisamment certains aspects particuliers d'un événements. En Allemagne, le terme a été utilisé dans le contexte spécifique du souvenir de la Seconde Guerre mondiale et des atrocités commises par le régime national-socialiste. Aleida Assmann et Ute Frevert, notamment, ont utilisé le terme pour réfléchir à un débat spécifique[79]. Dans ce contexte historico-politique, le terme est utilisé pour faire référence aux débats sur la clôture, la normalisation

---

77 Le développement du principe de destruction créatrice par Werner Sombart et Joseph Schumpeter cf. Marianne Gronemeyer, « Innovationsfuror und Wiederholungszwang », in *Die Furie des Verschwindens. Über das Schicksal des Alten im Zeitalter des Neuen*, ed. by Konrad Pau Liessmann (Vienne: Zslonay, 2000), Philosophicum Lech 3, pp. 176-199.

78 Horst Bredekamp, *Sankt Peter in Rom und das Prinzip der Zerstörung. Bau und Anbau von Bramante bis Bernini* (Berlin: Wagenbach, 2000), Kleine kulturwissenschaftliche Bibliothek 63.

79 Aleida Assmann et Ute Frevert, *Geschichtsvergessenheit, Geschichtsversessenheit. Vom Umgang mit deutschen Vergangenheiten nach 1945* (Stuttgart: Deutsche Verlags-Anstalt, 1999).

et l'instrumentalisation de la culpabilité. C'est précisément dans l'interaction entre le souvenir individuel et la politique de mémoire ciblée que l'on peut constater des réactions allant d'un refus catégorique à l'obsession de l'histoire. La diversité des réactions s'explique par des paramètres tels que l'implication coupable dans l'événement, le sentiment d'être victime, l'âge ou encore la distance temporelle par rapport à l'événement.

Le phénomène de renoncement à l'histoire n'est pas nouveau. Le refus catégorique du passé, voire la négation de la pertinence de l'histoire dans sa dimension actuelle, accompagnent constamment les positions radicales des réformateurs et des révolutionnaires. Les refus du passé, des traditions et de tout ce qui est hérité du passé, imprègnent la pensée d'un Michel Foucault aussi bien que celle de philosophes anciens tels que Friedrich Nietzsche, René Descartes, Michel de Montaigne, Francis Bacon et de nombreuses autres positions radicales de l'époque moderne jusqu'aux penseurs du Moyen Âge[80].

L'objectif fondamental de l'oubli, tel qu'il s'intègre à l'histoire au cours du Moyen Âge, consiste à ne pas laisser un passé envahissant entraver le présent. Il s'agit non seulement de ne pas se laisser distraire ou limiter par son propre passé ou plus largement par une histoire considérée comme un fardeau dans sa propre action actuelle, dans sa mission et sa vision des choses. Le plus célèbre des auteurs médiévaux à avoir réfléchi à cette question est sans doute Bernard de Clairvaux (vers 1091-1153), imprégné de multiples courants et systèmes de pensée issus de la tradition monastique, remontant jusqu'à Jean Cassien. Il s'agit de guider les moines afin qu'ils ne se laissent pas distraire de l'essentiel de leur vocation et de leur vie monastique. A plusieurs reprises, Bernard formule un véritable mode d'emploi de l'oubli. Il met en garde contre la vaine avidité de savoir, la souillure de la curiosité et la poursuite oisive de rêves éveillés et de méditations sur des plaisirs passés. Il ne s'agit pas seulement d'ascétisme et d'autolimitation en vue de l'introversion et de la contemplation de Dieu. Bernard de Clairvaux évoque ici une forme d'oubli nécessaire de son expérience personnelle avant son entrée au monastère et en lien avec la vie laïque[81].

L'oubli de l'histoire consiste ici en une forme de concentration sur l'essentiel, sur l'acceptation d'un monde formellement plus petit et plus limité. Pour cela, une solution est recherchée à partir des multiples interconnexions synchrones et diachroniques de la vie mondaine. Bernard de Clairvaux souligne ainsi un élément essentiel

---

80   Frierich Nietzsche, « Vom Nutzen und Nachtheil der Historie für das Leben » (1873), in *Friedrich Nietzsche. Sämtliche Werke. Kritische Studienausgabe*, ed. by Giorgio Colli et Mazzino Montanari (München, Berlin, New York: De Gruyter, 1980), vol. 1, pp. 241-330; Michel Foucault, « *Nietzsche, la généalogie, l'histoire* », in *Dits et écrits 2*, ed. by Daniel Defert et François Ewald (Paris, Gallimard, 1994), pp. 136-156; cf. Michel De Montaigne, *Les Essais*, I,26, ed. by Pierre Villey (Paris : Éditions Edgar Malfère 1940), vol. I, p. 151; Teresa Chevrolet, « "Si excellent en l'oubliance". Oubli, humanisme, écriture chez Montaigne », in *Figures de l'oubli IVe–XVIe siècle*, pp. 323-344.
81   Wim Verbaal, « Bernard of Clairvaux's School of Oblivion », in *Negotiating Heritage. Memories of the Middle Ages*, ed. by Mette B. Bruun und Stephanie Glaser (Turnhout: Brepols 2008), pp. 221-237. Gerald Schwedler, « Bindungen lösen. Die Anleitung des Bernhard von Clairvaux zum Vergessen », in *Grenzen des Netzwerks 1200-1600*, ed. by Kerstin Hitzbleck und Clara Hübner (Ostfildern: Thorbecke 2014), pp. 239-259.

de la pensée monastique : la réduction de soi en termes d'action et de savoir promet une concentration et un plus grand accomplissement.

De façon plus générale, on note ici ou là au Moyen Âge une propension à considérer l'autosatisfaction ascétique comme une paix de l'esprit souhaitable sont également perceptibles au Moyen Âge. La fuite du monde qui en découle, et donc le rejet du passé et de l'histoire, sont considérés comme des éléments positifs[82]. Ce qui est attirant dans une vision d'un « petit monde », c'est qu'elle se détache du poids des différents passés, perçus comme trop nombreux, trop complexes, trop désagréables, etc. Le désengagement chronologique, c'est-à-dire la négation des contraintes historiques, se manifeste justement aussi dans les sociétés où les traditions sont cultivées avec soin. Les dénis radicaux de la tradition représentent toujours un défi pour les systèmes traditionnels qui doivent faire face au sens à donner à l'histoire et à son passé. Dans ce sens, les appels du mouvement franciscain à une rénovation éthique au prix, parfois, de raccourcis historiques et d'une réduction de la place de l'histoire ont poussé les ordres monastiques bénédictins traditionnels à opérer différentes réformes[83].

L'idée régulièrement avancée d'un monde certes limité mais plein de sens, qui se passerait de références à l'histoire et se sentirait uniquement tenu par des conceptions éthiques et morales, reflète l'expression d'une dialectique entre l'efficacité dans le siècle et la fuite du monde ; elle fut également la force motrice de nombreux mouvements de réforme et de changement. Une étude des disruptions au Moyen Âge en tant que rupture consciente et rejet des prédécesseurs, voire l'« histoire de l'oubli de l'histoire » au Moyen Âge, reste cependant à faire.

Perspectives d'avenir : l'oubli comme transfert et transformation

La catégorisation des techniques et des processus ne montre pas seulement que le phénomène de l'oubli doit prendre en compte les perspectives, les aspects, les acteurs et les contextes temporels les plus divers. Il apparaît également que pour comprendre l'oubli, il ne peut y avoir de point d'appui absolu, de point archimédien en quelque sorte, à partir duquel une perspective globale pourrait être développée ou une compréhension rendue possible. Une étude de l'oubli dans un contexte historique doit être considérée dans ses spécificités. Cette constatation est renforcée par les théories psychologiques actuelles (*interference theory, retrieval error theory*, etc.), qui considèrent l'oubli non plus seulement comme une mémorisation de connaissances, mais également le reflet de multiples processus individuels et sociaux dans le traitement des connaissances, dans lesquels les stocks de connaissances sont mis en relation avec le présent respectif. L'oubli est donc un processus complexe

---

[82] Gadi Algazi, « "Sich vergessen" im späten Mittelalter: Denkfiguren und soziale Konfigurationen », in *Memoria als Kultur*, ed. by Otto Gerhard Oexle (Göttingen: Vandenhoeck & Ruprecht, 1995), pp. 387-427.
[83] Jörg Kastner, *Historiae fundationum monasteriorum. Frühformen monastischer Institutionsgeschichtsschreibung im Mittelalter* (Munich: Arbeo Gesellschaft, 1974), pp. 83-92.

de hiérarchisation dans l'acquisition de connaissances, un processus qui contribue à occulter, à mettre en latence et à effacer.

L'observation de l'oubli dans une perspective historique attire l'attention sur la multitude de formes par lesquelles le savoir a été trié et considéré, pour différentes raisons, comme superflu. D'immenses connaissances ont été laissées de côté et occultées. Grâce à cette pluralisation de la notion d'oubli en tant qu'interaction et coexistence de processus d'occultation, il est également possible, dans le contexte historique, de supposer au niveau analytique que plusieurs des techniques et processus catégorisés 8 + 1 agissent simultanément. L'action des processus d'effacement, de destruction, d'ignorance, d'écrasement, de réécriture, de déni, d'injonction au silence, d'abandon conscient ainsi que d'appropriation et d'altération, perceptibles et reconstructibles de l'extérieur, ce sont surtout les conséquences passives de l'oubli qui limitent ou permettent l'image ultérieure du passé.

En guise d'avertissement méthodologique pour de futures recherches, recommandons la prudence face à tout ce qui se présente en apparence comme les éléments d'une tradition transmise sans intention particulière

Ainsi, chaque génération de chercheurs possède son propre cadre d'interprétation avec ses propres angles morts, ce qui peut empêcher de percevoir le passé. Mais surtout, il convient également d'observer les stratégies des contemporains à une époque donnée, et des générations ultérieures, stratégies qui leur permettent d'utiliser et d'influencer l'image future de l'histoire en fonction de leur perspective. Les destructions, les effacements ou les censures avérés devraient être problématisés, ainsi que les stratégies de diffamation et d'influence, moins évidentes à repérer.

Nous voici de retour aux notions présentées en introduction de ce chapitre : « cancel culture », « framing », « fake-news », « trigger warning » ou encore « alternative facts ». Ces notions, présentes dans la documentation écrite, ne sauraient être interprétées uniquement sous l'angle étroit d'invitations à évaluer et trier des connaissances. Elles doivent également nous permettre de cerner les signes de la mise en œuvre de stratégies de déformation du savoir et du passé au moyen desquelles l'intérêt pour la société de savoirs et de communautés de savoirs doit être contrôlé, mise hors jeu et abandonnée à l'oubli. Pour qui se met à la recherche de ce qu'a pu être l'oubli dans le passé et s'emploie à identifier et remettre en contexte les positions victimes d'oblitération, ce genre d'évaluation par les mots et ces cadres de pensées sont d'une grande utilité heuristique, tout comme le sont aussi les reliques et les vestiges de tentatives d'effacement.

LUKAS CLEMENS

Fragments of Antiquity in Medieval Processes of Oblivion

▼ **ABSTRACT** This article traces the process of the disappearance of ancient material remains in the former provinces of the Roman Empire north of the Alps during the Middle Ages, which at the same time always resulted in progressive oblivion. It is striking that in many places ancient buildings were still being correctly identified well into the High Middle Ages. However, a more general fossilisation of building methods since the 12th century is now accompanied by an intensive use of ancient ruins as quarries. This is accompanied by a loss of knowledge about the functions of former large-scale buildings and the dimensions of once existing legacies from Roman times. At the same time, interest in the local ancient past waned noticeably and lasting in the course of the late Middle Ages.

Recent research into surviving buildings from the Roman period has its focus on their extensive geographical distribution, their use or re-use, their chances of survival, their perception by the public and their interpretation, in short: their afterlife and their role in the centuries after the end of the Roman Empire.[1] No attention has been paid so far to the aspect of forgetting,[2] perhaps because it does not feature in written reflections

---

1 Lukas Clemens, *Tempore Romanorum constructa. Zur Nutzung und Wahrnehmung antiker Überreste nördlich der Alpen während des Mittelalters*, Monographien zur Geschichte des Mittelalters 50 (Stuttgart: Hiersemann, 2003); Veronika Wiegartz, *Antike Bildwerke im Urteil mittelalterlicher Zeitgenossen*, Marburger Studien zur Kunst- und Kulturgeschichte 7 (Weimar: VDG, 2004); Arnold Esch, *Wiederverwendung von Antike im Mittelalter. Die Sicht des Archäologen und die Sicht des Historikers*, Hans-Lietzmann-Vorlesungen 7 (Berlin and New York: De Gruyter, 2005); *Antike im Mittelalter. Fortleben, Nachwirken, Wahrnehmung. 25 Jahre Forschungsverbund Archäologie und Geschichte des ersten Jahrtausends in Südwestdeutschland*, ed. by Sebastian Brather and others, Freiburger Forschungen zum ersten Jahrtausend 21 (Ostfildern: Thorbecke, 2014); Erik Beck, *Wahrnehmen – Nutzen – Deuten. Studien zum Umgang mit antiken und frühgeschichtlichen Überresten im Südwesten des Reiches während des Mittelalters*, Freiburger Beiträge zur Archäologie und Geschichte des ersten Jahrtausends 20, (Rahden/Westf.: VML), 2022.
2 A survey of earlier research can be found in Gerald Schwedler, *Vergessen, Verändern, Verschweigen. Damnatio memoriae im frühen Mittelalter*, Zürcher Beiträge zur Geschichtswissenschaft 9 (Vienna, Cologne, Weimar:

but can only be reconstructed indirectly or with the help of circumstantial evidence – if at all. Nevertheless, the gradual disappearance of a tradition always also signifies a reduction in knowledge, and this implies an increasing degree of oblivion. My intention is to trace processes of oblivion using examples from the former northern Alpine provinces of the Imperium Romanum and drawing on sources from the high and later Middle Ages. The focus will be on forms of a changing or of disappearing perception of the past of Roman buildings and the disappearance of knowledge related to them.

It is important to state at the outset that remains from Antiquity could only be viewed as such after a significant chronological gap had produced a distance between the present and a pagan past. Only then could structures from this period be defined as *tempore Romanorum constructa*.[3] Only then could they be described as such in written sources. This is unthinkable before the late 8th century. The gradual disappearance in many places of buildings from Antiquity was accompanied by processes of collective oblivion, a process which can be traced from the high Middle Ages onwards.

Not long after the year 1130 Walter, archdeacon of Thérouanne in Flanders, produced the *Vita Iohannis episcopi Teruanensis*, a literary monument to bishop John who had recently died. In the prologue he reflects on the transience of human deeds. His examples are the famous scholars of Antiquity, whose *res gestae* were remembered in the form of metal statues or on bronze tablets in golden letters or who were mentioned in countless books. Yet others had constructed temples or triumphal arches and sparing no costs, they had ensured that military success as well as the prisoners' misfortunes where sculpted into white marble. Their aspiration had been to ensure enduring *memoria* for their own name as well as for the names of others. But what was the benefit of such efforts? The monuments were destroyed by humans through neglect or they collapsed because of their age. Hence the achievements of the ancients had perished because of the unreliability of later generations and there was no way for their continuity. In contrast, action performed in the honour of God were to endure and their *memoria* was to be preserved for the benefit of contemporaries.[4]

Böhlau, 2021), esp. pp. 27-59. See also the collective volume *Damnatio in memoria. Deformation und Gegenkonstruktion in der Geschichte*, ed. by Sebastian Scholz, Gerald Schwedler and Kai-Michael Sprenger, Zürcher Beiträge zur Geschichtswissenschaft 4 (Vienna, Cologne, Weimar: Böhlau, 2014).

3 An example is the Gesta Hrodberti, written in the late 8th century, where reference is made to the visible remains of *Iuvavum*, the later Salzburg, *Gesta sancti Hrodberti confessoris*, ed. Wilhelm Levison, in *Monumenta Germaniae Historica, Scriptores rer. Merov.* vol. 6 (Hanover, Leipzig: Hahn 1913), pp. 157-162, esp. p. 160.

4 *Secularium periti scientiarum eorum quos antiquitas diversis de causis habuit claros nomina miris extulere preconiis, miris exornavere monimentis: aliorum namque res gestas fusilibus quolibet ex metallo statuis insignire, aliorum in tabulis aereis litteris, fulvo redimitis auro, exarare, aliorumque multo librorum numero illustrare studuerunt, aliis autem templa statuere, aliis arcus triumphales erigere et memorabiles vel militum labores vel captivorum calamitates candidis insculpere marmoribus, nec labori parcentes nec sumptui, curavere. His enim modis tam suo quam aliorum nomine perennem putabant memoriam posse comparari. Verum quanta haec, tanta illorum profecit aetas. Quantulum ex omnibus laboribus emolumenti fructum tulere? Aedificia vero partim ab hominibus, talia videlicet non curantibus, destructa, partim videmus ipsa vetustate corrumpente collapsa. Unde factum est, ut, ipsis in sua infidelitate pereuntibus, opera quoque eorum corruptibilia nequaquam valuerint permanere*, 'Vita Iohannis episcopi Teruanensis auctore

The decay of structures from Antiquity, whose inscriptions and imagery were to remind the descendants of their builders' achievements, coupled with the waning interest of later generations in their maintenance, led to their dereliction and eventually to oblivion. This kind of prologue is addressed to readers who probably knew Rome and were reminded of it by this text. Like many Flemish clerics of his time, Walter of Thérouanne had himself been to the Eternal City, where he had met pope Honorius II in 1127, probably to discuss the effects of the murder of count Charles of Flanders on his bishopric. His list of inscribed monuments from Antiquity is like a short version of the *Mirabilia urbis Romae*, which is of slightly later date and circulated in Flanders particularly early. It is also reminiscent of Hildebert of Lavardin's eulogy on the ruins of Rome. Walter's description of triumphal arches is surely based on what he saw with his own eyes – we only need to think of the arches of Septimius Severus and Constantine. Writing his reflections, Walter is likely also to have had in mind the remains of Antiquity in his own region. Here they were used as evidence for the creation of tradition, both in the county of Flanders and in neighbouring territories. Their decay in the 11th and 12th centuries is mentioned in a number of historiographical sources.[5] The *Tractatus de ecclesia santi Petri Aldenburgensi* of 1084 does not only contain a description of the late Roman coastal fortification of Oudenburg, which is presented as the oldest town (*urbs*) of Flanders, but it also mentions the demolition of the old fortification, begun with the intention to obtain building material for the count's residential town of Bruges, only 16 km away. It is suggested here that Oudenburg's venerable tradition was passed on to the counts of Flanders.[6] A complete loss of settlement structures from Antiquity is mentioned by Lambert of Ardres in *c.* 1200 when he wrote about the foundation and early history of his home town. Lambert claims that objects from heathen times were still being collected in the adjacent settlement of Selnesse, between swamp and woodland. In particular, he refers to red bricks and vermilion coloured pottery as well as fragments from glass vessels. He also describes a stone-paved road leading from the swamp to the woods close to the modern field systems. The author thus refers to finds discovered on the ground, among them apparently red-glossed *terra sigillata* pottery of the kind which can still be found today at almost every sharding of a Roman settlement site.[7]

Similar reasons for the continuous disappearance and progressing oblivion are also mentioned in an eulogy on the town of Reims, accompanied by a long lament on its ruins. It is integrated into the metrical vita of Adalbert of Saarbrücken, archbishop of

---

Waltero archidiacono', ed. by Oswald Holder-Egger, in *Monumenta Germaniae Historica, Scriptores*, vol. 15,2 (Hanover: Hahn, 1888), pp. 1136-1150, esp. pp. 1138-1139.

5 Lukas Clemens, *Tempore* 2003 (note 1), pp. 361-364 with examples from Ardres, Arras, Boulogne-sur-Mer, Bruges, Cambrai, Gent, Oudenburg, Thérouanne, Tournai, Watten.

6 'Tractatus de ecclesia s. Petri Aldenburgensi', ed. by Oswald Holder-Egger, in *Monumenta Germaniae Historica, Scriptores*, vol. 15,2 (Hanover: Hahn, 1888), pp. 867-872, at pp. 871-872.

7 ... *apud Selnessam inter silvam et mariscum in eo loco, ubi usque hodie inveniuntur quasi reliquie gentilium, rubee videlicet tegule, teste vasorum minii coloris et fragmenta vasculorum vitreorum, ubi nunc sulcante aratro reperitur pita sive via dura et lapidea a marisco in silvam calcata*, 'Lamberti Ardensis historia comitum Ghisnensium', ed. by Johannes Heller, in *Monumenta Germaniae Historica, Scriptores*, vol. 24 (Hanover: Hahn, 1879), pp. 557-642, at p. 609.

Mainz, written in c. 1141/1142 by the canon Anselm, a member of the Mainz cathedral chapter. Anselm had accompanied his protagonist on an educational journey which had taken them from Hildesheim to Montpellier via Reims and Paris. In his section on the cathedral city in Champagne with its rich Roman heritage, the old *Durocortorum*, center of the *civitas Remorum* and the capital of the province of *Belgica secunda*, he mentions the ruins of temples, the conclave of the gods, whose former splendour is still visible: 'The traveller admires half-decayed temples whose stone structures have come apart; ruins capture the eye'. The collapsed buildings, 'whose dimensions seem to be endless, show by their immense size what their function and their extension used to be'. According to Anselm the gradual disappearance of Antiquity is not only caused by the destructive power of great age and stormy winds but also by the *labor humanus*, which 'destroys sacred site in order to create something new or to repair (existing) houses, which plunders neighbouring ruins in order to repair its own walls'.[8]

In many places of the north-western provinces of the former Roman Empire a good understanding of the former functions of monumental buildings from late Antiquity survived into the high Middle Ages. They were identified in the medieval sources as amphitheatres, baths, magazines, aqueducts or capitols.[9] However, the ever increasing level of decay obliterated the original purposes of the buildings. In this process local knowledge about them was lost in what can be described as cascades of oblivion.[10] An example of this change can be observed in the late-Roman imperial residence in Trier. The intention here is to discuss the continued awareness as well as the gradual loss of knowledge of monumental buildings which had been constructed in the eastern part of the Roman metropolis and whose remains ended up outside the new fortifications constructed in the high Middle Ages.

In the *Gesta Treverorum*, written at the turn of the 12th century, the pre-Christian history of Trier is linked with the Christian chronicle of the bishopric. It begins with the mythical foundation of Trier by Trebeta, son of the Assyrian king Ninus, 1250 years before the emergence of Rome, and it contains descriptions of buildings from Antiquity, which local tradition attributed to the Treveri, Trebeta's descendants.

Surviving knowledge concerning the former use of buildings from Antiquity emerges very clearly in one of the *Gesta*'s fabled episodes, concerning a bet between the *princeps* Catholdus of the Treveri with his slave. According to this, Catholdus had been made responsible by a cast lot for the construction of an aqueduct into the city from the rivers Riveris and Ruwer as well as for the construction of an amphitheatre. When he talked to himself about the construction of the canal his domestic slave boasted that – for the right reward – he would get the water into the town on the day when his owner completed the construction of the amphitheatre. In the end it was agreed that the loser was to be punished by death. Catholdus's wife had instigated

---

8 'Anselmi Haverlbergensis vita Adelberti II Moguntini', in *Monumenta Moguntina*, ed. by Philipp Jaffé, Bibliotheca rerum Germanicarum 3, (Berlin: Weidmann, 1866), pp. 565-603, esp. pp. 576-577, verse 270-284.
9 Lukas Clemens, *Tempore* 2003 (note 1), esp. pp. 82-154.
10 Gerald Schwedler, *Vergessen* 2014 (note 2), esp. pp. 302-328.

the slave to enter into this bet because she was committing adultery with him. Both buildings were completed by the agreed date, however, there was no water in the aqueduct. The adulterous wife hid the slave under the conjugal bed in the night before the deadline and this allowed him to learn from Catholdus himself that small openings had to be cut into the pipe at the distance of a stone throw in order to let the water flow. After his owner had fallen asleep, the slave followed the advice and he was successful. When Catholdus heard this, he grabbed his wife and jumped with her to their death from the hight of the amphitheatre in order to avoid death at the hand of his slave. In this way he gave a name to the place, 'Catholdus's Loft' (*Catholdi solarium*).[11]

The account shows that the former functions of the two Roman buildings were known in the high Middle Ages. The maintenance ducts of the 13 km long aqueduct were misinterpreted as 'openings for ventilation'. So far four of them have been discovered by archaeologists, one in the immediate vicinity of the amphitheatre.

It is likely that the two buildings are used in the story as a setting for a mythical bet because they were preserved so close to each other. The aqueduct's section which entered the Roman city to the north of the amphitheatre was known in documents as 'Langenborn' (*longus fons*) since the second half of the 12th century. It is likely that it ended there to feed a fountain head to continue to the west via a pillar construction. Since the 13th century the town manor of the Cistercians from Himmerod – also known as 'Langenborn' – could be found in this place.

In 1211 John I, archbishop of Trier, issued a deed concerning the grant of the ruins of the amphitheatre, which had been property of the archbishopric, to the monks of Himmerod in order to enable them to extend their adjacent town house. The former place of entertainment is 'now called the place known as Catholdus's Loft', whose ruins had collapsed because of their great age (*in loco qui dicitur Catoldi solium starent muri veteres et ruinosi parietes antiquissimorum edificiorum pre nimia vetustate magna iam ex parte collapsi et diruti*).[12] Following the loss of structural substance by the early 13th century and the change of name which identified the ruins with the location of the suicide of a mythical prince of the Treveri, the intensive demolition work by the Himmerod Cistercians led to a state where even this kind of perception was forgotten. In 1223, a deed concerning a neighboring plot refers to the place as *Kasolre*, probably a contraction of *Catoldi solarium*. This name is no longer understood in the 14th century, when it is changed to *Kaskeller* ('oak cellar', from *kas*, the Moselle-Franconian term for 'oak'). This referred to the cages and substructures of the former amphitheatre on which trees were growing now – i.e., it described the structures visible at the time.[13] In this way stages of collective oblivion by the local

---

11 'Gesta Treverorum', ed. by Georg Waitz, in *Monumenta Germaniae Historica, Scriptores*, vol. 8 (Hanover: Hahn, 1848), pp. 130-200, esp. 132-133.
12 *Urkundenbuch zur Geschichte der jetzt die Preussischen Regierungsbezirke Coblenz und Trier bildenden mittelrheinischen Territorien*, ed. by Heinrich Beyer, Leopold Eltester and Adam Goerz, 3 vols (Coblence: Hölscher, 1860-1874) vol. II, pp. 313-314, no. 276.
13 Collection of references in: Lukas Clemens, *Trier – Eine Weinstadt im Mittelalter*, Trierer Historische Forschungen 22 (Trier: Kliomedia, 1993), p. 430.

population can be reconstructed. This is confirmed by the introduction of field names which led to changes in the perception of the location.

In these areas to the east of the former late-Roman imperial residence of Trier other buildings had survived into the high Middle Ages, partly because of the area's low settlement density. A document from 1101 mentions the 'stadium of the old city, situated in front of the *Memoria*, now called *Langgraben*'.[14] In reality, this structure, known as the former racing arena, was the *Circus Maximus*, so important for the ruler's ceremonials in late Antiquity. It was praised in a speech on the emperor Constantine and it can be located with the help of archaeological methods.[15] This is the only medieval source with a reference to the structure and it shows that oblivion has set in: bereft of its stone walls the monumental building, which once measured 400 m in length, has mutated to a ground depression. In later times there is no mention of it, not even as a field name. The source also contains a reference to another building, interpreted as *memoria*, i.e., as a historical or burial monument. This *memoria* is also mentioned in later sources but its structure had largely disappeared by the turn to the 14th century. A document from 1300 says *ubi quondam memoria stabat*. During the 14th century the term continues to exist as a field name but it is now altered in the vernacular as *Momorie*, *Memurie* etc. and no longer understood. A recent study sagaciously suggested that this monument might have been the mausoleum of Constantius Chlorus, father of Constantine the Great, who died in Eboracum (later York) in 306 and who may have been buried in his son's city of residence.[16] Similar observations in other residential cities – Rome, Thessaloniki or Milan – confirm the topographical trio of imperial residence, circus as a place for the imperial cult and the monument for deceased members of the family. If this fascinating theory is correct, it is another example of the cascade-like process of oblivion, from the mausoleum of a tetrarch to the memorial structure for an anonymous person – identified perhaps with the help of an inscription – to a field name without any reference to a building.

The loss of structural fabric of Roman remains during the Middle Ages – caused, inter alia, by urban expansion and increasing settlement density as well as the increasing use of stone as building material which was partly taken from Roman buildings – coincided with oblivion: the original purposes and functions of these buildings were no longer known. In Trier the late-Roman magazines on the Moselle became the location for the aristocratic nunnery of St Mary in the 7th century. The monastery was nicknamed *in Horreo*, a name derived from the former function of the buildings. Archaeological excavations have discovered their colossal dimensions.[17] Knowledge

---

14 … *in veteri civitatis stadio ante memoriam quod nunc dicitur longa fossa*; Urkundenbuch 1860 (note 12) p. 461; no. 404.

15 Lukas Clemens, Joachim Hupe, 'Circus', in *Rettet das archäologische Erbe in Trier. Zweite Denkschrift der Archäologischen Trier-Kommission*, Schriftenreihe des Rheinischen Landesmuseums Trier 31 (Trier: Rheinisches Landesmuseum, 2005), pp. 100-101.

16 Lothar Schwinden, 'Vor 1700 Jahren – Konstantins Erhebung zum Kaiser und die Vergöttlichung seines Vaters Constantius', *Funde und Ausgrabungen im Bezirk Trier* 39 (2007), 63-77, esp. pp. 72-75.

17 Lukas Clemens, 'Speicherbauten (horrea) und Kloster St. Irminen-Oeren', in *Rettet das archäologische Erbe* 2005 (note 15), pp. 112-113.

about the buildings' original purpose as extensive storage space can still be found in the 12ᵗʰ century; afterwards the name of the location was no longer understood and it turned into *Oeren*. This became the name for the monastery as well as for this district of the city.

The amphitheatre of Autun is called *ès Grottes* in 14ᵗʰ century sources, a reference to the still existing vaulting. In Metz the Roman theatre has been known as *Fosse aux Serpents* since the 16ᵗʰ century. This indicates that the 8ᵗʰ-century tradition, according to which the first bishop Clemens had established an oratory dedicated to St Peter in the amphitheatre, was replaced by a story from the second half of the 13ᵗʰ century, according to which the bishop had driven out a dragon. The field name was derived from the latter. The name *Berliszgruob* given to the amphitheatre of Windisch in 1457 probably referred to the remains of the basement, which were regarded as a former bear cave, and not to the building's use as a location for staged animal hunts.[18] The Roman theatre of Kaiseraugst was seen as a former castle in the later Middle Ages, hence its name *Neunthürme*.[19] In the French-speaking regions there are several examples of a degradation of the correct pronunciation of *capitolium* for the main sacral location of the Roman state gods into *Chatol, Chadeuil, Capduel* etc. They testify to a loss of knowledge only in the course of the later Middle Ages.[20]

The process of forgetting the original functions or the significance of monuments from Antiquity was also fostered by the fact that the numbers of people able to read Roman inscriptions decreased in the late Middle Ages. While signs of the ability to understand epigraphs can be found time and again in earlier times, later scholars voiced regret about their lack of knowledge.

An example is provided in the *Annales Basileenses* (1266-1277) which contain a completely garbled old inscription from the area of Avenches. The correct reading of this text, which is still preserved *in situ* today, could only be provided in the 20ᵗʰ century.[21] In his account of Bavarian history, continued until 1321, Berchtold of Kremsmünster mentions an inscription from Antiquity, discovered in the church of St Lawrence of Lorch during maintenance work at the turn of the 14ᵗʰ century.[22]

---

18 Lukas Clemens, *Tempore* 2003 (note 1), pp. 108-110.
19 Alex R. Furger, *Ruinenschicksal. Naturgewalt und Menschenwerk* (Basel: Schwabe, 2011), p. 223.
20 Lukas Clemens, *Tempore* 2003 (note 1), pp. 130-142, with examples from Besançon, Narbonne, Poitiers.
21 For 1274 the annals also add: *Titulus petre pertuse vel perforate, que est in diocesi Basiliensi, in valle Sergowe [Sornegau]: Numinis Augusti vis ducta per ardua rupis / Indicat indigenis cuncta subire malis*, 'Annales Basileenses', ed. by Philipp Jaffé, in *Monumenta Germaniae Historica, Scriptores*, vol. 17 (Hanover: Hahn, 1861), pp. 193-202, esp. p. 197.
The surviving inscription is:
Numini August[or]um
via [d]ucta per M(arcum)
Dunium Paternum
IIvir[u]m col(oniae) Helvet(iorum)
Corpus Inscriptionum Latinarum, ed. by Theodor Mommsen and others, vol. 13 (Berlin: De Gruyter, 1901), no. 5166 with emendation in vol. 13,4, p. 65; Regula Frei-Stolba, 'Früheste epigraphische Forschungen in Avenches. Zu den Abschriften des 16. Jahrhunderts', *Schweizerische Zeitschrift für Geschichte* 42 (1992), 227-246, esp. p. 229.
22 *Porro circa annum Domini 1300, tempore Rudolfi regis et domini Wernhardi episcopi Pataviensis, cum cives eius ecclesiam reformarent propter vetustatem ruinosam, invente sunt quedam ymagines cum litteris sculptis in lapidibus*

Berchtold admits that he does not understand the text but he assumes that it mentions the founder of the church or the reason for its construction. It seems that his assumption is based on what he read as the name Secundinus, because according to Magnus Felix Ennodius (473-521), a 5th-century bishop of *Lauriacum*, Contantius, had a brother of this name. The inscription was rediscovered in the mid-19th century. It was a Roman funerary monument with images, already mentioned by Berchtold, who referred to *ymagines*. The inscription's edition in CIL III, no. 5671, shows that Berchtold had copied the text fairly accurately but that he was not able to understand its meaning. Only the fully written-out names on the monument appear to have been still understood. It is likely that the reference to Secundinus was the reason for using the monument stone in the church of Lorch.

Finally, the discovery of a Roman sarcophagus in the imperial monastery of St Emmeram in the first half of the 14th century led to the creation of a saint's legend.[23] The two-line inscription on the lid – *D(is) m(anibus) perpetuae securitati et memoriae dulcissimae Aureliae m / Aureliae P. Ael. [Sil]vanus coniu[gi] incomparabili*[24] – was attributed to a Capetian princess called Aurelia who had come to Regensburg from Orléans in about the year 1000 in order to find refuge from a forced marriage agreement. It was said that she went to St Emmeram as a recluse where she had died in c. 1030. The lid of the sarcophagus, which featured the misunderstood inscription – a later tradition even invented a bridegroom for the saint called Aelianus Juvianus – was in the cloister until 1812.[25]

Similar examples of an obvious lack of understanding of texts from Antiquity can also be found in other regions in the late Middle Ages. The causes for this phenomenon have been repeatedly discussed on the basis of the rich Italian sources. For a long time the *scrittura gotica*, which began to prevail from the 13th century onwards, was seen as the cause for the reduced ability to read texts from Antiquity on stone or metal. Research by Ida Calabi Limentani has shown that some sequences of letters continued to be known but that the numerous abbreviations used in Antiquity could no longer be expanded and that consequently their meaning was lost.[26]

The re-interpretation of the St Emmeram inscription is just one among many examples of heathen Antiquity receiving an *interpretatio christiana*, allowing it to survive on the one hand but on the other hand effacing the original meaning and

---

a parte ecclesie orientis, que videntur fundatores vel causam fundacionis cum tempore intimare, licet non ipsarum litterarum intellectus legentibus pateat manifeste. Has tamen non ab re hic volui exarare, sicuti ibi vidi: Seccius Secundinus vet leg t alpf eiula severio cona eius si bi te Seccio Secundino filte mariis Maximo te secundo nepotibus suis vivi fecerunt te. obiit anno XXV, 'Bernardi Cremifanensis historiae', in *Monumenta Germaniae Historica, Scriptores*, vol. 25 (Hanover: Hahn, 1880), pp. 651-678, esp. p. 652.

23 Josef Anton Endres, 'Die Hochgräber von St. Emmeram zu Regensburg', *Historisch-katholische Blätter für das katholische Deutschland* 156 (1915), 459-472 and 517-538, esp. pp. 527-537.

24 *Corpus Inscriptionum* (note 21), vol. 3, no. 5960.

25 A comparable case is Dompeter near Avolsheim in Alsace where a Roman sarcophagus with an inscription was regarded as the tomb of St Petronella; Erik Beck, *Wahrnehmen* 2022 (note 1), esp. pp. 107-109.

26 Ida Calabi Limentani, 'Sul non saper leggere le epigrafi classiche nei secoli XII e XIII. Sulla scoperta graduale delle abbreviazioni epigrafiche. A proposito di un libro recente', in *Scienza epigrafia. Contributi alla storia degli studi di epigrafia latina*, ed. Ida Calabi Limentani, Epigrafia e Antichità 28 (Faenza: Fratelli Lega, 2010), pp. 11-42.

intention of the monument.[27] In Igel, in the Moselle valley, c. 8 km southwest of Trier, a 23 m high tomb pillar has survived, the only one out of a large number of monuments of this type. Its survival is due to fact that it was regarded as a wedding memorial of Contantius Chlorus and Helena, parents of the first Christian emperor Constantine. The structure's inscription, still legible today, was thus ignored. It identifies the depicted persons as members of the Secundinians, a Treverian clan who had become wealthy as cloth merchants. This interpretation was only corrected by foreign humanists of the 16th century who studied the column of Igel and understood its text and its imagery. Thus, the monumental column was saved from destruction because its pre-Christian meaning had been forgotten.[28]

From the 12th century onwards monuments from Antiquity are increasingly linked to heroes from the *Chansons de Geste*, in the regions of the Romance languages.[29] A change in perception contributed to the original purpose being forgotten, and the void was filled by new ideas. This is true for the amphitheatres of Bordeaux, Poitiers and Saintes, each of which was named *palacium Galiane*, referring to a mythical daughter of the count of Toledo. These buildings had been known as *Arenae* into the second half of the 14th century and thus they had been identified as locations for performances in Antiquity. The amphitheatre of Angers was associated with the Persian king Grohan in the later Middle Ages. Here the name *arènes de Grohan* was derived from a combination of old traditions, i.e., knowledge about its original function, and their intended integration into the topography of the *Chansons de Geste*.[30] This is also the context for the numerous 'Roland' toponyms for antique ruins and settlement sites in Italy and France.[31] In the 14th century the old forum of Paris was called *château de Hautefeuille* and consequently equated with the castle of Ganelon, the man who betrayed Roland.[32] This hero from the circle of the mythical

---

27 See the numerous references in Veronika Wiegartz, *Bildwerke* 2004 (note 1); Arnold Esch, *Wiederverwendung* 2005 (note 1).

28 Lukas Clemens, 'Antike Monumente als Zeugen konstantinischer Tradition in Trier, Rom und Konstantinopel während des Mittelalters', in *Konstantin der Große. Geschichte – Archäologie – Rezeption. Internationales Kolloquium vom 10.-15. Oktober 2005 an der Universität Trier zur Landesaustellung Rheinland-Pfalz 2007 "Konstantin der Große"*, ed. by Alexander Demandt and Josef Engemann (Mainz: Zabern, 2006), pp. 245-258, esp. 247-249; Lukas Clemens, 'Zum Umgang mit Grabbauten der frühen und mittleren Kaiserzeit während der Spätantike und des Mittelalters nördlich der Alpen', in *Grabbauten des 2. und 3. Jahrhunderts in den gallischen und germanischen Provinzen. Akten des Internationalen Kolloquiums Köln 22. bis 23 Februar 2007*, ed. Dietrich Boschung, Schriften des Lehr- und Forschungszentrums für die antiken Kulturen des Mittelmeerraumes 7 (Wiesbaden: Reichert, 2009), pp. 313-329, esp. pp. 320-324. Another Roman monument was saved by being linked to Constantine the Great, i.e. the equestrian statue of Marcus Aurelius, which, in front of the papal palace of the Lateran, was to point to the Donation of Constantine as *caballus Constantini*; Clemens, 'Antike Monumente' (note 28), pp. 251-253.

29 Arnold Esch, 'Tempore Romanorum constructa. Anmerkungen zu einem neuen Buch', *Quellen und Forschungen aus italienischen Archiven und Bibliotheken* 83 (2003), 395-402.

30 References to France in: Albert Grenier, *Manuel d'archéologie gallo-romaine*, 4 vols (Paris: Picard, 1931-1960), esp. II,1, pp. 237-238.

31 On Roland toponyms in Lazio see: Stefano Del Lungo, *La toponomastica archeologica della Provincia di Roma*, pubblicata dal Centro Regionale per la Documentazione dei Beni Cuturali e Ambientali della Regione Lazio, 2 vols, (Rome: 1996), esp. II, pp. 52-60.

32 *Paris*, ed. Didier Busson, Carte Archéologique de la Gaule 75 (Paris: Académie des Inscriprion et des Belles Lettres, 1998), p. 92.

Charlemagne was also remembered in other buildings – a Roman gate at Sens, known in 1239 as *Porte Ganelon*,[33] or the remains of the capitol of Besançon, the *Tour de Ganelon*, attested since the early 15th century. The forum of Bavay was identified as the palace of Bavo, a cousin of Priamos, in the 14th century.[34]

Apart from these specific references to individual protagonists in the *Chansons de Geste* or to buildings mentioned there, the regions of the Romance language also saw the stereotypical classification of remains from Antiquity as 'Saracen' – increasingly since the beginning of the 13th century.[35] This interpretation was also inspired by the epic stories of the *Chansons de Geste* and refers to the fight against the Arabs in Spain or in southern and central France. The epic cycles, first written down in the 12th century, began to lose their initially characeristic connection with historical myths and legends from the 13th century onwards. Instead they now propagated utopian views of a future aristocratic society, being influenced by the courtly novel. In this context 'Saracen' is the diametrical contrast of Christian and becomes synonymous with heathen or pagan. For contemporaries it was no anachronism to integrate remains which had been recognised as 'pre-Christian and pagan' and which were older than the current epoch, into a timeless mythical Christian world. This gave the Saracen a role in the history of salvation because heroic knights earned their divine reward in the fight against the pagans. Roman ruins came to be understood as an image of the victory of Christianity and this could link into an older tradition of an *interpretatio christiana* of relicts from Antiquity. On the other side of the language barrier, in the German-speaking regions we find an equivalent in the identification of Roman remains as 'heathen'.[36]

In this context the renaming of ancient monumental structures and the frequent association of Roman remains with the Saracens can be seen as signs of a changed attitude towards Antiquity. Collective oblivion apparently went hand in hand with a generally reduced interest in local history. The main cause for oblivion and for the lack of interest in the Roman remains is likely to have been the significant loss of the material substance from Antiquity. North of the Alps this process culminated at the end of the high Middle Ages. From then on, Antiquity – at least in the urban environment – was reduced to the deplorable remains which we admire today as the architectural Roman inheritance.

It remains to be seen what the effects were of this degradation of whole landscapes of ruins, which had once been omnipresent. In the regions we have looked at, their disappearance reduced the opportunity of a visual experience, and perhaps this favoured the overcoming of architectural aesthetics derived from Antiquity and the creation of a new architectural style in the Ile-de-France and in Champagne. If this

---

33 Jean Adhémar, *Influences antiques dans l'art du Moyen Âge français. Recherches sur les sources et les thèmes d'inspiration*, Studies of the Warburg Institute 7 (London 1939 (repr. Nendeln (Liechtenstein): Comité des Travaux Historiques et Scientifiques 1976), p. 114.
34 Auguste Castan, 'Les Capitoles provinciaux du monde romain', *Mémoires de la Société d'Émulation du Doubs* 5ᵉ série 10 (1885), 173-191 and 391-397, esp. pp. 176-177.
35 Lukas Clemens, *Tempore* 2003 (note 1), pp. 420 seq.
36 Lukas Clemens, *Tempore* 2003 (note 1), p. 422; Erik Beck, *Wahrnehmen* 2022 (note 1), pp. 34-69.

is true, the disappearance of the structural remains and the concomitant oblivion of antiquated forms of consciousness would have favoured innovations in architecture and in the arts.

This break appears most obviously in the loss of knowledge regarding the functions of former monumental structures and of their dimensions. At the same time the interest in the ancient past became noticeably and permanently reduced. In places such as Trier, where the location of numerous Roman monuments was known at the beginning of the 12th century, this knowledge had been lost 150 years later.

In the 15th century the intellectual movement focusing on a return to Antiquity expanded to areas north of the Alps. In its new intensity of dealing with the relics of the distant past it indeed deserves the name 'Renaissance'. Following the large-scale destruction of the surface remains and the parallel process of collective oblivion, the Roman heritage had to be rediscovered with the help of subtle scholarly methods. Today the structural remains from the period of Roman civilization are just as hidden as the texts written by authors from Antiquity, which were being still copied in the early and high Middle Ages and preserved in monastic libraries. Both can be identified by systematic research. It would seem that the new quality of perceiving Antiquity, i.e., its 'rebirth', was only possible on the basis of a significant loss of the old world's substance and the oblivion it caused in the later Middle Ages.

NICOLAS REVEYRON

Poétique de l'oubli

▼ **RÉSUMÉ** De quoi l'oubli est-il le nom ? Dans les cultures européennes, la question s'est posée dès l'Antiquité. Elle a été abordée sous de nombreux angles, littéraire, politique, philosophique, social, historique, physiologique, psychique … La richesse des expressions et formules qui le désignent met en évidence la complexité des problématiques qui le concernent. Il apparaît ainsi comme une notion clef de la culture, à l'instar de la mort et de l'amour, aussi difficile qu'elles à saisir et à exprimer, et ouvert comme elles sur des espaces inconnus et des temps promis. Consacré à la *Poétique de l'oubli*, ce travail vise d'abord à explorer la place qu'occupe cette notion dans le langage courant.

> Et un jour, j'ai vu la danse de la mort, le ballet nuptial de petites bestioles phosphorescentes. D'abord on aurait dit que batifolaient des brandons vagants de *pakhitoska* très fines, mais leurs paraphes étaient par trop hasardeux, désordonnés, sans loi.
>
> Le diable sait où ils étaient emportés !
>
> On s'approche : ces éphémères électriques pris de folie clignotent, sont pris de convulsions et dévorent en l'effaçant le texte noir de l'instant présent.
>
> *Ossip Mandelstam*, Voyage en Arménie[1].

Le silence disparaît quand on l'appelle. L'oubli se dérobe si on le traque. Saint Augustin a tenté d'en déjouer rationnellement les échappatoires : « Mais quoi ! lorsque je prononce le mot oubli, et que je reconnais pareillement ce que je nomme,

---

1 Ossip Mandelstam, *Voyage en Arménie*, traduit du russe par Jean-Claude Schneider (Gouville-sur-Mer : Editions le bruit du temps, 2021), p. 44. Le voyage s'est déroulé en 1931-1932.

comment le reconnaîtrais-je, si je ne m'en souvenais ? »². Mais que dire, quand l'oubli est total ? Celui par exemple où s'est perdu l'âge de sa tendre enfance, « Dans la région ténébreuse de mes oublis, il est tout pareil à celui que j'ai passé dans le sein de ma mère [...] Au surplus, je laisse de côté cette période. Quel rapport d'elle à moi, puisque jen'en trouve plus en moi la moindre trace ? »³ ? L'oubli est une de ces dispositions de l'esprit qui jouent à cache-cache avec la conscience, comme le mensonge ou le secret. Celui-là met une connaissance (souvenir, fait, vérité) à part de la conscience de l'oublieux, ceux-ci, de celle des autres. *Mentir*, du latin *mentiri* (même sens), « racine *men- 'penser' et qui désigne par opposition à *corpus*, le 'principe pensant, l'activité de la pensée' »⁴. Secret, du latin secretus, participe passé du verbe secernere : mettre à part, rejeter, éliminer.

Comme le mensonge et le secret, l'oubli opère une séparation mentale – et non physique. C'est ce qui est le plus troublant. Séparation externe pour le menteur ou le dissimulateur, interne chez l'oublieux. Et comme le mensonge et le secret, l'oubli peut être de faible intensité (*inattention*), fragile (*distraction*), provisoire (*absence*), plus rarement définitif (*amnésie*). Processus dangereux, voire mortel selon O. Madelstam : « La séparation est la sœur puînée de la mort »⁵. La mort et l'oubli ? Le thème remonte à l'Antiquité et n'a jamais quitté les lettres. De fait, l'oubli relève, avec la mort et l'amour, de ces rares réalités inconnaissables, vécues sans être pensées, sur lesquelles la littérature ne cesse de revenir, pour ne jamais les atteindre. Avant d'aborder la question de l'oubli, il est donc nécessaire de retrouver le sens des mots et d'observer dans la parole et dans les textes comment l'oubli a été dit. Vaste programme ! Irréaliste. Il ne sera donc ici question, modestement, que d'une première approche, « à sauts et à gambades », à travers un florilège de mots, d'expressions et de récits. Modestement et sans prétention. La culture, c'est ce qui reste quand on a tout oublié.

1-Verbes et substantifs

L'oubli est un monde de mots, un monde vivant dont Emile Littré décrit les mouvements dans la préface de son dictionnaire : « Tous les siècles font entrer dans la désuétude et dans l'oubli un certain nombre de mots ; tous les siècles font entrer un certain nombre de mots dans l'habitude et l'usage »⁶. Et même si Socrate

---

2 *Confessions*, X, 16, 24 : « Quid, cum oblivionem nomino atque itidem agnosco quod nomino, unde agnoscerem, nisi meminissem ? ». Saint Augustin, *Confessions*, texte et traduction P. de Labriolle (Paris : Les Belles Lettres, 1937), Tome II, p. 257.

3 *Confessions*, I, 7, 15-20 : « Quantum enim adtinet ad oblivionis meae tenebras, par illi est, quam vixi in matris utero [...] Sed ecce omitto illud tempus : et quid mihi iam cum eo est, cuius nulla vestigia recolo ». Saint Augustin, *Confessions*, texte et traduction P. de Labriolle, Paris, Les Belles Lettres, Tome I, 1925, p. 11.

4 Antoine Meillet, Alfred Ernout, *Dictionnaire étymologique de la langue latine*, revu par Jacques André (Paris : Klincksieck, 2001), article *Mentior*.

5 Ossip Mandelstam, *Voyage en Arménie*, p. 30.

6 En 1827 (préface de *Cromwell*), Victor Hugo faisait le même constat : « Il en est des idiomes humains comme de tout. Chaque siècle y apporte et en emporte quelque chose. Qu'y faire ? Cela est fatal. C'est donc en vain que l'on

s'en défie parce qu'elle développe l'oubli (Platon, *Phèdre*, 274e-275), l'écriture nous offre une aide indispensable pour partir à sa recherche à travers les temps et les cultures : France, Grèce ancienne et monde romain. Il faut commencer par les dictionnaires[7], terrain de prédilection pour une généalogie des mots. Puis l'étymologie, qui est une archéologie de l'oubli. Le latin éclaire évidemment le vocabulaire du français moderne et contemporain. Le grec a déposé dans le berceau des cultures européennes l'offrande de sa mythologie, toujours féconde, et de ses étymologies savantes. Et puisque l'oubli est, à l'instar de la mort et de l'amour, un thème universel et universellement traité, on rencontrera, à côté de formes originales, de nombreux développements qui ont irrigué continuement et irriguent encore les cultures ici concernées.

1.1-Oubli, oublier

Dans son *Dictionnaire universel* (1690), le premier grand dictionnaire de référence pour le français moderne, Antoine Furetière définissait très simplement *oubli* comme « Ce qui est sorti de la mémoire » et *oubliance* (terme qualifié déjà de vieilli dans l'édition de 1727), comme un « Manque de mémoire, de se souvenir » ; le résultat et le processus étaient alors encore distingués par deux termes. Les exemples proposés relèvent, pour le premier mot, d'un solide niveau de culture, morale et littéraire[8], et renvoient, pour le second, aux domaines très conservateurs de la religion ou de l'honneur[9]. Le verbe *oublier*, parce qu'il indique une action, est plus richement doté en variantes sémantiques que les substantifs qui, désignant un phénomène, renvoient à une expression plus conceptuelle de la réalité. Furetière lui a consacré 6 entrées :

1-Perdre la mémoire de quelque chose, ne s'en plus souvenir[10]. 2-se dit aussi de ce qui n'est pas present à la mémoire, dont on ne se souvient pas sur l'heure,

---

voudrait pétrifier la mobile physionomie de notre idiome sous une forme donnée ». Chez Littré, la métaphore de l'oubli donne à la formule une résonance tragique, là où Hugo voyait une fatalité heureuse, parce que vivante et créatrice.

7 *Trésor de la langue françoyse tant ancienne que moderne* (Paris, 1606). Antoine Furetière, *Dictionnaire universel* 3 tomes (La Haye et Rotterdam, 1690). Trévoux, *Dictionnaire de Trévoux* [1704] 6ᵉ édition, (1771), 3 tomes. Antoine Furetière, *Dictionnaire universel*, revu, corrigé et considérablement augmenté par M. Brutel de la Rivière (La Haye, 1727), 4 tomes. *Encyclopédie* de Diderot et d'Alembert (Paris, 1751-1772). Abbé François Xavier Feller, *Dictionnaire historique*, septième édition, (Paris : Méquignon-Havard, 1827-1829), 17 volumes [1ᵉ édition : 1781-1784, 6 volumes]. Léger Noël, *Dictionnaire mnémonique universel de la langue française* (Paris, 1857). Émile Littré, *Dictionnaire de la langue française* (Paris : Hachette, 1863-1873), 4 volumes. Paul Robert, *Dictionnaire alphabétique et analogique de la langue française* (Paris : Société du nouveau Littré, 1953-1964), 6 volumes. Trésor de la Langue Française informatisé (TLFi).

8 « Les ingrats mettent les bienfaits aisément en oubli. Les Poëtes disent qu'ils sauvent les noms de l'oubli, qu'ils garentissent de l'éternel *oubli*. Ils ont inventé le fleuve de Léthé ou de l'*oubli*, en faveur de la Métempsychose ».

9 « Les péchez faits par *oubliance* sont plus excusables que ceux commis par malice. Il oublie aisément les injures qu'on luy a faites, il a le don d'*oubliance* ».

10 Le lexicographe introduit, à travers les exemples cités, des notes d'humour qui révèlent la grande plasticité et les riches subtilités du terme : « Quand on luy recommande une chose, c'est la première qu'il *oublie*. Un bachelier est un homme qui apprend, un Docteur est un homme qui *oublie*. Une longue absence fait *oublier* une maistresse. Les langues s'*oublient*, si on ne les cultive. Je n'*oublieray* jamais vos bienfaits ».

quoyqu'on en ait pas perdu tout à fait le souvenir. 3-signifie encore, Témoigner qu'on ne se souvient plus : feindre qu'on a perdu le souvenir de quelque chose. 4-signifie aussi, Obmettre, négliger. 5-signifie encore, Manquer à ce qu'on doit à soy ou à autruy.

La sixième entrée regroupe des dictons présentés pour éclairer les subtilités qui marquent les divers emplois du verbe[11].

Depuis le XVIIIe siècle, les grands dictionnaires ont globalement repris, en les développant et les complétant, ces acceptions de oubli – état et processus –, avec la même inégalité entre substantif et verbe. Dans le *Dictionnaire* d'Emile Littré, oubli est défini en 3 articles un peu embarrassés (*Perte du souvenir, Action d'oublier* et *Acte d'oubli*) et oublier, en 9 articles[12]. Au XXe siècle, le *Grand dictionnaire Larousse* de 1986 propose 4 entrées pour oubli[13] et 8 pour oublier[14]. Les dimensions morales et sociales de l'oubli sont restées longtemps prépondérantes. Notre époque a ouvert sa réflexion sur des considérations cliniques, incluant les apports de la psychologie ou des neuro-sciences. Le *Portail lexicographique* du CNRTL fait suivre ainsi la vedette *Oubli* de cette définition générale : *Phénomène complexe, à la fois psychologique et biologique, normal ou pathologique (dans ce cas, relevant de l'amnésie) qui se traduit par la perte progressive ou immédiate, momentanée ou définitive du souvenir* (8 entrées), et la vedette *Oublier : Perdre, de façon volontaire ou non, définitive ou momentanée, normale ou pathologique, le souvenir d'une personne ou d'une chose* (9 entrées).

Oubli s'avère un terme générique assez souple pour s'adapter à des contextes très divers, jusqu'à servir même de simple liaison : en termes de rhétorique, « n'oublions pas que » n'est pas un ordre, ni même un conseil, mais un connecteur facilitant l'introduction d'un argument nouveau qui n'a pas été annoncé préalablement. Parallèlement, le mot apparaît suffisamment évocateur pour appuyer en connivence le sens

---

11 « se dit proverbialement en ces phrases. On dit de celuy qui est dans un grand repas, dans une bonne occasion de profiter, Il est bien fou qui s'*oublie*, qui s'abstient de manger, de s'enrichir. On dit d'un homme attaché à la recherche de ses interests, qu'il n'*oublie* rien pour dormir. On dit aussi d'un homme avide a voler et à exiger, qu'il n'*oublie* pas ses mains, qu'il ne va pas sans ses mains. Marot dit de son Valet qui le vola, qu'il n'*oublia* rien forts à luy dire adieu. On dit aussi, Qui aime bien, tard *oublie*. On dit qu'un chose est mise au rang des pechez *oubliez*, quand on la néglige, quand on n'en fait plus cas, quand on n'en parle plus. On dit aussi par une formule de queste, N'*oubliez* pas les pauvres malades, l'Hospital General, le service du St Sacrement, pour exciter les gens de bien à faire quelques liberalités pour ces choses ».

12 1-n'avoir *pas souvenir de*. 2-*ne pas songer à*. 3- *laisser par inadvertance*. 4-*omettre, ne pas faire mention de*. 5-*négliger*. 6-*laisser de côté*. 7-*manquer à, se mettre hors*. 8-*négliger quelqu'un*. 9- *oublier qui l'on est*.

13 1- Effacement, disparition du souvenir, chez une personne ou dans une collectivité. 2- Défaut de mémoire, difficulté ou incapacité d'actualiser un souvenir (fait ou connaissance), de le rappeler à la conscience. 3-Le fait de manquer à quelque règle, d'omettre d'accomplir une action à laquelle on serait tenu, par ignorance, inattention, négligence, légèreté d'esprit etc. 4- Action d'oublier volontairement quelque chose, de ne pas en tenir compte, de l'écarter de ses préoccupations.

14 1-Perdre le souvenir d'une chose ou d'une personne. 2-En parlant d'une collectivité (une société, l'humanité …), cesser de penser à quelqu'un ou a quelque chose, d'en conserver la mémoire ou la pratique. 3-Ne pas penser, au moment opportun, à quelque chose, à faire quelque chose. 4-Perdre de vue, cesser d'avoir présent à l'esprit. 5-Négliger ou ignorer, dans ses actions ou sa conduite, une règle, des principes que l'on devrait respecter, mettre en pratique. 6-Négliger, délaisser quelqu'un, ne pas lui marquer l'intérêt qu'il mérite. 7-Ecarter de sa pensée ce qui est un objet de préoccupation, de tourment. 8- Ecarter de sa pensée ce qui pourrait être un objet de ressentiment, pardonner.

d'une expression seulement allusive – le dicton *Il est bien fou qui s'oublie* (Furetière, 1690) par exemple – ou bien un truc de traducteur, pour contourner les difficultés d'une traduction délicate. Ainsi les deux vers de Properce (Elégies, II, 20, 19-20) : « Quod si nec nomen nec me tua forma teneret / Posset servitium mite tenere tuum » (mot à mot : *Et si ton nom ni ta beauté ne me possédait, ton doux esclavage pourrait me posséder*) a donné, chez J. Genouille (1834) : « Si je pouvais oublier ton nom et ta beauté, comment oublier aussi les douceurs de ton esclavage ? »[15]. De Properce encore (Elégies, II, 15, 35) : « Quam possim nostros alio transferre dolores » (mot à mot : *Avant que je puisse porter sur une autres mon amour douloureux*) devient, dans la traduction en vers de M. de la Roche-Aymon (1885), cette belle infidèle : « Avant que mon amour pour une autre t'oublie »[16]. Le conseil d'Ovide (Art d'aimer, II, 359) : « Vanescitque absens et novus intrat amor »[17] (mot à mot : *L'amour absent s'évanouit et un nouvel amour fait son entrée*) est émoussé par un « L'amant qu'on ne voit plus est vite oublié : un autre prend sa place » qui évacue la dimension théâtrale de l'évocation[18]. *Oubli*, pour finir, est venu au secours d'une pudeur morale troublée en 1844 par l'affirmation de Plutarque (*De la tranquillité de l'âme*)[19] : « réussirait-on mieux si, pour guérir l'âme des affections qui causent son trouble et sa douleur, on lui prescrivait la mollesse, l'indolence, l'oubli [προδοσίᾳ/ prodosia : la trahison (!)] de ce qu'on doit à ses parents, à ses amis et à sa patrie ? »[20]. C'est pourquoi, afin de mieux cerner toute la richesse d'*oubli* et d'*oublier*, il convient de revenir aux sources : l'étymologie et les équivalents grecs et latin.

1.2-*Oblivio, oblitare, obliviscor*

L'étymologie des deux mots en français est révélatrice d'une disparité similaire dans la langue latine. *Oubli* provient du substantif féminin *oblivio*, de même signification. Le terme appartient la famille de *oblinere*[21]. Le verbe s'applique à l'action de recouvrir une surface quelconque par une couche de matière qui en fait disparaître des accidents (*boucher*), en cache la composition (*enduire*), en altère l'apparence (*oindre, imprégner*) ou bien, parfois, en change même l'état (*souiller*). Mais c'est dans le domaine de l'écriture que le mot confine le plus clairement à la notion d'oubli, lorsqu'il prend les acceptions, attestées chez Cicéron, d'*effacer* ou de *raturer*[22]. La nouvelle version du texte soustrait au regard – pour la faire oublier

---

15 *Élégies de Properce*, traduction nouvelle par J. Genouille (Paris : C. L. F. Panckoucke, 1834).
16 Properce, *Élégies*, traduction en vers de M. de la Roche-Aymon (Paris : A. Quantin, 1885).
17 Ovide, *Art d'aimer*, texte et traduction H. Bornecque, revue et corrigée par P. Heuzé (Paris : Les Belles Lettres, 1994), p. 345.
18 Ovide, *L'Art d'aimer*, traduction M. Heguin de Guerle, M. F. Lemaistre (Paris : Classiques Garnier, 1927).
19 Plutarque, *Œuvres morales*, Tome VII, 1ère partie, Traités 27-36, texte et traduction J. Dumortier, coll. J. Defradas (Paris : Les Belles Lettres, 1975), p. 118.
20 Plutarque, De la tranquillité de l'âme, in *Œuvres morales de Plutarque*, traduction Ricard (Paris : Lefèvre, 1844), tome 2.
21 Antoine Meillet, Alfred Ernout, *Dictionnaire étymologique de la langue latine*, revu par Jacques André, Paris, Klincksieck, 2001.
22 Félix Gaffiot, *Dictionnaire illustré latin-français* (Paris : Librairie Hachette, 1934).

– l'ancienne formulation, qui, toutefois – et c'est là un point essentiel – transparaît encore, plus ou moins lisible, si elle n'a pas été pas radicalement raclée ou caviardée[23]. *L'oubli*, écrit Hugo, *n'est autre chose qu'un palimpseste. Qu'un accident survienne, et tous les effacements revivent dans les interlignes de la mémoire étonnée*[24]. Fine analyse psychologique qui annonce le *bloc-note magique* de Freud[25]. Et de même que l'oubli est rarement absolu, de même le grattage d'un texte sur un parchemin en vue de sa réutilisation (palimpseste) n'a jamais été si radical qu'il n'offre aux moyens d'investigation contemporains (éclairage sous ultraviolet, filtrage des écritures par longueurs d'onde, analyse numérique …) des traces aussi interprétables que les infimes indices identifiés par le psychanaliste dans les oublis des patients.

Le verbe *oublier*, lui, est issu du latin tardif *oblitare*, un dénominatif du latin classique *obliviscor* (infinitif : *oblivisci*) : j'oublie. De fait, *oublier* et *oblitare* laissent apparaître une réelle fragilité. Ils ont connu l'un comme l'autre des périodes d'affaiblissement. Le passage d'*oblivisci* à *oblitare* en est une. L'affadissement d'*oblitare* en est une autre. J. Gilliéron et J. Mongin en ont proposé une analyse, qui se révèle pertinente aussi pour *oublier* : « Sans doute parce qu'il n'est pas un mot nécessaire, unique, mais un mot auquel des équivalents se forment tout naturellement ; parce qu'on peut toujours le remplacer par un positif plus la négation : *je ne me rappelle pas, je n'y ai pas pensé, je n'y ai plus pensé* ; et parce que cette concurrence lui crée, dans la vie véritablement populaire du langage, une existence alarmée et réduite ; sans doute aussi parce qu'il ne correspond pas à un état de conscience *franc* et que de la mémoire à l'oubli total il y a une échelle de nuances dégradées, – la recherche des bases psychiques, toujours fuyantes, de l'évolution d'un mot regarde le psychologue plus que le linguiste, qui doit partir des faits constatés, peints sur la carte –, nous voyons le représentant d'oblitare, oublier, décliner dans son pouvoir d'expression, s'affaiblir sémantiquement : et dès une époque qui se révèle ancienne une première forme de restauration implique qu'il y a eu chute »[26].

Obliviscor, en revanche, est doué d'un sens plein, qui met en scène, comme malgré eux, le sujet actif, l'action elle-même et son objet, dans un processus qui dépasse chaque composant du récit articulé sur l'oubli. Un sens fort qui s'exprime dans sa grammaire, c'est-à-dire la rection du verbe (construction du complément) et sa forme grammaticale (verbe déponent). *Obliviscor* régit le génitif. Son complément d'objet n'est pas à l'accusatif (cas du complément d'objet direct), mais au génitif (cas du

---

[23] Dans les sciences littéraires, les brouillons raturés d'un écrivain procurent une abondance de données aux chercheurs qui y découvrent l'évolution de sa pensée et de ses recherches stylistiques, suivant une démarche de type archéologique qu'aujourd'hui, malheureusement, l'usage de l'ordinateur tend à abolir, plongeant la genèse des textes dans un oubli insondable.

[24] Victor Hugo, *L'homme qui rit*, II, 4, 1 : *La tentation de saint Gwynplain* (Paris : Librairie Internationale, 1869), p. 163.

[25] Sigmund Freud, « Notice sur le bloc magique (trad. I. Barande et J. Gilibert) », in *Revue française de psychanalyse*, tome 45, n° 5 (1981), pp. 1107-1110.

[26] Jules Gilliéron, J. Mongin, « Etude de géographie linguistique », in *Revue de philologie française et de littérature*, tome XX, fascicule 1 (1906), pp. 81-110, ici p. 81.

complément du nom)[27]. Il s'agit plus précisément du génitif partitif. Le génitif partitif désigne le complément d'objet comme une partie seulement d'un tout plus grand qui est laissé en arrière plan ; en français, le partitif est utilisé pour les mêmes raisons dans des formules courantes comme *boire de l'eau* (on ne boit qu'une fraction de l'eau disponible) ou *manger du pain* (on ne mange pas tout le pain). *Obliviscor* partage avec *memini* (je me souviens) la même rection au génitif du complément d'objet. En d'autres termes, en latin, *oublier* et *se souvenir* ne touchent dans leur implication qu'une partie seulement d'une réalité plus large concernant le sujet du verbe. Tout se passe comme si les deux verbes reflétaient implicitement (et par anachronisme ?) l'idée que l'oubli et le souvenir ne sont jamais que partiels et qu'ils contiennent, inconscientes, des traces ou des lacunes, suivant une disposition que la psychologie moderne et la psychanalyse ont mis en évidence.

Obliviscor est un verbe déponent, c'est-à-dire qu'il a un sens actif (*oublier*), mais une forme passive. Les verbes déponents constituent le vestige d'une voix encore très présente dans le grec ancien, mais disparue en latin : la voix moyenne. Le français possède seulement deux voix : la voix active (*j'aime*) et la voix passive (*je suis aimé*). Outre l'actif et le passif, le grec ancien dispose d'une troisième voix, la voix moyenne, qui suggère que le sujet accomplit une action sur lui-même ou dans son intérêt personnel, et il en allait de même en latin : le déponent *mentior* signifie je mens, nécessairement dans mon intérêt. Le français exprime cette orientation sémantique à travers la formule du verbe réfléchi. Ainsi, *mourir* et *se mourir* (plus rare aujourd'hui) : les deux formes se différencient nettement dans une nuance de distance ou d'implication. Dans le billet daté du 28 mars 1778 qu'il transmet à son secrétaire Jean-Louis Wagnière, Voltaire, au seuil de la mort et préoccupé de fixer une réputation respectable, fait un constat dépourvu de pathos, où le verbe simple a pour seule fonction d'établir une vérité historique : « Je meurs en adorant dieu, en aimant mes amis, en ne détestant pas mes ennemis, en haïssant la superstition ». Harpagon, en revanche, quand il découvre la disparition de sa cassette, emploi le verbe réfléchi pour faire entendre son angoisse, s'impliquant totalement dans l'événement, qui est une mort métaphysique : « C'en est fait, je n'en puis plus ; je me meurs, je suis mort, je suis enterré. N'y a-t-il personne qui veuille me ressuciter, en me rendant mon cher argent, ou en m'apprenant qui l'a pris ? » (Molière, *L'avare*, IV, 7)[28].

Oublier possède aussi sa forme réfléchie, *s'oublier*, en grande partie obsolète aujourd'hui, mais dont les deux usages courants actuels (*incontinence* et *altruisme*)

---

27 A titre de comparaison, on peut écrire qu'il existe entre *oblitare* (+ accusatif) et *obliviscor* (+ génitif) la même différence qu'entre *se rappeler quelque chose* (complément d'objet direct) et *se souvenir de quelque chose* (complément d'objet indirect).

28 Parce qu'il est vivant et vivace, le langage courant – au siècle dernier, on aurait plutôt parlé d'argot – manie ces jeux de nuance avec autant d'aisance que de spontanéité, la déclinaison des nuances dépeignant des situations psychologiques contrastées. Le constat d'une chute (*Je suis tombé en courant*), qui prend une dimension épique en langage trivial (*J'ai pris une gamelle*), est transformé par le réfléchi en blessure de l'ego (*Je me suis pris une gamelle !*), mais « Je me suis payé une gamelle ! » tend vers un tragique sans recours, parce que le réfléchi n'a, ici, aucun équivalent simple (*J'ai payé une gamelle* a une tout autre signification).

donnent la mesure d'un désarroi dissimulé sous l'élégance surannée d'une expression vieillie. Le *Littré* de 1873, en revanche, ne lui consacre pas moins de 8 articles :

> Perdre le souvenir de soi-même ; Etre oublié ; Ne plus penser à l'heure, à ce qu'on fait ; Perdre le souci, le soin de soi-même ; Faire avec négligence ; Manquer à ce que l'on doit aux autres ou à soi-même ; Devenir vain, orgueilleux ; s'oublier de, ne plus songer à.

Mais *s'oublier* peut être pris au sens propre : c'est le choix de Jean-Marie Guyau pour traduire la finale de cette pensée de Marc Aurèle (IX, 3) : « Viens au plus vite, ô mort, de peur qu'à la fin je ne m'oublie moi-même », choix judicieux pour rendre le verbe ἐπιλάθωμαι (épilathomaï)[29].

1.3- Λανθάνομαι *(lanthanomaï)*, λανθάνω *(lanthanô)*, λήθη *(lèthè)*

Si la relation du latin au français passe par l'étymologie plus que par les orientations sémantiques, le verbe grec traduisant l'idée d'oubli a transmis à la culture moderne un riche ensemble de références. En grec ancien[30], *j'oublie* est aussi une forme moyenne, λανθάνομαι (lanthanomaï), qui se construit aussi avec le génitif. À la voix active, λανθάνω (lanthanô) signifie *je passe inaperçu, j'échappe à la conscience de quelqu'un*, un équivalent du latin *lateo, je suis caché* (qui nous a donné *latent* et *latence*). La construction du verbe λανθάνω (lanthanô) est complexe : le complément d'objet désigne celui qui ne perçoit pas, le sujet, celui ou ce qui échappe à la conscience de quelqu'un, et l'action inaperçue est exprimée par un participe renvoyant au sujet. Le Bailly[31] donne un exemple tiré de la *Cyropédie* de Xénophon : ἔλαθον ἡμᾶς ἀποδράντες (élathon hèmas apodrantes), soit mot à mot : *ils passèrent inaperçus de nous s'enfuyant*, c'est-à-dire : ils s'enfuirent à notre insu.

L'oubli a donc quelque chose à voir avec une éclipse de la conscience, mécanisme dans lequel l'oublieux est partie prenante, voire pleinement actif. C'est ce qui apparaît dans le mythe platonicien des cigales, un très beau passage du *Phèdre* de Platon (259b-c)[32] où Socrate et Phèdre, ayant quitté Athènes pour s'asseoir au bord de l'Ilisos et s'y tremper les pieds, discutent de philosophie sur le coup de midi :

> D'après la légende, les cigales étaient jadis des hommes, de ceux qui existaient avant la naissance des Muses. Quand les Muses furent nées et que le chant eut paru sur la terre, certains hommes alors éprouvèrent un plaisir si bouleversant

---

29 « θᾶττον ἔλθοις, ὦ θάνατε, μή που καὶ αὐτὸς ἐπιλάθωμαι ἐμαυτοῦ ». Jean-Marie Guyau, *Manuel d'Epictète* (Paris : Librairie Ch. Delagrave, 1875), p. XI. Jules Barthélemy-Saint-Hilaire propose une traduction plus fade : « Ô mort, ne tarde plus à venir, de peur que je n'en arrive, moi aussi, à me méconnaître autant qu'eux ! ». Elle gomme en effet les résonances du texte avec le *Connais-toi toi-même* de Delphe. Marc Aurèle, *Pensées pour moi-même*, traduction nouvelle par J. Barthélemy-Saint-Hilaire (Paris : Germer-Baillière, 1876), pp. 316-317.

30 Antoine Bailly, *Dictionnaire grec-français*, édition revue par L. Séchan et P. Chantraine, Paris, Librairie Hachette, 1950.

31 ἔλαθον (élathon) est le passé simple (aoriste) de λανθάνω (lanthanô).

32 Platon, *Œuvres complètes*, tome IV, 3ᵉ partie, texte C. Moreschini, traduction P. Vicaire (Paris, Les Belles, 1985), pp. 59-60.

qu'ils oublièrent en chantant de manger et de boire [ils négligèrent de boire et de manger][33], et moururent sans s'en apercevoir.[34]

Le texte réunit la séduction de la beauté qui soustrait l'individu à lui-même, l'oubli de l'essentiel (boire et manger), la mort et la métamorphose finale. Le premier oubli exprimé – ἠμέλησαν (èmélèsan)[35] – est un oubli/négligence envers les nécessités naturelles que sont le boire et le manger. Le second – ἔλαθον (élathon) – évoque en définitive deux formes d'un oubli métamorphique : la mort transforme une vie en destin, de même que le récit façonne l'événement en légende. A la fin du passage, Socrate précise que « pour bien des raisons, nous devons parler et ne pas céder au sommeil à l'heure de midi » : l'abandon à la vie la plus simple est déjà un chemin vers l'effacement des souvenirs, celui qu'ont suivit des compagnons d'Ulysse chez les lotophages.

En grec ancien, l'oubli est un substantif féminin de la famille de λανθάνω (lanthanô) : λήθη (lèthè). Le mot a fécondé jusque tard la littérature, offrant parfois de notables renouvellements. Sous la forme d'un nom propre, Λήθη (Lèthè) désigne une nymphe personnifiant l'oubli[36]. Selon Hésiode (Théogonie, v. 211-232), elle est la fille d'Eris, la Querelle, petite fille de Nux, la Nuit, et, parmi une fratrie caractérisée par sa violence, sœur d'Horkos, le Serment. Ainsi, l'obscurité qu'elle provoque induit deux attitudes opposées, soit la querelle soulevée par l'incompréhension née d'une négligence ou d'une omission, soit le respect aveugle du serment malgré une amnésie redoutable quant à ses causes et à sa teneur. L'oubli est de ce fait marqué par une ambivalence périlleuse, hésitant entre querelle et respect, offense et pardon, omission et souvenir, mort et vie. Mais l'oubli grec se définit de façon radicale à travers son antithèse, l'absence d'oubli, qui n'est autre que l'absence de dissimulation : ἀλήθεια (alètheia), c'est-à-dire la vérité, la réalité, la sincérité (Bailly). Formé sur le radical de λήθη (lèthè) précédé du préfixe privatif ἀ- (a-), le substantif alètheia a donné un concept philosophique revivifié par Heidegger et un joli prénom, Alice[37].

Λήθη (Lèthè) désigne aussi un des fleuves des enfers[38], celui dont les eaux apportent l'oubli aux âmes qui en boivent. Comme le rapporte Pausanias (Périégèse, IX, 39, 8), à Lébadée, en Béotie, le sanctuaire oraculaire de Trophonios (un architecte légendaire, comme Dédale) était doté de deux sources, celle de Λήθη (Lèthè), l'oubli,

---

33 « ᾄδοντες ἠμέλησαν σίτων τε καὶ ποτῶν » : adontes (en chantant) èmélèsan (ils négligèrent, ils ne se soucièrent pas) sitôn (les nourritures) kaï potôn (et les boissons).

34 « καὶ ἔλαθον τελευτήσαντες αὑτούς » (kaï élathon téleutèsantes hautous), soit mot à mot : ils passèrent inaperçus à eux-même mourant.

35 Même racine que le nom du fleuve de l'oubli dans le myhte d'Er le pamphylien (Platon, République, X, 621 a) : Amélès, le négligent, l'indifférent, le nom Léthé étant appliquée à la plaine.

36 Pour les références mythologiques dans l'ensemble de ce travail, voir par exemple : Pierre Grimal, Dictionnaire de la mythologie grecque et romaine (Paris, PUF : 1951) ; Robert Graves, Les mythes grecs (Paris : Fayard, 1979).

37 Alicia est une forme issue d'ἀλήθεια (alèthéia) par iotacisme (dès l'Antiquité η/è, ι/i, υ/u, ει/eï, ηι/èï, οι/oï et υι/uï son prononcés ι/i) ; le thèta (θ/th), lui, est passé d'une consonne occlusive dentale sourde aspirée à une consonne fricative dentale sourde (prononciation proche du the anglais, mais sans la vibration caractéristique).

38 Pour une synthèse détaillée sur la question complexe des enfers grecs, voir : F. Durrbach, « Inferi », in Dictionnaire des Antiquités Grecques et Romaines, éd. par Charles Victor Daremberg, Edmond Saglio, Tome 3, 1ᵉ partie (Paris : Hachette, 1900), pp. 493-514.

et celle de Μνημοσύνη (Mnèmosunè, en français : Mnémosyne), c'est-à-dire Mémoire, la mère des Muses[39]. Avec leur caractère dramatique, les pratiques religieuses suivies à Lébadée trahissent la dimension vitale de l'oubli et de la mémoire : « Léthé, précise Christine Kossaifi, joue un rôle essentiel dans le rituel oraculaire ; en effet, pour que l'oracle soit rendu, les consultants doivent d'abord boire de son eau, geste de purification psychique qui leur garantit l'écoute de Trophonios. Après quoi, ils sacrifient à son génie représenté par le symbole chthonien du serpent puis ils descendent au fond de la caverne où ils entendent la réponse du héros. La source de Mnêmosunê, Mémoire, qui se trouve à côté de Léthé, leur rend le souvenir de leur identité […] Mais Léthé ne transcrit pas simplement un danger ou un interdit ; elle est une voie vers la connaissance qui implique une mort symbolique, à l'image de celle de Trophonios, englouti par la terre pour s'être rendu coupable de vol et de meurtre. Léthé suggère une descente en soi, un oubli qui rend réceptif au message oraculaire, parce qu'elle permet une détente psychique de l'être, ouvre l'âme à l'extase dionysiaque et libère les forces obscures de la psyché »[40].

2- Prendre l'oubli en charge

La civilisation chrétienne a intériorisé l'oubli, devenu la faute morale, la faiblesse psychique ou l'errement spirituel du coupable. La langue se ressent de cette intériorisation. S'il est naturellement le complément d'objet ou de lieu d'un grand nombre d'expressions verbales, *oubli* est plus difficilement employé comme sujet d'un verbe d'action (comme on dit : « une erreur a tout bloqué », plutôt que : « j'ai tout bloqué par erreur »). Cette position lui rendrait une autonomie qu'il a perdue depuis l'antiquité, d'une conséquence elle en ferait une cause, déchargeant l'oublieux de sa responsabilité. Georges Bernanos a fait ce choix grammatical, dérangeant, pour rendre sensible l'incertitude angoissée de Germaine Malorthy après son meurtre : « Fuir, échapper, l'eût accusée trop clairement ; elle avait dû reprendre sa place dans la maison […] tramer autour d'elle le mensonge, fil à fil. « Demain, se disait-elle, le cœur dévoré, demain l'oubli sera fait, je serai libre. » Mais demain ne venait jamais »[41].

Dans la culture gréco-romaine, l'oubli est extérieur à l'homme. Il apparaît certes comme une déficience de l'individu. La mythologie en porte témoignage. Prenons trois exemples qui couvrent un large champ d'attitudes. Quand, vainqueur du minautore, il oublie de remplacer la voile noire de son bateau par la voile blanche indiquant

---

39 Despina Chatzivasiliou, « Mnémosyne, *mnémé, memoria*, Les arts de la mémoire et les images mentales. Réflexions comparatives », in *Les arts de la mémoire et les images mentales* éd. par Alain Berthoz et John Scheid (Paris : Collège de France, 2018), pp. 45-60. Sur le sanctuaire, voir : Pierre Bonnechère, *Trophonios de Lébadée, Cultes et mythes d'une cité béotienne au miroir de la mentalité antique* (Leyde : Brill, 2003).
40 Christine Kossaifi, « L'oubli peut-il être bénéfique ? L'exemple du mythe de Léthé : une fine intuition des Grecs », *Interrogations*, n° 3 (2013). *L'oubli*, décembre 2006 [en ligne].
41 Georges Bernanos, *Sous le soleil de Satan* (Paris : Plon-Nourrit et Cie, 1926) : Prologue : Histoire de Mouchette, p. 77.

la victoire, Thésée est responsable du suicide de son père Egée, qui s'est jeté de désespoir dans la mer. Lorsqu'elle plonge le jeune Achille dans le Styx en le tenant par le talon, pour le rendre invulnérable, Thétis néglige de tremper à nouveau cette partie du pied qui, dès lors, sera à l'origine de sa mort. Quant à Eos, déesse de l'aurore, qui a enlevé Tithon, neveu de Priam, elle a prié Zeus qu'il lui donne l'immortalité, sans penser d'ajouter à sa demande la jeunesse éternelle, et le pauvre amant n'a cessé de se flétrir sans jamais pouvoir quitter la vie. Mais ces accidents sont d'abord le produit du destin ou de la volonté des dieux. Ainsi Ariane, abandonnée de Thésée, prie les Euménides de lui faire oublier de hisser la voile blanche : « Faites, déesses, que par un oubli semblable à celui dont je suis victime, Thésée fasse son malheur et celui des siens »[42]. L'homme subit. Et l'oubli qu'il endure peut lui faire violence. Au livre V de la Pharsale[43], Apollon verse un oubli virulent dans le sein de la Pythie Phémonoé, qui en meurt : « et quand, de la lumière sacrée qui lui fit entrevoir les destins, elle revint aux rayons que le soleil prodigue à tous, les ténèbres s'interposèrent : Péan envoya dans ses entrailles le Léthé stygien, pour emporter le secret des dieux. Alors la vérité s'enfuit de sa poitrine et l'avenir revint au trépied de Phoebus »[44].

2.1-Mots, matières, objets

Dans la culture grecque, l'oubli s'est ainsi naturellement incarné dans des réalités objectives, extérieures à l'individu, comme les portes de l'oubli (Λήθης πύλαι, lèthès pulaï), les maisons de l'oubli (Λήθης δόμοι, lèthès domoï) ou l'eau de l'oubli (ὕδωρ Λήθης, hudôr lèthès)[45], ou dans des objets comme le *trône de l'oubli* ou le *casque de l'oubli*, deux attributs de dieux et de héros. Ce couple paradoxal – immatériel et matériel – apparaît, non sans ambiguïté, jusque dans la philosophie grecque. Dans le passage du *Phèdre* où il décrit la destinée des âmes (*Phèdre*, 245 c-249 d), Platon montre les rôles de la vérité et de l'oubli dans le sort qui les attend selon le décret d'Adraste (θεσμός τε Ἀδραστείας, thesmos té Adrasteïas) :

Toute âme qui, faisant partie du cortège d'un dieu, a contemplé quelque chose de la vérité, reste jusqu'à la révolution suivante exempte d'épreuve. Mais quand, incapable de suivre comme il faut, elle n'a pas accédé à cette contemplation, quand gorgée d'oubli et de perversion, elle s'est alourdie, et quand, entraînée par

---

42 Catulle, *Epithalame de Pélée et Thétis*, v. 200-201 : « Sed quali solam Theseus me mente reliquit / tali mente, deae, funestet seque suosque ». Catulle, *Oeuvres*, traduction Maurice Rat (Paris : Librairie Garnier Frères, 1931), p. 113.

43 Le *De bello civilo* (*Sur la guerre civile*), appelé couramment *La Pharsale*, du nom d'une victoire décisive de César, est un poème inachevé de Lucain (39-65) qui raconte la guerre entre César et le parti de Pompée, entre 49 et 45 avant J.-C. En 65, le poète s'est suicidé sur ordre de Néron.

44 Lucain, *La guerre civile*, V, v. 219-223 : « Dumque a luce sacra, qua vidit fata, refertur / Ad vulgare iubar, mediae venere tenebrae. / Immisit Stygiam Paean in uiscera Lethen, / quae raperet secreta deum. Tum pectore verum / Fugit et ad Phoebi tripodas rediere futura », Lucain, *La guerre civile*, éd. et trad. A. Bourgery [1926], revu par P. Jal (Paris : Les Belles Lettres, 1997), tome 1, p. 143. Péan et Poebus sont des noms d'Apollon.

45 Marcel Détienne, « La notion mythique d'ἀλήθεια », in *Revue des Études grecques*, t. 73, n°s 344-346, juin-janvier (1960), pp. 27-35.

ce poids, elle a perdu ses ailes et tombe sur terre, une loi interdit qu'elle aille s'implanter dans une bête à la première génération.[46]

La brutale juxtaposition de trois termes traduisant un lourd remplissage[47] et la répétition du verbe alourdir sous deux formes différentes[48] constituent une puissante évocation du poids de l'oubli, associé il est vrai à à des perversions. Les mouvements des âmes sont donc régis par une étrange physique contre-intuitive : c'est en ingurgitant les herbages de la Plaine de vérité que les âmes retrouvent une légèreté qui leur permet de s'élever (*Phèdre*, 248b) et c'est l'oubli, c'est-à-dire une perte, un vide, qui alourdit les âmes qui en sont victimes.

La littérature n'est pas restée insensible à la puissance évocatrice de ce paradoxe, pour terrifier le lecteur dans des scènes qu'on qualifierait aujourd'hui de fantastiques. Ainsi Ovide emploie l'oubli comme composant d'un poison infernal, comme s'il était un produit matériel. Dans sa haine d'Ino, fille de Cadmos, le fondateur légendaire de Thèbes, Junon descend aux enfers, pour demander aux furies, Alecto, Mégère et Tisiphone, les filles de la Nuit, de la venger, en rendant fou Athamas, le mari d'Ino. Un breuvage maléfique est alors préparé :

> L'Erinys [Tisiphone] avait apporté aussi avec elle des poisons fluides et merveilleux : l'écume de la gueule de Cerbère, le venin d'Echidna, la folie, qui fait divaguer, l'oubli, qui aveugle la raison, le crime, les larmes de rage, la passion du meurtre, le tout broyé en un seul mélange.[49]

Mais la matière de l'oubli constitue un paradoxe trop excessif pour être aisément exploitable. Le pluriel, qui en adoucit la violence tout en lui conservant sa force, le réintègre dans l'écriture courante – *Les oublis de l'histoire* de Marc Ferro par exemple[50]. Victor Hugo, en amoureux des paradoxes et des oxymores, a redonné une matière abondante à l'oubli, pour dépeindre une atmosphère heureuse, comme dans un chromo : « La Esméralda s'était endormie dans sa logette, pleine d'oubli, d'espérance et de douces pensées »[51].

---

46 Platon, *Phèdre*, 248 c-d : « θεσμός τε Ἀδραστείας ὅδε. ἥτις ἂν ψυχὴ θεῷ συνοπαδὸς γενομένη κατίδῃ τι τῶν ἀληθῶν, μέχρι τε τῆς ἑτέρας περιόδου εἶναι ἀπήμονα, κἂν ἀεὶ τοῦτο δύνηται ποιεῖν, ἀεὶ ἀβλαβῆ εἶναι· ὅταν δὲ ἀδυνατήσασα ἐπισπέσθαι μὴ ἴδῃ, καί τινι συντυχίᾳ χρησαμένη λήθης τε καὶ κακίας πλησθεῖσα βαρυνθῇ, βαρυνθεῖσα δὲ πτερορρυήσῃ τε καὶ ἐπὶ τὴν γῆν πέσῃ, τότε νόμος ταύτην μὴ φυτεῦσαι εἰς μηδεμίαν θήρειον φύσιν ἐν τῇ πρώτῃ γενέσει ». Platon, *Œuvres complètes*, tome IV, 3ᵉ partie, texte C. Moreschini, traduction P. Vicaire (Paris, Les Belles, 1985), p. 40. Au Ve siècle, Proclus résoud cette difficulté avec le poids de l'eau : « Le char de l'âme, en se chargeant d'humidité, se gorge de l'oubli des types éternels ». Proclus, *Ad Rempublicam*, II, 349, 4, cité par : Yvonne Vernière, « Le Léthé de Plutarque », *Revue des Études Anciennes*, 66, 1-2 (1964), pp. 22-32, ici p. 29.
47 πλησθεῖσα (plèstheïsa), βαρυνθῇ (barunthè) et βαρυνθεῖσα (baruntheïsa) : remplie, s'est alourdie, alourdie.
48 Figure de style appelée *polyptote*.
49 Ovide, *Les Métamorphose*, IV, 2, v. 500-505 : « Attulerat secum liquidi quoque monstra veneni, / Oris Cerberei spumas, et virus Echidnæ, / Erroresque vagos, cæcæque oblivia mentis, / Et scelus, et lacrimas, rabiemque, et cædis amorem ; / Omnia trita simul ; quæ sanguine mixta recenti / Coxerat ære cavo, viridi versata cicuta ». Ovide, *Les métamorphoses*, Tome 1, texte et traduction G. Lafaye [1925], édition revue par J. Fabre (Paris : Les Belles Lettres, 1991), p. 112.
50 Marc Ferro, « Les oublis de l'histoire ». *Communications*, 49, (1989), Dossier *La mémoire et l'oubli*, pp. 57-66.
51 Victor Hugo, *Notre-Dame de Paris*, Version intégrale de 1832, Nouvelle édition en soutien à la reconstruction de la cathédrale (Paris : Fondation du Patrimoine, 2019), p. 255.

2.2-Le trône et le casque

L'expression *trône de l'oubli* (ὁ τῆς Λήθης θρόνος, ho tès lèthès thronos) renvoie à la légende grecque de Pirithoos, un héros descendu avec Thésée dans les Enfers pour enlever Perséphone, femme d'Hadès, et le dieu des morts punit l'audacieux en l'attachant à un trône d'oubli, conçu pour le retenir prisonnier et l'effacer des mémoires[52]. Pour des grecs, cette punition apparaissait comme l'aspect le plus tragique du trépas. Disparaître complètement de la mémoire des hommes après la mort était ressenti comme une seconde mort, définitive, absolue. Une perspective terrifiante, dont, par renversement des valeurs, la philosophie stoïcienne a pu faire une source d'apaisement. Marc Aurel, par exemple, traduit dans une suite de paradoxes la fragilité de la condition humaine et l'inanité consécutive du *désir de mémoire* : « Le temps de la vie de l'homme, un instant ; sa substance, fluente ; ses sensations, indistinctes ; l'assemblage de tout son corps, une facile décomposition ; son âme, un tourbillon ; son destin, difficilement conjecturable ; sa renommée, une vague opinion. Pour le dire en un mot, tout ce qui est de son corps est eau courante ; tout ce qui est de son âme, songe et fumée. Sa vie est une guerre, un séjour sur une terre étrangère ; sa renommée posthume, un oubli »[53].

Le *casque de l'oubli* est un autre héritage de la mythologie grecque, où l'objet est aussi associé au dieu des Enfers et au trépas. Hadès, *l'Invisible*[54], avait obtenu en partage un casque conférant l'invisibilité, l'Ἄϊδος κυνέη (Aïdos kunéê, le casque d'Hadès) qui, selon Hésiode (*Le Bouclier*, v. 228), « contient les ténèbres lugubres de la nuit ». Le casque d'Hadès intervient dans divers récits où des dieux – Athéna dans la Guerre de Troie, par exemple – ou de simples mortels – Persée luttant contre Méduse – en bénéficient dans leurs combats. Mais le porter n'est pas sans danger : « Le vivant qui revêt ce casque, rappelle C. Cousin, est subitement identifié à un mort, c'est-à-dire qu'il devient invisible et impossible à attraper. Il est momentanément enveloppé par l'oubli infernal, avec tout ce que cela a d'effrayant pour les vivants. Le pouvoir du casque jaillit en quelque sorte des profondeurs infernales, ce qui lui confère une puissance paradoxale. Il est doté d'une force mystérieuse, divine, qui a le double objectif de simuler la mort, puisqu'il recouvre son porteur des ténèbres infernales, et de sauver la vie »[55]. Puisqu'il rend invisible, le casque d'Hadès fait disparaître son

---

52 Catherine Cousin, « Les objets d'Hadès : casque d'invisibilité et sièges de l'oubli », *Gaia, revue interdisciplinaire sur la Grèce Archaïque*, 17, (2014), pp. 129-155 (136).

53 Marc Aurèle, *Pensée pour moi-même*, traduction et présentation de Mario Meunier (Paris : Le Livre de Poche, 1999), p. 48.

54 Selon une étymologie erronée, mais admise dans l'Antiquité, cette qualité d'invisibilité était attachée au nom même du dieu, Hadès signifiant *l'Invisible* (*a-ïdès, celui qu'on ne peut voir). Voir : *Chroniques d'étymologie grecque*, p. 1266, in *Dictionnaire étymologique de la langue grecque, Histoire des mots*, éd. par Pierre Chantraine (Paris : Klincksieck, 2009). Il s'agit de la seconde édition des 4 volumes du *Dictionnaire étymologique de la langue grecque* de Pierre Chantraine (1968-1980), achevé par J. Taillardat, O. Masson et J.-L. Perpillou, à laquelle ont été jointes les *Chroniques d'étymologie grecque* (1-10) régulièrement publiées dans la *Revue de Philologie, de Littérature et d'Histoire Ancienne* et rassemblées dans cette édition par Alain Blanc, Charles de Lamberterie et Jean-Louis Perpillou.

55 Catheine Cousin, « Les objets d'Hadès : casque d'invisibilité et sièges de l'oubli », p. 133.

porteur de la conscience des hommes et l'entraîne dans un monde parallèle qui est, pour ainsi dire, l'envers de l'oubli, ou plutôt l'oubli vu de l'intérieur. Les ténèbres et la mort sont les attributs partagés du casque et de l'oubli.

2.3-L'anneau

La culture antique a transmis aux lettres médiévales, à côté d'une abondante tradition celtique, une matière assez riche dans le domaine du merveilleux[56], et l'identité païenne de ce patrimoine littéraire n'a pas été un obstacle en contexte chrétien[57]. Parmi les objets magiques en usage dans les romans de chevalerie[58], l'anneau n'est pas étranger à ce legs. Si celui qui permet à Mélion de se transformer en loup-garou relève de la matière de Bretagne[59], l'anneau d'invisibilité d'Yvain, le chevalier au lion[60], rappelle celui de Gygès (Platon, *La République*, II, 359 b-360 b)[61] ou l'anneau d'éternelle jeunesse d'Ogier le danois[62], n'est pas sans rapport avec l'histoire d'Eos et de Tithon. L'*anneau d'oubli*, qui nous intéresse ici, constitue un cas plus complexe. Marie de France le met en œuvre dans le *Lai de Yonec*[63] : amant de la femme du vieux seigneur de Caerwent, le chevalier-oiseau, blessé à mort par une ruse du mari jaloux, donne à sa dame, enceinte de son fils (Yonec), un anneau qui, aussi longtemps qu'elle le gardera, empêchera son seigneur de la tourmenter[64].

Même si l'objet appartient à ce qu'on appelle le « merveilleux païen », l'*anneau d'oubli* n'est pas inconnu de la littérature religieuse. Dans l'*Historia Scholastica Theologiae Disciplinae*[65], dont le *Lai de Yonec* est contemporain, le théologien Pierre

---

56 Pour un point récent, voir par exemple : *Motifs merveilleux et poétique des genres au Moyen Âge* (Paris : Classiques Garnier, 2015) éd. par Francis Gingras ; Francis Dubost, *La merveille médiévale* (Paris : Champion, 2016).

57 Claude Lecouteux, « Paganisme, christianisme et merveilleux », in *Annales. Economies, sociétés, civilisations*, 37, 4 (1982), pp. 700-716.

58 Citons comme exemples l'anneau magique de Lancelot, celui de la fille du Roi Brandegoris pour séduire Bohort ou la couronne magique d'Ogier le danois (version en alexandrins, milieu XIVe).

59 Anonyme, « Lai de Mélion », in *Lais féeriques des XIIe et XIIIe siècles*, traduction d'A. Micha, Garnier-Flammarion, (1992), pp. 258-291.

60 Chrétien de Troyes, *Le Chevalier au lion*, édité et traduit par Michel Rousse (Paris : GF-Flammarion, 1990), v. 1031-1035 ; Karin Ueltschi, « L'anneau de Lunete (Yvain, Chrétien de Troyes) », in *XIVe Congrès de la Société Internationale de Littérature courtoise* (SILC/ICLS), Lisbonne, 22-27 juillet 2013. Soumis 13 novembre 2018. HAL Id: hal-01920942.

61 Ayant découvert un anneau qui confère l'invisibilité à son porteur quand il en tourne le chaton, le berger Gygès parvient à prendre le pouvoir en se rendant invisible à volonté.

62 Aurelia Dompierre, « Les premiers témoins imprimés de la prose d'"Ogier le Danois" : dérimage ou réécriture? », in *Studi Francesi* [En ligne], 186, LXII, III (2018).

63 *Lais du Moyen Âge, Récits de Marie de France et d'autres auteurs, XIIe-XIIIe siècle*, Édition bilingue publiée sous la direction de Philippe Walter, avec la collaboration de Lucie Kaempfer, Ásdís R. Magnúsdóttir et Karin Ueltschi (Paris : Gallimard, La Pléiade, 2018), pp. 154-181.

64 *Lais de Yonec*, v. 420-425 : « un anelet li ad baillé, / si li ad dit e enseigné : / ja, tant cum el le gardera, / a sun seignur n'en membera / de nule rien que fete seit, / ne ne l'en tendrat en destreit », *Lais du Moyen Âge, Récits de Marie de France et d'autres auteurs, op. cit.*, pp. 212-214.

65 Petrus Comestor, *Historia Scholastica Theologiae Disciplinae*, P. L. t. 198, col. 1049-1644. Pierre Comestor (*c.* 1100-1178). Homme de grande culture (le surnom *comestor* signifie *mangeur de livres*), Pierre appartient à cette lignée de théologiens comme Hugues de Saint-Victor (1096-1141) attachés à rechercher dans les textes en hébreux la vérité des traditions hébraïques (*hebraïca veritas*). Voir par exemple : Gilbert Dahan, *Les Intellectuels chrétiens et les Juifs au Moyen Âge* (Paris : Cerf, 1990). L'*Historia Scholastica Theologiae Disciplinae* n'est pas restée

Comestor a développé l'évocation du mariage de Moïse et Séphora[66] contenue dans l'*Exode* (4, 24-26), en y introduisant l'épisode des anneaux de mémoire et d'oubli : « Moïse, en homme versé dans la science des astres, sculpta dans des gemmes deux portraits ayant le pouvoir, l'un de conférer la mémoire, l'autre, l'oubli. Et après les avoir enchâssés dans deux anneaux semblables, il offrit l'un, l'anneau de l'oubli, à son épouse et porta lui-même l'autre, afin qu'ils soient marqués par deux anneaux semblables, eux qui l'étaient par un même amour. La femme commença donc à oublier son mari et retourna enfin librement en Egypte »[67]. Guillaume Apollinaire, qui a nourri sa poésie de tous ces récits oubliés traqués dans les bibliothèques publiques, a rappelé l'histoire par la bouche de David : « Vieux rois, qui ne partez pas en guerre, souvenez-vous de Moïse qui fabriqua un anneau d'oubli pour amortir les vœux impudiques que Thaïba nourrissait pour lui »[68].

A l'époque moderne, l'*anneau d'oubli* a été repris par le théâtre, dans des comédies qui reflètent des réflexions contemporaines sur les rôles de la mémoire et de l'oubli dans la stabilité de la société, rejoignant ainsi le modèle de l'anneau de Gygès. La pièce de Lope de Vega *Sortija del olvido* (*La bague de l'oubli*) est construite sur le thème de la prise de pouvoir à l'aide d'une bague qui procure l'oubli à son porteur[69], thème repris par Jean Rotrou une quinzaine d'années plus tard dans sa comédie *La bague de l'oubli*[70]. Mais contrairement à Gygès qui parvient à ses fins, dans les deux pièces, le roi, près de perdre son pouvoir au profit de son bouffon, ôte la bague, recouvre la mémoire et met fin au désordre engendré par les intrigues de la cour.

2.4-Présence de l'absence

Si le trône et le casque appartiennent à la légende, il existe, dans les cultures grecques et romaines, des formes matérielles données à l'effacement de la mémoire :

---

sans influence sur la littérature profane. Francine Mora a montré ce que le *Tristan* de Béroul devait à Pierre Comestor. Francine Mora, « Marc en Assuérus, Iseut en Esther ? Les possibles enjeux d'une réminiscence biblique dans le *Tristan* de Béroul », in *Remembrances et resveries. Hommage à Jean Batany* éd. par Huguette Legros, Denis Hüe, Joël Grisward et Didier Lechat, Orléans, *Paradigme*, (2006), pp. 41-51.

66 Sur la mention très problématique du mariage de Moïse et Séphora, voir en dernier lieu : Annie Noblesse-Rocher, *Etudes d'histoire de l'exégèse 12, Exode 4, 24-26, La rencontre nocturne* (Paris : Cerf, 2017).

67 « Proinde Moyses tanquam vir peritus astrorum duas imagines sculpsit in gemmis hujus efficaciae, ut altera memoriam, altera oblivionem conferret. Cumque paribus annulis eas inseruisset, alterum, scilicet oblivionis annulum, uxori praebuit; alterum ipse tulit, ut sic pari amore, sic paribus annulis insignirentur. Coepit ergo mulier amoris viri oblivisci, et tandem libere in Aegyptum regressus est ». Vincent de Beauvais dans le *Speculum historiale* et Gervais de Tilbury dans ses *Otia imperiala* se sont inspirés de ce passage de la *Historia Scholastica Theologiae Disciplinae*. Vincent DiMarco, « The Squire's Tale » in *Sources and Analogues of the Canterbury Tales*, éd. par Robert M. Correale and Mary Hamel (Cambridge: D. S. Brewer, 2002), Volume 1, pp. 169-210, ici p. 197, note 41. Sur les sources de Pierre Comestor, voir en dernier lieu : B. S. Lee, « Transforming the Vulgate: Comestor and the Middle English *Genesis and Exodus* », *Mediaevistik*, Volume 31 (2018), pp. 133-151.

68 Guillaume Apollinaire, *La femme assise* (Paris : Editions de la Nouvelle Revue Française, 1920), 5ᵉ édition, p. 219.

69 Comédie composée entre 1610 et 1615. J. E. López Martínez, « De sortijas antiguas y reyes encantados, antecedentes literarios y fortuna de la comedia "La sortija del olvido", de Lope de Vega », in *Nueva revista de filología hispánica*, 58, 1 (2010), pp. 129-157.

70 Jean de Rotrou, *La bague de l'oubli*, 1629. Catherine Dumas, « Rotrou adaptateur de Lope de Vega : réajustements structurels et transferts culturels », in *Littératures classiques*, 63, 2 (2007), pp. 45-58.

dans Athènes, l'autel dédié à l'Oubli, et, à Rome, la *damnatio memoriae*. Ces manifestations de l'oubli, concrètes et institutionnalisées, rendaient présente aux citoyens l'absence qu'est l'oubli, sans pour autant en dévoiler le contenu. Selon Plutarque[71], il y avait dans Athènes un autel consacré à l'Oubli. Il était installé dans un temple dédié à Poséidon et Athèna, les deux compétiteurs pour la possession de l'Attique. La date anniversaire de cette terrible querelle, le second jour du mois de boedromion[72], avait été supprimée du calendrier athénien, mais la consécration d'un autel à l'Oubli visait à rappeler à vide, comme un cénotaphe, que la mémoire de l'événement néfaste avait été volontairement effacée. Selon Ovide, Rome possédait aussi un temple où l'Oubli avait sa place, mais appartenant à un tout autre registre. Le temple était dédié à Vénus et les amoureux venaient y demander à l'Amour Oublieux l'effacement de leurs souffrances :

Il y a, près de la porte Colline, un temple vénérable qui a pris son nom du mont Éryx. Là règne l'Amour léthéen, qui guérit les cœurs malades et verse l'eau glacée sur ses torches. Là, pour demander l'oubli, viennent les jeunes gens, ainsi que les jeunes filles éprises d'un homme insensible.[73]

Quant à la *damnatio memoriae*, condamnation *post mortem* votée par le sénat et dénommée en termes juridiques : *abolitio memoriae*[74], elle consiste en un effacement social de la mémoire des hommes jugés ennemis de la République romaine, accompa-

---

71 *Quaestiones Convivales*, IX, 7, 741B. Voir Nicole Loraux, « De l'amnistie et de son contraire », in *Usages de l'oubli*, éd. par Yosef Hayim Yerushalmi et al. (Paris : Le Seuil, 1988), pp. 23-48. En dernier lieu : Nicole Loraux, *La cité divisée, L'oubli dans la mémoire d'Athènes* (Paris : Payot, 1997).
72 Le mois de boedromion était à cheval sur septembre et octobre.
73 *Remèdes à l'amour*, v. 550-554 : « Est prope Collinam templum venerabile portam ; / Inposuit templo nomina celsus Eryx : / Est illic Lethaeus, qui pectora sanat, / Inque suas gelidam Amor lampadas addit aquam. // Illic et iuvenes votis oblivia poscunt, / Et siqua est duro capta puella viro ». Ovide, *Remèdes à l'amour*, texte et traduction Henri Bornecque (Paris : Les Belles Lettres, 1961) 2ᵉ édition, p. 29. Dans son *Premier chant dorique* (strophe 43), Joseph du Chesne a paraphrasé Ovide dans une mise en abîme baroque où sont directement associés dans une image abritée au sein du temple, le fleuve lui-même et l'Amour Oublieux, inspiré des dadophores : « L'on a feinct que jadis pour trouver medecine / A ce mal enragé au temple d'Erycine, / De l'amour letheen on voyait un pourtrait / Allumant, esteignant, son brandon dans un fleuve, / A ceux qui le prioyaient donnant certaine espreuve / Qu'il pouvait effacer les traces de son traict ». Joseph Du Chesne, *La Morocosmie, ou, De la folie, vanité, et inconstance du monde, avec Deux Chants Doriques de l'Amour celeste et du Souverain bien (1583)*, édition introduite et annotée par Lucile Gilbert (Genève : Droz, 2009), p. 219. Les dadophores (porteurs de torche) du culte de Mithra, on le sait, sont Cautès, qui tient la torche vers le haut, symbole du lever du soleil, et Cautopatès, qui la tient vers le bas, symbole du coucher du soleil et de la mort, chemin d'une renaissance. Jacques Davy Du Perron a orné *Le temple de l'inconstance* (1599) d'images de l'amour aussi désolantes (3ᵉ strophe) : « Tout à l'entour je peindrai mainte image / D'erreur, d'oubli et d'infidélité, / De fol désir, d'espoir, de vanité, / De fiction et de penser volage ». Jacques Davy Du Perron, « Le Temple de l'inconstance », in *Anthologie de la poésie baroque*, éd. par Jean Rousset (Paris : José Corti, 1988), Tome I, p. 70.
74 L'expression *Damnatio memoriae* a été tirée d'un ouvrage de Johann Heinrich Gerlach intitulé *De damnatione memoriae* et publié en 1689 à Leipzig. Voir : Gerald Schwedler, *Vergessen, Verändern, Verschweigen und damnatio memoriae im frühen Mittelalter* (Cologne : Böhlau Verlag, 2020), p. 21, note 34. L'ouvrage est souvent cité sous le double patronyme de Schreiter-Gerlach. En fait, comme le précise Gerald Schwedler, au nom de Gerlach a été ajouté sur la page de titre celui de Christoph Schreiter qui n'était pas le co-auteur, mais le superviseur de l'ouvrage : « Dieser war nur *Patronus, Praeceptor* und *Promotor* ».

gné, sous l'empire, par la dégradation des inscriptions et des images[75]. L'abolition de la mémoire peut être radicale, comme ce fut le cas pour Geta, fils de l'empereur Septime Sévère, assassiné par son frère Caracalla[76], ou laisser place à un retour bienveillant ou plus mesuré, comme on le constate pour Marc Antoine, après une période de violente réaction de la part d'Octave[77]. Ces manifestations matérielles – autel de l'oubli ; noms bûchés, visages rabotés, piédestal vide … – avaient pour finalité de conserver présentes parmi les citoyens la mémoire – immatérielle par essence – d'événements cachés par cette présence-même comme un voile jeté sur le passé, pour rappeler les dangers encourus sans les nommer, ni *a fortiori* les raconter. Une forme de tabou politique qui mêle matérialité et immatérialité de l'oubli.

2.5-Avatars

La mise à l'écart social et l'éradication du souvenir, dont la conjonction fonde la *damnatio memoriae*, n'ont pas disparu avec l'empire et leurs derniers avatars se logent dans le *wokisme* et la *cancel culture*. Elles ont été appliquées aussi aux vivants, sous des formes très diverses. L'exil, par exemple, quand il s'accompagne d'une interdiction mémorielle. Ovide en a fait une expérience lancinante qui nous a valu deux magnifiques recueils : les *Tristes* et les *Pontiques*. Le premier poème des *Tristes* (I, 1) détourne ainsi sur le mode mineur le thème de l'œuvre immortalisant l'auteur : « petit livre / hélas / va sans moi dans la ville où je suis interdit / Va tout simple / sans ornements savants / comme il sied aux exilés // un habit de tous les jours / les déshérités ne portent pas la pourpre / le deuil ne se fait pas en rouge / pas de signet d'ivoire pas de titre au minium / pas de parchemin enduit d'huile de cèdre / c'est pour les petits livres heureux […] Si quelqu'un là-bas dans la foule / pense encore à moi / si par hasard il reste encore quelqu'un / pour se demander ce que je deviens / tu lui diras que je vis / mais sans vie »[78].

Les prisons fournissent un autre exemple. Toutes ne pratiquent pas la mise au secret, et celles qui s'y emploient ne tentent pas toutes d'abolir le souvenir des prisonniers. Mais en Susiane, au cœur de l'empire sassanide, le *Château du Léthé* (Φρούριον τῆς Λήθης, *Phrourion tès Lèthès*), dont parle l'historien grec Procope de Césarée (VIe s.)[79], était utilisé pour enfermer les opposants politiques qu'il n'était

---

75 Anne Daguet-Gagey, « La mémoire et sa condamnation dans le monde romain : L'éloquence de l'oubli ? », in *e-Spania* [En ligne], 8 février 2021. Parmi la vaste bibliographie sur le sujet, citons : Stephane Benoist, Mémoire et histoire : les procédures de condamnation dans l'antiquité romaine (Metz : Centre régional universitaire lorrain d'histoire, 2007).
76 Caroline Blonce, « De Domitien à Trajan : arcs monumentaux et *abolitio memoriae* (Pouzzoles et Corinthe) », in *Cahiers du Centre Gustave Glotz*, 19 (2008), pp. 165-176.
77 Virginie Hollard, Emmanuelle Raymond, « Se souvenir qu'il faut oublier : Marc Antoine et l'art de l'oubli augustéen », in *Images Re-vues* [En ligne], 12 (2014).
78 Ovide, *Tristes pontiques*, traduit du latin par M. Darrieussecq (Paris : POL, 2008), p. 25.
79 Procope, *Guerres de Justinien* (I-*Les guerres contre les Perses*), traduction J. Auberger, notes G. Greatrex (Paris, Les Belles Lettres, 2022). Je remercie P.-L. Gatier (CNRS) d'avoir attiré mon attention sur cette donnée historique.

pas licite de mettre à mort[80] et, consécutivement, pour en effacer la mémoire de leur vivant : il était interdit à quiconque, sous peine de mort, de révéler l'identité des prisonniers [81]. Les régimes totalitaires du XXe siècle ont poussé très loin cette pratique, pour laquelle Annah Arendt a utilisé l'expression de « trou de l'oubli ». Dans le domaine des lettres, la *damnatio memoriae* a pris la forme de l'*Index librorum prohibitorum* (*Index des livres interdits*), listes d'ouvrages prohibés créée à la suite du concile de Trente, ou de l'*Enfer* des bibliothèques publiques : on ne détruit pas l'œuvre écrite, parce qu'elle existe en soi, mais on la met au secret et en oubli. Les mêmes principes ont été repris par des critiques littéraires champions de la censure morale. Ainsi l'abbé Feller renvoie les œuvres licencieuses de Maynard (1582-1646) dans cet oubli prénatal dont parlait saint Augustin : « Maynard était encore connu de son temps par ses Priapées, poésies infâmes dignes d'un éternel oubli. Elles n'ont pas vu le jour »[82].

De fait, si la littérature parle de l'oubli, voire le mettent en récit ou en dresse des portraits, les arts figuratifs peinent à le représenter. Seuls les *Vanités* ou les *Memento mori* s'en approchent au plus près. En y associant la figure de la mort et, plus subtilement, la figure de l'amour à travers celle de la femme, ils traduisent une forme ontologique de l'oubli, qui met à l'écart le sentiment de finitude et le désactive du quotidien. Bossuet a pertinemment décrit le phénomène dans son *Sermon sur la mort*, prononcé le 22 mars 1662 : « C'est une étrange faiblesse de l'esprit humain que jamais la mort ne lui soit présente, quoi qu'elle se mette en vue de tous côtés, et en mille formes diverses. On n'entend dans les funérailles que des paroles d'étonnement de ce que ce mortel est mort. Chacun rappelle en son souvenir depuis quel temps il lui a parlé, et de quoi le défunt l'a entretenu ; et tout d'un coup il est mort. Voilà, dit-on, ce que c'est que l'homme ! Et celui qui le dit, c'est un homme [...] et je puis dire, messieurs, que les mortels n'ont pas moins de soin d'ensevelir les pensées de la mort que d'enterrer les morts mêmes »[83].

Mais on peut poser l'hypothèse que la représentation de l'oubli a pris d'autres voies. Elles attendent juste d'être recherchées. L'une d'elles a été identifiée au portail central (début du XIVe s.) de la cathédrale de Lyon, dans la suite de médaillons exposant l'histoire de Sodome et Gomorrhe (illustrations 1-5)[84]. Dans l'épisode de l'inceste des filles de Loth (qui enivrent leur père veuf pour lui donner une descendance), les deux médaillons où auraient dû être figurées les scènes d'inceste

---

[80] Comme les prisonniers de sang royal. Vers 368 après J. C., Sapor y a fait jeter Arsace, roi des arméniens, et en 496, le roi sassanide Kavadh 1er y a été enfermé, victime d'un complot.

[81] Procope, *Guerres de Justinien*, I, 5, 9-40. Sur toutes ces questions, voir : Giusto Traina, Claudia A. Ciancaglini, « *Forteresse de l'Oubli : note étymologique* », in *Le Muséon, Revue d'études orientales*, Tome 115, fascicule 3-4 (2002), pp. 399-422.

[82] Abbé François-Xavier Feller, *Dictionnaire historique* (Augsbourg : M. Rieger fils, 1781-1783, 5 volumes), article *François de Maynard*.

[83] Bénigne Bossuet, *Sur la brièveté de la vie et autres sermons*, texte et notes B. Velat et Y. Champailler, Paris, Gallimard, 2017, p. 58.

[84] Nicolas Reveyron, « Les portails de la cathédrale de Lyon, De l'archéologie du bâti à la narratologie, Une approche plurielle d'une œuvre majeure des années 1300 », in *Zwischen Paris und Köln, Skulptur um 1300*, Hg. M. Grandmontagne und T. Kunz (Petersberg : Mihcael Himof Verlag, 2016), pp. 193-207.

offrent l'apparence d'une sculpture martelée, comme sous une *damnatio memoriae*. En réalité, on a laissé brute la surface de pierre destinée à être sculptée, en se contentant de suggérer des oreillers et des profils de tête. En tout état de cause, on peut parler d'une « image aniconique » qui matérialise une absence dont elle transpose une manifestation muette.

3-Le langage de l'oubli

Oubli est un terme générique qui, par définition, englobe indistinctement tous les aspects du phénomène : délibéré ou subi, personnel ou social, subjectif ou objectif, léger ou profond ... Puisés dans des champs précisément circonscrits – de la phénoménologie et du droit à la morale ou à la psychanalyse –, de nombreux substituts, synonymes plus ou moins proches, viennent palier les risques d'imprécision en ciblant exactement tel ou tel caractère particulier : *absence, omission, trou* de mémoire, *distraction, inadvertance, inattention, étourderie, prétérition, amnistie, impensé, amnésie, déni, refoulement, scotomisation* ... François Villon nous a légué par *Petit testament* (huitains XXXV- XXXVII) le mot *entroublier* qui décrit l'irruption brutal de l'oubli, mis en branle par les neuf coups de neuf heures sonnant à la Sorbonne : « Finablement, en escripvant. / Ce soir, seulet, estant en bonne, / Dictant ce laiz et descripvant. / J'ouïs la cloche de Serbonne [...] Ce faisant, je m'entroublié, / Non pas par force de vin boire. / Mon esperit comme lié ; / Lors je sentis dame Mémoire / Reprendre et mettre en son aumoire / Ses espèces collateralles »[85].

3.1-Les locutions

Entre ces deux extrêmes, les formules nominales (nom + complément du nom, ex. : *herbe d'oubli*) ou verbales (verbe + complément d'objet ou de lieu, ex. : *sombrer dans l'oubli*) expriment l'oubli par une image, induite par le nom, ou un court récit, réduit au verbe. Compositions métaphoriques par essence, elles stimulent l'imagination en lui laissant pleine liberté pour les détails et les couleurs. C'est pourquoi elles portent en soi tout un paysage mental, qui se construit dans la grande diversité des connotations qu'elles laissent entendre. Leurs sources (signification originelle du nom ou du verbe employé) les inscrivent pleinement dans la culture de leur époque. Mais en vieillissant, ces noms et ces verbes peuvent les entraîner avec eux dans un lent processus de perte de sens.

Plus fréquentes dans le français classique, les formules construites sur un substantif – *ténèbres de l'oubli, voiles de l'oubli, poussière de l'oubli, herbe d'oubli, puits d'oubli* – exigent aujourd'hui d'être explicitées. Elles ont souvent vieilli, parce qu'elles

---

85 François Villon, *Lais, Testament, Poésies diverses*, édition bilingue par Jean-Claude Mühlethaler avec *Ballades enjargon*, édition bilingue par Eric Hicks (Paris : Champion, 2004) *Le petit testament*, huitains XXXV- XXXVI. Voir Irina Contantinescu, « Remarques sur l'entroubli de François Villon, huitains XXXVI-XXXIX du Lais », in *Revue des Ressources*, 2017 [en ligne].

sont intimement mêlées à une culture qui, aujourd'hui, nous est lointaine, mais leur résurgence peut conférer au propos une tonalité surannée apte à charmer ou provoquer. En 1956, par exemple, Jean-Louis Vaudoyer filait la métaphore croisée du suaire et du linceul dans un article de critique littéraire : « Sur les trente-deux ouvrages que Corneille produisit en un demi-siècle, plus de vingt sont aujourd'hui ensevelis dans les suaires de l'ignorance ou les linceuls de l'oubli »[86]. Celles qui sont articulées autour d'un verbe ont conservé, elles, une plus large actualité d'usage : *être précipité dans l'oubli, tomber dans l'oubli, sombrer dans l'oubli, être englouti dans l'oubli, être enseveli dans l'oubli, chercher l'oubli, trouver l'oubli, entrer dans l'oubli, mettre en oubli*. Ces expressions indiquent majoritairement un mouvement et un changement de lieu. Les verbes employés font de l'oubli un récit souvent tragique, orienté vers l'accident (*engloutir*), la vitesse (*précipiter*), la mort (*ensevelir*), la chute (*tomber*) qui est une notion lourdement connotée sur le plan religieux. Les expressions antonymes apparaissent aussi dramatiques : *échapper à l'oubli, réparer un oubli, tirer de l'oubli, arracher à l'oubli, être sauvé de l'oubli*…

Aujourd'hui, l'oubli engendre toujours de nouvelles expressions, comme les *châteaux d'oubli*, une formule qui désigne les maisons de retraite dans la chanson Prohibition (2009) de Brigitte Fontaine[87] (et entre en résonance avec le *Château du Léthé* de l'empire sassanide). Depuis quelques années s'est imposé dans le langage familier un usage d'*oublier* qui invite l'interlocuteur à abandonner un projet jugé irréaliste par le locuteur : « avec l'inflation actuelle et le coût du foncier, ton projet de maison, tu oublies ». La formule, dont la banalité apparente cache une signification lourde de sens, est d'une construction remarquablement efficace. D'une part, elle évite l'impératif de l'acte en puissance au profit de l'indicatif d'une réalité acquise. D'autre part, elle extrait le verbe de l'ordre habituel des mots dans la phrase, pour que sa position finale sonne comme l'évidence d'un constat et prenne dès lors valeur d'absolu. Mais l'invention lexicale touche aussi les domaines spécialisés. On parle par exemple de *droit à l'oubli* pour désigner ce que les juristes nomment le *droit à l'effacement*, un droit que les particuliers peuvent opposer à des entreprises souhaitant conserver leurs données personnelles. Les mathématiciens, de leur côté, ont créé le *foncteur d'oubli*, qui désigne le déplacement d'objets d'une catégorie à une autre en *oubliant* certaines de leurs propriétés[88]. Les formes de guerre hybride que nous connaissons aujourd'hui font émerger l'expression d'*oubli économique*, appliquée aux conséquences sur un belligérant des sanctions économiques que subit le pays. Quant

---

86 Jean-Louis Vaudoyer, « Une semaine Corneille à la Comédie française », in *Revue des Deux Mondes*, 1er juillet (1956), pp. 95-106, ici p. 96.

87 « Les vieux sont jetés aux orties / À l'asile, aux châteaux d'oubli ».

88 « Foncteur : Opérateur qui exprime la manière dont la vérité d'une proposition complexe est fonction de celle de ses propositions élémentaires », *Histoire générale des sciences*, éd. par René Taton : *La science contemporaine*, vol. 2 : *Le XXe siècle* (Paris : PUF, 1964) p. 24, définition citée par le Dictionnaire du Centre National de Ressources Textuelle et Lexicales. L'expression a été utilisée comme titre de l'exposition de la FRAC Île-de-France de 2019, commissaire d'exposition : Benoît Maire.

aux fabriquants d'armes, ils ont forgé dans un langage mondialisé l'expression « Fire and forget » (« fais feu et oublie »), qui désigne un type de missile dit « intelligent », c'est-à-dire autonome, et répond au souci de préserver les desservants de l'arme.

3.2-Les champs de l'oubli

Avec quelque légèreté qu'il se manifeste, l'*oubli* ne désigne jamais un acte anodin. Comme la souvenance, les manies, l'angoisse, le rêve ou l'amour, l'oubli plonge ses racines au plus profond de la vie intime. Et il est semblablement à la source aussi de l'être social. A Rome, sous la république, où la mémoire est un devoir familial et politique, l'oubli reste une faute grave, mais sous l'empire, des philosophes en ont fait un atout de la sociabilité, une voie vers l'apaisement ou le pardon. Les Athéniens l'avaient considéré comme tel avant eux et au XVIIe siècle, le maître-conseiller de la vie sociale, Balthasar Gracián, l'a décrit comme un art et une nécessité[89]. La contradiction n'est qu'apparente : l'oubli meut l'individu dans tous les aspects de sa vie. C'est la raison pourquoi cette notion a été et reste si féconde dans le langage. Les locutions nominales ou verbales se révèlent très riches de sens, à travers les harmoniques qu'elles laissent entendre. Mais elles n'ont pas réduit l'oubli à un langage formulaire. Pour sortir des images attendues, les poètes ont renouvelé le répertoire en modulant un thème donné ou en en variant les objets de comparaison. Une invention plus personnelle explique des audaces qui pour être originales, n'en sont pas pour autant toujours heureuses. Théophile Gautier, par exemple, a fait de l'oubli un organisme lithophage[90], Victor Hugo, un oiseau somnifère[91], Auguste Lacaussage, des roses[92]. Une créativité plus débridée a produit des évocations puissantes qui ouvrent la porte sur des mondes inconnus ou inquiétants, comme on le verra plus loin.

3.2.1-L'herbe d'oubli

La formule *herbe d'oubli* ou *de l'oubli* est définie dans le Trésor de la Langue Française informatisée (TLFi) comme l'*herbe qui pousse sur les tombes*[93]. L'herbe d'oubli s'est naturellement accordée aux sensibilités mélancoliques du XIXe siècle pour

---

89 Balthasar Gracián, *L'homme de cour*, traduction d'Amelot de la Houssaie (Paris, 1684).
90 Théophile Gautier, *La comédie de la mort* (Paris : chez Desessart, 1838), La mort dans la vie, IV, p. 42 : « L'ange de la douleur, sur leur tombe en prière, / Est seul à les pleurer de ses larmes de pierre. / Comme le ver leur corps, / L'oubli ronge leur nom avec sa lime sourde ».
91 Victor Hugo, *Les contemplations* (1856), II *L'Âme en fleur*, 24 « Que le sort, quel qu'il soit », v. 3-8 : « Qu'en vous, ô ma beauté, jamais ne se répande / Le découragement amer, / Ni le fiel, ni l'ennui des cœurs qui se dénouent, / Ni cette cendre, hélas ! que sur un front pâli, / Dans l'ombre, à petit bruit secouent / Les froides ailes de l'oubli ! ».
92 Auguste Lacaussade, *Insania*, XVIII *Les Roses de l'oubli* : « Poète, entre les fleurs de l'âme il en est une / Qui croît aux vents aigus de l'adverse fortune. / Quand rêve, espoir, printemps, tout s'est évanoui, / Dans le jardin aride où l'âme se recueille, / C'est la suprême fleur, hélas ! que l'homme cueille, / Et cette fleur a nom la rose de l'oubli ». *Poésie d'Auguste Lacaussade*, Tome 1 (Paris : Alphonse Lemerre, 1896), pp. 43-44. Auguste Lacaussade (1815-1897), poète, ami de Leconte de Lisle.
93 L'usage actuel de psychotropes d'origine végétale peut donner à *herbe d'oubli* une nouvelle place dans l'actualité de la langue, sur le modèle des *croutons de l'oubli* : la finalité de ces consommations mortifères est bien l'oubli.

procurer aux poètes, par sa légèreté, un contrepoint à l'expression des drames de la vie. Dans le dernier quatrain du *Vent froid de la nuit*, tiré des *Poèmes barbares*, Leconte de Lisle évoque le dernier soupir et l'enterrement sur lesquels l'herbe étendra un oubli croissant : « Encore une torture, encore un battement. /Puis, rien. La fosse s'ouvre, un peu de chair y tombe, / Et l'herbe de l'oubli, cachant bientôt la tombe, / Sur tant de vanité croît éternellement » (v. 29-32)[94]. Toutefois, les *herbes froissées* du troisième quatrain témoignent encore d'une certaine activité – visites, soins, prières – autour des tombes : quoiqu'inexorable, l'abandon est seulement en marche et les morts se plaignent toujours à des vivants qui les écoutent[95]. Il en va tout autrement dans le cimetière de Théophile Gautier, où les herbes folles et le silence trahissent l'abandon et l'oubli : « Et, comme je voyais bien des croix sans couronne, / Bien des fosses dont l'herbe était haute, où personne / Pour prier ne venait, / Une pitié me prit, une pitié profonde / De ces pauvres tombeaux délaissés, dont au monde / Nul ne se souvenait. »[96]

Mais à l'inverse, le soin extrême donné aux belles tombes de marbre est, pour le poète, la preuve de cette autre forme d'oubli que sont le mensonge et les faux semblants, dénoncés par l'absence d'herbes folles : « Pas un seul brin de mousse à tous ces mausolées, / Cependant, et des noms de veuves désolées / D'époux désespérés / Sans qu'un gramen voilât leurs majuscules noires, / étalaient hardiment leurs mensonges notoires / A tous les yeux livrés. »[97] Dans cette formule d'une grande puissance d'évocation, la complémentarité de l'*herbe* et de l'*oubli* est si évidente que les deux termes peuvent être dissociés, pour former dans une même strophe deux pôles autonomes mis en écho : « L'herbe pousse plus vite au coeur que sur la fosse ; / Une pierre, une croix, le terrain qui se hausse, / Disent qu'un mort est là. / Mais quelle croix fait voir une tombe dans l'âme ! / Oubli ! seconde mort, néant que je réclame, / Arrivez, me voilà ! »[98].

Mais, portée par la vogue du funèbre qui domine la fin du siècle, l'expression s'est répandue jusque dans la littérature à l'usage des touristes, subissant un réel affadissement. Dans *Les cimetières parisiens*, J. Claretie, pour relever son style, s'efforce, dans une simple note explicative, de renouveler l'expression par un hendiadyn[99] un peu déplacé : « On peut voir un de ces cimetières près de l'abbaye de Montmartre, un cimetière fermé, plein d'*herbe* et d'*oubli*, caché par les arbustes et les ronces, inconnu, oublié »[100]. Mais si, plus tard, la formule a même pu être tournée en drôlerie, elle n'en a pas moins toujours exercé son pouvoir de suggestion obscure, déroutante.

---

94 Leconte de Lisle, *Œuvres, Poèmes barbares* [1862] (Paris : Alphonse Lemerre, 1925), pp. 245-246.
95 « J'entends gémir les morts sous les herbes froissées » (vers 9).
96 Théophile Gautier, *La comédie de la mort* (Paris : chez Desessart, 1838) : I *La vie dans la mort*, 4e sizain.
97 Théophile Gautier, *La vie dans la mort*, 5e sizain.
98 Théophile Gautier, *La vie dans la mort*, II [dialogue du ver et de la trépassée], p. 28.
99 Figure de style qui consiste à séparer les deux termes d'une formule unis par subordination, pour les associer à nouveau, mais par coordination. *Cf. infra* : Baudelaire, *Le Guignon* : « Maint joyau dort enseveli / Dans les ténèbres et l'oubli », pour dire : *dans les ténèbres de l'oubli*.
100 Jules Claretie, « Les cimetières parisiens », in Jules Claretie, *Ruines et fantômes* (Paris : Librairie Bachelin-Deflorenne, 1874), p. 158, note 1. Arsène Clarétie (1840-1913), dit Jules Clarétie, romancier et chroniqueur de la vie parisienne.

Dans *Enfances*, premier poème de son dernier recueil, au titre hugolien de *Choses et autres*[101], Jacques Prévert rapporte les paroles d'un ivrogne qui surgit dans une scène de déjeuner sur l'herbe au Bois, en criant « Dépêchez-vous ! Mangez sur l'herbe, un jour ou l'autre, L'herbe mangera sur vous ! »[102].

L'herbe des déjeuners au Bois s'offre comme un épilogue à la dispute littéraire soulevée par Proust sur une réflexion tragique de Hugo concernant la mort de sa fille Léopoldine. Daté du 4 septembre 1847, soit 4 ans après le drame, le poème *A Villequier* dépeint l'accomplissement du deuil pendant lequel Victor Hugo a progressivement accepté l'évidence : « Les mois, les jours, les flots des mers, les yeux qui pleurent, / Passent sous le ciel bleu ; / Il faut que l'herbe pousse et que les enfants meurent ; / Je le sais, ô mon Dieu ! »[103]. Image de cette éternité terrestre suggérée par Leconte de Lisle, l'herbe, vivace et fragile, établit un contraste apaisant avec l'absence de la jeune Léopoldine, deux aspects d'un même nécessité, l'un inscrit dans un temps sans limite, l'autre dans un moment brutal. Proust se saisit à son tour de la métaphore pour s'insurger contre cette vision des choses : « Victor Hugo dit : « Il faut que l'herbe pousse et que les enfants meurent. » Moi je dis que la loi cruelle de l'art est que les êtres meurent et que nous-mêmes mourions en épuisant toutes les souffrances pour que pousse l'herbe non de l'oubli mais de la vie éternelle, l'herbe drue des œuvres fécondes, sur laquelle les générations viendront faire gaiement, sans souci de ceux qui dorment en dessous, leur *déjeuner sur l'herbe* »[104]. *Herbe de l'oubli*, herbe vorace, herbe de l'apaisement, herbe drue ... On mesure la capacité d'un thème à être modulé en nuances et en inflexions subtiles sur le temps long de la littérature.

Disparue aujourd'hui du langage courant, l'*herbe d'oubli* a pour héritière le plus proche une expression au champ d'application plus large : *herbes folles*, celles qui poussent sans règle ni soin dans les lieux momentanément ou définitivement abandonnés. L'image est forte, parce qu'elle appartient à l'expérience commune et, pour cette raison, son spectre sensible s'étend de l'accablement mélancolique à la douceur bucolique. Dans son histoire des couvents franciscains de la province de Bourgogne, composée peu après les désastres des Guerres de religion, Jacques Fodéré décrit ainsi la tombe de Michel de Peruse, installée à l'extérieur de l'église des cordeliers de Sainte-Colombe, près de Vienne-sur-Rhône : « elle est entourée des grandes herbes, de roses et autres plantes, qui se dilatent superfluement (pour n'estre la place cultivée, ni frequentée) »[105]. Dans ce témoignage d'autant plus précieux qu'il s'agit d'histoire, et non de poésie, le manque de soin, l'abandon ne sont pas objets de regrets, ce qui

---

101 Jacques Prévert, *Choses et autres* (Paris : Gallimard, 1972).
102 *Jacques Prévert, Œuvres complètes*, éd. par Danièle Gasiglia-Laster et Arnaud Laster (Paris : Gallimard, La Pléiade, 1992), Volume 2, p. 215.
103 Victor Hugo, *Les contemplations* (Paris : Michel Levy Frères, 1856), *IV Pauca meae*, A Villequier, v. 69-72.
104 Marcel Proust, *À la recherche du temps perdu*, Tome III, édition établie par P. Clarac et A. Ferré (Paris : Gallimard, 1954), p. 1038.
105 *Narration historique et topologique des couvents de l'ordre de Saint François et monastères Sainte Claires érigés en la Province anciennement appelée de Bourgogne, à présent de Saint-Bonaventure* (Lyon : éditions Rigaud, 1619). Voir : Nicolas Reveyron, « Les couvents franciscains dans la ville médiévale. Les exemples de Lyon et de Vienne », in *La città medievale è la città dei frati?*, Atti del Convegno internazionale di Torino, 11-12 juillet 2019, a cura di Silvia Beltramo et Gianmario Guidarelli (Florence : All'insegna del Giglio, 2021), pp. 127-145, ici p. 133 et note 37.

importe ici, c'est l'ornement floral fourni par la nature, spontanément, comme un guerdon attendu chez les disciples de saint François, et l'herbe qui oppose sa légèreté insouciante au tragique de l'oubli et de ce qui cause l'oubli : la mort et la destruction.

Mais la signification originelle de l'expression *herbes folles* est ailleurs. Dans des usages plus anciens, les *herbes folles* étaient réputées apporter l'égarement, un oubli des repères susceptible de troubler l'esprit jusqu'à la folie. Le lexicographe Pierre Rézeau a recueilli dans les pays de l'Ouest de la France les noms d'herbes réputées avoir une telle action nuisible : *herbe de fourvoiement, égaire, herbe d'égare, herbe des tournes, herbe à adirer, herbe d'écarté*, toutes plantes qui, selon une croyance populaire ancienne, font perdre la mémoire du trajet aux voyageurs et les égarent au risque de la mort[106]. Le chercheur rapporte les propos d'un témoin dont l'aïeule « parlait aussi de l'herbe à la détourne qui faisait perdre le sens de l'orientation à ceux qui avaient le malheur de marcher dessus et les condamnait à errer continuellement jusqu'à l'épuisement complet ».

Allégée de ses déterminants, adjectif ou complément du nom, l'herbe est associée depuis l'Antiquité à la tombe ou à la ruine, pour former un lieu commun expressif. Topos de la poésie élégiaque, l'herbe jette sur la sépulture un voile qui dissimule le mort et prépare l'oubli. Martial l'a détourné ironiquement : « Alcimus, arraché à ton maître en tes vertes années, toi que recouvre [*velat* = voile], sous un gazon léger, la terre labicane, reçois, non pas la masse chancelante de la pierre de Paros [...] mais de simples buis, l'ombre épaisse de sarments, et une prairie verdoyante sous la rosée de mes larmes »[107]. Ce gazon léger reste totalement étranger au mort, contrairement à d'autres plantes couvrantes, qui s'y attachent : « Enlève de mon tombeau le lierre qui, avec ses grappes agressives, lie mes os délicats de sa chevelure torsadée », s'écrie *L'ombre de* Cynthia apparue à Properce après sa mort[108]. Dans ces conditions, l'herbe, permanente et renouvelée, anodine et insouciante, et le mort, unique au monde et lourd de ses peines, n'ont absolument rien en commun, sinon de se trouver au même endroit. Le contraste, proche de l'oxymore, fonde les images qui nourriront plus tard l'expression d'*herbe de l'oubli*.

Il en va de même pour les ruines que l'herbe habille tout aussi librement, comme dans la Rome dont Lamartine en remplit abondamment les vestiges : « Des théâtres croulants, dont les frontons superbes / Dorment dans la poussière ou rampent sous les herbes, / Les palais des héros par les ronces couverts, [...] L'herbe dans le forum,

---

106 Pierre Rézeau, « De l'herbe à la Détourne à l'herbe au Tonnerre. Etude de quelques lexies populaires et/ou régionales désignant les plantes dans l'Ouest de la France », in *Cahier des Annales de Normandie*, 15 (1983), pp. 213-230.
107 *Epigrammes*, I, 88, v. 1-6 : « Alcime, quem raptum domino crescentibus annis / Labicana levi caespite velat humus, / accipe non Pario nutantia pondera saxo [...] sed faciles buxos et opacas palmitis umbras / quaeque virent lacrimis roscida prata meis ». Martial, *Epigrammes*, Tome 1, texte et traduction H. J. Izaac (Paris : Les Belles Lettres, 1930), p. 64. L'ironie que Martial insuffle dans son épigramme n'enlève rien au témoignage que fournit le poème dans sa lecture au premier degré.
108 *Élégies*, IV, 7 (v. 79-80) : « Pelle hederam tumulo, mihi quae pugnante corymbo / Mollia contortis alligat ossa comis ». Properce, *Élégies*, texte établi, traduit et commenté par S. Viarre (Paris : Les Belles Lettres, 2005), p. 152.

les fleurs dans les tombeaux »[109]. De fait, l'image apparaît dès l'Antiquité romaine. Dans *Les Héroïdes*, plus précisément dans la première lettre, envoyée par Pénélope à Ulysse, Ovide brosse un tableau désolé du site de Troie, occupé par les blés et par les herbes : « la terre, grasse du sang phrygien, s'offre luxuriante au tranchant de la faux. Ensevelis à demi, les os des héros sont heurtés par les socs recourbés ; l'herbe dissimule la ruine des maison »[110]. Il en va donc des ruines comme de la tombe : l'herbe a pour vocation universelle de voiler la mort sous un paysage paisible. Le contraste est fort avec Properce et, surtout, Lucain. Dans l'évocation des vestiges de Véies, Properce avait privilégié les références à la vie agricole : « maintenant dans tes murs sonne la trompe du pâtre qui flâne et l'on fait la moisson sur tes ossements »[111]. En revanche, quand il raconte la visite de César sur les ruines de Troie, Lucain peint un paysage de dévastation où se déploie toute la violence de la nature : « Maintenant des buissons stériles et des troncs pourris de chênes écrasent le palais d'Assaracus et ne tiennent plus les temples des dieux que d'une racine fatiguée ; Pergame tout entière est sensevelie sous des ronces, ses ruines ont même péri »[112].

Ces trois exemples permettent de mieux comprendre les significations de ce qu'on appellera plus tard l'*herbe d'oubli*. Lucain fait de la nature sauvage une force destructrice qui occupe tout l'espace, ravage les ruines elles-mêmes et apporte la mort en stérilisant le site et en le chargeant de pourriture. Properce décrit un paysage idyllique : le site n'est pas revenu à l'état sauvage, il est occupé par les mêmes activités agro-pastorales qu'on retrouve chez Virgile et qui symbolisent un retour aux fondamentaux de la civilisation. Chez Ovide, les herbes qui cachent les ruines des maisons opposent à la fugacité fragile de la vie humaine la fragilité tenace d'une plante insignifiante : c'est un retour à l'état originel, avant l'installation des hommes[113]. L'herbe et la ruine, l'herbe et la tombe : c'est le même contraste qui associe ces

---

109 Alphonse de Lamartine, *Méditations poétiques* (Paris : Librairie grecque-latine-allemande, 1820), *La foi*, pp. 61-67, ici p. 63, v. 65-71.

110 *Héroïdes*, I, v. 50-52 : « luxuriat Phrygio sanguine pinguis humus ; / semisepulta uirum curuis feriuntur aratris / ossa, ruinosas occulit herba domos », Ovide, *Héroïdes*, texte H. Bornecque [1928], traduction M. Prévost (Paris : Les Belles Lettres, 1965), p. 4.

111 *Élégies*, IV, 10 (v. 29-30) : « Nunc intra muros pastoris bucina lenti / cantat, et in verstris ossibus arva metunt ». Properce, *Élégies*, texte établi, traduit et commenté par S. Viarre (Paris : Les Belles Lettres, 2005), p. 160.

112 *La Pharsale*, v. 966-969 : « Iam siluae steriles et putres robore trunci / Assaraci pressere domos et templa deorum / Iam lassa radice tenent, ac tota teguntur / Pergama dumetis : etiam periere ruinae ! ». Lucain, *La guerre civile* (la Pharsale), éd. et trad. par Abel Bourgery et Max Ponchont, Tome 2 (Paris : Les Belles Lettres, 1930), p. 175.

113 Cette sensibilité archéologique aux ruines ensauvagée trouvent leur pendant, en contrepoint, dans les évocations d'un site vierge avant l'installation d'une ville. Ainsi Properce décrivant Rome avant Rome (*Elégies*, IV, 1, 1-4) : « Tout ce que tu vois, étranger, cette Rome si grande, avant la venue du phrygien Énée ce n'était que des collines et de l'herbe, et sur le Palatin à l'endroit où se dresse le sanctuaire en l'honneur de Phébus et de sa victoire navale [Actium], les génisses fugitives d'Evandre se sont couchées ». Properce, *Élégies*, texte établi, traduit et commenté par S. Viarre (Paris : Les Belles Lettres, 2005), p. 128. Le surnom de Phébus Naval fait allusion à la victoire navale d'Actium. Voir : Manuel Royo, « *Un sacrifice pâle et un lieu d'herbe* : l'espace et le temps dans les descriptions poétiques de Rome », in *Lire la Ville : fragments d'une archéologie littéraire de Rome antique*. Actes du colloque international de Genève (Fondation Hardt, Colloque Charles Bailly), éd. par Damien Nelis et Manuel Royo (Bordeaux : Ausonius Editions, 2014), pp. 161-182 ; Alain Schnapp, *Une histoire universelle des ruines : des origines aux Lumières* (Paris : Editions du Seuil, 2020), chapitre II : « Les ruines apprivoisées », le monde gréco-romain, p. 103 sq.

contraires. Un contraste hautement signifiant. A Rome, par exemple, la plus haute récompense militaire était la couronne d'herbe (*corona graminea*) qui, explique Pline l'ancien, « n'a jamais été obtenue que dans une situation désespérée, votée par une armée entière à celui qui l'avait sauvée. Les autres [couronnes] étaient données par les généraux ; celle-là seule était donnée par les soldats au général [...] Cette couronne se faisait avec du gazon vert, pris à l'endroit même où les troupes sauvées avaient été assiégées »[114].

L'oubli apparaît ainsi comme ce vecteur inattendu qui articule la vie dans sa vérité concrète – sa dimension du quotidien – et le récit qui s'en dégage – nécessairement réducteur, schématique et orienté : pour paraphraser Malraux, l'oubli transforme la vie en destin. Dans *L'herbe d'oubli*[115], titre éloquent de ses mémoires, Louis Guilloux explicite le rapport entre la réalité vécue, par essence fugace, et la reconstruction imaginaire des faits qui, grâce à l'oubli, finit par prendre son autonomie, comme l'herbe par rapport au mort : « S'il est vrai comme le dit Gide (*Journal des Faux-Monnayeurs*), qu'un « personnage n'existe pas tant qu'il n'est pas nommé », il est vrai aussi qu'une fois nommé il se libère entièrement de sa source originelle. Une certaine autonomie va permettre à l'imagination de s'exercer indépendamment de la mémoire »[116].

3.2.2-Les ténèbres de l'oubli

L'expression *ténèbres de l'oubli* sonne terriblement. Si elle appartient au langage noble, elle est surtout empreinte d'une sensibilité religieuse. L'article *Ténèbres* du dictionnaire de Furetière (1690) donne comme premiers exemples un extrait de la Genèse – *Lorsque Dieu commença la création du ciel et de la terre, la terre était déserte et vide, et la ténèbre à la surface de l'abîme (Gn 1,1)* – et une citation tirée du récit de la crucifixion – *A midi, il y eut des ténèbres sur toute la terre jusqu'à trois heures (Mc 15, 33)* –, mais aussi, facettes noires du mot, le nom de *Prince des ténèbres* attribué à Satan et la dénomination de *ténèbres extérieures* appliquée à l'enfer. Et le troisième article est consacré à la liturgie : « *Ténèbres*, se dit aussi des Matines qui commencent l'Office des Feries majeures de la Semaine Sainte. Les leçons de *Ténèbres* sont les lamentations de Hieremie sur les malheurs de Jerusalem qu'on chante sur des tons plaintifs. Un livre de *Ténèbres* est celuy qui contient les *Ténèbres* et l'Office de la Semaine Sainte ». La formule *ténèbres de l'oubli* tire sa puissance évocatrice de l'obscure étrangeté qu'elle partage avec leçons des *Ténèbres* ou livre de *Ténèbres*.

---

114 *Histoire naturelle*, XXII, 4, 2 : « graminea [corona] nunquam nisi in desperatione suprema contigit, nulli nisi ab universo exercitu servato decreta [...] Dabatur haec [corona] viridi e gramine, decerpto inde ubi obsessos servasset aliquis : namque summum apud antiquos signum victoriae erat, herbam porrigere victos, hoc est, terra et altrice ipsa humo, et humatione etiam cedere ». *Histoire naturelle de Pline*, avec la traduction en français d'Emile Littré, Tome second (Paris : J. J. Dubochet, Le Chevalier et Cie, 1850), p. 75.
115 Louis Guilloux, *L'herbe d'oubli*, Édition de Françoise Lambert (Paris : Gallimard, 1984). Edition posthume d'un manuscrit inachevé.
116 Louis Guilloux, *op. cit.*, p. 352. Voir : Christelle Bourguignat, « Présentation du fonds d'archives littéraires Louis Guilloux », in *Louis Guilloux, écrivain*, éd. par Francine Dugast-Portes et et Marc Gontard (Rennes : Presses universitaires de Rennes, 2000), pp. 19-30.

Le mot *ténèbres* est défini par Furetière (1690) dans une radicalité insurmontable : « Entière obscurité, privation de lumière ». Ses connotations religieuses appellent spontanément l'adjectif *éternel*. Dans l'édition de 1727, cette orientation sémantique est illustrée par une citation d'Esprit Flechier (1632-1710), évêque de Nîmes : « La gloire et la réputation se perdent dans les ténèbres d'un éternel oubli »[117]. Toutefois, sous une apparente unité phénoménologique, l'absence de lumière recouvre des réalités si différentes que la définition du dictionnaire de Trévoux (1771) s'est efforcée de les distinguer méthodiquement : « Il ne faut pas confondre ces trois mots, *ténèbres, obscurité, nuit*. Les *ténèbres* semblent signifier quelque chose de réel et d'opposé à la lumière [...] Les *ténèbres* sont épaisses. L'*obscurité* est grande. La *nuit* est sombre ». Sombre, la nuit conserve un halo d'espoir. Grande, l'obscurité s'offre comme un espace ouvert. Epaisses, réelles, les ténèbres sont au contraire une matière qui englue et fait disparaître. Cette perception, ou mieux : ce sentiment justifie l'expression de *Ténèbres cimmériennes* ainsi explicitée dans le même dictionnaire : « Terme de Philosophie hermétique. C'est la noirceur de la matière. Les chimistes appellent cette couleur *ténèbres* et *mort*, à cause que le temps de sa durée est long, et n'est point déterminé ; cela dépend de la qualité de la matière et de la chaleur administrée ». Dans ces conditions, il est naturel qu'un homme effacé de toutes les mémoires soit considéré comme *enseveli dans l'oubli*.

Les *ténèbres de l'oubli* désignent ainsi un lieu où sombrent et se perdent les souvenirs. Mais elles peuvent s'affirmer aussi comme un processus de rupture propédeutique, un moment de bascule dans une transformation, à l'image de la mort (« Si le grain de blé qui tombe en terre ne meurt pas, il reste seul ; si au contraire il meurt, il porte du fruit en abondance », Jn 12, 24). Dans son édition de 1727, le dictionnaire de Furetière suggère cette vision des choses par un exemple tiré de Pierre Nicole[118] : « Dieu a voulu que la vérité demeurât enveloppée de nuages, pour humilier les esprits superbes par des *ténèbres* salutaires ». Le spirituel – l'accès à la vérité – et le psychique – l'humiliation des superbes – se mêlent dans une même effusion des sens. Aussi, le glissement du religieux au psychologique – une psychologie des profondeurs qui ne s'est pas encore détachée de la morale chrétienne – se fait-il naturellement, par le truchement de l'émotion : la spiritualité classique se nourrit des mouvements de l'âme. Ainsi, dans la même rubrique, il est précisé d'une part que « Les Mystiques appellent *ténèbres* une sécheresse que sent l'âme dévote, et une suspension des effets de la grâce », d'autre part, que « Ténèbres Se dit aussi pour Etat triste, horrible, épouvantable », un état proche du péché d'acédie (*acedia*) qui est décrit, dans le monde monastique, comme une forme de mélancolie spirituelle (on parlerait aujourd'hui d'état dépressif).

---

117 La citation est une adaptation d'une phrase tirée de l'*Oraison funèbre de Madame Marie-Magdeleine de Wignerod, duchesse d'Aiguillon, pair de France*. Plus dramatique, la phrase originelle – « La gloire et la réputation se perdent enfin dans les abymes d'un éternel oubli » – convient mieux au genre littéraire de l'oraison funèbre. *Oraisons funèbres de Fléchier avec les notes de tous les commentateurs ; précédées d'un Discours sur l'oraison funèbre*, édité par Jean-Joseph Dussault (Paris : chez Lequien fils, 1829), p. 77.
118 Pierre Nicole (1625-1695), théologien moraliste, logicien, associé à Port-Royal.

La poésie s'est emparée d'une formule apte à rendre le tragique d'une destinée et à rendre tragiques les péripéties d'une vie. Vigny en a tiré une image saisissante de la formation des moines trappistes, dans un poème publié en 1823, au bénéfice des trappistes d'Espagne selon Sainte-Beuve[119] : « Le Trappiste est son nom : ce terrible inconnu, / Sorti jadis du monde, au monde est revenu ; / Car, soulevant l'oubli dont ces couvents funèbres / A leurs moines muets imposent les ténèbres, / Il reparut au jour [...] »[120]. Les libertins du XVIIe siècle l'ont détournée vers des registres certes plus triviaux, mais l'association des ténèbres et du libertinage, la poésie baroque y a trouvé précisément de quoi satisfaire son goût des contrastes et des oxymores. Dans l'élégie *Lorsque le ciel de tes faveurs me prive*, Théophile de Viau (1590-1626) disjoint les ténèbres et l'oubli pour charger plus lourdement le langage amoureux de la mélancolie funèbre suscitée par l'absence :

> Lorsque le ciel de tes faveurs me prive, / Comment crois-tu, mon ange, que je vive ? [...] Comme mes yeux, mon âme est en ténèbres ; / Mon âme porte un vêtement de deuil ; / Tous mes esprits sont comme en un cercueil. / Lors ma mémoire est toute ensevelie, / Mon jugement suit ma mélancolie.[121]

Revenons aux résonances terribles de la formule. Dans *La Pharsale*, poème épique qui évoque en filigrane le destin tragique de la Ville[122] annoncé par « cette guerre plus que civile »[123], Lucain enrôle la formule dans la défense d'un projet funeste – l'écriture du poème –, qu'il dissimule sous les oripeaux du devin[124], et d'une entreprise proscrite, qu'il rejette dans les ténèbres de l'oubli, puisqu'il est néfaste, à Rome, de parler de Rome combattant Rome : « Ô mon esprit, fuis cette partie de la guerre et laisse-la dans les ténèbres ; que je ne sois pas le chantre de pareils maux et qu'aucune génération n'apprenne de moi tout ce que se permettent les guerres civiles. Ah ! périssent plutôt les larmes, périssent les plaintes ; tout ce que tu as fait dans ce combat, Rome, je le tairai »[125]. Dire l'oubli, souligner son pouvoir mortel, c'est, paradoxalement, en tirer la licence de faire mémoire d'événements interdits d'écriture : en termes de rhétorique, il s'agit d'une prétérition. Mais c'est aussi assurer au poème une destinée pérenne : « Oeuvre sacrée, oeuvre sublime des poètes ! tu

---

119 Sainte-Beuve, « Portraits de poètes contemporains, Alfred de Vigny », in *Revue des Deux Mondes*, (1864), pp. 773-802, ici p. 777.
120 Alfred de Vigny, *Poèmes antiques et modernes, Le Trappiste* (Paris : Urbain Canel, 1826), p. 60.
121 *Œuvres complètes de Théophile*, éd. Charles Alleaume de Cugnot (Paris : Jannet, 1855), Tome 1, p. 255-258, ici p. 256.
122 Voir par exemple : Pierre-Alain Caltot, « Lucain et la mémoire de Pharsale : le chant VII de la *Pharsale* comme tombeau poétique de Rome », in *Pallas, Revue d'Etudes Antiques*, 110 (2019), pp. 365-382.
123 *La Pharsale*, I, 1 : « Bella per Emathios plus quam ciuilia campos ».
124 Isabelle Meunier, « L'image du *vates* dans le *De bello civili* de Lucain : influence des Piérides d'Ovide (*Métamorphoses*, V) et renouvellement épique », in *Camenae*, 7 (2009) [en ligne].
125 *La Pharsale*, VII, v. 552-556 : « Hanc fuge, meus, partem belli tenebrisque relinque, / nullaque tantorum discat me uate malorum, / quam multum liceat bellis ciuilibus aetas. / A potius, pereant lacrimae pereantque querellae : / quicquid in hac acie gessisti, Roma, tacebo ». Traduction : A.-M. Taisne, « Le devoir de mémoire chez Lucain dans la dernière partie de son épopée (Ph. IX, 950-1107 ; X, 1-546) », in *Vita Latina*, 165 (2002), pp. 16-27, note 11 p. 27.

dérobes tout au destin, tu donnes aux peuples mortels l'éternité des âges [...] notre Pharsale vivra, jamais siècle ne nous condamnera aux ténèbres »[126].

Lieu commun développé depuis l'Antiquité, la pérennité du poème assure la gloire de son auteur et le génie du poète octroie l'immortalité au texte et au sujet. Ainsi Ronsard s'adressant à une source où il compose « Je ne sais quoi, qui ta gloire / Enverra par l'univers, / Commandant à la Mémoire / Que tu vives par mes vers »[127]. Alors, la mort n'est rien, comme le suggère Du Bellay dans l'ode *De l'immortalité des poètes* : « Mais moi que les Grâces chérissent [...] Je ne craindrai, sortant de ce beau jour, / L'épaisse nuit du ténébreux séjour / De mourir ne suis en emoi / Selon la loi du sort humain, / Car la meilleure part de moi / Ne craint point la fatale main »[128]. L'irruption des ténèbres dans ce topos suscite un puissant effet de contraste. L'article *Ténèbres* du dictionnaire de Furetière (1727) cite justement ces vers d'Antoine Godeau : « Tous ces fameux Auteurs, dont les Œuvres célèbres / Du temps et de l'oubli percèrent les ténèbres »[129]. Au XIXe siècle, la fascination de la mort inverse le rapport des termes. Hugo s'exclame : « Heureux qui de l'oubli ne fuit point les ténèbres ! / Heureux qui ne sait pas combien d'échos funèbre / Le bruit d'un nom fait retentir ! / Et si la gloire est inquiète ! / Et si la palme du poète / Est une palme de martyr ! »[130] et Baudelaire affirme que « la Mort, que nous ne consultons pas sur nos projets et à qui nous ne pouvons pas demander son acquiescement, la Mort, qui nous laisse rêver de bonheur et de renommée et qui ne dit ni oui ni non, sort brusquement de son embuscade, et balaye d'un coup d'aile nos plans, nos rêves et les architectures idéales où nous abritions en pensée la gloire de nos derniers jours »[131].

3.2.4-Le linceul, la poussière et le puits

Toile qui supprime, évoque ou cache, le *linceul de l'oubli* est une expression qui autorise de nombreuses nuances, s'adaptant aux diverses formes d'oubli. Total ou proche de l'absolu, l'oubli est, en rhétorique classique, qualifié de *profond* ou d'*éternel* : « Les Poëtes disent qu'ils sauvent les noms de l'oubli, qu'ils garantissent de l'éternel *oubli* »[132], « Sans le secours de la Poësie et de l'Histoire les actions les plus

---

126 Lucain, *La Pharsale*, IX, v. 980-986 : « o sacer et magnus uatum labor! omnia fato / eripis et populis donas mortalibus aeuum [...] Pharsalia nostra / uiuet, et a nullo tenebris damnabimur aeuo ». Traduction : Lucain, *La guerre civile* (VI, 333-X, 546), introduction, texte et traduction rythmée, notes par Jean Soubiran (Toulouse : Éditions Universitaires du Sud, 1998).
127 Ode IX *À la fontaine Bellerie*, v. 18-21, in *Œuvres complètes* de Ronsard *(Texte de 1578)*, Tome 3 *Les odes*, Texte établi par Hugues Vaganay (Paris : Garnier, 1923), *Second livre des odes*, pp. 102-103.
128 Ode à Bouju, De l'immortalité des poètes, v. 13 – 35-40, in Joachim Du Bellay, *L'Olive et quelques autres oeuvres poeticques* (Paris : Arnoul L'Angelier, 1549).
129 Antoine Godeau (1605-1672), évêque de Vence, polygraphe, élu à l'Académie française (1634).
130 A mes odes, v. 25-30. Le poème ouvre le deuxième livre des *Odes et ballades*, daté des années 1822-1823. Victor Hugo, *Odes et ballades, Les orientales* (Paris : Librairie Ollendorf, 1912), p. 94.
131 Charles Baudelaire, *Les paradis artificiels* (1860), IX Conclusion. Voir par exemple : Marc Eigeldinger, « Baudelaire et la conscience de la mort », in *Études littéraires*, Département d'Etudes littéraires de l'Université de Laval (1968), p. 51-65.
132 Dictionnaire de Furetière, 1690, article *Oubli*.

memorables demeureroient ensevelies dans un profond oubli ». Il peut être lourd et délibéré, comme l'amnistie réclamée par Gambetta en 1880 : « Il faut que vous fermiez le livre de ces dix années ; que vous mettiez la pierre tumulaire de l'oubli sur les crimes et sur les vestiges de la Commune »[133]. Il peut être léger, vague, trompeur, comme ces floutages de souvenirs que dénonce Céline :

> À tant d'années passées le souvenir des choses, bien précisément, c'est un effort. Ce que les gens ont dit, c'est presque tourné des mensonges. Faut se méfier. C'est putain le passé, ça fond dans la rêvasserie. Il prend des petites mélodies en route qu'on lui demandait pas. Il vous revient tout maquillé de pleurs et de repentirs en vadrouillant.[134]

Il peut enfin s'installer insidieusement, par effacement progressif des fragments de réalité. Hugo écrit dans *L'homme qui rit* :

> Montrer l'intérieur de la chambre des lords d'autrefois, c'est montrer de l'inconnu. L'histoire, c'est la nuit. En histoire, il n'y a pas de second plan. La décroissance et l'obscurité s'emparent immédiatement de tout ce qui n'est plus sur le devant du théâtre. Décor enlevé, effacement, oubli. Le Passé a un synonyme, l'Ignoré.[135]

Ce progrès de l'oubli, la dédicace qu'en juin 1833 Sénancour écrivait sur le volume d'*Obermann* offert à George Sand le retranscrit douloureusement : « Comme si tous les hommes n'avaient point passé, et tous passé en vain. C'est l'oubli qui est le véritable linceul des morts ; c'est lui qui serre le cœur ; c'est le lendemain tranquille et la vie qui reprend sur la tombe à peine fermée. Oberman à Indiana »[136]. Réponse radicale à ce passage d'*Indiana* (1832) où George Sand met dans la bouche de Ralph une réflexion sur la complexité des relations entre pudeur et omission : « S'il est des douleurs qui ne se trahissent jamais et qui enveloppent l'âme comme un linceul, il est aussi des joies qui restent ensevelies dans le cœur de l'homme parce qu'une voix de la terre ne saurait les dire »[137].

A l'inverse, le linceul peut n'être qu'une couche vite ôtée, lorsque les circonstances créent un choc de mémoire, comme celui que subit l'homme qui rit :

> Il se rappelait tout ce qu'Ursus lui avait dit de ces hautes existences quasi royales ; les divagations du philosophe, qui lui avaient semblé inutiles, devenaient pour lui des jalons de méditation ; nous n'avons souvent dans la mémoire qu'une couche

---

133 Léon Gambetta, séance du 21 juin 1880, *Journal officiel*, 22 juin 1880, p. 6740, cité en note 18 par Stéphane Gacon, « Amnistie de la commune (1871-1880) », in *Lignes*, n° 10 (2003), pp. 45-64.
134 Louis-Ferdinand Céline, *Guerre* (Paris : Gallimard, 2022), p. 117.
135 Victor Hugo, *L'homme qui rit* (Paris : Librairie internationale, 1869), II, 8, p. 207.
136 Lorsque George Sand lui rendit visite en juin 1833, Sénancour, pour la remercier de son article qui avait relancé l'intérêt pour son roman Obermann, lui écrivit cette dédicace dans le volume qu'il lui offrit. Béatrice Didier, « Le bicentenaire de Sénancour : de George Sand à Proust », in *Revue des Deux Mondes* (1971), pp. 343-352, ici p. 345.
137 Georges Sand, *Indiana* (Paris : J.-P. Roret, 1832), p. 86.

d'oubli très mince, laquelle, dans l'occasion, laisse tout à coup voir ce qui est dessous.[138]

Ultime avatar du linceul, le voile diaphane déployé par Alfred de Musset, qui laisse voir tout en dissimulant, soit pour oublier le vrai sous l'apparence du convenu : « Loin de moi les vains mots, les frivoles pensées, / Des vulgaires douleurs linceul accoutumé, / Que viennent étaler sur leurs amours passées / Ceux qui n'ont point aimé ! »[139], soit pour mieux instiller l'oubli des certitudes : « Si le doute, ce fruit tardif et sans saveur, / Est le dernier qu'on cueille à l'arbre de science, / Qu'ai-je à faire de plus, moi qui le porte au cœur ? / Le doute ! il est partout, et le courant l'entraîne, / Ce linceul transparent, que l'incrédulité / Sur le bord de la tombe a laissé par pitié / Au cadavre flétri de l'espérance humaine ! »[140].

La poussière, en quoi se résout toute existence – cendres des bûchers antiques ou poussière biblique (Genèse, 3, 19) –, est associée à la mort et à l'oubli : « Ils gisent tout entiers entre quatre ais de rouvre / Et nul n'a disputé, sous l'herbe qui les couvre, / Leur inerte poussière à l'oubli du cercueil », prédit Heredia aux amants heureux[141]. Dans son état naturel, la poussière estompe l'objet qu'elle couvre ; elle lui ôte son identité, sans dissimuler ses formes : « Ces meubles sont tout perdus de *poussiere* » (Furetière, 1694). Tout particulièrement, la poussière des bibliothèques, qui trahit l'absence d'utilisation, manifeste l'oubli où sont tombées les œuvres : « Nous admirons, dans une béate extase, les plus indigestes élucubrations des compilateurs d'outre-Rhin, sans daigner seulement honorer d'un coup d'œil les trésors qui gisent, chez nous, dans la poussière et dans l'oubli », regrette Alexis Pierron à propos des œuvres de Dacier[142]. Voile fragile, uniformément étendu, la poussière est un autre linceul qui, de même, cache autant qu'il révèle. Sophocle en a fait un instrument de piété, lorsque Antigone répand de la poussière sur le cadavre de son frère, pour respecter le rite funéraire malgré l'interdiction de Créon : « On ne voyait plus le mort : il n'était pas enterré, mais il avait sur lui une fine poussière, comme l'aurait mise quelqu'un pour éviter une souillure »[143]. Dans la vie des hautes classes, la poussière de l'oubli est une mort sociale : « Il n'y a point de plus haute vengeance que l'oubli ; car c'est ensevelir ces gens-là dans la poussière de leur néant »[144] conseille

---

138 Victor Hugo, *L'homme qui rit* (Paris : Librairie internationale, 1869), II, 3, pp. 94-95.
139 Alfred de Musset, « Souvenir », in *La Revue des Deux Mondes*, 25 (1841), pp. 566-571, strophe 14.
140 Monologue de Franck dans le poème dramatique *La coupe et les lèvres* d'Alfred de Musset publié dans *La Revue des deux Mondes* en 1831.
141 Sur le livre des amours de Pierre Ronsard, 2ᵉ quatrain, in José-Maria de Heredia, *Les trophées* (Paris : Alphonse Lemerre, 1893), p. 97.
142 *Vies des hommes illustres de Plutarque*, nouvelle traduction par Alexis Pierron, précédée d'une notice sur Plutarque par le traducteur (Paris : Charpentier, 1853). Dans sa notice sur Plutarque, Pierron regrette l'oubli dans lequel a sombré les œuvres de Dacier (1651-1722), philologue et auteur d'une excellente traduction des *Vies des hommes illustres*.
143 Sophocle, *Antigone*, v. 255-256 : « ὁ μὲν γὰρ ἠφάνιστο, τυμβήρης μὲν οὔ, / λεπτὴ δ', ἄγος φεύγοντος ὥς, ἐπῆν κόνις », Sophocle, *Antigone*, texte et traduction Paul Masqueray (Paris : Les Belles Lettres, 1946), 4ᵉ édition, p. 86.
144 Baltasar Gracián, *L'homme de cour*, traduction d'Amelot de la Houssaie (Paris : 1684), Maxime CCV : *Savoir jouer de mépris*.

Balthasar Gracián, et la vérité apparaît, lorsque « l'émulation découvre les défauts que la courtoisie cachait auparavant [...] La chaleur de la contradiction anime ou ressuscite des infamies qui étaient mortes ; elle déterre des ordures que le temps avait presque consumée [...] et elle y va avec tant d'impétuosité qu'elle fait voler la poussière de l'oubli qui couvrait les imperfections »[145].

Comme le linceul ou la poussière, qui couvrent les souvenirs, le *puits de l'oubli*, qui les engloutit – interprétation dramatique du trivial *trou de mémoire* –, est une image de l'oubli par dissimulation, les deux premiers sous une couverture révélatrice, le troisième dans un vide obscur. Or, donner un contenant à l'absence revient à faire du *puits de l'oubli* le lieu vide de la souvenance, comme le centre de la salle d'audience, dans le tribunal, ou de l'hémicycle, à l'Assemblée nationale, sont les lieux vides de la démocratie[146]. Oubli involontaire ou délibéré, comme le veut Agrippa d'Aubigné : « On dit qu'il faut couler les exécrables choses / Dans le puits de l'oubli et au sépulcre encloses »[147]. La force de l'expression réside dans les connotations spirituelles que lui confèrent ses sources. Jacques Trenel[148] les a identifiées dans le psaume 55 : « Et toi, Dieu, tu les feras descendre dans un charnier béant [mot-à-mot : le puits de la fosse des enfers] »[149] et le psaume 88 : « Ton miracle se fera-t-il connaître dans les Ténèbres / et ta justice au pays de l'Oubli ? »[150]. Et de fait, l'expression *tirer de l'oubli* semble calquée sur la scène de la remontée des enfers d'où le Christ ressuscité tire Adam et Eve par les mains, image très théâtralisée dans l'art byzantin (*Anastasis*). Les connotations bibliques et funèbres expliquent que le puits de l'oubli ait eu sa margelle dans les catacombes de Paris, comme l'Oubli avait son autel dans Athènes[151].

Le *puits de l'oubli* s'apparente à d'autres formes de « trou obscur » symbolisant la perte irrécupérable. Les ténèbres – c'est l'obscurité du trou qui est privilégiée – où Baudelaire loge des œuvres inaccessibles : « Maint joyau dort enseveli / Dans les

---

145 Baltasar Gracián, *L'homme de cour* (1684), Maxime CXIV : *Ne compéter jamais*.
146 Gaëlle Demelemestre, « Le concept lefortien du pouvoir comme lieu vide, Paradoxes de la société démocratique moderne », in *Raisons politiques*, 46, 3 (2012), pp. 175-193.
147 Agrippa d'Aubigné, *Les Tragiques*, Chant II, « Princes », v. 1083-1086. L'extrait a été repris par Baudelaire comme épigraphe dans la 1e édition des *Fleurs du mal*, mais supprimée dans les suivantes. Olivier Millet, « L'épigraphe des Fleurs du Mal et la Renaissance française incarnée par Aubigné : inspiration satirique (M. Régnier), posture apologétique et poésie du mal », in *Albineana, Cahiers d'Aubigné*, 27 (2015), pp. 77-86.
148 Jacques Trenel, *L'élément biblique dans l'œuvre poétique d'Agrippa d'Aubigné* (Paris : Léopold Cerf : 1904), p. 100 : Puits de l'oubli.
149 Psaume 55 (54), 24, texte de la vulgate : « Deus, deduces eos in puteus iuteritus », Traduction Œcuménique de la Bible [TOB], (1975), p. 1330, note q.
150 Psaume 88 (87), 13 (texte de la vulgate) : « Numquid cognoscentur in tenebris mirabilia tua / Et iustitia in terra oblivionis », TOB.
151 Elément important de l'aménagement hydraulique des catacombes, il a été décrit par Georges Sand (*Une visite aux Catacombes*, 13 mai 1837) : « Cet endroit fut d'abord nommé "source de Léthé" ou "de l'Oubli", à cause des vers de Virgile, on lui a donné ensuite le nom de "Fontaine de la Samaritaine" en référence à l'Évangile de Saint-Jean ». Gilles Thomas, Xavier Ramette, « La création et l'aménagement des catacombes, Premier musée souterrain de France au début de l'Empire, sous l'égide de Louis-Étienne-François Héricart-Ferrand, entre 1809 et 1815 », in *Napoleonoca, La Revue*, 1, 10 (2011), pp. 66-98. Le Musée Carnavalet conserve un dessin de James Forbes (Londres, 1749-1819) intitulé *Le puits, ou source de l'oubli, aux Catacombes, 1816* (n° d'inventaire D.16748 – acquisition 2012).

ténèbres et l'oubli, / Bien loin des pioches et des sondes »[152] ; à l'hendiadyn *ténèbres/ oubli* sont associées les *pioches* et *sondes* qui confèrent une réalité matérielle au puits (terre/puits) et à l'abîme (mer/sonde). Le gouffre, où Voltaire rejette médisances et fausses attributions :

> Au reste, Monsieur, si l'on voulait recueillir tous les ouvrages qu'on m'impute et les mettre avec ceux que l'on a écrit contre moi, cela formerait cinq à six-cents volumes, dont aucun ne pourrait être lu, Dieu merci. Il est très-inutile encore de se plaindre de cet abus ; les plaintes tombent dans le gouffre éternel de l'oubli.[153]

L'abîme, dont Lord Byron évoque l'océan qui engloutit l'homme : « son ombre se dessine à peine sur sa surface, lorsqu'il s'enfonce, comme une goutte d'eau ! dans tes profonds abîmes, privé de tombeau, de linceul, et ignoré »[154]. Le parallèle *puits/mer* est fondé sur deux aspects communs, exprimés déjà dans la langue classique. D'une part, l'existence autonome d'objets hors perception : « Mer, se dit figurément des choses spirituelles et morales. Qui voudroit sonder la profondeur des mysteres de la Foy ? C'est une *mer* où l'esprit se perd » (Furetière, 1690). D'autre part, la disparition de l'objet : « La Poësie est aussi comparée à une mer où les plus beaux esprits courent le risque de se perdre. *Dès que je prends la plume, Apollon éperdu / Me crie, que fais-tu ? regagne les rivages / cette mer où tu cours est célèbre en naufrage*, Boileau » (Furetière, 1727).

Les variations du thème sont rares, elles portent sur le traitement original de l'image qui en est tirée. Renouvelant une image du *Livre de la Sagesse*[155], Proust, dans *Albertine disparue*, évoque l'abîme marine sans la montrer ni nommer l'oubli, en restant à la surface de l'eau, dont les mouvements trahissent ceux des profondeurs :

> L'idée qu'on mourra est plus cruelle que mourir, mais moins que l'idée qu'un autre est mort ; que, redevenue plane après avoir englouti un être, s'étend, sans même un remous à cette place-là, une réalité d'où cet être est exclu, où n'existe plus aucun vouloir, aucune connaissance, et de laquelle il est aussi difficile de remonter à l'idée que cet être a vécu, qu'il est difficile, du souvenir encore tout récent de sa vie, de penser qu'il est assimilable aux images sans consistance, aux souvenirs laissés par les personnages d'un roman qu'on a lu.[156]

Hugo, évidemment, pour peindre l'autosuffisance amoureuse, a joué sur la surprise de l'inattendu, en inversant les rapports du vide et du plein : « Aimer remplace presque penser. L'amour est un ardent oubli du reste [...] Pour Cosette et Marius

---

152 Charles Baudelaire, *Le guignon* (v. 9-11). Voir : Paul Bénichou, « À propos du *Guignon*. Note sur le travail poétique chez Baudelaire », in *Études baudelairiennes*, vol. 3 (1973), Neuchâtel, pp. 232-240.
153 *Oeuvres complètes de Voltaire*, Volume 66 (Basle : imprimerie Jean-Jaques Tourneisen, 1789), Lettre LXIII À Monsieur Marin, secrétaire de la librairie, pp. 125-127, ici p. 126.
154 *Le pèlerinage de Childe-Harold*, chant III, strophe CLXXIX, in *Œuvres complètes de Lord Byron*, Tome 2, traduction Amédée Pichot (Paris : Garnier Frères, 1871), 15ᵉ édition, pp. 463-464.
155 « Tel le navire qui fend l'onde agitée sans qu'on puisse retrouver la trace de son passage / ou le sillage de sa carène dans les flots », *Livre de la Sagesse*, 5, 10, TOB.
156 Marcel Proust, *À la recherche du temps perdu*, Tome III, édition établie par P. Clarac et A. Ferré (Paris : Gallimard, 1954), p. 508.

rien n'existait plus que Marius et Cosette. L'univers autour d'eux était tombé dans un trou »[157]. Dans un registre plus grave, mais en restant au plus près du langage courant pour donner consistance et force à l'oxymore de *la banalité du mal*, Hannah Arendt a renouvelé et dramatisé le trivial *trou de mémoire*, en désignant par *trou de l'oubli* (*hole of oblivion*) les camps d'extermination où « tout doit diparaître, les vivants et les morts »[158] ; mais le procès d'Eichmann lui fera prendre conscience que « Malgré les tentatives d'effacer toute trace des massacres, les trous d'oubli n'existent pas (*The holes of oblivion do not exist*) […] Il restera toujours un survivant pour raconter l'histoire »[159].

3.2.4-Les flots de l'oubli

La formule des « flots de l'oubli », qui prend sa source dans le Léthé, illustre mieux que les autres la plasticité poétique d'une image convenue, employée dans des contextes très divers. Elle a parfois même été détournée vers des jeux littéraires moins attendus. La métaphore de l'écoulement du fleuve s'est prêtée particulièrement à des dérives verbales qui s'apparentent parfois à des jeux d'idées, sinon de mots. Trois exemples significatifs. Agrippa d'Aubigné ose sur le verbe *couler* un audacieux jeu de mots en forme de polyptote : « Enfants de vanité, qui voulez tout poli, / A qui le style saint ne semble assez joli, / Qui voulez tout coulant, et coulez périssables / Dans l'éternel oubli, endurez mes vocables / Longs et rudes »[160] ; le style simple, qui « coule de source » de ses censeurs les fera « couler » dans l'oubli. Quand il écrit dans l'Ode *A Monsieur de L… sur la mort de son père* : « Votre père est enseveli, / Et dans les noirs flots de l'oubli / Où la Parque l'a fait descendre, / Il ne sait rien de votre ennui, / Et ne fût-il mort qu'aujourd'hui »[161], Théophile de Viau construit une étonnante mise en abîme sur le participe passé *enseveli* désignant les funérailles et annonçant les *flots de l'oubli* qui suivent immédiatement : « Ensevelir, précise Furetière (1690), se dit aussi en parlant des corps abysmez ou peris. Tout cet équipage a été *enseveli* dans les ondes avec le vaisseau et les marchandises ». Quant à Marguerite Yourcenar, elle s'est autorisée, dans son *Carnet de notes de « Mémoires d'Hadrien »*, à filer une métaphore discutable sur la mort d'Antinoüs, le jeune amant de l'empereur, qui s'était noyé dans le Nil : « Pourtant, le nom d'Hadrien figure dans un essai sur le mythe de la Grèce, rédigé par moi en 1943 et publié par Caillois dans *Les Lettres françaises* de Buenos Aires. En 1945, l'image d'Antinoüs noyé, porté en

---

157 Victor Hugo, *Les Misérables*, IV, 8, 2 : *L'étourdissement du bonheur complet*.
158 Hannah Arendt, *Les origines du totalitarisme, t. 3, Le système totalitaire* [1951], trad. Jean-Loup Bouguet, Robert Davreu, Patrick Lévy (Paris : Le Seuil, 1972).
159 Hannah Arendt, *Eichmann à Jérusalem*, trad. A. Guérin (Paris : Gallimard, 1966), p. 377.
160 *Les Tragiques* (1616), Chant VII, v. 361-365.
161 Ode composée à la mort du marquis Charles de Liancourt, le 20 octobre 1620. *Œuvres complètes de Théophile*, Texte établi par Charles Alleaume de Cugnon (Paris : Jannet, 1856), Tome 2, pp. 230-232. L'ode intégrée aux œuvres complètes de Théophile de Viau publiées par Georges de Scudéry à Rouen, chez Jean de la Marre, en 1632 (IIIe partie, p. 106) est en réalité une pièce de des Barreaux. Frederic Lachèvre, *Disciples et successeurs de Théophile de Viau, La vie et les poésies libertines inédites de des Barreaux et Saint-Pavin* (Paris : Champion, 1911), p. 45, note 2.

quelque sorte sur ce courant d'oubli, remonte à la surface dans un essai encore inédit, *Cantique de l'Âme libre*, écrit à la veille d'une maladie grave »[162].

Concernant les références au Léthé, trois aspects ont été privilégiés : la plaine, l'eau, qu'aucun vase ne peut contenir selon Platon (*La République*, X, 621 a)[163], et le courant, qui fait l'objet de développements diversement orientés. Le fleuve lui-même est plus rarement décrit. Les mythographes modernes parlent d'un fleuve d'huile, lent et silencieux[164]. Sénèque le compare au Méandre :

> Dans cet immense gouffre, / Le Léthé calme glisse en ses bas-fonds paisibles, / Enlève les soucis, et pour rendre impossible / Le retour, en maint pli courbe les eaux dormantes / Déploie son cours, tel le flot incertain du Méandre, / Qui se joue de lui-même et se fuit et se presse / Sans qu'on sache où il va, la mer ou bien sa source.[165]

Dante lui ajoute un bras, l'*Eunoé*, dont l'eau rend aux âmes le souvenir de leurs bonnes actions[166]. Chez Lucain, il est muet : « Tout près serpente le Léthon silencieux, qui, dit la renommée, puise l'oubli aux sources infernales »[167] ; mais Ovide fait entendre le chant de sa source dans la grotte du Sommeil : « seulement du pied de la roche sort un ruisseau de l'eau du Léthé, qui, coulant sur un lit de cailloux crépitants, invite au sommeil par son murmure »[168]. Quand il sert de frontière aux

---

162 Marguerit Yourcenar, *Les mémoires d'Hadrien* [1951] (Paris : Gallimard, 1974), p. 325.

163 Indication qu'exploite Tibulle pour évoquer la faute des Danaïdes, impossible à oublier : « Et les filles de Danaüs, qui offensèrent la puissance de Vénus, / Y portent les eaux du Léthé dans des tonneaux percés » « Et Danai proles, Veneris quod numina laesit, / In cava Lethaeas dolia porta taquas », Tibulle, Élégie I, 3, v. 79-80. Tibulle et *les auteurs du Corpus tibullianum*, texte et traduction M. Ponchont, 5e édition revue et corrigée (Paris : Les Belles Lettres, 1961), p. 27.

164 Jacques Collin de Plancy, *Dictionnaire infernal* [1818] (Paris : P. Mongie aîné, 1826), Tome III, 2e édition refondue. Article *Léthé* : « On surnommait le Léthé le fleuve d'Huile, parce que son cours était paisible […] il ne fait entendre aucun murmure ».

165 *Hercule furieux*, III, 2, v. 679-685 : « Intus immensi sinus / Placido quieta labitur Lethe vado / Demitque curas : neve remeandi amplius / Pateat facultas, flexibus multis gravem / Involvit amnem ; qualis incerta vagus / Meander unda ludit, et cedit sibi / Instatque, dubius, littus an fontem petat », Sénèque, *Tragédies*, texte F.-R. Chaumartin, traduction O. Sers (Paris : Les Belles Lettres, 2011), p. 249.

166 Dante Alighieri, *La divine comédie*, Seconde partie : « Le Purgatoire », chant XXVIII, v. 131, chant XXXIII, v. 127. Des chercheurs américains (USA) ont récemment mis en évidence le rôle dans l'organisation de la mémoire de la neurotensine, une molécule qui distribue sur deux canaux neuronaux différents les bons souvenirs, destinés à être remémorés, et les mauvais souvenirs, destinés à être mis de côté. N. Herzberg, « cette molélcule qui trie les bons et les mauvais souvenirs », in *Le Monde*, mercredi 3 août 2022, p. 21. L'auteur fait référence à l'article : Hao Li et *alii*, « Neurotensin orchestrates valence assignment in the amygdala », in *Nature*, 20 july 2022.

167 *La Pharsale*, IX, v. 355-356 : « Quam juxta Lethon tacitus praelabitur amnis, / Infernis, ut fama, trahens oblivia venis ». Chez Lucain, le Léthé est un fleuve de Libye, mais qui rapporte l'oubli des enfers. De fait, dans l'Antiquité, le Léthé recouvrait aussi une réalité géographique : un fleuve lié à l'oubli qui s'écoulait de la Galice jusqu'à l'océan par le Portugal, appelé selon Strabon (*Géographie*, III, 3, 4-5) *Léthé*, *Limaeas* ou *Oblivion* et selon Pline l'ancien (*Histoires naturelle*, IV, 35, 3) *Aeminius* ou *Limaea*, p. 145.

168 *Céyx et Alcyoné*, v. 602-604 : « saxo tamen exit ab imo / rivus aquae Lethes, per quem cum murmure labens / inuitat somnos crepitantibus unda lapillis », Ovide, *Les métamorphoses*, Tome 3, texte *et* traduction G. Lafaye [1930], édition revue et corrigée par H. Le Bonniec (Paris : Les Belles Lettres, 1991), p. 22. Chez Stace (*Thébaïde*, X, 90), la grotte du Sommeil est protégée par *le lourd Repos, l'Oubli nonchalant, la Paresse engourdie*. Heredia reprend le thème : « J'ai vu l'Ombre ; j'ai vu hurler Cerbère aphone / En l'éternel silence où règne Perséphone /

Enfers, il est animé par les embarcations des âmes qui en font la taversée. Et si l'on y aperçoit un poète nu dans une barque, c'est Tibulle[169].

Le paysage du Léthé est évoqué par Platon comme un désert inhospitalier : « elles [les âmes] se rendirent ensemble dans la plaine du Léthé par une chaleur étouffante et terrible, car il n'y avait dans la plaine ni arbre, ni plante »[170]. Mais la tradition orphique plante un cyprès blanc près de sa source[171]. Et s'il note l'absence d'hellébore[172], l'herbe qui rend fou, Lucien de Samosate y voit des asphodèles : « Une fois qu'on a traversé le lac pour gagner l'intérieur du pays, ils sont accueillis par une vaste prairie plantée d'asphodèle, et par une eau qu'ils doivent boire, ennemie de la mémoire, qu'on appelle le Léthé pour cette raison »[173]. Virgile, lui, dépeint un paysage doux et paisible, qui s'accorde au désir de paix et de concorde exprimé après les terribles années de guerre civile :

> Énée cependant voit, dans un vallon retiré, un bois solitaire, des halliers bruissants et le fleuve du Léthé qui arrose ce paisible séjour. Sur ses rives voltigeaient des nations et des peuples innombrables, comme dans les prairies, sous la lumière sereine de l'été, les abeilles se posent sur les fleurs diaprées et se déploient autour de la blancheur des lys ; et toute la plaine bourdonne de leur murmure.[174]

Lamartine transpose le thème dans un tout autre domaine : l'attrait romantique pour le retrait du monde, en rupture avec le souci de gloire et l'angoisse de l'oubli – « Retiré de la Cour, et non mis en oubli », se croit obligé de préciser Boileau, empêché par l'âge et la maladie[175]. *Le vallon* réduit ainsi la vallée à un beau paysage,

---

Sur le Léthé, le Styx et le Cocyte lent ». José-Maria de Hérédia, « Les fleuves d'ombre », *Revue des Deux Mondes*, 5ᵉ période, Tome 30 (1905), pp. 684-685, 1ᵉʳ tercet.

169 Tibulle, *Élégie III*, 3, v. 9-10 : « lorsque arrivé au terme de la carrière de la vie, / Je serais forcé d'aller nu dans la barque du Léthé » (« Tunc cum, permensie defunctus tempore lucis, / Nudus Lethaea cogerer ire rate »). *Tibulle et les auteurs du Corpus tibullianum*, texte et traduction M. Ponchont, 5ᵉ édition revue et corrigée (Paris : Les Belles Lettres, 1961), p. 138.

170 *République*, Livre X, 614b-621d. Platon, *Œuvres complètes*, Tome VII, 2ᵉ partie, texte et traduction E. Chambry (Paris : Les Belles Lettres, 1934), p. 123. Er le pamphylien est un soldat tué sur le champ de bataille qui, par volonté divine, est revenu des enfers pour témoigner du processus de réincarnation des âmes et enseigner les hommes.

171 Giovanni Pugliese Carratelli, *Les lamelles d'or orphiques. Instructions pour le voyage d'outre-tombe des initiés grecs* (Paris, Les Belles Lettres, 2003), p. 35.

172 *Dialogue des morts*, dialogue 13, 6. Lucien, *Œuvres complètes*, textes introduits, traduits et notés par Anne-Marie Ozanam (Paris : Les Belles Lettres, 2018), pp. 1240-1242 ici p. 1241.

173 *Sur le deuil*, 5. Lucien, *Œuvres complètes* (2018), pp. 665-672, ici p. 667. Comme Homère, Lucien localise diversement la prairie d'asphodèle. Dans l'opuscule *Sur le deuil*, elle est associée au Léthé. Guy Soury, « La vie de l'au-delà. Prairies et gouffres », in *Revue des Études Anciennes*, Tome 46, n°1-2 (1944), pp. 169-178 ; Suzanne Amigues, « La "Prairie d'Asphodèle" de l'Odyssée et de l'Hymne homérique à Hermès », in Revue de philologie, de littérature et d'histoire anciennes, t. LXXVI, Montpellier, 2002, pp. 7-14.

174 *Énéide*, VI, v. 702-708 : « Interea uidet Aeneas in ualle reducta / seclusum nemus et uirgulta sonantia siluis, / Lethaeumque, domos placidas qui praenatat, amnem. / Hunc circum innumerae gentes populique uolabant / ac, uelut in pratis ubi apes aestate serena / floribus insidunt uariis, et candida circum / lilia funduntur, strepit omnis murmure campus » *Virgile, Enéide*, Tome 1, texte et traduction Henri Goelzer et André Bellessort (Paris : Les Belles Lettres, 1966), p. 190.

175 Boileau, Epitre X, *A mes vers*, strophe 5 : « Que ce roi dont le nom fait trembler tant de rois / Voulut bien que ma main crayonnât ses exploits ; / Que plus d'un grand m'aima jusques à la tendresse ; / Que ma vue à Colbert inspirait l'allégresse ; / Qu'aujourd'hui même encor, de deux sens affoiblis, / Retiré de la cour, et non mis en

calme et introverti : « J'ai trop vu, trop senti, trop aimé dans ma vie ; / Je viens chercher vivant le calme du Léthé. / Beaux lieux, soyez pour moi les bords où l'on oublie : / L'oubli seul désormais est ma félicité »[176]. Baudelaire, tout au contraire, détourne le fleuve d'oubli vers l'oisiveté et la sensualité que promet le Léthé dans la tradition orphique et que suggère l'art de Rubens : « Rubens, fleuve d'oubli, jardin de la paresse, / Oreiller de chair fraîche où l'on ne peut aimer, / Mais où la vie afflue et s'agite sans cesse, / Comme l'air dans le ciel et la mer dans la mer »[177]. Quant à Hugo, toujours rebelle, il noie le Léthé méditerranéen dans les brumes d'un romantisme nordique (*cf. infra*, Conclusion).

Le thème de l'utilisation de l'eau, tout particulièrement de sa consommation, parce qu'il s'inscrit dans des dimensions religieuse et symbolique fortes, admet des variations subtiles, de la douleur à l'ironie. Elles sont parfois très visuelles comme l'apparitition de Cynthie à Properce après sa crémation, invention poétique d'une somptueuse modernité, pouvant atteindre un haut niveau de détresse : « sa robe avait été brûlée sur le côté ; / le feu avait entamé le béryl qu'elle portait habituellement au doigt / et l'onde du Léthé avait rongé le bord de ses lèvres »[178]. L'oubli en marche instille une triple angoisse du vide : l'image du visage commence à s'effacer par les lèvres, parce qu'elles ont été en contact avec l'eau de l'oubli, la robe brûlée, c'est la relique amoureuse qui est attaquée, et la morsure du béryle, pierre symbole de fidélité, menace Properce de lui redonner sa liberté.

Horace tire l'expression vers une autodérision complice dans une épode dédiée à Mécène où il s'excuse d'avoir, par paresse, oublié de composer son poème, « comme si j'avais aspiré, d'une gorge sèche, des coupes versant avec elles un sommeil léthéen »[179]. Quant à Ovide, « oublié » après sa condamnation par des amis aussi chers qu'Atticus, il mesure la force de l'amitié à l'échelle du Léthé :

---

oubli, / Plus d'un héros, épris des fruits de mon étude, / Vient quelquefois chez moi goûter la solitude »"https://zims-lfr.kiwix.campusafrica.gos.orange.com/wikisource_fr_all_maxi/A/%C3%89p%C3%AEtres_(Boileau)/10" \l "cite_note-17". L'amour des romantiques pour la solitude, exaltée en 1804 par Sénancour, l'*ermite de la rue de la Cerisaie*, dans son roman *Oberman*, relève souvent de la posture. Dans son *Journal d'un poète*, Alfred de Vigny en propose une analyse pertinente : « Quand j'ai dit : "La Solitude est sainte", je n'ai pas entendu par solitude une séparation et un oubli entier des hommes et de la Société mais une retraite où l'âme se puisse recueillir en elle-même, puisse jouir de ses propres facultés et rassembler ses forces pour produire quelque chose de grand ». Cité par Georges Bonnefoy, *La pensée religieuse et morale d'Alfred de Vigny* (Paris : Hachette, 1944), pp. 169-170. L'expression la plus poignante de la solitude dans l'oubli est sans doute cet haiku du « seigneur ermite » BASHÔ Matsuo (1644-1694) : « Ce chemin / seule la pénombre d'automne / l'emprunte encore ». *Haiku : anthologie du poème court japonais*, éd. et trad. Corinne Atlan et Zéno Bianu (Paris : Poésie Gallimard, 2002), p. 119.

176 Alphonse de Lamartine, *Méditations poétiques*, Méditation cinquième *Le vallon* (Paris, 1820), pp. 24-27, 7ᵉ quatrain.

177 Charles Baudelaire, *Spleen et Idéal*, « Les phares », première strophe, p. 19.

178 *Élégies*, IV, 7, v. 8-10 : « lateri vestis adusta fuit / Et solitam digito beryllon adederat ignis ; / Summaque Lethaeus triverat ora liquor ». Properce, *Élégies*, texte établi, traduit et commenté par Simone Viarre (Paris : Les Belles Lettres, 2005), p. 149.

179 Horace, Épode XIV, v. 3-4 : « Pocula lethæos ut si ducentia somnos / arente fauce traxerim ». Horace, *Odes et épodes*, texte et traduction F. Villeneuve, Paris, Les Belles Lettres, 1929. Montaigne cite ces vers sans en sentir l'ironie, quand il se plaint des défaillances de sa mémoire : « Encores en ces revasseries icy crains-je la trahison, de ma memoire, que par inadvertance, elle m'aye faict enregistrer une chose deux fois [...] Ma memoire s'empire cruellement tous les jours » (*Les essais*, livre III, chapitre IX).

> Les forums nous ont vus ensemble, et tous les portiques, les rues et les gradins en demi-cercle des théâtres, un à côté de l'autre. Enfin ami très cher, notre affection fut toujours aussi vive que celle du petit-fils d'Eaque et du fils de Nestor. Non, quand tu boirais les coupes du Léthé qui chasse les soucis, je ne croirais pas que ces souvenirs puissent s'effacer de ton cœur.[180]

Puis, conscient que son exil à Tomes risque d'être définitif, il va trouver auprès de Dionysos – le « thyrse sacré » est son emblème – un oubli aussi libérateur que l'eau léthéenne :

> Ainsi, quand le thyrse verdoyant enflamme mon cœur agité, mon esprit triomphe des malheurs humains. Il n'est plus sensible ni à l'exil, ni aux rivages de Pont Scythiques, ni à la colère des dieux. Et comme si je buvais la coupe du soporiphique Léthé, ainsi s'éloigne de moi le sentiment de l'adversité.[181]

Lucien de Samosate sécularise la référence au Léthé en montrant comme Ovide, mais plus crûment, la faiblesse du fleuve face à des puissances profanes comme la philosophie ou l'amour : Diogène conseille à Alexandre le grand, encombré par les enseignements d'Aristote, de boire abondamment l'eau du Léthé et d'y retourner souvent[182], tandis qu'à Pluton, Protésilas, « le premier à mourir devant Ilion [Troie] », répond qu'il en a bu, mais qu'il désire remonter voir sa femme une dernière fois, parce que l'amour est le plus fort[183]. Apulée en acte l'affaiblissement, lorsqu'il montre l'impuissance du Léthé face à la magie. Dans une scène qui évoque la nécromancie de la *Pharsale*[184] et annonce les *Souvenirs de M. Auguste Bedloe* d'E. A. Poe (1844), il fait entendre les protestations d'un mort qu'on a ramené à la vie :

> Déjà la poitrine se soulevait, déjà les veines battaient, déjà la vie envahissait le corps ! Le corps du jeune homme se redressa et dit : *Pourquoi, je vous en prie, me rappelez-vous aux soucis d'une vie éphémère, quand j'ai déjà bu les coupes du Léthè et que je nage déjà dans les marais du Styx ? Cessez donc, je vous en prie, et laissez-moi à mon repos !*[185]

---

180 *Pontiques*, II, 4, A Atticus, v. 19-24 : « Nos fora uiderunt pariter, nos porticus omnis, / nos uia, nos iunctis curua theatra locis. / Denique tantus amor nobis, carissime, semper / quantus in Aeacide Nestorideque fuit. / Non ego, si biberes securae pocula Lethes, / excidere haec credam pectore posse tuo ». Ovide, *Pontiques*, texte et traduction J. André (Paris : Les Belles Lettres, 1977) p. 55.

181 *Tristes*, IV, 1, v. 43-48 : « Sic, ubi mota calent uiridi mea pectora thyrso, / Altior humano spiritus ille malo est. / Ille nec exsilium, Scythici nec litora Ponti, / Ille nec iratos sentit habere deos. / Vtque *soporiferae* biberem si pocula *Lethes / Temporis aduersi* sic mihi sensus abest ». Ovide, *Tristes*, texte et traduction J. André (Paris : Les Belles Lettres, 1968), p. 100.

182 *Dialogues des morts*, 13 (6), in Lucien, *Œuvres complètes* (2018), pp. 1240-1242, ici p. 1241.

183 *Dialogues des morts*, 28 (23), in Lucien, *Œuvres complètes* (2018), pp. 1270-1271, ici p. 1271. D. Cuny, « Protésilas, le revenant amoureux », in *Bulletin de l'Association Guillaume Budé*, 2011-1, pp. 53-79.

184 Consultée par Sextus Pompée, la magicienne thessalienne Erichto redonne vie à un mort pour l'interroger, avant de le renvoyer dans les Enfers. Lucain, *La guerre civile (la Pharsale)*, texte et traduction A. Bourgery et M. Ponchont [1930], Tome 2, revu par P. Jal (Paris : Les Belles Lettres, 1993), pp. 38-39.

185 *Les Métamorphoses*, II, 29 : « Iam tumore pectus extolli, iam salebris vena pulsari, iam spiritu corpus impleri ! Et adsurgit cadaver et profatur adulescens : "Quid, oro, me post Lethaea pocula iam Stygiis paludibus innatantem ad momentariae vitae reducitis officia ?" Desine iam, precor, desine ac me in meam quietem permitte ! ».

Mais, comme l'avait suggéré Ovide, il est une autre boisson qui procure un oubli plus accessible sur terre et au quotidien. L'irruption de Dionysos/Bacchus dans l'oubli infernal provient des traditions orphiques et néo-pythagoriciennes[186]. Lucien de Samosate fait constater par Timon, farouche misanthrope, la puissance de ce breuvage :

> Mais quand, après le bain, il [le philosophe Thrasyclès] arrive au dîner et que le petit esclave lui tend une coupe pleine (il aime surtout le vin bien pur), c'est comme s'il avait bu l'eau du Léthé : il fait preuve d'un comportement totalement opposé à ses propos de l'aube.[187]

S'il désigne l'eau par métonymie du contenant pour le contenu, le neutre pluriel *pocula* (les coupes) employé par Ovide, Horace ou Apulée donne une image forte de l'oubli, en lui prêtant la forme du récipient qu'on utilise dans les banquets et les sacrifices. Cette coupe prend chez Baudelaire, dans *Le Léthé* (*Les fleurs du mal*), la forme des lèvres de la maîtresse : « Pour engloutir mes sanglots apaisés / Rien ne me vaut l'abîme de ta couche ; / L'oubli puissant habite sur ta bouche, / Et le Léthé coule dans tes baisers » (5ᵉ strophe). C'est justement une autre coupe de l'oubli, la *Coupe d'oubliance* des astrologues, qu'à la Renaissance, l'archéologie a ramené au jour. Jean de Montlyart en a donné ce commentaire d'après l'ouvrage de l'humaniste italien Pierio Valeriano[188] (1477-1558) :

> Ceste Coupe celeste que les Astrologues mettent entre le Lion et l'Escrevisse signifie l'oubliance, pource que selon les Platoniciens les ames qui descendent par la porte de l'escrevisse au corps humain et delivrees du corps montent derechef par le Capricorne au ciel, boivent en descendant, l'oubly dedans la Coupe, que l'on appelle le Pot de Bacchus ; et par ainsi oublient les choses celestes : mais non pas toutes également ; ains les unes plus, les autres moins, selon qu'elles ont

---

Apulée, *Les Métamorphoses*, Tome I, texte D. S. Robertson, traduction P. Valette (Paris : Les Belles Lettres, 1972), pp. 54-55.

186 Yvonne Vernière, *op. cit.*, 1964.

187 *Timon ou le misanthrope*, « ἐπειδὴ λουσάμενος ἀφίκοιτο ἐπὶ τὸ δεῖπνον καὶ ὁ παῖς μεγάλην τὴν κύλικα ὀρέξειεν αὐτῷ – τῷ ζωροτέρῳ δὲ χαίρει μάλιστα – καθάπερ τὸ Λήθης ὕδωρ ἐκπιὼν ἐναντιώτατα ἐπιδείκνυται τοῖς ἑωθινοῖς ἐκείνοις λόγοι ». Lucien, *Œuvres complètes* (2018), pp. 333-363, ici p. 361. Timon a réellement existé, il a vécu dans Athènes à la fin du Vᵉ siècle avant J.-C. Au chapitre 7 de *L'île sonnante* de Rabelais, Panurge établit aussi explicitement le lien entre Léthé et vin : « Là nous fist apporter mirobalans, brain de basme et zinzembre verd confit, force hipocras et vin délicieux : et nous invitoit par ses Antidotes, comme par breuvage du fleuve de Lethe, mettre en oubly et nonchalance les fatigues qu'avions paty sur la marine ». Racan, poète libertin, met à son tour l'oubli en perspective du vin dans un poème à boire dédié à François Maynard : « Buvons, Maynard, à pleine tasse, / L'âge, insensiblement se passe, / Et nous mène à nos derniers jours ; / L'on a beau faire des prières, / Les ans, non plus que les rivières, / Jamais ne rebroussent leur cours [...] Leurs rigueurs, par qui tout s'efface, / Ravissent, en bien peu d'espace, / Ce qu'on a de mieux établi, / Et bientôt [les Parques] nous mèneront boire, / Au-delà de la rive noire, / Dans les eaux du fleuve d'oubli ». François Rabelais, « L'île sonnante », in François Rabelais, *Œuvres complètes*, édition de M. Huchon, avec la collaboration de F. Moreau (Paris : Pléiade, 1994), pp. 1608-1612. Racan, « Ode bachique, A Monsieur Menard, President d'Orillac », in *Recueil des plus belles pieces des poëtes françois* [dit recueil Barbin] (Paris : Claude Barbin, 1692), Tome II, pp. 325-327. Sur le rôle du vin dans la réthorique de Lucien, voir : Jean-Philippe Guez, « Lucien, l'ivresse et la gueule de bois », *Les cahiers FoRe LLIS*, [publié en ligne], avril 2014.

188 Pierio Valeriano, *Hieroglyphica, Sive, De sacris Aegyptiorvm literis commentarii* (Bâle : Michael Isengrin, 1556).

ou prou ou peu beu dedans la Coupe. Ce qui demonstre que ceste Coupe est la Coupe d'oubliance, et que par l'image d'icelle est signifié l'oubli.[189]

Le thème de la consommation de l'eau a lui-même été tourné en farce par le dramaturge Marc-Antoine Legrand (1673-1728) qui a fait de la rive du fleuve un établissement thermal où prendre les eaux de l'oubli, comme universelle panacée. Avec sa pièce *Le fleuve d'oubli* (1721), il a transposé son Léthé dans des Enfers de comédie où Trivelin, « Distributeur en chef des Eaux du Fleuve Léthé » (scène 1), reçoit à chaque acte un homme ou une femme (le nouveau riche, la médisante, l'ingrat, la coquette, le cocu …) qui cherche l'oubli de ses tracas, car « Ce Fleuve a dit-on la vertu de faire oublier aux morts tout ce qu'ils ont été. Mais il ne fait perdre aux vivants que le souvenir des choses qu'ils ont dessein d'oublier » (scène 1). L'eau d'oubli permet à l'auteur de filer une satire morale pleine de légèreté, mais finement observée. Ainsi, au « marquis de fraîche date » qui veut oublier son état de « ci-devant petit Commis », il conseille :

> Hé, mais de cette façon ce n'est pas vous qui devez boire des Eaux de l'Oubli, mais tâchez d'en faire boire à ceux qui vous connaissent […] Ils seront comme s'ils en avoient bu, quand ils verront que vous n'avez pas dessein d'en boire. Croyez-moi, n'oubliez pas votre premier état. Le souvenir des peines passées est la rocambole des plaisirs présents (scène II).

La pièce en un acte s'achève par un divertissement dont chaque personnage chante une strophe s'achevant par « Dans le Fleuve d'Oubli, Biribi, Je veux boire »[190].

Quant au thème de l'écoulement du Léthé, il a suscité une large palette d'images qui, comme dans la *Tirade* des nez de *Cyrano de Bergerac*, répondent chacune à une sensibilité définie.

> Tragique. Plutarque : « Les morts sont dépouillés de chairs et d'ossements […] La seule punition des méchants sera donc l'obscurité et l'oubli ; totalement ignorés, ils disparaîtront pour jamais dans le fleuve odieux du Léthé ; ils seront plongés dans une vaste mer sans rivage et sans fond, et ils y seront condamnés à une lâche inaction, à un oubli général, à l'obscurité la plus profonde ».[191]
> Nostalgique. Hugo, au souvenir d'un amour perdu, engloutit dans la même géographie les restes de son bonheur, « Quand les beaux jours font place aux

---

189 *Les Hieroglyiphiques de Ian-Pierre Valerian vulgarment nomme Pierius*, Autrement, Commentaires de lettres et figures sacrées des Aegyptiens et autres Nations, nouvellement donnez aux François par I. de Montlyart (Lyon : Paul Frellon, 1615), livre LX, p. 799.

190 Marc-Antoine Legrand, *Le fleuve d'oubli*, comédie donnée à Paris au théâtre de la Loge de Pellegrin, le 12 septembre 1721. Marc-Antoine Legrand (1673-1728), acteur et dramaturge, auteur d'une quarantaine de comédies. Voir : I. Galleron, « Marc-Antoine Legrand : défense et illustration du moyen comique », in *Buletinul universitatii « Petrol Gaze » din Ploiesti*, Seria filologie, vol. LVIII, no. 1, 2007, pp. 55-62.

191 *De latenter uiuendo* (1130e) : « οὐ γὰρ ἔτι σάρκας τε καὶ ὀστέα ἶνες ἔχουσιν' […] ἀλλ᾽ ἓν κολαστήριον ὡς ἀληθῶς τῶν κακῶς βιωσάντων, ἀδοξία καὶ ἄγνοια καὶ παντελῶς ἀφανισμός, αἴρων εἰς τὸν ἀμειδῆ ποταμὸν [ἀπὸ] τῆς Λήθης ⟨καὶ⟩ καταποντίζων εἰς ἄβυσσον καὶ ἀχανὲς πέλαγος, ἀχρηστίαν καὶ ἀπραξίαν πᾶσάν τ᾽ ἄγνοιαν καὶ ἀδοξίαν συνεφελκόμενον ». Plutarque, *Œuvres morales*, Tome V, trad. D. Richard (Paris : Lefèvre Editeur, 1844).

jours amers » : « L'oubli ! l'oubli ! c'est l'onde où tout se noie ; / C'est la mer sombre où l'on jette sa joie ».[192]

Pitoyable. Théophile Gautier : « Cesse de te roidir contre le sort jaloux, / Dans l'eau du noir Léthé plonge de bonne grâce, / Et laisse à ton cercueil planter les derniers clous ».[193]

Désespéré. Lamartine : « Mais ce vain désir même a tari dans mon cœur ; / Je ne cherche plus rien à tes clartés funèbres, / Je m'abandonne en paix à ces flots de ténèbres, / Comme le nautonier, quand le pôle est perdu, / Quand sur l'étoile même un voile est étendu ».[194]

Emphatique. Le poète Natalis, thuriféraire de Napoléon III[195], file une pompeuse métaphore médiocrement inspirée de la poésie baroque : « Les siècles dans l'oubli s'écoulent flot à flot ; / Les pompes de la terre ont à peine une aurore ; / Rien ne brille un moment, rapide météore / Que pour s'évanouir comme une bulle d'eau »[196].

Grandiloquent. Un « poète moderne », sans doute Léger Noël, pousse l'excès métaphorique jusqu'au « Niagara de l'oubli ».[197]

Halluciné. Baudelaire en s'imaginant « comme le roi d'un pays pluvieux, / Riche, mais impuissant, jeune et pourtant très vieux », bouleverse l'ordre naturel et intériorise l'écoulement du Léthé : « Le savant qui lui fait de l'or n'a jamais pu / De son être extirper l'élément corrompu, / Et dans ces bains de sang qui des Romains nous viennent, / Et dont sur leurs vieux jours les puissants se souviennent, / Il n'a su réchauffer ce cadavre hébété / Où coule au lieu de sang l'eau verte du Léthé ».[198]

Hypersensible. Proust, pour rendre audible au lecteur, dans la sonate de Vinteuil (*Un amour de Swann*), l'entremêlement de « la petite ligne du violon mince, résistante, dense et directrice » et du « clapotement liquide, la masse de la partie de piano, multiforme, indivise, plane et entrechoquée comme la mauve agitation des flots », prend, sans le nommer, l'oubli comme pierre de touche : « si la mémoire, comme un ouvrier qui travaille à établir des fondations durables au milieu des flots, en fabriquant pour nous des fac-similés de ces phrases

---

[192] XVIII-*Un soir que je regardais Le Ciel*. Victor Hugo, *Les contemplations*, I, 2 (Paris : Michel Levy Frères, 1856), p. 198.

[193] *Ténèbres*, 36ᵉ tercet. Théophile Gautier, *La comédie de la mort* (Paris : Desessart, 1838), pp. 98-99.

[194] Alphonse de Lamartine, *Harmonies poétiques et religieuses*, II, 4, 11 *Novissima verba, ou mon âme est triste jusqu'à la mort* (Paris : C. Gosselin, 1830), pp. 275-315, ici p. 293.

[195] Natalis est l'auteur de : *Supplément à Un livre nouveau : Napoléonide ou L'Alma et Sébastopol*, éd. par Natalis (Paris : Chez Amyot, 1855).

[196] Natalis, *Le monde renversé*, VIII *Homère, un mendiant !*, in Natalis, *Un livre nouveau* (Paris : Chez Amyot, 1855), p. 55.

[197] Léger Noël, *Dictionnaire mnémonique universel de la langue française* (Paris, 1857), Première partie, article *Abîme*, p. 257. Grammairien, poète et lexicographe, Léger Noël n'a publié de son *Dictionnaire mnémonique* qu'un volume (A-Abréger). L'anonymat de la citation laisse à penser que Léger Noël en est l'auteur.

[198] *Spleen et idéal*, LXXIX « Spleen, Je suis comme le roi d'un pays pluvieux ». Charles Baudelaire, *Œuvres complètes*, Volume I (Paris : Michel Lévy frères, 1868), p. 201.

fugitives, ne nous permettait de les comparer à celles qui leur succèdent et de les différencier ».[199]

Méthodique Freud, parlant de la réticense d'une malade à oublier l'oubli sensé la protéger, note : « Je commence bien le traitement en invitant le malade à me raconter toute l'histoire de sa maladie et de sa vie [...] ce premier récit est comparable à un courant non navigable, dont le lit est tantôt obstrué par des rochers, tantôt divisé et rendu impraticable par des bancs de sable ».[200]

Affligé. Théodore Reinach, constatant les atteintes portées à l'Ancien Testament par la critique textuelle : « La critique moderne n'a presque rien laissé subsister du livre de Josué, elle a reconnu l'arrangement artificiel et les sutures nombreuses du livre des Juges ; après ces sacrifices, il reste un petit noyau de faits, îlots émergeant du déluge d'oubli qui a englouti les traditions épiques des tribus israélites, et les exploits, plus nombreux encore, morts-nés faute d'avoir trouvé d'aède populaire : *carent quia vate sacro* ».[201]

Conclusion – Portait de l'oubli en artiste

L'oubli joue dans les arts, de l'architecture aux lettres, un rôle créatif, non pas marginal, mais essentiel. Les mots sont faits d'oublis. Qui se rappelle que l'*âge canonique*, c'est la quarantaine, l'âge auquel une femme peut devenir sans risque la bonne du curé ? L'étymologie leur rend la mémoire et en éclaire notre langue. Et si la perte est parfois irrémédiable, il est toujours profitable de laisser divaguer l'esprit, comme le fait Platon avec ses étymologies imaginaires, mais pédagogiquement souhaitables. Le processus est encore plus net quand il s'agit de noms propres : « les noms des hommes, écrit Marc Aurèle, très célèbres autrefois, ne sont plus guère aujourd'hui que termes de lexique : Camille, Céson, Volésus, Léonnat, bientôt après Scipion et Caton, puis Auguste, puis Hadrien et Antonin. Tout cela s'efface sans tarder dans la légende, et bientôt aussi un oubli total l'a enseveli »[202]. Georges Perec a retenu cet exemple tragi-comique :

> On conseilla à un vieux juif russe de se choisir un nom bien américain que les autorités d'état civil n'auraient pas de mal à transcrire. Il demanda conseil à un employé de la salle des bagages qui lui proposa *Rockefeller*. Le vieux juif répéta plusieurs fois de suite *Rockefeller, Rockefeller* pour être sûr de ne pas l'oublier. Mais lorsque, plusieurs heures plus tard, l'officier d'état civil lui demanda son nom, il

---

199 Marcel Proust, *À la recherche du temps perdu*, Tome I, édition établie par P. Clarac et A. Ferré (Paris : Gallimard, 1954), p. 209.
200 Sigmund Freud, *Fragment d'une analyse d'hystérie*, in S. Freud, *Cinq Psychanalyses*, traduction de l'allemand par Marie Bonaparte et Rudolph Maurice Loewenstein (Paris : PUF, 1967), p. 8.
201 Théodore Reinach, « Compte-rendu critique de : Ernest Renan, Histoire du peuple d'Israël », *Revue des études juives* (1887), pp. 301-315 ici p. 305.
202 Marc Aurèle, *Pensée pour moi-même*, livre IV, pensée 33, p. 73.

l'avait oublié et répondait, en yiddish : *Schon vergessen* (j'ai déjà oublié) et c'est ainsi qu'il fut inscrit sous le nom bien américain de John Ferguson.[203]

Les romanciers ont été sujets à des crises d'oubli créatif. Marguerite Yourcenar raconte dans le *Carnet de notes de « Mémoires d'Hadrien »* que c'est une gravure du XVIIIe siècle, acquise dans un moment d'intimité documentée par seulement trois petits points, qui l'a inconsciemment retenue d'abandonner le projet déjà oublié. Puissance de l'architecture dont l'image fantastique – c'est du Piranèse – met en abîmes d'autres images qui informeront le texte à l'insu de l'auteure :

> Vers 1941, j'avais découvert par hasard, chez un marchand de couleurs, à New York, quatre gravures de Piranèse, que G... et moi achetâmes. L'une d'elles, une vue de la Villa d'Hadrien, qui m'était restée inconnue jusque-là, figure la chapelle de Canope, d'où furent tirés au XVIIe siècle l'Antinoüs de style égyptien et les statues de prêtresses en basalte qu'on voit aujourd'hui au Vatican. Structure ronde, éclatée comme un crâne, d'où de vagues broussailles pendent comme des mèches de cheveux. Le génie presque médiumnique de Piranèse a flairé là l'hallucination, les longues routines du souvenir, l'architecture tragique d'un monde intérieur. Pendant plusieurs années, j'ai regardé cette image presque tous les jours, sans donner une pensée à mon entreprise d'autrefois, à laquelle je croyais avoir renoncé. Tels sont les curieux détours de ce qu'on nomme l'oubli.[204]

L'écriture du *Capitaine Fracasse*, roman promis de longue date, est l'exemple d'un pensum qu'un attachement inavoué a poussé Théophile Gautier à achever longtemps après l'avoir commencé : « Nous avons enfin payé cette lettre de change de jeunesse tirée sur l'avenir, et ce n'est pas sans une certaine mélancolie que nous achevons dans l'âge mûr ce livre dont l'idée est si ancienne, que, pour la retrouver, nous avons été obligé de faire dans notre mémoire ce travail auquel on se livre parmi de vieux papiers à la recherche d'un document perdu. Oh ! que de poussière sur de frais souvenirs, que de lettres jaunies si parfumées autrefois, que de billets signés de mains qui n'écriront plus « Never, oh, never more ! » comme dit Edgar Poe dans son navrant poème du Corbeau ! Pourquoi aller reprendre au fond du passé ce vieux rêve presque oublié, et peindre laborieusement cette esquisse dont les premiers traits à peine avaient été jetés sur la toile au crayon blanc, et que l'aile du temps a effacés plus qu'à demi ? »[205]. François Mauriac, de son côté, a joué à cache-cache avec son roman *L'agneau*, publié chez Flammarion en 1954 :

> Hier, j'ai apporté moi-même, chez Flammarion, le manuscrit de *L'Agneau*. Depuis plusieurs années que je l'oublie, que je le retrouve, que je l'allège de chapitres entiers, que j'en invente d'autres » ; mais il y avait dans ce jeu une part de lutte

---

203 Georges Perec, Robert Bober, *Récits d'Ellis Island* (Paris : P.O.L., 1994), pp. 17-18, cité par Eric Méchoulan, *La culture de la mémoire, Ou comment se débarrasser du passé ?* (Montréal : Presses de l'Université de Montréal, 2008), p. 121.
204 Marguerite Yourcenar, *Les mémoires d'Hadrien* [1951] (Paris : Gallimard, 1974), p. 325.
205 Théophile Gautier, *Le capitaine Fracasse* (Paris, Charpentier, 1863), Préface.

entre l'écrivain et un manuscrit assez fort pour se défendre : « Je l'avais jeté aux oubliettes. Mais il ne s'y laissait pas oublier.[206]

Le portrait de l'oubli par un artiste est chose plus rare, car il exige un pouvoir d'abstraction difficilement compatible avec une vision. Deux tableaux, à titre d'exemple. Victor Hugo en a donné une image en camaïeu d'obscurités, construite comme ses paysages à l'encre :

> Plus loin n'existe pas. / L'ombre de tous côtés ! // Ce gouffre est devant lui [le Titan]. / L'abject, le froid, l'horrible. / L'évanouissement misérable et terrible. / L'espèce de brouillard que ferait le Léthé, / Cette chose sans nom, l'univers avorté, / Un vide monstrueux où de l'effroi surnage, / L'impossibilité de tourner une page. / Le suprême feuillet faisant le dernier pli / C'est cela qu'on verrait si l'on voyait l'oubli.[207]

Dans leur introduction aux œuvres de Sigogne (ca 1560-1611)[208], Fernand Fleuret et Louis Perceau croquent d'une mine satyrique l'état du tombeau de Sigogne, que le désintérêt populaire a marqué des mêmes stigmates qu'une *damnatio memoriae* : « réparé en *1841*, le tombeau de ce poète singulier, qui tint à divers titres une place assez considérable, est aujourd'hui [1920] dans l'abandon. Sous la figure d'un bedeau somnolent, l'Oubli le couvre de lampes éteintes, à jamais hors d'usage ; et la noire Perrette [personnage de courtisane], rétiaire infâme, changée en « araigne » par les Dieux, perpétue son industrie sur les cendres de son contempteur ».

---

206 François Mauriac, *Le nouveau Bloc-Notes*, 1958-1960 (Paris : Flammarion, 1961), p. 72.
207 *Le titan*, V *Le dedans de la terre*, v. 57. Victor Hugo, *La légende des siècles*, Nouvelle série (Paris : Calmann-Lévy, 1877), Tome 1, 1877, pp. 51-54, ici p. 53.
208 Fernand Fleuret, Louis Perceau (éd.), *Les œuvres satyriques du sieur de Sigogne* (Paris : Bibliothèque des curieux, 1920), *Discours préliminaire*, p. XLIV. Le caveau a été épargné par les révolutionnaires, mais l'orant a été mutilé, la tête perdue, retrouvée, reperdue.

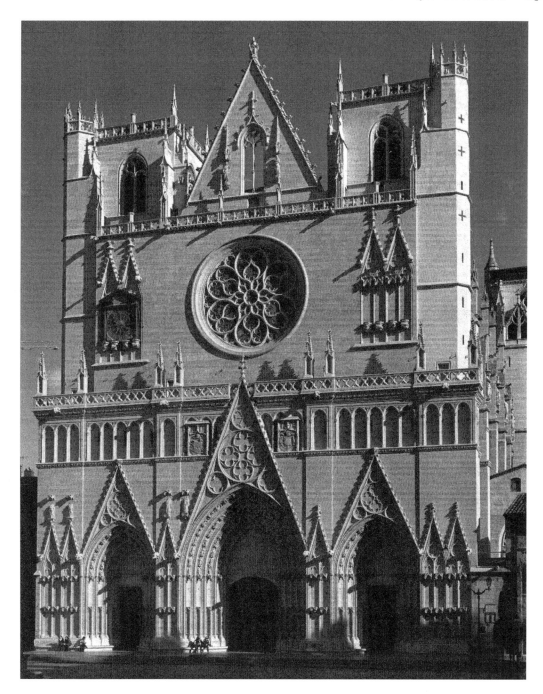

Figure 1: Lyon, cathédrale Saint-Jean, façade occidentale (XIVe-XVe). Cliché J.-P. Gobillot.

Figure 2: Lyon, cathédrale Saint-Jean, portail central : piédroits nord. La lecture des médaillons s'effectue des vantaux vers l'extérieur. Les 4 médaillons de l'histoire des filles de Loth se situent au 4e registre, dans les deux piédroits de gauche. Cliché de l'auteur.

Figure 3: Lyon, cathédrale Saint-Jean, portail central, histoire des filles de Loth : médaillons frontaux. 2e médaillon (à droite) : les deux filles enivrent Loth. 4e médaillon (gauche) : les deux filles sont enceintes. Cliché de l'auteur.

POÉTIQUE DE L'OUBLI 165

Figure 4: Lyon, cathédrale Saint-Jean, portail central, histoire des filles de Loth : médaillons latéraux. 1e médaillon (à droite) et 3e médaillon (gauche) : images aniconiques. Cliché de l'auteur.

Figure 5: Lyon, cathédrale Saint-Jean, portail central, histoire des filles de Loth, 1er médaillon aniconique. Cliché J.-P. Gobillot.

HANS-JOACHIM SCHMIDT

The King of Sicily's Testaments

Hidden, Falsified and Forgotten

▼ **ABSTRACT** There were sovereign testaments intended to end political conflicts by imposing compromises or even renunciations of power on the successors. This happened several times since 1197 in the Kingdom of Sicily, whose feudal suzerainty was held by the popes. These testaments were however contrary to the current interests of the respective successors of the dynasty of the Hohenstaufen and the kings of Aragon. The incumbent kings sought to avert the instructions the testaments ordered to them. Therefore, they erased the memory of these wills. Different methods of destroying memory were used. Thus, the legitimation of rule by inheritance could be combined with the rejection of instructions in the testaments. Legitimacy arose from the absence of memory. This was achieved because the intended loss of memory was transformed into a collective forgetting.

The king's death is not the end of government. Government, like any other property, was passed on to the heirs. There was a contradiction between the finality of life and the continuity of the political institution. Two different phases with different breaks were to be linked and there was no satisfactory solution to soften the imponderabilities inherent in the legal order of succession, so that it would fit the continuity of lordship.

If institutional continuity was guaranteed by the imagined continuity of the king's body, as Ernst Kantorowics has argued in his famous book *The King's Two Bodies*,[1] this could only happen through the creation of objects of remembrance like crowns,[2]

---

[1] Ernst Kantorowicz, *The King's Two Bodies. A Study in the Medieval Political Theology* (Princeton: Princeton University Press, 1957).

[2] Otto Höfler, 'Der Sakralcharakter des germanischen Königtums', in *Das Königtum. Seine geistigen und rechtlichen Grundlagen*, ed. by Eugen Ewig (Sigmaringen: Thorbecke, 1954), pp. 75-104; Klaus von See, *Kontinuitätstheorie und Sakraltheorie in der Germanenforschung. Antwort an Otto Höfler* (Frankfurt a. M.: Athenäum, 1972; Adalbert Erler, 'Königsheil', in *Handwörterbuch zur deutschen Rechtsgeschichte*, vol. 2 (Berlin: Erich Schmidt, 1978), coll. 1040; *Coronations. Medieval and Early Modern Monarchic Ritual*, ed. by Janos M. Bac (Berkeley. University

sceptres, images, buildings, coins etc. and texts. This caused a problem: how could this memory exist if the person who was to be commemorated, i.e. the deceased king or ruler, could no longer intervene actively in events after his death, while he was the source of remembrance at the same time. On the other hand the preservation of memory was indispensable for the continuity of political organisation in order to avoid the discontinuity and destruction of normative order caused by individual life events, family constellations and the finality of human life. The creation of the phenomenon called the 'Modern State' or 'État moderne' by historical scholarship which traces its origins back to the early 13th century,[3] is linked to assured continuities of memory which transcend the individual's life span.

But this memory, in so far as it was to safeguard institutional continuity, was endangered, even worse: the value of memory was disputed in principle according to a concept rooted in the ecclesiastical sphere which regarded the duration of the rule and its transfer to the next generation as irrelevant for Christianity and for salvation. They were supposed to be nothing but illusions, held by human beings who were unwilling to accept that all authority was limited in time and that it would end with the ruler's death at the latest. From its origins medieval thought was sceptical in its assessment of the duration of authority. It was questioned by theologians who referred to the church father Augustine. For him authority was a mere ephemeral affair. Even if a ruler was successful in preserving his authority against the power of his enemies, his rule would always end with his death at the latest. The continuity of memory was irrelevant because it could not generate institutional continuity.[4]

Providing the account of the dying ruler was the last opportunity to display the vanity of greed and desire for power. Anticipating the future desasters affecting the empire in his final hours, spoiled of the attributes of power even before death, finally as naked cadaver, exposed to the defilements of his former trusted servants: thus the author of the *Vita Hludovici* describes the death of the emperor Louis the Pious. In a similar way Ordericus Vitalis and – with a gap of a few decades – an anonymous

---

of California Press, 1990); Achim Thomas Hack, 'Zur Herkunft der karolingischen Königssalbung', *Zeitschrift für Kirchengeschichte*, 110 (1999), pp. 170-190; *Krönungen, Könige in Aachen. Geschichte und Mythos* (Aachen: Zabern, 2000); Franz-Reiner Erkens, *Herrschersakralität im Mittelalter. Von den Anfängen bis zum Investiturstreit* (Stuttgart: Kohlhammer, 2006), pp. 5-7, 215-225, 259, 260-270; Andreas Kosuch, *Abbild und Stellvertreter Gottes. Der König im herrschaftstheoretischen Schrifttum des späten Mittelalters* (Cologne: Weimar, Vienna: Böhlau, 2011), pp. 9-26, 37-47, 103-107.

3 *Genèse de l'Etat moderne en Méditerranée. Approches historiques et anthropologiques des pratiques et des représentations. Actes des tables rondes internationales Paris 2-26 April 1987 and 18-19 March 1988*, ed. by Henry Bresc (Rome: Ecole Française de Rome, 1993); Michel Viley, 'La théologie politique et la réformation de l'Etat moderne', in *Théologie et droit dans la science politique de l'Etat moderne* (Rome: Ecole Française de Rome, 1991), pp. 31-49; Jean-Philippe Genet, 'Pouvoir symbolique, légtimité et genèse de l'Etat moderne', in *La légitimité implicite*, ed. by Id., (Rome: Ecole Française de Rome, 2015), vol. 1, pp. 9-48; *Genesis medieval del estado moderno: Castilla y Navarra, 1250-1370* (Valladolid: Ambito 1987); Antonio Padoa Schioppa (Ed.), *Les origines de l'Etat moderne en Europe, Justice et législation* (Paris: Ecole Française de Rome, 2000) ; Bernhard Jussen, 'Diskutieren über Könige im vormodernen Europa', in *Die Macht des Königs. Herrschaft in Europa vom Frühmittelalter bis in die Neuzeit*, ed. by id. (Munich: Beck 2005) pp. xi-xxiv; *Der frühmittelalterliche Staat. Europäische Perspektiven*, ed. by Walther Pohl and Veronika Wieser (Vienna: Österreichische Akademie der Wissenschaften, 2009).

4 Augustinus, *De civitate Dei*, 2 vols, ed. by Bernhard Dombart, Corpus scriptorum latinorum ecclesiasticorum 47-48 (Turnhout: Brepols, 1955), chapter I,1,11 and LI, 13,7.

author describe the death of the English king William the Conqueror.⁵ Authority is given and taken by God; each rule ends in wretchedness and misery. There can be no permanence where death destroys the life achievements. These thoughts by Otto of Freising were directed to the emperor Frederick I.⁶ The only consequence was contempt for the world. Death casts a sombre shadow on all human activity which lacks conclusiveness and which cannot have permanence in the extensive literature which throughout the Middle Ages recommends the *contemptus mundi* as the best path to salvation. The search for power ends with the unavoidable end of decision making and of human endeavour.⁷ The king who died a model death had to be aware of this and he had to demonstrate it clearly to his surroundings and to posterity. Suger of St. Denis described how king Louis VI of France humiliated himself before his death, how he confessed in public, accused himself of his trespasses and to have ruled in sin, before bishops, abbots and priests. He divested himself of his royal robes and relinquished all honours due to the ruler. Relieved of the burden of his office, he knelt, received the sacraments and confessed his faith.⁸ The Grandes Chroniques de France kept the memory of his self-humiliation alive at the end of the 13th century, adorning it with additional detail.⁹ The events described here are part of the repertoire of model conducted by French kings.¹⁰ The image of the humble and penitent ruler was also a model in other contexts. The final confession was an opportunity to admit mistakes. The Catalan Desclot wrote that the dying king James I told his son of his trespasses: he was responsible for many evil acts; he had listened to bad councillors instead of paying attention to his father's warnings; his rule had been overshadowed by sin. The successes were problematic and always precarious; there was a threat of revolts and of attacks by external enemies.¹¹ The *narratio de morte Ottonis IV*, probably written by Frederick, abbot of Walkenried, shows a scene in which the dying emperor submits to penitential exercises, humbly divests himself of his dignity and focuses his mind on salvation. Despite his great feebleness the emperor is said to

---

5 Astronomus, *Vita Hludovici*, ed. by H. Sauppe, MHG SS 2 (Reprint Hannover: Hahn, 1985), p. 647; *The Ecclesiastical History of Orderic Vitalis*, ed. by Marjoree Chibnall, 6 vols (Oxford: Oxford University Press, 1968-1980), IV, pp. 78-108; 'De obitu Wilhelmi ducis Normannorum regisque Anglorum: Texte, modèles, valeur et origine', ed. by Lodewij J. Engels, in *Mélanges Christine Mohrmann, Nouveau recueil offert par ses anciens élèves* (Utrecht: Spectrum, 1973), pp. 209-255; Alexander Patschovsky, 'Tod im Mittelalter. Eine Einführung', in *Tod im Mittelalter*, ed. by Arno Borstand others, (Constance: Konstanzer Universitätsverlag, 1993), pp. 9-24.
6 Otto von Freising, *Chronica sive historia de duabus civitatibus*, ed. by Walther Lammers, Ausgewählte Quellen zur deutschen Geschichte des Mittelalters 16 (Darmstadt: Wissenschaftliche Buchgesellschaft, 1960), pp. 4-14.
7 Réginald Grégoire, 'Saecuuli actibus se facere alienum. Le "mépris du monde" dans la littérature monastique latine médiévale', *Revue d'ascétique et de mystique*, 41 (1965), 253-287; Francesco Lazzari, *Il contemptus mundi nelle scuola de S. Vittore*, Istituto italiano per gli studi storici 19 (Naples: Il Mulino, 1965); Robert Bultot, 'Le conflit entre l'aspiration du bonheur et l'idéologie du *contemptus mundi*', in *L'idée de bonheur*, ed. by Danielle Buschinger (Göppingen: Kümmerle, 1990), pp. 87-96.
8 Suger, *Vie de Louis VI le Gros*, ed. Henri Waquet, Les classiques de l'histoire de France au Moyen Âge (Paris: Les Belles Lettres, 1964), pp. 274-279.
9 *Recueil des historiens de la Gaule*, vol. 12, nouvelle édition (Paris: Victor-Passé, 1877), pp. 193-195.
10 Bernard Guenée, *Les Grande Chroniques de France*, in *Les lieux de mémoire, vol. 2: La nation*, ed. by Pierre Nora (Paris: Gallimard, 1986), pp. 189-214.
11 'Crònica de Bernat Desclot', in *Les quatre grans cròniques*, ed. by Ferran Soldevila i Zubiburu and others (Barcelona: Secció Historico-Archeòlica, 2008), pp. 403-588 (pp. 459-460).

have thrown himself on the floor and asked to be forgiven his sins; while the priests assembled around him sang pious songs, he looked upwards and prayed; he bared his back and had himself flagellated, demanding that the priests should hit him harder. For the dying Otto personal penance must have been more important than for other rulers: Since he died childless, he had not successors who could remove his guilt for him.[12]

On the other hand, one of the ruler's tasks was to extend his influence beyond his own death. Despite the ritual presentation of the idea that secular rule was null and void, the ruler was expected to make provisions for the time after his death. He was to create a reminder of his commands and of his orders for the future. He had the duty to prolong rule. With the held of memory an assumed continuation of his personal rule was to be made possible.

Family continuity was assisted remembrance. The most secure method was to pass on authority to direct descendants. This provided the hope that one's influence would continue beyond one's death. The family was to achieve what the individual was prevented from concluding. The *Pontificale Romanum*, which compiled liturgies for use in the 10th century Roman-German Empire contained a blessing for the king, so that apart from wealth and plenty, victories over rebels and heathens, an augmentation of power, courage and piety, i.e. successes and virtues for the individual, he would also obtain glorious dignity for the royal dynasty. The monarch who was to be blessed provided the hope that kings for the succession in times to come would spring from his flesh and blood. They were to govern the Empire.[13]

The best method to counter the threat implied by death to one's own life achievement appeared to be the father's authority over the son and his descendants. Authority as 'the opportunity to find obedience in a defined group of people when a command with a defined content had been given' – as Max Weber cogently put it[14] – was most securely implemented within one's own family, even better within the circle of the direct descendants. Whatever governance in the Empire was lacking in long-term effectiveness – including royal – was to be compensated by paternalistic authority. Whatever was lacking in the implementation of institutionalised authority could best be made up by paternalistic discretionary power. The lack of institutional effectiveness could be compensated by the claim to family solidarity. As *pater familias* the ruler hoped to be more successful in giving commands than he would be in his capacity as prince giving orders to retainers and subjects, in order to determine the future course of action even beyond his death. Even though the execution of authority was restricted to a smaller circle of persons, this was offset by the chronological extension of its effectiveness. The instruction to the successor to carry out orders after

---

12 'Narratio de morte Ottonis IV', in *MGH Const.* 2, ed. by Ludwig Weinand (Repr. Hannover: Hahn, 1963), p. 51; Bernd Ulrich Hucker, Kaiser Otto IV., MGH Schriften 34 (Hannover: Hahn, 1990), pp. 337-341.
13 Le Pontifical romano-germanique du Xe siècle, ed. by Cyrille Vogel and Reinhard Elze, Studi e testi 226, 227, 269 (Città del Vaticano: Biblioteca Apostolica Vaticana, 1963), vol. 1: Le texte, pp. 250-253, 253; analysis of the history of this text: ibid, vol. 3, pp. 3-57; Walter Goldinger, 'Das Zeremoniell der deutschen Königskrönung seit dem späten Mittelalter' *Mitteilungen des Oberösterreichischen Landesarchivs*, 5 (1957), 91-111, esp. pp. 95-96.
14 Max Weber, *Gesammelte Aufsätze zur Wissenschaftsgeschichte*, fifth ed. (Tübingen: Niermeyer, 1985), p. 28.

the ruler's death, multiplied its impact because of the power of command granted to the new ruler. The ruler's legacy constituted a set of instructions to the successor. It burdened the rule with conditions. It prepared the future transfer of power to another person; it prolonged one's own power – at least it generated the hope that such an extension would take place. The legacy implied the abnegation as well as the continuity of power. Required were authority within the family and obedience of the retainers in the kingdom. Only when both conditions were met the legacy could be implemented. The statement of intent extended to both the ruler's small and extended circle of authority. Rule in the house as well as in the Empire were required to an equal degree.

The Bible contained blueprints for the arrangment of succession and for the last will. The usual precedence of the first born was not seen as irrevocable. Jacob obtained the blessing of the first born from his father through deceit (Gen. 27). Before his death he himself ignored the right of his eldest son Ruben. Juda was to rule instead of him. To each of his sons and of their descendants he had awarded a certain fate and a certain task. Admonitions followed (Gen. 49). In the blessing given by Moses to the descendants of Jacob's sons the subject emerges again: the power of Juda was to become great and he was to fight against the enemies. The father's and the ruler's will was decisive. They could cancel rights which had been acquired by birth; as far as the future was concerned they could promote and demote. The infidel also paid attention to the orderly transfer of authority. When Alexander the Great fell ill and felt that he would soon die, he divided the empire among his princes. After his death they promoted themselves to kings. Malice even increased (1 Mak 1). Antiochus IV, murderer and blasphemer, died a miserable death, but he, too, designated a successor, just as he himself had been installed by his father. But his last words and admonitions were lies and they lacked the understanding of God's providence.(2 Mak. 9). Legitimacy was of greatest significance. It placed the king under God's law and awarded him a hallowed status. King David's last words recount the foundations of his authority: justice and the fear of God. Other – despicable – people were like thorns thrust away; in contrast, his power, his house were constant and they were based on an eternal covenant (2 Samuel 23). However, the rule was threatened by sacrilege already in the next generation. Since Solomon had tolerated the veneration of foreign Gods, his empire was to break up after his death. According to the prophecy, the king's son would only govern one of the twelve tribes (1. Kings 11.29-43). 'Set thine house in order, for thou shalt die' the prophet Isaiah demanded (Jes. 38 1). And finally there was the admonition by Jesus that every kingdom divided against itself is brought to desolation (Mt. 12.25), a warning and a challenge at the same time. In the Middle Ages this was taken seriously because it conformed to the experience of life.[15]

---

15 Heinz Durchhardt, 'Einleitung', in *Politische Testamente und andere Quellen zum Fürstenethos der Frühen Neuzeit*, ed. by Id., Ausgewählte Quellen zur deutschen Geschichte der Neuzeit. Freiherr-vom-Stein-Gedächtnisausgabe 18 (Darmstadt: Wissenschaftliche Buchgesellschaft, 1987), pp. 12-13.

The mid-12th century English scholar John of Salisbury contrasted the limited duration of human life which implied the authority of each ruler, with the long-term rule which extended over generations. It results in humility but also in the ruler's duty to make provision for his salvation and for the good governance of his country.

The testament, the last will before death, was to provide an opportunity to correct one's actions. There was also the admonition not to leave the provision of compensation for unjust acts to the successor. Nevertheless the ruler has the task to make provisions for the time beyond his death. Only tyrants are excluded from this provision because they risked a sudden and unexpected death – John gives a number of examples from history – and this removes any opportunity to use their testament in order to influence politics after their death. The testament is the hallmark of the just ruler.[16]

For the Welsh scholar Giraldus Cambrensis, who lived at the turn of the 13th century, the good emperors and kings distinguished themselves – always in fear of their own deaths – by making timely provisions for their realm. Here the tyrants are also dealt with in a different way: they were to have a cruel and sudden end at the hands of enemies and traitors, and their opportunity to organise their succession was removed. In contrast, few of the just and charitable rulers died a violent death. As sovereigns of their realms they were like the father and the husband in the family. Their care extended to their subjects – also to those who would be alive when they themselves were already deceased.[17] In his testament Frederick II explicitly referred to the Biblical models of the Old Testament, in order to make arrangements for the future of his empires beyond his death.[18] In his Mirror of Princes Thomas Aquinas demanded that the good ruler should make provisions for the time of his successors.[19]

Far-sighted action and the attempt to determine future developments not only conformed to political acumen, pursued dynastic aims but they also obeyed divine instructions. Each Christian ruler had the duty to link God's work to the governance of the people. According to Hrabanus Maurus – in a letter to king Louis 'the German' – the ruler's *sapientia* had to mould itself on the Biblical models and also on the *historia* of earlier rulers' actions in times past.[20] The rich experience from the past was to act as teacher. Tradition offered examples of correct action. The inheritance – not merely that of the family, but royal governance as a whole – was to be continued and

---

16 John of Salisbury, *Policraticus*, ed. and transl. by Charles Brucker (Geneva: Droz, 2006), pp. 364-372, 538-541, 566-567.
17 Giraldus Cambrensis, *De principis instructione liber*, ed. by G. F. Warner, RerBrit 21,8 (London: Langmans, 1891), op. 74-149 (pp. 74-76, 100-101, 142-149).
18 MGH Const 2 (note 12), nr. 274, op. 382-389; Günther G. Wolf, 'Die Testamente Friedrichs II.', *Zeitschrift für Rechtsgeschichte. Kanonistische Abteilung*, 48 (1962), pp. 325-334.
19 Thomas Aquinas, 'De regno ad regem Cypri', ed. by Hyacinte-Françoise Dondaine, in *Opera omnia*, vol. 42 (Rome: Editio Leonina, 1979), pp. 419-471; I, cap. 1,2.
20 MGH Epp. 5, ed. by Ernst Dümmler (Berlin: Weidmann, 1899), nr. 19, pp. 424-425.; Karl-Ferdinand Werner, 'Gott, Herrscher und Historiograph. Der Geschichtsschreiber als Interpret des Wirken Gottes in der Welt und Ratgeber der Könige (4. bis 12. Jahrhundert)', in *Deus qui mutat tempora. Menschen und Institutionen im Wandel des Mittelalters. Festschrift f. Alfons Becker*, ed. by Ernst Dieter Hehl and others (Sigmaringen: Thorbecke, 1987), pp. 1-32, esp. 22-23.

the successors were to be left with all affairs well settled. One of the prince's tasks was to base his authority on Christian values. This responsibility did not end with his death. Each ruler had to care about the future. His authority to configure extended into the *posteritas*. Alfons X the Wise of Castile wrote that each father had the duty to give advice to the son and this was also the lord's duty to his vassal and the friend's duty to his companion.[21] The testament seemed to be the best tool to influence the future beyond the own death and to impose one's will on the successors. According to a well-known – exaggerated – saying by the legal historian Heinrich Mitteis 'in the testament (…) man's will becomes immortal, physical death is defeated by the weapon of the intellect'.[22] Mitteis was interested in the succession of the inheritance. Beyond this, the ruler's last will contained the attempt to shape the political constitution for the future. Shaping the fate of the later-born by a decision cast in writing and committed to the memory of the future generation was a much stronger 'defeat' of the physical end. The continuity of the rule was to be disconnected from the ephemeral human existence.

The prospect of the next generation continuing those things which one had not been able to complete, generated the hope that the own achievements would endure. Whatever had been started in the finite life span was to be completed by later generations of the own family. Each ruler was to contine the efforts begun but left unfinished by the ancestors, and the sons and grandchildren and their offspring had the task to continue where the predecessor had left off. Thinking in dynastic contexts was an important motive for political action. When king Ferdinand I of Castile tried to reorganise the kingdom he inherited from his father-in-law Alfons V in 1046, it was also intended to restore the predecessor's dignity. The treason of retainers after the death of Alfons is said to have led to the destruction of the kingdom. Thus it had endangered his life's achievements. Only those who ignored the truth could deny the legitimacy of the son-in-law's inheritance. The new ruler had the task to recreate his predecessor's power. The victory over the rebels was necessary to ensure that his will be carried out.[23] The son's obedience towards the father guaranteed a just rule. This was the view of James I of Aragón, when he – according to Bernat Desclot's account – lamented is own disobedience and demanded that his successor should honour the father's wishes.[24] The new ruler had to preserve his predecessor's inheritance and authority, just as, conversely, the great efforts needed in order to survive the struggle could be justified by the hope that the rule did not end with the incombent's death. This expectation of king Alfons X of Castile is described vividly in his first testament of 8 November 1282: he ordered that the work he had begun should be augmented and not decreased. During his life he tried to remove everything

---

21 'Les testaments d'Alphonse X le Savant roi de Castille' ed. by Georges Daumet, *Bibliothèque de l'Ecole des Chartes*, 57 (1906), 70-99, esp. p. 94.
22 Heinrich Mitteis, 'Das Recht als Waffe des Individuums', in Id., *Die Rechtsidee in der Geschichte. Gesammelte Abhandlungen und Vorträge*, Weimar: Böhlau, 1957), pp. 514-523, esp. 521.
23 *Colección diplomatica de Fernando I (1037-1065)*, ed. Pilar Banco Lozano (Leon: Archivo historico diocesano, 1987), nr. 31, pp. 104-107.
24 'Crònica de Bernat Desclot' (note 11), pp. 459-460.

detrimental in ordert to prepare a more solid foundation for his successor's authority. His quest for success had not primarily been for himself but for the future fate of Christendom, his empires and his family. The purpose of the lengthy presentation of these expectations and motivations was to contrast them with the disappointments he had experienced from his second eldest and surviving son. For this reason other successors – his grandchildren – were to take his place. They were the hope of the ageing king who wanted a continuation of his life's achievement. All faithful followers had the task to abide by these testamentary stipulations. In his testament of 1131 king Alfonso I of Aragón tied the magnates of his realm to their oath of fealty, a duty which did not end with death. They were to obey his last will just as if he were still alive and present among them.[25] The testament was primarily directed at the successor to the throne. Louis IX of France said in his second testament dated July 1270 that his son Philip was acting *vice patris*, thus describing his relationship with his son. As part of the usual admonitions directed to the eldest son, Louis reminded him of his duty to follow the advice he gave him and to be guided by the example of his ancestors.[26] The emperor Frederick II found the best form to express his expectation that his life's work would be continued in his two testaments of 1250: they contained a verbose complaint about human fate which was subject to God's wrath since the original sin; death was designated for all. In the face of this irrevocable judgment, the desire not to die was an illusion. Only Christ's act of redemption would give hope for eternal bliss, after the end of all time when earth and heaven had perished. For the present life there was the succession of generations and the sequence of power. In the second testament he said: 'Since we believe that we will not be able to remain in the world, we are making provisions to shine and live through our successor because you, our sons, will represent our person according to the norm of Roman Law'. Frederick had expressed himself in a similar way in his first testament: 'We make decisions concerning the Empire and our kingdom in a way which makes it seem that we are alive even though we have left behind earthly things'.[27]

The definition of the ruler's testament as law, like the one by the emperor Frederick II, with the appointment of executors and the father's command to the son and successor, was to ensure that the ruler's instructions were to be obeyed beyond his death. Could this have been a false hope? Could one trust the successor to act in accordance with the dead ruler's intentions? Membership of the same dynasty was no guarantee that memory and instructions would be preserved.

There was a risk that a stiplation made in a testament was subject to oblivion if the dead ruler's command contravened his successor's interests. The intention by one, to make an adjustment, stood against the other's need to hold on to power.

This emerges quite clearly in the conflicts at the centre of which was the kingdom of Sicily, consisting of the island as well as of the southern part of Italy. The popes

---

25 *Colección diplomática de Alfonso I de Aragón y Pamplona (1104-1134)*, ed. by José Angel Lema Pueyo, Fuentes documentales medievales del Pais Vasco 27 (San Sebastián: Donostia, 1990), nr. 241, pp. 356-365.
26 *Layette du trésor des chartes*, t. 4, ed. by Elie Berger (Paris: Plon, 1902), nr. 730, pp. 468-470.
27 MGH Const 2 (note 12), nr. 274, pp. 382-389; Wolf, 'Testamente' (note 18), pp. 325-334.

claimed this kingdom as a papal fief. The kings were often adversaries of the popes. They were not only accused of disregarding papal and ecclesiastical rights in the kingdom of Sicily but also to have infringed papal rights in the neighbouring *Patrimonium Petri*. This was especially true for the Sicilian kings from the dynasties of the Staufen and of Aragón. The emperor Henry VI who inherited the kingdom through his marriage with Constance, seems to have attempted to disarm the conflict for his successor, firstly in order not to endanger his salvation because of a dispute with an ecclesiastical institution and secondly so that his successor's authority would not be threatened by papal hostility. It seems that the contemporary pope Innocent III, who accused Henry VI to have caused the 'fury of the northern winds' in Sicily, was to be reconciled by a surrender of the kingdom.[28] But Henry VI's testamentary provisions were not only disregarded, they were effaced from memory.

The testament of Henry VI, who died in 1197, took the form of a charter. This charter was hidden away.[29] It was supposed to be forgotten. Neither the imperial nor the Sicilian tradition has any traces of this testament. It only survives in papal historiography, in the *Gesta Innocentii papae III*. The unknown author said that the dead ruler's testament had been found locked in a shrine after papal troops had defeated Markward of Annweiler at Monreale in 1200 and had entered his camp. The chronicler does not give the whole text but only the – as is said – most important statements. Allegedly the dead emperor had ordered that Sicily should be returned to direct papal control.[30] Historians have analysed the testament and the circumstances of its discovery in order to find out whether the text is authentic. There was no unanimous answer to the question of whether or not it was a forgery. Only internal critera could be applied. Under these circumstances it is not surprising that no common verdict could be found. It is remarkable, though that arguments were used which had already guided the emperor Otto III in his doubts about the authenticity of the so-called Donation of Constantine:[31] Was it credible that an emperor, an *augustus*, someone who was to augment the empire, would be prepared to abandon

---

28 *Innocentii III Romani pontificis regestorum sive epistolarum*, ed. Jacques P. Migne, Patrologia Latina 214 (Paris: Garnier, 1890), nr. 413, p. 390; Peter Csendes, *Heinrich VI.*, Gestalten des Mittelalters und der Renaissance (Darmstadt: Wissenschaftliche Buchgesellschaft, 1993); Hartmut Jericke, *Begraben und Vergessen?* (Leinfelden-Echterdingen: DRW, 2005); Gerd Althoff, 'Kaiser Heinrich VI.', in *Staufer und Welfen. Zwei rivalisierende Dynastien im Hochmittelalter*, ed. by Werner Hechberger and Florian Schuller (Cologne, Weimar and Vienna: Böhlau, 2009), pp. 142-155.

29 Thomas Ertl, *Studien zu Kanzlei- und Urkundenwesen Kaiser Heinrichs VI.* (Vienna: Österreiche Akademie der Wissenschaften, 2002).

30 Gerhard Baaken, 'Das Testament Kaiser Heinrich VI.' *Zeitschrift für Rechtsgeschichte. Germanistische Abteilung*, 129 (1999), pp. 23-36; Id, 'Das Testament Kaiser Heinrichs VI.', in *Kaiser Heinrich VI. Ein mittelalterlicher Herrscher und seine Zeit*, (Göppingen: Gesellschaft für staufische Geschichte, 1998), pp. 46-60; Waldemar Schlögl, 'Diplomatische Bemerkungen über die Testamente deutscher Herrscher des Mittelalters' in Id./Peter Herde (eds), *Grundwissenschaften und Geschichte. Festschrift für Peter Acht*, ed. by Id.and Peter Herde Münchener Historische Studien, Abt. Geschichtliche Hilfswissenschaften 15), Kallmünz (Oberpfalz): Lassleben, 1976), pp. 157-168 (161-162, 166).

31 Jürgen Miethke, 'Die "konstantinische Schenkung" in der mittelalterlichen Diskussion. Ausgewählte Kapitel einer verschlungenen Rezeptionsgeschichte', in Andreas Göltz/Heinrich Schlange-Schöningen (eds), *Konstantin der Grosse. Das Bild des Kaisers im Wandel der Zeiten*, ed. Andreas Göltz and Heinrich Schlange-Schöningen (Cologne, Weimar and Vienna: Böhlau, 2008), pp. 35-109 (39-40).

his claims? For professional historians, guided by the doctrine of the strong state, this was not imaginable; hence the conclusion that it was a forgery produced at the papal Curia or in its periphery. Others, like Volkert Pfaff say that Markward was responsible for the forgery of the text. However, it was also convincingly argued that the testament was genuine; opinions changed again only recently and it was claimed to have been a forgery.[32] According to Matthias Thumser's cautious assessment there are several indications for the existence of a genuine text. But contrary to the wording of the *Gesta Innocentii Tertii*, that a charter, sealed with a golden bull, had been found, the text had not been binding. It had contained a significant concession to the papal Curia but only as an offer for negotiations. There had been no fully fledged contract, no valid charter. The version contained in papal historiography, the *Gesta Innocentii Tertii*, also contains demands addressed to the pope, to recognise the son, Frederick, as future king of the Romans and emperor and thus to support his rule in Germany.[33] One may object to Thumser's argument that a sealed charter and a testament are specifically mentioned. Another interpretation is more plausible: the testament, which did exist, was concealed. It was to be forgotten. Responsible was Markward of Annweiler, who had the successor to the throne in his charge, Frederick, then still a child, and who controlled the successor's power. He wanted his own position of power and he had the control over the texts kept at the royal court of Sicily.[34] Although it gained possession of the testament, the papal Curia also failed to make it public – with the exception of the short and fragmentary references in Innocent III's biography. The succeeding popes did not base their claims on the emperor Henry VI's testament. The successor as king of Sicily, king of the Romans and emperor, Frederick II, did not conceal the testament but he established a stable rule in the kingdom of Sicily.

It is not likely that the Curia could have benefited from the surviving version of the testament or that it even had a forgery created. It did not provide a better legal claim than the one given to the pope by Constance's testament: Innocent III had been appointed guardian by the emperor's widow for her son.[35]

This example demonstrates that an assessment of authenticity based on the analysis of the contents may lead to an erroneous conclusion. It is the historian who subsequently determines what was politically reasonable, who thinks that he

---

32 Volker Pfaff, 'Die Gesta Innocenz' III. und das Testament Heinrichs VI.', *Zeitschrift für Rechtsgeschichte. Kanonistische Abteilung* 50, (1964), 78-126; Günther Wolf, 'Ein unveröffentlichtes Testament Kaiser Friedrich II. (Versuch einer Edition und Interpretation', *Zeitschrift für die Geschichte des Oberrheins*, 104 (1956), 1-51, esp. pp. 39-40; *Regesta Imperii Heinrich VI.*, ed. by Johann Friedrich Böhmer and Gerhard Baaken (Cologne/Vienna: Böhlau 1972), nr. 614, pp. 248-249; Ingeborg Seltmann, *Heinrich VI., Herrschaftspraxis und Umgebung* (Erlangen: Salm und Enke, 1983), pp. 134-139; the different opinions on the authenticity of the testament discussed by historians are presented in Matthias Thumser, 'Letzter Wille? Das höchste Angebot Kaiser Heinrichs VI. an die römische Kurie', *Deutsches Archiv für Erforschung des Mittelalters* 62 (2006), 85-133.
33 Matthias Thumser, 'Letzter Wille? (note 32), pp. 90-103.
34 Thomas C. van Cleve, *Markward of Annweiler and the Sicilian Regency*, (Princeton: Princeton University Press, 1937); Wolfgang Stürner, *Friedrich II*. vol. 1: Die Königsherrschaft in Sizilien und Deutschland 1194-1220 (Darmstadt: Wissenschaftliche Buchgesellschaft, 1992), pp. 89-105.
35 *Constantiae imperatricis et reginae Siciliae diplomata (1195-1198)*, ed. by Theo Kölzer, Codex diplomaticus Regni Siciliae 1,2 (Cologne/Vienna: Böhlau, 1983), nr. 73, pp. 331-333.

can recognise which expressions of intent seem to be plausible, who dequalifies statements as forged because they contravened the ruler's – in this case Henry VI's – pattern of action. These assessments carry the danger of being based on anachronistic notions. They fail to take into account that changes to the hitherto existing political course as possible in an exceptional existential emergency – facing death or at least the possibility of death. This can be assumed in the case of Henry VI, as is indicated by his successful efforts to have the newly-elected pope Innocent III release him from ecclesiastical sanctions. A peaceful settlement with the adversaries was a precondition for the planned crusade. A renunciation of old claims appeared advantageous. On the other hand the Welsh cleric Giraldus Cambrensis, who was well informed about events at the Curia at this time, reports that Henry VI – like his predecessors as emperors – had refused to return occupied territories to the Roman Church, but he says that in the face of approaching death, he arranged donations to episcopal and cathedral churches so that the priests there should pray for the salvation of his soul.[36]

If one believes that Henry VI's testament is genuine, as does Matthias Thumser in conjunction with a number of other researchers, one has to ask why it has left so few traces. It was not mentioned either in the testament of his wife Constance or in other similar documents.[37] It is not possible to show that it was known either in Germany or in Italy. The papal Curia rather than Markward of Annweiler, who had been appointed executor, as Innocent III's biographer reports in a different section of his account, had made a general reference to the dead emperor's testament but it obviously failed to add to its publicity. The content of the testament was secret. In his negotiations with the Curia Markward only revealed a few *secretissima* only known to him.[38] The testament's concealment and its discovery in Markward's camp could be indications that the last will was to be deliberately disregarded. If Henry had really been prepared to make far-reaching concessions to the Roman Curia, this would have been resisted by all his retainers and ministerials who had to legitimise their status in Sicily on the basis of the agreement with the last will of the deceased. A testament which relinquished power in Sicily in favour of the pope removed the basis of power in Sicily from the dead emperor's supporters. The testament was also of little use to the allies of the Staufen dynasty in Germany, who, instead of the emperor's young son Frederick, named in the testament, favoured his brother Philip as successor. The emperor's last will was not only subject to interpretation of contemporaries and successors, who replaced the king's or emperor's ideas with their own, it was also subject to manipulation, when it was entirely or partly kept secret. The testament's contents only came to be known by chance to those who were not let in on the secret and who were not supposed to know, when the emperor's text fell into the hands of Markward's enemies. Since the curial historian only copied parts of the testament, as

---

36 Giraldus Cambrensis, *Speculum Ecclesiae*, ed. by John S. Brewer, RerBrit Britannicaum 21/4 (London: Longmans, 1873), pp. 301-305.
37 Stürner, *Friedrich II.*, I, (note 34), pp. 67-69.
38 *Gesta Innocentii III*, in PL 214 (Paris: Garnier, 1855), coll. 15-228 (cap. 27, coll. 52); 'The Gesta Innocentii III. Texte. Introduction and Commentary', ed. by David Richard Gress-Wright (Doctoral Thesis, Siss Bry Mawe College, 1981), p. 34.

he himself says, the last will was exposed to interpretation. Strictly speaking this was not a forgery, but it was an interpretation by exclusion and by summarizing. Also, it does not seem to me to be certain that Henry's testament really put in question his actions and his political aims so far.[39] It is true that the surviving empress and her son were advised to recognise all the traditional papal rights over Sicily; however, no precise information was given. It had been merely the intention to grant the pope an assurance of security. His future overlordship was not accepted, equally no enfeoffment of the successor by the Roman Church. Even though it was stipulated that Sicily should be directly subjected to the Roman Church if the successor had no heir, the dynastic claims were safeguarded. The testament even assumed that the imperial dignity was passed on to the son by right of inheritance and that it was thus part of the last will. Henry ordered that pope and Church were to confirm his son as ruler in the *imperium*. Even though the claim to papal approval was recognised, its significance was reduced because this was to occur on the emperor's order.[40] For the time after his death, Henry envisaged grants of imperial property in Italy. The unity of *imperium* and *regnum Siciliae* was to be maintained beyond his death. An important aim of Henry VI was to be achieved by his successor. The papal Curia's resistance to these plans was allowed for. For this reason compensation was offered: the return of the bulk of the estates of Mathilda of Tuscia, the extension of the *patrimonium Petri* and papal overlordship over the Duchy of Ravenna and the March of Ancona. The rights of those who were to elect the king were not even mentioned in the testament. There was no reference to the fact that young Frederick did not have the dignity of king of the Romans at the time when the testament was made nor at the time of Henry VI's death or that his election had been refused outright by the princes of the Empire in December 1195.[41] Was the future effort to ensure that the son would obtain the Roman and Sicilian kingdoms really an adjustment of Henry VI's policy? This is only likely if the imperial status of the Staufen emperor is misunderstood as that of contender for overreaching world domination, if the desire to find a settlement with the Roman Church is wrongly interpreted as a surrender of power. For this reason it is plausible to assume that the text contained in the *Gesta Innocentii III* contains an authentic nucleus of the emperor's will. Henry's testament is admission of the failure of his policies.[42] It is rather the projected path towards the adjustment of interests in order to safeguard the essential elements of dynastic power – the Empire and the Sicilian crown; and therefore Henry accepted adjustments of his policy which before had provoked sharp conflcts with the papacy.[43] But on the

---

39 *MGH Const. I*, ed. Ludwig Weiland (Hannover: Hahn, 1893), nr. 379, pp. 530-531.
40 Dagmar Unverhau, *Approbatio – Reprobatio. Studien zum päpstlichen Mitspracherecht bei Kaiserkrönung und Königswahl vom Investiturstreit bis zum ersten Prozeß Johanns XXII. gegen Ludwig IV.* (Berlin: Mathiessen, 1973), pp. 195-278.
41 Ulrich Schmidt, *Königswahl und Thronfolge im 12. Jahrhundert* (Cologne and Vienna, 1987, pp. 224-226.
42 Theo Kölzer, 'Heinrich VI.', in *Lexikon des Mittelalters*, vol. 4 (Munich: Artemis, 1989), coll. 2045-2046.
43 Emperor Henry VI's preparedness to grant favours to the pope in return for the pontiff's support of the establishment of a permanent dynastic union of the Kingdom of Sicily and the Roman Empire, has been emphazised by Gervasius of Tilbury; *Otia imperialia*, ed. by Rainhof Pauli, in MGH SS 27, Hanover: Hahn, 1885), pp. 359-394 (pp. 38-40); Heinrich Jacobs, 'Cessante pristina palatinorum electione. Dynastisches

other hand the eventual offer to renounce the Sicilian crown provoked opposition among the adherents of the Emperor. Henry's testament became an object of political ambition. Markward, who claimed to be the executor, as well as the Curia obtained control of the text: the former by concealment, the Curial author by dropping certain sections.

If the validity of the rulers' testaments was to be challenged, the negation of their existence was a suitable method. This also applies to the last will of the emperor Frederick II. Oblivion was ensured through the creation of a forged testament. The authenticity of this ruler's last will is problematic. The majority of researchers has claimed that one of the two testaments of 1250 is a forgery. This testament was described emphatically as nuncupative and cast into a written form only subsequently (*testamentum nuncupativum*). Suspicion is caused by flawed internal clauses. The reference to a *rex Austriae* gave rise to suspicion. It also seemed implausible that Frederick had made two testaments within a few days.[44] Gunther Wolf's opinion according to which the banned emperor wanted to eliminate any uncertainty with his nuncupative testament, which had not been written by him but by his the imperial notary Nicholas of Calvi, contravenes the assessments made by others who dispute the authenticity, like Ernst Kantorowicz, Rudolf Kloss, Norbert Kamp.[45] The distinction between a 'state testament' and a 'private testament' made by Wolf is not to the point. The terms are questionable and the clauses do not provide the smallest clue.[46]

The testamentary instruction to renounce parts of the realm, pose specific problems for the successor. The effort to secure the rule and to ensure an uncontested succession to the inheritance clashed with the effort to extend power as far as possible. These were serious problems for the Sicilian kingdom. King Alfonso III of Aragón was also confronted with the dilemma between ensuring personal salvation and a political compromise on the one hand and safeguarding political expansion on the other. His father, Peter III, had taken over as king of Sicily in 1282 after a popular revolt against Charles of Anjou, who had been enfeoffed by the pope and he had taken control at least of the island of Sicily. Attempts by the Anjou-kings to reconquer the island failed just like Peter of Aragón's attempts to bring the whole of the kingdom under his control. The popes regarded Aragonese rule over Sicily as illegal. Pope

---

Thronfolgerecht in höfischer Vorstellung', in *Deus qui mutat tempora* (note 20), pp. 269-282 (pp. 269-270); Brian A. Pavlac, 'Emperor Henry VI (1191-1197) and the Papacy: Similarities with Innocent III's Temporal Policies', in *Pope Innocent III and his World*, ed. By John Moore (Vermont: Aldershot, 1999), pp. 255-270; on Henry VI's end of his life Csendes, *Heinrich VI.* (note 28), pp. 192-195.

44 Edition: Wolf, 'Unveröffentlichtes Testament Kaiser Friedrichs II.' (note 31), pp. 4-9.
45 Ernst Kantorowicz, 'Zu den Rechtsgrundlagen der Kaisersage: Ein angebliches Testament Kaiser Friedrichs II.', *Deutsches Archiv für die Erforschung des Mittelalters*, 13 (1957), 115-116; Rudolf M. Kloos, 'Kaiser Friedrich II.' *Traditio*, 12 (1956), 426-456 (p. 446); Norbert Kamp, *Kirche und Monarchie im staufischen Königreich Sizilien*, vol. 1 (Munich: Fink, 1973), p. 322; Friderici II Epistulae, ed. by Hans-Martin Schaller (Hildesheim: Weidmann, 1991), nr. 52, p. 275.
46 Günther G. Wolf, 'Testamente' (note 18), pp. 314-352.

Martin IV organised a crusade against Aragón, but this also failed, in 1285. The result was the co-existence of two Sicilian kingdoms.[47]

In the eyes of the popes and their followers king Peter III was a usurper. He did not manage to resolve the conflict in his lifetime. This was only to happen after his death, when an adjustment of his actions was to take place. In his last testament, dated 2 November 1285, a week before his death, he instructed his successor to relinquish the *regnum Siciliae*; it was to be returned to the Roman Church with all rights. He ordered that the prisoners – among them the son and successor of Charles I of Naples, also called Charles – should be released.[48] However, king Alfons, the son and successor, like his younger brother James initially, disregarded the paternal will. They retained their rule over Sicily. They were only prepared to release the successor to the Neapolitan throne three years later, under the condition that he was to be exchanged for several hostages from the royal family.[49]

Peter's undoubtedly genuine testament was kept secret, even falsified by reinterpretation. The testament was copied into the royal register but the text was later crossed out, marked as legally irrelevant.[50] A different approach was taken in the case of charters which dealt with other issues of the estate which were not cancelled, like commemoration.[51] The register entry of the charter which dealt with the settlement of the younger son, James, the later king, was not crossed out. A later hand explicitly stated that nothing was to be added.[52] The original copy of the testament, a notarial instrument, was and still is kept in the royal archive, but its contents were not made public. Its contents were reinterpreted by contemporary and later historiography. Bernat Desclot, who held high offices at the Aragonese court at the end of the 13th century and who could frequently quote from charters in the royal archive, says quite clearly that the kingdom of Sicily was to go with all rights and without restrictions to the second son, James; if he were to die without heirs, the third son, Frederick, was to be heir. Peter is even to have said to have justified the Sicilian business shortly before his death; he had done nothing but defend his right; no rights of the Roman Church had been infringed. It is true that the eldest son, Alfonso, had been ordered to bring about a reconciliation with the pope but no concrete tradeoff had been mentioned.[53] Forty years after Peters III's death, the chronicler Ramón Muntaner knows nothing of a surrender of Sicily. On the contrary, the father had bequeathed

---

47 Steven Runciman, *The Sicilan Vespers. A History of the Mediterranean World in the Late Thirteenth Century* (Cambridge: Cambridge University Press, 1958).
48 Peter Koch, 'Die letztwilligen Verfügungen König Peters III. von Aragon und die Sizilien-Frage', *Deutsches Archiv für die Erforschung des Mittelalters*, 24 (1968), 79-117; the edition of the testament ibid, pp. 110-116.
49 Emile G. di Léonard, *Gli Angioni di Napoli*, Milan: Dall' Oglio, 1967, pp. 167-257; Helmut G. Walther, 'Der westliche Mittelmeerraum in der zweiten Hälfte des 13. Jahrhunderts als politisches Gleichgewichtssystem', in Peter Moraw (ed.), *Bündnissysteme und Aussenpolitik im späteren Mittelalter*, ed. by Peter Moraw (Berlin: Duncker und Humblot, 1988), pp. 39-67; Andreas Kiesewetter, *Die Anfänge der Regierung Karls II. von Anjou (1278-1295). Das Königreich Neapel, die Grafschaft Provence und der Mittelmeerraum zu Ausgang des 13. Jahrhunderts*, (Husum: Mathiessen, 1999).
50 Archivo de corona de Aragón, Reg. 55, fols 20c-21v.
51 Archivo de corona de Aragón, Reg. 55, fol. 5r; Reg. 57.
52 Archivo de corona de Aragón, Reg. 62.
53 'Crònica de Bernat Desclot' (note 11), pp. 403-588, 583-587.

this kingdom to his son James. Later still, Peter IV, 'El ceremonioso', reduced the dying king's statement of intent to his son to consist only of the command to conquer the kingdom of Majorca, thus anticipating the royal chronicler's own goals.[54] Peter's intention to create the preconditions for an arrangement with Naples-Sicily, France and most of all with the papal Curia by recommending the renunciation of rule in Sicily to his successors, was eventually turned into the opposite. In the circle of king Alfonso III and probably also of James II it was deliberately concealed that the Aragonese royal house should secure its precarious power on the Iberian Peninsula, without having to carry the burden of other conflicts and that it would have to give up earlier expansionist policies in order to reach this aim.[55] When king Alfonso III made his own testament in 1287, he included Sicily and ordered that members of his family should rule there. Only after the treaty of Tarascon, four years later, was he prepared to accept a renunciation. The charter dealing with this matter was added to his testament. Nevertheless – the clearly phrased last will was again disregarded. Only the testament's version of 1287 was carried out. The predecessor's intentions were again falsified and the conflict over Sicily was to continue for some time to come.[56]

The shaping of authority, the continuation of power, the arrangement of successions and instructions on the formation of policies had a tradition in the kingdom of Aragón. The aim was to secure the possessions which had been increased by conquest and to ensure a division of authority between the surviving sons without conflict. King James I of Aragón made six different testaments between 1235 and 1262; all of them envisaged a division of rule. Only the eldest son's death eventually prevented the separation of the county of Barcelona from Aragón. A new arrangement of inheritance of 1262 passed on to Peter, the son, the undivided rule in Aragón, Catalonia and Valencia, but it envisaged a separate kingdom of Majorca which included the lordships of Roussillon and Montpellier on the mainland for the younger son James. This put into question a crucial element of James I's life achievement: the unity of all lands belonging to the Crown was abolished. In the chronicles the king's decision was criticised. The unknown author of the *Acta comitum Barcinonensium* complained that it led to great damage for the whole of the realm.[57] And indeed the invasion of Aragón by king Philip III of France in 1285 received decisive support through his alliance with king James of Majorca. Despite this experience the inheritance was divided again

---

54 'Crònica de Ramon Muntaner', in *Les quatre grans cròniques Catalanes* (note 11), pp. 665-944 (pp. 803-805); 'Crònica de Pere el Cerimoniós' ibid., pp. 1001-1158 (p. 1038).

55 Vicente Salavert Roca, 'La expansión catalano-aragonesa por el Mediterráneo en el siglo XIV' Annuaro de estudios medievales, 7 (1970), pp. 17-37; Id., *La corona de Aragón en le mundo mediterráneo del siglo XIV*, vol. 3 (Valencia: CHCA, 1973), pp. 31-64.

56 *Collección de documentos ineditos del Archivo General de la Corona de Aragón*, ed. by Propéro Bofarull y Mascaroand others (Barcelona: Archivo de la Corona de Aragón: 1847-1851), vol. 3, nr. 599; Ludwig Klüpfel, *Die äußere Politik Alfonsos III. von Aragonien (1285-1291)*, Abhandlungen zur mittleren und neueren Geschichte 35 (Berlin, Leipzig: Rothschild, 1911/12), pp. 40-44; Manuel Riu Riu, *Manual de Historia de España*, vol. 2: Edad Media (Madrid: Espasa-Calpe, 1989), p. 393.

57 *Colección de Crónicas latinas de la Reconquista*, ed. by Ambrosio Huici Miranda, vol. 3 (Valencia : Vivos Mora: 1954), pp. 164-167, 376; *Gesta comitum Barcinonensium*, ed. by Louis Barrau Dihigo and Jaume/Massó Torrents (Barcelona: Institut d'Estudias Catalans, 1925), p. 61; Jocely Nigel Hillgarth, *The Spanish Kingdoms* (1250-1516), vol. 1 (Oxford; Oxford University Press, 1976) pp. 252, 283.

after Peter II's death. Sicily was given to the respectively younger son. The territories conquered by the king rather than inherited by the predecessors seem to have had a special status. They were to be separated from the Aragonese main territories: this happened to Majorca and eventually also to Sicily, even though the last wills had demanded a renunciation of this kingdom. The eternal indivisibility of the three lands of the Aragonese Cown, Aragón, Castile and Valencia, was only formally arranged under king James II. Already at the Cortes in Barcelona in 1292 he had a constitution passed which prescribed that only one king should rule in all lands of the Crown. The islands Majorca, Menorca and Ibiza were not to be alienated from the kingdom. In a *pacto* with all Cortes James II laid down in 1309 that each king of Aragón also had to be king of Valencia and count of Barcelona – there was no longer a reference to the Balearic islands on this occasion. Only if this precondition was met the new ruler could be recognised by the Cortes and by all subjects. Thus the assemblies of nobility, clergy and of the towns became a guarantor of the dynastic unity of the three lands of the Crown.[58] The king put in effect the principle of indivisibility in his testament, made shortly before his death on 28 May 1327. His second eldest son Alfred, who had been involved in government as *procuardor general* for a long time, was to be the sole heir. The older son, James, had been stripped of all his rights already in 1319 after he had refused to agree to a marriage arranged by his father with the Castilian Infante Eleonore. The other sons had to be satisfied with fixed incomes.[59]

The kingdom of Sicily was not mentioned in this testament. The island was ruled by the brother of the deceased king Frederick III. There was also no reference to the fact that James II had once agreed in the Peace of Caltabellotta,[60] concluded with pope Boniface VIII in 1302, to support the conquest of Sicily by the Anjou kings of Naples-Sicily. James's lack of activity in the war waged by the latter against his brother Frederick in Sicily gave rise to the suspicion of a breach of the agreement. And the brothers did indeed preserve a good relationship, as their exchange of letters indicates. Diplomatic relations in the western Mediterranean were not balanced, they were unstable. Hidden intentions, clandestine actions, unredeemed contractual obligations were indicative of a network of contacts.[61] Hiding the testament of king

---

58 *Cortes de los antiguos reinos de Aragón y de Valencia y Principado de Cataluña*, vol. 1 (Madrid: Real Academia de la Historia, 1896), pp. 162-163; Luis González Antón, Las uniones aragonesas y las cortes de reino (1282-1301), 2 vols, Zaragoza: Consejo superior de investigaciones científicas, 1975).

59 Jesús Ernesto Martínez Ferrando, *Jaime II de Aragón. Su vida familial*, Escuela de los Estudios medievales. Publicaciones dela sección medievales (Barcelona: Consejo superior de investigaciones científicas, 1948), vol. 1, pp. 280-281; vol. 2, nr. 22; Roger Sablonier, 'Die Aragonesische Königsfamilie um 1300', in *Emotionen und materielle Interessen. Sozialanthropologische Beiträge zur Familienforschung*, ed. by Hans Medick and David Warren Sabean, Veröffentlichungen des Max-Planck-Instituts für Geschichte 75 (Göttingen: Vandenhoek und Ruprecht, 1984), pp. 282-317.

60 Eugen Haberkern, *Der Kampf um Sizilien* (Berlin/Leipzig: Rothschild), 1921, pp. 1-7.

61 Mario del Treppo, 'L'espansione catalano-aragonesa nel Mediterraneo', in *Nuove Questioni di storia medieval* (Mailand: Marcorati, 1969), pp. 259-300; Jerome Lee Shneidman, *The Rise of the Aragonese Empire 1200-1350*, vol. 1 (New York, London: New York University Press: 1970); Anthony T. Luttrell, 'Late Medieval Mediterranean Empire. The Catalan Example', *Journal of the Faculty of Arts*, 4 (1977), 109-115; Jesús Lalinde Abadía, *La Corona de Aragón en el Mediterraneo medieval (1229-1479)* (Zaragoza: Institución Fernando el Catolico, 1979); *Corona d'Aragona e Mediterraneo. Strategie d'espansione, migrazioni e comerci nell'età di Giacomo II*,

Peter III was symptomatic of the ambiguous acts of the Aragonese kings. Pope John XXII had harsh words about James II's actions which were mendacious in his eyes. According to ambassadors at the papal court in Avignon the pope said that only enemies of the Roman Church emanated from the pestilential dynasty, the *pestilens domus Aragonum*.[62] From the view of the papal Curia the Aragonese rulers were enemies, worse: inscrutable and mendacious. However, this criticism and attitude did not contain statements which pointed to a broken promise. Nothing was said about the concealed and invalidated testament of king Peter III. It was obviously unknown at the papal Curia and in Europe at large. The testament which envisaged a correction was corrected itself – by being intentionally forgotten. This approach was successful. It had a significant impact on the political history of the late Middle Ages. Oblivion as a means of politics was effective. The procedure by which the testaments of the Aragonese Kings were treated, forgotten and manipulated was in continuation of those practised in the Kingdom of Sicily, the ruler of Aragon have obtained. A continuity was established in treating the royal testaments in order to put them in oblivion. It became a political instrument with collective results regarding the connexion between Aragon and Sicily during the Late Middle Ages.

---

ed. by Maria Eugenia Cadeddu (Pisa: Edizioni ETS, 1995); Raphaela Awerkorn, 'Macht und Expansion auf der Iberischen Halbinsel. Aragon, Kastilien und Portugal im Spiegel ihrer auswärtigen Beziehungen um 1308', in *1308. Eine Topographie historischer Gleichzeitigkeit*, ed. by Andreas Speer, Miscellanea Mediaevalia 35 (Berlin, Boston: De Gruyter, 2010), pp. 41-94; Hans-Joachim Schmidt, 'Pestilens domus Aragonum. Papst Johannes XXII. und die Könige von Aragon', in *Papst Johannes XXII. Konzepte und Verfahren seines Pontifikats*, ed. by Id. and Martin Rohde, Scrinium Friburgense. Veröffentlichungen des Mediävistischen Instituts der Universität Freiburg Schweiz 32, (Berlin, Boston: De Gruyter, 2014), pp. 343-394.

62 *Acta Aragonensia. Quellen zur deutschen, italienischen, französischen, spanischen, zur Kirchen- und Kulturgeschiche aus der diplomatischen Korrespondenz Jaymes II. (1291-3127)*, ed. by Heinrich Finke (Berlin/Leipzig: Rothschild, 1908-1922), vol. 1, nr. 271, pp. 48-410.

ISABELLA LAZZARINI

Records and Oblivion*

Strategies and Events of Cancellation of the Documentary Memory (Some Example, Late Medieval Italy)

▼ **ABSTRACT** Recent research has investigated the operations of constructing a political memory through the rearrangement, classification and definition of the public written records produced by polities and powers between the late Middle Ages and the Renaissance. Less investigated, however, is the fact that each of these operations corresponded to a similar operation of cancellation of memory: to give just one example, the definition, in the 16th century, of separate and geopolitically ordered archival series of correspondence (domestic and foreign) within the great dynastic archives corresponded to the intentional cancellation of both the original logic of production and use of the letters, and of the conceptions – and the protagonists – of territoriality linked to these logics.

My paper aims to highlight some of these moments of cancellation of documentary memory and to analyse their consequences, both immediate and long-term: the case studies will be the archives of Italian territorial powers between the end of the 14th century and the beginning of the sixteenth, and the vicissitudes of their fonds in the following centuries.

---

* I would like to thank Laura Turchi for the many discussions on the topic of Renaissance princely archives that we had together over the years, and for her comments on my text.

Memories Lost in the Middle Ages / L'oubli collectif au Moyen Âge, ed. by Noëlle-Laetitia Perret et Hans-Joachim Schmidt, Memoria and Remembrance practices, 4 (Turnhout: Brepols, 2023), pp. 185–204
BREPOLS ❦ PUBLISHERS   10.1484/M.MEMO-EB.5.133738
This is an open access article made available under a CC BY-NC 4.0 International License.

> To know traces and to learn to interpret them could be only the beginning of memory.
>
> A long forgetting, it had been argued, was the first condition of history, a discarding of enough for the essential to be remembered.
>
> Raymond Williams, People of the Black Mountains, *1989*

1. Records, archives, memory, and oblivion: a framework

In 1635, the Venetian Council of Ten asked to the *consultores in iure* Scipione Ferramosca and Ludovico Baitelli to present an advice on how to draft an « index or repertory of the books and the records that are in the *Secreta* [chancery] ». The two men opened their very detailed proposal by stating that the Venetian secret chancery contained « an almost invaluable treasure of records/rights [*ragioni*] ». They went further: such a treasure represented the very matrix of history (« qui risiede la matrice dell'Historia »), the memory of the past and the ground for the future and never-ending good fortune of the Venetian domain.[1]

This is just an example, although quite an eloquent one, of the double role that records were increasingly playing in the history – and the self-perception – of later medieval and early modern power. Recent research has widely emphasized the relevance of public written records and data managing strategies in governmental growth, both in the Italian peninsula and in Europe. Writing practices were in fact central to the definition of medieval and Renaissance authority and power in terms of statehood, or of a vocation for statehood accompanied by variable degrees of territoriality, sovereignty, jurisdiction. Polities and powers developed governmental systems grounded on the use of written records for internal communication and external interactions. All those records were synthetised, registered, checked and preserved thanks to new documentary and archival techniques elaborated by the many professionals of written communication working in public offices (chancellors, secretaries, officials, notaries). In so doing, as the Venetian *consultori* knew very well, polities also deliberately started building a distinctive public identity by rearranging old and new records into functional documentary systems that increasingly became memory – and later, history. These operations were meant to respond to governmental needs in the first place, but soon also revealed all their potential to strengthen

---

1 Archivio di Stato di Venezia (ASVe), *Consiglio dei Dieci, Deliberazioni segrete*, b. 40, in *Fonti per la storia degli archivi degli antichi stati italiani* ed. by Filippo de Vivo, Andrea Guidi, Alessandro Silvestri, with the collaboration of Fabio Antonini, Giacomo Giudici (Rome, Ministero dei Beni e delle attività culturali e del turismo, 2016), pp. 192-197, quote at p. 193 (original quotes: «indice o repertorio dei libri et scritture che son in Secreta»; «un quasi inestimabile tesoro di ragioni»; «qui si riservano le antiche non meno che ammirabili forme del Governo, che seguitate per i tempi possono assicurare la felicità di questo Dominio alla perpetuità»). On the *Secreta*, see Filippo de Vivo, « Coeur de l'État, lieu de tensions. Le tournant archivistique vu de Venise », *Annales HSS*, 68 (2013), pp. 600-728 (and bibliography).

power legitimacy and sovereignty, and to build a political identity capable to survive through the centuries.[2]

That said, reality was more ambiguous and less deterministic: the correspondence between governmental growth or dynastic memory and documentary or archival reform was neither automatic nor straightforward. Many experiments at innovating documentary practices and record-keeping in pivotal political moments ended in nothing.[3] However, documentary growth was undeniable, and carried with it more than a consequence. Paul Dover, remembering Roger Chartier's often quoted declaration that "the fear of obliteration obsessed the societies of early modern Europe", and therefore pushed them to "preserve in writing traces of the past", very recently has noted that such an obsession generated an "unmanageable accumulation of texts, records, and ephemera of wildly varying utility and quality". In turn, all this paper caused a new form of anxiety, that is the urge to preserve every record.[4]

Full preservation, or even effective record-keeping, remained however a most elusive goal, and more or less deliberate losses and conscious or unconscious forms of oblivion were the other face of the coin. Apart from the many episodes of accidental loss of whole groups of records by fire, floods, collapsing buildings, siege and war, or the deliberate destruction of records that at some point, and by modern, professional archivists, have been deemed useless,[5] to all the practices of recording information and building on it a public memory often corresponded a similar or complementary operation of more or less deliberate, and more or less instantaneous cancellation of a part of that very memory. This last phenomenon, however, has been much less investigated than the previous or parallel accumulation.[6]

---

[2] On this theme, by now, the bibliography is really huge: see the pioneering Michael T. Clanchy, *From Memory to Written Records. England, 1066-1307* (Oxford: Oxford University Press, 1979), and, as the latest references, Paul Bertrand, *Les écritures ordinaires. Sociologie d'un temps de révolution documentaire, entre Royaume de France et Empire* (Paris: Editions de la Sorbonne, 2015); Filippo de Vivo, Andrea Guidi, Alessandro Silvestri, *Introduzione a un percorso di studio*, in *Archivi e archivisti in Italia tra medioevo ed età moderna*, ed. by Filippo de Vivo, Andrea Guidi, Alessandro Silvestri (Rome: Viella, 2015), pp. 9-41; Isabella Lazzarini, *L'ordine delle scritture. Il linguaggio documentario del potere nell'Italia tardomedievale* (Rome: Viella, 2021), Pierre Chastang, « Dominer, administrer, gouverner. L'écrit administrative et la question de l'État » in *Vecteurs de l'idéel et mutations des sociétés politiques. Le pouvoir symbolique en Occident (1300-1640)*, ed. by Jean-Philippe Genet (Paris: Editions de la Sorbonne, 2021), pp. 261-273. On information, although for a later period, interesting remarks in Ann Blair, *Too much to know. Managing Scholarly Information Before the Modern Age* (New Haven: Yale University Press, 2010), and, on a more political note, Filippo de Vivo, *Information and Communication in Venice. Rethinking Early Modern Politics* (Oxford: Oxford University Press, 2007).

[3] For some examples (in Milan, Mantua, or Ferrara, but also in Venice and Florence) and references, see Isabella Lazzarini, *L'ordine delle scritture*, pp. 35-60 and 123-150.

[4] Roger Chartier, *Inscription and Erasure: Literature and Written Culture from the Eleventh to the Eighteenth Century*, (Philadelphia: University of Pensilvania Press, 2007), p. vii, quoted in Paul M. Dover, *The Information Revolution in Early Modern Europe* (Cambridge: Cambridge University Press, 2021), p. 1.

[5] For an anthology of sources on these episodes, see Filippo de Vivo and al. *Fonti per la storia*, parts III.4 (pp. 268-284) and V.3 (pp. 425-440).

[6] And things have not really changed, at least for the Italian research, from 2004, when the Istituto Storico Italiano per il Medioevo devoted a number of its *Bullettino* to the theme *Eclissi della memoria*, 106, (2004), pp. 75-198: see in particular Armando Petrucci, « Fra conservazione e oblio: segni, tipi e modi della memoria scritta », pp. 75-92 and Amedeo De Vincentiis, « Memorie bruciate. Conflitti, documenti, oblio nelle città italiane del tardo medioevo », pp. 167-198.

Personal and collective memory and oblivion are complicated matters:[7] in order to thematise the process of forgetting or altering documentary memory in a broader – and hopefully useful – way, I will include here within the fluid concept of 'oblivion' at least three operations that differ not only in their degree of awareness and intentionality but also in their ways of affecting the memory transmitted by the records while they were still in use, and afterwards. The first way of condemning records to oblivion is probably the softest and the less deliberate. Records pile up in repositories, the governments change, and some of the documents become obsolete, too old to be read and understood or of no interest for the new rulers. They are still kept by inertia (and sometimes they arrive to us), but their meaning, context and systemic relationships with other records are lost, their voice silenced: they are actually destined to oblivion. On the other end of the spectrum, there are all the records that were intentionally destroyed (mainly burnt, in private settings or in very public events) by their owners – or by the ones that feared to be harmed by them – in the midst of some political, social or familiar conflicts. The result is again oblivion – detrimental to the government or to the people that did it, or to both – a violent, determined, and intentional destruction. Somewhere in between those two forms of oblivion – one slow and mainly unintentional, the other instantaneous and mainly deliberate – lies a whole grey region in which, by selecting or re-defining and re-ordering records, the memory of the past as preserved by the documents or by their first systematic arrangements was manipulated in order to produce a new memory responding to new ideological or practical reasons. We all know very well that every documentary or material evidence does not give us a neutral image of the world that produced it, but in these situations there is more. Documentary manipulation intended to cancel some records – or some part, or order, of them – in order to transform the others and to create a different documentary landscape, in fact includes and defines some sort of intentional although ambiguous oblivion.

My paper aims at highlighting a few moments of these three forms of cancellation of documentary memory, with a special attention to the third and more fluid and elusive of them, and to analyse their consequences, both immediate and long-term. The case studies will be the archives of some Italian territorial polities between the end of the 14th century and the beginning of the 16th, and the story and changes of their collections in the following centuries.

---

7 On memory, see Jan Assmann, *Das kulturelle Gedächtnis. Schrift, Erinnerungsräume und politische Identität in frühen Hochkulturen* (München: Beck, 1992); Aleida Borkman Assmann, *Erinnerungsraume. Formen und Wandlungen des kulturellen Gedächtinisses* (München, Beck, 1999); Paul Ricoeur, *La mémoire, l'histoire, l'oubli* (Paris: Seuil, 2000); on medieval memory, see at least Mary Carruthers, *The Book of Memory, A Study of Memory in Medieval Culture* (Cambridge: Cambridge University Press, 1990), 2nd ed. 2008; Gerd Althoff, Johannes Fried, Patrick J. Geary (eds), *Medieval Concepts of the Past: Ritual, Memory, Historiography* (Cambridge: Cambridge University Press, 2002).

2. Late medieval Italy and its records: the context

The Italian peninsula in the late Middle Ages and early modern age was composed by a wide assortment of political entities that varied greatly in size, form, and power; the result was quite a distinctive political environment if considered as a whole. In fact, while known and sometimes spoken of as *Italia* even by the contemporaries (that gave to such a name many different meanings[8]), the peninsula did not correspond in any possible way to a single political unit, not even a composite one. In a long *Quattrocento* that stretched roughly from 1350 to 1520, what the 'Italians' sometimes meant with 'Italy' back then, and even more what we call 'Italy' now,[9] was a mosaic of polities and powers resulting from the slow concentration and definition of the much more fragmented landscape of the aftermath of the Hohenstaufen era. In the north were a number of territorial states of different size and power, born from the strongest among the communal cities, together with a few lay and ecclesiastical feudal principalities. In the centre lay the Papal States, and in the south were the two kingdoms of Sicily and Naples, temporarily unified under the personal rule of Alfonso of Aragon between 1442 and 1458. Minor lords, republics, and communities completed the picture, but it was not a static one: rather, ongoing processes of territorial expansion, institutional change, conflicts, and interactions meant that the political geography of the peninsula was always changing. While the political independence and agency of all these powers was actually very broad, they were formally limited, as they were still subject to the more or less effective sovereign authority of the Empire (in the centre–north of the peninsula) and the Papacy (in the centre–south). The Italian mosaic of territories and powers featured an even wider array of institutional and constitutional experiments. Apart from the papal domains (a very special 'monarchy') and the southern kingdoms, in the north, in what I have called 'post-communal Italy', more formal states included republics (large and small, with or without a maritime empire: the likes of Florence and Venice, Genoa and Lucca, Pisa and Siena); principalities born of episcopal and communal cities (such as Milan, Ferrara, Mantua, Verona, Padua, Urbino), and others based on feudal or ecclesiastical lordships (such as Savoy, Monferrato, or the prince-bishops of Trent and Aquileia). Their governmental cultures and traditions were different but had some common ground (such as, in most cases, the communal background), and they developed shared administrative strategies as contacts grew during the 15th century. Moreover, politics was not only a matter for polities (that is, princes or rulers whose authority was to some extent formalised), but also for all those powers, (both communities and individuals), lacking in formal and legally recognised identity, but provided with a fraction of political agency and expressing some sort of political culture. Therefore, notwithstanding the lack of a common political constitution, this very fragmented

---

8 Amedeo De Vincentiis, *L'Ytalia di Dante e dei fiorentini scellerati. Un caso di comunicazione politica nel Trecento*, (Rome: Viella, 2021).
9 Francesco Benigno, Ennio I. Mineo (eds), *L'Italia come storia. Primato, decadenza, eccezione* (Rome: Viella, 2020).

political space possessed some unity that rested on shared languages and practices of power, human mobility, and cultural identity and background.[10]

At the heart of such a complex system, chanceries and written records – both juridically formal and 'grey' – have increasingly attracted scholarly attention. The major changes in Italian governmental structure and practice in the 14th and 15th centuries stemmed from a complex political process of concentration of power deeply connected to the conflicts of the late 14th century and the related processes of territorial expansion. Such process stimulated the formalisation and diffusion of shared political languages that required new written forms and innovative documentary practices. Chanceries were central to these changes almost everywhere in Italy: if this was a common process across Europe, in 15th-century Italy, however, it was emphasized by the uncertain political legitimacy of most of the peninsular polities and powers. Chanceries were responsible for producing acts of authority – that is, they daily elaborated the formal foundations of power – on behalf of regimes with questionable legitimacy and only partial autonomy, and actively aimed to compensate for such lack of legitimacy by defining and adapting distinctive documentary resources. During a long *Quattrocento* that stretches roughly from 1350 to 1520, almost everywhere in Italy the chancery – as the most important centre for the production of public written records – therefore became the heart of public authority, power and legitimacy, monopolising more and more, if not all the recording, at least the ones crucial to the decision-making process. Within a polity, there were often more than one chancery which dealt with different functions and assignments (internal and external relationships, financial deeds, appointments to offices, judiciary issues) and their composition and functioning reflected the various constitutional and institutional frameworks of the different domains, their size, and their historical evolution. Despite such variety, the chanceries day-by-day developed a comparable – often similar – range of governmental practices by combining technical competencies, documentary strategies, and political traditions. The result was, in each chancery, the growth of a largely homogeneous complex of public written records that were organised and preserved thanks to an increasing documentary consciousness. The lay professionals of written communication – chancellors, secretaries, notaries – experimented with a wide array of practices and techniques in order to build, maintain and refine an approach that could already be considered 'archival' in the modern sense of the word. The Italian chanceries at the end of the Middle Ages were a place where authority and legitimacy, as well as identity, were defined and formalised: they were also places open to experimentation at the very heart of the decision-making process.[11]

---

10 Andrea Gamberini, Isabella Lazzarini (eds), *The Italian Renaissance State* (Cambridge: Cambridge University Press, 2012).

11 Isabella Lazzarini, « Records, Politics, and Diplomacy: Secretaries and Chanceries in Renaissance Italy (1350-c. 1520) », in *Statesmen and Statecraft in the Early Modern World*, ed. by Paul M. Dover (Edinburgh, Edinburgh University Press, 2016), pp. 16-36; Christina Antenhofer, Mark Mersiowsky (eds), *The Roles of Medieval Chanceries. Negotiating Rules of Political Communication* (Turnhout: Brepols, 2021).

3. A soft oblivion: « ancient parchments of no use »

Soft oblivion, that is an almost unaware way of taking their meaning out of some records and therefore condemning them to silence and sometimes to physical loss, could assume many forms. Communal notaries, for instance, often reused ancient written acts in parchment as covers for their new registers; a new government could condemn to slow oblivion the acts produced by the previous one by stopping using them, until they are forgotten, then lost. A distinctive example of this kind of oblivion, however, comes from the ordinary use of something meant to remember, and not to forget things, such as an inventory of records. Record production entailed not only experimenting record-keeping strategies and techniques in order to use the records but also ordering them according to a hierarchy of importance. In 15th century Italian principalities, inventories of the records kept in the chancery were relatively common. Records were materially described, counted, classified, inventoried and gathered in rooms and corridors, armoires and shelves, coffers and chests, according to increasingly sophisticated logics. The basic idea of preserving records in order to use them generated many solutions and outcomes: numbers (Arabic and Roman), alphabetical letters (majuscule and minuscule), images, and full words were employed to govern increasingly detailed systems of classification. Archival inventories were the result of a complex process that involved issues of order, hierarchy, geography, and memory of power and authority. From the Savoyard Jean Balais and Henri de Clairvaux to the Mantuan Marsilio Andreasi, from Cicco Simonetta in Milan to the Venetian great chancellor Andrea Grandi, the leading figures among the chancellors and secretaries, and, to a lesser extent, the humanists that, like Pellegrino Prisciani in Ferrara, were responsible for the princely archives and libraries, or the financial officials like the Mantuan master of revenues Filippino Grossi, generally monopolised the function of redacting, updating, and preserving inventories and lists.[12] These became increasingly detailed and technically refined in a process that was not limited to documents but also entailed books and even *mirabilia* like relics or jewels. The same men who classified and re-ordered records also often catalogued books, sometimes – as in Ferrara – keeping them in the same rooms and vaults where they preserved the documents, sometimes – as in Mantua – organising separate spaces for libraries and documentary archives. In the castle of Pavia, the renowned Visconti library was put alongside the archive and not far from the famous ducal collections of relics.[13] Although sometimes

---

12 Peter Rück, *L'ordinamento degli archivi ducali di Savoia sotto Amedeo VIII (1398-1451)* (Rome: Quaderni della Rassegna degli Archivi di Stato, 1977); Axel Behne, « Archivsordnung und Staatsordnung im Mailand des Sforza-Zeit », *Nuovi annali della scuola per archivisti e bibliotecari*, 2 (1988), pp. 93-102; Axel Behne, *Antichi inventari dell'Archivio Gonzaga* (Rome: Ministero per i Beni culturali e ambientali, 1993); Isabella Lazzarini, « Materiali per una didattica delle scritture pubbliche di cancelleria nell'Italia del Quattrocento », *Scrineum*, 2 (2004), pp. 155-239; Patrizia Cremonini, « Il più antico, compiuto inventario dell'Archivio Segreto Estense. Pellegrino Prisciani, 4 gennaio 1488 », *Quaderni Estensi*, 5 (2013), pp. 353-388; Filippo de Vivo, «Coeur de l'état».
13 Filippo Valenti (ed.), *Archivio segreto estense. Sezione Casa e Stato. Inventario* (Rome: Ministero dell'Interno, 1953); Isabella Lazzarini, « Materiali »; Marco Albertario, « La cappella e l'ancona delle reliquie nel castello di Pavia (1470-1476) », *Museo in rivista. Notiziario dei musei civici di Pavia*, 3 (2003), pp. 49-116; Maria Grazia

incomplete or incoherent,[14] archival inventories were not only tools for governing but also pieces in the mosaic of a new memory: they are now also an interesting key to get into the deep relationship between remembering and forgetting.

The lordship, then marquisate of Mantua, ruled by the Gonzaga, stands out within this shared archival culture for the effectiveness of its preservation habits: not less than three inventories (respectively written in 1432, 1456, and 1484) have survived. The first two list more or less the same *corpus* of documents (all the records preserved in the *Volta inferior*, the first repository of the chancery), while the third is the inventory of a specific archival unit, a big chest, the *Cassono da li signi*, which contained a selection of 'contemporary' and mainly political records (treaties, letters, diplomatic instructions, pacts etc). All these inventories are extremely rich, and offer plenty of information on the chancery and its practices, and on record-keeping: the second of them interest us because of a single detail. The 1456 inventory, written by the Mantuan first chancellor Marsilio Andreasi, and by one of the two *maestri delle entrate* (masters of revenues) of the marquisate at the time, Filippino Grossi, contains over 675 entries that describe single documents or groups of them in a more or less detailed way. Among them, three entries design groups of records that were not very interesting for the prince: a « *saculus in quo sunt plura instrumenta et iura modici valoris et non spectantia ad dominum* »; « *instrumenta octo simul antiquissima que minime videntur spectare ad dominum* »; and finally, a « *fassiculus instrumentorum que nihil videntur spectare ad dominum* ».[15] Their modest value (*modicus valor*), their antiquity (*instrumenta antiquissima*), and their irrelevance for the prince's concrete advantage or prerogatives (they *nihil videntur spectare ad dominum*), depreciated them to the eyes of Andreasi and Grossi, who did not bother to describe them in a more detailed way, even if they preserved them, and took a note to account for their existence. Not surprisingly, Axel Behne, who recently published the Mantuan inventories and attentively combed through the Archivio Gonzaga looking for what remains of the inventoried records, could no longer find them in the contemporary Archivio di Stato – *non reperitur*: we actually do not even know if they are still there. The absence of any recognisable marker for documents too old or too useless to be properly described condemned those few records to oblivion even in their lifetime, and within a list meant to keep record of them.

Albertini Ottolenghi, « La biblioteca dei Visconti e degli Sforza. Gli inventari del 1488 e del 1490 », *Studi petrarcheschi*, 8 (1991), pp. 1-238: the whole story, and the relationship between library, relics, and archives in Milan are resumed by Franca Leverotti, « L'archivio dei Visconti signori di Milano », in *Scritture e potere. Pratiche documentarie e forme di governo nell'Italia tardomedievale, XIV-XV secolo*, ed. by I. Lazzarini, Reti Medievali Rivista, 9 (2008), Art. #12. https://doi.org/10.6092/1593-2214/101.

14 Laura Turchi, « L'orgoglio di una dinastia e gli elementi del disastro: due inventari per la casa d'Este (secoli XVI e XVII) » in *Logiques de l'inventaire: classer des archives, des libres, des objets (Moyen Âge-XIXe siècle)*, Colloque international, Genève, 3-5 octobre 2019, forthcoming, (many thanks to Laura Turchi for letting me read her text before publication).

15 The inventories are preserved in Archivio di Stato di Mantova (ASMn), Archivio Gonzaga (AG), b. U, and Axel Behne has published them: *Antichi inventari*. The quotes are related to the entries 30100093, p. 143, 30700037, p. 206, and 30700045, p. 206.

In the same archive but five hundred years later, the other face of the coin resurfaces. In the now called Archivio Gonzaga (that is, the archive produced during the seigneurial and princely phase of the history of the city, by far the main one among the different historical archives that merged into the contemporary Archivio di Stato di Mantova), the macro-class D collects the records concerning the *Affari di famiglia dei principi dominanti di Mantova* (the dynastic and domanial records of the Gonzaga). Here, a number of *buste* (boxes) collect what the 18th-century archivists called the *Diversi particolari – strumenti* (that is, the private records concerning – and belonging to – often unknown individuals that for some reasons ended up in the archives of the Gonzaga).[16] Among them, the majority is composed by loose juridical acts and notarial deeds going back to the 12th century: they often have no clear link to one another, and no relationships with the Gonzaga, the Bonacolsi (their predecessors as lords of the city), nor the 12th-13th-century communal regime of Mantua. They look like leftovers abandoned on the shoreline by a long-gone tide. Among those archival remains, a small group of ancient scraps of parchment, barely readable, are collected in a folded sheet of paper with a note by a 19th hand that says *antiche pergamene di nessuna utilità*, ancient parchments of no use. They no longer tell a story: their internal logic, their links to the reality that produced them, their meaning and use were silently lost. Of course, the 19th-century archivists could not get rid of them – exactly as their 15th-century predecessors. Those remains had not even enough value to be secretly sold by some unscrupulous functionary: those mute scraps of writing are preserved in a limbo that is equivalent to oblivion.

4. A hard oblivion: "he burnt many records and writings"

On the other end of the spectrum, there are all the records that were intentionally destroyed by their owners – or by the ones that feared to be harmed by them – in the midst of some political, social or familiar conflicts. Such a violent and immediate destruction entails a radical form of oblivion, one that deliberately wipes out single or multiple records for revendication reasons. Amedeo De Vincentiis has worked on this kind of action over written documentary memory in the context of the 14th-century Italian communes. From the Roman baron Stefano Colonna who in 1347 ripped apart the first decree issued by the new ruler of Rome, Cola di Rienzo, as soon as it was presented to him, to the Florentine heirless merchant Ciore di Lapo Pitti who in the early 15th century burned his family records in spite of his relatives, individuals with some kind of power exerted it by burning or destroying a single document, or many. Governments or factions did the same on a bigger scale. De Vincentiis investigates what happened in Perugia during the passage to a popular regime between 1255 and 1260: the popular government, in the newly issued *Ordinamenta*

---

16 ASMn, AG, bb. 302-314: they cover the years 1112-1651 (the quote comes from b. 303). See Pietro Torelli, *L'Archivio Gonzaga di Mantova*, vol. I, (Ostiglia: Mondadori, 1920). On the marquisate and its political society, see Isabella Lazzarini, *Fra un principe e altri stati. Relazioni di potere e forme di servizio a Mantova nell'età di Ludovico Gonzaga (1444-1478)*, (Rome: Istituto storico italiano per il Medioevo, 1996).

populi prescribed the dissolution of the *vicinantie*, the minor urban circumscriptions in which the city was divided and that were for a long time appointed with the duty of distribute the levy among their members (and were controlled by the *milites*). In order to make sure that such local unities could not be reintroduced, according to the *Ordinamenta*, all the records and writing of the *societates de vicinantiis* were destroyed.[17]

Such collective destructions were sometimes the result of insurrection or unrest: memorable is the case of Milan, where after the death of both Bernabò Visconti by the hand of his nephew Gian Galeazzo in 1385, and the last Visconti duke, Filippo Maria, in 1447, the seigneurial (and ducal) archives were partly or totally destroyed and dispersed. If in the first case the destruction was the result of a *coup de main* of a lord over another – and of the temporary disorder that followed Bernabò's assassination – in the second event a decree by the *Capitanei et defensores libertatis Mediolani* (the Captains and defenders of Milan's freedom, that is the leaders of the Repubblica Ambrosiana that established itself after Filippo Maria's death), explicitly invited the Milanese citizens to destroy all the fiscal registers and records that they could find (the records *taxarum, talearum, focorum, buccarum, onerisque salis et aliorum quorumvis onerum*). The result was a much broader destruction and loss of political and administrative, as well as fiscal, registers and loose records. When Francesco Sforza took control of the city, in 1450, the effort of finding what was dispersed – « molte et infinite scripture, libri et rasone esportate da la comunità di Milano […] de grandissima importantia » – was massive, and went on for years. Duke Francesco's officials searched everywhere and collected even the registers of *imbreviature* kept at home by the notaries.[18]

The examples of this form of oblivion by sudden destruction, individual or collective, in the heat of a conflict are many: apart from the accidental dispersion, this is in fact the most common way of losing records. A later development of such a process – the great and intentional 18th century reordering of the ancient fonds of the main imperial, royal and princely European archives – although a case of intentional destruction, is slightly different: there, the logic was distantly theoretical more than immediately political or familiar. Archival order reflected a way of looking at the political world as a series of functional and regular patterns: such a *remise en forme* implied a deliberate destruction of everything useless or incapable to fit in.[19] The next paragraph will better deal with it.

---

17 Amedeo De Vincentiis, « Memorie bruciate », pp. 177-178.

18 Alfio Rosario Natale, « Archivi milanesi del Trecento », *Acme*, 29 (1976), pp. 263-285. Franca Leverotti pieces together the whole story: for it and the quotes, see Franca Leverotti, « L'archivio dei Visconti ».

19 On this, see, among the most recent synthesis, Paul Delsalle, *Une histoire de l'archivistique* (Quebec: Presse de l'Université du Quebec, 2009); for Italy, see Elio Lodolini, *Storia dell'archivistica italiana. Dal mondo antico alla metà del secolo XX*, (Milan: FrancoAngeli, 2015); for the 19th- century turning point, see also Irene Cotta, Rosaria Mannu-Tolu (eds), *Archivi e storia dell'Europa del XIX secolo. Alle radici dell'identità culturale europea* (Rome: Ministero per i beni e le attività culturali, 2 vol., 2006).

5. An ambiguous oblivion: "the matrix of History"

The intervention of chancellors or jurists appointed with archival duties on the increasingly consistent treasures of public records' archives in the 16th century inaugurated a long season of what I would call an 'ambiguous' (or elusive) form of documentary oblivion. The ambiguity lies in the fact that those interventions consciously aimed to preserve the memory of the records that they were ordering and to strengthen the identity of the powers that had produced them, but in fact influenced, altered and forever transformed them both in order to serve a new image of power, new ideas of effectiveness in ruling, and finally new systems and concepts of authority. Such new image, consecrated by the 'genealogy' established by the reordered records and grounded on their (reinterpreted) authenticity, delivered to 19th- and 20th-century scholars an idea of past powers and polities that seemed 'natural': the 'modern State' whose evolution from confusion and multiplicity to rationality and systematic order was supposed to happen in the early modern age through political and religious wars, economic growth, and administrative centralisation. Everything that did not fit into such a model was deemed underdeveloped, confused, partial, eventually wrong. In this sense, the long-term consequences of this kind of oblivion were subtle, and can still be difficult to detect. These waves of oblivion and obliteration were many: the most evident, best known, and full of long-lasting consequences are the active and often systematic archival interventions on the growing deposits of public records in the central archives of the Italian (and European) principalities, kingdoms, and republics. Among them, the most striking are the mid-16th century first great initiatives of re-ordering of the main depositories of records, and the late 18th-early 19th century massive redesigning of the main public historical archives according to a new order by subjects. Other forms of this kind of oblivion, such the use, diffusion, and edition of some records instead of others, can be subtler and therefore even more pervasive: a distinctive moment in this parallel story of elusive oblivion is represented by the late 17th-early 18th century great wave of printed editions of peace treaties, leagues, and agreements.

The historical method that led archivists to the search of the authentic – that is to say, original – order of the records in the second half of the 19th and the 20th centuries, aimed at restoring the ancient nature of the archives. However, as the following few examples will show, the long-lasting effects of erasing their documentary memory are still at work.[20]

In the second half of the 16th century, a number of internal and external factors prompted almost everywhere in the peninsula the first great archival operations not just of inventorying the records as they were, but re-ordering them in a new way. Among those factors were of course the sheer mass of the records, but also the institutional or dynastic changes that involved many of the Italian polities. Republics,

---

20 Claudio Pavone, *Intorno agli archivi e alle istituzioni. Scritti di Claudio Pavone*, ed. by Isabella Zanni Rosiello (Rome: Ministero per i beni e le attività culturali, 2004); Isabella Zanni Rosiello, *Gli archivi tra passato e presente*, (Bologna: Il Mulino, 2005).

kingdoms and principalities were in fact included in bigger domains (such as it happened in Milan and Naples under the Habsburg) or ruled by a different constitutional system (Florence, for example, passed under the first grand-duke, Cosimo I, 'from republic to principality'); they finally underwent profound changes due to new territorial identities (the creation of the Farnese duchy of Parma and Piacenza or the addition of Monferrato to Gonzaga's Mantua).[21] Such changes had consequences in archival order: the men that were appointed to investigate the nature of the huge collections of public records preserved in Palermo or in Mantua, were supposed to rediscover what exactly filled the *volte*, the towers, the *grotte*, the chambers and halls that held sometimes since the 13th century their rulers' documentary treasures. In doing so, they faced the even more daunting task to make those records useful to their contemporaries while keeping memory of the past glories and *monumenta* of the land, the lord, the prince. In Sicily, the viceroy Francesco Ferdinando Ávalos sent in 1571 to the *Conservatore* don Pietro Velasquez a detailed instruction on how to reorganise the archive of the *Conservatoria del real patrimonio* in Palermo. Such a reorganisation followed an overall reshaping of many central offices of medieval origin in Palermo, and it entailed also the re-ordering of their archives. The *Conservatoria* (created in 1414 by King Ferdinand I of Aragon) survived, but its archives required intervention because, the viceroy wrote, « *così come la moltitudine e la varietà delle cose genera oscurità e confusione, così la partitione e l'ordine sono cagione d'intelligenza e di chiarezza* » ("just as the multitude and variety of things generate obscurity and confusion, so partition and order cause understanding and clarity"). Therefore, he wanted the « *Conservatore d'ordinar il maneggio sotto così proprie particioni, l'une materie dividendo dall'altre con facili e brevi regule* » (to "order all the matters in their own partitions by dividing each issue from the others with easy, simple rules") in order to rescue them, once again, from obscurity and confusion.[22] In Venice, the Council of the Ten in 1586 ordered that the Senate's matters should be organised by issues; of all their records an index *distincto per le materie e i capi dei negotii spettanti al Senato* should be made, in which all the records relating to those issues (letters, relations, deliberations) should be indexed together according to places and dates *con li luoghi et tempi distintamente*.[23]

The examples can multiply: almost everywhere, order versus confusion, distinction and systematicity versus the stratified variety and disorder produced by the passing of time were key. Re-ordering, however, implied a powerful and intentional cancellation of both the original logic by which the archives were produced, and the functional links that bound together records and offices at the moment of their

---

21 For some case-studies, see Filippo de Vivo, Andrea Guidi, Alessandro Silvestri (eds), *Archivi e archivisti*.
22 Palermo, 1 February 1571: Archivio di Stato di Palermo, *Protonotaro del Regno*, reg. 340, cc. 232r-242r, in *Fonti per la storia degli archivi*, p. 130-131. On the matter, see Alessandro Silvestri, « Ruling from afar: Government and Information Management in Late Medieval Sicily », *Journal of Medieval History*, 42 (2016), pp. 357-381.
23 Venice, 5 March 1586: ASVe, *Consiglio dei Dieci, Deliberazioni comuni*, b. 162) in *Fonti per la storia degli archivi*, p. 190; Filippo de Vivo, « Archival intelligence: Diplomatic Correspondence and Information Management in Italy, 1450-1650 », in *Archives and Information in the Early Modern World*, ed. by Liesbeth Corens, Katie Peters, Alexandra Walsham (Oxford: Oxford University Press, 2018), pp. 53-85.

creation, in fact erasing that very past that rulers and officials alike were supposed to preserve in a more orderly and useful way.

If we look at the letters received in the three principalities of Mantua, Ferrara and Milan between the end of the Middle Ages and the early modern age, we may see such an ambiguous oblivion at work. Let us start from the end of this story. Based on the data provided by the *Guida generale degli archivi di Stato* in the archives of Milan, Mantua and Ferrara the letters linked to diplomacy and internal government are inventoried in more or less homogenous series.[24] The Milanese archives, numerous in the 14th century ("there were as many archives as chancelleries", Natale said[25]) have a double history of coeval destruction (1391, 1447), subsequent alterations (Peroni, Osio, in the 18th-19th centuries) and reconstructions (Fumi, in the early 20th century). At the end of this long trajectory, a landscape of more or less manipulated 20th-century series was born: it was certainly commendable but sketchy, incomplete and sometimes openly wrong. The bulk of the diplomatic missives received by the Sforza is collected in the class of *Carteggio Estero*, while the missives of the princes are in *Potenze sovrane* and in the *Diplomatico*. As for the registers, for the most part the *libri litterarum clausarum* are more or less recollected within the class of the *Registri delle missive*: in the Guida, Natale admits the limits of the well-deserving operation of reorganization of the registers carried out by Fumi and his collaborators in the early 20th century, and prudently limits himself to define the series as 'miscellaneous'.[26]

In Modena, the few surviving registers for the 14th and 15th centuries are included in the class of the chancery registers arriving to 1505; after a very long gap, a new series of registers of *Copialettere* starts in 1689 and arrives to 1779. The letters of the diplomatic correspondence (*Carteggio estero*) are collected in the class *Ambasciatori, carteggi*: Valenti writes in the Guida that this correspondence, divided in Italian and non-Italian and organised by place, is then "divided by embassy or mission, and subdivided, internally, into dispatches, instructions, minutes and returned correspondence". The letters of the princes are grouped in the *Carteggi con principi esteri*, but records that should be traced back to both these partitions can also be found in another collection, *Carteggi con rettori, vescovi e oratori di stati e città*. Valenti underlines on every occasion the uncertainty of this division that reflects a peculiar documentary

---

24 See: http://www.maas.ccr.it/guida/hl/listaPDF.htm.
25 Alfio Rosario Natale, « Archivi milanesi del Trecento », p. 281.
26 The *Carteggio* preserves 711 boxes between 1450 and 1535; the series *Potenze sovrane* numbers 32 boxes (but they contain very different records); the documentary materials preserved in the series *Diplomi e dispacci sovrani* are again very miscellaneous. On the complicated issue of the reconstruction of the series of the Milanese registers, see Alfio Rosario Natale (ed), *Archivi e archivisti milanesi. Scritti*, 2 vols (Milan: Giuffrè, 1973), in particular Alfio Rosario Natale, « Sommario », I, pp. vii-xlvii and Luigi Fumi, « Relazione sui lavori di riordinamento dell'archivio ducale sforzesco, carteggio generale – potenze estere – registri, a cura di Giuseppe Vittani [1912] », II, pp. 309-322. On Luigi Fumi and his impact on the Milanese archives, see Lucio Riccetti, Marilena Rossi Caponeri (eds), *Luigi Fumi. La vita e l'opera nel 150° anniversario della nascita* (Roma : Ministero per i beni culturali e ambientali, 2003).

framework from the outset and a conservation marked by losses, multiplicity of archives and locations, and uneven inventorying.[27]

In Mantua, the situation is apparently clearer: the Guida's entry reproduces the systematic inventorying carried out in the 1920s by Torelli and Luzio (that in turn followed the late 18th-century reordering). The macro-class E, *Carteggio estero* (which alone contains 1,600 of the 3,719 boxes – *buste* – of the Archivio Gonzaga) is arranged by place, and each section has – for the Gonzaga period – subsections diversified by the headings *Istruzioni a inviati e residenti*; *Lettere dei dominanti ai Gonzaga*; *Carteggio degli inviati e diversi*; *Relazioni e varie dallo Stato* (this last one contains only early modern records). The registers of letters and the drafts (*minute*: always separated from the letters), are placed in the macro-class F, which collects the fonds of *Legislazione e sistemazione del governo* (F.II, *Corrispondenza interna*). The registers form the class of the *Copialettere dei Gonzaga* collect the letters sent by the princes. Although the architecture is clearer (though not more attentive to the original contexts), the division, according to Luzio himself, is full of errors and confusions: letters of all kinds, minutes, copies and instructions can be found almost everywhere.[28]

The actual landscape of these collections in Milan, Mantua and Ferrara has been shaped by a long and complex story of decompositions and re-compositions that underwent two relevant turning points: the earliest is well-known for Mantua and Ferrara (and lesser investigated for Milan[29]); the second affected them all. The first turning point takes us back to where we started, that is to the second half of the 16th century. The Mantuan case is particularly eloquent. The incoming correspondence – which, as far as we know, had not yet been organically inventoried – was systematically re-examined, opened (the part still in *filze*, that is, tied year by year with a rope passing through the letters) and made available in an order that would make this mass of countless papers more manageable. In a word, the *continuum* of internal/external correspondence was intentionally broken for the sake of clarity and use (at the time), and the whole *corpus* was rearranged according to places and then, in decreasing order, to senders, and finally to subject matter. The same urge for clarity and rationality that we saw in Palermo and in Venice acted also in the principalities of the Po plain. The Este dukes promoted a re-assessment of their archives (or of the central core of them) appointing to the task Giovan Battista Pigna in 1574.[30] Duke

---

27 See Umberto Dallari, « Inventario sommario dei documenti della cancelleria ducale estense (sezione generale) nel R. Archivio di Stato di Modena », *Atti e memorie della R. Deputazione di storia patria per le province modenesi*, s. VII, 4 (1927), pp. 157-275; Filippo Valenti, « Profilo storico dell'archivio segreto estense » [1953], now in Filippo Valenti, *Scritti e lezioni di archivistica, diplomatica e storia istituzionale*, ed. by Daniela Grana (Roma: Ministero per i beni culturali e ambientali, 2000), pp. 343-384; Laura Turchi, « Un archivio scomparso e il suo creatore ? La *Grotta* di Alfonso II d'Este e Giovan Battista Pigna », in *Archivi e archivisti*, ed. by Filippo de Vivo, Andrea Guidi, Alessandro Silvestri, pp. 217-238.

28 Pietro Torelli, *L'Archivio Gonzaga* e A. Luzio, *L'Archivio Gonzaga di Mantova. II. La corrispondenza familiare, amministrativa e diplomatica dei Gonzaga* (Verona: Mondadori, 1922), see *ibidem*, alle pp. 60-1, 76.

29 See now, for the archive of the Senate, Giacomo Giudici, « Ludovico Annibale Della Croce: letterato, segretario del Senato di Milano e archivista del Cinquecento », in *Archivi e archivisti*, ed. by Filippo de Vivo, Andrea Guidi, Alessandro Silvestri, pp. 311-334.

30 See Laura Turchi, « Un archivio scomparso »: Turchi focuses on the summaries of the *Grotta*, which thematically organised the diplomatic records « sotto certi capi per ordine d'alfabeto », ASMo, Carteggio

Guglielmo Gonzaga in 1582 entrusted to a jurist, Francesco Borsato, and his team the duty of re-ordering the ducal political and diplomatic records.[31] Pietro Torelli, the scholar and director of the Mantuan archives who in the 1920s took over the previous non-printed inventories, and checked, coordinated and published them in the version still in use, transcribed in the introduction to his general inventory the long letter in which Borsato explained to the duke how he wanted to proceed. Borsato's intentions deserve to be quoted at least in some points. When he wrote about the letters and all the records regarding 'important issues' written and sent by the house of Gonzaga to others, or by others to the Gonzaga (« *lettere, registri ed istruttioni de negotii, di avvisi di Stato, o simili materie importanti, scritte e mandate così ad altri per la Serenissima casa Gonzaga, come per altri a quella, et alli antecessori di Sua Altezza Serenissima* »), he affirmed that to get some « *utile e frutto* » from them, one should proceed by steps:

> Prima, che dette lettere, registri et istruttioni, quali sono innumerabili, siano intieramente lette, separate o distinte secondo i lochi e le persone che trattano; Secondo che tutti li detti negotii, avvisi o cose importanti ivi contenute siano ridotte a capi et materie principali, et a essi applicati le dette lettere, istruttioni o scritture ordinatamente; Terzo siano detti capi e materie descritti sommariamente in repertori grandi, con ordine, per trovarle a suoi luoghi, persone, numeri et materie.

The countless letters, instructions and records should at first be read and divided according to the places from where they were sent, and the people who sent them; secondly, they should be orderly organized by theme; and thirdly, all these definitions and categories (places, people, and subjects) should be summarised in big repertories that could help in finding the right record in its right place. Torelli notes that Borsato's plan was very effective: the organisation of the external and internal correspondence (« *assetto dei* carteggi estero [rub. E] *ed* interno [rub. F]») that, in its general structure, has survived to the present day dates back to it.[32]

The second phase of the breakdown of the original documentary continuum is the well-known archival reform of the late 18th-early 19th century.[33] At that point, it was not so much a question of dividing the correspondence by subjects – in fact this had already been done in the 16th century – but of altering the last original systematic link still surviving, the one between the different components of the documentary information flow (letters/instructions/copies/minutes/final relations). Such

---

di referendari, consiglieri, cancellieri e segretari, b. 150, reg. 2 (1559-1579), cit. *ibidem*, p. 221; see also Laura Turchi, « Archivi dell'informazione e diplomazia nell'età di Cesare I e Alfonso III d'Este », in *Modena estense. La rappresentazione della sovranità*, ed. by G. Signorotto, D. Tongiorgi (Rome: edizioni di storia e letteratura, 2018), pp. 43-70.

31 Francesco Borsato to Duke Guglielmo Gonzaga, Mantova, 13 February 1582, ASMn, AG, b. 2617, cit. in Pietro Torelli, *L'Archivio Gonzaga*, pp. xxxviii-xxxix.
32 Pietro Torelli, *L'Archivio Gonzaga*, p. xl.
33 Apart from the references at note 17, see Andrea Giorgi, Stefano Moscadelli, « Conservazione e tradizione di atti giudiziari d'Antico Regime: ipotesi per un confronto », in *La documentazione degli organi giudiziari nell'Italia tardo-medievale e moderna*, ed. by Andrea Giorgi, Stefano Moscadelli, Chiara Zarrilli (Rome: Direzione generale degli archivi, 2012), pp. 37-123.

re-ordering was obtained through the creation of highly artificial typological series according either to new systematic principles, or to some forms of erudite collecting. This led to the creation of the various series of drafts (*minute*), autographs, original letters and, among the 'simple' diplomatic letters, the classes of the letters of envoys and others (*inviati e diversi*), of sovereign powers (*potenze sovrane*), of dynastical princes (*principi della casa*), and so on, by distinguishing, altering, separating and regrouping the records according to whatever order the obsessive classificatory attitude of 19th-century archivists was able to imagine. Later, the fractures in the ancient documentary fabric were, whenever possible, partly amended and recomposed: but the creation of the documentary object 'diplomatic correspondence' was complete and stood in front of all the 'internal' correspondence. Such deliberate creation of something that every scholar would recognise as a 'diplomatic' or an 'internal' correspondence came at a cost: the erasing – that is, the oblivion – of the original geography of the ancient records and the loss, by destruction, of all those records that were deemed useless. An example of such useless material is provided by the weekly summaries of expenses and revenues that were attached to the letters sent in the 1460s to Marquis Ludovico Gonzaga by Albertino Pavesi, his treasurer. His letters remain, while his summaries were extracted in 1830 from his correspondence, set aside and then destroyed as « *inutili agl'interessi del Governo, de' Particolari, ed alla Storia* » ("useless to the interests of the Government, of the Individuals, of History").[34] Contemporary scholars, unaware of this process of reshaping, could very well imagine that a medieval correspondence was more homogeneous and regular than it really was. Therefore, they could easily forget the different logics underlying the original documentary landscape, or the men and offices that used it.

As we said above, another form of such elusive oblivion – in between the archival reordering waves of the 16th - and the 18th -early 19th -century – emerges from a different kind of later intervention on a given group of records. I am thinking here to the great works of systematisation and edition of peace and alliance treaties published in Europe between the end of the 17th and the first decades of the 18th century. European medieval and early modern peace treaties are complicated sources.[35] The treaty of Arras (1435), the peace of Lodi and the Italic League (1454-1455), even 'general' treaties such as Cateau Cambrésis (1559) or Westphalia-Osnabrück (1648) were stipulated within a complex, almost uninterrupted, and stratified negotiating process, in very different patterns, and by various actors. Their diversity derives from what Olivier Guyotjeannin defines a polymorphism that spans from their documentary form to their content.[36] However, they arrived to us through editions that

---

34 Pietro Torelli, *L'Archivio Gonzaga*, p. lxxxiii: the quote comes from the summary that the vice-prefect of the Mantuan archives sent to the *Imperial-Regia Delegazione provinciale di Mantova*, on 28 October 1830; Isabella Lazzarini, *Fra un principe e altri stati*, p. 69.

35 Randall Lesaffer (ed.), *Peace Treaties and International Law in European History. From the Later Middle Ages to World War On*, (Cambridge: Cambridge University Press, 2004).

36 Olivier Guyotjeannin, « Le traité comme produit de chancellerie : autour du cas français (milieu XIIIe-fin XVe siècle) », in *Diplomatique et diplomatie : les traités (Moyen Âge – début du XIXe siècle)*, ed. by Olivier Poncet (Paris : École Nationale des Chartes, 2015), pp. 17-29: 18-9.

presented them as individual, formally defined, and legally bounding acts, their nature and relevance magnified by the ways of later transmission. Late medieval and early modern main treaties and agreements are in fact preserved (and used) thanks to relatively few editions – both 'universal' and 'national', in Latin or in some European language – published between the 1690s and the 1730s-1740s.[37] Scholars still use them as sufficiently reliable and easily accessible repositories of sources on European politics and diplomacy.

In fact, these editions are much more than this. While the archival reordering of diplomatic records, as we have seen, was slowly modifying the documentary landscape of peace-making,[38] another, converging story was moving its first steps. The first printed edition of a group of "documents concerning international relations", a short collection of papal bulls, was published at Mainz in 1461. Two decades later, it was the turn of the first peace treaty, the treaty of Arras signed in December 1482 between Louis XI and Maximilian of Habsburg, to be printed in April 1483, rapidly followed by the earlier treaty of Pequigny between Louis XI and Edward IV, ratified in 1475 but printed in England in 1485.[39] In the 16th century, the use of printing single treaties – without any complementary records – began to spread. The diffusion of printed diplomatic materials moved its first steps: they were meant to reach an audience broader than the courts and councils of the early modern states, and therefore to influence the public opinion.[40] In the second half of the 17th century (with a turning point with the early 1690s), a series of main edited collections of diplomatic treaties took off and continued steadily until the 1730s-1740s. Starting with Leonard's *Recueil des traitez de paix* (1693) and Leibniz's *Codex juris gentium diplomaticus* (1693), Bernard's *Recueil des traitéz de paix*, better known as the *Grand Recueil*, (1700), and Dumont's revised edition of the *Grand Recueil* known under the title of *Corps universel diplomatique du droit de gens*, (1726-1731), are the milestones of such a wave of edited collections. The same process produced also national editions and a huge number of more specific or less ambitious publications.[41]

This massive editorial effort resulted in a number of very interesting texts in themselves: the way in which jurists, intellectuals and practitioners had focused on them, the criteria adopted in the editions, the selection of the treaties worthy of attention, the switch from royal and princely funded editions to commercial enterprises, and

---

37 Benjamin Durst, *Archive des Völkerrechts. Gedruckte Sammlungen europäischer Mächteverträge in der Frühen Neuzeit* (Berlin-Boston: De Gruyter Oldenbourg, 2016).
38 Bertrand Haan, « Lier par l'écrit. L'elaboration des traités de paix au XVIe siècle » in, *Diplomatique et diplomatie*, ed. by Olivier Poncet, pp. 69-89: 77.
39 Mario Toscano, *History of Treaties and International Politics. I. An Introduction to the History of Treaties and International Politics: The Documentary and Memoir Sources* (Baltimore: The Johns Hopkins Press, 1966), pp. 48-49.
40 Helmer Helmers, « Public Diplomacy in Early Modern Europe. Towards a New History of News », *Media History*, 22 (2016), pp. 401-420; diplomatic correspondences and memoirs were also published in early 17th century France: Olivier Poncet, « Raison d'État et experience diplomatique. La publicité éditoriale des négociations internationales en France sous le règne de Louis XIII », in *Esperienza e diplomazia. Saperi, pratiche culturali e azione diplomatica nell'Età moderna (secc. XV-XVIII)*, ed. by Stefano Andretta, Lucien Bély, Alexander Koller, Gérard Poumarède (Rome: Viella, 2020), pp. 323-348.
41 For a first survey, see Benjamin Durst, *Archive des Völkerrechts*, pp. 377-391 (*Quellen*).

the economic reasons at the basis of such expensive and ambitious editorial projects tell modern scholars a lot about the attitude of a whole cultural system towards at once politics and memory. On the other hand, even more interesting and revealing are the process of selecting some treaties while neglecting others, and most of all the way in which the peace treaty as documentary 'object' was extracted from the flood of diplomatic records that surrounded its stipulation, and transformed into the building-block of the new system of international relations in Europe. The story begins with Léonard's *Recueil* and Leibniz's *Codex*, that appeared in the same year 1693. Despite such a coincidence, not only they are quite different but also – in their variety – they both define the boundaries of a genre that would become standardized only later.[42] In order to understand how such a process of selection and re-ordering not only of the treaties but also of the story that lied behind some of them did work, a rapid reference to Léonard's *Recueil* will help. Frédérick Léonard was appointed royal printer by Louis XIV of France in 1668. In 1678, he obtained the exclusive right to publish for twenty years all the treaties concluded with or without French participation but concerning French interests, and he was allowed to consult the royal archives. A couple of first, limited collections of French treaties appeared in 1679 and 1683.[43] The publications had an official character and were such a huge success that shortly thereafter Léonard conceived the plan of assembling in one large collection of six volumes all of the treaties signed by the kings of France since Arras in 1435.[44] In the short introduction on the genesis of the work (*L'Avertissiment de l'Imprimeur au Lecteur sur la cause de ce Recueil et sur l'ordre tenu dans l'impression*), Léonard explains the 'genetic' criteria of his choices. In editing the Vervins treaty of 1598, he realized that the agreement made many references to Cateau Cambrésis (1559) and that Cateau Cambrésis in turn referred to Crépy (1544) and Madrid (1526). Going that far back, Léonard says, made him realize that the long-lasting and defining French rivalry in Europe was the conflict with the House of Habsburg: such a conflict, born over the control of the Burgundian domains, originated, according to him, with the treaty of Arras in 1435. Such a massive simplifying of the documentary nature of the peace treaties and the 'invention' of a genealogy of the most relevant among them in which the importance of the individual treaty derived from its place within a specific geography of power in Europe at the moment of its edition are very telling of what was at stake, that is the struggle for hegemony in Europe, the Mediterranean and

---

42 For the essential presentations of the following collections, and their authors, I would refer to Mario Toscano, *The History of Treaties*, pp. 51-66, and to Beniamin Durst, *Archive des Völkerrechts*, pp. 68-164. While bibliographical references would be limited to a bare minimum, the collections' frontispieces will be quoted in full: they are in fact a declaration of intents in themselves.

43 Frédéric Léonard, *Recueil de divers traitez conclus entre les potentats de l'Europe et de touts les memoires et lettres qui ont servi a la negociation de la paix de Nimègue*, A Paris, MDCLXXIX, avec privilège du Roi; Frédéric Léonard, *Recueil de tous les traitez modernes conclus entre les potentats de l'Europe*, A Paris, MDCLXXXIII, avec privilège du Roi.

44 Frédéric Léonard, *Recueil des traitez de paix, de treve, de neutralité, de confederation, d'alliance et de commerce faits par les Rois de France avec tous les princes et potentats de l'Europe et autres depuis presque trois siècles en six tomes. Assemblé, mis en ordre et imprimé par Frédéric Léonard, premier Imprimeur du Roi et de Monseigneur le Dauphin* – A Paris, MDCXCIII, avec privilège du Roi.

ultimately the wider world. Of course, selecting and publishing some peace treaties was just one of the many cultural and political processes in action at the eve of the age of Enlightment and revolutions, colonialism and nationalism, exploitation and egalitarianism that would turn the Ancien Regime into a 'modernity' characterized by the cultural hegemony of a white, western, national, and male narrative.[45] However peripheral the process, such intervention on a *corpus* of records already on its way to being re-ordered and deeply modified, intentionally erased from the table of diplomats – and at the same time from the attention of theorists of international relations and, later, of historians of diplomacy – the innumerable series of records produced before, during and around the normative texts of peace agreements. The authors of these editions chose a precise image of *jus gentium* among the various possible ones and placed it at the roots of diplomacy. Although elusive, this is another – and heavy – kind of oblivion.

As Mary Carruthers notes in her preface to the second edition of her *The Art of Memory*, published in 2008, "ancient and medieval writers supposed that human memories were by nature imperfect". According to Saint Augustin, to have forgotten things was a necessary condition for remembering others.[46] However, such a biunivocal process was often far from neutral: the documentary examples that have been examined in this paper show at the same time the complexity of the relationship between memory and the written records meant to remember to do, say, or count something, and their dark side as vehicles of forgetting. Different ages developed different ways of coping with innovation and preservation: as many forms of oblivion therefore as forms of memory emerged in the story of record conservation over the centuries that separate the later Middle Ages from our days, and shaped the ways in which the past became an image of the present.

---

45 See Isabella Lazzarini, « At the Roots of the History of Diplomacy. Writing, Preserving, Publishing a Peace Treaty (1454-1735) » forthcoming in *Reframing Treaties. Peacemaking and the Political Grammar of Agreements in the Late Medieval and Early Modern World*, ed. By Isabella Lazzarini, Luciano Piffanelli, Diego Pirillo (Oxford: Oxford University Press).

46 Saint Augustin, *Confessiones*, X.8, quoted in Mary Carruthers, *The Book of Memory*, p. 12.

OLIVIER RIBORDY

Oubli collectif et renouveau intellectuel
Impacts de la Ratio studiorum *jésuite*

▼ **RÉSUMÉ** To what extent does "collective oblivion" foster "intellectual renewal"? By examining the notion of oblivion (*collective, agreed or strategic*), this paper highlights some of the implications of the Jesuit *Ratio Studiorum*. This charter, around which the intellectual and social cohesion of the order is articulated, advocates certain common guidelines for teaching, such as the collective oblivion of the materialistic interpretations of the human soul put forward by Alexander of Aphrodisias or Averroes. Other echoes of the *Ratio Studiorum* can be found in Cartesian reflections. And if the philosopher is "grateful" to his Jesuit masters, Descartes castigates on the other hand the excesses of bookish "erudition" and seeks, to a certain extent, to "make forget" various shortcomings of scholastic teaching.
Moreover, oblivion seems to have crept into the heart of Ignatian and Cartesian writings. While the founder of the Jesuit order, Ignatius of Loyola, would have favored consigning his *Spiritual Diary* to oblivion, Descartes, after the condemnation of Galileo, would have preferred to burn the philosophical considerations proceeding from the hypothesis of terrestrial motion in his treatise on the *World*. But in both cases, the temporarily sought oblivion will be overcome. For Ignatius with the help of companions seeking to solidify the doctrinal foundation of the Jesuit order by writing down the master's thoughts; for Descartes, in the sum of philosophy represented by the *Principles*, where he once again evokes, in the form of a fable, the movement of the Earth – a hypothesis he was not ready to "forget", without however intending to publish it directly, as did Ismaël Boulliau. Furthermore, convinced of his explanation of Transubstantiation trough the surface, and of the orthodoxy of such a "physical" approach, Descartes nevertheless remains ready to retract paragraphs, or even an entire letter, if certain implications should, by their novelty, shock people. The oblivion may therefore be an *agreed* consensus,

with Mersenne, to favor the reception of his metaphysical theses, or it may be strategic, to avoid addressing certain technical or doctrinal pitfalls, thereby encroaching on theological ground. Whether *collective*, *agreed* or *strategic*, oblivion allows to better perceive the contours of the "intellectual renewal", instilled by the *Ratio Studiorum* set up by the Jesuit order, then largely favored, beyond the Jesuit horizon, by the Cartesian letters and writings at the threshold of the modern period. Like a shadow, inseparable from the works brought to light, oblivion opens up a new perspective on their elaboration and diffusion.

Inspiré par le fondateur de la *Compagnie de Jésus*, Ignace de Loyola, le plan raisonné que constitue la *Ratio studiorum* se voit élaboré avec le concours de toutes les provinces de l'ordre et expérimenté en pratique, dans les différents collèges, à commencer par le *Collegio romano*[1]. Cénacle de l'enseignement jésuite, ce dernier est aussi le théâtre de vifs débats philosophiques portant entre autres : (i) sur la mesure du temps, dont l'un des fruits sera le nouveau calendrier grégorien, instauré en 1582 sous l'impulsion de Christophe Clavius[2], (ii) sur la conception de l'espace, eu égard notamment aux différentes réactions suscitées par le modèle cosmologique brunien d'un univers infini, contenant un nombre infini de mondes[3] ou par le modèle métaphysique d'un univers à la fois fini et infini, façonné par Francesco Patrizi[4], (iii) sur l'interprétation à donner aux nouveaux phénomènes faisant irruption dans le ciel, comme les comètes observées en 1618[5], ou encore (iv) sur l'hypothèse du mou-

---

1 Cf. *Ratio studiorum. Plan raisonné et institution des études dans la Compagnie de Jésus*, édition bilingue latin/français, présentée par Adrien Demoustier et Dominique Julia, traduite par Léone Albrieux et Dolorès Pralon-Julia, annotée et commentée par Marie-Madeleine Compère (Paris : Belin, 1997) et *infra*, n. 47sqq.
2 Clavius, Christoph, *Romani Calendarii A Gregorio XIII. P. M. restitvti explicatio S. D. N. Clementis VIII. P. M. Ivssv edita : accesit confutatio eorum, qui Calendarium aliter instaurandum esse contenderunt*, 1603 ; Clavius expose les résultats de ses travaux dans *Explicatio* (1588). Cf. Sabine Romevaux, *Clavius : une clé pour Euclide au XVIᵉ siècle* (Paris : Vrin, 2005).
3 Bruno n'aura de cesse de défendre son modèle, cf. *Documents de Venise*, Interrogatoire du 2 juin 1592 (trad. E. Namer, 1966, p. 118) : « C'est dans mes livres, en particulier, que l'on peut connaître mon intention et les thèses que j'ai soutenues, à savoir que l'univers est infini, effet de l'infinie Puissance parce que je jugeai chose indigne de la bonté et de la puissance divine, si elle pouvait produire un autre monde et encore un autre et d'autres infinis, qu'elle pût se contenter de produire un seul (monde fini) ». Cf. Giordano Bruno, *De l'infinito, universo e mondi* (1584), übers., kommentiert und hrsg. von Angelika Bönker-Vallon (Hamburg : Meiner, 2007), notamment dans le premier dialogue, pp. 73-85 et pp. CXXI-CXXVI ; Thomas Leinkauf, *Grundriss Philosophie des Humanismus und der Renaissance (1350-1600)* (Hambourg: Meiner, 2017), vol. 2, pp. 1716-1735 (Infinitisierung der Welt : Giordano Bruno), ici 1726 ; Blum, Paul R., *Giordano Bruno* (Munich: Beck, 1999), en part. pp. 44-73.
4 Le modèle de Patrizi ne sera pas contesté, quant à son orthodoxie, par le jésuite Juan Azor, actif au *Collegio Romano*, comme le montre Édouard Mehl, *Descartes et la fabrique du monde. Le problème cosmologique de Copernic à Descartes* (Paris : PUF, 2019), p. 205.
5 Horatio Grassi, *On the Three Comets of the Year 1618 (An Astronomical Disputation Presented Publicly in the Collegio Romano of the Society of Jesus by one of the Fathers of that same Society* (Rome: Jacobus Mascardus 1619) translated

vement de la Terre, avancée par Galilée[6]. Visant à organiser les études et à encadrer la transmission en stipulant les tâches de chaque enseignant, la *Ratio studiorum*, dans sa version définitive de 1599[7], représente une source, autour de laquelle est censée se forger une certaine « unité doctrinale » pour tous les jésuites. Dans les faits, malgré la cohésion recherchée, les divergences ne tardent pourtant pas à apparaître et certaines postures se voient peu à peu révisées[8].

La *Ratio studiorum* constitue, pour une part, une construction *positive* invoquant différentes sources à privilégier : en particulier, relativement à la philosophie, Aristote, et en cas de doute sur un sujet théologique, priorité devrait être accordée aux thèses de Thomas d'Aquin[9]. Pour une autre part, la *Ratio studiorum* pourrait donc aussi représenter, *ex negativo*, la mise au ban de diverses pratiques d'étude ou d'interprétations concernant l'âme humaine comme le monopsychisme « averroïste » ou le matérialisme d'Alexandre d'Aphrodise[10]. Qu'en est-il ? Attentifs au fait que les prescriptions qu'ils souhaitent édicter pourraient éventuellement se retrouver bientôt elles-mêmes à l'index, comme l'avait pressenti le cardinal Robert Bellarmin, les jésuites se garderont de cataloguer, sous forme de liste stricte, les différentes thèses à interdire – même si plusieurs n'échapperont manifestement guère à la sentence jésuite[11].

Dès lors, fallait-il maintenir l'ordre établi ou ouvrir les perspectives, fallait-il accepter de dépasser, d'*oublier* certaines distinctions héritées de l'Antiquité – comme la supposition d'un monde supra-lunaire, régi par d'autres lois physiques – ou au

---

from the Latin by C.D. O'Malley, in: *Galileo Galilei, Horatio Grassi, Mario Guiducci and Johann Kepler, Controversy on Comets* (University of Pennsylvania Press, 1960), reimp. 2016, pp. 3-19.

6 À ce sujet, cf. *infra*, n. 140sqq.

7 Sur l'évolution de la *Ratio studiorum*, cf. Dominique Julia, « L'élaboration de la *Ratio Studiorum* », dans A. Demoustier & D. Julia (dir.), *Ratio studiorum* (Paris : Belin, 1997), pp. 29-69 et *infra* n. 39 sqq.

8 Comme le pointe Sabine Romevaux, Clavius n'avait pas hésité à se moquer des observations issues de la lunette de Galilée, en prétendant que « les satellites de Jupiter ne sauraient être aperçus si on ne les avait pas mis auparavant dans la lunette » (G. Galilée, *le opere di Galileo Galilei*, 20 tomes, vol. X, p. 442, cité par S. Romevaux, 2005, p. 17). Peu avant sa mort, Clavius reconnaîtra pourtant les pas décisifs effectués par Galilée, lequel lui écrit même plusieurs fois, en italien, notamment une lettre en 1611, où il indique qu'il viendra à Rome. Cf. *Lettre de Galileo Galilée à Christoph Clavius*, Florence, 5 mars 1611 : « L'espoir de devoir me déplacer sans coût, ainsi que certaines de mes affaires, m'a transporté de jour en jour jusqu'à aujourd'hui sans répondre à la très courtoise et très érudite lettre du Révérend Père Christoph Griemberg, à laquelle il me semblait ne pas pleinement pouvoir satisfaire sinon de vive voix, ainsi qu'aux nombreuses répliques qui pourraient m'être faites. [...] Immédiatement après mon arrivée, je serai avec les Révérends (Pères) pour honorer mon devoir et pour satisfaire, du moins en venant, à mon obligation et à ma conscience » (trad. réalisée à partir du document conservé aux ARSI, *Gregoriana*, Roma, que je remercie ici).

9 Cf. e.g. *Ratio studiorum*, [15], [175]-[178], [193], trad. Albrieux, Pralon-Julia, pp. 76, 115-116, 119, en laissant toutefois une marge de manœuvre et des possibilités de s'en détacher au besoin, puisqu'il ne s'agirait pas que les jésuites « soient plus étroitement liés à Saint Thomas que les thomistes eux-mêmes » ([175]). Le maître dominicain venait alors, en 1567, d'être intégré dans les rangs des docteurs de l'Église. Cf. *infra*, n. 40 et n. 59.

10 Cf. *Ratio studiorum*, [210], trad. Albrieux, Pralon-Julia, p. 125 et *infra*, n. 39 sqq.

11 Pour ces remarques, D. Julia, *L'élaboration*, 1997, pp. 40-42, cf. *infra*, n. 62. Recevant la pourpre cardinalice l'année de la publication définitive de la *Ratio studiorum* (1599), le cardinal Bellarmin sera directement impliqué dans la réfutation des thèses de Giordano Bruno. En outre, comme l'indique Jean-Robert Armogathe, *Theologia cartesiana. L'explication physique de l'Eucharistie chez Descartes et dom Desgabets* (La Haye : Martinus Nijhoff, 1977), pp. 36-40 (ici 36) : « Bellarmin avait relevé sept opinions fausses (*errantes opiniones*) sur le mode d'existence du corps du Christ dans l'Eucharistie avant d'exposer son explication ».

contraire maintenir l'ordre, quitte à « jeter dans l'oubli » certaines découvertes scientifiques fondamentales comme celles concernant le mouvement de la Terre, l'héliocentrisme, voire l'a-centrisme d'un univers infini ? Cet enjeu est aussi celui de Descartes, formé chez les jésuites, dont il se remémore volontiers l'enseignement, et héritier de la tradition scolastique – une tradition qu'il cherche pourtant, dans une certaine mesure, à « faire oublier ».

Au-delà des parallèles recherchés avec les *Exercices spirituels*[12], il s'avère intéressant d'évoquer les autres œuvres d'inspiration ignacienne, en particulier la *Ratio studiorum*, pour en sonder le possible impact sur l'un des élèves, ultérieurement parmi les plus renommés, à avoir fréquenté au début du XVIIe siècle, comme Marin Mersenne, l'« une des plus célèbres écoles de l'Europe »[13], à savoir le collège jésuite de La Flèche. Descartes en évoque le souvenir à différentes occasions et entretient des échanges épistolaires avec plusieurs jésuites, sous des formes à certains égards relativement diverses. Conscient que l'un des jésuites peut répondre pour tout l'ordre[14], Descartes cherche d'un côté leur appui, en tant que *Compagnie*, en tant qu'institution garante d'une certaine cohésion sociale et intellectuelle, et souhaite implémenter sa *nouvelle* doctrine dans l'enseignement des collèges jésuites ; le philosophe soigne, d'un autre côté, aussi les échanges plus personnalisés, notamment avec Denis Mesland, à qui il osera même confier une « explication physique » innovante et, à ses yeux, applicable sans hétérodoxie à la Transsubstantiation[15]. Aussi, les jésuites ne constituent ni un bloc monolithique[16] ni un simple agrégat de courants divergents, mais regroupent des individualités rassemblées autour de convictions communes. Pareille diversité se reflète dans la correspondance cartésienne, où cohabitent des débats animés, notamment avec le Père Pierre Bourdin qui l'accusera de scepticisme et d'avoir surtout développé « une méthode de rêver »[17], des marques de profonde

---

12 Sur les défis posés par cette question, cf. Michel Hermans, Michel Klein, « Ces *Exercices spirituels* que Descartes aurait pratiqués », in *Archives de philosophie* 59 (1996), pp. 427-440 et *infra*, n. 91.

13 *Discours de la Méthode* (AT VI, 5, 1). Voir aussi *Étude du bon sens* (AT X, 191-192) et *infra*, n. 222.

14 À ce sujet, voir Édouard Mehl, « Septièmes objections », in Dan Arbib (éd.) *Méditations métaphysiques* (Paris, Vrin, 2019), pp. 375-396, ici 379. Un extrait de la lettre de *Descartes à Huygens*, 9 mars 1638 (AT II, 50) est aussi éclairant : « J'eusse surtout désiré que les Jésuites eussent voulu être du nombre des opposants, et ils me l'avaient fait espérer par lettres de l'Isle, de La Flèche, et de Louvain, mais j'ai reçu depuis peu une lettre d'un de ceux de La Flèche [P. Vatier], où je trouve autant d'approbation que j'en saurais désirer de personne, jusque-là qu'il dit ne rien désirer en ce que j'ai voulu expliquer, mais seulement en ce que je n'ai pas voulu écrire, d'où il prend occasion de me demander ma Physique et ma Métaphysique avec grande instance. Et parce que je sais l'union et la correspondance qui est entre ceux de cet Ordre, le témoignage d'un seul est suffisant pour me faire espérer que je les aurai tous de mon côté ». Cf. *infra*, n. 156-158.

15 Karl Six, « P. Denis Mesland: ein junger Freund Descartes' aus dem Jesuitenorden (ein Beitrag zur Geschichte des Cartesianismus) », *Zeitschrift für katholische Theologie*, vol. 39, n°1 (1915), pp. 1-33, ici 9. Solange Gonzalez, « Varignon et la transsubstantiation », *Revue d'histoire des sciences*, t. 58, n°1 (2005), pp. 207-223 et *infra*, n. 165sqq., pour les échanges avec le théologien Antoine Arnauld.

16 Ce point est à juste titre souligné par Mehl, 2015. Cf. *infra*, n. 52 et 116. Voir aussi Michel Fédou, *Les théologiens jésuites. Un courant uniforme ?* (Bruxelles : Lessius, 2014), illustrant la diversité des « théologies jésuites », en soulignant en conclusion (p. 131), parmi leurs « accents caractéristiques » certains points de convergence, dont notamment « la préoccupation d'aider les âmes, si essentielle aux yeux d'Ignace de Loyola ».

17 Descartes, *Méditations métaphysiques*, Remarques de l'auteur sur les septièmes objections (AT VII, 481, 4-29) : « Ce qui fait voir que notre auteur [=Bourdin] n'a pas raison d'appeler ceci un *art de tirer des choses certaines des*

reconnaissance, par exemple témoignée au Père Étienne Charlet, pour la formation dont il a bénéficié à La Flèche, ou encore au provincial Jacques Dinet, dont il cherche à gagner la protection – tout en n'indiquant, à dessein, n'avoir que peu consulté les traités philosophiques jésuites depuis la fin de ses études.

Cristallisant l'intuition du fondateur de l'ordre et fixant par écrit les principaux axes d'une pédagogie éprouvée dans l'ensemble des collèges jésuites, la *Ratio studiorum* semble ainsi bien se prêter à une étude sur la cohésion sociale impliquée par un tel document. Il valait bien sûr, en premier lieu, *intra-muros*, au sein de la Compagnie jésuite et pour les futurs membres de l'ordre, volontiers désignés comme 'scolastiques' tant qu'ils apprennent comme élèves. Cette charte constitue également un guide pour orienter les externes, à commencer par les fondateurs ou mécènes des *collegia*[18], mais aussi les élèves formés à leur école, à l'exemple de Descartes, appelés à suivre d'autres voies. Le philosophe répétera à l'envie qu'il n'est pas « un théologien de profession »[19] et qu'il veille à ne pas outrepasser les limites de la raison[20], tout en cultivant les échanges avec les théologiens. Dans ses *Méditations métaphysiques*, il évoque à plusieurs reprises son méticuleux soin à ne pas s'aventurer sur le terrain théologique[21]. Pour autant, il considère toutefois que deux questions centrales, à savoir la démonstration de l'existence de Dieu et les enjeux autour de l'âme humaine, font bel et bien partie d'une entreprise *philosophique*[22]. Comme il ne saurait être ici question ni d'aborder de manière générale l'ample thématique de la pensée cartésienne par rapport à la religion ou aux Écritures ni de considérer

---

incertaines, ou comme il dit ci-après, une *méthode de rêver* [...] ». (trad. Clerselier 1661, revue par Beyssade 2011, pp. 482-484).

18 Certains mécènes n'auront d'ailleurs guère besoin d'attendre la parution de la *Ratio studiorum* pour apporter leur soutien : ainsi dans le cas de Gandia, où l'aménagement du collège sera initié par le duc François de Borja, lequel rejoindra les rangs jésuites, contribuera financièrement à la fondation du *Collegio romano* et deviendra même général de l'ordre, comme le relève Markus Friedrich, *Die Jesuiten. Aufstieg, Niedergang, Neubeginn* (München/Berlin : Piper, 2016), surtout pp. 284-355, ici 286-287.

19 Cf. *Descartes à Mersenne*, 11 octobre 1638 (AT II, 392) ; *Descartes à Mesland*, 9 février 1645 (AT IV, 165).

20 Cf. Roger Ariew, « Descartes and the Jesuits: Doubt, Novelty, and the Eucharist », in Mordechai Feingold (ed.), *Jesuit Science and the Republic of Letters*, Cambridge Mass., MIT Press, 2003, pp. 157-194, ici 159.

21 Voir aussi Adrien Baillet, *La vie de Monsieur Descartes*, livre VIII, chapitre VII, (t. II), 1691, Paris, Malassis, 2012, pp. 945-946 : « Mr. Morin, dit-il [=Descartes] ailleurs, traite partout de l'*infini*, comme si son esprit était au-dessus, et qu'il en pût comprendre les propriétés. C'est une faute qui est presque commune à tous ceux qui entreprennent d'écrire de la nature de Dieu, et que j'ai toujours tâché d'éviter avec soin. Car je n'ai jamais traité de l'infini que pour me soumettre à lui, et non pas pour déterminer ce qu'il est, ou ce qu'il n'est pas ».

22 René Descartes, *Méditations Métaphysiques*, Lettre à Messieurs les doyen et docteurs de la sacrée faculté de théologie de Paris (AT IX-1, 4-8) : « J'ai toujours estimé que ces deux questions, de Dieu et de l'âme, étaient les principales de celles qui doivent plutôt être démontrées par les raisons de la Philosophie que de la Théologie : car bien qu'il nous suffise, à nous autres qui sommes fidèles, de croire par la Foi qu'il y a un Dieu, et que l'âme humaine ne meurt point avec le corps, certainement il ne semble pas possible de pouvoir jamais persuader aux Infidèles aucune Religion, ni quasi même aucune vertu morale, si premièrement on ne leur prouve ces deux choses par raison naturelle. [...] Mais je n'aurais pas ici bonne grâce de recommander davantage la cause de Dieu et de la Religion, à ceux qui en ont toujours été les plus fermes colonnes ». Sur les différentes formulations des preuves visées concernant l'âme, dans une lettre à Mersenne de 1630 (AT I, 182), puis dans les titres respectifs des *Méditations* de 1641 (*in qua Dei existentia et animae immortalitas*) et de 1642 (*in quibus Dei existentia et animae humanae a corpore distinctio demonstrantur*), cf. Dan Arbib, *Méditations métaphysiques*, 2019, p. 15.

les discussions du philosophe avec d'autres ordres religieux[23], la contribution se limitera plus spécifiquement à certains échanges épistolaires entre le philosophe et les jésuites. Il s'agira principalement de considérer, à titre d'échantillons et sous l'angle de l'oubli, deux exemples-clés concernant tout d'abord (i) quelques aspects de l'innovation représentée par l'hypothèse du mouvement de la Terre, que Descartes partage avec Galilée[24], préférant néanmoins renoncer à publier *Le Monde* – sans complètement « abandonner à l'oubli » cette hypothèse, qui sera évoquée dans ses *Principes de Philosophie*. Le deuxième exemple (ii) portera sur les enjeux de la question de la Transsubstantiation[25], abordée dans le champ de la nouvelle physique et que Descartes thématise entre autres avec le théologien Antoine Arnauld, le jésuite Denis Mesland et le provincial jésuite en France, Jacques Dinet. Quelques succinctes considérations sur la façon dont Descartes pare les griefs du jésuite Pierre Bourdin viendront compléter l'analyse.

Dans quelle mesure un « oubli collectif » permet-il d'étayer un nouveau projet, de favoriser un renouveau intellectuel ? Pour y répondre, et tâcher de décrire l'un des fertiles terreaux spirituels qui verra se développer d'intenses débats durant la scolastique tardive, mais aussi l'éclosion de pensées novatrices, on convoquera dans un premier temps (I) les principaux écrits ignaciens à l'origine du mouvement jésuite, puis dans un second temps (II) un choix de lettres cartésiennes explicitant sa démarche à l'égard de l'enseignement scolastique, se montrant reconnaissant envers ses maîtres jésuites, mais fustigeant les excès d'une érudition livresque.

I. Ignace de Loyola : renouveau spirituel et formation jésuite

Testament et ouvrages au service de la mémoire collective

Au travers du *Récit du pèlerin*, Ignace de Loyola (1491-1556) fournit « moins une autobiographie qu'un testament »[26]. Suite aux sollicitations de ceux qui, prêts

---

23 Voir Jean-Luc Marion, *Sur la théologie blanche de Descartes* (Paris : PUF, [2]2009) ; Henri Gouhier, *La pensée religieuse de Descartes* (Paris : Vrin, [2]1972) ; Étienne Gilson, *Étude sur le rôle de la pensée médiévale dans la formation du système cartésien* (Paris : Vrin, 1930 reimp. 2017) ; Vincent Carraud, « Les références scripturaires du corpus cartésien », in *Bulletin cartésien XVIII, Liminaire II, Archives de philosophie* 52 (1990/1), pp. 11-21 ; Édouard Mehl, « La physique cartésienne et l'interprétation de la Genèse », in *Lire et interpréter. Les religions et leurs rapports aux textes fondateurs*, Labor et fides, Genève 2013, pp. 135-149 ; Laurence Devillairs, *Descartes et la connaissance de Dieu* (Paris : Vrin, 2004) ; Igor Agostini, *La démonstration de l'existence de Dieu : Les conclusions des cinq voies de saint Thomas et la preuve a priori dans le thomisme du XVIIe siècle* (Turnhout : Brepols, 2016).
24 Voir l'étude d'Édouard Mehl, *Descartes et la fabrique du monde* (Paris : PUF, 2019).
25 Voir Jean-Robert Armogathe, *Theologia cartesiana* (Nijhoff : Springer, 1977).
26 Selon le mot de Jean Charlier en introduction à *Ignace de Loyola. Récit du pèlerin*, trad. A. Thiry (Paris-Namur : 2010), p. 9. Voir aussi la demande formulée par l'un des proches d'Ignace, Jerónimo Nadal, *ibid.*, p. 12 : « je lui demande et le supplie de bien vouloir nous exposer comment le Seigneur l'avait dirigé depuis le début de sa conversion, afin que cette relation puisse nous tenir lieu de *testament*… » et les remarques de Louis Gonçalvez de Cámara, ayant mis par écrit le *Récit* d'Ignace et documenté sa pieuse vie dans un *Memorial*. Le journal spirituel, tenu par Ignace, fera des émules et certains compagnons jésuites des premiers instants, comme Pierre Favre, décriront aussi les éléments spirituels les ayant marqués dans un *Memorial* (ces observations sont dues à *ibid.*, pp. 14, 115, 139).

à marcher sur ses traces, forment, pour certains d'entre eux, dès 1540 les premiers rangs jésuites, Ignace, après de longues hésitations, bientôt levées par une vision[27], s'efforce de revenir sur son cheminement personnel, permettant d'ancrer dans la mémoire collective une expérience empreinte de méditations, de spiritualité, d'ascèse et de mystique. Comme l'illustre Luce Giard, les grands écrits dictés ou inspirés par Ignace se complètent : la pratique ascétique des *Exercices spirituels*[28], le cadre esquissé dans les *Constitutions*, l'exemplarité du *Récit du Pèlerin* ou l'assiduité intellectuelle organisée par la *Ratio studiorum*[29]. Ignace restera cependant réticent à l'idée de divulguer ses propres notes, qu'elles aient trait aux *Constitutions* ou encore aux *Exercices*, lesquels paraîtront anonymement sous la forme d'un « livret »[30] en 1548 ; en outre, il aurait même préféré voir son *Journal spirituel* jeté dans l'oubli[31]. Les rares occasions où Ignace remet ses documents personnels sont constituées par les injonctions des Inquisiteurs – lesquels se montreront d'ailleurs favorables aux *Exercices spirituels* – et surtout lorsqu'il souhaite obtenir, ultérieurement, l'aval de la part du Saint-Siège, vers 1547. Paradoxalement, cet effacement d'Ignace au profit de la Compagnie, cette mise en retrait au service des « exercitants » qu'il accompagnait, cherchant avant tout le « salut de leur âme »[32], semble avoir suscité l'attention des compagnons, dont plusieurs s'appliqueront à mettre par écrit ses enseignements, comme s'il s'agissait de cimenter, autour de la pensée du maître, la cohésion de l'ordre. Malgré les protestations initiales d'Ignace, ses écrits devaient, aux yeux des premiers compagnons jésuites, être préservés de l'oubli. Quels aspects mémoriels peuvent être dégagés à partir d'écrits qu'Ignace lui-même avait hésité à transmettre sous leur forme manuscrite ? Quels repères spirituels le fondateur de l'ordre jésuite

---

27 Cf. *Récit du pèlerin*, 2010, Préface du Père Cámara, p. 16 : « Il disait cela d'une manière qui indiquait bien que Dieu lui avait montré, par une vive lumière qu'il devait le faire ».

28 Cf. *Récit du pèlerin*, 2010, p. 40 (n. 2), précisant qu'Ignace « gardait avec grand soin » un livre, dont les notes serviront à l'élaboration des *Exercices spirituels*. À ce sujet, voir Cándido de Dalmases, in *Histoire de la rédaction des Exercices spirituels (1522 à 1548)* (Paris : Desclée de Brouwer, 1986) (introduction) pp. 11-40, comme l'indique *Écrits*, 1991, p. 37.

29 *Récit du pèlerin*, 2010, Préface du Père Cámara, pp. 15-20, ici 17 et 20 : « Il n'y avait aucune question à lui poser, parce qu'il n'oubliait rien d'important pour la compréhension de son récit (…). Je me suis efforcé de ne pas écrire un seul mot que je n'aie entendu de la bouche du père. (…) j'ai commencé à écrire ces choses en septembre 1553 (…) et je terminai le travail en décembre 1555 ». Voir aussi les articles de Luce Giard, « Relire les *Constitutions* » et Dominique Julia, « Généalogie de la *Ratio Studiorum* », in Luce Giard et Louis de Vaucelles (dir.), *Les jésuites à l'âge baroque 1540-1640*, Grenoble, Jérôme Millon, 1998, pp. 37-59 et pp. 115-130.

30 L'expression est de Christian Belin, *La conversation intérieure. La méditation en France au XVIIème siècle*, Paris, Champion, 2000, p. 89 ; Arthur Thomson, « Ignace de Loyola et Descartes : l'influence des *Exercices spirituels* sur les œuvres philosophiques de Descartes », in *Archives de philosophie* 35 (1972), pp. 61-85, ici p. 63, évoque « un tout petit livre » – les deux chercheurs s'accordant pour reconnaître le *grand* impact de ce *petit* écrit.

31 Voir les dernières lignes du *Récit du pèlerin*, pp. 139-140 et la note précisant que seules quelques bribes détaillant les faits écoulés sur une année depuis février 1544 jusqu'au printemps 1545 en réchapperont. Sur les conditions de publication des *Exercices spirituels* et les deux remises du texte aux Inquisiteurs en 1527, puis en 1535, voir *Écrits*, 1991, pp. 35-39, ici p. 36 – une édition proposant parallèlement la version espagnole resp. castillane sur laquelle Ignace est intervenu (dite '*autographe*'), une traduction latine « provisoire » qualifiée de *prima*, ainsi qu'une mouture au style plus travaillé, élaborée vers 1547 par André des Freux (*Frusius*) et désignée comme *vulgate*, ibid., p. 39.

32 Voir en ce sens *Écrits*, 1991, p. 39 : « Ignace manifeste une capacité peu commune à s'effacer pour laisser le champ libre à ce que le texte peut ouvrir dans l'expérience de celui qui s'engage dans les *Exercices* ».

suggère-t-il ? Est-il *a contrario* envisageable de détecter quelles doctrines, en particulier philosophiques, semblent être destinées à l'oubli collectif ou à tout le moins à être supplantées ? Les *Constitutions* proposaient d'ancrer solidement, par écrit, repères et règles, avec comme visée double la formation intellectuelle, notamment par l'étude des humanités et des langues anciennes, mais aussi l'élévation morale[33] des *scolastiques* sur le chemin de la connaissance. Cultiver l'esprit et soigner l'âme représentent certes les éléments d'un programme ambitieux, mais somme toute déjà largement pratiqué antérieurement. S'orientant par rapport aux ordres existants[34], les *Constitutions* jésuites répondent surtout au besoin social de former ; le programme jésuite s'adresse, comme a notamment pu le montrer Dominique Julia[35], en particulier aux élites, ainsi que l'illustre l'implantation des *collegia*, soutenus par de puissants souverains, à l'exemple d'Henri IV[36]. En outre, dans le difficile contexte post-tridentin, où les affrontements entre les différents camps s'aiguisent, les attentes à l'égard des fondamentaux jésuites se multiplient. De plus, les préceptes formulés dans la *Ratio studiorum* devaient non seulement refléter les lignes directrices romaines, mais tenir compte de pratiques langagières et culturelles spécifiques aux différentes régions, pour être applicables aux *collegia* du vieux continent, voire même du nouveau monde.

*Résonances du plan raisonné (*Ratio studiorum*) et ramification du savoir*

Les lignes directrices, établies dans le cadre du concile du Latran[37], figurent explicitement dans la *Ratio studiorum* : à la rubrique dédiée aux règles à observer par le professeur de philosophie, il y est ainsi stipulé que « si quelques arguments d'Aristote ou d'un autre philosophe vont contre cette foi, le professeur s'appliquera

---

33 Ces points sont relevés par Dominique Julia, « Entre universel et local. Le collège jésuite à l'époque moderne », in *Paedagogica Historica* (2004), vol. 40, n. 1-2, pp. 15-31, ici 16-18. Voir aussi les *Constitutiones societatis Jesu*, trad. fr. Ignace de Loyola, *Écrits*, trad. et présentés sous la direction de M. Giuliani, Paris, Desclée de Brouwer, 1991. Comme le fait remarquer A. Demoustier (1997, p. 18), les *Constitutions* sont par ailleurs flanquées de *Règles*, où se trouvent détaillées toutes les tâches, pour ainsi dire « le cahier des charges », des différents membres d'une province, et il renvoie pour la base textuelle à l'édition de 1893 (*Institutum Societatis Jesu*, t. III, Florence 1893).

34 Comme l'illustre Markus Friedrich (2016, pp. 144-145), Ignace s'est visiblement aussi inspiré des modèles livrés par les ordres dominicain, franciscain, cistercien ou chartreux, lors de l'élaboration des *Constitutions*, ajoutant qu'un lien « institutionnel » réunira même bientôt la « communauté » chartreuse aux jésuites.

35 Julia, 2004, surtout pp. 18-20 ; Demoustier, 1997, pp. 16-19. Cf. *infra*, n. 54-55.

36 À ce sujet, Camille de Rochemonteix, *Un collège de jésuites aux XVIIe et XVIIIe siècles. Le Collège Henri IV de La Flèche*, 4 vols (Le Mans : Le Guicheux, 1889), en part. vol. II et IV. Le mémoire de l'acte de fondation du collège de La Flèche, consulté aux *Archives nationales* (Paris), indique que « le collège de la Flèche a été fondé par Henry IV pour procurer l'éducation gratuite à cent pauvres Gentilshommes. Ce prince conçu[t] ce projet en rétablissant les Jésuites en France, et croyant se les attacher, par l'édit même de leur rétablissement, du mois de septembre 1603, il leur permi[t] d'avoir un Collège à La Flèche ». Sur le rôle de Varenne, natif de La Flèche, et les aménagements réalisés sur place au *collegium*, voir aussi Baillet, 1691, I, pp. 78-79.

37 La bulle *Apostolici Regiminis*, édictée par Léon X lors de la session du 19 décembre 1513, visait en particulier à établir la thèse de l'immortalité de l'âme. Dans l'ultime chapitre de son traité *De immortalitate animae*, publié en 1516, Pietro Pomponazzi déclare s'y soumettre (chap. XV : « *semper tamen me et in hoc et in aliis subiciendo Sedi Apostolicae* »). Voir à ce sujet les différents éclairages de Burkhard Mojsisch, *Pietro Pomponazzi, Abhandlung über die Unsterblichkeit der Seele* (Hambourg : Meiner, 1990) (Einleitung, pp. VII-XXXV) et John L. Treloar, « Pomponazzi's Critique of Aquinas's Arguments for the Immortality of the Soul », in *The Thomist* 54/3 (1990), pp. 453-470.

à le réfuter avec force, selon les directives du Concile du Latran »[38]. De surcroît, les auteurs seront passés au crible, si bien que les « digressions » d'Averroès – suggérant un unique intellect pour tous les hommes – ou celles d'Alexandre d'Aphrodise – insinuant que l'âme humaine est matérielle ou mortelle – devraient être jetées dans l'oubli, à moins qu'on les mentionne dans le but de relever leurs erreurs[39]. Hors de question par contre d'évoquer Thomas d'Aquin autrement qu'avec l'honneur qui lui est dû[40].

Les ouvrages du Stagirite constitueront la base de l'enseignement, et ce pour l'ensemble du *cursus* philosophique : (i) de la *Logique*, au cours de la première année, en veillant à « expliquer ce qui paraîtra le plus nécessaire dans Toledo ou Fonseca »[41], (ii) en passant par les traités physiques en deuxième année[42], (iii) jusqu'au *Traité de l'âme* et à la *Métaphysique* pour la troisième année[43], en réservant l'*Éthique à Nicomaque* pour le professeur de philosophie morale. Pareille construction des études n'est pas sans rappeler la métaphore de l'arbre philosophique, illustrant les ramifications du savoir et notamment exploitée par Charles François d'Abra de Raconis, que Descartes tient pour un jésuite, comme l'a montré Roger Ariew[44]. Dans cette veine, « l'arbre inversé » que Descartes décrit dans sa célèbre lettre-préface en ouverture de la traduction française des *Principes de philosophie*[45] est intéressant à plus d'un titre, et surtout concernant les « divisions des sciences, les degrés d'abstraction, la connaissance théorique et la connaissance pratique »[46]. Le philosophe précise

---

38 *Ratio studiorum*, [207], trad. Albrieux, Pralon-Julia, p. 124.
39 Cf. *Ratio studiorum*, [210]-[211] et *infra*, n. 61.
40 Après la formule « Contra vero de Sancto Thoma nunquam non loquatur honorifice », la *Ratio studiorum*, [212] précise : « il [le professeur de philosophie] le suivra très volontiers, toutes les fois qu'il le faudra ; il l'abandonnera, mais avec révérence et à contre-cœur, quand il sera en désaccord avec lui », trad. Albrieux, Pralon-Julia, p. 125.
41 *Ratio studiorum*, [215], trad. Albrieux, Pralon-Julia, p. 124. Descartes se remémorera vers 1640 – des années après l'accomplissement de sa formation à La Flèche – de Tolète et du cours de philosophie des *Conimbricenses*, cf. *infra*, n. 52. Parmi les ouvrages aristotéliciens de logique, la *Ratio Studiorum* de 1599 considère explicitement les *Catégories* ([217] : *De Praedicamentis*), et, sous forme de résumé, « le second livre du *Traité de l'Interprétation* et les deux livres des *Premiers Analytiques* excepté les huit ou neuf premiers chapitres du premier » [218], ainsi que les *Topiques* et les *Réfutations sophistiques* [220].
42 *Ratio studiorum*, [221]-[224]: Au côté des huit livres de *Physique*, l'enseignant abordera un résumé du *Traité du Ciel*, le premier livre du *Traité de la Génération*, ainsi que la *Météorologie*.
43 Ce n'est qu'en troisième année que sera thématisé le second livre du *Traité de la Génération*. Descartes suivra trois années de philosophie à La Flèche, comme il l'évoque dans une lettre du 12 septembre 1638 (AT II, 378), ainsi que l'a repéré Karl Six, « Descartes im Jesuitenkolleg von La Flèche (Zur Chronologie im Leben Descartes) », in Zeitschrift für katholische Theologie, vol. 38, n° 3 (1914), pp. 494-508, ici 497, 503. Cf. *infra*, n. 96-97.
44 Cf. Roger Ariew, *Descartes among the Scholastics* (Leiden: Brill, 2011); *infra*, n. 49, n. 52; Id., 2021, p. 32.
45 Descartes, *PP* (AT IX-2, 14) et Thierry Gontier, *Descartes, L'arbre inversé*, Paris, Ellipses, 2020, ici pp. 25-29. L'image de l'arbre de la connaissance est largement usitée, y compris chez Mersenne – ou encore dans la version antérieure de la *Ratio*, en l'occurrence pour redorer le blason de la grammaire : « Les lettres humaines sont comme les racines et les veines des arbres et, sans elles, n'existeraient ni la grâce ni le charme des bourgeons, des feuilles, des fleurs et des fruits » (*Ratio*, 1586, MP, vol. 5, pp. 111-113), cité par D. Julia, *L'élaboration*, 1997, p. 53.
46 *Ratio studiorum*, [219], trad. Albrieux, Pralon-Julia, p. 126. Écho d'une schématisation en arborescence, volontiers mise en avant par des scolastiques comme Raimundus Lulle et notamment exposée par d'Abra de Raconis, la ramification cartésienne du savoir peut aussi refléter la volonté de Descartes de se distancer de l'auteur des *Fundamenta Physices*, Regius, comme le propose Delphine Antoine-Mahut, *L'autorité d'un canon philosophique. Le cas de Descartes* (Paris : Vrin, 2021), pp. 16-17.

même que si les mathématiques, par l'étude d'objets abstraits, servent à « exercer l'esprit », il compte désormais surtout « cultiver une autre sorte de géométrie, qui se propose pour questions l'explication des phénomènes de la nature ». Car, précise-t-il, « toute [s]a physique n'est autre chose que géométrie » (AT II, 268)[47]. Derrière le tronc physique de l'arbre de philosophie se cache ainsi l'outil mathématique qui reste indispensable pour lire le monde[48]. Sur la composition de l'arbre cartésien, il faudrait encore relever un élément important, mis à jour par les études de Roger Ariew[49]. La figure de l'arbre philosophique se retrouve dans l'un des textes, consultés par Descartes à la fin de l'année 1640[50] : Charles François d'Abra de Raconis intitule en effet la troisième partie de sa Somme de Physique, *Arbor physicae*. La physique y est dépeinte sous les traits d'« un arbre, dont les racines constituent les principes et les causes des corps naturels, dont l'écorce constitue les accidents des corps naturels, dont le tronc constitue le monde, et dont les branches représentent les cieux, les éléments et les corps mixtes ». Une schématisation qui aurait pu inspirer l'arbre philosophique cartésien. Malgré son caractère synthétique, et l'absence de certaines branches complémentaires, l'arbre cartésien illustre avec une étonnante précision le projet intellectuel du philosophe. Denis Moreau suggère qu'il est possible de faire correspondre à cet arbre les principaux écrits cartésiens[51].

En outre, Descartes évoque les lectures réalisées durant sa formation à La Flèche, dans une lettre à Mersenne du 30 septembre 1640 :

> car, puisque je dois recevoir les objections des Jésuites dans 4 ou 5 mois, je crois qu'il faut que je me tienne en posture pour les attendre. Et cependant j'ai envie de relire un peu leur Philosophie, ce que je n'ai pas fait depuis 20 ans, afin de voir si elle me semblera maintenant meilleure qu'elle ne faisait autrefois. Et pour cet effet, je vous prie de me mander les noms des auteurs qui ont écrit des cours de Philosophie et qui sont le plus suivis par eux, et s'ils en ont quelques nouveaux depuis 20 ans ; je ne me souviens plus que des Conimbres, Toletus et Rubius. Je voudrais bien aussi savoir s'il y a quelqu'un qui ait fait un abrégé de toute la

---

47 Pour ces précisions, cf. *infra*, n. 50. Voir aussi *Descartes à Mersenne*, 12 septembre 1638 (AT II, 352-362, ici 362) et 11 octobre 1638 (AT II, 379-405). Par ailleurs, il est intéressant de souligner la formule de la *Ratio Studiorum*, [219], trad. Albrieux, Pralon-Julia, p. 126, prévoyant pour la fin de la première année en philosophie d'aborder : « la manière différente de procéder en physique et en mathématiques, dont traite Aristote au deuxième livre de la *Physique* ».

48 Sur la *mathesis universalis*, cf. David Rabouin, « Mathesis, méthode, géométrie. Les *Regulae* et leur place dans la philosophie de Descartes », in *Lectures de Descartes*, Paris, 2015, pp. 67-95.

49 Pour les remarques qui suivent, cf. Roger Ariew, 2011 (ici pp. 3 et 58 pour montrer que l'image était déjà présente chez Charles François d'Abra de Raconis) et Roger Ariew, « Descartes and the Tree of Knowledge », in *Synthese* 92 (1992), pp. 101-116, ici 106-108 ; Id., 2021, p. 40. Cf. aussi Mariafranca Spallanzani, *L'arbre et le labyrinthe. Descartes selon l'ordre des Lumières*, Paris, Honoré Champion, 2009, surtout pp. 317-339.

50 *Descartes à Mersenne*, 11 novembre 1640 (AT III, 234) et 3 décembre 1640 (AT III, 251). Le cours d'Abra de Raconis, *Totius philosophiae*, était paru en 1637, selon Armogathe 2013, p. 953. Cf. Baillet, 1691, p. 555. L'extrait d'Abra de Raconis (*Summa*, pars III : *Physica*, Lyon, Barlet, 1651) est mentionné, avec traduction anglaise, par Roger Ariew, 2021, pp. 40-41.

51 Cf. Denis Moreau, « L'idée de la philosophie », in : Frédéric de Buzon, Élodie Cassan, Denis Kambouchner (dir.), *Lectures de Descartes* (Paris : Ellipses, 2015), pp. 19-40, en part. pp. 21 et 27-33. Voir aussi son édition de la *Lettre-Préface* des *Principes de la Philosophie*, éd. Denis Moreau (Paris : GF, 1996).

Philosophie de l'École, et qui soit suivi ; car cela m'épargnerait le temps de lire leurs gros livres. Il y avait, ce me semble, un Chartreux ou Feuillant qui l'avait fait ; mais je ne me souviens plus de son nom[52].

Descartes à Mersenne, 30 septembre 1640 (AT III, 185, 2-18)

Ce chartreux ou ce feuillant n'est autre qu'Eustache de Saint-Paul, entré dans l'ordre cistercien vers 1605/6, et qui publiera une *Somme philosophique quadripartite sur les choses de dialectique, de morale, de physique et de métaphysique*. Cet ouvrage sera étudié par Descartes, qui avouera même à Mersenne[53], non sans espièglerie, que ce résumé systématique est « le meilleur livre » écrit sur le sujet, puisque Descartes envisageait, sans froisser son auteur, et le cas échéant avec son aval, de lui opposer, point par point, ses commentaires. Mais quelles nouveautés, en termes de lectures, la *Ratio studiorum* autorise-t-elle ?

Le *plan raisonné* esquisse un cadre pédagogique, précise les étapes de formation et édicte des règles pour l'enseignement. Les attentes sont alors multiples : fournir une assise suffisamment stable et homogène pour orienter maîtres et élèves, sans ignorer les spécificités régionales ni la variété des instances politiques accueillant, voire finançant, dans toute l'Europe et au-delà, les *collegia*[54]. Un programme d'étude aux ambitions « universelles » et à l'applicabilité « locale »[55], à la fois *uniformisé* pour garantir un niveau similaire de formation, une progression structurée des apprentissages, mais aussi favoriser la mobilité des enseignants entre provinces, tout en restant *malléable* pour s'adapter aux demandes spécifiques[56]. Élaborée en plusieurs moutures, la *Ratio studiorum* est ainsi le fruit d'une collaboration, où les différentes provinces sont consultées, pour ensuite voir leurs questionnements, puis leurs « remarques et observations » issues de la pratique, intégrés[57]. Néanmoins,

---

52 Cf. Édouard Mehl, « Les années de formation », in *Lectures de Descartes*, 2015, pp. 41-65, ici 43-48. Cf. D. Julia, *L'élaboration*, 1997, p. 62 et le renvoi (*ibid.*, n. 1) à l'étude de Ch. Lohr, « Les jésuites et l'aristotélisme au XVIe siècle », in L. Giard (éd.), *Les Jésuites à la Renaissance. Système éducatif et production du savoir*, Paris, PUF, 1995, pp. 79-91. Cf. D. Perler, « Eustachius a Sancto Paulo (Eustache Asseline) (1573-1640) », in *The Cambridge Descartes Lexicon* (Cambridge: University Press, 2015), pp. 257-259 et Roger Ariew « 'Le meilleur livre qui ait jamais été fait en cette matière' : Eustachius a Sancto Paulo and the Teaching of Philosophy in the Seventeenth Century », in S. Berger, D. Garber (ed.), *Teaching Philosophy in Early Modern Europe*, Cham, Springer, 2021, pp. 31-46.

53 *Descartes à Mersenne*, 11 novembre 1640 (AT III, 230-236, ici 232).

54 En de nombreux endroits, les jésuites concentreront les efforts pédagogiques dans les domaines de la théologie et de la philosophie, comme le constate M. Friedrich, *Die Jesuiten. Aufstieg, Niedergang, Neubeginn*, 2016, ici pp. 290-292, en évoquant l'exemple de Pont-à-Mousson, où les disciplines, comme la médecine ou le droit, resteront sous la houlette de maîtres séculiers qui revendiquaient leur indépendance. Ce qui n'empêchera pas qu'une importante pharmacie soit développée par la suite au sein du collège jésuite (*ibid.*, p. 351). Conformément aux dotations royales, décrites par Baillet (1691, I, p. 78), le collège de La Flèche se verra lui attribuer, dès sa fondation, « un médecin, un apothicaire et un chirurgien ».

55 Pour reprendre l'intitulé de la contribution de D. Julia, « Entre universel et local. Le collège jésuite à l'époque moderne », in *Paedagogica Historica* (2004), vol. 40, n. 1-2, pp. 15-31.

56 Ces aspects sont développés par A. Demoustier, « Les jésuites et l'enseignement à la fin du XVIe siècle », in *Ratio studiorum. Plan raisonné et institution des études dans la Compagnie de Jésus*, 1997, pp. 12-28, ici pp. 20 et 24-26.

57 *Ratio studiorum*, [1] : « il convenait de ne rien fixer complètement avant d'avoir examiné attentivement les difficultés et souhaits des provinces, afin qu'autant que possible satisfaction fût donnée à tous et que cette œuvre, qui devait par la suite servir à tous, fût acceptée de tous avec sérénité » (trad. Albrieux, Pralon-Julia, p. 72). Cf.

par souci de simplification et aussi en vue d'imprégner *collectivement* les esprits, la version ultérieure, remaniée en 1599, sera allégée pour ne conserver que les points principaux et viser ainsi à précisément susciter une large adhésion *collective*[58]. Si, comme le montre Dominique Julia dans son analyse des différentes étapes vers la rédaction de la *Ratio studiorum*, un certain consensus pourra, non sans débat, être dégagé autour des « lignes directrices » de l'enseignement à prôner et, un peu plus aisément, autour de l'autorité de Thomas d'Aquin – auquel certains jésuites voudraient pourtant associer d'autres autorités –, il semble en revanche assez difficile, pour le général de l'ordre, Acquaviva, d'établir une liste détaillée de thèses à éviter[59]. Des prescriptions générales indiquent toutefois qu'il était préférable de ne pas étudier certains ouvrages susceptibles de « blesser la pureté des âmes » : l'une des règles concernant le provincial laisse ainsi entendre que dans le cas où des expurgations n'étaient guère envisageables, comme par exemple pour Térence, une mise à l'écart de pareilles lectures s'avèrerait adéquate[60].

Parmi les versions antérieures du plan raisonné, l'une semble particulièrement intéressante, à savoir celle élaborée pour le *Collegio romano* par Ledesma, contenant[61] des prescriptions sur les thèses philosophiques à suivre pour l'enseignement. Le jésuite y liste les principaux points doctrinaux concernant Dieu et les divers échelons ontologiques du créé, à savoir les anges ou intelligences, l'âme humaine, le corps, le ciel et la terre, rappelant notamment quelques-uns des fondements psychologiques à exposer : qu'il n'y a « qu'une seule âme en chaque homme » (et non une âme en plusieurs hommes), que l'âme rationnelle est « véritablement la forme du corps », qu'elle est « immatérielle et immortelle », qu'elle n'est « pas extraite de la puissance de la matière »[62]. Ledesma précise encore que la thèse de la création est non seulement compatible avec « la vraie philosophie », mais « s'ensuit nécessairement à partir des principes d'Aristote ». Ce *compendium* débouche sur quelques préceptes exégétiques qui soulignent qu'Aristote ne saurait être lu à la lumière des commentaires d'Averroès, si bien qu'un maître en philosophie comme Benedict Pereira se verra critiqué pour ses interprétations averroïstes. Il n'était en effet guère toléré, dans

---

Georges Leroux, « La raison des études. Sens et histoire du *Ratio Studiorum* », in *Études françaises* 31/2 (1995), pp. 29-44 ; D. Julia, 1997, pp. 29-69, en particulier sur l'expansion des collèges jésuites pp. 44-58 et l'édition de nombreux textes, documentant le développement des versions successives de la *Ratio Studiorum*, réalisée par L. Lukács, *Monumenta Paedagogica Societatis Iesu*, t. 1-7, Rome, 1965-1992.

58 Voir en ce sens la lettre d'envoi du 8 janvier 1599, placée en ouverture de la *Ratio studiorum*, ibid., pp. 72-73.
59 Sur la première version, en 1586, de la *Ratio Studiorum*, comportant deux écrits : (i) *Delectus opinionum* qui rassemble des thèses de la *Somme théologique* de Thomas d'Aquin et (ii) *Praxis et ordo studiorum*, voir D. Julia, *L'élaboration*, 1997, en part. pp. 35-43. En appendice de la version de 1599 figurera encore un catalogue de questions issues de la *Somme théologique* (cf. *Ratio studiorum*, 1997, pp. 216-235).
60 Tel est le propos de *Ratio studiorum*, [57], p. 86.
61 Cette indication est due à D. Julia, *L'élaboration*, 1997, pp. 33-35, 55-56, 58-61 qui renvoie à *Monumenta Paedagogica Societatis Iesu*, t. 2, pp. 496-503: "Quaedam quae docenda et defendenda sunt in philosophia". Pour une illustration de la manière dont certains des plus influents jésuites, comme Francisco Suárez, tiennent compte des versions successives de la *Ratio studiorum*, cf. Marco Forlivesi, « Francisco Suárez and the 'rationes studiorum' of the Society of Jesus », in M. Sgarbi (ed.), *Francisco Suarez and His Legacy. The Impact of Suarezian Metaphysics and Epistemology on Modern Philosophy* (Milan: Vita e Pensiero, 2010), pp. 77-90.
62 Ces articles sont formulés dans *Monumenta Paedagogica Societatis Iesu*, t. 2, pp. 496-503, ici 497-498, 501-502.

le cadre de l'enseignement jésuite, de remettre en question les opinions communément reçues et admises, sans parler de suivre les *aberrationes* averroïstes. Même si certaines normes exégétiques s'établissent, il faudrait toutefois rappeler que le recteur du *Collegio romano*, Robert Bellarmin opte pour la retenue, afin de ne pas dresser des listes de thèses qui pourraient être contestées par les autres ordres, voire par l'Inquisition[63]. Toujours est-il que relativement à l'enseignement de la philosophie, la *Ratio studiorum* de 1599 recommande que « ceux qui seraient portés aux nouveautés, ou auraient trop de liberté d'esprit » en soient écartés[64]. Point de nouveauté ? La tâche s'annoncera ardue par exemple pour les férus d'astronomie débattant en 1618 au *Collegio romano* sur le sens à donner aux nouvelles comètes apparues dans le ciel ou, ultérieurement, pour les lecteurs de Galilée, dans les rangs jésuites. Descartes lui-même semble faire allusion aux conséquences possibles envisagées par les jésuites face aux nouveautés en philosophie, dans la lettre qu'il fait parvenir au professeur de philosophie de La Flèche, suite à la parution du *Discours de la Méthode*.

> Et parce que je sais que la principale raison qui fait que les vôtres rejettent fort soigneusement *toutes sortes de nouveautés en matière de philosophie*, est la crainte qu'ils ont qu'elles ne causent aussi quelque changement en la théologie, je veux ici particulièrement vous avertir, qu'il n'y a rien du tout à craindre de ce côté-là pour les miens, et que j'ai sujet de rendre grâces à Dieu, de ce que les opinions qui m'ont semblé les plus vraies en la physique, par la considération des causes naturelles, ont toujours été celles qui s'accordent le mieux de toutes avec les mystères de la religion[65].
>
> Descartes au Père Étienne Noël, *3 octobre 1637 (AT I, 455-456)*

Pour sa part, le cardinal Bérulle, lui-même formé chez les jésuites, qui assumera la fonction d'aumônier du roi à la demande d'Henri IV et qui introduira en France en 1611 les Oratoriens – d'après un mouvement, fondé par Philippe Néri à Rome en 1575[66] – avait encouragé Descartes à poursuivre ses réflexions et à « consacrer

---

63 Ces points sont développés par D. Julia, *L'élaboration*, 1997, pp. 40-42, renvoyant notamment à la note transmise en 1591 par Bellarmin en ce sens à Acquaviva, et précisant que le « Delectus opinionum » se retrouvera effectivement à l'index par décret de l'Inquisition.

64 *Ratio Studiorum*, [22], trad. Albrieux, Pralon-Julia, pp. 77-78, où il est précisé que les enseignants en philosophie devaient, en principe, avoir « achevé leur cycle de théologie [de quatre ans], mais l'aient répété en deux ans, pour que leurs connaissances puissent être plus sûres et servent mieux la théologie ». Ledesma avait déjà élaboré une formule similaire : « Novae opiniones, in rebus praesertim gravibus, non inducantur sine consilio et expressa licentia superiorum », *Monumenta Paedagogica Societatis Iesu*, t. 2, p. 498.

65 Un passage repris par Baillet, 1691, p. 539. Sur la compatibilité entre explications physiques et Transsubstantiation, cf. Descartes, *Lettre au Père Dinet*, env. 1642 (AT VII, 581) et *infra*, n. 152sqq.

66 Pour ces éléments biographiques, cf. Gilbert Caffin, *Grandes Figures de l'Oratoire. En sympathie avec leur temps*, Paris, Cerf, 2013. Voir aussi Roger Ariew, « Augustinisme cartésianisé : le cartésianisme des Pères de l'Oratoire à Angers », in *Corpus revue de philosophie* n° 37 (2000), pp. 67-89.

désormais sa vie à une réforme de la philosophie »[67]. Avant d'observer Descartes à l'œuvre, considérons encore la conversion spirituelle initiée par Ignace et aboutissant aux *Exercices spirituels*.

Rêveries à oublier et nouvelle vision

En convalescence, suite à d'importantes blessures à la jambe, et faute de pouvoir disposer des « romans de chevalerie » qu'il lisait habituellement, Ignace de Loyola aura l'occasion de s'adonner à l'étude de *La Vie du Christ* et de la *Légende dorée* : ces lectures fondatrices et inspirantes, l'encourageront à se détourner des attentes mondaines pour s'engager sur le chemin spirituel, au propre comme au figuré, puisqu'il souhaite effectuer un pèlerinage à Jérusalem, puis éventuellement « se retirer à la chartreuse de Séville »[68]. La mise à l'écart des ambitions chevaleresques se double d'une réappropriation des valeurs chrétiennes : l'oubli, explicitement mentionné dans le *Récit du Pèlerin*, devient en quelque sorte constitutif de cette réorientation. Les « rêveries »[69] sur les « faits d'armes » qu'il aurait pu envisager comme chevalier font désormais place à une vision, aux contours lui apparaissant clairement[70] : celui qui se désignera comme « Le Pèlerin »[71], se consacrera à une nouvelle *vie* d'ascèses, de prières et de méditations, pour dorénavant « imiter le Christ et les saints »[72]. Ignace s'emploie ainsi à rédiger des résumés de ses nouvelles lectures dans un livre comportant, selon une note marginale de Cámara, quelque « trois-cent pages in quarto » à la calligraphie soignée[73]. Le soin apporté ne vaut pas seulement sur le papier, selon la lettre, mais surtout dans l'esprit et dans la réalisation que vise Ignace, prêt à emprunter une autre *voie*. Selon le récit qu'en fait Cámara, une vision viendra conforter la réorientation qu'Ignace s'apprête à initier, sa conversion vers 1521. D'autres visions ou « consolations spirituelles » l'accompagneront, dont celle dite de la Storta[74], et les exercices méditatifs constitueront un large pan du testament spirituel transmis.

---

[67] La formule se trouve en AT XII, 95-96. Les liens entre Bérulle et Descartes constituent l'un des six points relevés par Thomson, 1972, pp. 62-63, dans son analyse des parallèles entre le *Discours de la Méthode* et les *Exercices spirituels*, renvoyant précisément à cet extrait. Sur les différentes hypothèses concernant la datation de la rencontre entre le philosophe et le prélat, « dans la maison Bagni », et l'impact de cette entrevue, voir les remarques de Ch. Wohlers, *Regulae ad directionem ingenii, Einführung*, 2011, pp. LXXVI-LXXVII.
[68] *Récit du pèlerin*, 2010, ici pp. 25-27 : « En effet, en lisant la vie de Notre-Seigneur et des saints, il se prenait à penser et à se dire en lui-même : 'Et si je faisais ce que fit saint François et ce que fit saint Dominique?' » et pp. 30-31. Une note de l'édition (*ibid.*, p. 25) précise que les deux livres mentionnés, rédigés en latin respectivement par Ludolphe de Saxe et Jacques de Voragine, seront consultés par Ignace en traduction castillane.
[69] Le terme de « rêve » peut rester connoté positivement, e.g. *Récit du pèlerin*, 2010, ici p. 38 : « (…) rêvant comme toujours aux exploits qu'il aurait à accomplir pour l'amour de Dieu ».
[70] Cf. *Récit du pèlerin*, 2010, ici p. 26 et p. 29 : « Et déjà les rêveries se perdaient dans l'oubli chassées par les saints désirs qu'il avait et qui furent confirmés par la vision que voici ».
[71] *Récit du pèlerin*, 2010, p. 36.
[72] Cf. *Écrits*, 1991, p. 42 mentionnant parmi les ouvrages ayant influencé Ignace de Loyola, l'*Imitation de Jésus Christ*, dont il tenait Gerson pour l'auteur.
[73] *Récit du pèlerin*, 2010, p. 31.
[74] *Récit du pèlerin*, 2010, p. 135.

Exercices spirituels

Comme l'indique Paul Debuchy, l'original des *Exercices spirituels* a vraisemblablement été détruit par Ignace lui-même, non sans toutefois en avoir laissé établir une copie, sur laquelle il portera même des notes interlinéaires et marginales[75]. Dans son édition, tenant compte des principales strates textuelles des *Exercices*, Giuliani relève que cette œuvre est autant destinée au maître d'exercice qu'à l'apprenant[76]. Ignace lui-même ayant plutôt mis en avant une *pratique* ascétique qu'une *théorisation* – ultérieurement recherchée par ses disciples à partir de « notes pour un directoire des exercices »[77]. Ainsi, les *Exercices* ignaciens « constituent moins un recueil de méditations qu'un discours sur la méthode méditative »[78]. Comme le sous-tend cette formule, toute une série de parallèles ont déjà été recherchés entre les *Exercices spirituels* ignaciens et divers écrits cartésiens, à commencer par le *Discours de la Méthode*[79]. Ainsi, Thomson[80] relève-t-il dans leur domaine théologique et philosophique respectif, des objectifs similaires, visant à « guider l'esprit » dans « la recherche de la vérité », d'après un ordre méthodique. Selon Thomson, les deux penseurs font allusion non seulement aux difficultés que devra affronter le méditant – qu'il s'agisse des doutes que pourrait instiller un « malin génie » ou de l'affrontement entre un bon et un mauvais esprit[81] –, mais aussi aux conditions pratiques pour bien méditer – à savoir la solitude, ou à tout le moins l'écart des affairements quotidiens, ou encore l'importance de « donner des méditations par écrit »[82] –, sans oublier le pré-

---

75 Ignace de Loyola, *Exercices spirituels*, traduits sur l'autographe espagnol par Paul Debuchy SJ, Paris, Lethielleux, 1910, ici p. 5. Au rang des écrits ayant inspiré Ignace pour ses *Exercices spirituels* figure notamment le *Ejercitatorio de la vida espiritual*, comme le relève Thomson, 1972, p. 63.

76 Cf. *supra*, n. 12 : *Écrits*, 1991, p. 35, comme le laisse déjà entendre la première remarque : « certaines annotations qui apportent quelque intelligence aux exercices spirituels qui suivent, afin que puissent être aidés tant celui qui va les donner que celui qui va les recevoir ».

77 Certaines indications semblent correspondre à des « notes transmises oralement », notamment désignées ainsi « suivent quelques points dont notre Père maître Ignace veut qu'ils restent pour mémoire dans le livre », *Écrits*, 1991, p. 263.

78 Belin, 2000, part. pp. 85-98, ici p. 86.

79 Cf. *Exercices spirituels*, 10 et la remarque dans *Écrits*, 1991, p. 53 et Belin, 2000, p. 89, n. 10. Voir notamment Thomson, 1972, pp. 61-85 ; Zeno Vendler, « Descartes Exercices », in *Canadian Journal of Philosophy* 19/2 (1989), pp. 193-224 ; Inigo Bocken, « A Theater of Desire: The Philosophical Meaning of the Ignatian Exercices », in Stephan van Erp, Karim Schelkens (ed.), *Conversion and Church. The Challenge of Ecclesial Renewal* (Leiden : Brill, 2016), pp. 89-105.

80 Pour les citations suivantes et la liste des similitudes pointées par Thomson, 1972, cf. pp. 70-79, où il note, avec de nombreux passages textuels à l'appui, « des parallèles du contenu plus que de l'expression » (*ibid.*, p. 79).

81 Voir dans les *Exercices spirituels*, les « règles pour discerner les divers esprits qui agitent l'âme » (313-336).

82 Ignace de Loyola, *Exercices spirituels*, 20 (*Écrits*, 1991, p. 61) : « à celui qui est plus libre d'affaires et qui désire obtenir le fruit spirituel le plus grand possible, il faut donner tous les exercices dans l'ordre où ils se présentent (et il est même bon de mettre par écrit les points principaux, pour qu'ils ne s'échappent pas de la mémoire) ». Une réflexion similaire sur l'adjuvant que constitue l'écrit pour la mémoire se lit dans l'*Entretien avec Burman* (ed. J.-M. Beyssade, 1981, p. 20) : « R. Sur la mémoire je ne puis rien dire, chacun doit expérimenter à part soi s'il se ressouvient bien, et qui a des doutes sur ce point doit s'aider de l'écriture et de semblables adjuvants » Cf. Beyssade (*ibid.*, p. 21) renvoyant à la *Règle pour bien diriger l'esprit*, XVI (AT X, 454-455). Au-delà du simple adjuvant, la mémoire a aussi une fonction d'approfondissement, comme l'illustre la répétition des exercices que doivent réaliser en classe les élèves, mais aussi les *exercitants* dans le cadre de leur méditation.

requis fondamental pour mener à bien la méditation, à savoir la bonne résolution[83]. Encourageant le salut de l'âme individuelle, Ignace de Loyola personnalise l'aide spirituelle, exhortant par exemple le directeur d'exercices à tenir compte du « besoin présent de l'âme », eu égard à la condition de *l'exercitant* « selon son âge, sa culture et ses dons »[84]. Dans un schéma collectif, où les règles sont rappelées à la mémoire de l'ensemble de la congrégation, place est toutefois largement laissée à l'adaptation individuelle concrète – qu'il soit question des spécificités locales des régions où sont implantés certains *collegia*, de la répartition du temps pour la réalisation quotidienne[85] des exercices spirituels ou encore des capacités propres et « dispositions d'esprit » de chacun[86].

Il s'agit dans l'idéal de se retirer du monde, pour que, loin des préoccupations mondaines[87], l'esprit puisse se concentrer sur son objet et « la pensée être rassemblée ». Au travers des exercices ignaciens, le retraitant est appelé à « examiner sa conscience », à « méditer », à « faire des élections », à exercer et solliciter la *vis memoriae* – laquelle constitue d'ailleurs l'une des caractérisations (annexes) de l'*ingenium*, retenues par Goclenius[88] – mais aussi à opérer un choix de vie[89].

L'interrogation sur « l'incertitude du genre de vie qu'on doit choisir », notamment concrétisée dans le vers *Quod vitae sectabor iter ?*, issu des *Idylles* d'Ausone et repris dans le troisième songe du 10 novembre 1619, se voit aussi thématisée chez Descartes[90].

---

83 La résolution est constitutive de l'une des trois règles de la morale par provision. Descartes en reprend d'ailleurs la formulation dans une lettre à Élisabeth de Bohême datée du 4 août 1645 (AT IV, 263-268, ici 265) : « La seconde [règle], qu'il ait une ferme et constante résolution d'exécuter tout ce que la raison lui conseillera, sans que ses passions ou ses appétits l'en détournent ; et c'est la fermeté de cette résolution, que je crois devoir être prise pour la vertu, bien que je ne sache point que personne l'ait jamais ainsi expliquée ; mais on l'a divisée en plusieurs espèces, auxquelles on a donné divers noms, à cause des divers objets auxquels elle s'étend ». Cf. Isabelle Wienand, « Les acceptions de la vertu dans la pensée cartésienne : dialogue avec les traditions », in : O. Ribordy, I. Wienand (éd.), *Descartes en dialogue* (Bâle : Schwabe, 2019), pp. 95-110.
84 *Exercices spirituels*, 17-18, in : *Écrits*, 1991, pp. 58-59.
85 Il était ainsi prévu que durant quatre semaines, chaque journée soit rythmée par cinq exercices : du premier exercice vers minuit jusqu'au dernier à « une heure avant le repas du soir ». Cf. *Exercices spirituels*, 4 et 72, in : *Écrits*, 1991, pp. 49, 93-95.
86 Sur les « dispositions d'esprit pour apprendre », cf. Descartes, *Étude du bon sens*, éd. Carraud, Olivo, p. 134.
87 *Exercices spirituels*, 20, in : *Écrits*, 1991, p. 63. Une préoccupation pas si éloignée de l'observation cartésienne partagée dans la *Lettre à Élisabeth* du 28 juin 1643 (AT III, 693) : « […] car encore que, dans la ville la plus occupée du monde, je pourrais avoir autant d'heures à moi, que j'en emploie maintenant à l'étude, je ne pourrais pas toutefois les y employer si utilement, lorsque mon esprit serait lassé par l'attention que requiert le tracas de la vie ».
88 Comme le relève Igor Agostini, en pointant le *Lexicon philosophicon* de Goclenius, Francfort, 1613 (pp. 241-243) dans son étude "Ingenium between Descartes and the Scholastics", in: Raphaële Garrot, Alexander Marr (ed.), *Descartes and the ingenium. The Embodied Soul in Cartesianism* (Leiden/Boston: Brill, 2021), pp. 139-162, ici pp. 141-142. Agostini souligne toutefois (*ibid.*, pp. 150-156) que mémoire et *ingenium* sont aussi, souvent, distingués par les scolastiques, à l'exemple d'Eustache de Saint-Paul.
89 Sur ces aspects, voir Belin, 2000, pp. 89-90 qui met en exergue les précisions d'Ignace de Loyola sur des « exercices par lesquels l'homme est conduit à pouvoir se vaincre lui-même et à fixer son mode de vie par une détermination libre d'attachement » (ici trad. Jean-Claude Guy, Paris, Seuil, 1982, p. 59). Voir aussi la définition d'« exercices spirituels », apportée par Ignace dans la première annotation (*Écrits*, 1991, p. 47).
90 Cf. Descartes, *Olympiques*, éd. Carraud, Olivo, 2013, pp. 87-114.

II. René Descartes : nouvelle méthode et ancienne philosophie

Dans leur recherche richement documentée, Michel Hermans et Michel Klein ont pu montrer que si les *Exercices spirituels* ignaciens n'ont vraisemblablement pas été pratiqués, sous leur forme originelle, par Descartes comme pensionnaire au collège jésuite fléchois, ils l'ont par contre influencé, notamment par le biais du *Manuale Sodalitatis* de François Véron, lequel enseignait à La Flèche entre 1608 et 1611, à l'époque où Descartes s'y forme[91]. À côté de pareilles lectures, encouragées dans les congrégations mariales laïques mises en place par les Jésuites – aussi à La Flèche –[92], on notera que d'autres récits de pérégrination intellectuelle auraient pu façonner la formation spirituelle du jeune Descartes, à l'exemple du *Pèlerin de Lorete*[93], élaboré par Louis Richeome, provincial jésuite à Bordeaux.

Malgré les lignes générales édictées par la *Ratio studiorum* sur l'enseignement des matières à dispenser, nombre d'interrogations concrètes s'accumulent autour de la formation reçue à La Flèche par Descartes, à commencer par l'établissement de la liste de ses maîtres.

---

91 Hermans, Klein, 1996, pp. 427-440, ici 432-433. Voir aussi Mehl, 2015, pp. 43-48 et Geneviève Rodis-Lewis, *L'œuvre de Descartes*, Paris, Vrin, 1971, reimp. 2013, ici pp. 429-432, précisant que Fr. Véron ne sera « plus jésuite dès 1620 », et que parmi les possibles enseignants de philosophie de Descartes figurent – en fonction de l'ultime année où il fréquente La Flèche – en 1612 « G. Moret », en 1613 « J.a. S Remigio », « en 1614 F. Fournet, en 1615 E. Noël ». À propos de ce dernier, voir aussi Geneviève Rodis-Lewis, « Descartes aurait-il eu un professeur nominaliste ? », in *Archives de philosophie* 34 (1971), pp. 37-46. Elle opte plutôt pour une durée d'étude « entre Pâques 1607 et 1615 ». En ce temps, soit en 1608, on dénombre quelque 265 collèges jésuites sur le vieux continent, selon un chiffre relevé par Demoustier, 1997, pp. 12-28, ici 12, en se référant aux travaux statistiques de Edmond Lamalle, « Les catalogues des provinces et des domiciles de la Compagnie de Jésus. Notes de bibliographie et de statistique », in *Archivum Historicum Societatis Iesu*, t. XIII, 1944, pp. 77-101. Pour une vue d'ensemble chiffrée sur l'expansion des collèges, voir aussi D. Julia, *L'élaboration*, 1997, ici pp. 44-47 ; Giard, « Le système éducatif des jésuites à l'époque de Descartes », 1997, pp. 199-225, ici 210-215. Pour la dispute, sur le mode de « demande » et « réfutation », entre Véron et Jansse à propos de la Transsubstantiation, voir Armogathe, 1977, pp. 50-52.

92 Cf. Hermans, Klein, 1996, *ibid.*, et pp. 435-440 pour un parallèle entre les *Méditations* cartésiennes et les quatre préceptes synthétisés par Véron (retraite, chemin vers l'indifférence, examen de la question et enfin évidence). À souligner que le *Manuale sodalitatis beatae Mariae virginis in domibus et gymnasiis societatis Iesu toto Christiano orbe institutae, miraculis dicta sodalitate illustratum* sera publié à Paris dès 1608, comme le précise Thomson, 1972, pp. 61-85, ici 61-63 où il liste six intéressants points laissant entendre des rapprochements possibles entre les *Exercices spirituels* et plusieurs œuvres cartésiennes, en particulier le *Discours de la Méthode*. Par ailleurs, une retraite de Descartes est mentionnée par Baillet (*Olympica*, trad. Wohlers, p. 172). Dans la *Ratio studiorum*, [481]-[512] et [97], il était prévu que les membres de « la congrégation de la sainte Vierge », mais aussi des externes puissent prendre part à des exercices effectués dans le cadre d'académies. L'une d'elles, regroupant philosophes et théologiens, visaient principalement « quatre sortes [d'exercices] : répétition quotidienne de prélections, disputes, prélections ou problèmes, actes solennels dont les conclusions sont défendues publiquement », *Ratio studiorum*, [489], p. 208.

93 Louis Richeome, *Le Pelerin de Lorete. Vœu à la glorieuse Vierge Marie mère de Dieu*, Bordeaux, 1604 (achevé le 8 décembre 1603). Cf. Vincent Carraud, Olivier Chaline, « *MRA* : Descartes de Neuburg à Lorette », in *Archives de Philosophie* 2021/1, t. 84 (bulletin cartésien L, liminaire).

Réminiscences des enseignements jésuites

Dans les classes inférieures, Descartes semble avoir eu le jésuite Pierre Mousson comme professeur de rhétorique[94]. Un enseignant paraît avoir particulièrement aiguisé son intérêt pour les mathématiques, en la personne du père jésuite Jean François[95] – dont Descartes gardera un excellent souvenir, lui dédiant même vraisemblablement un exemplaire des *Principes de philosophie*[96]. Comme le note Six, pendant la deuxième année de philosophie, il était prévu selon la *Ratio studiorum* que les élèves étudient, parallèlement aux concepts philosophiques, les mathématiques[97]. Le père François ne s'était visiblement pas limité à encourager Descartes, dans ses études, à se confronter aux *Éléments d'Euclide* ou à affronter divers problèmes mathématiques classiques comme requis[98], mais à consulter aussi les œuvres mathématiques de Christophe Clavius[99], suggérant ainsi une nouvelle orientation.

Au début du XVIIe siècle, un événement vient soudain marquer tous les esprits, à savoir l'assassinat du roi et fondateur du collège de La Flèche, Henri IV, en date du 14 mai 1610. Conformément au souhait qu'avait émis le roi, le *collegium* fléchois accueillera le cœur du défunt, lors d'une grande cérémonie qui sera organisée en date du vendredi 4 juin et à laquelle Descartes participe[100]. Véritable point de référence, cet

---

94 Six, 1914, p. 503. La *Ratio studiorum*, [86] (trad. p. 92) prévoyait d'encourager les élèves à suivre « la rhétorique pendant un an, avant de commencer la philosophie ».

95 Cf. Rodis-Lewis, 1971/2013, ici pp. 20-24. AT IV, 144 citent le *post-scriptum* suivant, sans doute du Père François – qu'ils décrivent comme « professeur de Philosophie et de Mathématiques à La Flèche, de 1613 à 1621 » : « P.S. Milles recommandations à Monsieur Descartes. Je trouve toutes ces (sic) règles du mouvement, à la réserve de deux, bien douteuses, et selon le P. Fabri, fausses (BnF, fr. n.a., 6204, f. 186, p. 386) ». Cf. Antonella Romano, « L'enseignement des mathématiques à La Flèche dans les années de formation de Descartes », in : *René Descartes (1596-1650), Célébrations nationales du Quadricentenaire de sa naissance* (Paris : La Flèche, 1997), pp. 76-103, ici 92-93, 100-101 et 95-97, relevant que certains pédagogues, encore novices dans l'enseignement des mathématiques, comme François, semblent avoir dû beaucoup à « leur propre maître, Jean Chastelier » – lequel aurait ainsi pu exercer, par cette transmission, une « influence indirecte ».

96 Cette remarque est due à Six, 1914, p. 503. Voir aussi *Descartes à Bourdin*, octobre 1644 (AT IV, 144).

97 Six, 1914, p. 500 : « In der Mathematik, welche gemäss der Ratio Studiorum von 1599 im zweiten Jahr der Philosophie vorgetragen wurde, unterrichtet meist ein eigener Professor ». Une remarque confirmée aussi par *Ratio studiorum*, [38], trad. Albrieux, Pralon-Julia, p. 82. Romano (1997, p. 89) souligne une probable variation à La Flèche, où les mathématiques semblent, eu égard à certains documents (dont Baillet, 1691, p. 27), plutôt s'enseigner en troisième année.

98 *Ratio studiorum*, [239]-[241], trad. Albrieux, Pralon-Julia, p. 132.

99 Comme l'indique Julia (1997, p. 62), les œuvres mathématiques de Clavius sont listées dans *MP*, t. VII, pp. 110-122. Cf. Six, 1914, p. 503 : « Ist nun P. Fournet Empfänger des Briefes vom Juni 1637 und Lehrer des Philosophen, so ist die Chronologie für den Kollegsaufenthalt Descartes' festgelegt. Er studierte 1611/12 Logik, 1612/13 Physik und außerdem Mathematik, 1613/14 endlich Metaphysik und verließ Sommer oder anfangs Herbst 1614 die Anstalt von La Flèche ». Pour une liste, établie à partir des catalogues disponibles, des années d'enseignements mathématiques, prodigués à La Flèche par Jean-François, Jacques Guernissac et Nicolas Laplace, cf. Romano, 1997, pp. 76-103, ici 100-103. Voir aussi Dennis L. Sepper, « Figuring things out. Figurate problem-solving in the early Descartes », in : St. Gaukroger, J. Schuster and J. Sutton (ed.), *Descartes' Natural Philosophy* (London/New York: Routledge, 2000), pp. 228-248, ici 246 (renvoyant à Sasaki, *Descartes'mathematical Tought*, 94-96).

100 Baillet, 1691, pp. 81-86 indiquant que Descartes suivait alors « la première année de son cours de philosophie » et que, eu égard à son « talent et à l'inclination qu'il avait pour les vers », il aura sans doute aussi pris part à l'élaboration de poèmes. D'autres documents font allusion à sa sensibilité pour les vers, à l'exemple de la lettre à Élisabeth de Bohême (22 février 1649, AT V, 281) ou encore du placard composé en 1616 à Poitiers, cf.

événement donne l'occasion au biographe Baillet d'y raccrocher quelques éléments-clés et d'esquisser une chronologie des études suivies par Descartes, puisque dès la reprise de l'enseignement, le lundi 7 juin, il aurait assisté au cours de philosophie morale « que son professeur avait commencé de dicter vers le mois d'avril »[101]. À propos de ses études, on trouve aussi quelques remarques, apportées par Descartes dans un écrit resté inachevé, le *Studium bonae mentis* (*Étude du bon sens*)[102], et reflétées dans les extraits que Baillet en propose, à commencer par le fait que « Mr. Descartes fut encore moins satisfait de la Physique et de la Metaphysique qu'on luy enseigna l'année suivante (*à la Flèche, 1611-1612*), qu'il ne l'avoit été de la Logique et de la Morale »[103]. La suite de l'extrait précise toutefois que Descartes n'en tenait visiblement rigueur ni à ses maîtres jésuites, ni à lui-même : « Car il aimait la philosophie avec encore plus de passion qu'il n'avait fait les humanités, et il estimait tous les exercices qui s'en faisaient en particulier et en public »[104]. Il était reconnaissant envers ses maîtres de l'enseignement prodigué, mais se réjouissait bien plus encore de l'attitude philosophique que ces derniers lui avaient permis de développer[105] : le philosophe appliquera bientôt un doute méthodique, à l'aune duquel tout objet de connaissance se verra mesurer, en particulier ceux susceptibles de ne pas reposer sur un fondement autorisant la certitude. Pareille remise en question systématique, élaborée plus spécifiquement dans la première *Méditation*, fait, en un certain sens, écho à la métaphore filée de l'*oubli* ; il s'agit d'opérer une *mise entre parenthèse*, délibérée et méthodique, des opinions apprises, des distinctions scolastiques inculquées et même des propres impressions gagnées hâtivement au travers des sens, jusqu'à

---

infra, n. 114. Par ailleurs, la *Ratio studiorum*, [82] (trad., p. 91) mentionne le fait que « deux ou trois fois par an, pour quelque solennité, comme la rentrée des classes ou le renouvellement des vœux, les philosophes et même les théologiens, composeront un poème et l'afficheront ». En revanche, comme l'explique Romano (1997, pp. 96-97), le poème, consacré aux satellites autour de Jupiter, élaboré en 1611 au collège de La Flèche, rappelle surtout la réception de Galilée par Clavius au collège romain cette année-là, et constituerait davantage un éloge dédié à Marie de Médicis, mais ne semble que difficilement pouvoir être mis en lien avec Descartes.

101 Baillet, 1691, p. 84. Selon la *Ratio studiorum*, [23] (trad., p. 78), le cycle de philosophie de trois ans prévoit que, « si possible (*si fieri potest*) », chaque année « un cycle devra s'achever, un autre commencer », mais des adaptations restaient envisageables – ce d'autant que le collège de La Flèche était l'un des premiers, sinon le premier comme l'indique Thomson (1972, p. 64), à appliquer en France le plan raisonné jésuite. Selon Baillet (1691, p. 78), La Flèche a « possédé longtemps le premier rang en France, pour l'affluence des écoliers de qualité ».

102 Descartes, *Étude du bon sens. La recherche de la vérité et autres écrits de jeunesse (1616-1631)*, édition, traduction, présentation et notes de Vincent Carraud et Gilles Olivo, avec la collaboration de Corinna Vermeulen, Paris, PUF, 2013, ici p. 128 et p. 143 (n. 23) pour des variations, dans les différentes œuvres, au sujet du détachement formulé par Descartes à l'égard de ses maîtres.

103 Ces indications sont dues à Roger Ariew, « Descartes and Logic: Perfecting the Ingenium », in: Raphaële Garrot, Alexander Marr (ed.), *Descartes and the ingenium. The Embodied Soul in Cartesianism*, Leiden/Boston, Brill, 2021, pp. 31-46, ici 36-37. Roger Ariew (*ibid.*, pp. 39-40) pointe également les considérations cartésiennes, évoquées dans le *Studium bonae mentis*, sur la mémoire corporelle et la mémoire spirituelle, résumées « more scholastico » dès 1671 par Antoine Le Grand dans une *Institutio philosophiae*. Sur la mémoire, voir aussi *Descartes à Mersenne*, 1er avril 1640 (AT III, 45-56, ici 47-48).

104 Descartes, *Étude du bon sens*, p. 128. Voir aussi *DM* I (AT VI, 5) : « Je ne laissais pas toutefois d'estimer les exercices, auxquels on s'occupe dans les écoles ».

105 L'édition réalisée par V. Carraud, G. Olivo et C. Vermeulen (2013, pp. 143 et 291) renvoie ici à l'extrait suivant de *La Recherche de la vérité* : « Donc, encore que mes précepteurs ne m'aient rien appris qui soit certain, je leur dois qu'ils m'ont appris à le reconnaître ».

ce que des idées claires et distinctes ne viennent dissiper le doute et permettent d'assurer une connaissance certaine. Dans cette perspective méthodologique, doute hyperbolique et oubli semblent constituer les prémisses, voire les « conditions de possibilité » d'un renouveau intellectuel. À défaut d'avoir reçu directement dans le cadre de ses études « une connaissance claire et assurée de tout ce qui est utile à la vie »[106], ces enseignements avaient contribué à faire éclore un projet philosophique, que Descartes souhaitait désormais montrer aux jésuites, en écrivant à son ancien maître en philosophie[107]. Dans la mesure où un tel maître accompagnait alors une classe sur trois ans, l'identification de l'enseignant en question, à savoir François Fournet ou Étienne Noël, reste sujette à quelques interrogations, même si ce dernier est désormais plutôt considéré comme le destinataire de trois lettres cartésiennes[108].

Par ailleurs, la mention, selon laquelle Descartes serait arrivé à La Flèche après Pâques, correspondrait à un temps fort, rythmant non seulement le calendrier chrétien, mais aussi le parcours des élèves : peu avant Pâques prenait usuellement place l'un des examens en logique planifiés au début du *cursus* philosophique[109] et la trêve pascale prévoyait en outre une retraite, pour les « scolastiques » de dernière année, en vue de « faire élection » de leur voie[110]. Selon la formule retenue dans la *Ratio studiorum*, « à la fin de la troisième année du cours de philosophie » avaient lieu « des disputes sur toute la philosophie (*de universa philosophia*) », elles aussi planifiées autour de Pâques[111].

Rassemblant les éléments de datation évoquant les quelque huit années passées à La Flèche, Karl Six avait indiqué que Descartes y a vraisemblablement étudié spécifiquement la philosophie entre 1612 et 1614[112] – des dates ajustées par la biographie intellectuelle détaillée, établie par Rodis-Lewis, permettant ainsi de préciser quelques liens avec différents jésuites, dont Bannius, actif à La Flèche en 1615[113]. Descartes

---

106 Descartes, *Étude du bon sens*, ed. Carraud, Olivo, p. 128.
107 Lettre de juin 1637 (AT I, 382-384) et d'octobre 1637 (AT I, 454-456), signalée et pour la première traduite en allemand par Six, 1914, pp. 498-501. Cf. Mehl, 2015, p. 44.
108 Il s'agit des lettres datant du 14/15 juin 1637 (AT I, 382-384), 3 octobre 1637 (AT I, 454-456) et 14 décembre 1646 (AT IV, 584-586). Cf. Armogathe, 2013 ; Belgioioso 2009. Romano (1997, p. 94) évoque, parmi les hypothèses, le nom d'un troisième professeur, Honoré Nicquet.
109 *Ratio studiorum*, [25], trad. Albrieux, Pralon-Julia, p. 78. Comme le notent les éditeurs du texte (en l'occurrence M.-M. Compère), un paragraphe sera ultérieurement ajouté, dès 1616, pour spécifier que des examens seraient en outre organisés à la fin de chaque année. Cf. *Ratio studiorum*, [74], *ibid.*, p. 89.
110 Pour cette indication, Thomson, 1972, pp. 64-65. Baillet, 1691, p. 79 évoque « les rigueurs de la saison » hivernale pour expliquer que Descartes n'ait été envoyé à La Flèche que « pour commencer le semestre de Pâques ».
111 *Ratio studiorum*, [117]-[122], trad. pp. 99-101. Certaines adaptations restaient envisageables : sur les horaires de classes, leurs aménagements possibles et les règles pour les élèves externes, cf. notamment *Ratio studiorum*, [58], [72], [466]-[480], *ibid.*, pp. 86, 88, 201-203. Descartes, au vu de sa santé fragile, bénéficiera d'ailleurs d'aménagements d'horaires.
112 Six, 1914, pp. 494-508, ici 495-498 – précisant ainsi Baillet (1691, p. 91 : « Mr. Descartes ayant fini le cours de ses études au mois d'août de l'an 1612 ») sur différents points –, en signalant notamment que le Père Charlet ne sera à La Flèche que dès 1606, et en s'appuyant sur les lettres de Descartes à Hayneufve (AT III, 97-101, ici 97), à Grandamy (AT IV, 121-123, ici 122) et à Bourdin (AT IV, 160-161, ici 161).
113 Rodis-Lewis, 1971/2013, pp. 429-430 : « … selon le témoignage de Fr. du Ban ou Bannius, arrivé comme répétiteur à La Flèche en 1614, il aurait eu Descartes comme élève (Ann. appr., pp. 41-42 et 45); ce ne peut être "qu'en l'année 1614-1615". Ajoutons (bien que cette éventuelle coïncidence n'apporte qu'une probabilité

n'aurait ainsi pris congé du collège jésuite qu'en 1615, se dirigeant ensuite vers Poitiers pour des études en droit, dont atteste notamment un placard[114].

Ayant désormais quitté La Flèche, Descartes garde, d'une part, pour ainsi dire le collectif des jésuites en mémoire, sachant pertinemment que l'un pourrait répondre « au nom de la Compagnie »[115], ou ne pourrait du moins exprimer sa pensée par écrit, sans l'aval de son supérieur, eu égard à l'unité de doctrine visée – quand bien même les jésuites feront valoir, sur certains sujets, des opinions divergentes, ce qui aurait même pu s'avérer bénéfique, dans le cas de la récolte d'objections, voire « le plus court moyen pour découvrir toutes les erreurs, ou les vérités de mes écrits »[116]. D'autre part, Descartes soigne aussi les contacts individuels avec des jésuites appartenant à différentes générations : du Père Charlet (1570-1652), un parent de Descartes, recteur du collège de La Flèche alors qu'il y étudiait[117], au Père Antoine Vatier (1591-1659), dont le philosophe avait espéré, pour les *Méditations*, le « plus favorable jugement » (AT III, 595) suite à la bienveillance dont il avait fait preuve à l'égard du *Discours de la méthode* et qui sera, en effet, enclin à soutenir ses thèses métaphysiques, jusqu'au Père Denis Mesland (1615-1672), à qui il ose confier des explications physiques novatrices. Mesland, qui se consacrera à la philosophie à La Flèche (1633-1641), puis à la théologie durant les quatre années suivantes, devenant répétiteur à Orléans[118], s'emploiera à retranscrire sous forme scolastique les *Méditations métaphysiques* et soumettra ses observations sur ces dernières, ainsi que sur les *Principes*[119], au philosophe. En concentrant la focale sur les échanges avec

---

supplémentaire) que le seul camarade de collège nommé par Descartes "s'alla rendre jésuite" (à Mersenne, 28-1-1641, III, 296, "nous étions… fort grands amis") à Paris en avril 1616, ce qui laisserait supposer qu'il quitta La Flèche en 1615; François Chauveau ne fut pas véritablement un condisciple de Descartes : plus jeune (né à Melun le 31-12-1598) il sortait alors de rhétorique (Catalogue France 2, fol. 131) ». Selon Wohlers (2020, p. 753, n. 828 et p. 798), Descartes évoque plutôt (AT III, 296) « [Jean-Baptiste] Chauveau » comme élève fléchois, devenu mathématicien, lequel s'avère être le frère du jésuite « [François] Chauveau ». Cf. *infra*, n. 126.

114 Sur le placard, cf. Carraud, Olivo, 2013, pp. 17-34 ; Jean-Robert Armogathe, Vincent Carraud et Robert Feenstra, « La licence en droit de Descartes : un placard inédit de 1616 », présentation, annotation et commentaire, *Nouvelles de la République des Lettres*, 1988 (2), pp. 123-145 ; voir aussi Jakob Moser, *Rationis imago. Descartes' Dichten, Träumen, Denken* (Paderborn : Fink, 2018).

115 Cf. *Descartes à Hayneufve*, 22 juillet 1640 (AT III, 97-100, ici 99 ; Armogathe 2013, 580) : « Et comme je sais que tous ceux qui composent votre Corps sont tellement unis ensemble que jamais pas un d'eux ne publie et ne fait aucune chose qu'il n'ait auparavant reçu l'approbation de tous les autres, ce qui fait que ce qui vient de quelqu'un des vôtres a bien plus d'autorité que ce qui ne vient que de quelques particuliers, ce n'est pas sans raison que je souhaite et que je me promets d'obtenir de votre Révérence, ou plutôt de toute votre Société, une chose qui a été publiquement promise par un des Pères de votre Compagnie ». Cf. Mehl, Septièmes objections, 2019, p. 379.

116 Selon la lettre de *Descartes à Vatier*, 22 février 1638 (AT I, 562). Cf. Mehl, 2015 (*supra*, n. 16).

117 Descartes offre à Étienne Charlet un exemplaire des *Principia philosophiae*, étant reconnaissant des soins qu'il lui a témoignés lors de sa formation et des « fruits tirés de ses études », cf. *Descartes à Charlet*, octobre 1644 (AT IV, 140-141). Voir aussi *Descartes à Charlet*, 9 février 1645 (AT IV, 156-158, ici 156) : « Car, ayant de très-grandes obligations à ceux de votre Compagnie, et particulièrement à vous, qui m'avez tenu lieu de Père pendant tout le temps de ma jeunesse » et *Descartes à Bourdin*, 9 février 1645 (AT IV, 160-161).

118 Voir Armogathe, 1977, pour les informations concernant Mesland « se préoccupant de faire passer dans les collèges la doctrine de Descartes », en part. pp. 71-75 et sur Vatier, en part. pp. 67 et 76 ; voir aussi Six, 1915, ici p. 7 et *infra*, n. 209.

119 Ces points sont relevés par Six, 1915, pp. 5, 9, 13 qui fournit les bribes, actuellement disponibles, du texte de Mesland, reformulant en termes scolastiques les *Méditations* cartésiennes (*ibid.*, pp. 10-12). Ces brefs extraits se trouvent rapportés dans l'*Initiatio philosophi sive Dubitatio cartesiana* (1655) par Johannes Clauberg, lequel est

les jésuites, sans doute personnellement rencontrés à La Flèche durant sa formation, le nom de plusieurs autres membres de l'ordre devraient encore être évoqués, à commencer par Jacques Grandamy (1588-1672), recteur à La Flèche et qui avait sans doute assumé le rôle d'intermédiaire dans les échanges avec Denis Mesland[120]. Dans une lettre à Julien Hayneufve (1588-1663)[121], Descartes se félicitait par ailleurs qu'un grand nombre de philosophes parmi les jésuites puissent lui soumettre des objections. Au rang de ceux-ci figure un adepte des expériences sur le vide – que Descartes, ici dans la ligne aristotélicienne de l'*horror vacui*, nie –, le père Étienne Noël (1581-1659) qui lui fera parvenir, par l'intermédiaire de Huygens, deux écrits, à savoir ses *Aphorismi physici* et son *Sol Flamma*, à propos duquel Descartes se réjouira que les « jésuites commencent à oser suivre des opinions un peu nouvelles »[122]. Cette liste, non exhaustive, de jésuites se devrait encore d'être complétée, notamment par les noms de Jean Phelippeaux[123], actif dans l'enseignement de la rhétorique, et de Jean Deriennes (1591-1662), s'étant lui consacré aux mathématiques[124]. Parmi les autres élèves de La Flèche, qui deviendront jésuites comme Georges Fournier (1595-1652)[125], Descartes mentionne surtout son ami « Chauveau »[126].

De nombreux jésuites auront donc pris part directement ou indirectement à la formation de Descartes, à « l'institution de toute sa jeunesse » (AT IV, 161), et il ne les a guère oubliés, comme en attestent les lettres échangées avec Mersenne. Ou plutôt, après avoir *tâché de se détacher* de leur enseignement scolastique, de développer sa propre méthode, en visant « d'apprendre à distinguer le vrai d'avec le

---

surtout connu pour avoir contribué à la transcription des propos de l'*Entretien entre Descartes et Burman*. Cf. notamment Jean-Marie Beyssade, « RSP ou Le monogramme de Descartes », in : *Descartes, L'Entretien avec Burman*, Paris, PUF, 1981, pp. 153-207 (reimp. in : *Études sur Descartes*, Paris, Seuil, 2001, pp. 247-322).

120 Cette hypothèse est de Six, 1915, pp. 5-6.

121 *Descartes à Hayneufve*, 22 juillet 1640 (AT III, 97-100, ici 100 ; Armogathe, 2013, 581). Baillet, 1691, p. 543 laisse entendre que Descartes et le recteur du collège de Clermont ne se connaissaient pas directement : « Il n'est pas nécessaire pour cela que j'aie l'honneur d'être connu de Votre Révérence ».

122 *Descartes à Mersenne*, 23 novembre 1646 (AT IV, 565-568, ici 567).

123 Pour ces informations, cf. Six, 1914, en part. pp. 506-507 qui relève que Phelippeaux, ayant enseigné la rhétorique à La Flèche « vers 1605-1608 », s'engagera ultérieurement « en faveur de Descartes » lors de la dispute avec Bourdin. Six s'appuie ici sur la lettre de *Descartes à Mersenne*, 30 août 1640 (AT III, 173). Cf. François Secret, « Un kabbaliste chrétien oublié. Jean Phelippeaux jésuite du XVIIe siècle », in : *École pratique des Hautes Études. Ve section. Sciences religieuses. Annuaire.* Tome LXXXII. Fascicule II (1973), pp. 5-34.

124 Cf. *Descartes à Mersenne*, 29 janvier 1640 (AT III, 3-15, ici 7-8) : « Pour les trois *postulata* du mathématicien de La Flèche, je ne crois pas que personne refuse de les recevoir, si ce n'est qu'il leur donne quelque interprétation équivoque et non attendue », et la remarque de Armogathe, 2013, p. 930, n. 28 : « selon AM IV 13n, il s'agit du jésuite Jean Deriennes, professeur à La Flèche (1616-1618 et 1635-1662) ». Cf. Six, 1915, p. 5.

125 Comme le relève Six, 1915, p. 1, Fournier se réfère aux *Météores* de Descartes dans son ouvrage *L'hydrographie contenant la théorie et la pratique de toutes les parties de la navigation*, Paris, Soly, 1643. Wohlers (2020, p. 708, n. 328), en pointant spécifiquement un passage de *L'hydrographie* (pp. 582-584), note que l'ouvrage de Fournier constitue une source reflétant les mesures astronomiques réalisées.

126 Dans sa lettre à Mersenne du 28 janvier 1641 (AT III, 296), Descartes se demande si Chauveau « enseigne les mathématiques à Paris ». Baillet (1691, p. 82) évoque les échanges de Descartes, lors d'un séjour parisien, avec « M. Chauveau le mathématicien », à propos de points de divergence que le philosophe avait par rapport aux thèses soutenues par Roberval. Dans les rangs des autres élèves formés à cette époque au collège de La Flèche, Baillet (*ibid.*, p. 82) repère encore – hormis Mersenne – René Le Clerc, le futur « évêque de Glandèves ».

faux, pour voir clair en [s]es actions et marcher avec assurance en cette vie » (AT VI, 10), Descartes présentait le fruit de ses réflexions, et mettait par écrit l'« histoire de son esprit »[127], sous la forme d'un *Discours sur la méthode*.

Oublier pour mieux retenir

Retiré, mais pas isolé, Descartes cultive les échanges, par lettres et lors de conversations notamment avec des personnes de confiance, à qui il fait parvenir ses manuscrits, comme le diplomate Pierre Chanut et la princesse Élisabeth de Bohême. Des scientifiques lui rendent visite, tel Constantijn Huygens. Il peut aussi compter ponctuellement sur le soutien d'aide, comme le jeune Gillot, doué en mathématique et connaissant très bien sa méthode[128]. Par ailleurs, le philosophe est volontiers sollicité pour trancher des débats, par exemple entre Mersenne et Roberval, relativement à la question de savoir si un espace tridimensionnel peut exister, indépendamment de toute création[129]. Il est ainsi en contact avec toute l'« Europe savante »[130] par l'intermédiaire du cercle intellectuel porté par Mersenne, considéré selon le mot du jésuite René Rapin comme « le résident de M. Descartes à Paris »[131]. Le philosophe est tenu informé des découvertes scientifiques. Mais quelle option faut-il retenir face à l'innovation que représente l'hypothèse du mouvement de la Terre : la soutenir dans une nouvelle vision du monde, prudemment la rétracter ou alors l'oublier, en refusant de publier son traité sur la lumière (*Le Monde*) ? La question revient aussi à clarifier l'attitude à adopter au vu d'une condamnation de cette hypothèse, condamnation ayant été alimentée par les arguments de plusieurs membres de l'ordre jésuite. Une partie de la réponse se dévoile dans les lettres échangées par Descartes avec Mersenne, mais aussi dans la correspondance de ses contemporains, notamment entre Claude Saumaise et Ismaël Boulliau[132].

---

127 L'invitation à « écrire l'histoire de son esprit » se trouve dans la lettre de *Guez de Balzac à Descartes*, 30 mars 1628 (AT I, 569-572) : pour son interprétation, cf. Rodis-Lewis, 1971/2013, p. 8 et Mehl, 2015, p. 64. Voir aussi Thomson, 1972, p. 69, précisant que pour son *Discours de la Méthode*, Descartes « formula sa pensée non pas en des arguments syllogistiques mais en des méditations personnelles groupées en six jours successifs, comme les méditations du Père Veron ».

128 À propos de Jean Gillot, cf. *Descartes à Mersenne*, 31 mars 1638 (AT II, 81-103, ici 88-89), *Descartes à Mersenne*, 29 juin 1638 (AT II, 174-196, ici 178-182), *Descartes à Huygens*, 9 mars 1638 (AT II, 659-663, ici 662-663) : « J'apprends que le jeune Gillot est à La Haye. Si j'étais capable de vous recommander quelqu'un, ce serait lui, car c'est le premier et presque le seul disciple que j'aie jamais eu, et le meilleur esprit pour les Mathématiques » et les remarques à ce sujet de Wohlers, 2020, p. 664, n. 141.

129 Cf. *Mersenne à Descartes*, 28 avril 1638 (AT II, 116-122).

130 Cf. René Descartes, *Œuvres complètes*, dir. J.-M. Beyssade, D. Kambouchner, *I. Premiers écrits, Règles pour la direction de l'esprit* (Paris : Gallimard, 2016), *Avant-propos*, ici pp. 9, 26-27.

131 Ce propos est rapporté par Baillet, 1691, p. 82.

132 Pour des indications sur la lettre suivante et certains extraits transcrits, cf. Nellen, 1994 (*infra*, n. 138), pp. 70-77 et Wohlers, 2020, p. 637, 642. *Claude Saumaise à Ismaël Boulliau*, Leyde, 7 mars 1638, ÖNB Wien, Cod. Pal. 7050, f. 143r : « Je suis bien aise du jugement favorable que vous faites du livre de Monsieur Descartes. Je le lui ferai savoir et à ses sectateurs qui sont en grand nombre en ces quartiers, jusques là que son livre se lit publiquement en l'Académie d'Utrecht par un professeur en philosophie nommé Reneri ». Selon Nellen (*ibid.*, p. 72), cette remarque porte sur le *Discours* et les *Essais*, parus en 1637. Dans la suite de la lettre, Saumaise, après avoir suggéré que Descartes semble encore « travailler » à certaines conceptions liées à « son monde », indique

(i). Intégrer la nouveauté scientifique du mouvement terrestre ou l'oublier ?

Ayant cherché à consulter le *Système du Monde* galiléen, et visiblement glané des informations auprès des libraires et bibliothécaires des Provinces-Unies où il séjournait, Descartes apprend la censure du maître padouan et aurait alors voulu « brûler tous [s]es papiers, ou du moins ne les laisser voir à personne »[133], arguant que toute sa philosophie – pour ainsi dire son propre « système du monde » – reposait, en ses fondements, sur l'hypothèse du mouvement de la Terre. Cette inclination à oublier « presque tout [s]on travail de quatre ans »[134], cette mise au secret de l'un de ses propres écrits était-elle définitive ?

Au fait des différentes censures prononcées en 1616 à Rome à l'encontre de thèses coperniciennes[135], Descartes savait aussi qu'elles avaient depuis pu être portées sur la place publique, « même dans Rome ». Le philosophe n'aurait sinon « pour rien du monde », élaborer un « discours, où il se trouvât le moindre mot qui fût désapprouvé de l'Église »[136]. Comme l'expliquent Lerner et Armogathe, la censure prononcée à l'encontre de la thèse du mouvement terrestre par les cardinaux dans le cénacle romain n'avait atteint la faculté de théologie de Paris que par les ricochets officieux de publications, dans la *Gazette* et le *Mercure françois*, rapidement relayées par Mersenne lui-même[137]. Cet état de fait avait conduit Descartes, déjà en février 1634, à s'en étonner et à se demander « ce qu'on tient maintenant en France et si l'autorité [des cardinaux] a été suffisante pour en faire un article de foi » (AT I, 281), un propos bientôt amplifié par Ismaël Boulliau.

Si Descartes entretenait l'espoir que cette hypothèse puisse être acceptée – comme celle des Antipodes, initialement remise en question, et qui avait finalement

---

que si le philosophe « était moins bon catholique il nous l'aurait déjà donnée, mais il craint de publier une opinion qui n'est pas approuvée à Rome ». Relativement au début de cet extrait, une formule très similaire se retrouve dans la lettre de *Guez de Balzac à Chapelain*, 22 avril 1637 (*Œuvres de Balzac*, 1665, t. I, p. 745, citée dans AT I, 382) : « Je suis bien aise que le livre de M. Descartes vous ait plu, et je ne doute plus de la solidité de sa doctrine puisqu'elle a eu vostre approbation ». En écho à la fin de l'extrait, voir la lettre de *Descartes à Mersenne*, mars 1642 (AT III, 542-543) : « Pour ce qui est de témoigner publiquement que je suis Catholique romain, c'est ce qu'il me semble avoir déjà fait très expressément par plusieurs fois : comme en dédiant mes *Méditations* à Messieurs de la Sorbonne, en expliquant comment les espèces demeurent sans la substance du pain en l'Eucharistie, et ailleurs ». Les enjeux de ce passage sont analysés par Armogathe (1977, pp. 68-69), qui signale la « prudence » de Descartes dans une lettre, où le philosophe se rapproche davantage des éléments de langage tridentins (concernant les espèces à même d'exister sans substance), que dans sa lettre à Arnauld, où il pointait surtout le fait que la réalité des accidents n'a pas été affirmée par les Conciles.

133 *Descartes à Mersenne*, 28 novembre 1633 (AT I, 270-272).
134 *Descartes à Mersenne*, début février 1634 (AT I, 281).
135 Sur ces sentences prononcées durant l'hiver (février-mars) 1616, cf. Armogathe, 2013, p. 834.
136 *Descartes à Mersenne*, 28 novembre 1633 (AT I, 270-272).
137 Armogathe, 2013, p. 835, avec les renvois aux études de Michel-Pierre Lerner, « La réception de la condamnation de Galilée en France au XVIIe siècle », in : José Montesinos, Carlos Solis (ed.), *Largo Campo di Filosofare, Eurosymposium Galileo*, La Orotava, Fundacion Canaria Orotava de Historia de la Ciencia, 2001, pp. 513-547 ; Jean-Robert Armogathe, « La condamnation de Galilée. Réception et interprétations contemporaines (1653-1663) », in : Massimo Bucciantini, Michele Camerota, Franco Giudice (ed.), *Il caso Galileo – una rilettura storica, filosofica, teologica* (Florence : Olschky, 2011), pp. 321-334.

été validée[138] –, il sentait toutefois le poids des reproches formulés à son égard, notamment par certains *tenants de l'orthodoxie*, estimant que Descartes était « entaché de l'hérésie du mouvement de la terre »[139]. Il souligne que sa philosophie est certes « la plus ancienne de toutes »[140], mais que les jésuites ne lui pardonneraient guère des erreurs commises au prix de la nouveauté. Dans le très vaste et complexe champ d'étude que constitue la condamnation galiléenne et ses implications, il semble que l'audace de Boulliau ait eu de quoi surprendre – à commencer par Descartes lui-même.

> Pour le mouvement de la Terre, je m'étonne qu'un homme d'Église en ose écrire, en quelque façon qu'il s'excuse ; car j'ai vu une patente sur la condamnation de Galilée, imprimée à Liège le 20 septembre 1633, où sont ces mots : *quamvis hypothetice a se illam proponi simularet*, en sorte qu'ils semblent même défendre qu'on se serve de cette hypothèse en l'astronomie ; ce qui me retient que je n'ose lui mander aucune de mes pensées sur ce sujet ; aussi que ne voyant point encore que cette censure ait été autorisée par le Pape, ni par le Concile, mais seulement par une Congrégation particulière des Cardinaux Inquisiteurs, je ne perds pas tout à fait espérance qu'il n'en arrive ainsi que des antipodes, qui avaient été quasi en même sorte condamnés autrefois, et ainsi que mon *Monde* ne puisse voir le jour avec le temps ; auquel cas j'aurai besoin moi-même de me servir de mes raisons.
>
> Descartes à Mersenne, *vers le 1ᵉʳ mai 1634 (AT I, 288)*

Invoquant le fait qu'aucune sanction papale à l'encontre de l'hypothèse galiléenne du mouvement terrestre n'avait officiellement été annoncée en France, Ismaël Boulliau estimait pour sa part que pareille interdiction ne pouvait lui être opposée[141]. Comme le fait remarquer Nellen dans son étude, Boulliau avait dans un premier temps préféré une circulation ciblée du manuscrit provisoire du *Philolaus* (dès l'été 1634), puis l'anonymat d'un pseudonyme pour son traité *Philolai sive dissertationis de vero systemate mundi libri IV* (1638/9)[142], lequel sera bientôt adapté dans les ouvrages *Astronomia Philolaica* (1644/5) et *Philolaicae fundamenta explicata* (1657), diffusant alors au grand jour et sous son nom le soutien à l'hypothèse de Galilée.

---

138 Nellen, Henk J.M., *Ismaël Boulliau (1605-1694). Astronome, épistolier, nouvelliste et intermédiaire scientifique* (Amsterdam : Maarssen, APA, 1994), (ici pp. 59-62) note que Boulliau évoque également cette problématique des Antipodes.
139 *Descartes à Mersenne*, 16 octobre 1639 (AT II, 593).
140 Pour cette formule, voir *Lettre au P. Dinet* (AT VII, 596, 11-15) et, de manière similaire, *Princ.* IV, art. 200 (AT IX-2, 318), comme le mentionne Mehl, 2015, ici p. 64. Voir aussi *Descartes à Élisabeth de Bohême*, décembre 1646 (AT IV, 589-591) : « [...] et même je reçois des compliments des Pères Jésuites, que j'ai toujours cru être ceux qui se sentiraient les plus intéressés en la publication d'une nouvelle philosophie, et qui me le pardonneraient le moins, s'ils pensaient y pouvoir blâmer quelque chose avec raison ».
141 Voir en ce sens la lettre de *Boulliau à Mersenne*, 16 décembre 1644, citée par Armogathe, 2013, p. 835, n. 4.
142 Pour les éléments qui suivent, voir Nellen, 1994, en part. pp. 20-27, 56-77, présentent le complexe contexte d'élaboration et de publication du livre, à l'origine intitulé « Philolaus sive de terrae mobilitate, Authore Ismaele Boulliado », renvoyant au Cod. Pal. 9737v, fols. 59r-63r, ainsi qu'à différentes lettres de Boulliau, notamment à Schickard en dates du 16 mars 1633 et du 19 juin 1634, mais éclairant aussi certains liens entre Boulliau et Descartes. Sur ce dernier point et le *De natura lucis* (1637) de Boulliau, voir Delphine Bellis, « La nature de la lumière entre physique et ontologie : Descartes et Boulliau », in : *Descartes en dialogue*, 2019, pp. 189-217.

En réalité, il n'était guère envisageable de pouvoir essayer « d'oublier » ou de faire complètement fi de la condamnation de la thèse du mouvement de la Terre, soi-disant non « communiquée » aux instances françaises par les canaux officiels[143], mais dont il existait pourtant divers échos publics patents, hors des murs romains, comme l'évoque Descartes. Même les différentes stratégies argumentatives les plus ingénieuses, consistant à n'évoquer la mobilité terrestre que sous forme d'*hypothèse*, à l'établir uniquement dans le cadre d'une *fable* voire même à suggérer que la Terre puisse conserver son immobilité si elle était *portée par une sphère* qui soit, elle, mobile, n'y feront rien[144]. Boulliau se risquera pourtant à souscrire au mouvement terrestre. Galilée et Descartes recevront un exemplaire du *Philolaus*[145] – mais aussi le traité sur la lumière (*De natura lucis*) de Boulliau –, et montreront des réactions diamétralement opposées. Le premier, Galilée, ne pouvant hélas plus focaliser son regard sur ce livre, en raison d'une déficience visuelle désormais complète, trouvera le moyen d'en entendre de larges extraits grâce à l'aide de lecteurs, et en dira le plus grand bien[146]. Le second, Descartes, « occupé à d'autres études », en détournera le regard et l'oubliera pour ainsi dire, puisqu'il avoue, ne pas « s'être donné le temps de lire » le traité de Boulliau[147]. Il est d'ailleurs intéressant de souligner, à la suite de Nellen, que Descartes attendait à l'été 1639 cet ouvrage de Boulliau, consacré précisément au mouvement de la Terre[148], mais s'était entre temps agacé d'une observation de ce dernier dans le *De natura lucis*, où il rapprochait les *Essais* cartésiens de Démocrite – partisan, lui, du vide et des atomes[149].

Et Descartes insinuera bientôt préférer de toute façon étudier « sans aucun livre »[150] ! Comme Leibniz l'avait suggéré, il y aura sans doute chez Descartes « un plus grand usage des livres qu'il ne le voulait »[151], toutefois souvent à la demande

---

143 Cf. Nellen (*ibid.*, pp. 56-57 et 68), où il précise que Boulliau était originaire de la cité de Loudun, où il y avait croisé Mersenne.

144 La dernière variante, retenue par Descartes dans *Le Monde*, sera dénoncée (au côté d'autres thèses, tel le refus d'une vision atomiste) par le jésuite Thomas Compton Carleton, comme l'explique Wohlers, dans son introduction à la trad. allemande des *Principes de Philosophie* (2005, pp. XXV-XXVI). Cf. Perler, 2006, pp. 113-114. Sur ces aspects, voir l'étude de Mehl, 2019.

145 Voir les précieux éclaircissements de Nellen (*ibid.*, pp. 70-77) sur la lettre de *Saumaise à Boulliau*, 3 octobre 1639, contenue dans le Cod. Pal. 7050, f. 166r. Le texte original s'achève en ces termes : « je l'ai fait envoyer à Monsieur Descartes qui m'en doit dire son jugement que je vous ferai savoir. Ille unus pro centum ».

146 Cette observation est due à Nellen, 1994, pp. 64-65, ici n. 43 et p. 72, n. 65, où il s'appuie sur la lettre de *Galilée à Boulliau* du 1er janvier 1638 par rapport à la réception du *De natura lucis*. Cf. aussi *Descartes à Mersenne*, 28 novembre 1633 (AT I, 270-273).

147 *Descartes à Mersenne*, 27 août 1639 (AT II, 571) et *Descartes à Mersenne*, 13 novembre 1639 (AT II, 622).

148 *Descartes à Mersenne*, 19 juin 1639 (AT II, 566).

149 Sur la réplique de Descartes au *De natura lucis* de Boulliau, voir *Descartes à Huygens*, mars ou avril 1638 (AT II, 51-52) et les analyses de Bellis, 2019, pp. 198-204 ; Nellen, 1994, ici pp. 73-76. Voir aussi une lettre ultérieure de *Descartes à Mersenne*, 11 octobre 1638 (AT II, 380-402, ici 396), où Descartes précise « mais je ne savais point que ce fût le même [Boulliau] qui a écrit du mouvement de la Terre ».

150 *Descartes à Mersenne*, 27 août 1639 (AT II, 571), une lettre convoquée par Nellen, 1994, p. 76.

151 La formule latine « fuit in Cartesio major librorum usus quam ipse volebat » (G.W. Leibniz, ed. L. Dutens, 6 vols, vol. 5, 1768, Genève, p. 393) est notamment pointée dans le catalogue *Descartes. Exposition organisée pour le IIIe Centenaire du Discours de la Méthode*, Paris, 1937, p. 5 et mériterait de faire l'objet, ailleurs, de développements complémentaires. Sur les observations de Leibniz et sa contribution à la récolte d'extraits

de ses interlocuteurs[152]. Tel est par exemple le cas pour l'exemplaire de l'ouvrage *Sur la vérité* dû à Herbert de Cherbury, justement reçu de Mersenne qui venait vraisemblablement, en personne, de le traduire du latin en français[153]. Arguant qu'il avait déjà consulté cet ouvrage, précisément dans sa version latine, l'année précédente, et en avait écrit son sentiment à Eding (AT II, 566), Descartes en reprend toutefois la lecture pour Mersenne et s'emploie à détailler son avis sur la vérité, une notion, dont il ne doute point et « une notion si transcendentalement claire, qu'il est impossible de l'ignorer » (AT II, 597). Si Descartes tient en haute estime Cherbury, il relève néanmoins plusieurs difficultés dans ses raisonnements, puisqu'il « prend beaucoup de choses pour notions communes qui ne le sont point », « prend pour règle de ses vérités le consentement universel » – alors que Descartes s'appuie sur la « lumière naturelle » – et surtout mélange « philosophie et religion », tandis que Descartes préfère, relativement aux questions relevant de la religion, « en laisser l'examen » aux théologiens de la Sorbonne, notamment eu égard à ses méditations métaphysiques[154].

Circonspect, Descartes choisira de laisser dans l'ombre de l'oubli, du moins provisoirement, l'hypothèse du mouvement de la Terre, développée dans le *Traité du Monde*. Relativement aux explications pouvant avoir des répercussions sur le terrain théologique, il n'oubliera guère de soumettre aux pères jésuites ses publications, en vue de s'assurer leur appui, espérant que ses écrits trouveraient des lecteurs attentifs, critiques et, si possible, bienveillants. Le souci d'une vérification par ses anciens maîtres ou par des théologiens de la conformité de ses thèses avec l'orthodoxie chrétienne constitue en fait un procédé suivi dès les premières publications. Ainsi, en 1637, Descartes envoie le *Discours de la Méthode*, le plus souvent accompagné des *Essais* (*Dioptrique*, *Météores* et *Géométrie*), notamment à Guez de Balzac, mais aussi à son ancien maître en philosophie. S'agit-il donc du (futur) recteur du collège de La Flèche Étienne Noël[155], ou alors du Père François Fournet, comme le suggère Six[156] ?

---

textuels cartésiens, cf. Wohlers, *Regulae ad directionem ingenii / Cogitationes privatae*, Hambourg, Meiner, 2011, pp. XIII-XXVI, XXXII-XLI ; à propos du recours à certains livres par Descartes, cf. *infra*, n. 153, n. 180sqq.

152 Armogathe (1977, p. 79) fait ainsi remarquer que concernant la thématique de la Transsubstantiation, Descartes l'aborde avant tout pour « lever les difficultés » que perçoivent ses interlocuteurs.

153 Sur le *De veritate* (1624) de Edouard Herbert de Cherbury et sa traduction, voir les remarques de Wohlers, 2020, p. 709. En l'occurrence, Descartes lira le *De veritate* à la demande de Mersenne, cf. *Descartes à Mersenne*, 27 août 1639 (AT II, 570-571).

154 Cf. AT II, 622. Les citations sont issues de trois lettres de *Descartes à Mersenne*, respectivement du 25 décembre 1639 (AT II, 629), du 16 octobre 1639 (AT II, 597) et du 19 juin 1639 (AT II, 566), mais aussi du 27 août 1639 (AT II, 570) et à nouveau du 16 octobre 1639 (AT II, 599). Mehl (2013, p. 148) résume l'attitude de Descartes en soulignant qu'il est « novateur en philosophie et conservateur en théologie ».

155 Cf. *Descartes à Guez de Balzac*, 14 juin 1637 (AT I, 380-382) et *Descartes à Noël* (AT I, 382-384), lequel est nommé recteur du collège de La Flèche, dès décembre 1636. Cf. Olivier Jouslin, « Science et baroque : la polémique sur le vide entre Blaise Pascal et Étienne Noël (8 octobre 1647-été 1648) », in *Études Épistémè* [en ligne], 9/2006.

156 Cf. Six, 1914, pp. 494-508, ici 501-503, 507-508, invoquant notamment, catalogues jésuites provinciaux à l'appui, le fait que le père Étienne Noël ne prendra ses fonctions de « recteur à La Flèche » qu'en automne 1637, étant encore affairé en été de cette année-là « comme vice-recteur à Rouen ». Six penche ainsi plutôt pour l'hypothèse selon laquelle Descartes aurait certes envoyé « deux exemplaires », « sans lettre d'accompagnement », à La Flèche, mais aussi un autre exemplaire, accompagné de cette lettre de la mi-juin 1637 – « par l'intermédiaire de Plemplius, professeur à Louvain » – vers Lille, où résidait désormais son ancien maître François Fournet

Une lettre du 14/15 juin 1637 atteste en tout cas de marques de respect : « je suis bien aise de vous l'offrir, comme un fruit qui vous appartient, et duquel vous avez jeté les premières semences en mon esprit, comme je dois aussi à ceux de votre Ordre tout le peu de connaissance que j'ai des bonnes Lettres » (AT I, 383). Par ce geste, le philosophe, résidant alors à Leyde, nourrissait sans doute l'espoir de voir son ouvrage connaître un large écho dans les collèges jésuites. Il ne ménagera d'ailleurs guère les efforts pour favoriser la réception de ses écrits, ne voyant par exemple aucune objection à faciliter la compréhension de l'essai plus technique consacré à la *Géométrie*, en faisant parvenir aux enseignants jésuites l'introduction qu'il avait rédigée[157]. Il se rappelle ainsi au bon souvenir de ses maîtres[158] – et se réjouira même bientôt des aménagements scolastiques initiés par le jeune Mesland, pour adapter ses *Méditations métaphysiques* à l'enseignement jésuite[159] – tout en restant conscient que les membres de l'ordre n'adopteraient pas immédiatement ses réflexions, sans parler d'intégrer certains arguments tels que, par exemple, ceux développés dans les *Météores*, dont il se demande précisément comment ils sont perçus par les jésuites (AT II, 267-268). Cette préoccupation à rechercher l'approbation, ou du moins le soutien de l'autorité spirituelle, institutionnelle et sociale que représentent les théologiens de la Sorbonne et l'ordre des jésuites, s'avère particulièrement marquée dans le cas de l'explication de la Transsubstantiation.

(ii). Transsubstantiation

La Transsubstantiation, telle que définit par le Concile de Trente (1545-1563) qui avait été convoqué en réponse à Martin Luther, correspond à « une conversion de toute la substance du pain en la substance du Corps de Notre-Seigneur Jésus-Christ »[160]. C'est notamment sur ce sujet que portent plusieurs échanges de

---

(1581-1638). C'est le médecin Heylichmann décédé vers 1639 qui avait permis à Descartes de connaître Plempius. Cf. *Descartes à Mersenne*, 27 août 1639 (AT II, 570) et Wohlers, 2020, p. 710.

157 Cf. *Descartes à Mersenne*, 27 juillet 1638 (AT II, 254-276, ici 267, 276). En outre, Descartes fait parvenir un exemplaire de sa géométrie à Debeaune, dont il estime particulièrement les commentaires. Cf. AT II, 595 ; AT II, 638 et AT III, 597.

158 Lettre de Descartes du 14/15 juin 1637 (AT I, 383) : « Je juge bien que vous n'aurez pas retenu les noms de tous les disciples que vous aviez il y a vingt-trois ou vingt-quatre ans, lorsque vous enseigniez la philosophie à La Flèche, et que je suis du nombre de ceux qui sont effacés de votre mémoire. Mais je n'ai pas cru pour cela devoir effacer de la mienne les obligations que je vous ai, ni n'ai pas perdu le désir de les reconnaître, bien que je n'aie aucune autre occasion de vous en rendre témoignage, sinon qu'ayant fait imprimer ces jours passés le volume que vous recevrez en cette lettre […] ».

159 L'intervention de Mesland aurait pu s'avérer déterminante en vue d'intégrer l'enseignement des *Méditations* cartésiennes dans le cadre de la formation délivrée par les Jésuites, comme le souligne Armogathe, 1977, pp. 71-75, renvoyant notamment (*ibid.*, p. 71) à AT IV, 121. Selon cette lettre de Descartes, Mesland n'avait-il pas en effet « accommoder » – en quelque sorte traduit en termes scolastiques – les *Méditations* ? Pour des extraits du traité de Mesland, cf. Six, 1915, pp. 1-33, ici 9-12.

160 Cette formule est invoquée par Descartes, *Réponse aux Quatrièmes objections d'Arnauld* [AT IX-1, 191], cf. *infra*, n. 167. Voir Jean-Christophe Bardout, « Quatrièmes objections et réponses », in : Dan Arbib (éd.), *Les Méditations métaphysiques. Objections et réponses. Un commentaire* (Paris : Vrin, 2019), pp. 283-307, ici pp. 305-307. Si Descartes semble s'être surtout appuyé sur les sentences du Concile de Trente (1545-1563), un Concile antérieur, celui de Constance (1414-1418), avait déjà été le lieu d'un intense débat sur la question de la Transsubstantiation, où les thèses de Wyclif – mais aussi de Jan Hus et de Jérôme de Prague – avaient

Descartes avec le théologien Antoine Arnauld, ainsi qu'avec les jésuites Jacques Dinet et Denis Mesland. On ciblera tout d'abord les discussions entre Descartes et le théologien Arnauld, qui au côté de thématiques centrales comme la nature de l'esprit humain, le vide, ou encore la toute-puissance divine, portent également sur « l'extension locale », une notion-clé dans la métaphysique cartésienne[161]. Aux yeux d'Arnauld, cette notion méritait toutefois quelques éclairages dans le cas précis de l'Eucharistie. Il s'agira en particulier de voir comment Descartes vise à expliquer la Transsubstantiation, sous un angle physique, sans devoir recourir, comme les scolastiques, aux accidents réels, mais en utilisant principalement l'argument de la superficie : celle-ci étant maintenue lors de la conversion du pain, elle permet d'expliquer que le corps du Christ soit présent dans l'hostie, sous le *mode* de la substance, c'est-à-dire lié aux dimensions du pain, sans y être limité comme dans un lieu[162]. En plus de ces aspects doctrinaux, qui ont déjà été étudiés et commentés de manière approfondie, cet échange épistolaire s'avère aussi intéressant eu égard à certains oublis, certes repérés isolément, mais qui adjoints aux autres « oublis » permettent d'illustrer diverses stratégies d'écriture de Descartes[163], parfois élaborées avec la complicité de ses correspondants, augurant ainsi d'oublis « collectifs », ou du moins « concertés ».

Les échanges avec le théologien Arnauld : lieu d'un oubli concerté

Jeune théologien, alors fraîchement promu à la Sorbonne, Arnauld est un interlocuteur de choix pour Descartes. D'une part, le philosophe recherche précisément l'appui des théologiens de la Sorbonne, à qui est adressée la lettre-préface des *Méditations* (AT IX, 4-8)[164]. D'autre part, Arnauld tient en grande estime la philosophie première cartésienne et fait montre d'une attitude critique, mais constructive envers

---

été condamnées. Comme l'indique Armogathe dans son étude (*Theologia cartesiana*, 1977, ici pp. 47, 68-69, 88-89 et 132), certains théologiens ont eu tôt fait de percevoir le possible danger que cet arrière-fond pouvait représenter pour le nouveau modèle physique proposé par Descartes, ainsi le minime Jean Durelle avertissant Mersenne de la condamnation de Wyclif ; le nom du jésuite Bertet, plutôt favorable aux thèses cartésiennes et ayant communiqué avec Clerselier, sera aussi lié à celui d'Honoré Fabri, à l'origine de la mise à l'index des œuvres cartésiennes en 1663. Cf. Jean-Robert Armogathe, Vincent Carraud, « La première condamnation des Œuvres de Descartes, d'après des documents inédits aux Archives du Saint-Office », *Nouvelles de la République des Lettres* (Naples), 2001/II, pp. 103-137.

161 Cf. *Arnauld à Descartes*, 3 juin ou 15 juillet 1648 (AT V, 185-191, en part. 190), trad. fr. Clerselier, II, 15-21. Voir aussi Armogathe, 2013.
162 Pour une reconstruction du contexte doctrinal et des explications cartésiennes de la Transsubstantiation, voir Armogathe, 1977, en part. pp. 41-81, ici surtout 80-81. Il y montre que Descartes initie ses développements en lien avec la question de « la permanence de la blancheur dans l'hostie consacrée » (1630), avant d'approfondir cette question suite à la parution du *Discours de la Méthode* (1637), notamment à l'occasion de la réponse aux objections soulevées par Arnauld au sujet des *Méditations* – réponse qui ne sera envoyée qu'après avoir confronté sa « physique eucharistique » (*ibid.*, p. 47) au Concile (1641), et que Mersenne préférera visiblement raccourcir. Cf. Roger Ariew, 2011, en part. pp. 217-240.
163 À ce sujet, voir Denis Kambouchner, *Le style de Descartes* (Paris : Manucius, 2013).
164 On notera que Descartes cherche à s'attacher l'approbation collective et institutionnelle des théologiens de la Sorbonne (*Descartes à Mersenne*, mars 1642, AT III, 543), un peu à la manière du soutien recherché auprès de l'ordre jésuite (cf. *supra*, n. 14 et n. 115).

Descartes, avec qui il aurait même souhaité pouvoir converser « de vive voix »[165], en particulier sur une thématique aussi exigeante et délicate que l'exégèse de l'Eucharistie. Une rencontre ne pourra toutefois hélas avoir lieu – malgré la proximité géographique entre Descartes, séjournant en 1648 à Paris et Arnauld, ayant alors gagné Port-Royal-des-Champs. L'échange entre les deux intellectuels se déroulera donc surtout par écrit et par lettres interposées. Antérieurement, Arnauld avait soumis les quatrièmes objections aux *Méditations*, auxquelles Descartes répond de manière détaillée, mais où un oubli de taille se glisse, à propos de l'Eucharistie.

Comme le suggère Armogathe, il revient vraisemblablement à Mersenne d'avoir veillé à écourter la réponse de Descartes à Arnauld[166] : cette « omission » volontaire et concertée, se fait en vue de pouvoir plus facilement diffuser les thèses cartésiennes par la suite, une fois que les *Méditations* auront été bien accueillies, ou à tout le moins autorisées, parmi les théologiens[167]. Soulignons cet « oubli » *stratégique*, mis en place en vue de mieux retenir, ultérieurement, une doctrine innovante. Savamment orchestré, l'oubli semble ici pouvoir devenir constitutif d'un savoir différé : s'il s'agit, communément, de mettre de côté les anciennes doctrines, pour faire place neuve ou plutôt *tabula rasa*, afin d'y déposer un nouvel enseignement, il ne saurait être question de brusquer les opinions ou d'introduire précipitamment des nouveautés. Descartes avait donc bien à l'esprit la teneur, ou du moins les enjeux philosophiques, des explications valant aussi pour l'Eucharistie.

> Il reste le sacrement de l'Eucharistie, avec lequel Monsieur Arnauld juge que mes opinions ne peuvent pas convenir, *parce que, dit-il, nous tenons pour article de foi que, la substance du pain étant ôtée du pain eucharistique, les seuls accidents*

---

165 *Arnauld à Descartes*, Port-Royal-des-Champs, 25 juillet 1648 (AT V, 212 ; Clerselier II, 23 ; Armogathe, 2013) : « Je ne doute point que l'entretien ne fût beaucoup plus commode et plus facile que les écrits, pour éclaircir les questions dont nous traitons, mais puisque cela ne se peut, et qu'étant absent du lieu où vous êtes, il ne m'est pas permis de jouir d'un entretien tant désiré, et offert de si bonne grâce, je ne m'envierai point à moi-même le seul moyen qui me reste pour tirer de vous les instructions qui me sont nécessaires pour l'intelligence de vos écrits. Car votre réponse, quoique très courte, m'ayant déjà beaucoup aidé à comprendre des choses très difficiles, j'ai conçu une grande espérance de pouvoir venir à bout de tout le reste, si je pouvais une fois nouer avec vous un entretien, tel qu'on le peut entre des personnes éloignées, duquel ayant banni toute contestation (que je sais vous être en horreur, et à laquelle je ne suis nullement porté), nous pussions [par ce moyen d'un commun accord et] avec une franchise vraiment philosophique, ou plutôt chrétienne, travailler [ensemble] à la recherche de la vérité ».

166 Une distinction majeure, notamment relevée par Beyssade dans son édition des *Méditations* (2011, p. 377), se profile en effet entre les deux éditions latines de 1641 et 1642 des *Méditations métaphysiques* : « Toute la fin du texte [*réponse de Descartes aux 4èmes objections d'Antoine Arnauld*], (à partir d'ici), avait été supprimée dans la première édition latine, et remplacée par une phrase de conclusion: 'J'omets le reste de ce qui pourrait être ici demandé, en attendant de démontrer plus au long, dans la *Somme philosophique* que j'ai en chantier, tout ce dont se déduisent les solutions satisfaisantes à chacune des objections habituelles en cette matière' ». Voir aussi Armogathe, 1977, pp. 61-63, précisant que la *Somme philosophique*, dont il est question, se matérialisera sous les traits des *Principes de Philosophie* (parus dans leur version latine en 1644, avant d'être traduits en français par l'abbé Claude Picot en 1647) et évoquant la possible intervention de Mersenne pour expliquer une « omission », à laquelle Descartes adhérait, et qui était censée « aider à obtenir une approbation » (*Descartes à Mersenne*, AT III, 416).

167 Armogathe (*ibid.*, p. 62) rappelle que « l'amputation de la réponse à Arnauld n'a pas empêché la Sorbonne de refuser l'approbation ».

y demeurent. Or il pense que je n'admets point *d'accidents réels*, mais seulement des modes, qui ne peuvent pas être entendus *sans quelque substance*, en laquelle ils résident, *et partant ils ne peuvent pas exister sans elle*.

Descartes, Réponse aux Quatrièmes objections d'Arnauld [AT IX-1, 191]

Durant la *Transsubstantiation*, comprise, ainsi que relevé, comme une conversion réelle, à savoir de la substance du pain et de celle du vin en corps et sang de Jésus-Christ, seuls les accidents réels, par lesquels nous percevons ces substances demeurent identiques – telle était du moins l'exégèse qu'en donnait Thomas d'Aquin, lequel constituait un point d'orientation pour l'assemblée tridentine, l'ayant proclamé docteur de l'Église[168]. Arnauld s'inquiétait du fait que Descartes puisse s'éloigner de la doctrine établie, au Concile de Trente, sur la Transsubstantiation[169].

La réponse de Descartes aux objections d'Arnauld est triple[170] : *premièrement*, Descartes déclare ne pas avoir nié que les accidents puissent être réels. Il a certes émis quelques réserves à l'endroit des accidents, par exemple dans les *Météores*, mais pour autant Descartes accepte que Dieu puisse isoler un accident de sa substance ou plus exactement isoler un mode de sa substance. *Deuxièmement*, Descartes affirme donc son adhésion à la thèse de la toute-puissance divine[171]. Il admet parfaitement que Dieu puisse substituer une substance à une autre, ou même maintenir un accident indépendamment de sa substance. Dans le portrait qu'il dresse du philosophe, Baillet retient d'ailleurs cette adhésion cartésienne à l'omnipuissance divine, affirmant que Descartes « blâmait surtout la hardiesse des philosophes et mathématiciens, qui paraissent si décisifs à déterminer *ce que Dieu peut & ce qu'Il ne peut pas* […] »[172]. Descartes, pour sa part, ne cherche nullement à définir ou limiter la toute-puissance divine[173]. Comme il l'écrit à Arnauld, dans une lettre envoyée de Paris le 29 juillet 1648, il lui « semble qu'on ne doit jamais dire d'aucune chose qu'elle est impossible

---

[168] Pour une reconstruction voir Armogathe, 1977, en part. pp. 1-40 ; voir aussi *supra*, n. 160.

[169] Sur les principaux points de l'exégèse thomiste (*ST* I, q. 77) concernant le sacrement de l'Autel, notamment la présence du Christ sur « le mode de substance » – eu égard aux dimensions de l'hostie, sans y être limité localement – et la possibilité que l'accident de la quantité puisse, par miracle, exister sans le support d'un sujet, voir les explications de Gonzalez, 2005, pp. 207-223, ici pp. 207-210.

[170] Bardout, 2019, ici pp. 305-306 accentue aussi « trois temps » dans l'argumentation cartésienne, rythmés différemment : (i) « brève explication conciliatrice », (ii) exposé de « sa théorie de la superficie », puis (iii) démonstration de la contradiction impliquée par le « concept d'accident réel » ; cf. *infra*, n. 175.

[171] Sur cet ample sujet, voir par exemple *Descartes à Chanut*, 1ᵉʳ février 1647 (AT IV, 609), un des passages analysés par E. Mehl, 2013, en part. pp. 138, 141, 144-146, où il pointe des recours, envisagés par Clauberg, au *Guide des égarés* de Maïmonide, en arrière-fond des interrogations autour de l'infinité divine, de l'immensité de l'univers et des limites de l'être humain – l'argumentaire de Maïmonide ne suggérant rien de moins que la remise en question d'une vision anthropocentrique d'une Création « au service de l'homme ». L'une des assertions, aussi présentes dans les *Exercices spirituels* (*Écrits*, 1991, p. 63) : « Et les autres choses qui se trouvent sur la terre ont été créées pour l'homme lui-même », semble être analysée par Descartes, notamment dans sa lettre à Chanut du 6 juin 1647 (AT V, 50-58, en part. 54-56 : « ainsi je ne vois point que le mystère de l'Incarnation, et tous les avantages que Dieu a faits à l'homme, empêchent qu'il n'en puisse avoir fait une infinité d'autres très grands à une infinité d'autres créatures »). Cf. Denis Kambouchner, « La Révélation en abîme. Remarques sur la lettre à Chanut du 6 juin 1647 », in *Descartes en dialogue*, 2019, pp. 3-16.

[172] Baillet, 1691, p. 943.

[173] Cf. J.-M. Beyssade, « Toute-puissance de Dieu et nécessité des principes physiques chez Descartes », in : *Potentia Dei. L'onnipotenza divina nel pensiero dei secoli XVI e XVII* (Milan : Franco Angeli, 2000), pp. 351-368.

à Dieu ; car tout ce qui est vrai et bon étant dépendant de sa toute-puissance, je n'ose pas même dire que Dieu ne peut faire une montagne sans vallée [...] ». La thèse de la toute-puissance divine est déjà présente dans la réponse que Descartes formule face aux objections d'Arnauld sur les *Méditations*.

> et enfin, de ce que j'ai dit que les modes ne peuvent pas être entendus sans quelque substance en laquelle ils résident, on ne doit pas inférer que j'ai nié que par la toute-puissance de Dieu, ils en puissent être séparés, parce que je tiens pour très assuré et crois fermement que Dieu peut faire une infinité de choses que nous ne sommes pas capables d'entendre.
>
> Descartes, Réponse aux Quatrièmes objections d'Arnauld [AT IX-1, 192]

Après avoir souligné qu'il n'a pas nié les accidents réels et qu'il adhère à la toute-puissance divine, Descartes avance un *troisième* argument, plus proprement philosophique, concernant la superficie – qu'il développera tout particulièrement dans les échanges avec le jésuite Mesland[174]. Selon la physique cartésienne, ce n'est pas la *substance* du pain qui est directement perçue par nos sens, mais sa *superficie*. Comme l'explique Jean-Christophe Bardout[175], la superficie, selon Descartes, n'est pas la substance du corps (en l'occurrence du pain) ni les parties environnantes, mais elle est « déterminée par les figures de dimensions entre le pain et l'air environnant »[176]. À l'exemple d'une rivière, qui garde la même superficie, alors que les éléments internes, les parties de l'eau, coulent et changent, et qu'avec le temps « peut-être aussi il n'y ait plus aucune partie de la même terre qui environnait cette eau », suggérant que ses limites externes, les berges, changent aussi[177]. Descartes sera en effet amené à distinguer trois superficies qui pour autant ne se distinguent pas réellement, mais seulement conceptuellement, « au regard de notre pensée » (AT IV, 164). Aussi, le philosophe estime-t-il qu'il n'y a pas besoin de supposer – comme le font Thomas d'Aquin (*ST* I, q. 77, a. 1)[178] et la tradition scolastique –

---

174 Cf. *infra*, n. 205 sqq.

175 Cf. Bardout, 2019, pp. 305-307 – ici p. 306 s'appuyant sur AT IV, 164 – et qui indique que « dans la mesure où la superficie ne dépend pas du corps mais de ses dimensions, deux substances différentes (le pain et le corps du Christ, contenus sous la même superficie) peuvent produire la même apparence sur les sens ». Cf. Gonzalez, 2005, pp. 207-223, ici 222 : « Or, ce qui permet à Descartes de conserver les apparences du pain après la transsubstantiation réside précisément dans le fait que l'arrangement interne *via* les superficies intérieures est conservé ». Gonzalez montre de plus que Pierre Varignon (1654-1722), jésuite et mathématicien, lira Descartes et prolonge même ses réflexions, y apportant diverses adaptations, parfois problématiques (*ibid.*, pp. 214-223) : « A contrario, Varignon considère comme une nécessité que la matière du pain soit organisée en un corps humain pour que l'âme du Christ puisse l'informer » (*ibid.*, p. 223).

176 Cf. *Descartes à Mesland*, 9 février 1645 (AT IV, 163-164), où il précise : « par ce mot de superficie, je n'entends point quelque substance, ou nature réelle, qui puisse être détruite par la toute-puissance de Dieu, mais seulement un mode, ou une façon d'être, qui ne peut être changée sans changement de ce en quoi ou par quoi elle existe ; comme il implique contradiction, que la figure carrée d'un morceau de cire lui soit ôtée, et que néanmoins aucune des parties de cette cire ne change de place ». Le fameux exemple du morceau de cire (*MM* II, AT IX-1, 23-26) est ici aussi invoqué.

177 Sur l'exemple du fleuve de la Loire, dont toutes les parties matérielles changent, et qui conserve pourtant son identité numérique en vertu de la « ressemblance des dimensions », cf. *Descartes à Mesland*, 9 février 1645 (AT IV, 165). Voir aussi Armogathe, 1977, pp. 58, 73.

178 Sur ces renvois textuels, voir Armogathe (1977), pp. 18-19, 54-66, 76-81 et l'étude de Gouhier, 1972.

des accidents réels, devant continuer à exister lorsque la substance du pain est ôtée. Admettre de tels accidents réels qui subsistent, ce serait en faire des substances et ce serait impliquer un miracle. En outre, comme Descartes le relève, les accidents réels ne sont pas même mentionnés dans les Écritures saintes, ni d'ailleurs dans les Conciles[179].

> Or l'Église nous enseigne dans le Concile de Trente, section 13, canon 2 et 4, *qu'il se fait une conversion de toute la substance du pain en la substance du Corps de Notre-Seigneur Jésus-Christ, demeurant seulement l'espèce du pain.* Où je ne vois pas ce que l'on peut entendre par *l'espèce du pain*, si ce n'est cette superficie qui est moyenne entre chacune de ses petites parties et les corps qui les environnent.
>
> Descartes, Réponse aux Quatrièmes objections d'Arnauld [AT IX-1, 194]

On remarque que Descartes est très au fait de l'enseignement dogmatique, retenu au Concile de Trente, au point d'en citer le texte, au paragraphe près[180]. De plus, comme il l'indique dans une lettre envoyée des Provinces-Unies à Mersenne[181], il avait emporté depuis la France, dans ses bagages[182], une Bible[183] et disposait aussi de la *Somme de Théologie* de Thomas d'Aquin[184]. Formé chez les jésuites, en contact quasi permanent avec le minime Mersenne, ayant dû contrer les attaques du ministre

---

179 Cf. *Descartes à Arnauld*, 16 juillet 1648 (AT V, 192-194), cité *infra* et Armogathe, 1977, p. 72.
180 La *Ratio studiorum*, [128] (trad. Albrieux, Pralon-Julia, p. 102) prévoyait que les étudiants en théologie disposent de la Bible, de la *Somme de théologie* et du *Concile de Trente*, et les étudiants en philosophie d'Aristote. Tous recevraient aussi « quelque commentaire choisi qu'ils puissent consulter dans leur travail personnel » et « un livre concernant les études d'humanité ». Au vu des références textuelles précises évoquées, Descartes aura ainsi veillé à consulter un exemplaire du *Concile de Trente* pour y vérifier que sa physique était bien compatible avec la doctrine « post-tridentine » de la Transsubstantiation, avant de faire parvenir à Mersenne la réponse aux *Quatrièmes objections* destinée à Arnauld : ce point est relevé par Armogathe, 1977, pp. 55-56 (AT III, 349). En revanche, il lui sera sur place plus difficile de vérifier les œuvres d'Augustin, comme le suggère le passage de la lettre à Mersenne du 15 novembre 1638 (AT II, 435, 19-23), envoyée de Santpoort. À ce sujet, voir les éclairages dans René Descartes, *Tutte le lettere 1619-1650*, ed. Giulia Belgioioso, Milan, Bompiani, 2005, p. 912, signalant la découverte de l'autographe de la lettre, décrit par Erik-Jan Bos, Matthijs van Otegem, Theo Verbeek, « Notes sur la correspondance de Descartes », Liminaire du *Bulletin cartésien* XXX, in *Archives de Philosophie* LXIV (2001), pp. 5-14.
181 *Descartes à Mersenne*, 25 décembre 1639 (AT II, 630), comme le relève Wohlers, dans l'introduction aux *Méditations* (Hamburg : Meiner 2009) p. XXII.
182 Dans une lettre antérieure, envoyée à *Huygens* en décembre 1638 (AT II, 455-461), Descartes évoque la demi-douzaine de livres qu'il détient, mais « visite si peu souvent ». Sans pouvoir aborder cette thématique à éclaircir dans un autre contexte, on notera que Descartes s'empresse de retourner plusieurs ouvrages reçus, quelques jours seulement après les avoir consultés, avançant par exemple dans le cas du *Traité de Mécanique* de Roberval « ne pas avoir la patience de lire tout au long de tels livres » (AT II, 390-391). En d'autres occasions, il commente pourtant dans le détail certains ouvrages, comme les *Discorsi* galiléens, insistant néanmoins sur le fait qu'il l'entreprend à la demande de Mersenne et s'efforçant de maintenir une distance avec le savant padouan (*Descartes à Mersenne*, 11 octobre 1638, AT II, 379-405 et Wohlers, 2020, p. 686, n. 44).
183 Vincent Carraud, « Descartes et la Bible », in J.-R. Armogathe (dir.), *Le Grand Siècle et la Bible*, Paris, Beauchesne, 1989, pp. 277-291.
184 Le maître dominicain est aussi mentionné dans les *Exercices spirituels*, n° 363, où Ignace évoque à côté des « saints docteurs anciens, Jérôme, Augustin, Grégoire et autres semblables », également « saint Thomas, saint Bonaventure, le Maître des Sentences et d'autres théologiens plus récents » (*Écrits*, 1991, p. 251). Cf. Thomson 1972, p. 82.

Voetius qui l'avait accusé d'athéisme[185], le philosophe Descartes, respectueux de la religion[186], dispose de toutes les connaissances requises pour pouvoir répondre au théologien Arnauld, sur l'épineuse question de l'adéquation entre la doctrine de la *res extensa* et l'enseignement sur le sacrement de l'Autel. Descartes explique d'une part que la superficie est la référence commune entre la substance du pain et le corps du Christ, présent dans l'hostie. Il s'empresse d'ajouter que le Christ est présent, non pas comme dans un lieu, mais *sacramentellement*[187]. Descartes admet donc tout à fait que Dieu puisse substituer une substance à une autre, puisque tout lui est possible en vertu de sa toute-puissance. Le philosophe a en revanche une certaine réserve à l'égard des accidents réels : comment en effet expliquer au regard de la Transsubstantiation, c'est-à-dire de la transformation complète de la substance du pain en corps du Christ, qu'un accident réel demeure ? À quoi cet accident se rattacherait-il, puisqu'il n'est plus lié au pain, à la substance qui le portait, et pas encore lié au corps du Christ ? Il faudrait concéder que c'est par miracle[188] que Dieu maintient un accident réel sans substance.

La stratégie argumentative cartésienne relativement à la thèse des accidents réels, soutenue par différents théologiens, s'avère bien rodée : *d'une part*, Descartes souligne son inclination à l'orthodoxie, il réfute ainsi avoir nié que les accidents puissent être réels et il concède que Dieu pourrait par sa toute-puissance permettre qu'un accident du pain soit maintenu, même une fois la substance du pain ôtée ; *d'autre part*, le philosophe suggère que sa solution serait plus conforme aux raisons de la théologie. Il est en effet convaincu que sa doctrine physique se référant à la superficie s'accorde mieux avec la théologie chrétienne, puisqu'il ne serait dès lors, avec la solution cartésienne de la superficie se maintenant, plus nécessaire de poser un accident réel indépendamment de la substance.

> les opinions que je propose dans la physique sont telles, qu'elles conviennent beaucoup mieux avec la théologie, que celles qu'on y propose d'ordinaire. Car, de vrai, l'Église n'a jamais enseigné (au moins que je sache) que les espèces du pain et du vin, qui demeurent au Sacrement de l'Eucharistie, soient des accidents réels qui

---

185 Descartes pourra compter sur des soutiens, comme Adriaan Heereboord, pour défendre sa philosophie à Leyde. Sur ces querelles, voir Theo Verbeek, *La Querelle d'Utrecht* (Paris : Les Impressions Nouvelles, 1988) et D. Antoine-Mahud, 2021, chap. I, pp. 23-39.

186 Cf. Baillet, 1691, p. 943 : « Jamais philosophe n'a paru plus profondément respectueux pour la Divinité que M. Descartes. Il fut toujours fort sobre sur les sujets de religion. […] Il était dans l'appréhension continuelle de rien dire, ou écrire qui fût indigne de la religion […] ».

187 Voir notamment les échanges entre *Descartes et Mesland* (*infra*, n. 208sqq.).

188 Pour des références à un phénomène miraculeux, voir par exemple la lettre de *Descartes à Mersenne* du 19 juin 1639, à propos de l'ombre de saint Bernard (AT II, 557) ou encore les lettres échangées avec la princesse Élisabeth de Bohême en novembre 1646, ou est évoqué le « secret de la fontaine miraculeuse » (AT IV, 531), mais dans ces deux cas, les mentions sont faites en référence aux exemples donnés par ses correspondants. En outre, « par deux fois au moins, Descartes a fait allusion au dogme de la résurrection des corps… (à *Chanut*, 6 juin 1647, AT V, 53 / à *** [*Silhon*], mars ou avril 1648, AT V, 137) », comme le notent Frédéric de Buzon, Denis Kambouchner, « L'âme avec le corps : les sens, le mouvement volontaire, les passions », in : *Lectures de Descartes*, 2015, pp. 279-328, ici 328.

subsistent miraculeusement tout seuls, après que la substance à laquelle ils étaient attachés a été ôtée.

Descartes, Réponse aux Quatrièmes objections d'Arnauld [AT IX-1, 194-195]

Descartes laisse tout d'abord entendre que « l'opinion qui admet des accidents réels ne s'accommode pas aux raisons de la théologie »[189], ensuite il indique que lors de la Transsubstantiation la deuxième substance « demeure précisément sous la même superficie sous qui la première était contenue ». C'est donc bien, à ses yeux, la superficie qui garantit la continuité entre les deux substances, sans avoir besoin d'admettre d'accident réel. Enfin, Descartes suggère que sa propre idée devrait être adoptée, car elle présente de nombreux avantages, est plus conforme à la foi, et s'avère surtout « certaine et indubitable ».

Quelques années après la rédaction des objections d'Arnauld et des réponses de Descartes, leur dialogue se poursuit par lettres. Arnauld lui fait parvenir le 15 juillet 1648 une missive, où il indique qu'après avoir « lu [avec admiration, et approuvé] presque entièrement tout ce que » Descartes a écrit à l'égard de la métaphysique, Arnauld le prie de « le vouloir délivrer de deux ou trois scrupules »[190]. L'un de ces scrupules concerne à nouveau spécifiquement le mystère de l'Eucharistie. On notera que l'échange épistolaire entre le théologien Arnauld, résidant à Port-Royal-des-Champs, et le philosophe Descartes, séjournant à Paris est quasi immédiat – les réponses étant à chaque fois datées du lendemain ou des jours suivants[191]. Ce n'est donc certes pas de « vive voix »[192], mais dans une conversation écrite, quasi instantanée, que les deux intellectuels partagent leurs vues. Ils s'emploient, selon la formule d'une lettre, « avec une franchise vraiment philosophique, ou plutôt chrétienne, [à] travailler [ensemble] à la recherche de la vérité »[193]. Pour autant, Arnauld perçoit la difficulté et le danger que Descartes encoure, voire même pourrait, selon lui, faire courir au *mystère* de l'Eucharistie[194], en tentant de substituer à l'explication par les

---

[189] Pour les extraits textuels cités dans ce paragraphe, cf. Descartes, *Réponse aux Quatrièmes objections d'Arnauld* [AT IX-1, 196-197], accentuant, au travers du dernier point évoqué, la critique envers les accidents réels : « j'ose espérer que le temps viendra, auquel cette opinion, qui admet les accidents réels, sera rejetée par les théologiens comme peu sûre en la foi, éloignée de la raison, et du tout incompréhensible, et que la mienne sera reçue en sa place comme certaine et indubitable ».

[190] Sur les scrupules, voir les remarques ignaciennes formulées dans les *Exercices spirituels* (*Écrits*, 1991, pp. 242-246, notamment 242) : « […] il me vient du dehors la pensée que j'ai péché ; et, d'autre part, il me semble que je n'ai pas péché. Cependant, je ressens en cela du trouble, parce que, à la fois, je doute et je ne doute pas. Cela est proprement un scrupule […] ». Sur l'*examen de conscience*, cf. *infra*, n. 236. Rappelant que le théologien Arnauld assumait un enseignement de philosophie durant les années 1639-1641, au moment de la parution des *Méditations métaphysiques*, Bardout (2019, pp. 283-307) analyse, dans les *IVae Responsiones*, les éléments de réponse cartésiens apportés aux « difficultés du philosophe » et au « scrupule du théologien » – un scrupule qui porte en l'occurrence précisément sur le mystère de l'Eucharistie.

[191] *Arnauld à Descartes*, 3 juin ou 15 juillet 1648 (AT V, 185-191) ; *Descartes pour Arnauld*, 4 juin 1648 ou 16 juillet 1648 (AT V, 192-194) ; *Arnauld à Descartes*, 25 juillet 1648 (AT V, 212-215) ; *Descartes pour Arnauld*, 29 juillet 1648 (AT V, 219-224). Sur cette correspondance, voir aussi Armogathe, 2013.

[192] *Arnauld à Descartes*, 25 juillet 1648 (AT V, 212-215).

[193] Cf. *supra*, n. 165.

[194] Cf. AT V, 190 (Clerselier, II, 20), cité *infra*.

accidents réels, une explication par la superficie, au travers de laquelle nous percevons les corps et considérons la continuité entre pain et corps du Christ[195].

Qu'une chose étendue n'est pas réellement distincte de son extension locale
Vous soutenez qu'une chose étendue ne peut en aucune façon être distinguée de son extension locale ; vous m'obligerez donc fort de me dire si vous n'avez point inventé quelque raison par laquelle vous accordiez cette doctrine avec la foi catholique, qui nous oblige de croire que le corps de Jésus-Christ est présent au Saint-Sacrement de l'autel sans extension locale, ainsi que vous avez très bien montré comment l'indistinction des accidents d'avec la substance peut s'accorder avec ce même mystère : autrement, vous voyez bien à quel danger vous exposez la chose du monde la plus sacrée.

Arnauld à Descartes, *Port-Royal-des-Champs, 15 juillet 1648 (AT V, 190 ; Clerselier, II, 20 et Armogathe 2013)*

Descartes se fait alors prudent et préfèrerait s'exprimer sous le couvert d'un entretien oral avec Arnauld, au sujet de l'Eucharistie. Le philosophe aura alors cette formule : « Car je crois qu'on peut agir plus sûrement par lettres avec ceux qui aiment la dispute ; mais pour ceux qui ne cherchent que la vérité, l'entrevue et la vive voix est bien commode »[196]. Descartes précise encore sa retenue dans cette même lettre adressée à Arnauld en juillet 1648.

Puisque le concile de Trente n'a pas voulu expliquer de quelle façon le corps de Jésus-Christ est en l'Eucharistie, et qu'il a dit qu'il y est *d'une façon d'exister qu'à peine pouvons-nous exprimer par des paroles*, je craindrais d'être accusé de témérité si j'osais déterminer quelque chose là-dessus, et j'aimerais mieux en dire mes conjectures de vive voix que par écrit.

Descartes à Arnauld, *[Paris, 16 juillet 1648], AT V, 192-194 (Clerselier, II, pp. 21-23)*

Cette relation privilégiée entre Descartes et Arnauld, leur permettant d'aborder la Transsubstantiation, conduit à considérer deux autres échanges, celui entre Descartes et son ancien maître jésuite de La Flèche, Jacques Dinet, puis celui avec Denis Mesland[197].

---

195 Cf. *supra*, n. 174sqq.
196 Pour l'extrait entier, voir *Descartes à Arnauld*, [Paris, 16 juillet 1648] : « Encore que l'auteur des objections qui me furent hier envoyées n'ait point voulu être connu ni de nom ni de visage, toutefois il n'a pu si bien se cacher qu'il ne se soit fait connaître par la partie qui est en lui la meilleure, à savoir par l'esprit ; et d'autant que je reconnais qu'il est fort subtil et fort savant, je n'aurai point de honte d'être vaincu et enseigné par un homme de sa sorte : mais parce qu'il dit lui-même, qu'il ne s'est point adressé à moi à dessein de contester, mais seulement par un pur désir de découvrir la vérité, je lui répondrai ici en peu de mots, afin de réserver quelque chose pour son entretien. *Car je crois qu'on peut agir plus sûrement par lettres avec ceux qui aiment la dispute ; mais pour ceux qui ne cherchent que la vérité, l'entrevue et la vive voix est bien commode* ».
197 Cf. aussi *Descartes à Mesland*, 9 février 1645, AT IV, 166 (cf. *infra*, n. 208sqq.), ainsi que deux passages soulignés et cités par Gonzalez, 2005, pp. 210-212 : « Quant à la difficulté dont vous me parlez, je ne vois pas qu'elle soit autre au regard de ma philosophie, qu'au regard de celle de l'École. Il y a deux principales questions touchant ce

Échanges avec le provincial Jacques Dinet : rétractation de certaines objections ?

La lettre que Descartes envoie directement au provincial des jésuites de France, Jacques Dinet, vise à gagner son appui et celui de toute la Compagnie. Dans cet échange avec le provincial, Descartes remet pour ainsi dire l'ouvrage sur le métier, en insistant à nouveau sur le fait que ses éclaircissements philosophiques permettraient d'expliquer plus facilement la question de la Transsubstantiation.

> Pour ce qui est de la théologie, comme une vérité ne peut jamais être contraire à une autre vérité, ce serait une espèce d'impiété d'appréhender que les vérités découvertes en la philosophie fussent contraires à celles de la foi. Et même j'avance hardiment que notre religion ne nous enseigne rien qui ne se puisse expliquer aussi facilement, ou même avec plus de facilité, suivant mes principes, que suivant ceux qui sont communément reçus. Et il me semble avoir déjà donné une assez belle preuve de cela sur la fin de ma Réponse aux Quatrièmes Objections, touchant une question où l'on a pour l'ordinaire le plus de peine à faire accorder la philosophie avec la théologie.
>
> *Descartes*, Lettre au Père Dinet, env. 1642 (AT VII, 581 ; Armogathe, 2013)

Relativement peu d'éléments biographiques sont disponibles sur Jacques Dinet (1584-1653), surtout connu pour avoir été recteur de plusieurs collèges et confesseur du roi Louis XIII, qu'il accompagnera jusqu'à sa mort. Dinet rédigera même un traité ayant précisément pour thème *l'idée d'une belle mort ou d'une mort chrétienne*. Les chemins du jésuite Dinet et de Descartes se croisent au collège de La Flèche, où Dinet a étudié la théologie puis est devenu professeur et préfet des études entre 1610 et env. 1614, lorsque le jeune Descartes y fait ses classes[198]. Dinet occupe bientôt la fonction de provincial de France (1639-1642)[199], puis de Champagne et devient le correspondant de l'influent cardinal romain Barberini. En outre, Dinet fait plutôt bon accueil à la philosophie de son ancien élève[200], Descartes. Le provincial recevra même

---

mystère. L'une est comment il se peut faire que tous les accidents du pain demeurent en un lieu où le pain n'est plus et où il y a un autre corps en sa place ; l'autre est comment le corps de Jésus-Christ peut être sous les mêmes dimensions où était le pain. » (Lettre du début mars 1646, AT IV, 374-375 ; FA III, 643).

198 Cf. Vlad Alexandrescu, « Dinet, Jacques (1584-1653) », in Lawrence, Nolan (ed.), *The Cambridge Descartes Lexicon*, Cambridge, CUP, 2015, pp. 196-197. Selon la *Ratio studiorum*, [102], (trad. cit., p. 96), il incombait notamment au préfet des études de prendre soin que les règles « prescrites aux théologiens sur la doctrine de saint Thomas et aux philosophes sur le choix des opinions (*de delectu opinionum*) » soient observées. D'après Six, 1914, p. 505, Dinet aurait quitté La Flèche pour assumer à Rennes, dès « l'année scolaire 1613/14 » un enseignement en rhétorique.

199 Le R.P. Filleau, que Descartes connaît uniquement de par son excellente réputation, succédera à Dinet à cette fonction, cf. *Descartes à Vatier*, 17 novembre 1642 (AT III, 596). Pour ces éléments et une analyse détaillée, cf. Sophie Roux, « Annexe : lettre au Père Dinet », in Dan Arbib (éd.), *Les Méditations métaphysiques. Objections et réponses. Un commentaire* (Paris : Vrin, 2019), pp. 397-417.

200 Six, 1915, pp. 2-7 souligne que Dinet, comme Charlet, restera toutefois moins expansif par rapport aux doctrines cartésiennes, tandis que des membres plus jeunes de l'ordre, tels Antoine Vatier, ou son élève Denis Mesland, afficheront des soutiens plus explicites aux thèses du philosophe. Vatier se verra toutefois sanctionné et déplacé de La Flèche, où il enseignait la théologie entre 1638-1642 vers Orléans, pour avoir soutenu des doctrines suspectes. Sans que la teneur précise des opinions défendues puisse être complètement élucidée, il est troublant,

personnellement un exemplaire des *Principes de philosophie* (en 1644), d'ailleurs par l'intermédiaire de Bourdin, qui sera alors choisi par Descartes pour en distribuer « une douzaine d'exemplaires » (AT IV, 143). Au moment des tensions antérieures entre Bourdin et Descartes, le philosophe s'en remet donc à son ancien maître pour qu'il intervienne et lui fait directement parvenir une lettre. La lettre à Jacques Dinet, qui sera ultérieurement traduite en français par Clerselier (1661), est à l'origine rédigée en latin par Descartes.

Le philosophe en appelle au provincial, lequel devrait officier en tant qu'intermédiaire entre Descartes et Bourdin. Le geste est fort, car Descartes ne saurait admettre les reproches infondés que le jésuite Bourdin a rassemblés dans les septièmes objections et surtout la manière dont Bourdin a formulé ses objections. Descartes est « scandalisé de la *Vélitation* du P. Bourdin », dans laquelle « il lui fait dire des sottises, auxquelles il n'a jamais pensé, afin par après de les réfuter »[201]. Descartes est donc partagé. D'un côté, il loue la haute valeur pédagogique du collège de La Flèche et se réjouit de l'approbation de sa méthode et de ses *Essais* par certains de ses anciens enseignants comme le Père Vatier[202], mais d'un autre côté, il nourrit l'espoir que ses traités soient enseignés dans les collèges jésuites et ne peut ainsi guère accepter que l'un des jésuites, isolément, à savoir Bourdin, l'ait publiquement critiqué à Paris[203], de manière désobligeante, au lieu de lui avoir fait parvenir ses réserves, ainsi que Descartes en avait expressément prié les lecteurs dans son *Discours de la Méthode*[204]. Comme le relève Sophie Roux, la stratégie de Descartes est double : d'une part, répondre personnellement aux objections de l'individu Bourdin, pour ainsi dire dans une sorte de dialogue en tête-à-tête, d'autre part s'adresser à toute la Compagnie des jésuites, en écrivant au provincial Dinet ou aussi au recteur du collège de Clermont, Julien Hayneufve[205]. En essayant d'obtenir une réponse du supérieur, Descartes tente de faire parler les jésuites en quelque sorte d'une seule voix – une voix unique qui serait sensiblement plus facile à contrer ou à accorder, une fois les divergences

---

selon l'hypothèse de Six, que cette réaffectation de Vatier soit opérée en 1642, alors qu'il venait d'exprimer son accord avec les *Méditations métaphysiques* cartésiennes.

201 *Descartes à Mersenne*, 30 juillet 1640 (AT III, 127-128), où il précise : « en effet, cette façon de me réfuter en son école est bonne pour me décrier à ses disciples ».

202 *Descartes à Vatier*, 22 février 1638 (AT I, 558-565, ici 565) : « Au reste je vous assure que le plus doux fruit que j'ai recueilli jusqu'à présent de ce que j'ai fait imprimer, est l'approbation que vous m'obligez de me donner par votre lettre ; car elle m'est particulièrement chère et agréable, parce qu'elle vient d'une personne de votre mérite et de votre robe, et du lieu même où j'ai eu le bonheur de recevoir toutes les instructions de ma jeunesse, et qui est le séjour de mes Maîtres, envers lesquels je ne manquerai jamais de reconnaissance ».

203 Cf. Baillet, 1691, pp. 538-546, ici 541-543 sur les critiques, soutenues à l'initiative de Bourdin, contre la *Dioptrique*, précisant qu'il s'agissait plutôt des conditions d'un acte scolaire, destiné à exercer l'élève à la dispute.

204 Cf. *Descartes à Vatier*, 17 novembre 1642 (AT III, ici 596-597), *DM* VI (AT VI, 75-76) et *infra*, n. 214 sqq.

205 Roux, 2019, pp. 397-417, ici 398-401. Cf. Baillet, 1691, p. 542 qui résume : « il [Descartes] résolut de marcher seul contre tous ». Voir aussi Domenico Collacciani, Sophie Roux, « La querelle optique de Bourdin et de Descartes à la lumière des thèses mathématiques soutenues au collège de Clermont », in A. Del Prete et R. Carbone (ed.), *Chemins du cartésianisme*, Paris, Classiques Garnier, 2017, pp. 51-84 ; D. Collacciani, S. Roux, « The Mathematics Thesis Defended at Collège de Clermont (1637-1682): How to Gard A Fortress in Time of War », in S. Berger, D. Garber (ed.), *Teaching Philosophy in Early Modern Europe*, Cham, Springer, 2021, pp. 79-137.

surmontées, avec ses écrits[206]. La *Lettre à Dinet*[207], rédigée par Descartes, vise donc à premièrement se défendre contre les attaques du jésuite Bourdin qui l'accuse de scepticisme, mais deuxièmement, aussi à parer d'autres attaques, dont celles de Voetius qui accuse Descartes de rien moins que d'athéisme[208] ! Le philosophe estimait au contraire avoir tout mis en œuvre pour montrer l'orthodoxie de ses pensées, quitte même à retrancher, au besoin, certaines nouveautés.

Échanges avec le jésuite Denis Mesland : réticence et omission

Les cas d'oubli ou d'omission tendent à se multiplier face à l'épineuse question de la Transsubstantiation. Mersenne et Descartes avaient convenu d'un oubli *concerté* dans la première édition des *Méditations métaphysiques* (1641), contenant les réponses aux Quatrièmes objections d'Arnauld, en attendant l'aval des théologiens[209]. Par la suite, c'est Descartes lui-même qui suggère en mai 1645 à Mesland de ne pas forcément suivre sa proposition initiale :

> Pour l'explication de la façon dont Jésus-Christ est au Saint Sacrement, il est certain qu'il n'est nullement besoin de suivre celle que je vous ai écrite [9 février 1645, AT IV, 161-172], pour l'accorder avec mes principes. Aussi ne l'avais-je pas proposée à cette occasion, mais comme l'estimant assez commode pour éviter les objections des hérétiques, qui disent qu'il y a de l'impossibilité et contradiction à ce que l'Église croit. Vous ferez de ma lettre ce qu'il vous plaira, et pource qu'elle ne vaut pas la peine d'être gardée, je vous prie seulement de la rompre, sans prendre la peine de me la renvoyer.
>
> Descartes à Mesland, mai 1645 (AT IV, 216)

Descartes avait pourtant déjà été très précautionneux en février 1645 à l'égard de son explication, au point de demander à Mesland de ne rien en communiquer à personne « s'il jugeait qu'elle ne soit pas entièrement conforme à ce qui a été déterminé par l'Église » (AT IV, 165). Quelque trois mois plus tard, le philosophe envisage désormais de livrer à l'oubli cette lettre, où il avait notamment avancé une hypothèse novatrice concernant la question de savoir comment l'âme de Jésus-Christ « demeure jointe *surnaturellement* à chacune des particules de pain ». Après s'être appuyé sur différentes observations anthropologiques, décrivant notamment le corps d'un homme non pas en termes de « grandeur déterminée », mais en tant que « toute la matière qui est ensemble unie avec l'âme » ou décrivant encore le phénomène de nutrition

---

[206] *Descartes à Mersenne*, 30 août 1640 (AT III, 161) : « […] je ne me veux point adresser à aucun d'eux en particulier, ce qui me serait un travail infini et impossible ».

[207] Comme le notent AT (III, 564), la *Lettre à Dinet* (AT VII, 563-603) est publiée en 1642 en appendice de la deuxième version des *Méditations*. Descartes y répond aux diverses objections de Bourdin.

[208] Cf. Baillet, 1691, p. 948 : « Il n'ignorait pas l'utilité de la raison pour l'établissement des maximes de la religion ; et il était persuadé que la philosophie bien employée est d'un grand secours pour appuyer et justifier la foi dans un esprit éclairé ».

[209] Cf. *supra*, n. 158sqq.

comme « la transsubstantiation *naturelle* des parties du pain en parties de notre corps »[210], Descartes laisse ainsi entendre que, dans le cas de la Transsubstantiation, la substance du corps du Christ prend les dimensions de la substance du pain et que l'âme du Christ est *unie* à l'hostie[211]. Ayant perçu les tensions qui s'annonçaient autour de l'exégèse de cette *union* et de la présence sacramentelle, le philosophe avait d'ailleurs déjà retranché de sa lettre, avant même l'envoi, un paragraphe, comme l'atteste une remarque de Clerselier, concernant l'affirmation selon laquelle « il est impossible d'attribuer ici au corps de Jésus-Christ autre extension ni autre quantité que celle du pain »[212]. Attentif à ne pas choquer par des nouveautés, Descartes tâche systématiquement de conforter ses hypothèses, ayant des implications théologiques, au moyen de l'autorité des jésuites ou des théologiens de la Sorbonne. Il s'emploie alors à montrer que son modèle est conforme à l'enseignement prodigué, ou que l'Église n'en dit mot[213], ou alors que ses principes permettent d'expliquer, le plus facilement, les mystères en question. Dans certains cas, toutefois, Descartes veille, aidé par ses correspondants comme Mesland, à laisser dans l'oubli certaines explications, susceptibles de heurter par leur caractère novateur. Ultérieurement, l'oubli *ciblé* sera encore pratiqué par le traducteur en français des lettres cartésiennes, Claude Clerselier, lequel ne renoncera toutefois pas complètement à diffuser les lettres adressées par Descartes à Mesland, les divulguant sous le couvert du secret[214]. Sensible

---

210 *Descartes à Mesland*, 9 février 1645 (AT IV, 166-172).

211 Armogathe (1977, pp. 76-79) souligne les différentes implications de cette hypothèse et notamment la question de savoir « comment l'âme de Jésus-Christ informe la matière de l'hostie » (AT IV, 169) – que Descartes laissera assez largement ouverte. Cf. *Descartes à Clerselier*, 2 mars 1646 (AT IV, 372-373) : « Pour la difficulté que vous proposez touchant le Saint Sacrement, je n'ai autre chose à y répondre, sinon que, si Dieu met une substance purement corporelle en la place d'une autre aussi corporelle, comme une pièce d'or en la place d'un morceau de pain, ou un morceau de pain en la place d'un autre, il change seulement l'unité numérique de leur matière, en faisant que la même matière *numero*, qui était or, reçoive les accidents du pain ; […] Mais il y a quelque chose de plus au Saint Sacrement ; car, outre la matière du corps de Jésus-Christ, qui est mise sous les dimensions où était le pain, *l'âme de Jésus-Christ, qui informe cette matière, y est aussi* ».

212 *Descartes à Mesland*, 9 février 1645 (AT IV, 169-170). Cf. Armogathe, 2013, p. 1014, n. 13-14.

213 Cf. *Descartes à Mesland*, 9 février 1645 (AT IV, 168-169) : « Cette explication choquera sans doute d'abord ceux qui sont accoutumés à croire, qu'afin que le corps de Jésus-Christ soit en l'Eucharistie, il faut que tous ses membres y soient avec leur même quantité et figure, et la même matière *numero*, dont ils étaient composés quand il est monté au Ciel. Mais ils se délivreront aisément de ces difficultés, s'ils considèrent qu'il n'y a rien de cela qui soit déterminé par l'Église ; […] et même cela ne diminue en rien la vénération de ce sacrement ».

214 Voir Siegrid Agostini, « La circulation des lettres sur l'Eucharistie : le 'cas' du Père Mesland », in F. Marrone (ed.), desCartes et desLettres. *'Epistolari' e filosofia in Descartes e nei cartesiani*, Firenze, Le Monnier, 2008, pp. 41-53 ; Ead., *Les lettres de Monsieur Claude Clerselier (1644-1681)*, Turnhout, Brepols, 2021; Tad M. Schmaltz, « Claude Clerselier and the Development of Cartesianism », in Steven Nadler, Tad M. Schmaltz, Delphine Antoine-Mahut (ed.), *The Oxford Handbook of Descartes and Cartesianism*, Oxford, OUP, 2019, pp. 303-318, en part. 313-315, signalant la réticence initiale de Claude Clerselier qui ne publiera pas la lettre du 31 mars 1641 de Descartes à Mesland et précisant que cette lettre ne trouvera le chemin de la parution qu'en 1730 (dans l'édition de Jacob Vernet, *Pièces fugitives sur l'Eucharistie*). Schmaltz (*ibid.*, p. 315) note encore que Clerselier cherchera toutefois de l'aide auprès de Robert Desgabet, à qui il permettra de consulter la lettre en question, en la lui communiquant. Malgré le soutien du bénédictin, au vu des remous provoqués par cette affaire sur l'interprétation de la Transsubstantiation, un décret royal viendra tempérer la diffusion des thèses cartésiennes en France (*ibid.*, p. 315). Sur Desgabet, voir aussi l'analyse d'Armogathe, 1977, en part. pp. 83-113, pp. 56-58. Sur d'autres dimensions concernant les échanges épistolaires entre Descartes et Mesland, cf. Richard Glauser, « Intellect et volonté chez Descartes : la lettre à Mesland du 9 février 1645. Mise à jour d'une lecture classique », in *Descartes en dialogue*, 2019, pp. 221-241.

au potentiel détonant et novateur des affirmations cartésiennes sur l'Eucharistie, Clerselier avait ainsi préféré ne pas les intégrer à son édition[215].

Parmi les autres échanges avec des penseurs jésuites figurent notamment les vastes critiques adressées par Pierre Bourdin, un contradicteur qui semble en « oublier » le texte cartésien. Observons très synthétiquement, et sans pouvoir les approfondir ici, les réfutations de Descartes contre le jésuite Bourdin, mais aussi contre le théologien d'Utrecht, Voetius. À plusieurs reprises, Descartes se plaint de l'attitude du jésuite Bourdin, lequel utilise certes des mots tirés des *Méditations métaphysiques*, mais dénature la méthode cartésienne, comme l'illustrent, à titre d'exemple, deux cas paradigmatiques[216].

i Premièrement, Bourdin prétend que le doute cartésien ne conduit à aucune certitude, mais oblige au contraire à tout remettre en question. Bourdin fait un usage excessif et inapproprié du doute, insinuant que face à une proposition positive comme 'il existe un corps' on devrait la mettre en doute, mais face à la proposition négative correspondante, 'il n'existe aucun corps', on devrait aussi la mettre en doute. L'attitude de Bourdin aboutit inexorablement au scepticisme – une position que Descartes refuse pourtant explicitement.

ii Deuxièmement, Bourdin qualifie la méthode cartésienne de « méthode du rêve »[217], une méthode qui donnerait l'illusion de pouvoir déduire, de quelque chose de faux, une thèse vraie. Une grossière erreur logique ! De plus, Bourdin estime, à tort, que le doute ne dépend pas de nous, mais qu'il constitue une qualité inhérente aux choses. Selon cette hypothèse, farfelue aux yeux de Descartes, dès qu'un objet est mis en doute, il ne peut plus devenir vrai, mais conserve une fois pour toutes son caractère douteux. Au contraire, Descartes développe un doute métaphysique et hyperbolique[218], pour certes, dans un premier temps, remettre en question les propositions dont nous ne sommes pas sûrs, mais afin d'aboutir, dans un second temps, à des idées claires et distinctes. L'objectif est donc, comme le précise le sous-titre du *Discours de la méthode* de « bien conduire sa raison et chercher la vérité dans les sciences » – et non pas, comme Bourdin le sous-entend, de se cantonner dans un scepticisme et de remettre en question toutes les propositions positives ou négatives. Toujours est-il que c'est bien une image végétale – intimement liée aux « fruits », dont les jésuites avaient « jeté les premières semences en [son] esprit » (AT I, 383) – et un exemple, tiré du « quotidien », que Descartes choisit pour répliquer au jésuite Bourdin et lui expliquer

---

215 Sur l'attitude de Clerselier face aux lettres de Descartes à Mesland, cf. Armogathe, 1977, pp. 70-73 et *Clerselier à Robert Desgabet* (AT IV, 170) : « j'avais eu la retenue de ne les pas faire imprimer avec ses autres Lettres, de peur que d'abord cela ne choquât trop les esprits de ceux qui, n'étant pas encore accoutumés à ses raisonnements, pourraient trouver ces nouveautés suspectes et dangereuses ».

216 Voir à ce sujet Mehl, Septièmes objections, 2019, pp. 375-396, en part. 386-389 ; Emanuela Scribano, « Les *Septièmes Réponses*, les devoirs du sceptique et le cercle », in *Alvearium* 9 (2016), pp. 43-54.

217 Cf. AT VII, 481, 4-29 et *supra*, n. 17.

218 Sur les enjeux du doute cartésien, cf. Dominik Perler, *Descartes*, Munich, Beck'sche Reihe, ²2006, pp. 68-82.

sa démarche philosophique[219]. Dans cet exemple, les pommes sont vidées d'un panier, avant qu'elles ne soient méticuleusement triées, dans le but de ne replacer dans le panier que les pommes irréprochables, à la manière dont Descartes fait table rase des idées reçues, met en doute chaque argument, avant de ne retenir dans son système philosophique que les arguments certains, à commencer par la première affirmation assurément vraie : *je pense, donc je suis* (*DM* IV, AT VI, 32). Pour le dire d'un mot, Descartes avait réussi à éviter Charybde et les accusations de scepticisme avancées par Bourdin à Paris, mais devait désormais affronter l'écueil de Scylla, à savoir les accusations d'athéisme soufflées par Voetius, à Utrecht[220]. Descartes s'en défend explicitement, et souligne avoir « tâché de prouver l'existence de Dieu ».

> Car puisqu'un Père Bourdin a cru avoir assez de sujet, pour m'accuser d'être sceptique, de ce que j'ai réfuté les sceptiques ; et qu'un ministre a entrepris de persuader que j'étais athée, sans en alléguer d'autre raison, sinon que j'ai tâché de prouver l'existence de Dieu, que ne diraient-ils point, si j'entreprenais d'examiner quelle est la juste valeur de toutes les choses qu'on peut désirer ou craindre ; quel sera l'état de l'âme après la mort ; jusqu'où nous devons aimer la vie ; et quels nous devons être, pour n'avoir aucun sujet d'en craindre la perte ?[221]

Lettre de Descartes à Chanut, 1er novembre 1646 (AT IV, 536-537)

L'émulation intellectuelle scolastique mise en place au travers de la *Ratio studiorum* jésuite, et que Descartes avait connue au collège de La Flèche, avait vu émerger une méthode et des réflexions innovantes. Descartes voulait désormais confronter cette nouveauté philosophique, amenée à maturité aux Provinces-Unies loin des bancs scolaires, à l'appréciation de ses maîtres et espérait leur soutien. Pour parvenir à gagner l'appui de l'ordre tout entier à sa nouvelle philosophie, il semblait

---

219 Descartes, *Méditations métaphysiques*, Remarques de l'auteur sur les septièmes objections (AT VII, 481, 4-29) : « Si d'aventure il avait une corbeille pleine de pommes, et qu'il appréhendât que quelques-unes ne fussent pourries, et qu'il voulût les ôter, de peur qu'elles ne corrompissent le reste, comment s'y prendrait-il pour le faire ? Ne commencerait-il pas tout d'abord à vider sa corbeille ; et après cela, regardant toutes ces pommes les unes après les autres, ne choisirait-il pas celles-là seules qu'il verrait n'être point gâtées ; et, laissant là les autres, ne les remettrait-il pas dans son panier ? […] C'est pourquoi je n'ai pas mal fait au commencement de rejeter tout ; puis, considérant que je ne connaissais rien plus certainement ni plus évidemment que moi, qui pensais, existais, je n'ai pas mal fait non plus d'établir cela comme première assertion ; et enfin je n'ai pas mal fait de demander après cela ce que j'avais cru autrefois que j'étais : non pas afin que je crusse encore de moi toutes les mêmes choses, mais afin de reprendre celles que je connaîtrais être vraies, de rejeter celles que je trouverais être fausses, et de remettre à examiner à un autre temps celles qui me sembleraient douteuses » (trad. Clerselier 1661, revue par Beyssade 2011, pp. 482-484).
220 *Descartes à Dinet* (Beyssade, 2011, p. 541) : « Mais de dire que de ma philosophie 'il s'ensuive en effet des opinions qui soient contraires à la vraie théologie', c'est une chose entièrement fausse et injurieuse ». Le provincial jésuite Dinet, appréciant la philosophie de son ancien élève, interfère en sa faveur. Il demande à Bourdin de cesser ses critiques, notamment secrètes, à l'endroit du philosophe. Comme le montre Roux, 2019, en part. pp. 398-406, 417, les relations entre Descartes et Bourdin isolément s'en trouvent apaisées, mais la *lettre à Dinet* impliquera un revers, en initiant ce qu'il est convenu de désigner comme la querelle d'Utrecht.
221 Voir aussi *Descartes à Mersenne*, 30 septembre 1640 (AT III, 184, 20-24) : « Car je vous dirai que les cavillations du Père Bourdin m'ont fait résoudre à me munir dorénavant, le plus que je pourrai, de l'autorité d'autrui, puisque la vérité est si peu estimée étant seule ».

indispensable de considérer les implications théologiques en jeu[222], mais aussi de déterminer quelles thèses scientifiques, désormais dépassées, pouvaient être jetées dans un oubli collectivement admissible par la congrégation jésuite.

Mot de conclusion

Même si, après sa formation, Descartes est, durant presque toute sa vie, éloigné géographiquement de sa Touraine natale, il maintient au travers d'échanges épistolaires les liens noués avec certains de ses maîtres à La Flèche[223], « où les Jésuites avaient probablement ramassé ce qu'ils avaient de meilleur dans leur Compagnie »[224]. S'étant évertué, par la lecture de leurs livres, à converser avec les meilleurs auteurs[225], le jeune Descartes avoue surtout, à l'issue de ses études, avoir « découvert son ignorance » (AT VI, 4-5). Cherchant alors à parcourir « le livre du monde », le philosophe aboutit à une introspection et à l'étude de lui-même (AT VI, 10). Gagnant d'autres contrées, il reste pourtant attaché « aux lois et coutumes de son pays »[226]. Alors que Descartes tend à *faire oublier* le carcan d'une érudition livresque, élaborée dans le cadre de commentaires scolaires reposant sur des opinions faisant autorité, au travers d'un discours, en langue vernaculaire, à la première personne, et présentant une méthode innovatrice, au moment de faire paraître son ouvrage, il se rappelle au bon souvenir des jésuites.

Si la philosophie construite par Descartes[227] et imagée par l'arbre passe par un doute radical et par une suspension des préjugés, mais aussi par une remise en question des opinions reçues de ses maîtres[228] – pour ainsi dire un « oubli » méthodologique des enseignements prodigués –, Descartes suggère pourtant à la fin des *Principes* que sa « philosophie n'est pas nouvelle, mais la plus ancienne et la plus commune qui puisse être »[229]. Ainsi, malgré son souhait de se distancer

---

222 Dans un premier temps, Descartes semblait assuré de ses explications physiques. Cf. *Descartes à Vatier*, 22 février 1638 (AT I, 564) : « Et je vous dirai aussi que je ne crains nullement au fond qu'il s'y trouve rien contre la foi ; car au contraire j'ose me vanter que jamais elle n'a été si fort appuyée par les raisons humaines, qu'elle peut être si l'on suit mes principes ; et particulièrement la Transsubstantiation, que les Calvinistes reprennent comme impossible à expliquer par la Philosophie ordinaire, est très facile par la mienne ».

223 Après une naissance en Touraine, aux abords immédiats du Poitou, et ses années de formation à La Flèche (en Anjou), puis à Poitiers, René Descartes parcourt diverses régions, demeurant principalement aux Provinces-Unies, et n'effectuera que trois séjours en France en 1644, 1647 et 1648.

224 Descartes, *Étude du bon sens*, éd. Carraud, Olivo, Vermeulen, 2013, p. 128.

225 *DM* I (AT VI, 5) : « [...] la lecture des bons livres est comme une conversation avec les plus honnêtes gens des siècles passés, qui en ont été les auteurs, et même une conversation étudiée [...] ».

226 *DM* III (AT VI, 22-23) : « La première [maxime] était d'obéir aux lois et aux coutumes de mon pays, retenant constamment la religion en laquelle Dieu m'a fait la grâce d'être instruit dès mon enfance, et me gouvernant, en toute autre chose, suivant les opinions les plus modérées, et les plus éloignées de l'excès, qui fussent communément reçues en pratique par les mieux sensés de ceux avec lesquels j'aurais à vivre ».

227 Cf. Moreau, 2015, p. 21.

228 Cf. par exemple *DM* I (AT VI, 4), signalé par Steven Nadler, *Le philosophe, le prêtre et le peintre. Portrait de Descartes au Siècle d'Or*, traduit de l'anglais par Myriam Dennehy, Paris, Alma, 2015, trad. fr., p. 28.

229 *Principes de Philosophie* IV, 20. Voir aussi Pierre Costabel, *Démarches originales de Descartes savant* (Paris : Vrin, 1982, rééd. 2013), p. 6.

de la pédagogie scolastique, dont il a bénéficié au collège de La Flèche, Descartes conserve une haute opinion de cette prestigieuse institution, réglementée par la *Ratio studiorum*, et qu'il considère comme « l'une des plus célèbres écoles de l'Europe »[230]. Il est reconnaissant envers ses maîtres, leur soumet l'ensemble de ses écrits, à commencer par le *Discours de la Méthode* (1637) et n'hésite d'ailleurs pas à recommander l'enseignement de la philosophie qu'on y dispense[231] :

> Et je dois rendre cet honneur à mes maîtres, que de dire qu'il n'y a lieu au monde où je juge qu'elle [= la philosophie] s'enseigne mieux qu'à La Flèche.[232]
>
> *Lettre de Descartes à *** [Florimond Debeaune ?], 12 septembre 1638 (AT II, 378)*

Plusieurs indices évoquent des échos de la *Ratio studiorum* dans les réflexions cartésiennes, au sujet par exemple des nouveautés à éviter en philosophie, sous peine qu'elles puissent avoir de fâcheuses conséquences théologiques[233]. Convaincu de son explication physique, par la superficie, et de l'orthodoxie d'une telle approche, Descartes reste prêt à retrancher des paragraphes, voire une lettre entière, si certaines implications devaient brusquer les esprits, en particulier relativement à la Transsubstantiation. L'oubli peut dès lors être *concerté*, avec Mersenne, pour favoriser l'accueil de ses thèses métaphysiques ou alors *stratégique*, pour éviter de thématiser certains écueils techniques ou doctrinaux, empiétant sur le terrain théologique. L'oubli s'avère parfois suggéré par un correspondant, ou est alors appelé de ses propres vœux par Descartes[234], ne voulant pas heurter, mais cherchant à tenir compte des objections, à travailler, notamment avec le théologien Arnauld « à la recherche de la vérité »[235] ou, avec le jésuite Mesland, à préciser son modèle physique. Le philosophe vise à obtenir l'approbation de l'ensemble de l'ordre jésuite. La *Ratio studiorum* les réunissant représente une charte, autour de laquelle s'articule la cohésion intellectuelle et sociale de l'ordre ; elle préconise aussi certaines lignes directrices communes, pour l'enseignement, tel l'oubli *collectif* des interprétations matérialistes de l'âme humaine qu'avaient par exemple avancées Alexandre d'Aphrodise ou Averroès.

Imprégné du vocabulaire ignacien, le philosophe paraît même faire son « examen de conscience », par exemple lorsque certains reproches infondés lui sont formulés[236]. Des points de convergence entre Ignace et Descartes se font jour : alors qu'Ignace aurait préféré jeter dans l'oubli son *Journal spirituel*, Descartes aurait

---

230 *DM* I (AT VI, 5). Cf. Alfredo Gatto, 'Descartes and the Jesuits', in: Christiano Casalini (ed.), *Jesuit Philosophy on the Eve of Modernity*, Leiden, Brill, 2019, pp. 405-425.

231 Pour cette remarque, Denis Kambouchner, *Descartes n'a pas dit, Un répertoire des fausses idées sur l'auteur du Discours de la méthode, avec les éléments utiles et une esquisse d'apologie* (Paris : Les Belles Lettres, 2015), pp. 15-24, ici 22.

232 Un mot d'ailleurs explicitement relevé par Baillet, 1691, pp. 92-93.

233 *Ratio studiorum*, [22], trad. Albrieux, Pralon-Julia, pp. 77-78 ; *Descartes à Étienne Noël*, 3 octobre 1637 (AT I, 454-455).

234 *Descartes à Mesland*, mai 1645 (AT IV, 216).

235 *Arnauld à Descartes*, 25 juillet 1648 (AT V, 212 ; Clerselier II, 23). Cf. *supra*, n. 165.

236 Cf. *Descartes à Mersenne*, 13 novembre 1639 (AT II, 619-620) : « pour celui qui dit que je vais au Prêche des calvinistes, c'est bien une calomnie très pure ; et en *examinant ma conscience*, pour savoir sur quel prétexte on l'a pu fonder, je n'en trouve aucun autre, sinon que j'ai été une fois avec M. de N et. M. Hesdin à une lieue de Leyde,

voulu, après la condamnation de Galilée, brûler les réflexions élaborées à partir de l'hypothèse du mouvement terrestre dans son traité du *Monde*. Mais dans les deux cas, l'oubli provisoirement recherché sera surmonté. Pour Ignace, avec l'aide des compagnons cherchant à solidifier, au travers de la mise par écrit de la pensée du maître, le socle doctrinal de l'ordre jésuite ; pour Descartes, dans la somme de philosophie que représentent les *Principes*, où il évoque à nouveau, sous forme de fable, le mouvement de la Terre – une hypothèse qu'il n'est pas prêt à « oublier », sans toutefois songer à la publier de manière directe, à la façon d'Ismaël Boulliau.

Concerté, stratégique ou *collectif*, l'oubli permet de mieux percevoir les contours du renouveau intellectuel, instillé par la *Ratio studiorum* mise en place par l'ordre jésuite, puis largement favorisé, au-delà de l'horizon jésuite, par les lettres et écrits cartésiens au seuil de la période moderne. Tel une ombre, indissociable des ouvrages mis en lumière, l'oubli projette un éclairage nouveau sur l'élaboration de certains écrits, mais aussi sur leur diffusion, voire leur parution, parfois posthume : à l'exemple de la *Ratio studiorum*, dont plusieurs moutures antérieures ne pouvant suffisamment obtenir l'adhésion collective de toute la congrégation jésuite seront abandonnées au profit de la version synthétisée de 1599, ou à l'exemple du traité cartésien *Le Monde* dévoilant au grand jour, de manière posthume, son attachement à l'hypothèse du mouvement terrestre[237], que la condamnation de Galilée en 1633 avait provisoirement rétrogradée dans l'antichambre du savoir[238].

---

pour voir par curiosité l'assemblée d'une certaine secte de gens, qui se nomment prophètes [...] ». L'*examen de conscience* constitue un élément important des *Exercices spirituels*.

237 Par ailleurs, le mouvement de la Terre est par exemple aussi explicitement mentionné dans *De l'infinito, universo e mondi*, de Giordano Bruno, 1584, Dial. II (ed. Bönker-Vallon, 2007, p. 146) : « e noi da questo, che abbiamo conosciuto il moto della terra [...] ».

238 À propos des imbrications de différents jésuites dans des débats, relevant d'autres vastes champs d'étude, on renverra ici simplement à la remarque de *Descartes à Mersenne*, au début février 1634 (AT I, 281-282) : « Je me suis laissé dire que les [P. jésuites] avaient aidé à la condamnation de Galilée ; et tout le livre du P. [Scheiner] montre assez qu'ils ne sont pas de ses amis ».

ANTONELLA BALLARDINI

Appropriation et effacement

La chapelle du chœur du pape Sixte IV dans l'ancienne église Saint-Pierre[*]

▼ RÉSUMÉ Pour étudier la phénoménologie de l'oubli dans les vicissitudes de l'édifice sacré le plus grand et le plus charismatique de la chrétienté - Saint-Pierre - il faut emprunter des chemins qui ont été réabsorbés dans l'histoire millénaire de la basilique. Loin d'être seulement l'histoire d'un bâtiment, celle de Saint-Pierre est dès son origine l'histoire d'une transformation continue intégrée aux temps et aux fonctions du rite et aux vicissitudes individuelles des hommes qui l'ont habitée. C'est pourquoi le "principe de destruction productive" (Bredekamp 2000) ne concerne pas seulement l'époque de l'usine nouvelle, mais peut être considéré comme le secret de la vitalité de ce monument pérenne.
D'autre part, la destruction et la perte réduisent les possibilités de compréhension des historiens, car la mémoire cède la place à son contraire, les routes deviennent floues et les outils de notre métier semblent "émoussés". Nous réexaminons ici le cas de la chapelle de Sixte IV, *dite* chapelle du chœur des chanoines, qui a été ouverte sur le flanc sud de l'ancienne basilique en 1479. L'objectif est d'éclairer certaines zones d'ombre de l'histoire de Saint-Pierre et de battre des sentiers interrompus pour tester l'idée que l'originalité de la chapelle funéraire et de l'aménagement de la *tumba* de Sixte IV della Rovere est due à la recréation délibérée, sous des formes actualisées, d'un *spécimen* de goût désuet inventé au début du VIIIe siècle par un pape byzantin dévoué à la Vierge : une lecture à rebours pour découvrir un modèle oublié qui a fait remonter à la surface, de manière inattendue, d'autres souvenirs perdus.

---

[*] Je remercie Noëlle-Laetitia Perret pour la traduction en français de ce texte. La contribution fait référence à des images tirées de manuscrits de la bibliothèque du Vatican. Certaines images accompagnent le texte, les autres (si les manuscrits sont numérisés) peuvent être consultées sur https://opac.vatlib.it/mss/ en indiquant la cote du fonds.

Au début du XVIe siècle, la reconstruction de la basilique Saint-Pierre s'accompagne du projet de la *Capella Iulia* qui, dans le style de Michel-Ange, aurait dû abriter le tombeau de Jules II (1503-1513). Servant de chœur pour le clergé de la basilique, elle aurait pris place à côté de la chapelle du XVe siècle que son oncle, Sixte IV della Rovere (1471-1484), avait fait construire, pour y être enterré, le long du flanc sud de l'ancienne basilique Saint-Pierre. Ainsi, les deux grandes chapelles, toutes deux dédiées à la Vierge, auraient eu pour but de transformer l'édifice le plus charismatique de la chrétienté en une église dynastique de la famille Della Rovere[1].

Le projet d'édification de la *Capella Iulia* échoua et le chœur de la Sixtine fut démoli, avec ce qui restait de la basilique constantinienne. On se serait alors attendu à ce que les tombes de Sixte et de Jules soient déplacées dans les Grottes du Vatican, devenues au fil du temps le sanctuaire des pontifes. Ce ne fut pas le cas et – après divers errements – les sarcophages de l'oncle et du neveu les plus célèbres de la Renaissance furent placés, en 1926, dans la nouvelle basilique dans une tombe pavée décorée d'une simple épigraphe, peu visible car entourée le plus souvent des chaises servant aux services liturgiques[2] [fig. 1].

Un monument aussi modeste ne peut qu'évoquer l'admonition *Pater sancte, sic transit gloria mundi* ("Saint Père, ainsi finit la gloire de ce monde") qui accompagnait l'inauguration papale et les cérémonies liturgiques de son élection. Ainsi, à trois reprises, dans la nef et le transept sud de l'ancienne église Saint-Pierre, une *stipula* en lin était brûlée devant les yeux du pape nouvellement élu pour lui rappeler le caractère éphémère de toute gloire terrestre[3].

Néanmoins le souvenir des papes Della Rovere ne tomba pas dans l'oubli en raison de l'histoire mouvementée de leur pontificat, mais également du transfert en

---

1 Christoph Liutpold Frommel, « Cappella Iulia: the burial chapel of Pope Julius II in the new St. Peter's », in *San Pietro che non c'è, da Bramante a Sangallo il Giovane*, éd. par C. Tessari, (Documenti di Architettura 93, (Milan: Electa), 1996), pp. 85-118; Horst Bredekamp considère les tombes des papes Della Rovere comme la représentation concrète de la politique népotique de Sixte IV et Jules II qui, « par un chemin détourné », aboutirait à la conception de la nouvelle église Saint-Pierre; Horst Bredekamp, *La fabbrica di San Pietro. Il principio della distruzione produttiva* (Turin: Einaudi, 2005), pp. 6-24; Id., « Grabmäler der Renaissancepäpste. Die Kunst der Nachwelt », in *Hochrenaissance am Vatikan. Kunst und Kultur im Rom der Päpste (1503-1534) Ein Ausstellung in Zusammenarbeit mit dem Vatikanischen Museen und der Biblioteca Apostolica Vaticana vom 11. Dezember 1998 bis zum 11. Avril 1999 in der Kunst- und Ausstellungshalle der Bundesrepublik Deutschland in Bonn* (Hamburg: Gerd Hatje, 1999), pp. 259-267.

2 La tombe se trouve derrière l'orgue à tuyaux, dans le passage de la tribune à la chapelle Saint-Michel-Archange. Avec les sarcophages des deux papes étaient enterrés ceux des cardinaux Galeotto Della Rovere et Fazio Santoro, également prélevés dans la chapelle du chœur Sixtine, Giuseppe Beltrami, « Il monumento sepolcrale di Sisto IV e le sue vicende », in *Atti del III Congresso Nazionale di Studi Romani*, éd. par Carlo Galassi Paluzzi (Bologna: Licinio Cappelli, 1935), pp. 369-379, Tav. XXIV et Armando Schiavo, « La cappella vaticana del coro e vicende dei sepolcri di Sisto IV e Giulio II », *Studi Romani*, 6 (1958), pp. 297-307.

3 Sur l'origine impériale et byzantine du rite : Agostino Paravicini Bagliani, *Morte e elezione del papa. Norme, riti e conflitti. Il Medioevo*, La corte dei papi 22 (Rome: Viella, 2013), pp. 146-149 et pp. 157-158. Sur la topographie du rituel à Saint-Pierre, au début du XVe siècle: Giacomo Grimaldi, *Descrizione della Basilica antica di S. Pietro in Vaticano (codice Barberini Latino 2733)*, éd. R. Niggl, Codices Vaticani Selecti 32 (Cité du Vatican: Biblioteca Apostolica Vaticana, 1972), p. 160 (Biblioteca Apostolica Vaticana, Barb. lat. 2733, f. 126r-v) et Sible de Blaauw, *Cultus et décor. Liturgia e architettura nella Roma tardoantica e medievale*, 2 vols, Studi e Testi 355-356 (Cité du Vatican: Biblioteca Apostolica Vaticana, 1994) p. 727.

Figure 1: Saint-Pierre au Vatican, tombeau de Sixte IV (1471-1484) et de Jules II (1503-1513) (© Fabbrica di San Pietro in Vaticano).

d'autres lieux des célèbres monuments funéraires de Pollaiuolo (Museo del Tesoro de la basilique Saint-Pierre) et de Michel-Ange (San Pietro in Vincoli).

Ce chapitre s'intéresse précisément à l'oubli dont la maquette d'inspiration du chœur de la Sixtine fit l'objet et sur une prétendue tentative d'appropriation de reliques pour la consécration de la nouvelle chapelle (1479). Dans quelle mesure les dispositions prises par Sixte IV pour la mise en place de sa propre *tumba* sont-elles étrangères à une idée de *monumentum* renaissant (déjà expérimentée ailleurs) ? Ces dispositions privilégient-elles plutôt le dialogue avec la tradition médiévale qui, à Saint-Pierre, dans le dernier quart du XVe siècle, était encore l'horizon de référence des pontifes romains[4] ?

L'histoire de Saint-Pierre n'est pas *seulement* une histoire architecturale. Celle-ci, dès ses origines, évoque une transformation continue, intégrée aux rites qui y sont

---

4 Silvia Maddalo « Il monumento funebre tra persistenze medioevali e recupero dall'antico », in *Un pontificato ed una città. Sisto IV (1471-1484), Atti del convegno (Roma, 3-7 dicembre 1984)*, éd. par Massimo Miglio et Francesca Niutta, Studi storici 154/162 (Rome: Istituto Storico Italiano per il Medio Evo, 1986), pp. 429-452.

célébrés, aux multiples fonctions de la basilique et aux vicissitudes individuelles des hommes qui l'ont habitée. C'est pourquoi le 'principe de destruction productive' théorisé par Bredekamp ne concerne pas seulement l'époque de la nouvelle « Fabbrica », mais doit être considéré comme une particularité de ce temple pérenne[5].

À cet égard, si un sectorialisme disciplinaire excessif a affaibli notre capacité à observer des phénomènes durables et à reconnaître la force motrice de monuments qui, pendant des siècles, ont dialogué dans des contextes stratifiés et anachroniques, il est également vrai que l'histoire des événements n'a pas toujours laissé des traces délibérées (ou involontaires) à interpréter. La recherche des connexions qui permettront de jeter une nouvelle lumière sur la genèse du chœur Sixtine nous obligera donc à nous confronter à des monuments de l'ancienne basilique Saint-Pierre qui – à l'exception de quelques fragments erratiques – sont perdus et ne sont, que dans quelques cas, documentés de manière fiable.

Entre *disiecta membra*, zones d'ombre et une supposée histoire qui n'a pas laissé de trace, la méthode de recherche déployée aura donc une faiblesse inhérente. Les considérations de Carlo Ginzburg sur le paradigme circonstanciel « imperniato sugli scarti, sui dati marginali, considerati come rivelatori » nous incitent cependant à entreprendre l'enquête[6].

L'accent sera mis sur les sanctuaires funéraires papaux de dévotion mariale et en particulier sur celui de Jean VII (706) et les « spie » (traces) d'une micro-histoire où un geste (supposé) destructeur s'est peut-être accompagné de l'appropriation d'un modèle et du projet d'une chapelle où la dévotion à la Vierge était liée au suffrage de Sixte IV, pontife franciscain, mais aussi intellectuel, théologien et homme politique d'une détermination singulière[7].

Sur la base des observations de Michael Borgolte, Hannes Roser avait déjà attiré l'attention sur certaines similitudes entre la chapelle du chœur de la Sixtine et l'oratoire funéraire de Jean VII (705-707) « eines der ersten grossen Marienverehrer auf dem Papstthron » [fig. 2][8]. L'idéal reconstruction du sanctuaire dédié à la *Théotokos* et une meilleure compréhension de la longue durée de cet endroit de la ancienne basilique ont contribué à renforcer l'hypothèse de Roser en isolant les gènes marqueurs de la chapelle funéraire de Sixte IV della Rovere.

---

5 Horst Bredekamp, *La fabbrica* (note 1).

6 Carlo Ginzburg, *Miti, emblemi, spie. Morfologia della storia*, Piccola Biblioteca Einaudi 567 (Turin, Einaudi, 1986), p. 164.

7 Egmont Lee, *Sixte IV et les hommes de lettres*, Temi e testi 26 (Roma: Ed. di Storia e Letteratura, 1978); Lorenzo Di Fonzo, « Sisto IV, carriera scolastica e integrazioni biografiche (1414-1484) », *Miscellanea francescana*, 86 (1986), 2/4, pp. 1-491; Giuseppe Lombardi, « Sisto IV », *Enciclopedia dei papi*, II (Rome: Istituto dell'Enciclopedia Italiana Treccani, 2000), pp. 701-717.

8 Michael Borgolte, *Petrusnachfolge und Kaiserimitation. Die Grablegen der Päpste, ihre Genese und Traditionsbildung*, Veröffentlichungen des Max-Planck-Instituts für Geschichte 95 (Göttingen: Vandenhoeck und Ruprecht, 1995), pp. 97-102 et Hannes Roser, *St. Peter in Rom im 15. Jahrhundert. Studien zu Architektur und skulpturaler Ausstattung*, Römische Studien der Bibliotheca Hertziana 19 (Munich: Hirmer, 2005), pp. 122-123.

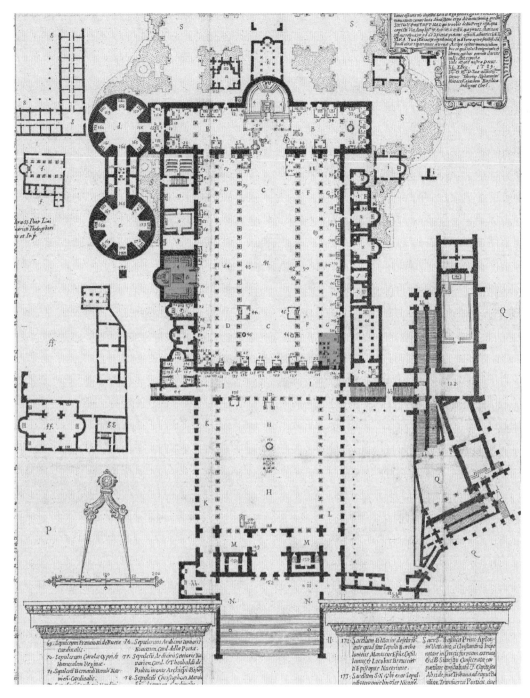

Figure 2: Tiberio Alfarano, plan de l'ancien Saint-Pierre (1590), en évidence l'Oratoire de Jean VII (706) et la chapelle du chœur Sixtine (1479) (Photo: Hertziana – Max-Planck-Institut für Kunstgeschichte, Rome).

1. Dévotion mariale à Saint-Pierre et à l'Oratoire de Jean VII (706)

La dévotion mariale de Sixte IV n'a rien de surprenant. Avant lui, Nicolas IV (1288-1292), le premier pontife issu de l'ordre franciscain, en choisissant d'être enterré dans la basilique de Sainte-Marie-Majeure, avait invoqué dans son épitaphe l'apôtre Pierre, Marie et Saint-François d'Assise qui – dans ces mêmes années – avec Saint-Antoine de Padoue, était représenté par Jacopo Torriti dans les mosaïques de l'abside de la basilique de l'Esquilin et au Latran[9]. Suivant l'exemple de son prédécesseur – mais dans ce cas à Saint-Pierre – Sixte IV se référait ainsi à la tradition séculaire du culte de la Vierge dans la basilique vaticane, qui était alors redevenue le lieu de sépulture permanent des pontifes romains[10].

En effet, déjà après le milieu du VIIIe siècle, la *Notitia ecclesiarum Urbis Romae*, destinée aux visiteurs de Saint-Pierre, indiquait pas moins de sept lieux consacrés à la Vierge ou habités par son image[11]. Et, au moins jusqu'à l'acquisition de la relique du *Volto Santo* (saint Visage) (documentée dans la basilique à partir de la seconde moitié du Xe siècle), le culte de Marie était considéré comme le deuxième en importance après celui rendu à l'Apôtre[12]. Il est particulièrement significatif que les principaux lieux dédiés à la Vierge mentionnés dans la *Notitia ecclesiarum* étaient des sanctuaires funéraires papaux, à savoir l'oratoire de Jean VII (705-707) ; de Grégoire III (731-741) et de Paul Ier (757-767)[13]. Au fil du temps, d'autres lieux de dévotion mariale, à l'extérieur ou à l'intérieur de la basilique, ont attiré l'attention de ceux qui venaient à Saint-Pierre[14]. Par ordre topographique, Santa Maria in Turri, sanctuaire situé à l'étage supérieur du bâtiment d'accès au quadriportique de Saint-Pierre[15] ; la Madonna della Bocciata, image cavallinienne, peinte à l'endroit

---

9   A Santa Maria Maggiore, le *tumulus* de Nicolas IV *ad caput Basilicae, minorem portam versus, in choro…* était indiqué par une dalle de marbre avec des incrustations de porphyre et une inscription en couplets élégiaques : Marco Guardo, *Titulus et tumulus. Epitafi di pontefici e cardinali alla corte dei papi del XIII secolo*, La corte dei papi 17 (Rome, Viella 2008), pp. 108-111. Sur l'emplacement des tombes de Niccolo IV et de Jacopo Colonna à Santa Maria Maggiore, les services de suffrage et l'emplacement du chœur canonial : Sible de Blaauw, *Cultus* (note 3), pp. 426-427.

10 Hannes Roser, *St. Peter in Rom* (note 8); Johannes Röll, « Die Grabdenkmäler der Päpste im 15. Jahrhundert », in *Die Päpste der Renaissance. Politik, Kunst und Musik*, éd. par Bernd Schneidmüller, Stefan Weinfurter et Aleksander Wieczorek, Die Päpste 2 (Regensburg: Schnell & Steiner, 2017), pp. 69-92.

11 *Notitia ecclesiarum Urbis Romae* in *Codice topografico della città di Roma*, éd. par Roberto Valentini et Giuseppe Zucchetti, vol. 2, Fonti per la storia d'Italia 88 (Rome: Istituto Storico Italiano per il Medioevo, 1942), pp. 67-99 (en particulier pp. 94-99).

12 Antonella Ballardini, « Nella casa di Pietro : gli oratori dedicati a Maria nell'antica Basilica Vaticana », in *Gregorio Boncompagni. Arte dei moderni e immagini venerabili nei cantieri della nuova Ecclesia*, éd. par Valentina Balzarotti et Bianca Hermanin, Arte in Questione 3 (Rome: Edizioni Efesto, 2020), 18-23.

13 Michael Borgolte, *Petrusnachfolge* (note 8), pp. 97-107 ; Sible de Blaauw, *Cultus* (note 3), pp. 569-573 ; l'oratoire de Grégoire III, dédié au Sauveur, à Marie et à tous les saints, devint également le premier chœur des chanoines au Moyen Âge et fut conservé même après la construction du nouveau chœur de la Sixtine, ibid., pp. 661-668.

14 Simona Turriziani, « Le immagini mariane nell'arte musiva della basilica », in *San Pietro in Vaticano. I mosaici e lo spazio sacro*, éd. par Christof Thoenes et al., Monumenta Vaticana Selecta (Milan, Jaca Book, 2011), pp. 206-233.

15 Antonella Ballardini, « La basilica di S. Pietro nel Medioevo », in *San Pietro. Storia di un monumento*, éd. par Hugo Brandenburg, Antonella Ballardini et Christof Thoenes, Monumenta Vaticana Selecta (Milan, Jaca Book, 2015), pp. 45-46.

où Grégoire le Grand a été enterré[16] ; la Madonna della Colonna, peinte sur la troisième colonne à gauche de l'ancienne nef[17]. L'image de la Vierge continua encore à occuper une place d'honneur dans de nombreux monuments funéraires de papes et de cardinaux enterrés à Saint-Pierre.

On peut conclure que, depuis le haut Moyen Âge, la dévotion à Marie dans l'ancienne basilique n'est pas seulement liée à l'intercession assurée – face à la mort – par la Mère de Dieu ou à un phénomène d'addition cultuelle et liturgique[18], mais répond également à des connotations idéologiques du culte, puisque Marie est devenue très tôt une figure de la *Mater Ecclesia*.

Quelques années seulement après la promotion de la *Théotokos* par le pape Serge Ier (687-701), qui a institué une procession de Saint Hadrien à la basilique Sainte Marie Majeure, à l'occasion des principales fêtes mariales[19], le culte de la Mère de Dieu à Saint Pierre a pris une ampleur monumentale avec le pape Jean VII (705-707)[20].

Vir eruditissimus et fils de Platon *curator palatii*, Jean VII était un intellectuel aristocratique prêté au trône de Pierre qui, en célébrant la Mère de Dieu, exprimait une synthèse entre sa personelle culture grecque (*'natione graecus'*) et le rôle de pontife romain[21].

Dès son élection, il prit des dispositions pour être enterré dans la partie initiale de la nef la plus au nord de la basilique, où il fit ériger un sanctuaire dédié à la *Théotokos*. Du Xe siècle à l'époque moderne, ce lieu retiré de Saint-Pierre, entourés de murs, fut dédié à la conservation du légendaire linceul de Véronique, l'une des reliques les plus vénérées du Moyen Âge, et rencontra une fortune dévotionnelle ininterrompue. Un

---

16 Jean-Charles Picard, « Étude sur l'emplacement des tombes des papes du IIIe au Xe siècle », *Mélange d'archéologie et d'histoire*, 81 (1969), pp. 762-763 ; Michael Borgolte, *Petrusnachfolge* (note 8), pp. 76-77 ; Sible de Blaauw, « Die Gräber der frühen Päpste », in *Die Päpste. Amt und Herrschaft in Antike, Mittelalter und Renaissance*, éd. par Bernd Schneidmüller et al., Die Päpste 1 (Regensburg: Schnell & Steiner, 2016), pp. 96-97 ; sur l'image: Daniela Sgherri, « La Madonna della Bocciata dal Portico Vaticano (1300 ca.) », in *L'apogeo e fine del medioevo (1288-1431)*, éd. Serena Romano, in *La pittura Medievale a Roma (312-1431), Corpus e Atlante, Corpus VI*, éd. par Maria Andaloro et Serena Romano (Milan: Jaca Book, 2017), pp. 204-206. L'emplacement original de la peinture murale est rappelé par Alfarano, Biblioteca Apostolica Vaticana, Arch. Cap. S. Pietro G.5, p. 256; Bianca Hermanin de Reichenfeld, *Tiberio Alfarano e la Basilica Vaticana*, thèse de doctorat, Università degli studi Roma Tre, a.a. 2018-2019 (superviseur prof. A. Ballardini), p. 123.
17 Nouvelles dans Giacomo Grimaldi, *Descrizione della Basilica antica di S. Pietro* (note 3), pp. 227-228 (Biblioteca Apostolica Vaticana, Barb. lat. 2733, ff. 188r-189r) ; sur l'image: *La Madonna 'della colonna', Mater Ecclesiae nella basilica Vaticana*, éd. par Pietro Zander (Cité du Vatican: Fabbrica di San Pietro in Vaticano, 2020).
18 Franz Alto Bauer, « Liturgical Fragmentation in the Early Medieval Roman Church', *Journal of Christian Archaeology*, 75 (1999), pp. 385-446.
19 Corrado Maggioni, « Intemerata virginitas edidit Salvatorem. La verginità di Maria nel *Missale Romanum* », *Marianum*, 55 (1993), pp. 148-150.
20 *Le Liber Pontificalis. Texte, introduction et commentaire*, I-II, éd. par Louis Duchesne (Paris : Éditions E. De Boccard, 1886-1892), II, pp. 385-387, désormais *LP* 88 (Iohannes VII) ; pour un profil historico-artistique du patronage de ce pape: Per Jonas Nordhagen, « Giovanni VII », in *Enciclopedia dell'Arte Medievale*, VI (Rome; Istituto dell'Enciclopedia Italiana Treccani, 1995), pp. 687-695.
21 « [...] la figure d'un intellectuel avili à la lumière chrétienne », ainsi Guglielmo Cavallo résume-t-il le portrait du pape dans *LP* 88 (Iohannes VII) (note 20) ; Guglielmo Cavallo, « Le tipologie della cultura nel riflesso delle testimonianze scritte », in *Bizanzio, Roma e l'Italia nell'alto medioevo*, 34ª Settimana di studio del Centro Italiano di Studi sull'Alto Medioevo (3-9 avril 1986) (Spoleto: CISAM, 1988), p. 486.

culte qui a été rapidement associé au Jubilé et à la Porte Sainte ouverte à proximité directe du ciboire protégeant la relique[22].

Lorsque la décision a été prise de jeter à bas ce qui restait de la basilique constantinoise (1605), la beauté de la décoration de l'oratoire a dû influencer le désir de préserver sa mémoire. Déjà au seuil de la Renaissance, l'inspiration classique et antiquaire de l'appareil décoratif du sanctuaire avait exercé une attraction singulière sur des artistes tels que Filarete, qui créa la célèbre porte en bronze de la basilique en 1445. Le culte byzantin de la *Théotokos* devait également susciter la curiosité et la dévotion des « modernes », à tel point que l'on serait tenté d'imaginer le cardinal Bessarione (1403-1471) et le cardinal Francesco della Rovere en conversation savante devant les mosaïques du *sacellum*[23].

Un compte rendu analytique documentant l'oratoire nous a été par ailleurs transmis. Giacomo Grimaldi (1568-1623), clerc-notaire et historien de la basilique, nous livre en effet une précieuse description des lieux, révisée au cours d'une douzaine d'années[24]. En rappelant ici la *vive voix* du clerc, nous entendons restaurer une image globale de l'oratoire perdu et rappeler certaines similitudes formelles frappantes avec le chœur de la Sixtine[25].

L'oratoire funéraire de Jean VII est le premier qu'un pape ait installé, *sibi vivens*, à l'intérieur de la basilique Vaticane [fig. 3][26]. Consacré à la Mère de Dieu en l'an 706, le sanctuaire a été créé dans une zone de la basilique proche de la Porta Guidonea par laquelle les pèlerins entraient. Protégé par des murs bouchant les trois premières intercolonnes de la nef nord, l'oratoire était accessible par l'ouest. Ici, devant une porte architravée, on pouvait lire le *titulus* avec le nom du pape commanditaire : † IOHANNIS S[E]RVI S(AN)C(T)AE MARIAE (« † de Jean serviteur de

---

22 Antonella Ballardini, « L'altare del Volto Santo nell'antico San Pietro », in *Da San Pietro in Vaticano la tavola di Ugo da Carpi per l'altare del Volto Santo*, Catalogue de l'exposition (Turin, Palazzo Madama-Museo Civico d'Arte Antica-Corte Medievale, 16 juin-29 août 2022), éd. par Simona Turriziani et Pietro Zander (Gênes: Sagep Editori, 2022), pp. 20-49.

23 Sur les relations entre Francesco Della Rovere/Siste IV et le Cardinal Bessarione, protecteur de l'Ordre franciscain à partir de 1458: Lorenzo Di Fonzo, « Sisto IV » (note 7), pp. 285-293.

24 Antonella Ballardini, « Un oratorio per la *Theotokos* : Giovanni VII (705-707) committente a San Pietro », in *Medioevo : i committenti. Atti del Convegno Internazionale di studi (Parma, 21-26 September 2010)*, éd. par Arturo Carlo Quintavalle, I convegni di Parma 13 (Parme: Electa, 2011), pp. 98-116; Antonella Ballardini et Paola Pogliani, « A Reconstruction of the Oratory of John VII (705-707) », in *Old Saint Peter's*, Rome, éd. par Rosamond McKitteric, Carol M. Richardon et Joanna Story (Cambridge: Cambridge University Press, 2013), pp. 190-213. La plupart des manuscrits de Giacomo Grimaldi sont conservés à la Bibliothèque du Vatican; Reto Niggl, *Giacomo Grimaldi (1568-1623). Leben und Werk des römischen Archäologen und Historiker* (Munich, Univ., Phil. Diss., 1971) et Massimo Ceresa, « Grimaldi, Giacomo », in *Dizionario Biografico degli Italiani*, vol. 59, éd. par Alberto M. Ghisalberti (Rome: Istituto della Enciclopedia Italiana, 2002), pp. 516-518 ; Antonella Ballardini, « Alle origini dell'Album del Grimaldi (Biblioteca Apostolica Vaticana, Arch. Cap. S. Pietro A. 64ter). Il *liber picturarum* di Domenico Tasselli e altri disegni del vecchio San Pietro », *The Vatican Library Review*, 1 (2022), pp. 53-90 (avec bibliographie).

25 Les citations de Giacomo Grimaldi auxquelles il sera fait référence dans la traduction sont tirées du manuscrit des *Instrumenta autentica*; Biblioteca Apostolica Vaticana, Barb. lat. 2733 (avec des dessins aux ff. 90v-91r ; 93r ; 94v-95r ; 120r-121r) et de la copie du *Liber de sacrosancto Veronicae sudario etc.* envoyé à Milan en 1621 à Federico Borromeo, Biblioteca Ambrosiana, cod. A 168 inf., cc. 16r-20v.

26 Jean-Charles Picard, « Étude sur l'emplacement » (note 16), pp. 764-766.

Figure 3: L'oratoire de Jean VII (706) (3D éd. M. Carpiceci et G. Dibenedetto, données de recherche de A. Ballardini et P. Pogliani).

Figure 4 : Grottes du Vatican, *titulus* de l'oratoire de Jean VII (©Fabbrica di San Pietro in Vaticano).

la Sainte Marie ») [fig. 4][27]. La formule au génitif qui, en termes juridiques, notifie la propriété du *sacellum*, confirme le caractère privé de l'oratoire pour lequel le pape a personnellement investi *auri et argenti quantitatem multam* (« une grande quantité d'or et d'argent »)[28]. Le nom du pape et sa dévotion à Marie étaient inscrits en latin et en grec aux endroits les plus en vue de l'oratoire, comme s'il s'agissait d'un σφραγίς en forme d'invocation[29].

La décoration somptueuse de l'oratoire était, dans une certaine mesure, également visible pour ceux qui longeaient son enceinte de l'extérieur. En levant le regard au-delà des murs, précisément sur celui en arrière-plan du sanctuaire, on pouvait en effet admirer les mosaïques qui s'étendaient jusqu'aux poutrelles du toit. Grimaldi nous a transmis un témoignage de la décoration architecturale intérieure par écrit et aussi par ses précieux dessins[30]. Ses souvenirs sont précis et détaillés : observant le sol déjà très endommagé, il se remémore le marbre blanc, la rote de porphyre et les dalles serpentines. En particulier, l'ovale en porphyre (plus de 2,20 m), trouvé dans axe de l'autel du sanctuaire, avait attiré l'attention de Grimaldi en raison de son épaisseur considérable. Il s'agit probablement d'un précieux réemploi, laissé en place lorsque le revêtement de marbre a été refait dans des formes cosmatesques (XIIe siècle). Les parois intérieures du *sacellum* étaient également recouvertes « d'incrustations de pierres de différentes espèces ». Les *crustae* alternaient avec de magnifiques pilastres à rinceaux habités "anciens et sculptés par des mains d'experts" [fig. 5]. Les *spolia*, dont on sait aujourd'hui qu'elles datent de l'époque sévérienne, intégraient également des pilastres sculptés *ad hoc* dans les ateliers de Jean VII[31]. L'effort déployé pour imiter

---

27 Antonella Ballardini, « Scheda 10, Il *titulus* dell'Oratorio di Giovanni VII », in *Santa Maria Antiqua, tra Roma e Bisanzio. Catalogue de l'exposition (Rome, Santa Maria Antiqua al Foro romano, rampa imperiale, 17 mars-11 septembre 2016)*, éd. par Maria Andaloro, Giulia Bordi et Giuseppe Morganti (Milan: Electa, 2016), pp. 231-233.
28 *LP* 88 (Iohannes VII), c. 1 (note 20).
29 Le nom de Jean peut être lu dans l'inscription perdue de la consécration, copié par Tiberius Alfarano (Biblioteca Apostolica Vaticana, Arch. Cap. S. Pietro G.5, p. 6) ; dans le *titulus* à l'entrée (*recto/verso*) ; dans les inscriptions en mosaïque et, à la *tumba*, dans l'épitaphe, trahie par le sylloge cantabrique ; Wilhelm Levison, « Aus Englischen Bibliotheken, II », *Neues Archiv der Gesellschaft für ältere deutsche Geschichtskunde*, 35 (1910), pp. 363-365.
30 Biblioteca Apostolica Vaticana, Arch. Cap. S. Pietro H.3, ff. 122v-123r ; Biblioteca Apostolica Vaticana, Barb. lat. 2733, ff. 94v-95r ; Milan, Biblioteca Ambrosiana, A 168 inf., c. 101.
31 Sur les pilastres sévériens: Barbara Nobiloni, « I pilastri marmorei dell'oratorio di Giovanni VII nella vecchia basilica di San Pietro », *Xenia Antiqua*, 8 (1999), pp. 69-128 ; sur le pilastre d'« imitation » : Per Jonas

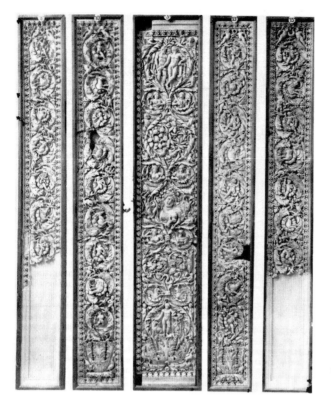

Figure 6 : Grottes du Vatican, pilastre sévérien avec Tellus de l'oratoire de Jean VII (détail) (©Fabbrica di San Pietro in Vaticano).

Figure 5 : Grottes du Vatican, cinq pilastres sévériens de l'oratoire de Jean VII (©Fabbrica di San Pietro in Vaticano).

les objets antiques conduit à se demander si le but des précieuses *spolia* sévériennes n'était pas de retrouver, outre la beauté et l'ancienneté, une signification figurative. C'est le cas du relief de *Tellus* – occupée à allaiter un *karpos* et entouré d'une représentation des Quatre Saisons – qui orne le plus spectaculaire des pilastres conservés dans les Grottes du Vatican [fig. 6]. Compte tenu de l'éducation de l'aristocrate Jean, fils d'un haut fonctionnaire byzantin chargé de l'entretien du palais impérial[32], la référence au mythe de la régénération d'une ancienne divinité féminine, protectrice de la fertilité, mais aussi des morts, ne paraissait certainement pas déplacée dans un sanctuaire funéraire également dédié à « Celui qui avait engendré Dieu »[33]. C'est

---

Nordhagen, « A carved marble pilaster in the Vatican Grottoes. Some remarks on the sculptural techniques of Early Middle Ages », *Acta ad archaeologiam et artium historiam pertinentia*, 4 (1969), pp. 113-119.

32 D'après l'épitaphe de Platon *curator Palatii*, nous savons qu'il a restauré l'une des rampes d'accès au complexe palatin ; Paolo Mastandrea, *L'epitafio di Platone. Hic iacet ille Plato (CLE 1395 = ICVR II 442, nr. 152)*, in ΦΑΙΔΙΜΟΣ ΕΚΤΩΡ. *Studi in onore di Willy Cingano per il suo 70° compleanno*, éd. par Enrico Emanuel Prodi et Stefano Vecchiato, Antichistica 31 Filologia e letteratura 4 (Venezia : Edizioni Ca' Foscari, 2021), pp. 477-494.

33 Dans la dernière strophe de l'épitaphe de Jean VII, la *Théotokos* est invoquée comme *alma Mater*, Antonella Ballardini, « Oratorio per la *Theotokos* » (note 24), p. 110 (épitaphe en traduction).

d'ailleurs le pape lui-même qui déclare dans son épitaphe que, par dévotion à la Vierge, il y avait réuni « toutes les décorations » destinées à surprendre la postérité.

L'autel, dédié à la Mère de Dieu, était adossé à la contre-façade de la basilique, également recouverte de *crustae* en marbre et d'une paire de pilastres en marbre phrygien (pavonazzetto) avec des ornements à sujet bacchique (perdus). Au-dessus de l'autel, une archivolte monumentale, recouverte de mosaïques, était soutenue par des colonnes torses avec des rameaux de vigne d'environ 4,70 m de haut (aujourd'hui dans la chapelle du Saint-Sacrement de Saint-Pierre) [fig. 7]. Elles étaient « plus belles et plus intactes » que les autres que l'on pouvait admirer dans la basilique. Nous ne savons pas comment Jean VII avait réussi à se procurer une paire de colonnes que l'on pourrait, sans exagération, qualifier d'exceptionnelles[34]. On sait que les six premières colonnes torses de la basilique ont été offertes par Constantin et que six autres ont été données par l'exarque Eutychius au pape Grégoire III (731-741)[35]. Par conséquent, comme les autres *spolia* semblent également le suggérer, Jean VII pouvait compter sur des ressources considérables, mais aussi sur un accès facile à des pièces de valeur qui lui ont permis de parer l'oratoire de la Vierge d'une splendeur impériale qui, dans la basilique, n'était réservée qu'à l'autel de l'Apôtre.

Il ne reste qu'un fragment de l'autel du sanctuaire (aujourd'hui dans les Grottes), que Grimaldi avait trouvé fixé au mur nord de l'oratoire. En marbre phrygien (pavonazzetto) et finement moulé sur deux côtés, le fragment avait fait partie d'un autel sous la forme d'une caisse. Ce qui en reste porte une inscription ajoutée en 783 à côté de la *fenestella confessionis*. Le texte épigraphique documente la reconnaissance, ou le déplacement d'une relique, indiquée par l'épithète de l'Ancien Testament – « Saint des Saints » – qui sert, dans l'hymnographie byzantine, à l'exaltation de la *Théotokos* comme tabernacle du Seigneur [fig. 8][36].

Au pied de l'autel, Jean a enjoint d'y être enterré : c'est ce qu'indique son épitaphe (*Hic sibi constituit tumulum…sub pedibus domine*). Cette prescription est également attestée dans la note nécrologique introduite dans une variante textuelle de sa biographie : *qui etiam sepultus est ad beatum Petrum apostolum ante altare sanctae*

---

34 La réticence des sources les plus anciennes sur la provenance des *spolia*, même exceptionnels, est interprétée par P. Liverani, « Reimpiego senza ideologia. La lettura antica degli *spolia* dall'arco di Costantino all'età carolingia », *Mitteilungen des Deutschen Archäologischen Instituts, Römische Abteilung*, 111 (2004 [2005]), pp. 416-417.

35 Grégoire III a aligné la deuxième série de colonnes devant celles « constantiniennes », qui avaient déjà été déplacées et relocalisées sur le nouveau podium à l'époque de Grégoire le Grand ; sur les colonnes torses de la basilique Saint-Pierre, B. Nobiloni, « Le colonne vitinee della basilica di San Pietro a Roma », *Xenia Antiqua*, 6 (1997), pp. 81-142 (en particulier pp. 96-102 et p. 114) et Alexis Gauvain et al., « La colonna santa », *Archivum Sancti Petri – Bollettino d'Archivio*, 28-29 (2015), pp. 28-29.

36 † TEMPORIBV(S) / D(OMI)N(I) HADRIANI / PAPAE HIC RECVN / DITA SVM RELIQV[I] / A S(ANCTI) SANCTO(RUM) IN / ME(N)SE NOBE(M)BRI / D(IE) XXII IND(ICTIONE) / SEPTIMA BIN / A CLVSVRA IN (I) / NTEGRO Q(UAE) P(ONITUR) I(N) / [SEPTINIANA]. (†À l'époque du pape Hadrien Ier a été placée ici, une relique du Saint des Saints, au mois de novembre, le 22e jour de la septième indition, intacte et protégée par un double sceau à l'intérieur d'un espace clos). Grimaldi a sauvé le fragment d'autel de la dispersion et a d'abord étudié l'inscription ; pour une lecture critique de l'inscription et une interprétation de l'épithète « Saint des Saints » à la lumière de l'hymnographie byzantine et en particulier de l'*Akathistos* : Antonella Ballardini, « Un oratorio per la *Theotokos* » (note 24), pp. 105-106 et pp. 114-115, à la note 75.

Figure 7: Saint-Pierre au Vatican, l'autel de St. François, colonnes torses avec des rameaux de vigne (première moitié du II\ :sup:`e` siècle) autrefois réutilisé dans l'Oratoire de Jean VII (©Fabbrica di San Pietro in Vaticano).

Figure 8: Grottes du Vatican, fragment de l'autel de l'Oratoire de Jean VII avec inscription ajoutée en 783 (©Fabbrica di San Pietro in Vaticano).

Dei Genitricis quem ipse construxit sub die XV kal. nov. indictione VI, sub Iustiniano[37]. À sa demande, Jean fut donc enterré en ce lieu le 17 octobre 707. Neuf siècles plus tard, en découvrant le sol, entre l'ovale de porphyre et l'autel, on trouva une arche de

---

37 *LP* 88 (Iohannes VII), c. 6 (variantes de classe BC[4] E) (note 20).

marbre inhumée avec le corps « d'un très ancien défunt, que l'on croit être Jean VII »[38].

Dans le sanctuaire, au-dessus de l'archivolte soutenue par les colonnes torses, et jusqu'aux poutrelles du toit, la décoration en mosaïque s'étendait sur trois registres retraçant l'histoire du salut depuis l'*Annonciation* jusqu'à la *Passion* et la *Résurrection du* Christ[39].

Le cycle narratif était interrompu par des colonnes de marbre noir « estimées de grande valeur » (h. 3 m)[40] placés de part et d'autre de l'icône en mosaïque de la *Théotokos*, tandis que le pape Jean VII se tenait à côté d'elle offrant la maquette de l'oratoire [*supra* fig. 3][41].

Selon Grimaldi, l'icône de la Vierge, une *Blachernitissa* en tenue royale, était rituellement dissimulée par des rideaux accrochés à une perche fixée au sommet des chapiteaux des colonnes noires[42]. Pietro Mallio, chanoine de Saint-Pierre à l'époque d'Alexandre III (1159-1181), rappelle que, même à son époque, l'image de Marie Reine était éclairée quotidiennement par une lampe[43]. Ainsi, pour ceux qui entraient dans l'oratoire, le foyer visuel (l'axe édicule-autel) était configuré comme une *scaena* d'où le dévoilement de l'icône de Marie Reine faisait jaillir la vertu salvatrice invoquée par le défunt dans son épitaphe [fig. 9].

C'est précisément dans l'épitaphe, entremêlée de citations de Virgile, mais aussi de l'*Akathistos*, l'hymne byzantin le plus connu dédié à la Mère de Dieu, que Jean prescrit d'être enterré « aux pieds de la Dame » (*sub pedibus Dominae*) et « à l'ombre de la Mère » (*sub tegmine Matris*)[44]. En particulier, cette dernière expression semble faire référence à la proximité de la *tumba* de Jean VII avec une relique placée dans

---

38 Grimaldi écrit que les restes trouvés ont fini dans le cimetière commun des Grottes du Vatican; Biblioteca Apostolica Vaticana, Arch. Cap. S. Pietro H.3, ff. 124v-125r.
39 Per Jonas Nordhagen, « Les mosaïques de Jean VII (705-707). The mosaic fragments and their technique », *Acta ad archaeologiam et artium historiam pertinentia*, 2 (1965), pp. 121-166 ; Ann Karin van Dijk, « Domus Sanctae Dei Genetricis Mariae. Art and liturgy in the oratory of Pope John VII », in *Decorating the Lord's table on the dynamics between image and altar in the Middle Ages*, éd. par Søren Kaspersen et Erij Thunø (Copenhagen: Museum Tusculanum Press, 2006), pp. 13-42 ; Paola Pogliani, « Il perduto oratorio di Giovanni VII nella basilica di San Pietro in Vaticano. I mosaici », in *Santa Maria Antiqua* (note 27), pp. 240-247.
40 Biblioteca Apostolica Vaticana, Arch. Cap. S. Pietro H.3, f. 23v e f. 120r-v.
41 Le portrait de Jean VII est conservé dans les Grottes Vaticanes, l'icône en mosaïque de la Mère de Dieu, après avoir été détachée en septembre 1609, a été transférée à Florence et relocalisée au-dessus d'un autel de l'église de San Marco ; Paola Pogliani « L'allestimento dei frammenti musivi dell'antica basilica di San Pietro nelle Grotte Vaticane al tempo di Paolo V Borghese », in *Curiosa itinera. Scritti per Daniela Gallavotti Cavallero*, éd. par Enzo Parlato, Collana arti 31 (Rome: Ginevra Bentivoglio Editoria, 2015), pp. 285-296 ; ead., « Scheda 11, Il ritratto di Giovanni VII », in *Santa Maria Antiqua* (note 27), pp. 248-249.
42 Tiré du nom Blacherne (célèbre sanctuaire marial à Constantinople), l'épithète *Blachernitissa* dans la culture byzantine indique l'attitude orante de la Vierge. Le cycle christologique des mosaïques de Jean VII est ouvert par le Caire et le *sacellum* a été consacré le 21 mars, une date proche de la fête de l'Annonciation. Le formes souples de la *Théotokos* et la ceinture serrée sous la poitrine font allusion aux effets de l'annonce de l'ange.
43 « Petri Mallii Descriptio basilicae Vaticanae », in *Codice topografico della città di Roma*, II, éd. par Roberto Valentini et Giuseppe Zucchetti, Fonti per la storia d'Italia 90 (Rome: Istituto Storico Italiano per il Medioevo, 1946), pp. 375-442 (voir aussi p. 425).
44 Antonella Ballardini, « Oratoire pour la *Theotokos* » (note 24), p. 110.

Figure 9: Florence, Basilique Saint-Marc, mosaïque de la Théotokos de l'Oratoire de Jean VII (par concession du Bureau de l'Archidiocèse de Florence Art et Patrimoine Culturel, la reproduction est interdite).

l'autel. Déjà au VIIIe siècle, l'autel était associé au culte de la Crèche, lieu qui fut ensuite privilégié pour la célébration de la messe de Noël[45].

L'inscription en mosaïque le long de l'archivolte de la niche de l'autel semble toutefois faire allusion au dépôt d'un héritage de la Vierge elle-même. Carlo Bertelli avait déjà associé l'inscription DOMUS SANCTAE DEI GENITRICIS MARIAE (« Maison de Marie, Sainte Mère de Dieu ») à l'*oikoς* (soroς) (« maison/caisse ») constantinopolitaine érigée au milieu du Ve siècle aux Blacherne pour abriter la robe de la Vierge[46].

2. La tombe du pape Sixte IV

Quiconque se tourne vers la tombe de Sixte IV se souvient du monument d'Antonio del Pollaiuolo.

Il est cependant bien connu que l'œuvre de l'artiste florentin *argento, auro, pictura, aere clarus*[47] a été commandée par son neveu cardinal Giuliano della Rovere (futur Jules II) et n'a été réalisée qu'en 1493. C'est précisément le chef-d'œuvre de la Renaissance qui a contribué à détourner l'attention des chercheurs de la spécificité du contexte dans lequel il s'est greffé : une conséquence naturelle car même dans l'art *tutto è sintattico* et lorsque dans le système «…cade o si aggiunge un solo elemento, l'intero e tutte le singole unità si modificano»[48].

Il ne fait aucun doute que le monument de Pollaiuolo avait suscité l'étonnement de ses contemporains, puisque, dix ans après sa mort, le corps du pape Sixte, évoqué dans une sculpture en bronze d'une qualité inégalée, avait comme resurgi du sol [fig. 10][49].

Giacomo Grimaldi a copié le portrait du pape de la statue sépulcrale et en a décrit le programme iconographique complexe ainsi que la structure originale du monument. Il est également l'auteur d'un procès-verbal de reconnaissance et de transfert du corps du pape dans la sacristie (11 février 1610)[50].

---

45 Sible de Blaauw, *Cultus* (note 3), p. 573 et p. 775.

46 Carlo Bertelli, *La Madonna di Santa Maria in Trastevere. Storia, iconografia, stile di un dipinto romano dell'ottavo secolo* (Rome: Bertelli, 1961), p. 121, n. 11.

47 La citation est tirée de la signature d'Antonio del Pollaiuolo sur le monument sépulcral : OPVS ANTONI POLAIOLI FLORENTINI ARG(ento) AVR(o) / PICT(ura) AERE CLARI/ AN(no) DOM(ini) MCCCCLXXXXIII ("Œuvre d'Antonio del Pollaiuolo de Florence, célèbre en argent, or, peinture et bronze. 1493") : Aldo Galli, « Monument à Sixtus IV. L'opera di Antonio Pollaiuolo, 1484-1493 », in *Monumento di Sisto IV, Archivum Sancti Petri – Bollettino d'archivio*, 6-7 (2009), p. 8, fig. 5.

48 Tullio De Mauro, *Introduzione alla semantica* (Bari: Laterza, 1965), p. 130.

49 Sur le monument d'Antonio Pollaiuolo, l'étude de Leopold D. Ettlinger, « Pollaiuolo's tomb of Pope Sixtus», *Journal of the Warburg and Courtauld Institutes*, 16 (1953), pp. 239-274 ; Hannes Roser, *St. Peter in Rom* (note 8), pp. 188-197 (avec bibliographie) reste une référence. De nouvelles données sur l'œuvre sont apparues pendant la restauration: Nazzareno Gabrielli, Sante Guido et Giuseppe Mantella, « Monumento di Sisto IV, 1484-1493. Description, analyse technologique et travaux de restauration », *Archivum Sancti Petri – Bollettino d'archivio*, 6-7 (2009), pp. 15-45.

50 Biblioteca Apostolica Vaticana, Barb. lat. 2733, ff. 229v-231v (avec deux dessins) et ff. 226r-229v (avec un dessin).

Figure 10: Saint-Pierre au Vatican, Musée du Trésor, monument funéraire de Sixte IV (Antonio del Pollaiuolo, 1494) (©Fabbrica di San Pietro in Vaticano).

Figure 11: Le sarcophage de Sixte IV della Rovere, (©Fabbrica di San Pietro in Vaticano).

Le démantèlement du monument s'avéra plus complexe que prévu. En effet, pour accéder au monticule et séparer la sculpture du socle de marbre serpentin, il fallut soulever l'ensemble du monument en bronze. C'est précisément la parfaite installation du monument qui avait empêché la violation de la *tumba* lors du sac des Landsknechts (1527), et c'est ainsi que le pape Sixte IV fut retrouvé avec ses vêtements intacts, sa mitre de brocart d'or sur la tête, ses mules papales rouges aux pieds, ses mains, croisées sur la poitrine, recouvertes de gants de soie et un anneau précieux glissé à l'annulaire droit[51].

Dans le procès-verbal de la reconnaissance, Grimaldi a transcrit un passage du *Liber Notarum* de Iohannes Burckard, le maître des cérémonies qui, dans la nuit du 12 août 1484, était chargé de préparer le corps du défunt, de s'occuper de son habillage et, plus tard, de l'enterrer. Citant le passage (bien connu de l'historiographie récente)[52], Grimaldi attire l'attention sur le fait qu'en 1493, peu avant la mise en place du monument de bronze, la dépouille du pape avait été transférée du cercueil en bois de noyer utilisé par Burckard à un sarcophage de marbre plus orné, sur lequel le nom du pape était inscrit [fig. 11].

Lors du transfert, on respecta la disposition originale du corps, qui avait été enterré à peu près au milieu de la chapelle, à proximité de l'autel, comme Sixte lui-même l'avait prescrit[53]. Grâce au témoignage de Grimaldi, nous apprenons un autre détail important, à savoir que le corps du pape était couché avec le visage et les pieds face à l'autel (nord-sud).

Le plan d'Alfarano (1590) et davantage encore sa nouvelle édition, éditée avec les conseils de Grimaldi par Martino Ferrabosco (1620), révèle que, par rapport à

---

51 La bague, avec un grand saphir, appartenait à Paul II (1464-1471), dans l'or était gravé l'insigne du pape Barbo et l'inscription PAVLVS VENETVS. PAP. SECVNDVS. Sur le trésor de Paul II : Ludwig von Pastor, *Storia dei papi dal fine del Medio Evo, compilata col sussidio dell'Archivio segreto pontificio e di molti altri archivi*, 2 : *Storia dei papi nel periodo del Rinascimento dall'elezione di Pio II alla morte di Sisto IV* (Rome: Desclée & C. Editori Pontifici, 1942), pp. 438-439.

52 Johannes Burckardus, *Liber notarum ab anno 1483 usque ad annum 1506*, éd. par Enrico Celani, Rerum Italicarum scriptores 32,1.1 (Città di Castello: Lapi, 1910), pp. 13-17; Massimo Miglio « Sepolture pontifice dopo Avignone », in *Skulptur und Grabmal des Spätmittelalters in Rom und Italien, Akten des Kongresses Sculptur und Grabmal des Spätmittelalters in Rom und Italien*, Rom, 4.-6. Juli. 1985, éd. par Jörg Garms, et Angiola M. Romanini (Vienne : Verlag d. Österr. Akad. d. Wiss., 1990), pp. 249-255.

53 C'est ce que les cardinaux recommandaient au maître des cérémonies de faire, car « le défunt lui-même avait décidé du lieu et du mode de sépulture » (*ipsum defunctum locum huiusmodi in sepolturam suam sibi elegisse*) ; Johannes Burckardus, *Liber notarum* (note 52), I, p. 16.

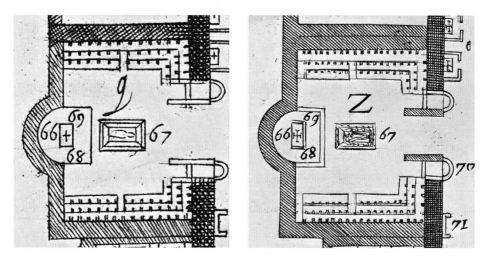

Figure 12: Martino Ferrabosco, plan de l'ancien Saint-Pierre imprimé au f. 4v et au f. 10r (1620), détail de la chapelle du chœur Sixtine: 1) le corps du pape est dessiné selon l'orientation de l'inhumation; 2) le gisant est représenté selon la mise en place du bronze du Pollaiuolo (Photo: Hertziana – Max-Planck-Institut für Kunstgeschichte, Rome).

l'orientation du cadavre découvert en ouvrant le cercueil, le bronze de Pollaiuolo était monté dans la direction opposée (sud-nord) [fig. 12]. En outre, le programme iconographique complexe du monument, les inscriptions et les points de vue suggérés par la forme très plastique des figurations indiquent que le monument en bronze avait été conçue pour être observé par ceux qui entraient dans la chapelle du chœur : ainsi, Sixte IV, et les gracieuses figures des vertus qui l'entourent, mais surtout l'épigraphe dédicatoire avec les armoiries du cardinal Giuliano della Rovere, devaient bénéficier d'une visibilité maximale, tandis que les personnifications des arts et des sciences étaient révélées, représentées marchant autour du « catafalque » dans le sens inverse des aiguilles d'une montre[54]. En effet, le monument de bronze a été conçu *instar funeralis lecti fabrefactum* (« fait à l'image d'un lit funéraire »), c'est-à-dire comme l'estrade décorée pour soutenir le corps du pape mis en place pour l'exposition rituelle avant la célébration de funérailles[55].

De cette façon, Antonio del Pollaiuolo envisageait une utilisation assez similaire à celle du monument sépulcral de Martin V Colonna (1417-1431) dans la basilique de Saint-Jean de Latran [fig. 13]. Comme on le sait, la dalle de bronze en relief avait été placée sur son socle en marbre de nombreuses années après la mort de Martin V. Elle fût d'abord coulée à Florence par Donatello puis transportée à Rome en 1445[56].

---

54 La signature de Pollaiolo, derrière les coussins du pape, était destinée à une position secondaire, en accord avec la taille réduite de sa table.
55 Biblioteca Apostolica Vaticana, Barb. lat. 2733, f. 230v (avec dessins).
56 Pour l'attribution du bronze au cercle de Donatello et ensuite au maître florentin lui-même ; Arnold Esch, « Die Grabplatte Martinus V. und andere Importstücke in den römischen Zollregistern der Frührenaissance », *Römisches Jahrbuch für Kunstgeschichte*, 17 (1978), pp. 209-217 et Joachim Poeschke, « Still a Problem of

APPROPRIATION ET EFFACEMENT 271

Figure 13: Rome, Saint-Jean de Latran, Monument funéraire de Martin V (Donatello, 1445) (Bologna, Fototeca Zeri, inv. 142790).

Toujours dans le cas du pape Colonna, le monument a été placé au-dessus du tombeau du pape, situé près de l'autel (le maître-autel de la cathédrale) et, de la même manière que le bronze de Sixte IV, les pieds du gisant, les armoiries et l'inscription commémorative étaient tournés vers ceux qui entraient dans la basilique. Au XIXe siècle, l'élaboration de la confession de Saint-Jean n'a pas modifié l'alignement du monument de Martin V, qui continue à faire face à la nef, attirant les pièces de monnaie offertes par les touristes. Comme pour Sixte IV della Rovere, la reconnaissance archéologique de la déposition du pape Colonna (février 1853) a cependant révélé que le monument de Donatello avait imposé une perspective différente au mémorial. Le pape Martin, en fait, reposait dans son tombeau *more veterum*: le visage et les pieds tournés vers l'autel et le ciboire qui contenaient les reliques des apôtres Pierre et Paul[57].

Cette constatation renforce l'idée que Sixte della Rovere avait délibérément choisi d'être enterré en tournant le dos à la postérité. Cette préférence révèle le premier indice d'un modèle archaïque sous-jacent aux dernières volontés d'un pape franciscain qui – face à la mort – privilégiait la dévotion et le dialogue exclusif avec le divin.

3. La chapelle du chœur Sixtine

Consacrée le 8 décembre 1479 à la Mère de Dieu, à saint François et à saint Antoine de Padoue, la chapelle de Sixte IV semble aller à l'encontre de la rénovation audacieuse de la basilique vaticane promue par Nicolas V (1447-1455)[58]. Considérant toutefois que les fondations du chœur de Bernardo Rossellino ont été posées sans toucher à la structure de l'ancienne basilique, il est légitime de se demander si, en construisant la chapelle à l'extérieur du mur d'enceinte sud de l'ancienne Saint-Pierre, le pape Sixte ne souhaitait pas qu'elle soit sauvée et annexée au nouvel édifice[59]. Cela n'enlève rien au fait que, par leur épaisseur (près de 3 mètres !), les murs du *sacellum* étaient également conçus pour servir de solides fondations de soutènement à la basilique constantinienne, alors chancelante [fig. 14][60].

Précisément en raison de l'épaisseur considérable des murs, le chœur de la Sixtine était très apprécié des chanoines de Saint-Pierre qui, s'y réunissant pour prier, ne souffraient ni du froid en hiver, ni de la chaleur en été. Comme on le ferait pour une

---

Attribution : The Tomb Slab of Pope Martin V in San Giovanni in Laterano », in *Large Bronzes in the Renaissance*, éd. par Peta Motture, Studies in the history of art 64 (New Haven : Yale Univ. Press, 2003), pp. 57-71.

57 Vincenzo Tizzani *Del sepolcro di papa Martino V*, (lu à la Pontificia Accademia Romana di Archeologia le 10 janvier 1867), s.l., s.d., pp. 123-124 (avec documents).

58 Maria Giulia Aurigemma, « Osservazioni sulla Cappella dell'Immacolata Concezione in S. Pietro », in *Sisto IV. L'art à Rome dans le premier Rinascimento. Atti del convegno internazionale di studi (Roma 23-25 October 1997)*, éd. par Fabio Benzi et Claudio Crescentini (Rome: Edizioni dell'Associazione Culturale Shakespeare and Company, 2000), pp. 458-474 ; *Collectio bullarum, brevium aliorum alique diplomatum sacrosanctae basilicae Vaticanae, Tomus secundus ab Urbano V ad Paulum III*, (Rome: I.M. Salvioni), 1750, pp. 205-206 (bulle du 8 décembre 1479).

59 Dans les plans préliminaires pour la reconstruction de Saint-Pierre, il semble que le pape Jules II se soit soucié de « sauver » la chapelle du chœur Sixtine, Horst Bredekamp, *La fabbrica* (note 1), p. 24.

60 Aurigemma « Observations sur la chapelle » (note 58), pp. 458-459.

Figure 14: Toledo Museum of Art (Ohio), Piero di Cosimo, Adoration de l'enfant (1495-1500) détail de la basilique Saint-Pierre (https://commons.wikimedia.org/wiki/File:Piero_di_cosimo,_adorazione_del_bambino,_1495-1500_ca._02.jpg).

planification moderne, chaque aspect de la construction a été pris en compte pour le chœur-mausolée afin d'assurer le confort des chanoines et, le moment venu, la célébration des services de suffrage pour le pape défunt[61]. Ainsi, le long des murs est et ouest de la chapelle, les stalles en noyer marqueté réservées aux trois ordres du clergé basilical ont été aménagées, tandis que la *tumba* du pape Sixte a été disposée presque au centre du *sacellum*, c'est-à-dire dans le foyer visuel du clergé capitulaire réuni en prière [*supra* fig. 12][62]. Pour assurer la régularité du suffrage, Sixte IV élargit même le personnel du chapitre, en instituant quatre *portiones* pour deux porteurs de bénéfices et deux clercs nouvellement nommés (appelés *sixtini*) qui sont tenus de célébrer un certain nombre de messes dans la chapelle du chœur (1er mars 1482)[63].

Grâce aux témoignages d'Alfarano et de Grimaldi, il est possible de se faire une idée assez précise de l'aspect de la chapelle du XVe siècle, ainsi que de certaines des modifications apportées au fil du temps.

---

61 La description de la chapelle du chœur Sixtine est basée sur les preuves graphiques de quelques vues de la fin du XVIe siècle, le plan de l'ancienne basilique par Tiberio Alfarano (1590) et une aquarelle de Domenico Tasselli (1606) (Biblioteca Apostolica Vaticana, Arch. Cap. S. Pietro A. 64ter, f. 21r) ; mais surtout sur le récit illustré de Giacomo Grimaldi (Biblioteca Apostolica Vaticana, Barb. lat. 2733, ff. 126v-131r), documentation déjà connue d'Ettlinger, Aurigemma et Roser.

62 Hannes Roser a observé comment la décoration du monument en bronze de Pollaiuolo peut être pleinement appréciée depuis un point de vue élevé. Outre les stalles des chanoines et le podium de l'autel, la chaire du chœur à l'entrée (*ci-dessous*) offrait également un point de vue élevé qui a vraisemblablement été pris en compte dans la conception du monument en bronze ; Hannes Roser, *Sankt Peter in Rom* (note 8), p. 194.

63 Dario Rezza et Mirko Stocchi, *Il Capitolo di San Pietro in Vaticano dalle origini al XX secolo, I, La storia e le persone* (Cité du Vatican : Edizioni del Capitolo Vaticano, 2008) pp. 66-67 et *Collectio bullarum* (note 58), pp. 220-224 (bulle du 1er mars 1482).

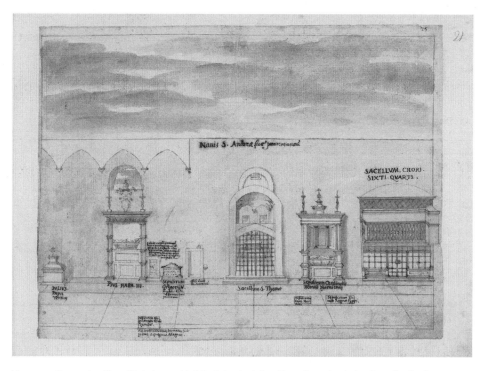

Figure 15: Domenico Tasselli da Lugo, Nef de Saint André et l'arc d'entrée de la chapelle du chœur Sixtine (BAV, Arch. Cap. San Pietro, A.64ter, f. 21r) (©Biblioteca Apostolica Vaticana).

Construite entre le mur d'enceinte sud de Saint-Pierre et l'obélisque du cirque de Néron, la chapelle du chœur Sixtine était accessible depuis la basilique par un arc, appuyé sur quatre colonnes de granit gris, ouvert dans le mur d'enceinte à la hauteur de la dixième colonne intermédiaire [*supra* figs 14 et 15]. De forme rectangulaire, la chapelle était plus large que profonde et ses dimensions étaient proches de celles du chœur conçu par Carlo Maderno pour la basilique actuelle (16 × 12 mètres environ)[64]. Idéalement présidée – de part et d'autre – par des fresques représentant les apôtres Pierre et Paul [fig. 16] et les saints franciscains Bonaventura et Bernardino[65], l'arc d'entrée était protégé par une grille, elle-même surmontée par la tribune en bois réservée aux musiciens, accessible de l'intérieur par les escaliers situés aux extrémités de la tribune.

À l'intérieur, les murs étaient blancs et marqués de croix de consécration peintes en rouge. Au-dessus de l'entrée voûtée, un crucifix avait été peint et une défense

---

64 Maderno a érigé la chapelle du chœur presque exactement sur la surface du chœur de la Sixtine; Franz G. Wolff Metternich, « Riflessioni sulla storia edilizia di San Pietro nei secoli XV e XVI », in Arnaldo Bruschi et al., *San Pietro che non c'è, da Bramante a Sangallo il Giovane*, éd. par Cristiano Tessari, Documenti di Architettura 93 (Milan: Electa, 1996), pp. 13-22 (en particulier p. 15).

65 A la Fabbrica di San Pietro (Palazzo della Canonica) se trouve un fragment de fresque, attribué à Melozzo da Forlì, avec un buste de Saint Pierre, qui proviendrait de la façade de la chapelle de Sixte IV; Aurigemma, «Osservazioni sulla Cappella » (note 58), p. 566, fig. 291.

Figure 16: Chapitre de Saint-Pierre au Vatican, L'apôtre Pierre, fragmente de fresque attribuée à Melozzo da Forli (©Fabbrica di San Pietro in Vaticano).

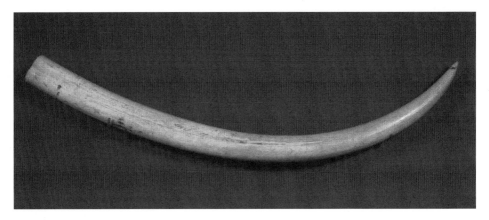

Figure 17: Saint-Pierre au Vatican, Musée du Trésor, défense d'éléphant de la chapelle du choeur Sixtine (©Fabbrica di San Pietro in Vaticano).

d'éléphant africain (2,45 m et ⌀,15 cm) était suspendue en dessous [fig. 17][66]. Le plafond plat reposait sur des *fornices* [...] *ad lunas* et des chapiteaux dorés portant les insignes de Sixte IV[67]. Au centre du plafond figurait également, sculpté dans le marbre, le blason du pontife, à savoir le chêne aux glands d'or sur fond bleu. Sur le mur du fond, vers le sud, s'ouvraient deux grandes fenêtres rectangulaires et l'arc de l'abside était soutenu par des colonnes en porphyre exceptionnelles (3,85 m de haut). Les colonnes était sculptées en haut-relief représentant deux par deux les tétrarques (Augustes et Césars), portant le *paludamentum* impérial (manteau de pourpre) et tenant un globe dans leurs mains [figs 18 et 19][68]. Pietro Perugino avait décoré *ad affresco* le demi-cercle de l'abside d'une représentation de la Vierge à l'Enfant, assise et entourée d'une couronne d'anges, accompagnée du pape Sixte, agenouillé et représenté *al vivo* (de manière vivante). De part et d'autre de la mandorle de la Vierge, deux anges musiciens jouent du luth et de la lyre[69] tandis que, plus bas, à la droite de la Vierge, le pape, la tête découverte et la tiare pontificale posée sur le sol, est introduit

---

66 Aujourd'hui exposée au Musée du Trésor de Saint-Pierre, la relique est documentée dans la basilique depuis septembre 1480, avec des nouvelles et des documents ; Pietro Zander et Simona Turrziani, « La fortuna di Raffaello in San Pietro », in *Raffaello in Vaticano*, Atti del Convegno (Pinacoteca Vaticana – Salone di Raffaello, 27-29 septembre 2021), sous presse.

67 Peut-être une voûte en pavillon « lunetté », une solution déjà utilisée dans les salles du Palais Ducal d'Urbino et aussi dans la Chapelle Sixtine du Palais Apostolique, Fabio Benzi, *Sisto IV Renovator Urbis. Architettura a Roma 1471-1484*, Ars fingendi 2 (Rome: Officina Edizioni, 1990), pp. 135-138.

68 Richard Delbrueck, *Antike Porphyrwerke, Studien zur spätantiken Kunstgeschichte* 6 (Berlin: De Gruyter, 1932), pp. 91-92. Une fois démontées, les colonnes étaient destinées à la chapelle Pauline (au Palais Apostolique du Vatican), puis transférées à la Bibliothèque apostolique. Aujourd'hui, ils se trouvent au début de la Galerie Clémentine (Musées du Vatican). Dans le dessin de Grimaldi, les chapiteaux des colonnes sont ioniques, Giovanni da Tivoli les enregistre plutôt comme corinthiens (*opra corinta*); Christoph Liutpold Frommel, « Baldassarre Peruzzi als Maler und Zeichner », *Beiheft zum Römischen Jarbuch für Kunstgeschichte*, 11 (1967/68), pp. 74-75, (n° 31 et Taf. XXVIa).

69 Extraits des décombres et donnés par Grimaldi au cardinal Montalto, les deux anges musiciens de Pietro Perugino ont été placés dans la chapelle du jardin de la Villa Montalto sur l'Esquilin, Biblioteca Apostolica Vaticana, Barb. lat. 2733, f. 207v (en marge) et f. 129v (en marge) et Biblioteca Apostolica Vaticana, Arch. Cap. S.

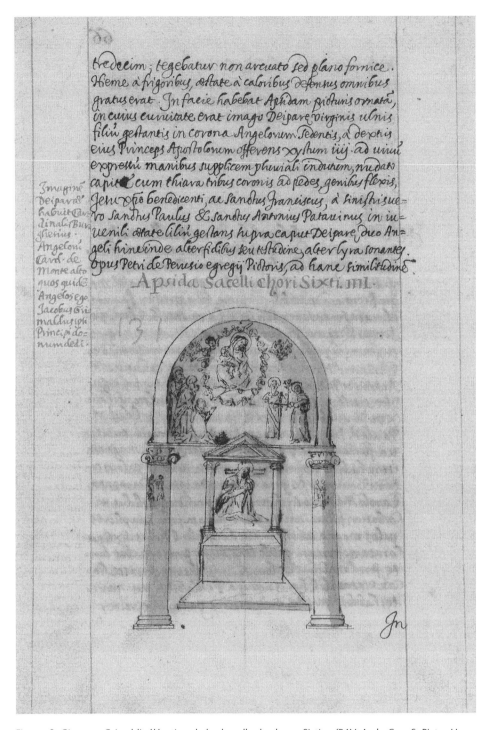

Figure 18: Giacomo Grimaldi, élévation de la chapelle du chœur Sixtine (BAV, Arch. Cap. S. Pietro H.2, f. 66v) (©Biblioteca Apostolica Vaticana).

par l'apôtre Pierre (avec les clés) et saint François, tandis que du côté opposé, l'apôtre Paul (avec l'épée) et saint Antoine de Padoue (avec le lys) assistent à l'*admissio/commendatio*[70].

Le *titulus* écrit en contrebas des peintures se lit comme suit : HOC. SACELLVM. A. FVNDAMENTIS / ERECTVM. B. VIRGINI, S. FRANCISCO / ET. SANCTO. ANTONIO, PATAVINO / DEDICAVIT. (Ce sanctuaire a été érigé et dédié, depuis sa fondation à la Vierge, à Saint François et à Saint Antoine de Padoue). Le nom du pape dédicataire était inscrit dans les armoiries nobles au-dessus de l'arc d'entrée (SIXTVS. IIII. PONT. MAX.) et repris dans les nombreuses décorations héraldiques de la chapelle, jusqu'au sol en carreaux de faïence décoré du chêne Della Rovere.

Comme nous l'avons déjà mentionné, au milieu du *sacellum*, dans la directe proximité de l'autel, le tombe du pape – qui, à l'époque de Burckard, était marqué par une simple inscription – fut recouvert en 1493 par le catafalque en bronze de Pollaiuolo que le cardinal Giuliano Della Rovere avait commandé pour son oncle *maiore pietate quam impensa* (« avec une piété dépassant la dépense »)[71].

Dix ans plus tard, entre 1513 et 1514, le mur de l'hémicycle de l'abside fut décoré par Baldassarre Peruzzi avec une architecture peinte de fausses *sectilia* et de fausses niches entre de fausses colonnes de porphyre qui rivalisaient avec la plasticité et la couleur des vraies colonnes de porphyre de l'arc de l'abside[72]. Les quatre évangélistes *in figura hominum*, peints en monochrome, faisaient face aux niches et devaient ressembler à des statues à taille réelle[73]. L'intervention de l'artiste siennois avait ainsi

---

Pietro G.13, f. 125r (*pro sacra aedicula in vigna sua*); Patrizia Tosini, *Immagini ritrovate. Decorazione a Villa Peretti Montalto tra Cinque e Seicento* (Rome: De Luca Editori d'Arte, 2015), p. 59 et p. 84, n. 16.

70 Pietro Scarpellini, « Riflessioni sugli esordi di Perugino », in *Perugino, il divin pittore. Catalogue de l'exposition, (Perugia e l'Umbria, 28 février-18 juillet 2004)*, éd. par Vittoria Garibaldi et Francesco Federico Mancini (Cinisello Balsamo: Silvana, 2004), p. 52 ; Umberto Moscatello, « Collaboratore di Pintoricchio, Assunzione della Vergine (scheda I.23) », ibid., p. 213; ailleurs, Scarpellini compare la composition de l'abside à celle de l'Assomption de la Vierge autrefois dans la Chapelle Sixtine du Palais Apostolique, notée d'après un dessin du cercle de Pinturicchio à l'Albertina de Vienne; Pietro Scarpellini, *Il primo periodo romano*, in Pintoricchio, éd. par Id. et Rita M. Silvestrelli (Milan: Motta, 2004), pp. 73-74, Figs. 3 et 4.

71 L'épitaphe la plus ancienne est perdue, celle que l'on peut lire sur le monument de Pollaiuolo et dont la citation est tirée, se lit comme suit : SIXTO QVAR(to) PONT(ifici) MAX(imo) EX ORDINE MINORVM DOCTRINA/ ET ANIMI MAGNITVDINE OMNIS MEMORIAE PRINCIPI/ TVRCIS ITALIA SVMMOTIS AVCTORITATE SEDIS AVCTA / VRBE INSTAVRATA TEMPLIS PONTE FORO VIIS BIBLIO/THECA IN VATICANO PVBLICATA IVBILEO CELEBRATO / LIGVRIA SERVITVTE LIBERATA CVM MODICE AC PLANO SOLO CONDI SE MANDAVISSET / IVLIANVS CARDINALIS PATRVO B(ene) M(erenti) MAIORE PIETATE / QVAM IMPENSA F(acivndvm) / CVR(avit)/ OBIIT IDIB(vs) SEXTIL(ibvs) HORA AB OCCASV QVINTA AN(no) CHR(isti) MCDLXXXIIII/VIXIT ANNOS LXX DIES XXII HORAS XII (Au pape Sixte IV, de l'ordre franciscain, un souverain inoubliable par son érudition et sa grandeur d'âme. Il a chassé les Turcs d'Italie ; il a accru l'autorité du Saint-Siège ; il a rénové Rome avec des églises, un pont, une place et des rues ; il a mis la bibliothèque du Vatican à la disposition du public ; il a célébré un Jubilé ; il a libéré la Ligurie de l'esclavage. Bien qu'il ait ordonné d'être enterré modestement au niveau du sol, le cardinal Giuliano a fait faire [ce monument] à son oncle paternel bien méritant avec plus de dévotion que de dépense. Il est mort le 13 août [sic], la cinquième heure après le coucher du soleil, en l'an du Christ 1484. Il vécut soixante-dix ans, vingt-deux jours et douze heures) ; Aldo Galli, *Monumento di Sisto I* (note 47), p. 9.

72 Christoph Liutpold Frommel, « Baldassarre Peruzzi » (note 68).

73 L'architecture simulée est copiée par Giovanni da Tivoli (milieu du XVIe siècle); Biblioteca Apostolica Vaticana, Vat. lat. 7721, f. 81r. Il y avait cinq niches, aussi Frommel suppose-t-il que la niche centrale était réservée au Sauveur, Christoph Liutpold Frommel, « Baldassarre Peruzzi » (note 68).

APPROPRIATION ET EFFACEMENT 279

Figure 19: Musées du Vatican, Galerie Clémentine, colonnes tétrarchiques (début du IVe siècle) autrefois réutilisées dans la chapelle du choeur Sixtine (foto©Governatorato SCV – Direzione dei Musei).

mis en évidence la zone située derrière l'autel où avait été placé pour la première fois le tombeau de Jules II (mort le 21 février 1513).

Sur la corde de l'abside, entre les grandes colonnes avec les tétrarques, l'autel du XVe siècle – une mensa reposant sur un *labrum* (bassin) en porphyre « sain et intact » avec six supports en forme de pattes de lion[74] – s'élève de deux marches au-dessus du sol de la chapelle. Lors de son démantèlement en 1609, l'autel était surmonté d'un édicule monumental, installé en 1577-1578 à l'époque de Grégoire XIII, destiné à accueillir la Pietà de Michel-Ange que l'on avait transféré en ce lieu depuis l'ancienne sacristie[75]. La construction de l'édicule à pignon, sur des colonnes de porphyre, nécessita le déplacement de la tombe de Jules II à droite de l'autel. Selon les mots de Grimaldi, l'édicule, en marbre noir incrusté d'une grande croix de couleur jaune antique (*crocei coloris*), ainsi que la sculpture candide de Michel-Ange étaient d'une telle beauté qu'ils se démarquait de son contexte ornemental (*ornatum apprime cernebatur*). Le croquis de l'ecclésiastique – élémentaire, mais fiable dans ses détails – montre en effet combien le cadre scénographique de la Pietà s'est imposé dans la décoration de l'abside [*supra* fig. 18][76].

Déjà dans le cadre de sa restauration, une enquête avait été menée sur les reliques conservées dans l'autel sixtine. À cette occasion, des fragments de reliques avaient été prélevés et placés dans les reliquaires de la basilique, d'autres étant consacrés à de nouveaux autels. Heureusement, l'enquête n'a pas appauvri l'autel de la Sixtine et le 16 novembre 1609, alors qu'il enlevait la mensa (d'environ 2,44 m de long) pour le transfert des reliques dans la nouvelle basilique, Grimaldi a extrait du *labrum* de porphyre une boîte en cèdre à l'intérieur de laquelle se trouvait une *capsa* en ivoire de la longueur d'une paume (22,34 cm), sculptée, colorée et scellée. Sous la boîte en ivoire se trouvait encore l'inscription du XVe siècle sur une feuille de plomb énumérant les reliques déposées en 1479 par Guglielmo Rocca, évêque de Salerne, lors de la consécration de la chapelle :

ANNO. CHRISTIANAE. SALVTIS. NONO. ET / SEPTVAGESIMO. SVPRA. MILLE. ET. QVADRIN/GENTOS. SEXTO. <IDVS>. DECEMBRIS. IN. CON / CEPTIONIS. BEATAE. MARIAE. VIRGINIS. CELEBRITATE / SIXTI. IIII. PONTIFICIS. MAXIMI. IVSSV. HANC / CAPELLAM. CUM. ALTARI. <QUAM. OPERE. SVMPTV/OSO

---

74 Outre le *labrum* (bassin) en porphyre sous l'autel des saints Processo et Martiniano (provenant de l'oratoire funéraire de Pascal Ier), Delbrueck mentionne le *labre* sous l'autel des saints Simon et Judas ; Richard Delbrueck, *Antike Porphyrwerke* (note 68), pp. 164 et 168. Dans une note en marge, Grimaldi rappelle que le 19 décembre 1605, les chanoines reçurent l'ordre d'enlever le *labrum* en porphyre de la chapelle du chœur Sixtine pour y placer les corps des saints Simon et Jude, dont l'autel (celui du Saint-Sacrement) avait déjà été déconsacré en vue de la démolition de l'ancienne basilique, mais l'initiative fut ensuite abandonnée; Biblioteca Apostolica Vaticana, Arch. Cap. S. Pietro G.13, f. 127rv (note en marge).

75 Pietro Zander, « La Pietà di San Pietro. Storia e peregrinazioni tra antica e nuova Basilica », in *La Pietà di San Pietro. Storia e restauro 40 anni dopo*, éd. par Guy Devreux (Cité du Vatican: Edizioni Musei Vaticani, 2014), pp. 47-95 (en particulier pp. 57-61, avec documents).

76 Dans le dessin de Grimaldi, reproduit ici du manuscrit Biblioteca Apostolica Vaticana, Archivio del Cap. S. Pietro, H.2 f. 66v (1617), on distingue mieux l'incrustation de la croix derrière la Pietà et les attributs iconographiques des Apôtres (les clés et l'épée) et de saint Antoine (le lys). Le Christ déposé sur les genoux de Marie est dessiné en contrepoint.

EREXERAT>. MAGNIFICE. DOTAVERAT. IN. HONOREM. EIVSDEM. DEI. GENITRICIS. ET SS. CHRISTI. CONFESS. FRANCISCI. ET. ANTONII. DE. PADOUE. R. PETRVS. GVILLERM' / ARCHIEPISCOPVS. SALERNITAN' <SVAE. SANCTITATIS>. REFERENDARIVS. / DEDICAVIT. AC. CONSECRAVIT. ET. IN. HOC. ALTARE. RELIQVIAS. / SANCTOR'. INFRASCRIPTAS. RECONDIDIT. DE. VELO. B. VIRG. / MARIAE. DE. SPATVLA. S. STEPHANI. PROTOMART. DE. COSTA. S. LAURENTII. MART. DE. SPINA. S. <SIXTI. PAPAE ET> MART. DE CO / STA. S. SEBASTIANI. MART. DE. SANGVINE. QVI. FLVXIT. EX / LATERE. B. FRANCISCI. STIGMATIZATI. DE. CAPILLIS. DE. CILICIO. DE. TVNICA. DE. HABITV. <EIVSDEM> IN. QVO. MOR/TVVS. EST. DE. CVTE. CAPITIS. S. ANTONII. DE. PADVA. IN / CAPSA. ARGENTEA. ROTVNDA. <NIELATA.> CVM. B. VIRG. SS. FRANCISCI. ET. ANTONII. EX. VNO. ET. ALIO. LATERIBVS> PETRI. ET. PAVLI. <APOSTOLORVM. IMAGINIBVS.> AC. ARMIS. <EIVSDEM>. PONTIFICIS. CONCESSIT. PRAE / <TEREA. IDEM>. PONTIFEX. INDVLGENTIAM. PLENA / RIAM. OMNIBUS. VISITANTIBVS. HANC. CAPELLAM. / A. PRIMIS. VESPERIS. VSQUE. IN. TOTVM. DIEM. CONCEPTI / ONIS. B. MARIAE. ET. FESTIVITATVM. S. FRANCISCI. ET. ANTONII. <PRAEDICTORVM. PROHIBVITQVE. NE. QVA. MVLIER. POSSIT>. ALIQVANDO. INTRARE. CAPELLAM / IPSAM. NISI. IN. FETIVITATIB'. PRAEDICTIS. ET. DIE. / ANNIVERSARII. SVI. OBITVS. SVB. POENA. EXCOM /MVNICATIONIS. PONTIFICATVS. <EIVSDEM ANNO NONO>[77].

En 1609, on retrouva aussi la boîte ronde en argent – mentionnée par l'inscription *capsa argentea rotunda* – avec les images de la Vierge placées entre saint François et saint Antoine (*recto*) et les armoiries de Sixte IV figurées entre les apôtres Pierre et Paul (*verso*). Celle-ci contenait les reliques les plus précieuses et, en premier lieu, un fragment du voile de la Vierge [fig. 20][78].

---

77 « En l'an 1479, le 8 décembre, fête de la Conception de la Sainte Vierge Marie, par ordre de Sixte IV pontife maximus cette chapelle avec autel que [le pontife] a somptueusement érigée et magnifiquement dotée en l'honneur de la même Mère de Dieu et des saints confesseurs du Christ, François et Antoine de Padoue, le révérend évêque Guglielmo, archevêque de Salernitano, référendaire de Sa Sainteté, a dédié et consacré, et placé dans cet autel les reliques de saints suivantes – [c'est-à-dire] du voile de la sainte Vierge ; de l'omoplate de saint Étienne le protomartyr ; de la côte de saint Laurent le martyr ; de l'épine de saint Sixte le pape et le martyr ; de la côte de saint Sébastien le martyr ; du sang qui coulait du côté du bienheureux François le stigmatisé ; de ses cheveux ; du cilice ; de la tunique de l'habit dans lequel il est mort, de la peau de la tête de saint Antoine de Padoue – dans le récipient en argent travaillé en niellé d'un côté avec la sainte Vierge Marie et saint François et saint Antoine et de l'autre avec les images des apôtres Pierre et Paul et les insignes du pontife. Le même pontife accorda également une indulgence plénière à toutes les personnes qui visiteraient cette chapelle dès les premières vêpres et tout le jour de l'Immaculée Conception de la sainte Vierge Marie et en la fête desdits saints François et Antoine, et interdit aux femmes d'entrer dans la chapelle en toute autre occasion, sauf aux fêtes indiquées et au jour de sa mort sous peine d'excommunication. Dans la neuvième année de son pontificat ».

78 Grimaldi a examiné la boîte ronde en argent à l'intérieur et à l'extérieur et l'a reproduite dans toutes ses parties, concluant qu'il ne s'agissait pas d'un reliquaire, mais d'une pyxide pour l'Eucharistie que Sixte IV portait autour du cou. A l'intérieur, la *capsa rotunda* était en fait dorée et équipée d'une lunule dentée pour retenir la particule. A l'extérieur, les deux faces sont gravées *ex opere Alamannico* et le long des bords se trouvent les boucles du cordon en or et en soie pour suspendre la pyx autour du cou, Biblioteca Apostolica Vaticana, Arch. Cap. S. Pietro H.2, ff. 70r-71r (avec les dessins de la boîte). Les reliquaires, les reliques et l'inscription sur feuille de plomb sont passés à l'autel de la nouvelle chapelle du chœur, consacrée le 22 juillet 1626 par le cardinal Scipione Borghese. À cette occasion, les restes de saint Jean Chrysostome furent également déposés ; Louise Rice *The altars and altarpieces of new St. Peter's, outfitting the Basilica, 1621-1666* (Cambridge : Cambridge Univ. Press, 1997), p. 219.

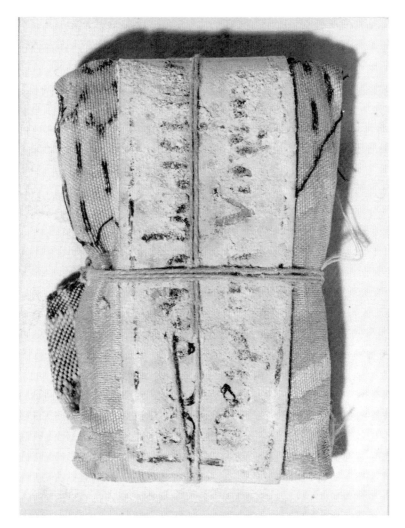

Figure 20: Le Voile de la Sainte Vierge, photo à l'occasion de la reconnaissance de l'autel du chœur du Chapitre (1978), Archivio fotografico de la Fabbrica du Saint-Pierre au Vatican (©Fabbrica di San Pietro in Vaticano).

4. Sixte comme Jean ?

Au XVe siècle, les tombes en position centrale devant l'autel ne sont pas une rareté. Nous avons déjà évoqué celle de Martin V à San Giovanni in Laterano et celle à

La reconnaissance la plus récente de l'autel de la chapelle du chœur, reconstruit au XVIIe siècle, date de 1978. A cette occasion, le fragment du voile de la Vierge a été retiré car selon le procès-verbal « non è una reliquia »; Fabbrica di San Pietro, Archivio fotografico, riproduzione del *Rogito della deposizione* 1978.03.20 (B.15/8.2, Fasc. 1, f. 1v). Je remercie Pietro Zander (Responsable de la Nécropole et du Patrimoine Artistique de la Fabbrica di San Pietro) d'avoir porté ce document à mon attention.

San Pietro in Vincoli – l'ancien titre cardinalice de Francesco della Rovere. La tombe de Nicolò Cusano fut placée devant l'autel qui contenait les chaînes de saint Pierre (1464-1465)[79]. Dans la basilique vaticane, et plus précisément dans la chapelle d'Antonio della Cerda (mort en 1459), non seulement la dalle funéraire du cardinal était placée devant l'autel, mais elle était également flanquée (comme plus tard dans le chœur Sixtine) des stalles du chœur d'hiver[80]. Si – comme le suggère Hannes Roser – cette disposition a pu attirer l'attention sur les bienfaits des prières quotidiennes des chanoines, dans la nouvelle chapelle de Sixte IV, l'utilisation de colonnes et d'autres *spolia* de valeur exceptionnelle et la triangulation entre le tombeau, l'autel (avec les reliques) et l'image de la Vierge peinte par Pietro Perugino (le Pérugin) présentent plus d'une analogie avec la châsse funéraire de Jean VII[81]. Les dessins qui accompagnent les manuscrits de Grimaldi et qui illustrent l'élévation de l'autel de la *Théotokos* et celle de la chapelle du chœur [figs. 21 et 22], ainsi que ce que nous savons des dernières volontés des deux papes concernant l'enterrement, nous portent à croire que Sixte IV a délibérément recréé, sous des formes actualisées, la fonction et le programme du goût antique de l'oratoire funéraire de Jean VII. Dans les années 1470, le *sacellum* du haut Moyen Âge conservait encore, presque intact, son aspect d'origine. À la fin du XIIe siècle, le *ciborium* du *Volto Santo* (saint Visage), érigé *in parte epistulae*, n'avait pas interféré avec la disposition liturgique de l'oratoire, respectant la proéminence de l'autel de la *Théotokos*, qui continua à être officié la veille de Noël jusqu'au-delà du milieu du XVe siècle [fig. 23, A. et B.][82]. Certes, l'épitaphe de Jean VII au pied de l'autel avait disparu depuis longtemps, mais les inscriptions en mosaïque nommant Jean et sa dévotion à Marie étaient encore intactes, tandis que le lieu de sépulture (au pied de l'autel) du pape *servus Dei Genitricis* était connu par le *Liber Pontificalis*. À cet égard, il convient de noter que Platina, dans la *Vitae pontificum* commandée par Sixte IV lui-même, rapporte la note nécrologique circonstancielle véhiculée par certaines variantes anciennes de la biographie de Jean[83].

---

79 Michael Kühlental, « Andrea Bregno in Rom », *Römisches Jahrbuch für Kunstgeschichte*, 32 (1997-1998) (2002), pp. 253-254 (avec bibliographie) ; Claudio Crescenti, « Committenza "ad vincula". I cardinali Nicola Cusano, Francesco e Giuliano della Rovere a S. Pietro in Vincoli », in *I cardinali di Santa Romana Chiesa. Collezionisti e mecenati*, IV, *'Templi Dei bases, firmamenta et columna Christianae reipublicae'*, éd. par Marco Gallo (Rome: Edizioni dell'Associazione Culturale Shakespeare and Company 2, 2001), pp. 22-37.
80 Hannes Roser, *St. Peter in Rom* (note 8), pp. 209-210.
81 Une des premières mesures de Sixte IV *restaurator Urbis* fut d'interdire l'extraction non autorisée de spolia (11 août 1471) : « [...] *de hac alma Urbe* [...] *nullum genus marmoris, tam in signis et imaginibus, quam in columnis aut alia quacumque forma, per quamcumque personam extrahatur aut educatur, sine expressa nostra licentia in scriptis obtenta* », Archivio Apostolico Vaticano, Diversa Cameralia, Arm. 29/36, f. 22r-v ; Cesare Cenci, « Documenta Vaticana ad franciscales spectantia ann. 1385-1492 », *Archivum Franciscanum Historicum*, 95/1-2 (2002), p. 352.
82 Biblioteca Apostolica Vaticana, Arch. Cap. S. Pietro H.3, f. 24v ; au XIIIe siècle, les autels d'icônes et de reliques de la nef de Sainte-Marie-Majeure avaient une disposition similaire ; Sible de Blaauw, *Cultus* (note 3), pp. 397-398. Sur la liturgie de la veille de Noël à Saint-Pierre aux siècles intermédiaires du Moyen Âge, *ibid.* pp. 712-713.
83 Biblioteca Apostolica Vaticana, Vat. lat. 2044, f. 74r : *sepeliturque in basilica Petri ante altare Dei Genitricis quod ipse extruxerat*, cf. *supra* à la n. 34. Le manuscrit du *Liber de vita Christi ac omnium pontificum* de Bartolomeo Sacchi connu sous le nom de Platina fut présenté avec une dédicace à Sixte IV en l'année jubilaire 1475 ; sur la vie et la fortune de l'œuvre de Platina, Stefan Bauer, *The Censorship and Fortuna of Platina's Lives of Popes in Sixteenth Century*, Late Medieval and Early Modern Studies 9 (Turnhout : Brepols, 2006). La variante textuelle transposée

Figure 21: Domenico Tasselli, élévation de l'autel de la Théotokos (BAV, Arch. Cap. San Pietro, A.64ter, f. 31r) et Giacomo Grimaldi, élévation de la chapelle du chœur Sixtine (BAV, Arch. Cap. S. Pietro H.2, f. 66v) (©Biblioteca Apostolica Vaticana).

dans le profil de Jean VII de Platina acquiert une signification particulière à la lumière de la relation entre biographie et monument funéraire mise en évidence par Stefan Bauer, « QUOD ADHUC EXTAT. Le relazioni tra testo e monumento nella biografia papale del Rinascimento », Quellen und Forschungen aus italienisches Archiven und Bibliotheken, 91 (2011), 217-248.

APPROPRIATION ET EFFACEMENT 285

Figure 22: Giacomo Grimaldi, élévation de la chapelle du choeur Sixtine (BAV, Arch. Cap. S. Pietro H.2, f. 66v) (©Biblioteca Apostolica Vaticana).

Or, dans l'histoire presque millénaire de la chapelle, il demeure toujours une zone d'ombre : comme un trou dans le tissu qui, comme le dirait Georges Duby, ne résulte pas forcément de la dégradation et de l'usure du temps, mais des actions qui ont laissé des traces moins durables que d'autres[84].

Ce trou de mémoire est ancien, car Giacomo Grimaldi lui-même, pourtant à l'origine de la ré-organisation des archives et la bibliothèque du chapitre, n'a pu s'appuyer sur aucune source documentaire pour établir le moment où la Porte Sainte du Jubilé a été ouverte à la place de l'autel de la *Théotokos*. Il appartient de rappeler que le démantèlement d'un autel n'est pas une mince affaire et que l'autel de la *Théotokos* relevait d'une vénérable antiquité et occupait, dans la liturgie de la basilique, une place de choix. Parmi les hypothèses avancées, Grimaldi évoque que l'initiative aurait pu venir de Nicolas V, Sixte IV ou Alexandre VI, « [...] mais surtout Sixte IV »[85].

Dans cette histoire complexe de la Porte du Jubilé à Saint-Pierre, Nicolas V ne semble pas avoir joué de rôle majeur. En 1450, il aurait en effet utilisé une petite porte située au nord de l'édicule de l'autel de la *Théotokos* [fig. 23, C.][86] comme *porta aurea* du Jubilé. Celui qui a ouvert une nouvelle Porte Sainte à l'édicule de l'autel de Jean VII, bien plus monumentale, est bien Alexandre VI Borgia qui, en décembre 1499, a également ordonné que les murs entourant l'oratoire soient abattus pour faciliter la circulation des pèlerins [fig. 23, D.][87].

Cependant, Iohannes Burckard, qui était encore maître des cérémonies à l'époque, affirme que lorsqu'Alexandre VI a pris cette décision, l'autel de la *Théotokos* avait disparu depuis longtemps. Et, bien que les chanoines de Saint-Pierre, interrogés par le pape, aient rapporté la croyance populaire selon laquelle le passage vide entre les colonnes torses était la *porta aurea* ouverte pour le Jubilé, en amincissant le mur pour préparer le rite inaugural de l'Année Sainte, on s'est rendu compte que la *porta aurea* ne s'était jamais située en ce lieu. En fait, il a fallu percer un mur tripartite massif, qui n'avait jamais été franchi avant[88]. Avec réticence, Burckard conclut son récit en déclarant qu'il a toujours su que l'espace vide entre les colonnes torses était le lieu d'un autel, mais qu'il ne voulait pas démentir la rumeur sur la *porta aurea* car elle alimentait la dévotion[89].

---

84 Georges Duby et Guy Lardreau, *Dialogues* (Paris : Flammarion, 1980), p. 70.

85 « *Nam altare sanctae Mariae dudum amotum fuit tempore Sixti IV vel Alexandri sexti, qui ibi posuerunt portam sanctam et de hoc nihil in archivo apparet.* », Biblioteca Apostolica Vaticana, Barb. Lat. 2733, f. 74r) et « *Nicolao quinto, vel Xysto IIII, meo quidem iudicio, hoc tribuitur, sed magis Sixto quarto.* » (Biblioteca Apostolica Vaticana, Arch. Cap. S. Pietro, H.3, f. 27v).

86 Antonella Ballardini, « Piccola ma aurea : la Porta Santa nell'antico San Pietro », in *Quando la Fabbrica costruì San Pietro. Un cantiere di lavoro, di pietà cristiana e di umanità (XVI-XIX secolo), In occasione del Giubileo della Misericordia*, éd. par Assunta Di Sante et Simona Turriziani (Foligno: Il Formichiere, 2016), pp. 19-41.

87 A. Ballardini, « Von Iohannes VII. zu den Renaissancepäpsten. Die Öffnung der Heiligen Pforte in Alt-St.Peter », in *Die Päpste und Rom zwischen Spätantike und Mittelalter. Formen der Päpstlichen Machtentfaltung*, éd. par Norbert Zimmermann et al., Die Päpste 3 (Ratisbonne: Schnell & Steiner, 2017)), pp. 2-53.

88 Compte tenu de sa structure tripartite, il s'agit d'un mur de l'Antiquité tardive, c'est-à-dire constantinien.

89 « *[...] quod in eo loco numquam fuit porta prius [...]. Fuit autem solitum altare in eodem loco predicto, [...], et cum populus opinionem porte hujus haberet, nolui eos in opinione, que potius devotionem inducit, perturbare* », Johannes Burckardus, *Liber Notarum* (note 52), p. 180. Le *Liber notarum* date de 1483, mais Burckard s'était installé à Rome à partir de 1467 et avait déjà occupé pour Sixte IV le poste de trésorier pontifical ; Tobias Daniels,

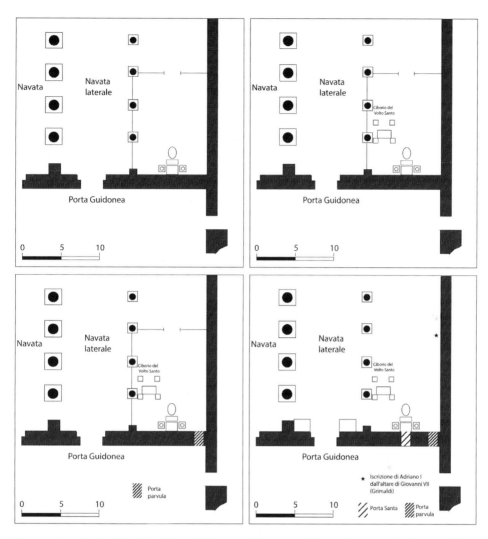

Figure 23: Le plan de l'Oratoire de Jean VII: A. en 706; B. en 1197; C. 1425; D. en 1500 (traitement M. Viscontini)

Or, jusqu'au Jubilé de Sixte IV (1475), il semble que l'autel de la *Théotokos* existait encore car il est mentionné dans la plus ancienne édition de l'*Historia et Descriptio*, compilée et gravée sur bois pour le Jubilé de 1475[90].

Arnold von Harff, en visite à Saint-Pierre au printemps 1497, mentionne également dans son *report*, outre l'autel de Véronique, un second autel situé « près de la porte dorée maintenant murée » où était célébrée la messe de Noël[91]. Dans ce cas, cependant, le témoignage du chevalier allemand ne semble pas le plus fiable, car il entretient une dette lexicale et syntaxique trop étroite avec le texte des *Indulgentiae ecclesiarum Urbis*, un guide pour pèlerins assez répandu dans l'espace germanique. Il est probable que Harff, au retour de son voyage autour du monde (Syrie, Égypte, Arabie, Éthiopie, Nubie, Palestine, Turquie, France, Espagne et Italie), ait utilisé les *Indulgentiae* pour recomposer le souvenir de sa visite à Saint-Pierre[92].

Malgré le « trou dans le tissu », il semble vraisemblable que l'autel de la *Théotokos* ait disparu après 1475 et avant décembre 1499 et que, comme le pensait Grimaldi, Sixte IV en soit le principal auteur.

À l'occasion du Jubilé de 1475, le pape Sixte aurait en effet peut-être planifié la suppression de la *porta parvula* de Nicolas V. Il ne réalisa le travail qu'en partie seulement, en se limitant à dégager l'édicule de l'autel de la *Théotokos* sans démolir le mur[93].

Bien que rien ne permette d'exclure que l'autel ait disparu des années plus tard, sous le pontificat d'Innocent VIII (1484-1492), et bien que l'attestation soit anachronique et non documentable, Giovanni Severano, dans un *Discorso sull'antichità del Giubileo e dell'uso di aprire, e serrar con muro la Porta Santa* (ante 1625), indique, de manière erronée, que Sixte IV aurait démantelé la *porta parvula* (jugée trop dangereuse) et ouvert la nouvelle Porte Sainte[94].

« Giovanni Burckardo e l'immagine dei curiali tedeschi a Roma nel primo Rinascimento », *Archivio della Società Romana di Storia Patria*, 136 (2013), pp. 37-59 et Maurizio Ficari, « Il palazzo di Giovanni Burcardo : tardogotico oltremontano e Roma rinascimentale », *Arte Medievale*, IV s., 6 (2016), p. 247.

90 Consulté dans le fac-similé conservé à la bibliothèque Hertziana, Nine Robijntje Miedema, *Rompilgerführer in Spätmittelalter und Früher Neuzeit. Die Indulgentiae ecclesiarum urbis Romae (deutsch/niederländisch), Edition und Kommentar* (Tübingen: Niemeyer, 2003), pp. 39-55.

91 « […] « *Item hie bij deser capellen steyt die gulden poertz zu gemurt mit eyme altair, dae syngt man off die cristmysse an dem cristage.* » »; *Die Pilgerfahrt des Ritters Arnold von Harff von Cöln durch Italien, Syrien, Aegypten, Arabien, Aethiopien, Nubien, Palästina, die Türkei, Frankreich und Spanien wie er sie in dem Jahren 1496 bis 1499*, éd, par E. von Groote (Cologne: Heberle, 1860), p. 22 et en anglais, *The Pilgrimage of Arnold von Harff knight from Cologne, through Italy, Syria, Egypt, Arabia, Ethiopia, Nubia, Palestine, Turkey, France and Spain, which he accomplished in the years 1496 to 1499*, éd. par Malcom Letts (Londres : Hakluyt Society, 1946), p. 27.

92 Ces effets de répétitions dans les livres de voyage et de mémoires a été mis en évidence par Nine Robijntje Miedema, *Rompilgerführer* (note 90), p. 210.

93 Préparé avec soin, le jubilé de Sixte IV se révéla être un échec et le nombre de pèlerins qui s'y rendirent fut inférieur aux attentes, Arnold Esch, « Il giubileo di Sisto IV (1475) », in *La storia dei Giubilei, II, 1450-1575*, éd. par Marcello Fagiolo (avec M. L. Madonna) (Rome: BNL Edizioni, 1997), pp. 106-123.

94 Rome, Bibliothèque Vallicelliana, G 86, c. 85v : « *Sixte verus quartus iuxta praedictum ostiolum* [la porte *parvula*] *per quod dificilius admodum et fortasse non absque vitae periculo patebat transitus, anno Domini 1475 eo dismisso, aliam addidit portam supra Guidoneam quae deinceps a summis Pontificibus singulis Iubilei Annis aperiri pariter et claudi consuevit* ».

Enfin, on peut se demander si la préparation de la Porte du Jubilé a vraiment été la seule raison du démantèlement de l'ancien autel et si le Pape Sixte, un dévot de la Vierge Marie, n'était pas curieux de la relique du « Saint des Saints » mentionnée dans l'inscription à côté de la *fenestella confessionis* de l'ancien autel: une relique scellée *bina clusura* (c'est-à-dire avec une double cataracte) pour empêcher toute tentative de vol [*supra* fig. 8].

5. Cherchez le voile...

En 1617, Giacomo Grimaldi remet aux chanoines Paolo Bizono et Marco Aurelio Maraldo le catalogue des reliques conservées dans la basilique du Vatican. En tant que notaire public, il l'avait établi en documentant les inventaires conservés dans les archives capitulaires (le plus ancien datant de 1436), en tenant compte des procès-verbaux (*instrumenta antentica*) rédigés à l'occasion de la sécularisation des autels de l'ancienne basilique (1605-1609) et des *schedulae* trouvés avec les reliques sacrées. Il observa également personnellement les reliques et leurs précieux récipients ou ostensoirs en grande partie reproduits dans l'inventaire[95]. Après les années mouvementées du chantier de Carlo Maderno, le *Catalogus* se proposait de certifier, une fois pour toutes, le trésor des reliques de Saint-Pierre, en récapitulant son histoire authentique et en indiquant la provenance et la localisation définitive des reliques.

Dans le catalogue, qui comprend 51 entrées et plusieurs ajouts et annexes, le voile de la Vierge apparaît toujours avec une origine qui remonte au dépôt de reliques scellées en 1479 dans l'autel de la chapelle de Sixte IV.

On mentionne en particulier un reliquaire en argent en forme d'édicule, commandé par le chanoine Germanicus Fedele (1607), dans lequel, outre les reliques du foin dans lequel reposait l'enfant Jésus et de son berceau (*De foeno in quo Christus iacuit. De cunnabulis eius*), était placé un fragment du voile de la Vierge (*De velo Deiparae Virginis*). Grimaldi précise que cette dernière relique a été récupérée à l'occasion de la deuxième consécration de l'autel de la chapelle de Sixte IV (26 janvier 1578), c'est-à-dire lorsque la Pieta de Michel-Ange a été installée sur l'autel[96]. Alfarano et Grimaldi rapportent qu'à son tour, Grégoire XIII Boncompagni, lors de la dédicace de la première chapelle de la nouvelle basilique à Notre-Dame du Secours (12 février 1578), avait également placé dans l'autel un fragment du voile de la Vierge et d'autres reliques récupérées dans d'autres endroits de l'ancienne basilique (11 juin

---

95 Biblioteca Apostolica Vaticana, Arch. Cap. S. Pietro H.2 (*Catalogus sacrarum reliquiarum almae Vaticanae basilicae. Paolo Bizono et Marco Aurelio Maraldo, sanctissimi domini nostri Pauli papae V datario eius basilicae canonicis maioribus sacristis curantibus fideliter scriptus. Anno Domini MDCVII*).

96 Biblioteca Apostolica Vaticana, Arch. Cap. S. Pietro H.2, f. 53r-v. Dans l'inventaire de l'année 1581 (Biblioteca Apostolica Vaticana, Arch. Cap. S. Pietro, Inventari, 11, f. 18r-v) ces reliques étaient déjà rassemblées dans une boîte « en ivoire ornée de figures en relief avec d'autres reliques de la vie du Christ et de la Vierge ». Je remercie Alexis Gauvain d'avoir porté ce document à mon attention.

1580) avec le corps de Grégoire de Nazianze[97]. Bien que cela n'ait pas été déclaré, il est plausible que le pape Boncompagni ait prélevé des fragments du Voile de l'autel de la Sixtine et les ait destinés à la fois aux reliquaires mobiles de la basilique et à l'autel qu'il était sur le point de dédier à la Vierge Marie.

Mais comment Sixte IV della Rovere est-il entré en possession de cette relique d'origine orientale ?

L'étude de la circulation des reliques pose des défis non moins ambitieux que la recherche sur l'oubli. L'hypothèse d'une provenance du voile de la Vierge de l'autel de la *Théotokos* est sans doute séduisante, mais elle reste faible et contestable. Bien que l'inscription en mosaïque DOMUS DEI GENITRICIS MARIAE sur l'archivolte de l'autel de Jean VII évoque une affiliation avec le sanctuaire byzantin des Blacherne (*supra*), l'autel de la *Théotokos* était en fait liturgiquement associé au culte de la Nativité et de Noël. Et, en effet, comme nous venons de le voir dans le catalogue des reliques de la basilique, même en 1617, les chanoines de Saint-Pierre détenaient des reliques de la crèche (*De foeno [...] De cunnabulis*).

Même en supposant que – comme les reliques sacrées du *Sancta Sanctorum* du Latran – à l'intérieur de l'autel de la *Théotokos*, la prétendue relique du Voile ait été placée avec un *pittacium* (un rouleau de parchemin), il reste encore à comprendre comment, au début du VIIIe siècle, il pouvait être question du Voile de la Vierge, étant donné que le terme *maphorion* est une désignation relativement tardive et que la relique de la *Théotokos* conservée aux Blacherne est appelée dans les sources par un terme générique (το περιβολαιον)[98]. Cependant, il est indéniable que dans le *Sancta Sanctorum* du Latran, un *pittacium de presepio Xpi in Bethleem*, datable paléographiquement du VIIe-VIIIe siècle, était accompagné d'un « petit morceau de soie blanc-jaune-vert à frange » que l'éditeur Bruno Galland désigne comme une relique du « manteau » de la Vierge, comme si la robe de Marie faisait partie de la famille des reliques de la Nativité[99].

En parcourant la liste hiérarchisée des reliques de l'autel Sixtine (*ci-dessus*), outre un fragment du voile de la Sainte Vierge – le premier de la liste – on trouve des reliques du protomartyr Étienne, des saints Sixte, Laurent et Sébastien, ainsi qu'une prestigieuse collection de reliques franciscaines : le sang, les cheveux, le cilice, la tunique de saint François et la peau de saint Antoine de Padoue. Compte tenu de la provenance des différentes reliques, il est plausible que les reliques de martyrs aient été récupérées à Rome, si ce n'est dans le trésor de la basilique vaticane elle-même. Quant à l'acquisition des reliques franciscaines, elle n'ont certainement pas dû

---

97 Une inscription sur une feuille d'argent (*in lamina argentea insculpta*) a été placée sur l'autel, énumérant les reliques, la deuxième en ordre étant le voile de la Vierge; Biblioteca Apostolica Vaticana, Arch. Cap. S. Pietro, H.2, f. 18r.

98 Annemarie Weyl Carr, « Threads of Autority. The Virgin Mary's Veil in the Middle Ages », in *Robes and Honor. The Medieval World of Investiture*, éd by S. Gordon (Basingstoke - Hampshire : Palgrave, 2001), pp. 59-91 ; Estelle Cronnier, *Les Inventions de reliques dans l'Empire romain d'Orient (IVe-VIe siècle)*, Hagiologia 11 (Turnhout : Brepols, 2015), pp. 129-143.

99 Bruno Galland, *Les authentiques de Reliques du Sancta Sanctorum*, avant-propos de Jean Vezin, Studi e Testi 421 (Cité du Vatican: Biblioteca Apostolica Vaticana, 2004), pp. 96-97 (n. 11) et p. 161; autres reliques de la crèche à la p. 94 (n. 4) et à la p. 118 (n. 69) avec des *pittacia* respectivement des VIIIe et IXe siècles.

présenter de difficultés pour un pape qui, avant de monter sur le trône papal, avait été le ministre général de l'Ordre. On sait que Sixte della Rovere a toujours entretenu des liens étroits avec la basilique et le couvent d'Assise, devenant, après Nicolas IV, le principal mécène du complexe construit sur la tombe de François. Le cloître de la Renaissance (1473-1476) et la "scarpata del papa" sur le versant occidental du Sacro Convento sont son œuvre, comme le rappelle l'inscription SIXTVS IIII PONT. MAX. HOC DEDIT OPVS à la base de l'édicule avec une statue du pape dominant la vallée au pied du Colle dell'Inferno[100].

Les 24 et 25 août 1476, Sixte IV, de retour d'une visite pastorale à Assise, avait séjourné dans le palais papal qu'il avait restauré et s'était longuement recueilli sur la tombe de François. À cette époque, il semble que le pape ait personnellement découpé quelques particules des tissus des reliques de saint François et de sainte Claire et les ait distribuées aux cardinaux et aux ambassadeurs de sa suite[101].

Or, il est bien moins connu que, outre les reliques de saint François, le voile de la Vierge ait compté parmi les reliques les plus vénérées du sanctuaire d'Assise.

L'arrivée du Voile à Assise a été établie sur une base documentaire[102] : certaines transactions patrimoniales avec l'Opera del Sacro Convento prouvent que le voile de la Vierge aurait été offert en décembre 1414 par Tommaso Orsini, un laïc qui vivait à Assise, descendant du cardinal du même nom[103]. La relique est mentionnée dans l'inventaire de la basilique de 1430 tout comme dans celui de l'époque Sixtine (1473) dans lequel il est indiquée que le Voile fut transféré dans un grand reliquaire en argent orné de deux anges.

Jalousement gardé dans une armoire « ferrée et munie de nombreuses et diverses clés », le voile de la Vierge – une « pièce » ancienne, de byssus, et de taille considérable[104] – est aujourd'hui scellée dans un reliquaire portant les armoiries du cardinal Alessandro Peretti (1604). La relique n'est exposée à la dévotion des fidèles que deux fois par an : le 8 décembre et le 15 août. Malheureusement, nous ne sommes pas en mesure de savoir précisément quand les deux fêtes mariales ont été fixées en vue de l'exposition et de la vénération de la relique. La fête de l'Immaculée Conception vient certes nourrir notre imagination, car dans l'ancienne Saint-Pierre, la chapelle du chœur Sixtine avait été précisément consacrée à l'occasion de cette fête[105].

On a longuement débattu de la dédicace effective de la chapelle funéraire de Sixte IV à l'Immaculée Conception. La fresque de la Vierge « siégeant parmi les

---

100 Jill Elizabeth Blondin, « Le pape Sixte IV à Assise. The Promotion of Papal Power », in *Patronage and dynasty*, éd. par Ian F. Verstegen (Kirksville (Missouri): Truman State Univ. Press, 2007) pp. 19-36 et Figure 1.
101 *Il paliotto di Sisto IV ad Assisi. Indagini e intervento conservativo*, éd. par Rosalia Varzoli-Piazza (Assisi: Casa editrice Francescana, 1991), pp. IX-XII.
102 Giuseppe Abate, « Storia e leggenda intorno al S. Velo della Madonna », *Miscellanea Francescana* 56 (1956), I-II, pp. 31-36 et Felice Autieri, « Il velo della Madonna nella basilica inferiore di Assisi », *Sul colle del Paradiso*, 13 (2022), p. 12 (en référence à l'histoire légendaire du Voile et des extases de Joseph de Cupertino). Je remercie sincèrement le Père Felice Autieri OFMConv de m'avoir initiée à l'étude de cette vénérée relique d'Assise.
103 Tommaso Orsini dei Conti di Manoppello (*c.* 1382-1390).
104 La vidéo suivante permet de se faire une idée de la taille de ce tissu de lin: https://www.youtube.com/watch?v=dTFkGZOoap8 (dernier accès le 7 juillet 2022).
105 La chapelle Sixtine du Palais apostolique fut en revanche consacrée le 15 août 1483, en la fête de l'Assomption.

anges » de Pietro Perugino ainsi que le flou du *titulus* qui sous-tend les peintures de l'abside (*ci-dessus*), ont par ailleurs été interprétés comme un signe de prudence à l'égard d'un culte qui, dans ces années-là, était au centre d'un débat théologique tourmenté[106]. Il est vrai, cependant, que chaque mesure prise par le pape Sixte pour parrainer sa chapelle funéraire, dans une interprétation immaculiste, s'avère plus explicite. L'institution d'une indulgence *ad hoc* pour ceux qui visitaient la chapelle le 8 décembre et lors des fêtes respectives de saint François et de saint Antoine de Padoue, s'ajoutait à la constitution *Cum præexcelsa* (27 février 1477), par laquelle Sixte IV avait institué un office, une messe et des indulgences pour célébrer l'Immaculée Conception ; avec la constitution *Libenter* (4 octobre 1480), le pape officialisa la fonction selon « une liturgie encore plus strictement immaculiste » et, enfin, avec la constitution apostolique *Grave nimis* (dans les versions de 1482 et 1483), il approuva officiellement le culte de l'Immaculée Conception « sans plus aucune possibilité de contestation »[107]. En outre, si en 1479 l'iconographie de l'Immaculée Conception n'avait pas encore été formalisée, en consonance avec l'office chanté pour la fête du 8 décembre, les considérations de Blackburn et Cavicchi offrent des pistes intéressantes pour une lecture musicale et immaculiste de l'iconographie de l'abside de Pietro Perugino[108].

Si l'univocité du nom de la relique – appelée à Assise, comme à Saint-Pierre, « le Voile de la Sainte Vierge » – et la fête du 8 décembre sont un « indice » de la provenance plausible du fragment du Voile placé dans le *labrum* de l'autel Sixtine, seule l'analyse des fibres des tissus conservés à Assise et à Rome pourrait confirmer ou infirmer l'identité des deux reliques.

Preuve de la force du « sacré » dans la basilique vaticane, le fragment du voile de la Sainte Vierge, avec les autres reliques prises en 1609, a été à nouveau placé, en 1626, dans l'autel de la chapelle moderne du chœur des chanoines : presque une palingénésie baroque de la chapelle du pape Sixte[109].

---

106 Lorenzo Di Fonzo, « Sisto IV » (note 7), pp. 386-396 ; Arnalda Dallaj, « Orazione e pittura tra propaganda e devozione al tempo di Sisto IV : il caso della Madonna della Misericordia di Ganna », *Revue Mabillon*, n.s. 8 (= 69) 1997, p. 243 ; Alessandro Zuccari, « L'Immacolata a Roma dal Quattrocento al Settecento. Istanze immacolistiche e cautela pontificia in un complesso percorso iconografico », in *L'Immacolata Concezione nelle opere dei grandi maestri*, Catalogue de l'exposition (Cité du Vatican, Braccio di Carlo Magno, 11 février-13 mai 2005), éd. par Giovanni Morello, Vincenzo Francia et Roberto Fuso (Milan: Motta, 2005), pp. 64-77 (en particulier p. 66).

107 Rosa Maria Dessì, « La controversia sull'Immacolata Concezione e la propaganda per il culto in Italia nel XV secolo », *Cristianesimo nella storia*, 12,2 (1991), pp. 267-281 ; Mauro Mussolin, « Il culto dell'Immacolata Concezione nella cultura senese del Rinascimento. Tradizione e iconografia », *Quaderni dell'Opera*, 7-8-9 (2003-2005), pp. 150-151 (qui émet toutefois des réserves sur la dédicace de la chapelle du chœur Sixtine).

108 Bonnie J. Blackburn, « The Virgin in the Sun : Music and Image for Prayer Attributed to Sixtus IV », *Journal of Royal Musical Association*, 124 (1999), 157-195 et Camilla Cavicchi, « Observations en marge sur la musique de l'immaculée conception de la Vierge au temps de Sixte IV », *L'atelier du centre de recherches historiques*, 10 (2012) https://doi.org/10.4000/acrh.4386 (dernier accès le 13 juillet 2022).

109 « Nulle part, sauf peut-être au niveau du maître-autel, la continuité entre l'ancienne et la nouvelle basilique n'a été aussi clairement exprimée », ainsi Louis Rice, *The Altars and Altarpieces*, (note 78), p. 216.

Epilogue

En dialogue avec George Duby, le philosophe Guy Lardreau a observé que lorsque, dans la fabrication de l'histoire, nous choisissons des objets d'étude fins et subtils, « l'insuffisance essentielle de notre mémoire devient plus manifeste »[110]. En d'autres termes, nous atteignons un seuil au-delà duquel la mémoire cède la place à son contraire, les routes se perdent et les outils de notre métier semblent s'effriter. Faut-il pour autant baisser les bras face à des souvenirs perdus ou jamais transmis ? Faut-il faire preuve de résignation ?

L'enquête sur la chapelle du chœur de Sixte IV dans l'ancienne église Saint-Pierre a fini par surprendre celle qui l'a menée. Le titre qui inaugure ce chapitre demeure un défi justifié : l'appropriation d'un modèle du haut Moyen Âge, qui sous-tend le programme d'une chapelle funéraire du XVe siècle, a été oubliée. La fonction du chœur des chanoines, la tombe conformément à la vocation franciscaine du pape Sixte et même l'entrée inattendue du Voile de la Vierge d'Assise, ne vont pas à l'encontre d'un réactualisation d'un *specimen* inventé au début du VIIIe siècle par un pape de culture byzantine *servus Dei Genitricis*. Le pape Sixte a lui aussi construit un monument « antique » et chrétien qui lui assure un souvenir impérissable parmi les hommes, mais de la même manière que Jean VII – face à la mort – il a d'abord confié son espoir de salut à la médiation de la Vierge et de ses saints patrons. Dans cette perspective, plus eschatologique que mémorielle, le projet original de la *tumba* Sixtine se révèle très éloigné de l'idée du *monumentum* de la Renaissance.

C'est la raison pourquoi Iohannes Burckard s'était reproché à plusieurs reprises de ne pas avoir revêtu le corps du pape de l'habit franciscain, mais seulement de l'habit pontifical : « [...] parce qu'en lui (dans l'habit franciscain) c'est l'homme qui meurt et cesse d'être le plus grand des hommes » ([...] *quia in eo, quod homo est, moritur et desinit esse maior hominum*)[111].

Découvrir que, lors de son dernier voyage, Sixte della Rovere avait préféré tourner le dos à la postérité pour se consacrer entièrement à la Vierge et à ses saints aurait certainement atténué le malaise de Ludwig von Pastor qui, observant le chef-d'œuvre de Pollaiolo, avait cherché en vain quelque signe chrétien : « Aucun crucifix, aucune figure de la Madone, aucune scène biblique, aucun nom de saint ou de protecteur, mais seulement des allégories entourant le défunt, indiquant le culte exagéré de la personnalité propre à la renaissance païenne » [fig. 24][112].

Ainsi, c'est la transfiguration du tombeau de la Sixtine *modice ac plano solo* dans le bronze somptueux de Pollaiuolo qui donne la mesure du changement de paradigme et le tournant qui s'opère entre les deux générations Della Rovere.

Quant à la prétendue tentative d'appropriation des reliques conservées dans l'autel de Jean VII pour consacrer la nouvelle chapelle (1479), la reconstitution positive

---

110 Georges Duby et Guy Lardreau, *Dialogues* (note 84), pp. 69-85 (Chapitre II, La *mémoire, et ce qu'elle oublie*).
111 « *In hoc erravi : debebat enim in habitu sancti Francisci, cuius ordinem professus erat, sepeliri* [...]. *Advertendum quod, hoc mane, defunctum vestiendo, erravimus : debebat enim sub sacris vestibus habitum ordinis sancti Francisci, quem professus erat, gestare et non pontificalem* [...] »; Johannes Burckardus, *Liber notarum* (note 52), I, pp. 15-16.
112 Ludwig von Pastor, *Storia dei papi* (note 50), p. 576.

des faits s'est avérée, certes, faible et n'a pas permis d'établir une relation de cause à effet entre les deux événements. La réticence qui émane des sources empêche la clarté et le « trou dans le tissu » continue de persister avec son irréductible ambiguïté.

Peut-être l'autel de la *Théotokos* a-t-il été détruit dans d'autres circonstances ou peut-être le contenu de son *repositorium* s'est-il révélé décevant. Même Giacomo Grimaldi, qui avait consacré toute sa vie d'historien et d'archéologue moderne à l'histoire de la basilique Saint-Pierre, s'était arrêté devant l'incertitude de cette question irrésolue : Nicolas V, Sixte IV ou Alexandre VI ?

Arrivée au terme de cette enquête, accompagnant le clerc, nous répétons encore une fois « mais surtout Sixte IV ». *Salva in omnibus veritate.*

Figure 24: Saint-Pierre au Vatican, Musée du Trésor, Monument funéraire de Sixte IV (Antonio del Pollaiuolo, 1494), détail de la *Caritas* comme la *Tellus* de Jean VII (©Fabbrica di San Pietro

ANDREAS REHBERG

Collecting and Drawing against Oblivion

Panvinio, Ceccarelli and Chacón and their Search for the Genealogical-Heraldic Identity of the Families of Rome

▼ **ABSTRACT** In the history of the Italian communes 'forgetting' is generally tantamount to a *damnatio memoriae*. Rome is suited as a special case because here Papacy, Empire, the fragile free commune founded in 1143/1144 and an extensive noble elite were vying for influence and ultimate authority. All four entities in the capital of Christianity tried to establish their link to universal authority in antiquity. The increasing papal influence in Rome led to a deliberate exclusion of the city's communal history from the narrative of papal historiography in the course of the 15th century. Paradoxically the antiquarian research with its focus on Antiquity in the 16th was engaged in a rediscovery of Roman 'medieval history' too. The 'Antiquaria romana' from the second half of the 16th century saved from destruction and oblivion many genealogical and heraldic sources which are the main focus of this contribution.

I. The increasing interest in genealogy and heraldry in Rome

The part of Rome which represented lay society[1] and the institutions of its civic administration, i.e. the Roman commune,[2] had always existed in the shadow of the

---

1 For the 14th century see the excellent Isa Lori Sanfilippo, *La Roma dei romani. Arti, mestieri e professioni nella Roma del Trecento*, Nuovi studi storici 57 (Rome: Istituto storico per il Medioevor, 2001). For the following centuries see Arnold Esch, *Rom. Vom Mittelalter zur Renaissance 1378-1484* (Munich: Beck, 2016); Cécile Troadec, *Roma crescit. Une histoire économique et sociale de Rome au XVe siècle* (Rome: Bibliothèque des Écoles françaises d'Athènes et de Rome 2020); Jean Delumeau, *Vita economica e sociale di Roma nel Cinquecento*, Florence: Sansoni, 1979); Eleonora Canepari and Laurie Nussdorfer, 'A Civic Identity', in *A Companion to Early Modern Rome, 1492-1692*, ed. by Pamela M. Jones, Barbara Wisch and Simon Ditchfield (Leiden and Boston: Brill, 2019), pp. 29-43.
2 On the commune of Rome and its offices see: Jean-Claude Maire Vigueur, *L'Autre Rome. Une histoire des Romains à l'époque communale (XIIe-XIVe siècle)* (Paris: Tallandier, 2010); English translation: *The Forgotten Story. Rome*

Curia.³ It was very difficult for a Roman historiographical tradition to develop – apart from the 'Cronica' of the Anonimo Romano although this came to be known more widely much later.⁴ In the narratives on the history of Rome in the Middle Ages papal dominance was all pervasive.⁵ The popes propagated their own 'medieval age',⁶ which was linked to the history of the Frankish protectors like Pippin and the emperors like Charlemagne.⁷ It is reasonable to assume a systematic process of forgetting,⁸ which affected the memory of Rome's communal history in the Middle Ages.⁹ The

---

  in the Communal Period (Rome: Viella, 2015); Il Liber decretorum dello scribasenato Pietro Rutili. Regesti della più antica raccolta di verbali dei consigli comunali di Roma (1515-1526), ed. by Andreas Rehberg, Collana di storia ed arte 5 (Rome: Fondazione Marco Besso, 2010).
3 Marco Pellegrini, 'Corte di Roma e aristocrazie italiane in Età moderna. Per una lettura storico-sociale della Curia romana', Rivista di storia e letteratura religiosa, 30 (1994), 543-602; Andreas Rehberg, 'Scambi e contrasti fra gli apparati amministrativi della Curia e del comune di Roma. Alcune osservazioni intorno ai decreti comunali dal 1515 al 1526', in Offices et Papauté (XIVᵉ-XVIIᵉ siècle): charges, hommes, destins, ed. by Armand Jamme and Olivier Poncet, Collection de l'École française de Rome 334 (Rome: École française de Rome, 2005), pp. 501-564. On the character and the attraction of the Roman Curia see especially: Claudia Märtl, 'Zwischen Reformdiskurs und Finanzbedarf. Zur Organisation der römischen. Kurie des 15. Jahrhunderts', in Die Päpste. Amt und Herrschaft in Antike, Mittelalter und Renaissance, ed. by Michael Matheus, Bernd Schneidmüller and Stefan Weinfurter, Die Päpste 2 (Regensburg: Schnell und Steiner, 2016), pp. 403-430; Gianvittorio Signorotto and Maria Antonietta Visceglia, Court and politics in Papal Rome, 1492-1700 (Cambridge, U.K.: Cambridge University Press, 2002); Pierre Hurtubise, La cour pontificale au XVIᵉ siècle d'Alexandre VI à Clément VIII (1492-1605), Studi e teste 511 (Città del Vaticano: Biblioteca apostolica vaticana, 2017).
4 Tommaso di Carpegna Falconieri, 'Note sulla cronachistica in volgare a Roma', in Le cronache volgari in Italia: Atti della VI Settimana di studi medievali (Roma, 13-15 maggio 2015), ed. by Giampaolo Francesconi and Massimo Miglio, Nuovi studi storici 105, (Roma: Istituto storico italiano per il medio evo, 2017) pp. 215-226.
5 Stefan Bauer, The Censorship and Fortuna of Platina's Lives of the Popes in the Sixteenth Century, Late Medieval and Early Modern Studies 9 (Turnhout: Brepols, 2006); Claudia Märtl, 'Papstgeschichtsschreibung im Quattrocento. Vom Liber pontificalis zu Platinas Liber de vita Christi ac omnium pontificum', in Geschichtsentwürfe und Identitätsbildung am Übergang zur Neuzeit, vol. 2: Soziale Gruppen und Identitätspraktiken, ed. by Udo Friedrich, Ludger Grenzmann and Frank Rexroth, Abhandlungen der Akademie der Wissenschaften zu Göttingen, Neue Folge, vol. 41/2 (Berlin: De Gruyter, 2018), pp. 240-254.
6 On the concept of the Middle Ages which only gradually emerged in the 16ᵗʰ century see: Jürgen Voss, Das Mittelalter im historischen Denken Frankreichs. Untersuchungen zur Geschichte des Mittelalterbegriffes und der Mittelalterbewertung von der zweiten Hälfte des 16. bis zur Mitte des 19. Jahrhunderts, Veröffentlichungen des Historischen Instituts der Universität Mannheim 3 (Munich: Fink, 1972), esp. pp. 41-62.
7 This relationship is alluded to in the pictorial programme of Raffael's stanza: David Rijser, 'Tradition and Originality in Raphael: The Stanza della Segnatura, the Middle Ages and Local Traditions', in The Quest for an Appropriate Past in Literature, Art and Architecture, Intersections. Interdisciplinary Studies in early Modern Culture 60 (Leiden: Brill, 2018), pp. 106-126; Jan de Jong, 'The painted decoration of the Sala Regia in the Vatican: intention and reception', in Functions and Decorations: Art and Ritual at the Vatican Palace in the Middle Ages and the Renaissance, ed. by Tristan Weddigen, Silbe De Blaauw and Bram Kempers (Turnhout: Brepols, 2004), pp. 153-154. A favourite scene was Barbarossa's humiliation before Alexander III.: Knut Görich, 'Ereignis und Rezeption: Friedrich Barbarossa demütigt sich vor Papst Alexander III. in Venedig 1177', in Unmögliche Geschichte(n)? – Kaiser Friedrich I. Barbarossa und die Reformation. Symposium im Residenzschloss Altenburg vom 15.–16. Dezember 2017, Schriftenreihe der Barbarossa-Stiftung 2 (Altenburg: Reinhold, 2019), pp. 37-45.
8 On key terms like memory and oblivion see: Les Usages politiques du passé, ed. by François Hartog and Jacques Revel (Paris: Edition de l'École des Hautes Etudes en sciences sociales, 2001); Jan Assmann, Das kulturelle Gedächtnis (Munich: Beck, ⁴2002); Johannes Fried, Der Schleier der Erinnerung. Grundzüge einer historischen Memorik (Munich: Beck, 2004); Aleida Assmann, Der lange Schatten der Vergangenheit. Erinnerungskultur und Geschichtspolitik (Bonn: Bundeszentrale für politische Bildung, 2007).
9 The papacy was keen to suppress the memory related to those who presented a – eventually futile – challenge to papal government in the City like Cola di Rienzo in the 14ᵗʰ and Stefano Porcari in the 15ᵗʰ centuries, and in this context the words 'damnatio memoriae' have been used. Massimo Miglio and Anna Modigliani, 'La "Cronica"

leading circles of the Roman nobility were involved in this because they sought to be integrated in the elites of the Roman Curia which often consisted of outsiders and which were dominated by the families of the papal 'nepotes'.[10] In this process they tended to obscure the origins of their own families which often came from lower social groups. Families who showed pride in their origins and who possessed the necessary material means began to collect statues from antiquity, if possible with inscriptions alluding to their family names. Philological accuracy was not prioritised.[11] Even a nostalgic person like Marcantonio Altieri in 1500 preferred to emphasize the recently acquired social and ecclesiastical dignity of his family rather than its more modest past.[12] Altieri provides a good example in his social class for the significance of deliberate forgetting. His memory did not extend further back than two hundred years – in the case of the Banderesis' role in government only a little more than one hundred and forty years. Only fragments of memory from earlier times survive and there is no reference to the 'media aetas' in Rome.[13]

Apart from the members of the Curia, the urban nobility had another permanent rival in the baronial aristocracy, a group which displayed its exalted role in Rome with the help of its quite independent territories in Latium and its privileged access to the much coveted dignity of the cardinalate. The latter permitted participation in the pope's governance of the Church and this included receiving attention from

---

dell'Anonimo romano', *Roma nel Rinascimento* 1992, pp. 19-37; Anthony F. D'Elia, 'Stefano Porcari's Conspiracy against Pope Nicholas V in 1453 and Republican Culture in Papal Rome', *The Journal of the History of Ideas*, 68 (2007) pp. 207-231; Anna Modigliani. *Congiurare all'antica: Stefano Porcari, Niccolò V, Roma 1453: Con l'edizione delle fonti*, Roma nel Rinascimento. inedita saggi 57 (Rome: Roma nel Rinascimento, 2013); Patricia Osmond, 'Catiline in Renaissance Conspiracy Histories: Hero or Villain? The case of Stefano Porcari', in *Congiure e conflitti. L'affermazione della signoria pontificia su Roma nel Rinascimento: politica, economia e cultura*, ed. by Miriam Chiabò and others, Roma nel Rinascimento. inedita saggi 62 (Rome: Roma nel Rinascimento, 2014), pp. 203-216.

10 On their specific strategies of memoria see several articles in: *Tod und Verklärung: Grabmalskultur in der Frühen Neuzeit*, ed. by Arne Karsten and Philipp Zitzlsperger (Cologne: Böhlau, 2004), especially the contributions by Volker Reinhardt, 'Geschichte, Memoria und Nepotismus im päpstlichen Rom – Vorüberlegungen zur Gedächtniskultur der Ewigen Stadt in der Frühen Neuzeit', pp. 7-14 and Daniel Büchel, 'Konstruktion von Memoria: Reflexionen über erfundene Genealogien und Vornamensgesetzmäßigkeiten bei Papstfamilien der Frühneuzeit', pp. 31-48.

11 There are numerous examples: Rodolfo Lanciani, *Storia degli scavi di Roma e notizie intorno le collezioni romane di antichità*, 6 vols (Rome, 1902-1912, reprint in 7 vols, Rome: Edizioni Quasar, 1989-2002); Sara Magister, 'Censimento delle collezioni di antichità a Roma: 1471-1503', *Xenia Antiqua* 8 (1999) pp. 129-204; Federico Rausa, 'Le collezioni di antichità Orsini nel palazzo di Monte Giordano', *Bullettino della Commissione Archeologica Comunale di Roma*, 101 (2000), 163-180; Kathleen W. Christian, 'From Ancestral Cults to Art: The Santacroce Collection of Antiquities', in *Senso delle rovine e riusi dell'Antico*, ed. by Walter Cupperi, Annali della Scuola Normale Superiore di Pisa, Serie IV, Quaderni 14, Classe di Lettere e Filosofia (Pisa: Scuola Normale Superiore di Pisa 2002), pp. 255-272; Kathleen W. Christian, 'The De Rossi collection of ancient sculptures, Leo X, and Raphael', *Journal of the Warburg and Courtauld Institutes*, 65 (2002), pp. 132-200; Kathleen W. Christian, *Empire without End. Antiquities Collections in Renaissance Rome, c. 1350-1527* (New Haven: Yale University Press, 2010).

12 The biography of Marcantonio Altieri deserves attention because of his emblematic character. He was one of the wealthiest Romans of his day and he came to be noted because of his writings and reflections on the precarious state of his social class: Massimo Miglio, 'Come introduzione. Marco Antonio Altieri tra curia e municipio, in *Metafore di un pontificato. Giulio II, 1503-1513, Roma, 2-4 dicembre 2008*, ed. by Flavia Cantatore and others, Rome nel Rinascimento. Saggi 44 (Rome: Rome nel Rinascimento, 2010), pp. 1-14.

13 Massimo Miglio, 'Come introduzione' (note 12), pp. 7*-40* (pp. 10*, 19*).

powers like Spain and France who exerted influence in Italy.[14] It is likely that in the mid-16th century this was the context for efforts to give new legitimacy to Roman noble families with the purpose of opening up to them at least some access to the remaining offices in the commmunal administration. After all, the proof that one had roots in the City was an important precondition for a share in the political power[15] of a metropolis which drew immigrants from all parts of Italy and Europe.[16]

In the following discussion it is proposed to analyse the role of historical study in the creation of identity through the medium of literature as well as in its visual dimension.[17] Given the omnipresence of antiquity compared to the rather modest medieval relicts, which one tried to negate or to camouflage, this could only yield meagre results[18] as far as the Middle Ages were concerned.[19] However, there were two

---

14 On the characteristics of the different components of the Roman nobility see the articles in: *La nobiltà romana nel medioevo*, ed. by S. Carocci, Collection de l'École francese de Rome, 359 (Rome: École francese de Rome, 2006) and *La nobiltà romana in età moderna. Profili istituzionali e pratiche sociali*, ed. by Maria Antonietta Visceglia (Rome: Università degli studi Roma Tre, 2001); on the role of the office of cardinal see: *Die Kardinäle des Mittelalters und der frühen Renaissance*, ed. by Jürgen Dendorfer and Ralf Lützelschwab, Millennio Medievale 95.Strumenti e Studi, n. s. 33 (Florence: Galuzzo, 2013).

15 Alessandra Camerano, 'Le trasformazioni dell'élite capitolina fra XV e XVI secolo', in *La nobiltà romana in età moderna* (note 14), pp. 1-29.

16 On the steadily increasing proportion of foreigners in the Roman population, which – among other things – resulted in the construction of the churches of the "national" fraternities: Anna Esposito, *Un'altra Roma. Minoranze nazionali e comunità ebraiche tra Medioevo e Rinascimento*, Rome: Il Calamo, 1995), and *Identità e rappresentazione. Le chiese nazionali a Roma, 1450-1650*, ed. by Alexander Koller and Susanne Kubersky-Piredda with contribution by Tobias Daniels (Rome: Campisano, 2016).

17 Noteworthy in an extensive field of research: *Geschichtsentwürfe und Identitätsbildung* (note 5); on the creation of identity through genealogical research, especially in Pisa: Olivier Rouchon, 'L'enquête généalogique et ses usages dans la Toscane des Médicis. Un exemple pisan de 1558', *Annales. Histoire, Sciences Sociales*, 54 (1999), pp. 705-735 (pp. 736-737).

18 There is extensive research literature, especially: Michele Franceschini, 'La magistratura capitolina e la tutela delle antichità di Roma nel XVI secolo', *Archivio della Società Romana di Storia Patria* 109 (1986) 141-150; Dario Internullo and Mariele Valci, 'Luoghi di potere e di memoria. La politica urbanistica e monumentale del comune di Roma nel secolo XII', in press; *Roma, centro ideale della cultura dell'Antico nei secoli XV e XVI: da Martino V al Sacco di Roma, 1417-1527*, Atti del convegno, Roma, 25-30 novembre 1985, ed. by Silvia Danesi Squarzina (Rome: Banco di Santo Spirito, 1989); Ingrid D. Rowland, *The Culture of the High Renaissance. Ancients and Moderns in Sixteenth-Century Rome* (Cambridge: Cambridge University Press, 1998); *Die Präsenz der Antike im Übergang vom Mittelalter zur Frühen Neuzeit. Bericht über Kolloquien der Kommission zur Erforschung der Kultur des Spätmittelalters 1999 bis 2002*, ed. by Ludger Grenzmann and others, (Abhandlungen Akademie der Wissenschaften zu Göttingen, Philologisch-Historische Klasse, Series 3, 263 (Göttingen: De Gruyter, 2004); Dale Kinney, 'Rome: I. Antiquity to Renaissance', in *The Classical Tradition*, ed. by Anthony Grafton, Glenn W. Most and Salvatore Settis (Cambridge Mass.: Harvard University Press, 2010), pp. 839-848; Leonard Barkan, 'Rome: II. Renaissance and After', ibid., pp. 848-850; Maren Elisabeth Schwab, *Antike begreifen. Antiquarische Texte und Praktiken in Rom von Francesco Petrarca bis Bartolomeo Marliano*, Quellen und Untersuchungen zur lateinischen Philologie des Mittelalters 22 (Stuttgart: Hiersemann, 2019); on the consequences for the patronage of the arts *La memoria dell'antico nell'arte italiana. L'uso dei classici*, ed. by S. Settis (Turin: Einaudi, 1984); *Roma e l'antico nell'arte e nella cultura del Cinquecento*, ed. by Marcello Fagiolo, Biblioteca internazionale di cultura 17 (Rome: ID, 1985; Claudia Cieri Via, *Le favole antiche. Produzione e committenza a Roma nel Cinquecento* (Rome: Bagatto, 1996).

19 There is extensive reading on the mostly negatively connotated "medieval" period, see especially: Nicolai Rubinstein and Lorenza Pozzi, 'Il Medio Evo nella storiografia Italiana del Rinascimento (Firenze, Milano, Venezia)', *Lettere Italiane*, 24/4 (1972), 431-447; Eric Cochrane, *Historians and Historiography in the Italian Renaissance* (Chicago and London: Chicago University Press, 1981); Anthony Grafton, *What was History? The Art of History in Early Modern Europe* (Cambridge: Cambridge University Press, 2007); *Remembering the Middle*

areas which allowed the less ancient families to shine with the capital of symbolism:[20] genealogy and heraldry. Lines of descent could be improved and a freshly painted coat of arms did not reveal the age of the family identified with it. The image of the two allegedly peripheral skills[21] of genealogy[22] and heraldry[23] has recently been raised in the 'cultural turn' and subjects like family history and memorial culture have generated much research and publications in the last decades.[24]

At first sight coats of arms convey an image of group membership free of hierarchies when they were presented as constitutive elements of extensive collections[25] – but only at first sight.

Ages in Early Modern Italy, ed. by Lorenzo Pericolo and Jessica N. Richardson (Turnhout: Brepols, 2015); Markus Völkel, 'Paradigmen der Geschichtsschreibung im Übergang vom Mittelalter zur Frühen Neuzeit, oder: Das "mittlere Alter" als der Ursprung der Historiographiegeschichte', in *Geschichtsentwürfe und Identitätsbildung* (note 5), pp. 3-53.

20 Pierre Bourdieu, *Langage et pouvoir symbolique*, préface de John B. Thompson (Paris: Seuil, 2001).

21 Werner Paravicini, 'De la science auxiliaire à la science fondamentale', in *L'Histoire en mutation: l'École nationale des chartes aujourd'hui et demain, Actes du colloque international du 13 novembre 2015, organisé par l'École nationale des Chartes et l'Académie des Inscriptions et Belles-Lettres à l'Académie des Inscriptions et Belles-Lettres le 13 novembre 2015*, ed. by Jean-Michel Leniaud and Michel Zink (Paris: Boccard, 2016); pp. 21-39; a slightly modified German version: Id., 'Von der Hilfswissenschaft zur Grundwissenschaft. Über Gegenwart und Zukunft des Handwerks der Historiker', *Archiv für Diplomatik: Schriftgeschichte, Siegel- und Wappenkunde* 63 (2017), 1-25.

22 A survey of attitudes towards genealogy from antiquity to the early modern period in: Christiane Klapisch-Zuber, *L'Arbre des familles* (Paris: Édition de La Martinière, 2004) (German translation: Ead., *Eine illustrierte Geschichte der Ahnenkunde* (Munich: Knesebeck, 2004); *Genealogie als Denkform in Mittelalter und Früher Neuzeit*, ed. by Kilian Heck and Bernhard Jahn, Studien und Texte zur Sozialgeschichte der Literatur 80 (Tübingen: Niemeyer, 2000); *Genealogisches Bewusstsein als Legitimation. Inter- und intragenerationelle Auseinandersetzungen sowie die Bedeutung von Verwandtschaft bei Amtswechseln*, ed. by Hartwin Brandt, Kathrin Köhler and Ulrike Siewert, Bamberger Historische Studien 4 (Bamberg: Universität Bamberg, 2009); Volker Bauer, 'Baum und Zeit: Datenorganisation, Zeitstrukturen und Darstellungsmodi in frühneuzeitlichen Universalgenealogien', in *Frühe neue Zeiten. Zeitwissen zwischen Reformation und Revolution*, ed. by Achim Landwehr, Mainzer historische Kulturwissenschaften 11 (Bielefeld: Transcript-Verlag, 2012), pp. 41-82; Karl-Heinz Spieß, 'Dynastische Identitäten durch Genealogie', in *Geschichtsentwürfe und Identitätsbildung* (note 5), pp. 3-26.

23 Michel Pastoureau, *Traité d'héraldique*, Paris 1979; *Signes et couleurs des identités politiques. Du Moyen Âge à nos jours* (Rennes: Presses universitaires de Rennes, 2008); Torsten Hiltmann, 'Arms and Art in the Middle Ages. Approaching the Social and Cultural Impact of Heraldry by its Artisans and Artists', in *Heraldic Artists and Painters in the Middle Ages and Early Modern Times*, ed. by Idem and Laurent Hablot, Heraldic Studies 1 (Ostfildern: Thorbecke, 2018), pp. 11-23; *Wappen als Zeichen. Mittelalterliche Heraldik aus kommunikations- und zeichentheoretischer Perspektive*, ed. by Wolfgang Achnitz, Das Mittelalter 11/2 (Berlin: Akademie-Verlag, 2006); Georg Scheibelreiter, *Wappenbild und Verwandtschaftsgeflecht. Kultur- und mentalitätsgeschichtliche Forschungen zu Heraldik und Genealogie*, Mitteilungen des Instituts für Österreichische Geschichtsforschung. Ergänzungsbd. 53 (Munich: Oldenbourg, 2009); Torsten Hiltmann, 'Zwischen Grundwissenschaft, Kulturgeschichte und digitalen Methoden. Zum aktuellen Stand der Heraldik', *Archiv für Diplomatik* 65 (2019), 287-320; Werner Paravicini, 'Gruppe und Person. Repräsentation durch Wappen im späteren Mittelalter', in *Repräsentation der Gruppen. Texte – Bilder – Objekte*, ed. by Otto Gerhard Oexle and Andrea von Hülsen-Esch, Veröffentlichungen des Max-Planck-Instituts für Geschichte 141 (Göttingen: Vandenhoeck und Ruprecht, 1998), pp. 327-389. On the long history of the terminology: Torsten Hiltmann, 'The Emergence The Emergence of the Word "Heraldry" in the Seventeenth Century and the Roots of a Misconception', *The Coat of Arms*, Ser. 3, 11 (2015), pp. 107-116.

24 Patrick Geary, 'The Historical Material of Memory', in *Art, Memory, and Family in Renaissance Florence*, ed. by Giovanni Ciappelli and Patricia Lee Rubin (Cambridge: Cambridge University Press, 2000), pp. 17-25; *Adelige und bürgerliche Erinnerungskulturen des Spätmittelalters und der Frühen Neuzeit*, ed. by Werner Rösener, Formen der Erinnerung 8 (Göttingen: Vandenhoeck und Ruprecht, 2000).

25 On the genre of armorials: Steen Clemmensen, *Editing armorials. Cooperation, Knowledge and Approach by Late Medieval Practitioners* (Doctoral Thesis, University of Copenhagen 2017); Elmar Hofman, *Armorials in medieval*

Research into the heraldry and genealogy of the Roman noble families has only made little progress in the last years and a book providing a survey is still lacking,[26] even though the significance of heraldry for the creation of identity has been highlighted recently.[27] Time and again researchers working on Roman social history feel the absence of a reliable repertory for the history and heraldry of Roman families and are forced to use the outdated publication by Teodoro Ameyden and Dirk van Amayden (1586-1656) in the poor edition published by Carlo Augusto Bertini from 1910-1914.[28] In this situation it seems best to focus on a few antiquaries, especially Alonso Chacón O.P. (1530-1599)[29] and Alfonso Ceccarelli (1532-1583). It will not be possible to draw on all repertories of arms of the Eternal City which can be found in its libraries and in libraries elsewhere. Significantly, none of the repertories of arms dates from before the middle of the 16th century.[30]

It is important to emphasize that none of the collections of arms known today was created by experts but – as will be shown – by antiquaries,[31] who, as is well

---

manuscripts. *Collections of coats of arms as means of communication and historical sources in France and the Holy Roman Empire (13th-early 16th centuries)*, Heraldic studies 4 (Ostfildern: Thorbecke, 2022).

26 *Genealogien zur Papstgeschichte*, ed. by. Michael Becker and Christoph Weber, 6 vols, Päpste und Papsttum 29 (Stuttgart: Hiersemann, 1999-2002).

27 Marc von der Höh, 'Symbolische Interaktion in der Residenzstadt des Spätmittelalters und der Frühen Neuzeit. Zur Einleitung', in *Symbolische Interaktion in der Residenzstadt des Spätmittelalters und der Frühen Neuzeit*, ed. by Gerrit Deutschländer, Marc von der Höh and Andreas Ranft (Berlin: De Gruyter, 2013, pp. 9-26 (pp. 24-25).

28 Teodoro Amayden, *La storia delle famiglie romane*. With notes and additions by C. A. Bertini, 2 vols, (Rome, 1910-1914, repr. Rome: Forni, 1987).

29 Alejandro Recio Veganzones, 'La "Historica descriptio Urbis Romae", obra manuscrita de Fr. Alonso Chacón, O. P. (1530-1599)' *Antologica annua*, 16 (1968), 43-102; Id., 'Alonso Chacón, primer estudioso del mosaico cristiano de Roma y algunos diseños chaconianos poco conocidos', *Rivista de archeologia Cristiana*, 50 (1974), 295-329; Ingo Herklotz, 'Historia sacra und mittelalterliche Kunst während der zweiten Hälfte des 16. Jahrhunderts in Rom', in *Baronio e l'arte, Atti del convegno internazionale di studi, Sora 10-13 ottobre 1984*, ed. by Romeo De Maio and others, Fonti e studi Baroniani 2 (Sora: Centro di studi Sorani Vincenzo Patriarca, 1984), pp. 21-75 (pp. 50-56).

30 On the most important Roman armorials see now – albeit lacking a historical perspective on occasion: Michel Popoff, *Répertoires d'héraldique italienne*, vol. 5 Rome (Paris: Le Léopard d'or, 2020).

31 An antiquary had a recognised profession in the 16th century; a negative image only appeared in the 18th century; Arnaldo Momigliano, 'Ancient History and the Antiquarian', in *Studies in Historiography*, ed. by Arnaldo Momigliano (London: Weidenfels and Nicolson, 1966), pp. 1-39; William Stenhouse, *Reading inscriptions and writing ancient history. Historical scholarship in the late Renaissance*, Bulletin of the Institute of Classical Studies. Supplement 86 (London: Institute of Classical Studies, 2005); Jan Marco Sawilla, *Antiquarianismus, Hagiographie und Historie im 17. Jahrhundert: Zum Werk der Bollandisten. Ein wissenschaftshistorischer Versuch*, Frühe Neuzeit. Studien und Dokumente zur deutschen Literatur 131 (Tübingen: Niemeyer, 2009), esp. pp. 237-240, 244; Ingo Herklotz, *La Roma degli antiquari. Cultura e erudizione tra Cinquecento e Settecento*, Studi sulla cultura dell'Antico 8 (Rome: De Luca, 2012); *Antiquarianism and Science in Early Modern Urban Networks*, ed. by Vittoria Feola (Paris: Blanchard, 2014); Maren Elisabeth Schwab, *Antike begreifen. Antiquarische Texte und Praktiken in Rom von Francesco Petrarca bis Bartolomeo Marliano*, Quellen und Untersuchungen zur lateinischen Philologie des Mittelalters 22 (Stuttgart: Hiersemann, 2019). On predecessors of antiquarian practices in medieval Rome and in the Renaissance: *Roma antica nel Medioevo. Mito, rappresentazioni, sopravvivenze nella 'Respublica Christiana' dei secoli IX – XIII, Atti della quattordicesima settimana internazionale di studio, Mendola, 24-28 agosto 1998*, Miscellanea del Centro di Studi Medioevali 16 (Milan: Vita e Pensiero, 2001); *Antiquaria a Roma. Intorno a Pomponio Leto e Paolo II*, Rome, Roma nel Rinascimento, Roma nel Rinascimento. Saggi 31 (Rome: Roma nel Rinascimento, 2003).

known, were captivated by the excellence of antiquity.[32] However, some of them were receptive for the less prominent remains of the more recent past, defined today as the (late) Middle Ages and the early modern period. Since its origins in the 12th century, heraldry was without doubt also well established in Rome. It is likely that this was due to the arrival of visitors and pilgrims from the North. They may have brought the first coats of arms to the Tiber on shields, seals and on other objects.

The use of coats of arms soon became widespread and they were omnipresent in private as well as public spaces in the 13th-century City. The frescoes which survive in some rooms of the Capitol and in private buildings indicate that a high artistic standard was reached.[33] An example is the (sadly lost) floor mosaic in the basilica of S. Maria Maggiore which depicted the senator Scotus Paparone on horseback with his son. A copy of this image survives due to Roman antiquaries.[34] Coats of arms became omnipresent, on seals,[35] on facades and on doors as well as on furniture, textiles and crockery which were adorned with heraldic imagery, not to mention their presence on tombstones,[36] paintings, altars and on liturgical items. They ensured that the families were remembered. Coats of arms, painted on dowry boxes as well as on walls and ceilings were used to celebrate the marriage alliances and the famous relatives of high-ranking dynasties. The coats of arms of the barons,[37] the most important and most powerful group of the Roman urban aristocracy, and of other political leaders were painted on the facades of buildings. Often the clients and servants of the baronial

---

32 Salvatore Settis, *The Future of the Classical* (Cambridge: Polity Press, 2006); Philip Jacks, *The Antiquarian and the Myth of Antiquity: The Origins of Rome in Renaissance Thought* (Cambridge: Cambridge University Press, 1993); *Das alte Rom und die neue Zeit / La Roma antica e la prima età moderna. Varianten des Rom-Mythos zwischen Petrarca, und dem Barock*, ed. by Martin Disselkamp, Peter Ihring and Friedrich Wolfzettel (Tübingen: Narr, 2006).

33 *La pittura medievale a Roma. Il Duecento e la cultura gotica, 1198-1287*, ed. by Serena Romano (Milan: Jaca, 2012), pp. 312-315; the Orsini coat of arms can be found on Cimabue's famous frescoes depicting Ytalia, in the upper church of Assisi, where it is shown together with the coat of arms of the Roman commune with the letters SPQR from the facade of the senatorial palace: Serena Romano, *L'Aracoeli, il Campidoglio, e le famiglie romane nel Duecento*, in: *Roma medievale. Aggiornamenti* cit., pp. 193-209 (p. 196 and fig. 7). See also soon: Andreas Rehberg, 'Il comune di Roma e l'araldica: riflessioni su fonti visive e scritte', in *Heraldry in the Medieval City. The Case of Italy in the European Context*, ed. by Torsten Hiltmann and Laurent Hablot (to be published shortly).

34 Anna Maria d'Achille, 'Cavalieri a Qualche osservazione su un singolare caso di committenza romana del XII secolo', in *Medioevo: i committenti: atti del convegno internazionale di studi, Parma, 21-26 settembre 2010*, ed. by C. Arturo (Milano: Electa, 2011), pp. 359-375. The fact that the coat of arms is depicted in all Roman collections of the 16th and 17th centuries proves that the floor mosaic in S. Maria Maggiore was still visible at this time. It is remarkable that so much attention was paid to the coat of arms and the visual context even though the Paparoni family died out in the early 17th century, as Baronio mentioned with great regret: Adinolfi, Roma nell'età di mezzo, vol. 2, Rome: Licosa, 1881), p. 158 note 1.

35 *Roma, Museo Nazionale del Palazzo di Venezia, La Collezione Sfragistica*, ed. by Silvana Balbi de Caro, I: *La Collezione Corvisieri Romana*, di Carla Benocci, Bollettino di Numismatica. Monografia, 7.1 (Rome: Ministero per i beni e le attività culturali, 1998).

36 *Die mittelalterlichen Grabmäler in Rom und Latium vom 13. bis zum 15. Jahrhundert*, 2 vols, ed. by Jörg Garms et al. (Rome and Vienna: Herder, 1981-1994); Fabrizio Federici, 'Il trattato Delle memorie sepolcrali del cavalier Francesco Gualdi: un collezionista del Seicento e le testimonianze figurative medievali', *Prospettiva* 110/111 (2003), pp. 149-159.

37 A standard work on this exclusive circle of families is: Sandro Carocci, *Baroni di Roma. Dominazioni signorili e lignaggi aristocratici nel Duecento e nel primo Trecento*, Nuovi studi storici 23 (Rome: École Française de Rome, 1993).

families were dressed in their protectors' colours and heraldic imagery. This created political symbols and barriers which could become the target of popular discontent.[38] 16th-century antiquaries were aware that they were dealing with a phenomenon which did not extend back to antiquity. Without doubt heraldry was the most 'medieval' (in today's sense) of their fields of study. Proof is provided by the Spanish jurist Antonio Agustìn (1517-1586), a friend and correspondent of Panvinio, who thought that coats of arms had been introduced "a little over five centuries ago", i.e. in the 10th century, a daring claim which differed from other, much more phantastic assumptions of the alleged origins of heraldry in antiquity.[39]

What caused this interest? A brief answer may suffice here. The use of a coat of arms played a social, a legal and a political role because it underlined the claim to social status and to property rights. A well-known (!) coat of arms served as a barrier vis-a-vis those who rose to prominence from lower social groups and families who had migrated to Rome recently. Most members of the old and new urban elites were keen to have their coats of arms displayed in as many public spaces as possible. The Senatorial Palace and the Palazzo dei Conservatori – both on the Capitol – were covered with heraldic imagery before their conversion. One only has to think of Hannibal's Hall which was decorated in the first decades of the 16th century.[40] Of even greater interest is the Sala dei Capitani. It was decorated between 1587 and 1594 by Tommaso Laureti with scenes from the lives of Brutus, Horace Coclite and Mutius Scaevola according to the report in the first book of Livy's History of Rome.[41] Prominent are the many coats of arms which are placed all over the walls. They are a memorial to the conservators who were at the head of the Roman commune when the frescoes were created.[42] Without doubt it was important to this Roman nobility to use these coats of arms as reminders of themselves and as markers of their families' status. This explains the increasing interest in collecting and cataloguing coats of arms and in conducting genealogical studies in mid-16th century Rome.

---

38 Andreas Rehberg, 'Il comune di Roma' (note 33).
39 Antonio Agustìn, *Dialoghi intorno alle medaglie…*, (Roma: appresso Guglielmo Faciotto, 1592), p. 102 (Dialog zwischen C. und A.): "C. Dicami V. S. di gratia, le armi coi colori che usano i nobili in Ispagna, & in Francia, & quasi in tutta la Christianità, è forse cosa antica, & pigliata da coteste pitture?
A. Di cotesto potremo fauellare vn'altro giorno, dirò hora solamente che l'armi, & i cognomi che hoggidi s'usano, non sono cose tanto antiche, essendo introdutte poco più che da cinquecento anni in qua". On the Spaniard and his circle: Richard Cooper, 'Epigraphical Research in Rome in the Mid-Sixteenth Century: The Papers of Antonio Agustín and Jean Matal', in: Antonio Agustin between Renaissance and Counter-Reform, ed. by Michael H. Crawford, Warburg Institute Surveys and Texts 24 (London: The Warburg Institute, 1993), pp. 95-111.
40 Carlo Pietrangeli, 'La Sala di Annibale', in Id., *Scritti scelti*, ed. by Angela Cipriani and others (Rome: Quasar, 1995), pp. 341-346 (originally in 1963).
41 Maria Elisa Tittoni, 'Gli affreschi del periodo sistino in Campidoglio: Tommaso Laureti nella Sala dei Capitani', in *Il Campidoglio e Sisto V*, ed. by Luigi Spezzaferro and Maria Elisa Tittoni, Catalogo della mostra, Roma, Musei Capitolini, 20 aprile – 31 maggio 1991 (Comune di Roma, 1991), pp. 137-140.
42 Carlo Pietrangeli, 'La Sala dei Capitani', in Id., *Scritti scelti* (note 40), pp. 326-331 (p. 327).

II. The Antiquaria romana and the Middle Ages in the second half of the 16th century

The heraldry of the papacy has attracted more attention[43] because coats of arms were well suited to display the sequence of Peter's successors. Angelo Massarelli from San Severino in the Marches (1510-1566), also known as secretary of the Council of Trent, compiled one of the earliest systematic collections of the coats of arms held by popes and cardinals.[44] Onofrio Panvinio (1530-1568) collected portraits of popes and papal coats of arms for his book *Epitome pontificum romanorum*, published illicitly by Jacopo Strada in 1557.[45] There was a long way to go from historical interest to historiography. Bartolomeo Platina's "Lives of the Popes" (1479) circulated initially without iconographic additions.[46] In 1580 Giovanni Battista Cavalieri added images of all popes which in many cases included coats of arms, including non-authentic ones.[47] The merits of Onofrio Panvinio, an Austin Friar and respected historian, are well known. He conducted genealogical-historical research, as will be shown below.[48] Panvinio's great patron, Johann Jakob Fugger of Augsburg (1516-1575) possessed a collection of the coats of arms of many Italian territories and noble families by the famous antiquary Jacopo Strada (1515-1588)[49] of Mantua in 15 luxurious volumes. It also included members of the Order of St John and of the French order of St Michael. The Munich manuscript Cod.icon. 268 is undoubtedly the most artistic

---

43 Donald Lindsay Galbreath, *Papal Heraldry*, ed. by Geoffrey Briggs (Cambridge: Heffer, 1972); Edouard Bouyé, 'L'Église médiévale et les armoiries: histoire d'une acculturation', *Mélanges de l'École française de Rome. Moyen Âge* 113 (2001), pp. 493-542; Édouard Bouyé, 'Les armoiries pontificales à la fin du XIIIe siècle. Construction d'une campagne de communication', *Médiévales* 44 (2003), pp. 173-198.

44 Angelo Massarellis, *Promotiones cardinalium a Leone IX usque ad Paulum IIII*: Biblioteca Apostolica Vaticana, Vat. lat 3755; Édouard Bouyé, 'Les armoiries imaginaires des papes: archéologie et apologétique romaines à la fin du XVI siècle', in *La papauté à la Renaissance*, ed. by Florence Alazard and Frank La Brasca (Paris: Honoré Champion, 2007), pp. 589-618.

45 Onofrio Panvinio, *Epitome pontificum romanorum*, (Venice: G. Strada, 1557); Stefan Bauer, *The Invention of Papal History. Onofrio Panvinio between Renaissance and Catholic Reform* (Oxford: Oxford University Press, 2020); Panvinio's collector's passion even had an impact in the German lands. Urban von Trenbach, prince-bishop of Passau (1561-1598) expressed his loyalty to Rome in an analogous cycle of 239 papal coats of arms on his palace at Obernzell, beginning with Peter's fictitious coat of arms up to Clement VIII: Karl Möseneder, 'Im Zeichen der Duldsamkeit. Zu den Inschriftenprogrammen und zur Papstwappenserie von Schloss Obernzell', in *Ritter, Bauern, Lutheraner. Katalog zur Bayerischen Landesausstellung 2017, Veste Coburg und Kirche St. Moritz, 9. Mai bis 5. November 2017*, ed. by Peter Wolf, Evamaria Brockhoff and Fabian Fiederer (Stuttgart: Theiss, 2017), pp. 84-91.

46 Platina's *Vitae Pontificum Romanorum* was first published in 1479 and saw numerous new editions. On the modern edition: *Platynae historici liber de vita Christi ac omnium pontificum (aa. 1-1474)*, ed. by Giacinto Gaida (Città di Castello: Istituto storico italiano, 1913-1932); on the various editions and the papal portraits which were successively added: Stefan Bauer, *The Censorship* (note 5), pp. 188-189.

47 Giovanni Battista Cavalieri, *Pontificum Romanorum Effigies* (Roma: Francesco Zanetti, 1580).

48 Panvinio's probably most important writing on genealogy and heraldry is 'De gente Fregepania libri quatuor': Andrea Fara, *Domus e palazzi della famiglia Frangipane di Roma tra Quattro e Cinquecento*, in: *Vivere la città. Roma nel Rinascimento*, ed. by Ivana Ait and Anna Esposito (Rome: Viella, 2020), pp. 21-38 (p. 29 note 30).

49 On this ambivalent personality: Dirk Jacob Jansen, *Jacopo Strada and Cultural Patronage at the Imperial Court: The Antique as Innovation*, Rulers and elites. Comparative studies in governance, 17 (Leiden and Boston: De Gruyter, 2019); Francesca Mattei, Strada, 'Jacopo Strada', in *Dizionario Biografico degli Italiani* 94 (Rome: Istituto enciclopedia Italiana, 2019), pp. 292-295.

collection of Roman coats of arms if aesthetic criteria are applied. However, this masterpiece lacked precision in depicting the different elements in the coats of arms of Roman families.[50] Since these manuscripts by Strada were kept in a library in the German lands, another learned antiquarian's study became the model for a number of collections of coats of arms, which will be focused on below. This is ms. 201 of the Biblioteca Angelica [fig. 1]. A note on the frontispiece ("Insignia omnium illustrium familiarum Orbis Francisci Penia") which attributed authorship to the Spanish canonist and auditor of the Rota Francisco Peña (Francesco Pegna) (1540-1612) has led to confusion.[51] Peña purchased a number of manuscripts from his compatriot Alonso Chacón (1530-1599).[52] His interests in heraldry have caught little attention up to now even though they are present in his great book *Vitae et gesta summorum Pontificum*, which his nephew – also named Alonso Chacón – published posthumously in Rome in 1601.[53] Even the scribe's handwriting leaves no doubt that Chacón was the author.[54] This adds the Angelica-Codex to the list of Ciacconius autographs which has been compiled by Alejandro Recio Veganzones and Ingo Herklotz.

The collection was compiled in several stages into the 1590s and it represents a veritable encyclopaedia with 3575 coats of arms. Even though it is incomplete and often drew of printed works of reference it covers the whole of Christian Europe in the 16th century.

50 Munich, Staatsbibliothek, Icon, 266-280 (the volume concerning the popes is Cod.icon. 268). The collection of 15 volumes on Italian coats of arms has been digitised: http://codicon.digitale-sammlungen.de/Band_bsb00001416.html. See also the two coordinated studies by: Marianne Reuter, 'Insignia quantum haberi potuerunt. Papi, cardinali e nobili di tutta Italia in un armoriale commissionato da un umanista tedesco', *Strenna dei Romanisti* 71 (2010), pp. 615-630; Andreas Rehberg, 'Insignia quantum haberi potuerunt. Prime considerazioni intorno ad una raccolta finora sconosciuta di stemmi di famiglie romane', ibid., pp. 597-613.
51 Vincenzo Lavenia, 'Peña, Francisco', in *Dizionario storico dell'inquisizione* 4 (Pisa: Scuola normale superiore di Pisa, 2010, pp. 1186-1189.
52 Silvia Grassi Fiorentino, 'Chacón, Alonso', in *Dizionario Biografico degli Italiani*, (note 49), 24, pp. 352-356; Carlo Gasparri and Marco Leopoldo Ubaldelli, 'Le Antichità Romane di Alonso Chacón. Prolegomena', *Studia Oliveriana*, n.s. 11 (1991), pp. 57-94.
53 Vitae et gesta summorum pontificum a Christo Domino vsque ad Clementem VIII. necnon S. R. E. cardinalium cum eorundem insignibus, M. Alfonsi Ciaconii Biacensis Ordinis Prædicatorum, Romæ: apud Stephanum Paulinum, 1601. Chacón wanted to surpass Panvinio's work with his book on the popes; introducing a heraldic section was part of this: Stefan Bauer, *The Invention of Papal History* (note 45), p. 144.
54 Francisco Peña must have purchased the volume after the death of his fellow countryman. Since the skilled heraldist Antonio Stefano Cartari (1651-1685) did actually see the heraldic work, attributed to him by Peña, in the duke of Lante's library, it has to be assumed that Peña himself sold it. Cartari writes: "Monsig. Francesco Pegna spagnuolo auditore di Rota in Roma compilò un libro delle armi di diverse famiglie che colorate si conservono nella libraria del s. duca Lanti; et ha questo titolo *Insignia omnium illustrium familiarum Orbis Francisci Penia*. È di carte 467 dalle car[te] 100 fino alle car. 217 parte le Armi delle famiglie romane con qualche annotatione come segue di carattere antico": Rome, Archivio di Stato, Fondo Cartari-Febei, reg. 175, fol. 144r (underlining in the original). All traces of this encyclopaedia are lost until Cardinal Domenico Passionei (1682-1761) donated it to the Biblioteca Angelica in Rome; Claudia Rizza, *I disegni nei codici Passionei all'Angelica, Tesi di laurea in conservazione dei beni culturali – indirizzo storico-artistico* (Florence: Università degli studi della Tuscia, 1998-1999), pp. 56-58 for Roma, Biblioteca Angelica, ms. 201.

Table 1: The number of coats of arms in ms 201, Biblioteca Angelica.

Spain	45
Empire	268
Low Countries	63
Switzerland	61
France	96
Italy	2278
General	339
Florence	1144
Rome	795
England	17
Scandinavia	10
Eastern Europa	43
Balkans	17
Others/Non-European	45
Church	279
Religious Orders	69
Universities	15
Phantasy-heraldry	42
For didactic purposes	227
Total	**3575**

Of interest to us is the section dedicated to the *c.* 795 coats of arms of Roman families.[55]

The solution of the question of authorship of ms. 201 of the Biblioteca Angelica opened up new horizons as far as the origins of the other three manuscripts linked to Chacón's work were concerned, i.e. ms. 4006 of the Biblioteca Casanatense with 853 coats of arms, the Roman 'Armoriale' of the Biblioteca Reale in Turin with 450 coats of arms and the later manuscript Vat. lat. 11744 with 674 coats of arms. In conjunction with the older Munich manuscript, mentioned above, a number of collections of coats of arms are available which allow the reconstruction of heraldry in Rome in the second half of the 16th and into the first decades of the 17th century.

A historian's approach to coats of arms differs from that of a genuine specialist in heraldry. The historian, and in particular the one interested in the socio-cultural development of a society like that in Rome, should ask at least two questions: where do these coats of arms come from and what were the criteria according to which

---

55 There are other arguments in favour of Chacón's authorship. The Angelica-Codex contains military insignia similar to those on Trajan's column. The Dominican had dedicated to it an important illustrated volume, his first, in 1576: Ingo Herklotz, *Historia sacra* (note 29), p. 51; Id, *Cassiano dal Pozzo und die Archäologie des 17. Jahrhunderts*, Römische Forschungen der Biblioteca Hertziana 28 (Munich: Hirmer, 1999), pp. 222-224.

they were collected? Answers relevant for cultural history can only be obtained if the methods applied by the Roman antiquaries and their specific interests are understood. They can be described with the label 'genealogical'. This was not primarily the reconstruction of generation sequences.[56] Genealogy and heraldry were part of 'symbolic communication'[57] and of 'political iconography'.[58] According to the art historian Kilian Heck: "Genealogy is probably the most stringent and extensive effort at social semiotics between the 15th and the 17th centuries".[59] We are going to see that genealogists of this period became "active constructors" – as Heck calls it – in the heraldic collections of the 16th century.[60] Chacón uses the coats of arms collected by him to create new units of identity which do not conform entirely with the group described by modern historians as the 16th-century Roman nobility.[61] The presentation of the Roman nobility as a collective, structured in a social hierarchy, also excludes its internal division into Ghibellines and Guelfs, a characteristic feature for centuries. This was deliberately "forgotten" or brushed under the carpet.[62] Chacón also ignored the element of hierarchy and patronage in the Roman nobility: many elite families subjected themselves to the great baronial dynasties, especially the Orsini and Colonna, and there were further social networks and links of kinship between the families.[63] Instead, the Andalusian offers lists of families, structured in

---

56 *Genealogie als Denkform in Mittelalter und Früher Neuzeit*, ed. by Kilian Heck and Bernhard Jahn, Studien und Texte zur Sozialgeschichte der Literatur 80 (Tübingen: Niemeyer, 2000); *Genealogical Knowledge in the Making. Tools, Practices, and Evidence in Early Modern Europe*, ed. by Jost Eickmeyer, Markus Friedrich and Volker Bauer, Cultures and Practices of Knowledge in History 1 (Berlin: De Gruyter, 2019).

57 Christoph F. Weber, *Zeichen der Ordnung und des Aufruhrs. Heraldische Symbolik in italienischen Stadtkommunen des Mittelalters* (Cologne, Weimar and Vienna: Böhlau, 2011); Barbara Stollberg-Rilinger, 'Zeremoniell, Ritual, Symbol. Neue Forschungen zur symbolischen Kommunikation in Spätmittelalter und Früher Neuzeit', *Zeitschrift für Historische Forschung* 27 (2000), pp. 389-405; Hubert Wolf, 'Symbolische Kommunikation am heiligen Hof des Papstes. Eine Einleitung', in *Werte und Symbole im frühneuzeitlichen Rom*, ed. by Günther Wassilowsky and Hubert Wolf, Symbolische Kommunikation und gesellschaftliche Wertesysteme 11 (Münster/Westfalia: Rhema, 2005), pp. 9-19; Klaus Krüger, 'Bildlicher Diskurs und symbolische Kommunikation. Zu einigen Fallbeispielen öffentlicher Bildpolitik im Trecento', in *Text und Kontext. Fallstudien und theoretische Begründungen einer kulturwissenschaftlich angeleiteten Mediävistik*, ed. by Jan-Dirk Müller and Elisabeth Müller-Luckner, Schriften des Historischen Kollegs, Kolloquien 64 (Munich: Beck, 2007, pp. 123-162; Ansgar Frenken, 'Zeremoniell, Ritual und andere Formen symbolischer Kommunikation im politischen Kontext des Konstanzer Konzils: Forschungsstand und –perspektiven', *Annuarium Historiae Conciliorum* 47 (2015), pp. 45-68.

58 Kilian Heck, *Genealogie als Monument und Argument. Der Beitrag dynastischer Wappen zur politischen Raumbildung der Neuzeit*, Kunstwissenschftliche Studien 98 (Munich and Berlin: Deutscher Kunstverlag, 2002), pp. 11-12 (with dissociation from the modern term 'genealogy' (*Genealogie-Begriff*) by Friedrich Nietzsche and Michel Foucault).

59 Kilian Heck, *Genealogie als Monument und Argument*, p. 25.

60 Kilian Heck, *Genealogie als Monument und Argument*, p. 37.

61 Maria Antonietta Visceglia, 'Introduzione. La nobiltà romana: dibattito storiografico e ricerche in corso', in: *La nobiltà romana in età moderna* (note 14), pp. XIII-XLI.

62 On these divisions – which cannot be discussed here in detail: Christine Shaw, *The Political Role of the Orsini Family from Sixtus IV to Clement VII: Barons and Factions in the Papal States*, Nuovi studi storici 73 (Rome: Istituto Storico Italiano per il Medio Evo, 2007); Maria Antonietta Visceglia, 'Factions in Rome between Papal Wars and International Conflicts (1480-1530)', in *Factional Struggles. Divided Elites in European Cities and Courts (1400-1750)*, ed. by Mathieu Caesar, (Leiden and Boston: Brill, 2017), pp. 82-103.

63 Andreas Rehberg, *Kirche und Macht im römischen Trecento. Die Colonna und ihre Klientel auf dem kurialen Pfründenmarkt (1278-1378)*, Bibliothek des Deutschen Historischen Instituts in Rom 88 (Tübingen: Niemeyer, 1999).

social hierarchies. However, the standardised format of the coats of arms which did without a crest and other heraldically distinguishing features was iconographically preponderant overall. This levelling and egalitarian impression was not unintended.

Five lists with differing contents precede the section with the illustrations.[64] Firstly the *Index familiarum Urbis Romae, quibus colores in insignibus gentilitiis desunt* lists those 172 cases (including some duplications),[65] in which the Spaniard did not find sufficient information on the colours of the identified coats of arms. It is obvious that most of these coats of arms were copied from monochrome tomb monuments made from stone. This is followed by a very short list of 16 *Familiae Romanae, quarum insignia gentilitia ignorantur*.[66] The *Index familiarum Urbis Romae, tam antiquarum quam earumque recenter in eam immigrarunt* represents a more general list (with about 560 names).[67] The choice of words alone highlights an important aspect of Roman society, its division into old Roman families and immigrants. Included here is, e.g. the family of the Maffei, originally from Verona, who acquired wealth and status in Rome because of the offices they held at the Curia and because of their cultural patronage.[68] Unlike Ceccarelli, who will be introduced in greater detail below, Chacón does not include the families of ancient Rome. This section of indices is concluded with a list of family names not associated with a coat of arms of their own but displaying the same criteria throughout, i.e. indigenous families and those who acquired citizenship only recently: *Paralipomenon aliarum familiarum que aut originarie urbis Rome existunt, aut aliunde in eam commigrarunt et civilitatem ibi consequute sunt*.[69] The fifth list is dedicated to the *vetustissimae illae familiae civium Romanorum vel omnino temporis iniuria extinctae vel certe ab hominum memoria [...] supersunt*. It refers to the pontificate of Leo X (1513-1521) ('Quae autem praestabant tempore Leonis X')[70] and contains the names of many Roman families known from Altieri' *Nuptiali*[71] or from the decretals passed by the civic council, which survive from 1515.[72]

In a preface to his section on Rome Chacón briefly describes the institutional development of the settlement from the time of the kings and emperors up to the popes, in whose times the city prospered more than ever because the whole world

---

64 Roma, Biblioteca Angelica, ms. 201, fols. 93r-97r and fols. 99r-100r.
65 Roma, Biblioteca Angelica, ms. 201, fol. 93r-v.
66 Roma, Biblioteca Angelica, ms. 201, fol. 93v.
67 Roma, Biblioteca Angelica, ms. 201, fols 94r-96v.
68 On the rise of the Maffei: Kathleen Christian, 'Roma caput mundi: Rome's Local Antiquities as Symbol and Source', in *Local Antiquities, Local Identities. Art, Literature and Antiquarianism in Europe, c. 1400-1700*, ed. by Christian, Kathleen and Bianca de Divitiis (Manchester: Manchester University Press, 2018), pp. 57-78.
69 Roma, Biblioteca Angelica, ms. 201, fol. 97r. The composition of this list is very complicated and may represent a preliminary stage when the names from a short list of 16 families were joined with unknown coats of arms. There are also names which were added later. It also needs to be established why there were families with surviving heraldic imagery *in situ* or in illustrations which were not added and for this reason were also excluded from later Roman collections of coats of arms. This applies e.g. to the Celestini family, whose monuments are in S. Stefano del Cacco.
70 Roma, Biblioteca Angelica, ms. 201, fols. 99r, 100r.
71 *Li Nuptiali di Marco Antonio Altieri*, ed. by Enrico Narducci (Rome. Roma nel Rinascimento, 1873); Stephen Kolsky, 'Culture and Politics in Renaissance Rome. Marco Antonio Altieri's Roman Weddings', *Renaissance Quarterly* 40 (1987), pp. 49-90.
72 *Il Liber decretorum*, ed. by Andreas Rehberg (note 2).

obeyed the vicars of Christ ('ut Christi vicariis parebat totus orbis christianus'). The Conservatori and heads of the Roman districts (caporioni) were elected by the council (*senatus*).[73] Their term in office was gradually extended from three to six months, whereas the senators held his office for two or three years at this point (from 1360).[74]

Chacón offers his very particular view of a cross section of Roman society which, according to his understanding of Roman nobility, was composed of families with roots in antiquity and recent immigrants and which displayed cosmopolitan traits due to the increasing social mobility since the second half of the 15th century.[75] It is also possible to feel a preference for families of Spanish descent. Chacón's compatriots and immigrants to Rome were the De Avila, Alveri, De Ruiz (*Ruizzi*), Cerasa and the Torres.[76] They were about to join the Roman elite and were keen to be added to the collections of coats of arms of Roman families.[77] Chacón's choice depended largely on the material he found in churches which he is known to have visited in the search for epigraphic sources. His heraldic "encyclopaedia" was primarily designed to be – and this should not be forgotten – a tool and resource of information and it was not designed to be published at this stage.

It would go too far to describe all the coats of arms in the collection. The survey will have to be limited to some examples in order to demonstrate the method used by Chacón and to reveal the potential for further research. The initial section of coats of arms refers to different phases of Rome's history. This is followed by captions which – in conjunction with the coats of arms – summarise the City's history: '[insigna] imperii romani, imperii Constantini>, [...] Roma tempore regum, Roma tempore consulum, Roma tempore imperatoris'.[78] This is followed by the coats of arms of the thirteen Rioni (districts) of Rome.[79] Since the fourteenth Rione, the Borgo,[80] was only created in 1586, it is possible to identify a *terminus post quem* for the compilation of the material dealing with Rome.

---

73 Roma, Biblioteca Angelica, ms. 201, fol. 99r: 'Ethinc aliam formam gubernationis respublica Romana caepit habere ex patriciis namque a senatu tres singulis trimestribus eligebantur qui administrationem urbis curarent et conservatores ob servandam urbem dicebantur et XIII viri qui per vicos et regiones urbis totidem praeessent per idem tempus quod et conservatores'.
74 Roma, Biblioteca Angelica, ms. 201, fol. 99r.
75 On the – by now well researched – mobility of the Roman aristocracy: Maria Antonietta Visceglia, 'Le pretensioni hanno più capi dell'Idra: un bilancio sulla nobiltà romana', in *La forza delle incertezze. Dialoghi storiografici con Jacques Revel*, ed. by Antonella Romano and Silvia Sebastiani (Bologna: Il Mulino, 2016), pp. 229-268, at pp. 244-245.
76 These coats of arms can be found in: Roma, Biblioteca Angelica, ms. 201, nr. 99, 107, 115, 359, 412. On the Torres: Rosario Camacho Martínez, Beneficiencia y mecenazgo entre Italia y Málaga: los Torres, arzobispos de Salermo y Monreale, in *Creación artística y mecenazgo en el desarrollo cultural del Mediterráneo en la Edad*, ed. by Rosario Camacho Martínez, Eduardo Asenjo Rubio and Belén Calderón Roca (Málaga: Coordinadores e Editores, 2011), pp. 17-46 (http://www.uma.es/media/files/libro.pdf; accessed on 14.01.2022).
77 On the immigration of Iberian families, who were keen to establish contact with the two Iberian fraternities in Rome see (from an extensive research literature): Thomas Dandelet, *Spanish Rome 1500-1700* (New Haven and London: Yale University Press, 2001).
78 Roma, Biblioteca Angelica, ms. 201, fol. 98v.
79 Roma, Biblioteca Angelica, ms. 201, fols 99v, 100v.
80 Roma, Biblioteca Angelica, ms. 201, fol. 102r.

COLLECTING AND DRAWING AGAINST OBLIVION 309

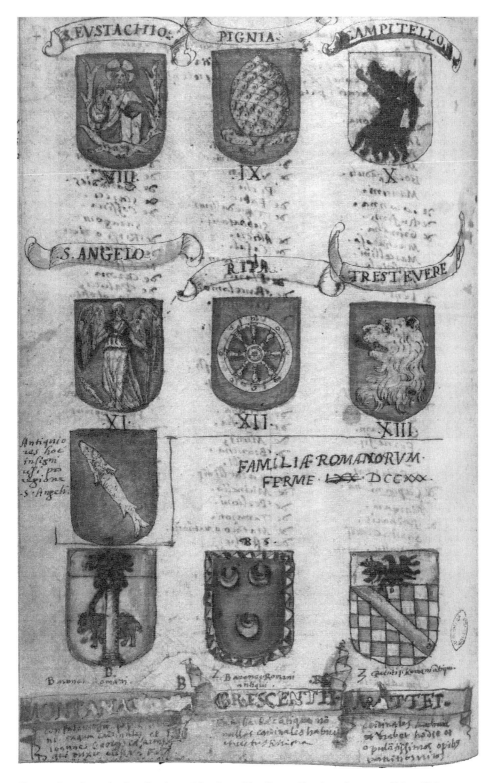

Figure 1: Page from the Angelica Armorial collected by Alonso Chacón, 4th quarter XVI c. (© Roma, Biblioteca Angelica, ms. 201, fol. 100v, su concessione del Ministero della Cultura).

Apart from the coats of arms themselves, the additions given to some of them and to family names are of importance for the theme of the present volume. The first coat of arms is attributed to the family *Montanari de Cesarini* (fig. 1). However, in reality it belonged to the Cesarini family, traced back by Ceccarelli to the Montanari. The main residence of this family was situated near today's Largo Argentina.[81] The sign "B." was placed above the coat of arms. This indicated the status of baron, i.e. membership of the small circle of families who owned extensive territorial lordships and enjoyed intimate contacts with the Curia and also close links to the best families of Rome and Latium. However, only in the 16th century when they reached this status could the Cesarini claim the title *Barones Romani* on the name cartouche. This success was crowned with appointments to the cardinalate, the office of Gonfaloniere of Rome and a prominent marriage alliance in 1571: 'Confalonerii populi romani, ex qua cardinales et Johannes Georgius Cesarinus, qui duxit Cleriam Farnesiam, et Julianus Cesarinus'.[82]

The second coat of arms is that of the Crescenzi (*Crescentii*). The letters 'B.S.' are placed above this coat of arms, indicating that this family was not only part of the *Barones Romani antiqui* but that 'senators' had come from its ranks. This is a manipulative interpretation of events in medieval Rome. From today's point of view it is not acceptable to identify the family of the senator Crescentius de Theodora, which influenced the history of Rome in the 10th century,[83] with the homonymous family of the Crescenzi, which rose to remarkable wealth and gained social prestige in the 14th and 15th centuries.[84] Chacón's note 'Familia hæc antiqua nonnullos cardinales habuit' indicates that he was convinced that cardinals had used the same coat of arms already in the central Middle Ages.[85] The family's real rise to the elite occurred only with Marcello Crescenzi (1500-1552), who became a cardinal in 1542.[86] On the other hand there is no doubt that the acronym 'B.S.' fits the Conti. The caption to their coat of arms in ms. Angelica, *Conti de Alta Semita*,[87] is certain to be based on Ceccarelli's model. The Umbrian says about this baronial family of which Innocent III was a member: 'Comites dicuntur nobiles de alta semita quorum clarissima familia fuit

---

[81] There has not been sufficient research on the origins of the Cesarini family; Giuseppe Marchetti Longhi, 'La Turris Papiti e la casa dei Boccamazzi', *Capitolium* 8 (1932), pp. 245-252 (coats of arms: pp. 246-247) and Anna Esposito, 'Li nobili huomini di Roma. Strategie familiari tra città, curia e municipio', in *Roma capitale (1447-1527)*, ed. by Sergio Gensini, Centro di studi sulla civiltà del tardo medioevo San Miniato. Collana di Studi e Ricerche 5. Saggi 29 (Pisa: Pubblicazioni degli Archivi di Stato, 1994), pp. 373-388 (p. 378).

[82] This information contains valuable references to the date of the heraldic work. Clelia Farnese, who was famous for her beauty, the bastard daughter of cardinal Alessandro Farnese, married Giovan Giorgio Cesarini in 1571. He died in 1585; their son Giuliano lived from 1572 to 1613. In the same year his mother also died. She had married the prince Sassuolo, her second husband, in 1587. On the details see: Gigliola Fragnito, *Storia di Clelia Farnese. Amori, potere, violenza nella Roma della Controriforma* (Bologna: il Mulino, 2013).

[83] Gaetano Bossi, 'I Crescenzi. Contributo alla storia di Roma e dintorni dal 900 al 1012', *Dissertazioni della Pontificia Accademia Romana di Archeologia*, serie 2ª, 12 (1915), pp. 49-126; Chris Wickham, *Medieval Rome. Stability and Crisis of a City, 900-1150* (New Haven: Yale University Press, 2014), pp. 197-202.

[84] *Genealogien zur Papstgeschichte* (note 26), 1, pp. 281-285.

[85] On Chacón's credulity and the completely arbitrary attribution of cardinals to the Crescenzi family: Romeo Terribili, 'Dell'origine dei Crescenzi', *Rivista Araldica* 12 (1914), pp. 484-488.

[86] Irene Fosi Polverini, 'Crescenzi, Marcello', in *Dizionario Biografico degli Italiani* (note 49), 30 (1984), pp. 641-645.

[87] Roma, Biblioteca Angelica, ms. 201, nr. 202.

plantata in urbe a Constantio qui magnus comes vocabatur'.[88] The impressive Torre delle Milizie, built for the Conti in the early 13th century close to the end of the Via del Quirinale, which follows the line of the antique road, can still be seen today.[89]

In the third category we find the *Patritii Romani antiqui*. The Mattei family was put in this group with good reason, because 'cardinales habuit et habet hodie et opulentissimos operibus patritios viros'. The plural "cardinals" may surprise because Girolamo Mattei († 1603) obtained this office only in 1586.[90]

Despite the occasional manipulation of facts the, overall categorisation seems to fit. For the moment it may suffice to offer a few examples of Chacón's close links to Ceccarelli and to other antiquaries who were interested in subjects related to Rome.

The collection of coats of arms suggests that Chacón also searched for heraldic material for a history of the senators in the Middle Ages and in the Renaissance.[91] A 'senatorial' family was given the acronym 'S.'. A comparison with the *Breve compendio de' consoli, e senatori romani*,[92] usually attributed to Costantino Gigli (circa 1595-post 1655), which includes notes for the period 908 to 1400 – apparently based on older writings – reveals that the criteria for choosing these coats of arms as support for the claim to senatorial rank, do not meet modern standards of research.[93]

The acronym 'S.' appeared in larger quantity when Chacón assembled on one page the coats of arms of the powerful noble families of the Annibaldi, Orsini, Colonna, Savelli and Anguillara who were dominant in the 13th and for most of the 14th century.[94] (fig. 2) It is interesting to note that Chacón also marked the coats of arms of those senators he could not identify.[95] Sometimes this attribution will have been cause by the famous letters SPQR in the chief. It was said that they had been awarded to senators as "capo del senato romano" who had served Rome with distinction. Chacón used the coats of arms he found on funerary monuments as model,

---

88 Biblioteca Apostolica Vaticana, Vat. lat. 4909, fols 81v-82r and in greater detail: Vat. lat. 4911, fols 63r-65r.
89 On this tower: Sandro Carocci and Nicoletta Giannini, 'Portici, palazzi, torri e fortezze. Edilizia e famiglie aristocratiche a Roma (XII-XIV secolo)', *Studia historica / Historia medieval* 39,1 (2021), pp. 7-44, at pp. 26-28, 40.
90 Stefano Tabacchi, 'Mattei, Girolamo', in *Dizionario Biografico degli Italiani* (note 49), 72 (2008), pp. 157-160. On the Mattei: *Genealogien zur Papstgeschichte* (note 26), 2, pp. 601-612; on Panvinio's treatise on the Mattei, commissioned by Muzio Mattei in 1561 and on the possible use of this text by Chacón: Stefan Bauer, 'History for Hire in Sixteenth-Century Italy: Onofrio-Panvinio's Histories of Roman Families', *Erudition and the Republic of Letters* 4 (2019), pp. 397-438 (429-430).
91 Fano, Biblioteca Federiciana, ms. 80, carte, fols 1r-22v.
92 *Tombs of illustrious Italians at Rome: L'album di disegni RCIN 970334 della Royal Library di Windsor*, ed. by Fabrizio Federici and Jörg Garms, Volume speciale del Bollettino d'Arte (Firenze: Ministero dei beni culturali, 2011), p. 13.
93 Biblioteca Apostolica Vaticana, Vat. Lat. 8257, fols. 18r-22r: the list of senators begins in the yeas of 928; the alphabetical list of the senators' family names is important for the understanding of the treatise's original structure and it even includes names of senators from the 1580s. This is a sign that the project was taken forward at a time when Chacón was working on his heraldic encyclopaedia. More attention needs to be given to this potential connection: Biblioteca Apostolica Vaticana, Vat. Lat. 8257, fols 2r-15v. In any case it is at best a copy or a reworking of Chacón, who may not have authorised it.
94 Roma, Biblioteca Angelica, ms. 201, fol. 122v.
95 Roma, Biblioteca Angelica, ms. 201, fols 149v, 152v, 154v, 172v (nos. 441, 466, 470, 489, 649).

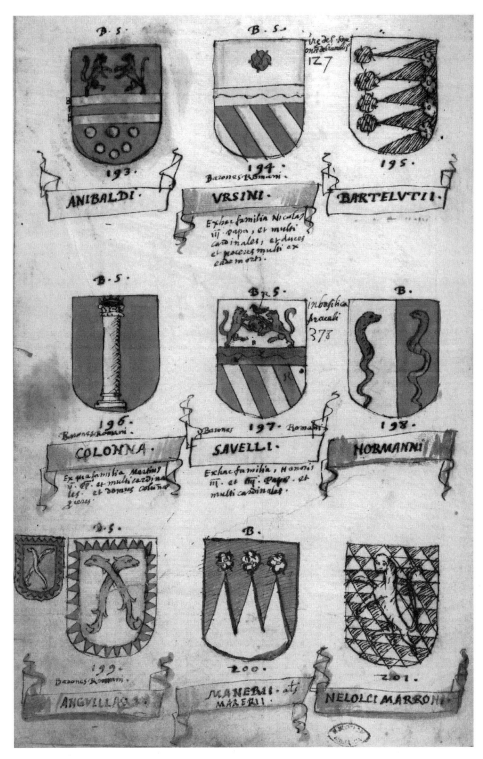

Figure 2: Page from the Angelica Armorial collected by Alonso Chacón, 4th quarter XVI c. (© Roma, Biblioteca Angelica, ms. 201, fol. 122v, su concessione del Ministero della Cultura).

especially in S. Maria in Aracoeli, the church favoured by the urban magistrates.[96] Due to Chacón's passion as a collector we have knowledge of a number of artefacts which do not exist anymore or which cannot be categorised.

It certainly is no coincidence that the coat of arms of Cola di Rienzo (circa 1313-1354)[97] and that of the Baroncelli family can be found on the same page.[98] (fig. 3)In reality Cola di Rienzo and Francesco Baroncelli had been protagonists of Roman political life in the 14th century in their role as activists against the magnates. Authentic as well as fictitious texts in the Roman vernacular, the Romanesco, mention them, like the *Cronica* of the Anonimo Romano, which began to circulate in the 16th century.[99]

The depiction of the coat of arms in the manuscript from the Biblioteca Casanatense is like Ceccarelli's rendering of Cola di Rienzo's standard. It deviates from the text of the famous Cronica des Anonimo Romano in the Porta edition only in one detail, i.e. the addition of the letters SPQR which refer to the coat of arms of the Roman commune. According to the *Cronica* of the Anonimo Romano:

> In quello stennardo era lo campo de bianco; in mieso staieva uno sole de aoro splennente e atorno staievano le stelle de ariento. In capo dello stennardo era una palomma bianca d'ariento.

However, Ceccarelli writes:

> Lo stendardo di Cola di Rienzo nel quale era l'Arme suo che era azzurro con un sole d'oro et stelle di argento: Et ancora ci era l'Arme di Roma.[100]

Cola di Rienzo's coat of arms was imagined to be azure with a golden sun, surrounded by six silver stars. The red chief has a silver cross and the letters SPQR in gold.[101]

---

96 On the church S. Maria in Aracoeli and its significance for the Roman commune and for Rome's elite see most recently: Claudia Bolgia, Ostentation, 'Power, and Family Competition in Late-Medieval Rome. The Earliest Chapels at S. Maria in Aracoeli', in *Aspects of Power and Authority in the Middle Ages*, ed. by Brenda Boltan and Christine Meek (Turnhout: Brill, 2007), pp. 73-106; Claudia Bolgia, *Reclaiming the Roman Capitol. Santa Maria in Aracoeli from the Altar of Augustus to the Franciscans, c. 500-1450* (London and New York Routledge, 2017).

97 Ronald G. Musto, *Apocalypse in Rome: Cola di Rienzo and the Politics of the New Age* (Berkeley: University of California Press, 2003); Tommaso Di Carpegna Falconieri, *Cola di Rienzo. Dalla storia al mito* (Rome: Salerno, 2002).

98 Roma, Biblioteca Angelica, ms. 201, fol. 125v.

99 On the significance of the Roman vernacular as a means to create identity: Paolo d'Achille and Claudio Giovanardi, *La letteratura volgare e i dialetti di Roma e del Lazio – Bibliografia dei testi e degli studi, Bd. 1: Dalle origini al 1550* (Rome: Bonacci, 1984); Giulio Vaccaro, 'La ricostruzione di un'identità: il romanesco nei testi storici romani tra la metà del Cinquecento e il primo Seicento', in *La Menzogna. Le altre facce della realtà / Lies. Alternative Expression of Reality*, ed. by Maria Auriemma and others (Naples: Unior Press, 2019), pp. 283-296. This emphasis on local patriotism is reminiscent of the veneration of Dante in Renaissance Florence; Paula Findlen, 'Possessing the Past. The Material World of the Italian Renaissance', *The American Historical Review* 103/1 (1998), pp. 83-114, at 97 ('Dante became a "Renaissance" author because of his status, with Petrarch and Boccaccio, as a writer of canonical Tuscan').

100 Anonimo Romano, *Cronica*, ed. Giuseppe Porta, Classici 40 (Milano: 1979), pp. 166-167; Biblioteca Apostolica Vaticana, Vat. lat. 4910, fol. 130r (Ceccarelli).

101 On the design of the tribune's coat of arms in: Andreas Rehberg, 'Il comune di Roma' (note 33).

Figure 3: Page from the Angelica Armorial collected by Alonso Chacón, 4th quarter XVI c. (© Roma, Biblioteca Angelica, ms. 201, fol. 125v, su concessione del Ministero della Cultura).

The artist of the Torino copy (or the person giving the inspiration) is to be applauded for having added the dove (with olive branch) as crest without helmet. The attribution of the coat of arms to the Rione Arenula where Cola di Rienzo had been born in poverty is also a sign of accuracy.[102]

Francesco Baroncelli's coat of arms – he is known as the second tribune – can also be found in an apocryphal text, the *Historia delli fatti di Francesco Varoncelli cittadino romano tribuno*. Here the protagonist makes the attempt to regain popular favour:

> diede alla plebe di molto pane et un carlino d'argento per limosina per no e la moneta con l'arme del Popolo et dall'altra banda con lo suo titolo e l'arme che era un campo d'oro una palla celeste con una traversa fatta a varii bianchi et vermigli e sopra portava l'istesso pallo celeste circondata da un ramo d'oliva con lettere del Popolo Romano.[103]

The depiction of the coat of arms in Ceccarelli and Chacón did not quite coincide with the text. Despite the efforts by modern researchers the precise composition of the second tribune's coat of arms is still an open question.

Ceccarelli was interested in genealogical studies which Panvinio already practised before his arrival in the Eternal City. The Austin Friar was in great demand as a genealogist. He wrote about the Frangipane, Savelli, Cenci, Mattei, Fabi (here restricted to antiquity) and Massimo.[104] However, with his heuristic method Panvinio was also relevant for genealogists and heraldists. This method was as simple as it was effective and it was adopted by later scholarly antiquaries who argued that families in antiquity and in the Middle Ages often had more than one name and that they changed their surnames at random.[105] Hence it was easy to argue that different historical personalities allegedly belonged to the Frangipanis' ancestors, i.e. to the Anicii in antiquity (the pope Felix II and Gregory the Great, the philosopher Boethius etc.).[106] The scholar refers to a number of texts of dubious quality.[107] Panvinio distinguishes between different branches of the famous Frangipane family,[108] Gradelli,[109]

---

102 Torino, Biblioteca Reale, ms. St. It. 144, fol. 22v, nr. 233.
103 Biblioteca Apostolica Vaticana, Chig. N.II. 31, fols 129r-151v, at fol. 145r.
104 Davide Perini, *Onofrio-Panvinio e le sue opere* (Rome: Tipografia poliglotta, 1899), p. 81; Stefan Bauer, 'History for Hire in Sixteenth-Century Italy: Onofrio Panvinio's Histories of Roman Families', *Erudition and the Republic of Letters* 4 (2019), pp. 397-438; Stefan Bauer, 'The Invention of Papal History' (note 45), pp. 3-5.
105 Biblioteca Apostolica Vaticana, Barb. lat. 2481, fols. 4v-5r (*De etymologia Anicii nominis caput secundum*). Ibid., fols. 56v-57r: "Etenim qui nunc Matthaei olim Bonofili, et ante Paparesci, qui Petri Matthaei olim Albertones, qui Bubali olim Cancellarii, qui Caesarini olim Montanarii, qui Pallosii et Tetalini olim Normandi appellati sunt".
106 Biblioteca Apostolica Vaticana, Barb. lat. 2481, fols. 56v-57r.
107 "Liber tertius: Gentem Fregepaniam eandem cum Anicia fuisse demostratio caput 1" Biblioteca Apostolica Vaticana, Barb. lat. 2481, fols. 56r-58r: a book on Venitian history contains the claim that the patrician Michiel family had Roman origins ("gens Michaeliae quam ex Urbe et gente Fregepania oriundam esse scribit") (cfr. ibid., 58r sq.). In the *Historia universalis* by Antonino (Pierozzi) (1389-1459), archbishop of Florence, cardinal Latino (Malabranca) is treated as a member of the Frangipane, Gregory the Great's family. The author draws on archival material as well as on the chronicles by Tolomeo da Lucca, Giovanni Villani and by Burchard of Ursperg.
108 Biblioteca Apostolica Vaticana, Barb. lat. 2481, fol. 111r (*De quodam Petro Frangepanio et eius gentis insigniis*).
109 Biblioteca Apostolica Vaticana, Barb. lat. 2481, fols 114v-115v.

Maddaleni,[110] Alighieri (in this context Panvinio quotes an episode from Boccaccio's Dante biography)[111] as well as the Michiel di Venezia[112] (not to mention offspring in Hungary and Dalmatia[113]). Panvinio's partly daring reconstructions have been adopted in collections of coats of arms, either via Chacón's collection or through this alternative path.[114]

The pattern set by Panvinio and Ceccarelli became widespread. Francesco Sansovino (1512-1586) lists in the bibliography of his book on the origins of Italy's famous families, 1582, works like the one by Castallo Metallino as well as writings of dubious scholarly merit, probably written by Alfonso Ceccarelli. Among the suspected authors are Eleuterio Mirabello, Fanusio Campano, Giovanni Selino and Pietro Scriniario, who will be discussed later. Sansovino did not hesitate to present Castallo Metallino, as a Roman from the Rione Arenula and as a "worthy chronicler of his land" (*approbato Cronista della sua patria*).[115]

III. Alfonso Ceccarelli's oeuvre and influence

It needs to be emphasized that all the initiatives by antiquaries dealing with Rome's communal period were not linked to the weak and impoverished administration of the City. There is no indication that the Councillors had an interest in any kind of scholarly effort which would have celebrated their history since the foundation of the commune (1143-1144). This is not to doubt that there was a pronounced awareness of history. However, this was focused on the greatness of antiquity. Evangelista Maddaleni Capodiferro also known as *Faustus* († 1527) was appointed as the conservators' *magister historiarum* (including a post as *lector* at the University of Rome) in 1514, a position endowed with the impressive salary of 300 ducats.[116] The

---

110 Biblioteca Apostolica Vaticana, Barb. lat. 2481, fol. 121r (contains a sketch of the coat of arms displayed on the monument of Lello Maddaleni who died in 1399). It is no coincidence that in Roma, Biblioteca Angelica, ms. 201 nr. 56 there is a coat of arms of alliance Frangipane-Maddaleni with the caption "Patritii Romani antiqui ex hac familia prodiit S. Gregorius magnus papa et s. Thomas Aquinas ex hac etiam s. Placidus ordinis s. Benedicti et Boetius Severius' to the 'Frangipani de' Maddaleni". On the Magdalen Chapel which contains tombs of the Frangipane as well as the Maddaleni: Maurizio Trifone, *Lingua e società nella Roma rinascimentale*, I: Testi e scriventi, (Florence, Franco Cesati Editore, 1999), p. 75.
111 Biblioteca Apostolica Vaticana, Barb. lat. 2481, fols 128r-130r.
112 Biblioteca Apostolica Vaticana, Barb. lat. 2481, fols 130v-133r (*De gente Michaelia patritia Veneta. caput tertium*).
113 Biblioteca Apostolica Vaticana, Barb. lat. 2481, fol. 133r-v. On alleged Frangipane offspring in Hungary and Dalmatia Panvinio is quoted by Francesco Zazzera, *Della nobiltà dell'Italia*, vol. 2, (Naples: Gargano et Nucci, 1615) (no page numbers).
114 The coats of arms of the Gradelli Roma, Biblioteca Angelica, ms. 201, fol. 136v nr. 332 ("De Freiapanibus de Regione Transtiberina qui et de Gradelli dicti sunt") and Roma, Biblioteca Casanatense 4006, nr. 305 ("Frangipani di Trastev[er]e") must suffice here as an example.
115 Francesco Sansovino, *Della origine, et de' fatti delle famiglie illustri d'Italia*, (Venezia: presso Altobello Salicato, 1582), fol. 330r-v.
116 Il *Liber decretorum*, ed. by Rehberg (note 2), nr. 172 b (26 March 1523). On the historian of the Capitol: Gian Paolo Castelli, 'Ante diem clade Urbis interiit: Fausto Evangelista Maddaleni Capodiferro: la sua vita, la sua famiglia e il Sacco di Roma', in *Dall'Archivio Segreto Vaticano. Miscellanea di testi, saggi e inventari IX* (Città del Vaticano: Archivio Segreto Vaticano, 2016), pp. 147-329.

notorious Alfonso Ceccarelli (1532-1583), who was mentioned already above, would probably have liked to become the author of a standard textbook, when he produced a three-volume work with the title *La serenissima nobiltà dell'alma città di Roma*. Today the autograph is preserved in the Biblioteca Apostolica Vaticana.[117] Ceccarelli had an extensive clientele of Italian noble families who were looking for an author to celebrate their ancestors' heroic deeds. As far as Rome was concerned, minor histories of the Cesarini and Crescenzi families were among them.[118]

There is a key to the correct understanding of the heraldic studies by Alonso Chacón – who had a high regard for the Umbrian scholar's writings – in the text *La serenissima nobiltà dell'alma città di Roma*.[119] The Spaniard did indeed include some (also forged) writings of Ceccarelli in his catalogue of books.[120] *La serenissima nobiltà* should be regarded as a large collection of quotations, lists and memories of Roman families rather than a historical study. The text is dated 8 June 1582 and dedicated to the senate of Rome[121] (in the following year he was executed as a forger of documents). In his preface the author sketches his ideas of the Roman aristocracy and this needs to be considered in the assessment of heraldic works which were dependent on this text. Following a long tradition of studies on Roman families,[122] Ceccarelli divides the nobility into those who claim this status by inheritance, because of their heroism in war (*milizia*), because of their wealth (*ricchezza*) and because of

---

117 Biblioteca Apostolica Vaticana, Vat. lat. 4909-4911; on Ceccarelli's biography: Luigi Fumi, 'L'opera di falsificazione di Alfonso Ceccarelli', *Bollettino della Deputazione di storia patria per l'Umbria*, 8 (1902), pp. 213-277; Alfonso Petrucci, 'Ceccarelli, Alfonso', in *Dizionario Biografico degli Italiani* (note 49), 23 (1979), pp. 199-202; Isabelle Heullant-Donat and Erminia Irace, 'Amici d'istorie. La tradizione erudita delle cronache di Gualdo e la memoria urbana in Umbria tra Medioevo ed età moderna', in *Erudizione e fonti. Storiografie della rivendicazione*, ed. by Enrico Artifoni and Angelo Torre, numero monografico di *Quaderni Storici*, 93 (1996), pp. 549-570, 'L'historiographie, le faussaire et la truffe. Les falsifications d'Alfonso Ceccarelli sur les chroniques de fra Elemmosina', Isabelle Heullant-Donat), in *Ecritures de l'Histoire: XIVe-XVIe siècle. Actes du colloque du Centre Montaigne, Bordeaux, 19-21 septembre 2002*, ed. by Danièle Bohler and Catherine Magnien-Simonin, Travaux d'Humanisme et Renaissance 406 (Geneva: Droz, 2005), pp. 219-237; Erminia Irace, 'Il falsario e l'agiografo. La costruzione dell'immagine unitaria dell'Umbria da Alfonso Ceccarelli a Ludovico Jacobilli', in *Italia sacra. Le raccolte di vite dei santi e l'inventio delle regioni (secc. XV-XVIII)*, ed. by Tommaso Caliò, Maria Duranti and Raimondo Michetti (Rome: Viella, 2014), pp. 389-402; The standard work on the antiquaries' forgeries is: Anthony Grafton, *Forgers and Critics: Creativity and Duplicity in Western Scholarship* (Princeton: Princeton University Press, 1990).
118 Archivio di Stato di Roma, Fondo Sforza Cesarini, parte I, busta 89, n. 12, transcript (Alfonso Ceccarelli, *Historia di casa Cesarina*), eds Danilo Romei e Patrizia Rosini, 2009 (http://www.nuovorinascimento.org/n-rinasc/testi/pdf/ceccarelli/istoria.pdf; accessed: 14.01.2022). Quotes from the history of the Crescenzi are given by: Romeo Terribili, 'Dell'origine dei Crescenzi. Notizie desunte da un manoscritto inedito di Alfonso Ceccarelli da Bevagna', *Rivista Araldica*, 12 (1914), pp. 484-488.
119 Agostino Paravicini Bagliani, 'Alfonso Ceccarelli, gli Statuta Urbis del 1305 e la famiglia Boccamazza. A proposito del codice Vat. lat. 14064', in *Xenia Medii Aevi historiam illustrantia oblata Thomae Kaeppeli O.P.*, ed. by Raymundus Creytens and Pius Künzle, Storia e Letteratura 141-142 (Rome: Edizioni di storia e letteratura, 1978) pp. 317-350 (pp. 328-329).
120 Biblioteca Apostolica Vaticana, Chigi R. II. 62, fol. 158r-v ("Joannis Selini liber in quo notantur mirabilia et notabilia Mundi, eiusdem compendium Hystoriarum Italiae", "Fanusius Campanus lib. v. de familijs illustribus Italiae ac de earum origine", "Chronicae Dominorum de Brunforte").
121 Biblioteca Apostolica Vaticana, Vat. lat. 4909, fol. 4r-v (fol. 9r has the coat of arms of Rome).
122 For example the Indice delli Autori stampati e l'Indice delli autori manoscritti e di altre scritture in Biblioteca Apostolica Vaticana, Vat. lat. 4909, fols. 15r-18v, 19r-21v.

general merit (*virtù*).¹²³ He deals with the Roman aristocracy from the foundation of the City up to his own times. According to his basic theory there was an 'eternal' nobility in the Eternal City!¹²⁴

Ceccarelli's sources range from authentic material to invented texts. Among the former there is *La vita di Cola di Rienzo*¹²⁵ (preserved "nella libraria del sig.r Fulvio Archangeli et appresso molti altri gentilhuomini"¹²⁶) and the *Diario* di Antonio di Giacomo de' Vaschi for the years 1480 to 1492, "havuto dal s.r Francesco Mucante maestro delle ceremonie di N. S."¹²⁷ Angelo Massarelli's manuscript, "nel quale sono le armi et insegne de papi et de cardinali",¹²⁸ reveals an interest in heraldry. Of importance are also authentic writings like the monumental study on the towns by Raffaele Maffei "Volterrano" (1451-1522)¹²⁹ and the "Libro delli Nuttiali del sig. Marcantonio Altieri havuto dal sig. Fulvio Archangeli in foglio et l'originale si ritrova presso al sig. Heronimo delli Altieri",¹³⁰ which has already been mentioned above. These manuscripts were published only in the 19ᵗʰ century.¹³¹ The Umbrian's use of Castallo Metallino's text, a literary work from the 14ᵗʰ century, written to entertain Roman citizens, lacks a critical approach because it is treated like a historical source.¹³² The forgeries used by Ceccarelli¹³³ were partly already included by Sansovino, who – together with Panvinio – was one of Ceccarelli's favoured contemporary authors and sources of information. Primarily these were the *chronica dominorum de Brunforte* and writings which he attributed to invented authors like Eleuterio Mirabello, Fanusio Campano, Giovanni Selino, Pietro Scriniario or Pietro Baccarino. These writings must have been widely disseminated in the literary circles of Rome.

---

123 Biblioteca Apostolica Vaticana, Vat. lat. 4909, fol. 10r-v: 'Tutti i Dotti, i quali hanno trattato della nobiltà, dicono che quattro sono le specie di essa. La prima si chiama nobiltà generosa et è quella che è di una progenie nobile et che gli huomini di essa non degenerano dalli loro antenati et questa è la piu anticha et cominciò in Adamo […]. La seconda nobiltà è gentilitia et questa deriva et dipende dalla militia della quale sempre ne fu tenuto conto da molti popoli del mondo […]. La terza nobiltà viene dalla ricchezza […]. Et la quarta è quella che si acquista per virtù propria, come si legge di Gioseffo uno de dodeci figliuoli di Giacobbe', al quale riuscì l'ascesa da schiavo a nobile del farao'.

124 Biblioteca Apostolica Vaticana, Vat. lat. 4909, fol. 12r-v.

125 Anonimo Romano, *Cronica* (note 9).

126 This observation is proof of the wide dissemination of the "Vita di Cola di Rienzo" which was printed only in 1624: *Vita di Cola di Rienzo* (Bracciano: Andrea Fei, 1624).

127 *Il Diario della città di Roma dall'anno 1480 all'anno 1492 di Antonio de Vascho*, ed. G. Chiesa, in *Appendice a Il Diario Romano di Iacopo Gherardi da Volterra dal VII settembre MCCCCLXXIX al XII agosto MCCCCLXXXIV*, ed. E. Carusi, in *Rerum Italicarum Scriptores*, second edition 23/3 (Città di Castello: Lapi, 1904-1911), pp. 448-546.

128 Biblioteca Apostolica Vaticana, Vat. lat. 4909, fol. 20v.

129 Raffaele Maffei, *Commentarium rerum urbanarum libri XXVIII* (Rome: Johann Besicken, 1506).

130 Biblioteca Apostolica Vaticana, Vat. lat. 4909, fol. 20v.

131 *Li nuptiali di Marco Antonio Altieri* (note 721).

132 Biblioteca Apostolica Vaticana, Vat. lat. 4909, fol. 20v. I am preparing an edition of the text in cooperation with Giulio Vaccaro, based on a 14ᵗʰ century copy.

133 Forgeries were an effective way to improve the historical origins of a family. This was by no means restricted to Rome; François Menant, 'Come si forma una leggenda familiare: l'esempio dei Bonghi', *Archivio Storico Bergamasco* 2 (1982), pp. 9-27; for strategies of 'constructing the past' in the Middle Ages: *Historisches und fiktionales Erzählen im Mittelalter*, ed. by Fritz Peter Knapp, Schriften zur Literaturwissenschaft 19 (Berlin: Duncker und Humblot, 2002); *Von Fakten und Fiktionen. Mittelalterliche Geschichtsdarstellungen und ihre kritische Aufarbeitung*, ed. by Johannes Laudage (Köln: Böhlau, 2003).

Allegedly Ceccarelli had received the dubious *Historia delli Senatori di Roma* from a certain Fulvio Arcangeli.[134] In accordance with his intentions to link Rome's noble families with antiquity, the Massimo were associated with the *Staytelli*, the Santacroce with the *de Piliis* and the Frangipane with the *Anicia*.[135] The latter hypothesis is reminiscent of Panvinio's arguments, while Ceccarelli links the Frangipane to the popes Felix III, Gregory the Great, Boniface VI und Anastasius IV as well as St Ambrose *et plures cardinales*.[136]

One example is sufficient to demonstrate the significance of the *Historia di Castallo Metallino*: in Chacon's manuscript in the Angelica, one can read as an addition "Cecca p[rim]a de' Cipri".[137] According the story which Ceccarelli derived from Castallo Metallino's text, the Della Checca (or Chicca) family took its origins from a fugitive, who had been exiled in the period of the consuls *dalla patria sua cioe de Cipri*. A *valente homo* of this probably invented family took four lions (two males and two females) to the Capitol in a golden cage drawn by four white horses. For this act of virtue he was awarded Roman citizenship.[138] The drawing in Chacón's manuscript agrees with the description of the coat of arms ("cosi fecero che in omne quarto della croce fanno un lione giallo").

Ceccarelli as well as Panvinio and Chacón were generous in their attribution of *genealogie incredibili*[139] to certain Roman families. The notion that the house of Austria, the Hapsburgs, were descendants of the Pierleoni is old and was frequently repeated.[140] Near the Pierleonis' coat of arms one can read in the manuscript in the

---

134 Fulvio Arcangeli became a kind of 'deputy' source (contrafigura) for Ceccarelli, to divert his attention from his own forgeries: Agostino Paravicini Bagliani, 'Alfonso Ceccarelli' (note 119), p. 344. Later medieval authors also referred to the 'memorie' by Silvio Lari and the 'Indice' by Fulvio Arcangeli. Both are ultimately derived from Ceccarelli's 'La Serenissima Nobiltà', ibid., p. 348.

135 Biblioteca Apostolica Vaticana, Vat. lat. 4909, fols 62v-63r; similar attributions can be found almost everywhere in Ceccarelli's three volumes. The Muti were descendants of the Venusti; the Velli were descendants of the Bassi etc. ("Venustorum familia, quae nunc de Mutis dicitur"; "Bassorum familia, quae nunc de Vellis dicitur"): Biblioteca Apostolica Vaticana, Vat. lat. 4909, fol. 71r.

136 According to Biblioteca Apostolica Vaticana, Vat. lat. 4909, fol. 81v the Anicii were the 'nobiles de Vico Saburrae': they were said to have come to the City from Greece under the sixth king of Rome. It is interesting to see the attribution of a coat of arms which certainly did not exist in this form: "deferens in insigniis fressam argenteam cubis cyaneis tesellatam in scuto rubeo... Nec silendum cur Anicii temporibus nostris Frangipanes vocentur: dicunt enim sic fuisse appellatos a tempore divi Gregorii quod frangens panes pro elemosinis, de Frangipanibus fuit appellata et permutatis insigniis in signum fortitudinis et claritatis erexerunt binos leones panem vicissim frangentes".

137 Thus the caption in Roma, Biblioteca, ms. 201, fol. 168v, nr. 614.

138 Biblioteca Apostolica Vaticana, Vat. lat. 4910 fols 1r-4r.

139 This is the classic phrasing in: Roberto Bizzocchi, *Genealogie incredibili. Scritti di storia nell'Europa moderna*, Annali dell'istituto storico italo-germanico, Monografia, 22 (Bologna: Il Mulino, ²2009); Id., 'Unglaubliche Genealogien: eine Neubestimmung', *Quellen und Forschungen aus italienischen Archiven und Bibliotheken*, 96 (2016), pp. 245-263; Peter G. Bietenholz, *Historia and Fabula: Myths and Legends in Historical Thought from Antiquity to the Modern Age*, Brill's Studies in Intellectual History, 59 (Leiden, New York: Brill, 1994), pp. 195-197; obviously the myths of origins in antiquity had a long medieval tradition: Beate Kellner, *Ursprung und Kontinuität. Studien zum genealogischen Wissens im Mittelalter* (Munich: Fink, 2004).

140 Biblioteca Apostolica Vaticana, Vat. lat. 4909, fol. 74v: *Sunt qui dicunt ab hac familia Perleonum originem traxisse domum de Austria*. Chacón uses this Roma, Biblioteca Angelica, ms. 201; one of the Hapsburgs' myths of origin where the Colonna also feature: Alphons Lhotsky, 'Apis Colonna. Fabeln und Theorien über die Abkunft der

Biblioteca Angelica "Antiqua ex nobilissima, si quod alia, unde Austriaca affluxit".[141] Another coat of arms entitled "Austria re"[142] shows the Austrian shield on gules with bend argent, which – as is said – the Hapsburgs used as their insignia ("Familia Austriaca hodie pro insigni utitur"). This avowal of the Spanish ruling family is underlined with the coat of arms of the Spanish monarchy, the first item in Chacón's collection. Similar speculations on the kinship with prominent families from north of the Alps also concerned the Colonna and Orsini.[143]

Ceccarelli's manuscript on the Roman aristocracy needed illustrations. It is very likely that this was achieved in manuscript 4006 of the Biblioteca Casanatense. This manuscript, without doubt the best known Roman armorial, also figures as *Armerista Romano* and a facsimile was published in 2007.[144] This text has seen more additions and interpolations than the other Roman armorials and this obstructs the dating of the manuscript. Some examples of similarities with Chacón's encyclopaedia of coats of arms suggests close links between the manuscripts.

The Roman part of the Angelica manuscript could be a sketch or a collection of material for the final version and there may have been one or more further copies of which, however, only the Casanatense manuscript survived. Compared to Chacón's version this has some improvements. The most notable change in the Casanatense manuscript is its almost alphabetical structure. An index has been added to the manuscript and this offers two types of additional information which are still useful today for the study of Roman families. As in Chacón's manuscript in the Biblioteca Angelica, acronyms known from Chacón (B = baron, P = patrician, S = senator) have been added. There is also a new category in the index, the acronym A, meaning *Aggregato*, indicating that the family marked in this way came from another town.[145] However, this association should not be taken too seriously because the compiler's

---

Habsburger. Ein Exkurs zur Cronica Austrie des Thomas Ebendorfer', in Idem., *Aufsätze und Vorträge*, ed. by Hans Wagner and Heinrich Koller, vol. 2 (Vienna: Verlag für Geschichte und Politik, 1971, pp. 7-102.
141 Roma, Biblioteca Angelica, ms. 201, nr. 377.
142 Roma, Biblioteca Angelica, ms. 201, nr. 460.
143 Werner Paravicini, 'Colonna und Orsini. Römische Ursprungslegenden im europäischen Adel am Ende des Mittelalters', in *Adelslandschaft Mitteldeutschland. Die Rolle des landsässigen Adels in der mitteldeutschen Geschichte (15.–18. Jahrhundert)*, ed. by Enno Bünz, Ulrike Höroldt and Christoph Volkma, Schriften zur sächsischen Geschichte und Volkskunde 49. Veröffentlichungen der Staatlichen Archivverwaltung des Landes Sachsen-Anhalt, Reihe A: Quellen zur Geschichte Sachsen-Anhalts 22 (Leipzig: Leipziger Universitätsverlag, 2016), pp. 19-479.
144 Laura Giallombardo, Claudio De Dominicis and Giovanna Arcangeli, *Stemmi gentilizi delle più illustri famiglie romane. Commentario* (Rome: Istituto poligrafico dello Stato: 2007). The compilation in: Massimo Palmieri, *Armoriale italiano. Stemmi di famiglie del Lazio* (Potenza: Ermes, 2015), cannot be regarded as meeting the standards of modern scholarship.
145 Claudio de Dominicis, 'Analisi e considerazioni sul manoscritto', in Giallombardo, De Dominicis, Arcangeli, Stemmi gentilizi cit., pp. 15-19, at p. 18, the following list of the distribution of acronyms can be found:

B = Barone	92
P = Patrizo [!]	31
S = Signore	17
A = Aggregato	57

and the scribe's choice is not always reliable. The identification of the churches where the monuments and the coats of arms can be found is helpful.

Despite its fame the Codex Casanatense had neither official status nor legal authority and it is not acceptable to regard it as the *Libro d'oro* of the Roman aristocracy, as has been done in the past. Perhaps Chacón would have preferred the latter hypothesis but this beautiful manuscript could never reach this status. Only in the 18th century was there a 'Golden Book' in Rome.[146]

The Roman armorial in the Biblioteca Reale in Turin is the most elaborate and offers splendid copies, however, it encompasses only a selection of Roman coats of arms. It was made under Clement VIII Aldobrandini, whose coat of arms is displayed.

The Codex Vat. lat. 11744 is likely to be connected with the Chigi family because its coat of arms is inserted in a prominent place. The armorial bearings of this family which originated in Siena, uniquely covers a whole page, however, it lacks a cardinal's hat or a tiara. For this reason it is unlikely to have been created after Flavio Chigi's elevation to the cardinalate on 19 February 1652, or his election as pope Alexander VII, on 7 April 1655. Nevertheless Flavio Chigi, who is known for not missing an opportunity to embellish his buildings with his coat of arms, is the most likely patron.[147] Apart from the section on Rome which generated its own history of transmission, Chacón's 'encyclopaedic' armorial was ignored for centuries; however, it was continued by the Jesuit Silvestro Pietrasanta, whose book *Tesserae gentilitiae* was printed in 1638. It became known throughout Europe.[148]

IV. Conclusion

The present focus on a few protagonists like Panvinio, Ceccarelli and Chacón does not cover the whole spectrum of antiquarian efforts to reconstruct the origins of Roman families and of the medieval Roman commune.[149] In the 16th century Roman noble families began to organise their documents in veritable archives.[150] Attention

---

146 Elisabetta Mori, *Su un presunto 'Libro d'oro' della nobiltà romana*, in Giallombardo and others, *Stemmi gentilizi* (note 144), pp. 21-30.
147 Torgeir Melsæter, 'Myth and Propaganda in Roman Papal Heraldry in the 16th and 17th Centuries. With special reference to Pope Alexander VII (1655-1667)', in *Genealogica et Heraldica. Proceedings of the 27th International Congress of Genealogical and Heraldic Sciences*, vol. II, ed. by James D. Floyd, and Charles J. Burnett (Edinburgh: Heraldic Society of Scotland, 2008), pp. 529-562.
148 Silvestro Pietrasanta, *Tesserae gentilitiae* (Rome: typis haered[um] Francisci Corbelletti, 1638).
149 No further detail is given here on families like the Porcari and Massimo, who also attributed illustrious ancestors from antiquity to themselves. On the Porcari: Anna Modigliani, *I Porcari. Storie di una famiglia romana tra Medioevo e Rinascimento*, Roma nel Rinascimento inedita, saggi 10 (Rome: Roma nel Rinascimento, 1994); Valeria Cafà, *Palazzo Massimo alle Colonne di Baldassarre Peruzzi: storia di una famiglia romana e del suo palazzo in rione Parione* (Venice: Marsilio: 2007); Marco Guardo and Fabio Guidetti, 'I primi Lincei tra collezionismo e scienza antiquaria', *L'Ellisse* (2014), pp. 67-100 (p. 92); Dario Giorgetti, 'Alla ricerca della famiglia Arcioni nella Roma del '500', *Accademie e biblioteche d'Italia* 49 (1981), pp. 199-210 on a collection of forged Latin inscriptions compiled around 1600 which had the purpose to trace the Arcioni back to antiquity.
150 An exemplary study of these efforts which were continued in the following centuries: Gianni Venditti, *Archivio Della Valle-Del Bufalo. Inventario*, Collectanea Archivi Vaticano, 65 (Città del Vaticano: Archivio Vaticano, 2009); Elisabetta Mori, *L'Archivio Orsini. La famiglia, la storia, l'inventario* (Rome: Viella 2017),

needs to be drawn to the efforts of Giacomo Grimaldi (1568-1623), archivist of the chapter of St Peter, to preserve the old basilica's documents,[151] especially since this work revived the many memories of Roman medieval families. Francesco Gualdi (1574-1657), to add another name which has to stand for many others, also belonged to the generation with an interest in Roman funerary monuments.[152]

This survey has demonstrated the complexities of reconstructing the work of genealogists and heraldists in the second half of 16th-century Rome. This required the analysis of modern research literature as well as of contemporary artefacts. The works of Antiquaria romana need to be reassessed in the light of new questions. The manuscripts mentioned above still hold many secrets and excentricities which deserve to be studied. It would be desirable to create a repertory of the included – and missing – coats of arms and families, on the basis of the different genealogical-heraldic manuscripts of the 16th and 17th centuries in order to produce a complete historical context. This would also result in an important study of the work of antiquaries active in Rome – ranging from Panvinio,[153] Strada, Chacón to Gualdi, Ameyden and Carlo Cartari (1614-1697).[154]

It has already been mentioned that contemporaries tried to avoid references to the Middle Ages.[155] Local patriotism was one of the forces behind the canonisation of

---

Carte scoperte. Collana dell'Archivio Storico Capitolino 4 (Rome: Viella, 2017). However, one did not shy away from removing compromising information: Anna Modigliani, 'Archivi familiari e storia di famiglie della municipalità romana nel basso Medioevo. Memoria e rimozione', in *Scritti per Isa, Raccolta di studi offerti a Isa Lori Sanfilippo*, ed. by Antonella Mazzon, Nuovi Studi Storici 76 (Rome: Istituto storico italiano per il Medioevo, 2008), pp. 669-683; on the general development of archives: Markus Friedrich, *Die Geburt des Archivs. Eine Wissensgeschichte* (Munich: Oldenbourg, 2013). On the role of family archives especially in Italy: Nicholas Rubinstein, 'Family, Memory, and History', in *Art, Memory, and Family in Renaissance Florence*, ed. by Giovanni Ciappelli and Patricia Lee Rubin (Cambridge: Cambridge University Press, 2000), pp. 39-47; Leonida Pandimiglio, *Famiglia e memoria a Firenze, II. Secoli XIV – XXI*, La memoria familiare 6 (Rome: Edizioni di Storia e Letteratura, 2012); Eric Ketelaar, 'The genealogical gaze. Family identities and Family Archives in the Fourteenth to Seventeenth Centuries', *Libraries and the Cultural Record* 44/1 (2009), pp. 9-28 (https://www.utexaspressjournals.org/toc/lcr/44/1; accessed 02.01.2022).

151 Eugenio Müntz, *Ricerche intorno ai lavori archeologici di Giacomo Grimaldi antico archivista della Basilica Vaticana fatte sui manoscritti che si conservano a Roma, a Firenze, a Milano, a Torino e a Parigi* (Florence: Eugenio, 1881); Giacomo Grimaldi, *Descrizione della Basilica Antica di S. Pietro in Vaticano. Codice Barberini Latino 2733*, ed. by Reto Niggl, Codices e vaticanis selecti 32 (Città del Vaticano: Archivio Vaticano, 1972).

152 Fabrizio Federici, 'Francesco Gualdi e gli arredi scultorei nelle chiese romane', in *Arnolfo di Cambio: una rinascita nell'Umbria medievale*, ed. by Vittoria Garibaldi and Bruno Toscano (Milan: Silvana Editoriale, 2005), pp. 91-95; Fabrizio Federici, 'Battaglie per la tutela nella Roma barocca: Francesco Gualdi e la difesa delle memorie antiche (con le tavv. XXXIV-XXXIX)', *Studi Romani*, 62 (2014), pp. 149-172.

153 There is no agreement in the assessment of the scholarly quality of Onofrio Panvinio's work. In addition to the literature mentioned above: Stefan Bauer, 'La transizione storiografica tra Rinascimento e Controriforma. Il caso di Onofrio Panvinio (1530-1568)', in *La transizione come problema storiografico. Le fasi critiche dello sviluppo della modernità (1494-1973)*, ed. by Paolo Pombeni and Heinz-Gerhard, Annali dell'Istituto storico italo-germanico in Trento. Quaderni, 89 (Bologna: Il Mulino, 2013), pp. 129-149.

154 Orietta Filippini, 'Memoria familiare e scritture d'archivio. Carlo Cartari nella Roma del Seicento', *Mélanges de l'École française de Rome*, 118/1 (2006), pp. 141-161, discusses the consistory-lawyer and his interest in his family history as well as his efforts to create a family archive.

155 In the famous country residence of the Farnese family in Caprarola the memory of their pope Paul III. (1534-1549) is celebrated as well as that of their medieval ancestors: Loren Partridge, 'Divinity and Dynasty at Caprarola: Perfect History in the Room of Farnese Deeds', *Art Bulletin*, 60 (1978), pp. 494-530; Julian Kliemann, *Gesta dipinte. La grande decorazione nelle dimore italiane dal Quattrocento al Seicento* (Milan: Silvana, 1993),

Francesca Romana (1384-1440) in 1608. Several Roman noble families could claim kinship links with her.[156] One of the few representations of medieval events in the context of the commune concerns the funerary monument of pope Gregory XI who died in Rome in 1378. He had returned the papacy from its exile in Avignon to the Tiber. The marble monument was set up in S. Maria Nova (today S. Francesca Romana) in 1584. The display of the coats of arms of eight families of the city apart from the commune's coats of arms may be a sign of a desire to create a sense of continuity. These were the dynasties of the Planca, Muti, Capranica, Massimo, Peretti (?), Boncompagni, Mattei as well as Del Bufalo.[157] The presence of the nepotist families of the popes Peretti (Sixtus V) and Boncompagni (Gregory XIII) confirm the desire to give visibility to the recent arrivals among the Roman elite.

The 'new' families of Rome who had always been eager to establish marriage alliances with the established dynasties, continued to put emphasis on their *romanità*.[158] For a long time many scholars were occupied with the creation of pompous genealogies and to provide heraldic-iconographic evidence. An example are the efforts of Prince Federico Cesi 1585-1630), the founder of the Accademia dei Lincei, who skilfully presented the history of his family in print and in the fine arts.[159]

In Tuscany there was also an awareness of the significance of images as conveyors of the memory of old urban elites, and in 1571 the grand-dukes introduced legislation for the protection of coats of arms, emblems and inscriptions in Florence and in all other towns belonging to the duchy.[160] The popes in Rome lacked this sensitivity. One has to be grateful to the scholars of the 16th and 17th centuries for their contribution to the preservation and documentation of genealogical-heraldic evidence which would otherwise have disappeared with the destruction or refurbishing of medieval churches and palaces. However medieval-gothic architectural fragments and quotes were used in architecture and they were tolerated with a view to their religious tradition and sometimes they were deliberately used and preserved.[161] Even

---

pp. 37-68; Loren Partridge, 'The Farnese Circular Courtyard at Caprarola: God, Geopolitics, Genealogy, and Gender', *The Art Bulletin*, 83 (2001), pp. 259-293.

156 *La canonizzazione di Santa Francesca Romana. Santità, cultura e istituzioni a Roma tra Medioevo ed Età moderna. Atti del Convegno internazionale, Roma, 19-21 novembre 2009*, ed. by Alessandra Bartolomei Romagnoli and Giorgio Picasso, Francesca Romana Advocata Urbis 2 – Studia olivetana 10 (Florence: SISMEL, 2013).

157 *Tombs of illustrious italians at Rome* (note 92) pp. 262-264, nr. 219.

158 Michele Franceschini, 'Le magistrature capitoline tra Quattro e Cinquecento. Il tema della romanitas nell'ideologia e nella committenza municipale', *Bollettino dei Musei Comunali di Roma*, n.s. 3 (1989), pp. 65-74; Camerano, Alessandra, 'La restaurazione cinquecentesca della romanitas: identità e giochi di potere fra Curia e Campidoglio', in *Gruppi ed identità sociali nell'Italia moderna. Percorsi di ricerca*, ed. by Biagio Salvemini (Bari: Edizione Puglia, 1998), pp. 29-79; Maria Antonietta Visceglia, 'Identità urbana, rituali civici e spazio pubblico a Roma tra Rinascimento e Controriforma', *Dimensioni e problemi della ricerca storica*, 2 (2005), pp. 7-38.

159 Andreas Rehberg, 'Genealogy and Heraldry as Means of Noble Self-Affirmation in Italy: the Case of the Cesi (*c.* 1477-1630)', in *Genealogical Knowledge in the Making* (note 56), pp. 221-255.

160 Olivier Rouchon, 'L'enquête généalogique' (note 17), p. 719.

161 Giorgio Simoncini, *La memoria del medioevo nell'architettura dei secoli XV – XVIII* (Rome: Gangemi, 2016), pp. 96-131, 158-178, 299-305. On the consequences for the preservation of medieval churches see: Daniela Mondini, 'Die "fortuna visive" römischer Sakralbauten des Mittelalters. Christliche Kultpromotion und antiquarisches Wissen in Publikationen des 17. bis 19. Jahrhunderts', in *Visualisierung und Imagination. Materielle Relikte des Mittelalters*, ed. by Bernd Carqué, Daniela Mondini and Matthias Noell (Göttingen: Wallstein, 2006),

though the antiquaries' practices continued, archival studies of the new generation of historians became prevalent. They are associated with names like Cesare Baronio (1538-1607)[162] and Famiano Strada S.I. (1572-1649).[163] A methodical historiography based on sources did, however, remain an exception for a long time. In the Rome of the Counter-Reformation and of the Baroque – one only has to think of a multitalent like Cassiano dal Pozzo (1588-1657)[164] – collecting and drawing remained approved means to resist the disappearance of past greatness.

---

pp. 253-322. Emblematic for the desire to remember the past, including that of the long denigrated Middle Ages, see: S. Romano, 'L'immagine di Roma, Cola di Rienzo e la fine del Medioevo', in *Arte e iconografia a Roma. Da Costantino a Cola di Rienzo*, ed. by Maria Andaloro and Serena Romano (Milan: Jaca, 2000), pp. 227-256; Patrizia Tosini, 'Sancta Sanctorum 1599. Il Medioevo restaurato di Girolamo Nanni', in *Survivals, revivals rinascenze. Studi in onore di Serena Romano*, ed. by Nicolas Bock, Ivan Foletti and Michele Tomasi (Rome: Viella, 2017), pp. 83-96.

162 *Baronio e l'arte* (note 29); Stefan Bauer, *The Invention of Papal History* (note 45).

163 For his study *De Bello Belgico*, begun in 1618 and printed in 1632, Strada could draw on his research in the archive of Ranuccio I. Farnese, duke of Parma and Piacenza: Florian Neumann, *Geschichtsschreibung als Kunst. Famiano Strada S.I. (1572-1649) und die ars historica in Italien*, (Berlin and Boston: De Gruyter, 2013), pp. 201, 211, 213, 216.

164 Ingo Herklotz, *Cassiano dal Pozzo* (note 55).

MARTIAL STAUB

The Poverty of 'Civism'

▼ **ABSTRACT** This chapter shows how medieval civism, or civicness, revolved around poverty. In an excursus on Georg Simmel's reflection on modern civic life and the work of the Chicago School, it then demonstrates how influential the enmeshing of civicness and poverty has been in modern urban sociology. Returning to the Middle Ages, it elaborates on the consequences of the intricacies between civicness and poverty for the development of the idea of the rights of the poor in Jean Gerson's work. In a final move back to our time, it outlines the development of the rights of the poor in early modern and modern thinking and demonstrates that some of the characteristic *aporiae* of the contemporary notion of rights of the poor can best be explained by their origin in medieval civism. The chapter thus provides original insights into the importance of the forgotten in history as it explores the forgotten origins of civicness and, through its modern reflections within urban sociology, on the one hand, and in the notion of the rights of the poor, on the other, the political relevance of the forgotten in the history of civism, and beyond.

This chapter examines how the notion of rights of the poor developed in the late Middle Ages against the background of medieval civic life.[1] It is hoped that it will contribute to a better understanding of the history of the rights of the poor and of the importance of the medieval period in their development.

The Middle Ages is not an obvious starting point for considering the relation between 'civism', or 'civicness', and the rights of the poor.[2] Premodern civicness, in

---

[1] I am much obliged to Dr Jessica Dubow from the Department of Geography at the University of Sheffield for her 'editorial scratching-outs'. I am afraid that I have to take responsibility for the remainder of the text.
[2] While 'civism' (from 18th-century French *civisme*) has vintage appeal, 'civicness' is more commonly used nowadays for designating qualities attached to and required by active citizenship. 'Civility' has been associated with civil society and distinguished from civicness. While the distinction between the citizen and the bourgeois

general, and medieval civicness, in particular, have usually been seen as distinctive and deficient when compared to their classical model and their modern transformation. Attitudes towards the poor in late medieval and early modern cities, for example, have often been interpreted as a strong indication of the difference between pre-modern exclusive and modern inclusive forms of civicness.[3] Although the comparison between classical and medieval ideals does not explicitly turn to the advantage of the former – it is generally assumed that the Greek *polis* and the Roman *civitas* did not as such care for their poor[4] – the institutionalisation of slavery reminds historians that the Ancients made the link between deprivation, or lack thereof, and civic status.

This chapter claims that medieval civicness has to be reconsidered, in particular in relation to the attitudes towards the poor, and that its place within the history of civism needs to be reassessed. Civism may, after all, have more to do with forgetting and renouncing than has been suggested. It will hopefully become apparent that, in many respects, medieval civicness still informs its modern equivalent, yet that the failure of modern scholarship to recognise the continuity between them has led to a gross underestimation of the role of civism in the development of the rights of the poor and a series of *aporiae* in current debates about the foundations of those rights. What this chapter aims to show, in other words, is that the history of medieval civicness provides an important element of explanation for both the appearance and the development of the notion of rights of the poor.

In the first instance, it will be argued that medieval civicness revolved around poverty, as evident from the context of 13th-century Civic Italy. This section will show how poverty was revisited by the ideal of apostolic life, so that the figure of the poor became closely associated with the 'idiot', and how the 'idiot' subsequently came to define the citizen. The implications that these changes had for communities beyond the civic context will also be explored, as communities since the early Middle Ages had in general been and would long afterward remain at the core of the perception of, and attitudes towards, poverty. The chapter will, secondly, explore how civicness has subsequently been tied to poverty with a particular emphasis on the similarities between urban contexts on the eve of the 'commercial' and political 'revolution' of the Middle Ages and the development of modern city life as reflected upon by Georg Simmel and the urban sociologists of the 'School of Chicago'. The third section will

---

is not obliterated in the following, this chapter aims to work out their close relationship. See also John Gillingham, 'From *Civilitas* to Civility: Codes of Manners in Medieval and Early Modern England', *Transactions of the Royal Historical Society* 12 (2002), 267-289. Any resemblance of the chapter's title with Karl Marx's *Misère de la philosophie* and Karl Popper's *Poverty of Historicism* is – needless to say – purely fortuitous.

3 František Graus, 'Randgruppen der städtischen Gesellschaft im Spätmittelalter', *Zeitschrift für historische Forschung* 8 (1981), 385-437; Bronislaw Geremek, *The Margins of Society in Late Medieval Paris*, trans. J. Birrell (Cambridge: Cambridge University Press, 1987); Ernst Schubert, "Soziale Randgruppen und Bevölkerungsentwicklung im Mittelalter", *Saeculum* 39 (1988), 294-339; Robert Jütte, *Poverty and Deviance in Early Modern Europe* (Cambridge: Cambridge University Press, 1994), pp. 100f-102.; Frank Rexroth, *Deviance and Power in Late Medieval London*, transl. P. E. Selwyn (Cambridge, 2007) ; Giacomo Todeschini, *Visibilmente crudeli. Malviventi, persone sospette e gente qualunque dal Medioevo all'età moderna* (Bologna: Il Mulino, 2007).

4 Paul Veyne, *Le Pain et le Cirque. Sociologie historique d'un pluralisme politique* (Paris : Edition Seuil, 1976), pp. 58-59 (this passage is missing from the English translation; see n. 9 below).

focus on the formulation of the rights of the poor in the late Middle Ages, by Jean Gerson in particular, and its, broadly speaking, 'civic' background. A final section will elaborate on the light that Gersonian legal definitions may shed on current debates on the rights of the poor and some of their *aporiae*.

I/1

Poverty was a common experience throughout the Middle Ages. Undeniably, many more people were affected by recurrent economic difficulties and unequal access to resources and power than is the case in any modern Western society.[5] More importantly, however, poverty covered a range of experiences, some of which would hardly fit any modern definition of poverty. Religiously motivated poverty, in particular, was widely recognised as a form of poverty. Contemporaries, of course, were able to distinguish between freely chosen poverty and poverty that was imposed and suffered. Tensions between the religious and the poor were anything but rare and the religious ideal was all but uncontested; yet both experiences were generally seen to have enough in common to be perceived as part of a broader phenomenon.[6]

If not consistently accepted, the blurred boundaries between voluntary and involuntary forms of poverty were a singular characteristic of medieval poverty. The persistence of this pattern can in part be explained by the fact that poverty, in the Middle Ages, was most commonly experienced by a group of people sharing the same condition. Not unlike monks and clerics, poor people were most frequently organised in associations of poor, socially disadvantaged or socially excluded people. Although this can more commonly be observed for the late Middle Ages, it was by no means limited to that period.[7]

Strikingly, associations of poor were defined by their members' economic activity, their labour in other words. To most people, begging was as much a form of labour as any other and surely more than any infamous, let alone any illicit job. Historians have, however, observed a tendency in the Late Middle Ages to stress

---

5 Brian Tierney, *The Medieval Poor Law: A Sketch of Canonical Theory and Its Application in England* (Berkeley: University of California Press, 1959); Michel Mollat, *The Poor in the Middle Ages: An Essay in Social History*, trans. A. Goldhammer (New Haven: Yale University Press, 1986); Otto Gerhard Oexle, 'Armut, Armutsbegriff und Armenfürsorge im Mittelalter', in *Soziale Sicherheit und soziale Disziplinierung. Beiträge zu einer historischen Theorie der Sozialpolitik*, ed. by Christoph Sachße and Florian Tennstedt (Frankfurt: Suhrkamp, 1986), pp. 73-100; Bronislaw Geremek, *Poverty: A History*, transl. A. Kolakowska (Cambridge (Mass.), Blackwell, 1994); Bernd-Ulrich Hergemöller, 'Randgruppen der spätmittelalterlichen Gesellschaft – Einheit und Vielfalt', in *Randgruppen der spätmittelalterlichen Gesellschaft. Ein Hand- und Studienbuch*, ed. by idem (Warendorf, 2nd ed.: Fahlbusch, 1994), pp. 1-55; *Armut im Mittelalter*, ed. by Otto Gerhard Oexle, Vorträge und Forschungen 58 (Ostfildern: Thorbecke, 2004).
6 In fact, some historians go as far as to argue that religious poverty came to shape medieval representations of poverty overall. See Karl Bosl, 'Potens und Pauper. Begriffsgeschichtliche Studien zur gesellschaftlichen Differenzierung im frühen Mittelalter und zum "Pauperismus" des Hochmittelalters', in *Frühformen der Gesellschaft im mittelalterlichen Europa*, ed. by idem (Munich: Oldenbourg, 1964), pp. 106-134; Lester K. Little, *Religious Poverty and the Profit Economy in Medieval Europe* (London: Paul Elek, 1978), pp. 171-173.
7 František Graus, 'Randgruppen' (note 3), pp. 430-432.

the distinction between beggars and workers. This shift of perception and attitude has been interpreted as the start of a new phase in the history of poverty as it had until then consistently been associated with labour.[8] Yet it would be misleading to underestimate the importance of the radicalisation of the relation between poverty and labour that occurred in the 12th and 13th centuries as a consequence of the rise of the ideal of apostolic life. In order to appreciate the fundamental nature of this change and its impact, it is essential to return to the factors that made medieval poverty distinctive.

In the ancient world, the poor were not singled out as a category. As Paul Veyne and Peter Brown have both emphasised, poverty could become a concern in its own right only once the framework of the ancient city had disappeared. Before then, poverty was merely, it seems, perceived and addressed in conjunction with citizenship.[9] Contrary to the ancient world, Christianity developed, as Judaism did and Islam would eventually do, what Peter Brown has called an 'aesthetic' conception of society. A 'beautiful' society did not hide the poor; it had, to the contrary, to make sure that they be included. More importantly, however, a beautiful society did not neglect its poor. Christianity thus marked a double departure from ancient attitudes towards poverty.[10]

The reason for that shift was remembrance or rather oblivion. Christianity was obsessed with remembrance to the extent that the historians of the Freiburg and Münster Schools have seen the repeated reference to the dutiful remembrance of the dead as evidence of the central role played by associational life in medieval society. According to this interpretation, oblivion equated social death.[11] Peter Brown has emphasised that the poor were in danger of losing "access to the networks that had lodged them in the memory of their fellows"; they were, as he put it even more bluntly, "eminently forgettable".[12] The poor were hardly visible. God was even less so, yet He must not be forgotten. The poor reminded their fellow Christians of their

---

8 Otto Gerhard Oexle, 'Armut, Armutsbegriff und Armenfürsorge' (note 5), pp. 91-93.
9 Paul Veyne, *Bread and Circuses: Historical Sociology and Political Pluralism*, transl. B. Pearce (London: Penguin Press, 1990), pp. 34-36; Peter Brown, *Poverty and Leadership in the later Roman Empire* (Hanover (NH). University of Chicago Press, 2002), pp. 3-5.
10 Peter Brown, 'Remembering the Poor and the Aesthetic of Society', *Journal of Interdisciplinary History* 35 (2005), pp. 513-522 and pp. 517-518. See, however, Paul Veyne, *Le Pain et le Cirque* (note 4), p. 57: 'Dans le paganisme, la douceur envers les pauvres et les miséreux était tenue pour un mérite, mais mineur, *pour l'ornement d'une belle âme* [my emphasis]; ce n'était pas une vertu canonique'.
11 See, e.g., Otto Gerhard Oexle, 'Liturgische Memoria und historische Erinnerung. Zur Frage nach dem Gruppenbewußtsein und dem Wissen der eigenen Geschichte in den mittelalterlichen Gilden', in *Tradition als historische Kraft*, ed. by Norbert Kamp and Joachim Wollasch (Berlin: De Gruyter, 1982), pp. 323-340. On social groups and their memory in medieval society, see idem., 'Gruppen in der Gesellschaft. Das wissenschaftliche Œuvre von Karl Schmid', *Frühmittelalterliche Studien* 28 (1994), pp. 410-423. On the importance of groups in medieval society more generally, from a German perspective, see idem, 'Soziale Gruppen in der Ständegesellschaft: Lebensformen des Mittelalters und ihre historischen Wirkungen', in *Die Repräsentation der Gruppen: Texte – Bilder – Objekte*, ed. by idem and Andrea von Hülsen-Esch (Göttingen: Vandenhoeck und Ruprecht, 1998), pp. 9-44.
12 Peter Brown, 'Remembering the Poor' (note 10), p. 519.

duty to remember God. Forgettable as such, they were, thus, crucial intermediaries between this world and the next by virtue of their pedagogical value.[13]

As has already been stated, associational life was an essential dimension of medieval society. Remembrance, in turn, was undeniably a core activity of medieval associations or, in some cases, their only *raison d'être*. Remembering the dead was therefore primarily the concern of associations.[14] The poor had, as mentioned, their own associations in which the dead members would be remembered. As a consequence of their special status, they also had the privilege to be remembered by other associations.

Not forgetting the poor took the form of beneficent practice. It is, however, hardly contestable that medieval 'philanthropy' benefited the religious more than the poor, even if anti-Catholic polemics following the Reformation might have induced historians to overestimate the clergy's overall benefit. As has been stressed by Peter Brown, religious leaders soon aspired to become 'forgettable'.[15] Yet on what ground was the assimilation between economic and religious poverty possible?

Western religious communities seemed to pay far less attention to poverty than their Eastern predecessors and counterparts. Whereas the latter aimed to support individual asceticism, the former were modelled around St Luke's description of the community of the apostles in Acts 4, 32-37.[16] Religious communities had to share ownership, and it was not until the 13th century that collective poverty was professed as an ideal within mainstream Latin Christianity. Common ownership obviously presupposed the renunciation of private property on the part of the community's members. Above all, however, it required obedience to the authority of the community's leader. That the abbot's duties are compared to those of the *paterfamilias* in the second chapter of St Benedict's Rule is anything but incidental in this respect.[17] Yet the allegory of the household's father might obscure rather than elucidate the fundamental relationship between obedience and poverty.

At the very end of the last lecture that he delivered at the Collège de France only two months before his death, Michel Foucault drew an intriguing parallel in the context of early medieval Western Christianity between the progressive subordination of

---

13 Peter Brown, 'Remembering the Poor', (note 10), pp. 519-520.
14 On medieval *memoria* as a 'social total phenomenon' (M. Mauss), see Otto Gerhard Oexle, 'Memoria als Kultur', in Memoria als Kultur, ed. by idem (Göttingen, Vandenhoeck und Ruprrecht, 1995); Michael Borgolte, *Totale Geschichte des Mittelalters* Memoria als Kultur', in *Memoria als Kultur*, ed. by idem (Göttingen: Vandenhoeck und Ruprecht, 1995), pp. 9-78. See also Michael Borgolte, *'Totale Geschichte' des Mittelalters. Das Beispiel der Stiftungen'* (Berlin: Humboldt Universität Berlin, 1993).
15 Peter Brown, 'Remembering the Poor' (note 10), pp. 520-521.
16 On the ideal of the *vita communis* as conceived by St Augustine, see Adolar Zumkeller, *Das Mönchtum des heiligen Augustinus* (Würzburg: Echter, 1950), pp. 121-123; George Lawless, *Augustine of Hippo and His Monastic Rule* (Oxford: Clarendon Press, 1987), pp. 128 and pp. 157-159. On its impact on Western monasticism, see Hans-Jürgen Derda, *Vita communis. Studien zur Geschichte einer Lebensform in Mittelalter und Neuzeit* (Cologne: Böhlaus, 1992), pp. 105-107; Ulrich Meyer, *Soziales Handeln im Zeichen des 'Hauses'. Zur Ökonomik in der Spätantike und im früheren Mittelalter* (Göttingen: Vandenhoeck und Ruprecht, 1998), pp. 257-259.
17 Regula Benedicti 2, 7; *La Règle de saint Benoît*, ed. by Adalbert de Vogüé and Jean Neufville, vol. 1 (Paris: Cerf, 1962), p. 442. On the link relationship between 'household' and monastery in St Benedict's Rule, see Ulrich Meyer, *Soziales Handeln* (note 16), pp. 277-270.

asceticism to obedience, on the one hand, and the rise of coenobitism and pastoral power, on the other. As Foucault explained, these developments were prompted by Christianity's emphasis on discipline as a way of paradoxically both caring for the self and telling the truth.[18] Foucault had latterly grown interested in the relation between techniques of individualisation and the production of truth as a major aspect of the history of philosophy and, beyond that, of the history of the formation of the West itself. He had started retracing the genealogy of modern society by focusing on the Cynics. Their way of life, he reckoned, established a radical relation between the care of the self and truth-telling (παρρησία/parrhesia), the legacy of which was to be taken up by early Christianity.[19] Yet, whereas the Cynics' ideal was a kind of radical freedom, Christianity would stress absolute obedience as a means of achieving both self-care and truth. Instead of philosophical self-care, Christianity promoted subjectivity; instead of truth-telling, truth-finding.[20] Without doubt, this constituted a radical departure from the ideals of the Cynics. However, the continuity between Christianity and the Cynics prevailed in two essential respects. Like the Cynics, Christianity valued poverty as a way of life and, however important the differences between Christian and Cynic self-care and truth were, these notions remained tied together in Christianity as they had been among the Cynics. Accordingly, Christian subjectivity, although defined by obedience, did not exclude participation, and it is worth recalling, in this context, that election by members was the normal way to designate the leaders of medieval religious communities.[21]

Discipline is what defined the religious way of life as life in 'poverty'. As discipline had been associated with labour, in particular, albeit not exclusively, in the context of the Roman army,[22] poverty eventually entered a close and complex relation with the perception of labour.[23] It is precisely this relationship that underwent a radicalisation as a result of the rise of the ideal of apostolic life in the 12th and 13th centuries.

I/2

Apostolic life had been at the core of religious communities since the early Middle Ages. However, the 12th and 13th centuries saw a range of attempts by Christian reformers to 'return' to the true sources of this ideal and a repeated claim to take it more 'literally', as Herbert Grundmann has shown.[24] As a result of this reform activity,

---

18 Michel Foucault, *Le courage de la vérité* (Paris : Gallimard-Seuil, 2009), pp. 304-306.
19 Michel Foucault, *Le courage de la vérité*, pp. 303-304.
20 Michel Foucault, *Le courage de la vérité*, pp. 296-298.
21 *Regula Benedicti* 64; *La Règle de saint Benoît* (note 17), p. 648.
22 Sara Elise Phang, *Roman Military Service: Ideologies of Discipline in the Late Republic and Early Principate* (Cambridge: Cambridge University Press, 2008), pp. 201-203.
23 Aurelius Augustinus, *De opere monachorum*, in *Corpus Scriptorum Ecclesiasticorum Latinorum*, vol. 41, ed. by Joseph Zycha (Prague: Verlag der Österreichischen Akademie der Wissenschaften, 1900), pp. 529-596. On Augustinus' influence, see Otto Gerhard Oexle, 'Armut, Armutsbegriff und Armenfürsorge' (note 5), pp. 75-77.
24 Herbert Grundmann, *Religious Movements in the Middle Ages*, transl. S. Rowan (Notre Dame (In): Notre Dame University Press, 1995), pp. 7-9.

apostolic life became much more common and broadly interpreted than ever before. It informed, in particular, an array of new religious communities and the initiatives of many lay people across Europe.[25] The Franciscan order was but one of the many forms of expression of that reform activity; yet it was the most influential, and still is the best known, of them all.

According to Otto Gerhard Oexle, it would at any rate be as appropriate to interpret the promotion of the ideal of apostolic life in the 12th and 13th centuries as a labour movement than as a poverty movement.[26] St Francis saw labour as a way of challenging and overthrowing the importance of status in social life.[27] There is, however, another and possibly more fundamental dimension to St Francis's emphasis on labour. By the beginning of the 13th century, labour had lost the productive connotation with which it had been associated since, at least, the Carolingian period. In Alanus ab Insulis' theological encyclopaedia, the *Liber in distinctionibus dictionum theologicalium*, labour was reduced to hard manual work.[28] Yet, if labour was to overcome the boundaries of status, its dignity had to be asserted. St Francis played an essential role in this process by turning the reduction of labour to hard work on its head. St Francis saw himself and his fellow Friars as instruments in God's hands. At the very end of his life, he insisted in his 'Testament' that "no one [had] showed [him] what [he] should do, but the Most-High himself [had] revealed to [him] that [he] should live according to the pattern of the Holy Gospel" (*nemo ostendebat michi quid deberem facere, sed ipse altissimus revelavit michi quod deberem vivere secundum formam sancti evangelii*).[29]

St Francis's contention that "no one [had] showed [him] what [he] should do" has fuelled debate about the extent to which, in his later years, he adhered to the notion of a sacramental Church.[30] If, however, attention is given to the whole passage, it appears that St Francis did not only claim to be a vessel of God's revelation in the best tradition of Christian mysticism, but that he understood himself as a tool destined to continue the work of the Gospel. Admittedly, St Francis did not use the analogies of the 'vessel' and the 'tool', which are taken from Max Weber's *Sociology of*

---

25 Robert Norman Swanson, *Religion and Devotion in Europe, c. 1215-c. 1515* (Cambridge: Cambridge University Press, 1995), pp. 10-12.
26 Otto Gerhard Oexle, 'Arbeit, Armut, "Stand" im Mittelalter', in *Geschichte und Zukunft der Arbeit*, ed. by Jürgen Kocka & Claus Offe (Frankfurt: Campus, 2000), pp. 67-79, p. 74.
27 Otto Gerhard Oexle, 'Armut und Armenfürsorge um 1200. Ein Beitrag zum Verständnis der freiwilligen Armut bei Elisabeth von Thüringen', in *Sankt Elisabeth. Fürstin, Dienerin, Heilige* (Sigmaringen: Thorbecke, 1981), pp. 78-100, p. 81.
28 Alanus ab Insulis, *Liber in distinctionibus dictionum theologicalium*, ed. Jacques-Paul Migne, *Patrologia Latina*, vol. 210 (Paris, 1855), coll. 687-1012, coll. 825. See Marie-Dominique Chenu, *The Theology of Work: An Exploration*, transl. L. Soiron (Chicago: Henry Regnery, 1963).
29 'Testamentum beati Francisci', in *Opuscula sancti patris Francisci Assisiensis*, ed. Kajetan Eßer (Rome: Collegium S. Bonaventura, 1978), pp. 305-31, p. 310; Francis of Assisi, *Early Documents*, vol. 1: *The Saint*, transl. R. J. Armstrong (St. Bonaventure (NY): New City Press, 1999), pp. 124-127, p. 125.
30 Kajetan Eßer, *Das Testament des heiligen Franziskus von Assisi. Eine Untersuchung über seine Echtheit und seine Bedeutung* (Münster: Aschendorf, 1949), p. 160.

Religion.[31] There, they describe two common ways of referring to one's instrumental role, which Weber identified as producing contrasting effects on the history of human societies. Weber stressed, in particular, the passivity that characterises the former as opposed to the agency implied in the latter. St Francis, it seems, was anxious in his 'Testament' that his role as an instrument in God's hand be actively perceived.[32] Only then could his 'deeds' be seen as a form of productive labour.

St Francis made an essential contribution to asserting the dignity of labour when many of his contemporaries had lost sight of the significance of its productive dimension. Does this mean that his view was closer to that of the early Middle Ages? It is striking that the recalling of the productivity of labour did not go hand in hand with any renewed emphasis on discipline. To the contrary, St Francis justified disobedience in cases in which the ideal of poverty, as he professed it, was betrayed by the community's leadership.[33] Neither poverty nor labour could be achieved through mere discipline. This was unquestionably a new position, and a radical one at that.

What, then, did it take to be a tool in God's hand? St Francis's answer was: poverty, not discipline. St Francis's ideal of poverty has been the object of many debates almost since the early days of the Franciscan movement.[34] Yet, despite the difficulties that the sources have posed to historians, a relatively consistent picture of St Francis's instrumental understanding of poverty can be drawn from them. For all his hesitations, contradictions or changes of mind, St Francis was firm about disappropriation, begging and renunciation as being the only way to live like a poor.[35]

Long before St Francis, the leaders of the movement of apostolic life had equated poverty with bareness. Nudity expressed both Christ's condition on earth and the readiness to imitate it. This programme was expressed in the saying "nakedly follow the naked Christ" (*nudus nudum Christum sequi*), which can ultimately be traced back to St Jerome.[36] To St Francis, denudation was even more important than nudity. On the one hand, it was a sign of his indifference to status. This is for instance evident in the episode in which St Francis stripped off his clothes in the diocesan court of Assisi and gave them to his father from whom he had received them and

---

31 Max Weber, *The Protestant Ethic and the Spirit of Capitalism*, transl. T. Parsons (New York: Routledge, 1958), pp. 103-104.
32 See in particular 'Testamentum' (note 29), p. 311. This aspect is misrepresented as poverty as 'a source of comfort' in Kenneth Baxter Wolf, *The Poverty of Riches: St Francis of Assisi Reconsidered* (Oxford: Oxford University Press, 2003), p. 32.
33 *Regula non bullata* 5, 2, in *Opuscula*, ed. by Kajetan Eßer (note 29), pp. 239-294, p. 250.
34 See Malcom D. Lambert, *Franciscan Poverty: The Doctrine of the Absolute Poverty of Christ and the Apostles in the Franciscan Order, 1210-1323* (London: S.P.C.K., 1961), pp. 68-72; Gordon Leff, *Heresy in the Later Middle Ages: The Relation of Heterodoxy to Dissent, c. 1250-c. 1450* (Manchester: Manchester University Press, 1967), pp. 51-53.
35 Malcom D. Lambert, *Franciscan Poverty* (note 34), p. 57.
36 Matthäus Bernards, 'Nudus nudum Christum sequi', *Wissenschaft und Weisheit* 14 (1951), 148-151; Réginald Grégoire, 'L'adage ascétique Nudus nudum Christum sequi' in *Studi storici in onore di Ottorino Bertolini* (Pisa: Pacini, 1972), vol. 1, 395-409; Jean Châtillon, 'Nudum Christum nudus sequere. Note sur les origines et la signification du thème de la nudité spirituelle dans les écrits spirituels de saint Bonaventure', in *S. Bonaventura 1274-1974* (Rome: Collegio Bonaventura, 1974), vol. 4, pp. 719-772; Giles Constable, 'Nudus nudum Christum sequi and Parallel Formulas in the Twelfth Century: A Supplementary Dossier', in *Continuity and Discontinuity in Church History: Essays Presented to George Huntston Williams*, ed. by Forrester F. Church and Timothy George (Leiden: Brill, 1979), pp. 83-91.

who wanted him to be deprived of his heritage by the bishop.[37] On the other hand, and even more importantly, denudation was meant to express the Friars' gratitude to the Creator, which St Francis saw as the quintessential imitation of Christ and the ultimate preparation to follow him.[38] To be poor was, for St Francis, to acknowledge that the Creator had provided for all that was needed and to live accordingly. The poor were thus able to adopt a new perspective, which valued frugality, on the world. They were also fundamentally confident that others and nature would give them the little that they needed for life. Frugality and confidence were the virtues for which St Francis recommended that his followers strive both for themselves and in order to convert by their example their contemporaries, be they rich or poor, *maiores* or *minores*.

The radiance of poverty that was supported by preaching was essential both as the productive side of St Francis's ideal and as the core of his conception of religious communities. Historians have noted how the missionary ideal that had since St Augustine traditionally been seen as an aspect of common life shifted between the 12th and 13th centuries. While Acts 4, 32-37 had served for many centuries as the reference text for both the ideal of common life and missionary activities,[39] the emphasis had eventually shifted to Matthew 10, 5-15, in which Christ himself sent his disciples out to proclaim the Gospel.[40] One might, then, wonder why St Francis kept calling himself an 'idiot' in an explicit reference to Acts 4, 13. Yet it is striking that *idiota* did not only refer to his ignorance as in Acts, nor to the fact that he was not a cleric and, therefore, not literate by 13th-century standards.[41] The notion is used in St Francis's 'Testament' in the very context in which he describes himself as a tool and designates the attitude that is required for achieving precisely this goal.[42] The poor had thus become the 'idiot'.

---

37 On this scene and its importance within the early hagiography and iconography of St Francis, see Damien Boquet, 'Ecrire et représenter la dénudation de François d'Assise au XIIIe siècle', *Rives méditerranéennes* 30 (2008), 39-63. For St Francis's knowledge of status, see Richard C. Trexler, *Naked Before the Father: The Renunciation of Francis of Assisi* (New York: Lang, 1989).

38 Malcom D. Lambert, *Franciscan Poverty* (note 34), pp. 49-52 and 61-63.

39 The monastic care for the poor had for centuries been based on this missionary ideal. See, for instance, Otto Gerhard Oexle, 'Individuen und Gruppen in der lothringischen Gesellschaft des 10. Jahrhunderts', in *L'abbaye de Gorze au Xe siècle*, ed. by idem and Michel Parisse (Nancy: Presse Université de Lorraine, 1993), pp. 105-139.

40 This shift was made explicit by St Thomas against William of Saint-Amour; Thomas Aquinas, *Contra impugnantes Dei cultum et religionem* pars 2, cap.3, ed. by Hyacinthe François Dondaine, in *Sancti Thomae Aquinatis opera omnia*, ed. Commissio Leonina, vol. 41 A (Rome: Typografia Polyglotta, 1969-1970), p. 78. On St Thomas's 'double evangelism of religious life', see Jean-Pierre Torrell, *Saint Thomas Aquinas*, vol. 1, rev. version, transl. R. Royal (Washington (DC): Catholic University of America Press, 2005), p. 90.

41 Herbert Grundmann, 'Litteratus – Illiteratus. Der Wandel einer Bildungsnorm vom Altertum zum Mittelalter', *Archiv für Kulturgeschichte* 40 (1958), pp. 1-65: Arno Borst, 'Laie', in *Historisches Wörterbuch der Philosophie*, vol. 5 (Basel: Schwabe, 1980), coll. 8-10; Andreas Urs Sommers, 'Kurze Geistesgeschichte des Idioten', *Zeitschrift für Ideengeschichte* 4 (2010), pp. 5-19, pp. 7-8. On St Francis's understanding of knowledge and ideal of *simplicitas*, see Kajetan Eßer, 'Studium und Wissenschaft im Geiste des heiligen Franziskus von Assisi', *Wissenschaft und Weisheit* 39 (1976), pp. 26-41.

42 'Testamentum', in *Opuscula*, ed. Kajetan Eßer (note 29), pp. 310-312.

1/3

How did the idiot come to define the citizen as this chapter contends? It has already been alluded to some of the consequences of the equation of the poor with the idiot in the context of the rise of the ideal of apostolic life. The radical link that St Francis, in particular, established between poverty and labour challenged the boundaries of status on which the 'feudal' order of society rested. Labour was now seen as productive and, as such, recommended as an ideal to all categories of society. Egalitarianism did not mean individualism, however, as communities remained essential to any life in poverty. Moreover, communities promoted their members' participation in making decisions. Yet, while poverty postulated the existence of communities wherever it was likened to discipline, this postulate was less evident in the Franciscan context. There, the community was as much a product as a prerequisite of poverty.

That the Franciscan community was based on poverty did not alienate it from the communal context of Civic Italy where it originated. To the contrary, as a result of St Francis's activity, poverty and citizenship were thrown into what seems to be a most improbable alliance. The movement of apostolic life had most certainly prepared the ground for this development, although the coincidence between its rise and the success of the communal movement still awaits explanation.[43] That the Franciscan ideal penetrated into the civic world of Italy relatively early in the 13th century is hardly contestable. Hans Baron has given evidence of this.[44] Since then, much attention has been paid to the interaction between political thought and political life in communal Italy, in general, and the ethical dimension of citizenship, in particular.[45] Yet the mores of the people in the early days of the Italian City-State remain largely unexamined.

For all the significance that St Francis's emphasis on labour had on 13th-century society, the political implications of Franciscan renunciation might potentially have been even more considerable. To begin with, St Francis justified renunciation to property on the grounds that owning something meant the same as excluding somebody else from it.[46] While postulating that the relation between the general whole and the single individual was an essential part of justice, he implicitly anticipated St Thomas Aquinas's notion of 'distributive justice'. It is worth noting, however, that St Thomas, whose work was to have a considerable influence on modern reflections

---

[43] This question was at the core of the enquiry suggested for France by Jacques Le Goff, 'Apostolat mendiant et fait urbain dans la France médiévale : l'implantation des ordres mendiants', *Annales ESC* 23 (1968), pp. 335-352. For Italy, see *Les ordres mendiants et la ville = Mélanges de l'Ecole française de Rome, Moyen Âge – Temps modernes* 89 (1977), pp. 557-773; for Germany, see John B. Freed, *The Friars and German Society in the Thirteenth Century* (Cambridge (Mass.): Medieval Academy of America, 1977).

[44] Hans Baron, 'Franciscan Poverty and Civic Wealth as Factors in the Rise of Humanistic Thought', *Speculum* 13 (1938), pp. 1-37, pp. 4-6.

[45] This interest was in part prompted by Robert Putnam, *Making Democracy Work: Civic Traditions in Modern Italy* (Princeton: Princeton University Press, 1993), pp. 121-123 and pp. 177-179. See, e.g., Edward Muir, 'The Sources of Civil Society in Italy', *Journal of Interdisciplinary History* 29 (1999), pp. 379-406. See also Giorgio Chittolini, 'The "Private", the "Public", the State', *Journal of Modern History* 67, suppl. (1995), pp. 34-61.

[46] Malcom D. Lambert, *Franciscan Poverty* (note 34), p. 50.

on justice, derived the distinction between commutative and distributive justice from Roman law and, above all, from Aristotle's *Nicomachean Ethics*,[47] and that neither of these sources was averse to property. It is, therefore, hardly surprising that St Thomas did not tie poverty to distributive justice.[48]

Yet was St Francis, ultimately, thinking of justice or 'uprightness'? The distinction between these notions has famously been suggested by German philosopher Ernst Bloch in his influential work on *Natural Law and Human Dignity*. There, Bloch argued that a theory of rights was only possible as a critique of rights theory. He therefore drew a distinction between justice, which he saw as a means of domination, and 'real justice', which, in his mind, classically originated 'from below'.[49] While Marxism had merely equated 'uprightness' with a fight for human dignity, Bloch was keen to salvage the legacy of human rights by emphasising their importance in this process. Even so, Bloch sharply distinguished between concerns for dignity, which were aimed at happiness, as opposed to suffering, and claims for rights that were intended at emancipation from degradation.[50] As demonstrated by the reception of St Francis's ideal of justice in late medieval natural law theory, to which this chapter will return, human dignity and human rights were not fundamentally separate issues, nor were 'uprightness' and justice or political life and political theory.

However important justice was to communal life, its role was ancillary to the instauration of peace within the communes. Without peace between their members and with their elected officials, the medieval communes or, for that matter, the medieval guilds and universities would not have lasted very long nor would they have had the impact they did on the modern world. The latter is in part, as historiography has recently stressed, the result of those and similar institutions' ability to defend an ideal of peace based on consensus among equals against an environment that saw peace settlement as a matter of sovereignty in St Augustine's tradition.[51]

Peace by association was generally limited to members, however. This is particularly obvious in the case of the communes. Communes waged war against other authorities in order to defend peace. They even attacked other communes, although alliances between communes in order to defend each other's peace were not uncommon. More importantly, communes imposed their authority on non-members within their walls and, quite commonly, in the countryside.[52] For many, thus, communal peace meant arbitrariness.

---

47 Thomas Aquinas, *Summa theologiae*, IIa-IIae, q.61fols., in *Opera omnia*, ed. Commissio Leonina, vol. 9 (Rome: Typografia Polyglotaa, 1897), pp. 31-33.
48 Samuel Fleischacker, *A Short History of Distributive Justice* (Cambridge (Mass.): Harvard University Press, 2004), p. 22.
49 Ernst Bloch, *Natural Law and Human Dignity*, transl. D. J. Schmidt (Cambridge (Mass.): MIT Press, 1987), pp. 200-202.
50 Ernst Bloch, *Natural Law*, p. 208.
51 Otto Gerhard Oexle, 'Friede durch Verschwörung', in *Träger und Instrumentarien des Friedens im hohen und späten Mittelalter*, ed. by Johannes Fried (Sigmaringen: Thorbecke, 1996), pp. 115-150, pp. 115-117.
52 Wilhelm Ebel, *Die Willkür. Eine Studie zu den Denkformen des älteren deutschen Rechts* (Göttingen: Schwartze, 1953), pp. 62-64; Gerhard Dilcher, *Die Entstehung der lombardischen Stadtkommune* (Aalen: Scientia, 1967), p. 146.

Arbitrariness was a more fundamental form of exclusion than mere injustice. The issue was no longer the unfair repartition of power and goods, but the fact that some people were denied access to them in the first place. The poor were particularly vulnerable to arbitrariness, as citizenship was commonly dependent upon property. The justification for tying ownership to citizenship stated that communal liberty had, if necessary, to be defended by taking up arms since it was the condition of individual liberty.[53] The disenfranchisement of the poor was thus a mere corollary, possibly the most obvious of all, to the limitations inherent in communal peace.

St Francis's understanding of peace was at odds with such limitations. More importantly, however, it provided an inclusive alternative to exclusive citizenship by emphasising renunciation as the prerequisite of true peace. The *Legend of the Three Companions*, whose inspiration goes back to the early days of the Franciscan fraternity,[54] stresses the importance of peace in St Francis's predication, which is seen as resulting from his conversion. Yet, while this text is known to focus on St Francis's individual journey, it also hints at his interaction with the civic context of the age. Chapter eight relates the story of an anonymous figure that 'frequently went through Assisi greeting the people with "Peace and good! Peace and good!"' as a source of inspiration for St Francis's own peace predication.[55] Despite the similarity of this episode to the activities of apostolic life disciples and the greeting pre-dating the Franciscan movement,[56] the formulation *pax et bonum*, as the Italian vernacular *pace e bene* is rendered in Latin, captures the essence of St Francis's predication and of his engagement with the civic world in which he preached.

Modern interpretations of the Franciscan greeting have generally oscillated between an active and a passive understanding of *bonum*. This term has been seen to designate either the 'good things' that could be achieved by the citizens or their well-being.[57] It has hardly been noticed, however, that *pax et bonum* alluded to the fabric of peace in the civic context: while *bonum* must have referred, in the mind of many town-dwellers of the age, to the repartition of goods and power in the communal context and, hence, to an essential prerequisite for sustaining peace within the city walls, *pax* invoked the very peace oath that constituted the communes as well

---

53 See, e.g., the justification for the constitution of the Lombard League according to the chronicle of Archbishop Romuald of Salerno *pro honore et libertate Italie et Romane ecclesie dignitate servanda*: *Romualdi II archiepiscopi Salernitani annales*, ed. Wilhelm Arndt, in *Monumenta Germaniae Historica: Scriptores*, vol. 19 (Hanover: Hahn, 1866), 387-461, p. 445. See Knut Schulz, 'Denn sie liebten die Freiheit so sehr…'. *Kommunale Aufstände und Entstehung des europäischen Bürgertums im Hochmittelalter* (Darmstadt, 2nd ed.: Wissenschaftliche Buchgesellschaft, 1995), pp. 211-214.

54 Rosalind B. Brooke, *The Image of St Francis: Responses to Sainthood in the Thirteenth Century* (Cambridge: Cambridge University Press, 2006), pp. 147-149; *François d'Assise vu par les compagnons: Du commencement de l'Ordre – Légende des trois compagnons*, transl. J. Dalarun (Paris: Payot, 2009), pp. 9-11.

55 Théophile Desbonnets, '*Legenda trium sociorum*: Edition critique', *Archivum Franciscanum Historicum* 67 (1974), 38-144; Francis of Assisi, *Early Documents*, vol. 2: *The Founder*, transl. R. J. Armstrong et al. (St. Bonaventure (NY): New City Press, 2000), pp. 61-112, p. 84.

56 Niklaus Kuster, '*Pax et bonum – Pace e bene*. Ein franziskanischer Gruß, der nicht von Franziskus stammt', *Wissenschaft und Weisheit* 71 (2008), pp. 60-80.

57 Francis of Assisi, *Early Documents* 2 (note 55), p. 84.

as citizenship.[58] Yet the processes of creating and maintaining peace were difficult to join both in practice and in theory. If citizens were equal, it proved nonetheless difficult to eschew economic differences when distributing power. If, alternatively, property had to be accounted for, as it undoubtedly did, its significance had to be played down in order to achieve equality. *Pax et bonum* suggested renunciation as a way of attaining both justice and peace. Foolishness was a path to distributive justice, as stated earlier; beyond that, however, the 'idiot' was the perfect citizen.

To many contemporaries of St Francis, the equation of the citizen and the idiot must have sounded like an oxymoron, even though the original Greek meaning of ἰδιώτης/*idiotes* as 'private' had by then long been lost. This meaning was, on the other hand, certainly present to Nicholas of Cusa in the 15th century when he referred to, and identified himself, with the 'idiot' in his three dialogues of the *idiota*.[59] Yet it is striking that, although Cusanus had some notions of Greek and had certainly learnt it by the end of his life,[60] the 'idiot' was primarily and foremost to him the embodiment of the wisdom of the 'man of the street'.[61] Cusanus and, before him, his mentor Jean Gerson, to whom this chapter will later return, lived in a context that was in many respects still heavily influenced by the developments of the 12th and 13th centuries. Accordingly, Cusanus's 'idiot' conveyed connotations that were reminiscent of the Franciscan poor.

I/4

The significance of St Francis's equation of the citizen and the poor for the history of pre-modern cities and poor relief cannot be overestimated, even though it remains to be explored in detail. Before our attention turns to the history of civicness in relation to poverty, some of the consequences that the equation between membership and poverty had on medieval associations will briefly be examined.

It has already been noted that the interaction between the movement of apostolic life and urban society remains largely unexplained, especially in the case of the Mendicants. It is striking, in particular, how little has been said about the role played by associations in that process. Yet there is little doubt that urban confraternities were strongly boosted by the Mendicants. The numerous confraternities of penitents that blossomed in and from Central Italy from the first half of the 13th century around the convents of the Franciscans and the Dominicans embraced all categories of lay

---

58 Albert Vermeesch, *Essai sur les origines et la signification de la commune dans le Nord de la France (XIe et XIIe siècles)* (Heule : UGA, 1996), pp. 179-180; Gerhard Dilcher, *Entstehung* (note 52), pp. 153-155; Otto Gerhard Oexle, 'Friede' (note 51), pp. 121-123.
59 Nicolaus de Cusa, *Idiota de sapientia; de mente; de staticis experimentis*, ed. Ludovicus Baur, in idem, *Opera omnia*, ed. Academia litterarum Heidelbergensis, vol. 5 (Leipzig: Meiner, 1937).
60 Martin Honecker, *Nikolaus von Cues und die griechische Sprache* (Heidelberg: Winter, 1938), pp. 6-8; John Monfasani, 'Nicholas of Cusa, the Byzantines and the Greek Language', in *Nicolaus Cusanus zwischen Deutschland und Italien*, ed. by Martin Thurner (Berlin: De Gruyter, 2002), pp. 215-252.
61 Arno Borst, 'Laie' (note 43), coll. 8-10; Kurt Flasch, *Nikolaus von Kues. Geschichte einer Entwicklung* (Frankfurt: Klostermann, 1998), pp. 251-253.

people, male and female, married and single, thus re-enforcing the openness and universalism inherent in the Mendicants' approach to communities.[62] Contemporary critics of the Mendicants were well aware of their impact on associational life as the criticism of the 'fluidity' of those associations as late as in the Reformation shows.[63]

The reference to the recurrent anti-Mendicant polemics testifies to the difficulties that the Franciscans and the Dominicans, in particular, faced in promoting open associations. The loss of political significance in a context in which peace was increasingly seen as given by the state rather than agreed upon by mutual renunciation might ultimately, however, have been more harmful to open associations. Having lost their political *raison d'être* while keeping to their universal claim, associations would eventually make an important contribution to uniformising people. Alongside the new technologies of power aimed at both the individual and social bodies described by the late Foucault, associations thus prepared the ground for modern 'governmentality' and the welfare-state.[64]

II

As early as 1899, German sociologist Georg Simmel had outlined the intriguing resemblance between Franciscan attitudes towards poverty and the 'philosophy of money', as he was to famously formulate the impact of monetary economy on culture and social relations.[65] Even though the shortcomings of Simmel's perspective may be obvious at the distance of a century, its influence on our understanding of society, especially, albeit not exclusively, through the work of the urban sociologists of the 'School of Chicago', cannot be overestimated.

Like Simmel, Robert Park and Louis Wirth as well as their colleagues and followers at the University of Chicago saw the city and, more particularly, the life style that the heterogeneity of urban population and the density of relationships promoted as at once a factor of rootlessness and an element of individual freedom.[66] Admittedly, the School of Chicago's town-dweller was much more than Simmel's 'stranger' a

---

62 Gilles Gérard Meersseman, Ordo fraternitatis: *Confraternite e pietà dei laici nel medioevo*, 3 vols (Rome: Herder, 1977).
63 Christopher Ocker, 'Rechte Arme und Bettler Orden. Eine neue Sicht der Armut und die Delegitimierung der Bettelmönche', in *Kulturelle Reformation. Sinnformationen im Umbruch, 1400-1600*, ed. by Bernhard Jussen and Craig Koslofsky (Göttingen: Vandenhoeck und Ruprecgt, 1999), pp. 129-158, up. 149; Valentin Groebner, 'Mobile Werte, informelle Ökonomie. Zur Kultur der Armut in der Stadt des späten Mittelalters und der frühen Neuzeit', in *Armut im Mittelalter* (note 5), ed. by Otto Gerhard Oexle, pp. 168-180.
64 The historiography of late medieval and early modern philanthropy has moved 'away from viewing the emergence of the welfare state as the work of some reformers and governments" and turned its attention "to the rather complex role of the community and the poor themselves in the growth and development of the welfare state', as stated by Robert Jütte, *Poverty* (note 3), p. 2.
65 Georg Simmel, 'Über Geiz, Verschwendung und Armut (1899)', in idem, *Gesamtausgabe*, vol. 5, ed. Otthein Rammstedt (Frankfurt: Suhrkamp, 1992), pp. 529-542; idem., *The Philosophy of Money*, transl. T. Bottomore & D. Frisby (London, 3rd ed.: Routledge, 2004), p. 254.
66 Georg Simmel, 'The Metropolis and Mental Life' transl. E. A. Shils, in *Georg Simmel: On Individuality and Social Forms*, ed. Donald N. Levine (Chicago: Springer, 1971), pp. 324-339.

member of a community, which had to be controlled and, above all, cared for if social disintegration was to be prevented.⁶⁷ Even so, poverty was deemed an issue of citizenship rather than welfare, as Morris Janowitz's emphasis on the negative effects of welfare spending on political participation, in particular, shows.⁶⁸

Both Simmel and Janowitz were interested in the formal principles according to which groups of people organised their common life. Yet, for Janowitz even more than for Simmel, participation involved self-restraint. 'Social control', as he put it, was to be distinguished from 'social conformity', let alone 'social repression'. While convinced of the capacity of social organisations to regulate themselves and of the importance of set goals in that process, Janowitz insisted on values in the explanation of patterns of influence within society. More specifically, he contended that self-restraint was a pre-condition for working welfare and that it was therefore essential, for the modern welfare state, to build citizen participation into the institutions of welfare. This corresponded exactly to the lesson that Janowitz had drawn from Simmel's sociological observations. 'Simmel', he stressed, 'rejected the assertion that participation engendered only social constraint and conformity or, alternatively, individuality resulted only from withdrawal'. Simmel held, to the contrary, 'that individuality was the result of a pattern of social participation and the outcome of specific types of social control'.⁶⁹

The School of Chicago's emphasis on the importance of self-restraint and, more generally, poverty in the definition and practice of citizenship is but one of the latest occurrences of a tradition that goes back to the high Middle Ages and, more precisely, to the rise of the ideal of apostolic life in the 12ᵗʰ and 13ᵗʰ centuries. This tradition has tended to interpret political participation as a moral response to the formalisation of communal life following, in particular, the rise and development of monetary economy.

III

The importance of linking the social to the political question for the development of modern civicness cannot be overestimated. Yet, however substantial the legacy of the Middle Ages has been for the history of 'social control' and urban sociology, the most important sequel of the medieval definition of civicness around poverty was the development of the notion of rights of the poor in the 14ᵗʰ and 15ᵗʰ centuries.

It was Jean Gerson who was to give the clearest formulation and be the most vocal exponent of the idea that the poor had rights which came from nature. In a sermon that he delivered on Holy Thursday of 1402 to the chapter of the Notre-Dame cathedral in Paris, Gerson summarised his purpose by stating that he aimed to demonstrate

---

67 See, most notably, Robert E. Park, 'Human Migration and the Marginal Man', *American Journal of Sociology* 33 (1928), pp. 881-893.
68 Morris Janowitz, *Social Control of the Welfare State* (New York: Eleviier, 1976).
69 Morris Janowitz, 'Sociological Theory and Social Control', *American Journal of Sociology* 81 (1975), pp. 82-108, p. 91.

that the poor had been given "a right to all things which [were] to be possessed and held in dominium, not by civil law but by divine law" (*[pollicitus sum ostensurum] ex titulo humilitatis ius tradi humilibus ad omnia quae dominantur possidenda, non quidem civili lege sed divina*).[70]

This statement was as bold as it was unexpected, both given the audience to which it was intended and the trajectory of the cleric who delivered it. Gerson's attitude towards the Franciscans had been ambivalent at best, and it would eventually deteriorate rather than improve.[71] More significantly, however, Gerson's sermon on Holy Thursday 1402 marked a noticeable shift from his formative years at the University of Paris, which ended so abruptly in 1399 when he momentarily abandoned his position as chancellor and sought refuge at St Donatian in Bruges.[72] Upon his return to Paris in 1400, the Lord's Supper had, it seems, become the catalyst of his own experience as a cleric who had been anxious to reconcile the requirements of being a good administrator, teacher, pastor and Christian, yet had eventually found comfort in the Father's commitment to the Son that He had 'put all things into His hands' (*Omnia dedit ei Pater in manus*; John 13, 3). It was precisely this message that Gerson would repeatedly and tirelessly convey to the many audiences that he addressed in the years following his return to Paris.[73] While giving absolute dominion to Christ, God had made every just man a proprietor of all things, Gerson argued; more importantly, however, He had infused in every man the ability to participate in His will.[74] If renunciation was a logical consequence of the universal dominion promised by God to humankind, it was, above all, a way of acknowledging the Creator's unequalled generosity[75] and, hence, the prerequisite for the mystical union with the divine will, the *unio mystica*, which was to become the core of Gerson's theology.[76]

Gerson's instrumental understanding of poverty was undeniably reminiscent of the ideal of apostolic life; and it was as political as St Francis's equation of the 'idiot' and the citizen, albeit in a different way. Poverty was still, in Gerson's days, the central ecclesiological issue that it had been from the beginning of the 14th century,

---

70 Jean Gerson, 'A Deo exivit', in idem., *Œuvres complètes*, ed. Palémon Glorieux, vol. 5: *L'œuvre oratoire* (Paris: Desclée, 1963), p. 17. On this sermon and the controversy about the date of its delivery: Steven E. Ozment, *Homo Spiritualis: A Comparative Study of the Anthropology of Johannes Tauler, Jean Gerson and Martin Luther (1509-1516) in the Context of Their Theological Thought* (Leiden: Brill, 1997), pp. 55-57.

71 Guillaume H. M. Posthumus Meyjes, *Jean Gerson – Apostle of Unity: His Church Politics and Ecclesiology*, transl. J. C. Grayson (Leiden; Brill, 1999), pp. 293-295.

72 Brian Patrick McGuire, *Jean Gerson and the Last Medieval Reformation* (Philadelphia; Pennsylvania State University Press, 2005), pp. 92-94.

73 See, in particular, Jean Gerson, *Omnia dedit ei Pater*, in idem, *Œuvres*, ed. Palémon Glorieux, vol. 5 (note 70), pp. 405-419. On the context of *Omnia dedit ei Pater* and *A Deo exivit* (part of the Holy Thursday 'trilogy') and their influence on Gerson's *De mystica theologia speculativa*, see Steven E. Ozment, *Homo Spiritualis* (note 70), pp. 55-57. On the continuity in Gerson's work post-1400, see Brian Patrick McGuire, *Gerson* (note 72), pp. 125-127.

74 Jean Gerson, *De vita spirituali animae*, in idem, *Œuvres*, ed. Palémon Glorieux, vol. 3: *L'œuvre magistrale* (Paris: Desclée, 1962), pp. 141-142; see Brian Tierney, *Idea of Natural Rights*, p. 226.

75 Brian Tierney, *Idea of Natural Rights. Studies on Natural Rights, Natural Law and Church Law 1150-1625* (Cambridge (U.K): Eerdmann, 1997), p. 217, against Richard Tuck, *Natural Rights Theories: Their Origin and Development* (Cambridge: University of Cambridge Press, 1979), p. 30.

76 On Gerson's interpretation of the *Unio mystica*, see Steve E. Ozment, *Homo Spiritualis* (note 70), pp. 72-74.

when the papacy clashed with leading Franciscans over the justification of ownership. Between Ockham and Gerson, the main concern had, however, shifted from the limits of property to the Church's entitlement to it. John Wyclif had contested the rights of the Church to possession while radicalising the arguments of the pope's supporters and directing them against papal claims. If divine grace was the foundation of licit dominion, as stated by both Giles of Rome and Richard FitzRalph, Wyclif insisted that the prelates had forfeited their right to it because of the corruption of the visible Church.[77] Gerson gave the debate about grace and dominium yet another twist, which enabled him to dismiss Wyclif's criticism.

As Gerson argued, dominium was ultimately based on the acceptance of the divine grace, and rights on renunciation. Renunciation guaranteed rights because everybody had been given divine grace, regardless of their sinful status.[78] Every community, therefore, consisted first and foremost of people who had to acknowledge that they had been given much more than they could give. This was particularly, although not exclusively, the case of the University of Paris. In the letter that he sent to his colleagues at the Collège de Navarre only weeks before he returned to Paris, in 1400, Gerson drew a reform programme for the institution of which he was still the chancellor.[79] He emphasised, in particular, the need to address the corporation in sermons and pleaded in favour of the re-integration of the Dominican masters into university, although he had, as he acknowledged, been instrumental in having them excluded only a few years earlier.[80] The Dominicans' exclusion had, he felt, had a negative impact on preaching in the university. Both regular sermons and the end of the rivalry between the secular clergy and the Dominicans were, as he now insisted, vital for the success of the reform of the University of Paris. For, while nobody contested that rivalry was detrimental to peace by consensus, for Gerson it detracted from politics altogether, as it prevented people recognising that they were all at the receiving end of God's grace.[81] Unlike St Francis's, Gerson's citizen did not have to become poor-like in order to be ideal. In Gerson's political thought, citizens did not have to occupy the moral high ground; they were citizens because they were poor and, as poor, they had rights.

While Gerson's influence on modern political theory has generally been acknowledged since J. N. Figgis's seminal *Studies of Political Thought from Gerson to Grotius, 1414-1625*,[82] scholars have only more recently focused their attention on the afterlife and implications of his rights theory. If the question as to whether late medieval

---

77 Richard Tuck, *Natural Rights Theories* (note 75), pp. 25-27; James Doyne Dawson, 'Richard FitzRalph and the Fourteenth-Century Poverty Controversies', *Journal of Ecclesiastical History* 34 (1983), pp. 315-344; Tierney, *Idea of Natural Rights* (note 75), p. 229.
78 Jean Gerson, *De vita spirituali animae*, in idem., *Œuvres*, ed. Palémon Glorieux, vol. 3 (note 74), pp. 141-143.
79 Jean Gerson, *Œuvres*, ed. Palémon Glorieux, vol. 2: *L'œuvre épistolaire* (Paris : Desclée, 1960), pp. 36-42; Brian Patrick McGuire, *Gerson* (note 72), pp. 122-123.
80 On the background and circumstances of their expulsion from University, see Brian Patrick McGuire, *Gerson*, pp. 41-43.
81 Jean Gerson, *De vita spirituali animae*, in idem, *Œuvres*, ed. Palémon Glorieux, vol. 3 (note 74) p. 147.
82 John Neville Figgis, *Studies of Political Thought from Gerson to Grotius, 1414-1625* (Cambridge: Cambridge University Press, 1907).

rights theory, in general, and Gerson's, in particular, were forerunners of modern constitutionalism has become the subject of much dispute, the debate has more recently concentrated on conciliarism.[83] Yet, although Gerson's thought would be closely associated with conciliarism by early modern authors,[84] its origin seems to have lain in his understanding of citizenship as deriving from poverty. This set of ideas was developed before Gerson emphasised from about 1408 the authority of the general council on the Church and urged its summoning in the face of the triple challenge of the Western Schism, the need to reform the Church and the heresy.[85] While Gerson's influential definition of a right as "an immediate faculty or power pertaining to anyone according to the dictate of primal justice" (*ius est facultas seu potestas propinqua conveniens alicui secundum dictamen primae iustitiae*) in *consideratio* 13^a of his *De potestate ecclesiastica* was famously formulated in 1416 at the Council of Constance, a similar version can be found as early as 1402 in his *De vita spirituali animae*.[86] It would, however, appear that the conciliar connotations, which would later be attached to Gerson's thought, have concealed the implications of his civic theory. For it is particularly intriguing that the notion of rights of the poor was lost from the very moment at which, in the late 16th and 17th centuries, political theorists would develop a new understanding of natural rights, while discussing the merits and limits of late medieval conciliar thought.[87]

IV

If the question of the origins of modern rights theory in the late 16th and 17th centuries remains outside the scope of this study, it is nonetheless striking that some of the most intricate *aporiae* in contemporary reflexion on the rights of the poor disappear when they are examined against the background of Gersonian political thought and its civic context. This chapter, therefore, ends with a plea for a reassessment of the civic dimension of rights theory, in general, and the rights of the poor, in particular.

Poverty has become a central issue of international law through the discussion of so-called 'second-generation' social rights, and it is nowadays generally considered to be a violation of human rights to the same extent that any infringement of

---

83 Cary J. Nederman, 'Conciliarism and Constitutionalism: Jean Gerson and Medieval Political Thought', *History of European Ideas* 12 (1990), pp. 189-209; Francis Oakley, 'Nederman, Gerson, Conciliar Theory and Constitutionalism: *Sed contra*', *History of Political Thought* 16 (1995), pp. 1-19; Cary J. Nederman, 'Constitutionalism – Medieval and Modern: Against Neo-Figgisite Orthodoxy (Again)', *History of Political Thought* 17 (1996), pp. 179-194.
84 On re-edition and reception of Gerson's conciliarist tracts from around 1600, see Francis Oakley, "'Anxieties of Influence': Skinner, Figgis, Conciliarism and Early Modern Constitutionalism", *Past and Present* 151 (1996), pp. 60-110, pp. 82-84.
85 Brian Tierney, *Idea of Natural Rights* (note 75), pp. 223-225.
86 Jean Gerson, *Œuvres*, ed. Glorieux, vol. 6: *L'œuvre ecclésiologique* (Paris: Desclée, 1965), p. 242, and vol. 3 (note 74), p. 141.
87 Brian Tierney, *Idea of Natural Rights* (note 75), pp. 233-235.

civil and political, 'first-generation' rights is.[88] The question of the foundations of 'second-generation' rights remains open, however, and part of the difficulty encountered in implementing them is a direct consequence of the interrogation about the basis of their validity.

At a theoretical level, the rights-based approach to poverty starts from people's needs. The legal response to those needs depends to a large extent on whether they are rights or claims or, put differently, on who the subject of rights is (those who receive, those who help, both?).[89] Martha Nussbaum has recently drawn attention to the 'problematic legacy' of Cicero's influential distinction between justice (*iustitia*) and beneficence (*beneficentia*) in this context.[90] Justice and beneficence are closely linked, as stated in book I, chapter 20 of *De officiis*.[91] Yet, while justice forbids the use of violence against any other person for one's advantage, in the case of beneficence human fellowship is best served by benefiting one's neighbour. Despite working out the fundamental asymmetry thus introduced by Cicero between the two notions and emphasising its negative effect on the discussion about duties of justice, as opposed to duties of material aid, Nussbaum does not go so far as to question the usefulness of a need-orientated approach to 'second-generation' rights.

The number of extent manuscript copies of Cicero's *De officiis* is testimony to the popularity of the text in the Middle Ages.[92] While being a common school reading even beyond that period, *De officiis* was also used at university, and it is often quoted by St Thomas. It has already been mentioned, however, that St Thomas's theory of justice owed most of its inspiration to Aristotle and Roman law and that the ideal of justice of the Middle Ages cannot be deducted from justice theory, however influential it turned out to be in the long term. Although neither St Francis nor Gerson would have denied that poverty was characterised by the lack of the means of providing essential needs, they both placed gratitude for the gift of life at the centre of their approach to the problem. Yet, whereas, for St Francis, deprivation offered the opportunity to embrace Christ's example and concentrate on what was essential, for Gerson it meant the acknowledgement of man's deficient nature. From the radical equality of that awareness, Gerson was able to develop a theory of universal rights based on poverty and a legal reflexion centred on the notion and the experience of civicness.

Gerson's emphasis on gratitude had an undeniable missionary dimension, as it implied conversion. Yet, while St Francis associated gratitude with life conversion, as shown, Gerson rather insisted on the conversion of the soul.[93] The acknowledgement by man of the sinfulness of his nature might have been a giant leap from a theological

---

88 See, e.g., the statement on "Poverty and the International Covenant on Economic, Social and Cultural Rights" adopted by the Committee on Economic, Social and Cultural Rights on 10 May 2001 (E/C.12/2001/10).
89 Garrett Cullity, 'Beneficence, Rights and Citizenship', *Australian Journal of Human Rights* 18 (2003), pp. 85-105.
90 Martha C. Nussbaum, 'Duties of Justice, Duties of Material Aid: Cicero's Problematic Legacy', *Journal of Political Philosophy* 8 (2000), pp. 176-206.
91 Marcus Tullius Cicero, *De officiis* 1, 20, ed. Michael Winterbottom (Oxford: Clarendon, 1994).
92 See Michael Winterbottom, 'The Transmission of Cicero's *De officiis*', *Classical Quarterly* 43 (1993), pp. 215-242.
93 Brian Tierney, *Idea of Natural Rights* (note 75), pp. 225-227.

point of view;[94] it only represented a small step politically, especially as it empowered man to claim natural rights. Gerson would eventually base his entire conciliar theory on that step,[95] and from there Cusanus would develop a model of universal peace.[96] From Gerson's viewpoint, the contemporary opposition between cosmopolitan and nationalist versions of rights, which has been at the core of modern theory,[97] was not decisive. Whereas it has, in particular, become customary in the context of rights debates to discuss how demanding the requirements of beneficence may or ought to be,[98] such a debate would not have made much sense to Gerson. The canonists had, it is true, reflected since the 12th century, not least following on Gratian's reception of Cicero's *De officiis*, on gratitude and its requirements, and the dominant position among them was that there were limits to what benefactors could be asked to do for the poor and that it was right to establish priorities among those who needed help, despite the evangelical tradition of universal poor relief.[99] Contrary to modern authors, however, Gerson remained unaffected by this discussion while thinking of rights and their impact.

If the impact of late medieval rights theory on the institutional ideas and arrangements of the age was real, as has been demonstrated, it is nonetheless the case that, where the political reflexion of modern authors revolves around society, Gerson and his contemporaries had the city in mind. In other words, they took civicness quite literally.

Recent debates over corporatist and individualist influences in Gerson's thought have demonstrated the complex nature of his brand of civicness. As far as Gerson's individualism is concerned, it is no less evident than this is the case in modern rights theory. Yet, while modern individualism conceives of the individual as detached from any political body in the first place, such perspective would have seemed strange to Gerson.[100] The influence of the Classics is evident in this context, as Gerson and his contemporaries were taught that the City was the prerequisite of any civilisation. For Gerson, the importance of the City was ultimately, however, a consequence of responsibility, or what he understood as such. Responsibility has been seen by modern authors as the correlate of the social contract, on which society is based, and, as such, it has a transpersonal dimension. Not so for Gerson, for whom it was something genuinely personal that infused human relations. God's generosity is, once again, the

---

94 Henri Rondet, *Original Sin: Patristic and Theological Background*, transl. C. Finnegan (Shannon: Ecclesiastical Press, 1972).

95 Jean Gerson, *De vita spirituali animae*, in idem, *Œuvres*, ed. Palémon Glorieux, vol. 3 (note 74), p. 152; Brian Tierney, *Idea of Natural Rights* (note 75), pp. 232-233.

96 Nicolaus de Cusa, *De concordia catholica*, ed. Gerhard Kallen, in idem, *Opera omnia*, ed. Academia litterarum Heidelbergensis, vol. 14 (Hamburg: Meiner, 1964-1968), p. 348; Brian Tierney, *Idea of Natural Rights* (note 75), p. 234.

97 Martha C. Nussbaum, 'Duties of Justice' (note 90).

98 Alan Gewirth, 'Private Philanthropy and Positive Rights', *Social Philosophy and Policy* 4 (1987), pp. 55-78; Garrett Cullity, *The Moral Demands of Affluence* (Oxford: Clarendon, 2004).

99 Suzanne Roberts, 'Context of Charity in the Middle Ages: Religious, Social, and Civic', in *Giving: Western Ideas of Philanthropy*, ed. by Jerome B. Schneewind (Bloomington (Ind.): Indiana University Press, 1996), pp. 24-53 and pp. 30-32.

100 Brian Tierney, *Idea of Natural Rights* (note 75), pp. 224-225 and pp. 234-235.

key to Gerson's rights theory,[101] as responsibility was ultimately man's response to the gaze of Him Who fixed him while, at the same time, remaining beyond the reach of his gaze, as the Czech philosopher Jan Patočka has famously expressed the specifics of Christian politics, as opposed to Ancient and modern politics.[102]

For Patočka, irresponsibility was one of the roots of totalitarianism, to which he tragically fell victim.[103] His thought and his example are, thus, a strong reminder of the importance of civism in rights theory. Yet, while inscribing citizenship into poverty, Patočka stood in a long tradition at the heart of which we find forgetting and renouncing, as this chapter has sought to demonstrate.

---

101 Jean Gerson, *A Deo exivit*, in idem, *Œuvres*, ed. Palémon Glorieux, vol. 5 (note 70), p. 17. On Gerson's key distinction between *esse realis* and *esse idealis* in this context, its theological implications and the difference between Gerson, on the one hand, and Tauler and the German mystics, on the other, see Steven E. Ozment, *Homo Spiritualis* (note 70), pp. 55-57.

102 Jan Patočka, *Heretical Essays in the Philosophy of History*, transl. E. Kohák (Chicago: Open Court Publishing, 1996), pp. 106-107; Jacques Derrida, *The Gift of Death*, transl. D. Wills (Chicago: Chicago University Press, 1995), p. 25.

103 Aviezer Tucker, *The Philosophy and Politics of Czech Dissidence from Patočka to Havel* (Pittsburgh: University of Pittsburgh Press, 2000), p. 60.

NOËLLE-LAETITIA PERRET

Conclusion

L' « oubli collectif » : un nouveau paradigme pour la recherche en histoire ?

Les éditeurs de ce volume ont invité des experts issus de différents domaines à se saisir d'une notion – l'oubli collectif – pour s'interroger sur ses conséquences sociales, politiques et culturelles. Cette invitation est née d'un constat frappant : si la « mémoire collective », issue des réflexions pionnières du sociologue Maurice Halbwachs sur les « cadres sociaux de la mémoire » (1925)[1], a fait l'objet d'innombrables études en sciences humaines et sociales, une moindre importance a été accordée à la notion d'oubli collectif. Bien que déjà formulée en 1920 par le psychanalyste Theodor Reik (1888-1969)[2], elle n'a pas encore été réellement théorisée. Le concept d'oubli collectif mérite d'être encore interrogé et conceptualisé, notamment dans le champ des études en histoire.

L' « oubli collectif » *versus* la « mémoire collective » ?

Contrairement au peu d'attention portée à l'oubli collectif, des efforts considérables ont en effet été menés pour théoriser l'idée de mémoire collective. Un groupe est-il porteur d'une mémoire ? La question a fait l'objet de vifs débats. La mémoire collective a été à la fois considérée comme la somme des mémoires individuelles, et comme une donnée particulière qui s'actualise à travers des institutions, des monuments, des pratiques sociales et culturelles. La psychologie sociale a permis d'affiner les perspectives en considérant, comme le soulignent Olivier Klein et Laurent Licata, « les porteurs de la mémoire collective comme des êtres socialement et culturellement situés, qui utilisent un ensemble de vecteurs ou d'outils culturels associés à leur collectivité. La mémoire collective est donc le produit d'une interaction entre les

---

1 Maurice Halbwachs, *Les cadres sociaux de la mémoire* (Paris : Albin Michel, 1994, 1ère édition 1925). Voir au sujet de sa pensée : Steven D. Brown et David Middleton, « La mémoire et l'espace dans les travaux de Maurice Halbwachs », in Angela Arruda (éd.), *Une approche engagée en psychologie sociale : l'œuvre de Denise Jodelet.* (Toulouse : Érès, 2008), pp. 147-172.
2 Theodor Reik, « Über kollektives Vergessen», in *Internationale Zeitschrift für Psychoanalyse* 6 (1920), pp. 202-215.

mémoires individuelles et les pratiques et institutions sociales qui les englobent »[3]. Cette définition a le mérite d'être claire. On pressent toutefois, derrière ces mots, la complexité des phénomènes qui y sont reliés. Est-ce les pratiques et les institutions sociales qui « englobent » les mémoires collectives ? Et si c'était l'inverse ?

Le philosophe Paul Ricoeur a également apporté quelques notions clés au concept de mémoire collective, notamment dans son ouvrage *La mémoire, l'histoire, l'oubli*[4]. Décrivant le « va et vient » entre les deux pôles que sont la mémoire et l'oubli, il a mis l'accent sur les rapports entre passé et présent, empruntant à la définition classique de saint Augustin la compréhension de la mémoire comme « présent du passé »[5]. Les historiens et historiennes ont à leur tour enquêté. Jacques Le Goff[6], et surtout Pierre Nora[7] ont contribué à problématiser la notion de mémoire collective dans une perspective historique en la désignant comme « ce qui reste du passé dans le vécu des groupes, ou ce que les groupes font du passé »[8]. Dès les années 1970, la mémoire a été placée au cœur d'un effort d'objectivation concourant à une véritable « révolution mémorielle » qui a traversé toute la seconde moitié du XXe siècle[9]. Portée par une série de facteurs propres à ces décennies (la crise de 1968, la fin des Trente glorieuses, une inquiétude sur l'avenir qui a contribué au développement des pratiques mémorielles et à la patrimonialisation du passé), la notion de mémoire collective s'est ainsi affirmée comme un enjeu sociétal majeur. Depuis lors, le concept de « mémoire collective », et la polysémie des définitions qui lui sont rattachées, ont été longuement discutés. Malgré les critiques et les profondes remises en question dont elle a fait l'objet, la notion de mémoire collective semble désormais avoir acquis un caractère d'évidence. À la fin de sa vie, Maurice Halbwachs écrivait : « on n'est pas encore habitué à parler de la mémoire d'un groupe, même par métaphore »[10]. On pourrait aujourd'hui retourner ce constat et le transposer à celui d'oubli collectif qui surprend et déroute nos consciences actuelles. L'effet de contraste est en effet saisissant. Un groupe peut-il oublier ce qu'il a vécu, et ce qui l'a constitué ? Et si oui, quels en sont les processus et les conséquences ? Ces questions, bien que présentes à l'esprit des chercheurs, demeurent encore peu conceptualisées[11].

---

3 Olivier Klein et Laurent Licata, « Mémoire collective (psychologie sociale) », in *Encyclopædia Universalis* [en ligne], consulté le 8 février 2023. URL : http://www.universalis-edu.com/encyclopedie/memoire-collective-psychologie-sociale/

4 Paul Ricoeur, *La mémoire, l'histoire, l'oubli* (Paris : Ed. du Seuil, 2000). Voir également Bertrand Müller, « Cheminer avec P. Ricœur. À propos de la *Mémoire, l'histoire et l'oubli* », in Bertrand Müller (dir.), *L'Histoire entre mémoire et épistémologie. Autour de Paul Ricœur* (Lausanne : Payot, 2005) pp. 15-35.

5 Paul Ricoeur, *Temps et récit*, t. 1, (Paris : Seuil, 1983). Voir aussi du même auteur : « Esquisse d'un parcours de l'oubli », in Thomas Ferenczi (éd.), *Devoir de mémoire, droit à l'oubli ?* (Paris : Éditions Complexes, 2002), pp. 21-32.

6 Jacques Le Goff, *Histoire et mémoire* (Paris : Gallimard, 1988).

7 Pierre Nora (éd.), *Les Lieux de mémoire*, 3 vols (Paris : Gallimard, 1997).

8 Pierre Nora, « La mémoire collective », in Roger Chartier, Jacques Le Goff et Jacques Revel (éds.), *La Nouvelle histoire* (Paris : Retz, 1978.) pp. 398-401, ici p. 378.

9 Philippe Joutard, « L'apparition du phénomène mémoriel », in *Histoire et mémoires, conflits et alliances* Philippe Joutard (éd.) (Paris : La Découverte, 2015), pp. 21-38.

10 Maurice Halbwachs, *La mémoire collective* (Paris : Albin Michel, 1997 (1re édition PUF, 1950), p. 97.

11 Parmi les recherches menées dans le domaine de la psychologie, nous pouvons mentionner les travaux de Valérie Haas qui a consacré, en 2012, son habilitation à diriger des recherches à l'Université de Paris Descartes sous

Aujourd'hui, nous vivons dans un monde bien différent de celui qui a accompagné la « révolution mémorielle » du siècle passé. Les enjeux sociétaux se sont démultipliés. Signe de notre temps, le « droit à l'oubli », aussi appelé « droit à l'effacement », a été consacré dans une décision du 13 mai 2014 de la Cour européenne des droits de l'homme[12]. Au début du XXIe siècle, les termes de « wokisme », de « cancel culture », ont fait leur irruption avec leur lot de polémiques. Les enjeux de mémoire et les questionnements identitaires ont en effet évolué et se sont encore complexifiés sous l'effet des mutations numériques mais aussi sociales, culturelles, démographiques et climatologiques. Le mot d'« anthropocène » a lui aussi émergé[13], accompagné d'une conscience nouvelle. L'être humain est forcé à se repositionner face à son environnement aussi bien naturel que civilisationnel. Ces défis conduisent inévitablement à s'interroger sur l'histoire et sur la manière dont nous la comprenons et l'écrivons. La recherche en histoire a son rôle à jouer dans cette vaste réflexion, plus urgente que jamais, qui doit contribuer à mieux définir ce que nous partageons, possédons collectivement, sur ce qui nous unit, nous permet de vivre ensemble et de construire les sociétés auxquelles nous appartenons. Comme l'a souligné Bruno Latour, il n'y a qu'une « seule puissance de réorientation qui soit : tâtonner, essayer, revenir sur nos échecs, explorer »[14]. Dans ce changement de paradigme nécessaire auquel invite la pensée latourienne, l'oubli collectif apparaît comme un outil heuristique permettant d'adopter de nouvelles perspectives pour chercher à s'orienter dans un monde où « toutes les formes d'appartenance sont en voie de métamorphose – au globe, au monde, aux provinces, aux terroirs, au marché mondial, aux sols ou aux

---

le titre *Silences, traces, secrets. Une approche psychosociale de la mémoire et de l'oubli collectif*. Valérie Haas, « Une notion peu exploitée en psychologie sociale : l'oubli collectif », *Canal Psy* [En ligne], 110 (2014), mis en ligne le 8 décembre 2020, consulté le 8 février 2023. URL : https://publications-prairial.fr/canalpsy/index.php?id=1528 ainsi que Valérie Haas et Elodie Levasseur, « A symptom of collective forgetfulness: the rumor », in *Culture & Psychology*, 19/1 (2013), pp. 60-75. Voir également l'ouvrage du psychiatre et psychanalyste Simon-Daniel Kipman, *L'oubli et ses vertus* (Paris : Albin Michel, 2013). Voir aussi les travaux de Brady Wagoner, "Collective remembering as a process of social representation", in G. Sammut, E. Andreouli, G. Gaskell and J. Valsiner (éds.) (Cambridge: Cambridge University Press, 2015), pp. 143-162 et Tania Zittoun, "Dynamic Memories of the Collective Past", in Culture & Psychology 23/2 (2017), pp. 295-305. On peut également rappeler les travaux de l'anthropologue Paul Connerton, *How societies remember* (Cambridge : Cambridge University Press, 1989) et *How modernity forgets* (Cambridge : Cambridge University Press, 2009) et *The Spirit of Mourning* (Cambridge : Cambridge University Press, 2011). Nous renvoyons aux bibliographies qui accompagnent ces articles pour d'autres références dans le domaine.

12 Jean-Michel Rodes, « L'archivage au temps d'internet », in Thomas Ferenczi (éd.), *Devoir de mémoire, droit à l'oubli ?* (Paris : Éditions complexes, 2002), pp. 211-224. Voir aussi : Maryline Boizard, « La tentation de nouveaux droits fondamentaux face à internet : vers une souveraineté individuelle ? Illustration à travers le droit à l'oubli numérique », in Annie Blandin-Obernesser (éd.), *Droits et souveraineté numérique en Europe* (Bruxelles : Bruylant, 2016).

13 En 2000, le biologiste Eugene Filmore Stoermer et le chimiste et Prix Nobel de chimie Paul Josef Crutzen évoquent pour la première fois le terme d'« anthropocène ». Cette nouvelle phase géologique, dont la révolution industrielle du XIXe siècle serait le déclencheur principal, est marquée par la capacité de l'homme à transformer l'ensemble du système terrestre.

14 Bruno Latour, *Où suis-je ? Leçons du confinement à l'usage des terrestres* (Paris : Editions La Découverte, 2021), p. 165.

traditions »[15]. Explorer, en tâtonnant, la notion d'oubli collectif, en s'interrogeant sur sa signification, sur ses fonctions identitaires : tel a été le défi que nous nous sommes fixés en nous lançant dans ce projet éditorial.

L' « oubli collectif » comme objet d'étude

L'oubli est un élément constitutif de la nature humaine, de l'identité individuelle comme de l'identité collective des groupes. Ainsi que l'a souligné le philosophe Elie Wiesel, l'oubli, comme la mémoire, n'est pas seulement individuel : « si j'oublie mon passé, j'oublie également le passé des autres. La mémoire est un pont qui réunit les hommes »[16]. Autrement dit, l' « oubli collectif » existe dans la mesure où chacun oublie en interaction avec les membres du groupe auquel il appartient. Ainsi formulée, la question traduit une forme d'évidence. A y regarder de plus près, les choses apparaissent dans toute leur complexité. En effet, un groupe n'est jamais homogène. Le passage de l'oubli individuel à l'oubli collectif implique une multitude d'interactions multiformes qui conduisent à privilégier l'effacement de certains aspects du passé au détriment d'autres. Cette sélection, et les filtres qui s'instaurent, dépendent de nombreux facteurs parmi lesquels le champ social dans lequel l'individu prend place et les représentations qu'il partage avec d'autres[17]. Ce gommage de traces mémorielles partagées par plusieurs individus, et le grand tri qui en résulte, repose par conséquent sur une multitude de facteurs qui tous contribuent à façonner de manière significative notre humanité et nos identités.

Avant de nous pencher sur les lieux où s'inscrit l'oubli collectif, sur les réalités multiples qui le conditionnent et les effets qu'il peut induire dans les différentes sphères de la société, cherchons tout d'abord à préciser la démarche qui nous a guidés dans cet ouvrage.

Les différents chapitres de ce volume ont tenté d'approcher l' « oubli collectif » comme un phénomène en soi, comme une composante de la formation d'expériences sociales et culturelles. Nous avons tenté d'approcher les formes silencieuses qui le constituent, souvent effacées, en creux, et dont il ne subsiste le plus souvent que des traces. Le défi est d'autant plus complexe lorsqu'il s'agit de faire parler les silences fruits du mensonge, du refoulement ou encore de la désinformation qui supposent, pour être compris, des méthodes d'interprétation et des décodages complexes. Dès lors, un certain nombre de questions ont guidé nos investigations. Quel rôle ce phénomène joue-t-il dans les fondements de la cohésion sociale ? Dans quelle mesure la conscience collective est-elle façonnée par des processus liés à la perte fortuite de

---

15 Bruno Latour, *Où atterrir ? Comment s'orienter en politique* (Paris : Editions La Découverte, 2017), p. 27.
16 Cité ici d'après Joseph Jurt, in Danielle Bohler et Gérard Peylet (éds.), « Le Temps de la mémoire II : soi et les autres », (Presses Universitaires de Bordeaux : 2007), p. 86. L'auteur se réfère à l'ouvrage suivant d'Elie Wiesel, *Ethics and Memory. Ethik und Erinnerung* (Berlin, New York: Walter de Gruyter, 1997).
17 Pour une approche psychosociale sur la notion de « représentation », voir Claudine Herzlich, « La représentation sociale », in *Introduction à la psychologie sociale*, sous la direction de Serge Moscovici, (Paris : Larousse, 1972), vol. 1, pp. 303-323.

souvenirs ? L'oubli compte-t-il comme une condition préalable au fonctionnement des individus et des sociétés ? Quels sont les phénomènes qui amènent un groupe à oublier ce qu'il a vécu et ce qui le constitue ? De quels processus sont-ils révélateurs ? Telles ont été les interrogations principales à l'origine de notre enquête.

C'est d'abord le phénomène dans sa dimension historique médiévale qui a retenu notre attention. Nous avons donc convié nos collègues médiévistes spécialistes de l'histoire de la diplomatie, de l'histoire religieuse, de l'architecture et de l'art et de la littérature. Les questions qui nous ont alors accompagnés furent nombreuses : Comment a-t-on perçu au Moyen Âge cette dimension de perte involontaire de souvenirs ? Comment se l'est-on appropriée ? A-t-on cherché à la compenser ? Et si oui, comment ? Qu'a-t-on fait des vestiges de souvenirs oubliés ? Quelle signification leur a-t-on donnée ? L'innovation trouve-t-elle une place dans l'espace vide laissé par la disparition d'anciennes formes de conscience ? Le voyage fut captivant, et aussi ardu, nous poussant même dans nos derniers retranchements.

Il nous est rapidement apparu que notre démarche de nature historique gagnait à être accompagnée d'un éclairage plus large sur les processus anthropologiques et psychologiques qui guident ces deux phénomènes que sont la mémoire et l'oubli, en perpétuelle interaction. Julian Bogousslavsky et Karen Langer (chapitre 1) ont ainsi répondu à notre sollicitation en nous proposant de retracer comment médecins, neurologues, psychiatres et psychologues ont, de tout temps, cherché à comprendre les phénomènes psychiques et neurologiques inhérents à l'oubli. Les phénomènes mémoriels interrogent au moins depuis l'Antiquité grecque. Dans son *Théétète* (191c-192) Platon s'intéresse à la notion de « trace », d'« empreinte » et élabore la métaphore célèbre de la tablette de cire : la mémoire conserve l'empreinte d'un souvenir, comme une tablette de cire garde l'empreinte d'un cachet ou d'un stylet. De par sa nature, la cire peut être effacée, retravaillée et réutilisée. Dans son *De memoria et reminiscentia* (I, 450 a 25), Aristote reprend cette image et la prolonge : c'est l'expérience, saisie par les sens, qui laisse une « peinture », une « icône » (*eîkon*) dans notre mémoire. Ces images laissent leur empreinte dans la « cire » de la mémoire, généralement enfouies, inactives, demeurant silencieuses si elles ne sont pas rappelées. Cette image de la cire molle qui prend facilement l'empreinte du sceau inspire les moralistes durant tout le Moyen Âge, et même au-delà, pour expliquer le psychisme de l'enfant. Comme Aristote, ils conseillent aux parents et pédagogues de mettre les enfants à l'abri des spectacles déshonnêtes et des propos licencieux, étant donné que leurs esprits sont susceptibles d'être profondément marqués par ce qu'ils voient et entendent[18]. La pensée philosophique grecque, et les modèles d'explication de la mémoire qu'elle a cherché à donner, ont exercé une influence considérable, sur la longue durée. Près de deux mille cinq cents ans plus tard, malgré les progrès

---

18 Vers 1279, Gilles de Rome affirme par exemple : « *statim imprimuntur in eis habitus vitiosi, sicut in cera molli et ductili statim imprimitur forma sigilli, Aegidius Romanus* », *De reg. princ.*, II, II, 6. Argument, devenu un « classique » que l'on retrouve ensuite chez Vincent de Beauvais (*De eruditione filiorum nobilium*, A. Steiner (éd.), 1938, p. 7 et p. 84), Guillaume Peyraut (« *De eruditione principum* », in *Thomas Aquinas, Opera omnia*, XVI, opusculum 37, réimpr. New York, 1950, p. 429) et Christine de Pisan (*Le Livre des faits et bonnes moeurs du roi Charles V le Sage*, Hicks, E. et Moreau, T. (éds), Paris, 1997, p. 50).

scientifiques considérables en la matière, que retracent Julian Bogousslavsky et Karen Langer, il reste encore beaucoup à faire pour percer les mystères de la mémoire et de son corollaire, l'oubli.

Dietmar Wetzel (chap. 3), dans un essai qui embrasse une multitude d'approches, à la fois philosophiques, psychologiques, sociologiques et historiques, retrace la richesse des réflexions qui ont été menées autour de la mémoire et de ses mécanismes. Si beaucoup a déjà été dit, et écrit, autour de l'oubli, le panorama que nous livre Dietmar Wetzel souligne l'attention encore limitée qui a été portée à l'oubli dans sa dimension collective.

Olivier Reveyron (chapitre 7) souligne précisément l'immense potentiel que renferme toute forme de réflexion autour de l'oubli. Le vaste tableau qu'il nous dresse, sur le vocabulaire utilisé et les étymologies attachées à la notion d'oubli, individuel ou collectif, révèle son rôle créatif essentiel dans les arts, l'architecture et les lettres. Nous reviendrons plus loin sur cette notion positive attribuée à l'oubli.

L' « oubli collectif » compris comme un processus délibéré, ou involontaire

La recherche en histoire s'est avant tout intéressée à la notion d'oubli comprise comme un processus délibéré, planifié et organisé auquel se réfère la pratique romaine de la *damnatio memoriae*[19]. Cette pratique antique consistait à bannir un individu *post mortem* de la mémoire collective, en effaçant son nom des monuments publics, des monnaies, voire à renverser les statues qui avait été érigées en son honneur. Cette pratique, déjà largement étudiée, révèle les rapports qu'entretenaient les Romains avec la mémoire et l'oubli[20]. Au cours de ces dernières décennies, de nouvelles réflexions et pratiques ont émergé dans le champ historique, notamment autour du souvenir et de l'oubli. Des études ont ainsi permis de relire des pans entiers d'histoire en lien avec les régimes dictatoriaux, de la Shoa aux dictatures latino-américaines mais aussi autour, des génocides, des colonisations et de l'esclavage. Les études postcoloniales ont récemment ouvert de nouvelles pistes de réflexion pour mieux saisir les conséquences culturelles, sociales et économiques du colonialisme et des autres formes d'impérialisme et d'exploitation en général[21]. Failles mémorielles, occultation

---

[19] La littérature est vaste. On se contentera ici de se référer à l'ouvrage suivant, et à la bibliographie qui l'accompagne : Sebastian Scholz, Gerald Schwedler et Kai-Michael Sprenger (éds.) *Damnatio in memoria. Deformation und Gegenkonstruktionen in der Geschichte*, (Zürcher Beiträge zur Geschichtswissenschaft, 4) (Köln, Weimar, Wien: Böhlau Verlag, 2014).

[20] Anne Daguet-Gagey, « La mémoire et sa condamnation dans le monde romain : L'éloquence de l'oubli ? », *e-Spania* [en ligne], mis en ligne le 9 février 2021, consulté le 8 février 2023. URL : http://journals.openedition.org/e-spania/37776 ; DOI : https://doi.org/10.4000/e-spania.37776.

[21] Parmi la vaste littérature parue ces dernières années, la référence suivante est particulièrement utile : Revue *Traverse : Postkolonial und Vormoderne* 2(2022), numéro édité sous la direction de Matthieu Gillabert, Anja Rathmann-Lutz et Isabelle Schuerch.

et oublis sont autant de dimensions au menu des études déjà engagées[22] et de celles encore nombreuses encore à mener.

Mais l'oubli volontaire ou imposé en est-il vraiment un ? La réponse dépend, notamment, de la chronologie retenue, et plus largement de la compréhension que l'on se fait de la notion de temps. Un oubli imposé n'est que rarement opérationnel pour les personnes directement concernées. En revanche, une fois intériorisé à travers plusieurs générations, l'oubli imposé gagne alors en force et s'installe dans les consciences collectives. D'un point de vue émotionnel, le temps n'est pas linéaire mais emprunte des trajectoires diverses et flexibles. Michel Serres l'illustre par la métaphore du mouchoir chiffonné au fond d'une poche que l'on peut déplier[23]. Depuis les réflexions de Paul Ricoeur, d'historiens comme Fernand Braudel et Krzysztof Pomian, les historiens ont pris conscience que le temps de l'histoire n'est pas non plus linéaire, cumulatif et irréversible mais conduit par de multiples variables[24]. Lorsque l'on approche l'oubli collectif, la notion de temps est forcément plurielle, particulière, en lien avec de multiples contextes individuels et collectifs.

L'oubli imposé, dans sa pratique immédiate, et dans l'entreprise active qui l'accompagne, est sans doute la forme d'oubli la plus aisée à analyser. Ce n'est donc certainement pas un hasard si les historiens lui ont consacré la plus grande attention. Les usages de l'oubli imposé ont ainsi fait l'objet de nombreux colloques et publications qui ont mis en évidence les différentes stratégies qui concourent à fixer des souvenirs jugés convenables pour oublier ceux qui dérangent l'ordre établi[25]. De nombreuses études ont ainsi été consacrées à l'oubli institutionnel, à la production politique de l'oubli et aux formes de l'oubli imposé. Elles ont mis en lumière les différentes formes que peut prendre l'oubli lorsqu'il est orchestré par les autorités publiques. Ces formes d'oublis imposés sont le plus souvent directement imputables aux détenteurs de pouvoir, et à leurs représentants, chargés d'élaborer et de transmettre une mémoire

---

22 Voir, par exemple, Patrick Vauday, Paula Zupanc, Rastko Močnik et Drago B. Rotar (éds.), *Histoire de l'oubli en contextes postsocialiste et postcolonial. Actes du colloque des 24 et 25 octobre 2008 à Koper (Slovénie)* (Koper: Založba Annales, 2009) ou encore Virginie Bernard, « The Forgotten : tentative de réappropriation aborigène de l'histoire australienne », in *E-rea* [Online], 10.1 | 2012, Online since 20 December 2012, connection on 8 February 2023. URL: http://journals.openedition.org/erea/2815; DOI: https://doi.org/10.4000/erea.2815.

23 « Si vous prenez un mouchoir et que vous l'étaliez pour le repasser, vous pouvez définir sur lui des distances et des proximités fixes. Autour d'une petite roue ronde que vous dessinez au voisinage d'un lieu, vous pouvez marquer des points proches, et mesurer, au contraire, des distances éloignées. Prenez ensuite le même mouchoir et chiffonnez-le, en le mettant dans votre poche deux points très éloignés se trouvent tout à coup voisins, superposés même. Et si, de plus, vous le déchirez en certains endroits, deux points très rapprochés peuvent s'éloigner beaucoup », Michel Serres *Éclaircissements. Entretiens avec B. Latour* (Paris : Éditions François Bourin, 1992), p. 93.

24 Krzysztof Pomian, *L'ordre du temps* (Gallimard : Paris, 1984). Voir aussi : Eric Vigne, « Le Temps de l'histoire en question », in Vingtième Siècle. Revue d'histoire 6 (1985), pp. 131-140 ainsi que Alain Maillard, « Les temps de l'historien et du sociologue. Retour sur la dispute Braudel-Gurvitch », in Cahiers internationaux de sociologie (119/2), 2005, pp. 197-222.

25 On peut citer ici l'ouvage de Tsvetan Todorov, *L'expérience totalitaire : la signature humaine* (Paris : Seuil, 2010) qui a mis en lumière les formes imposées d'oublis totalitaires qui marquent l'histoire des sociétés, ainsi que Yosef Hayim Yerushalmi, Nicole Loraux, Hans Mommsen et Jean-Claude Milner, *Les usages de l'oubli*. Contributions au colloque de Royaumont (Paris : Seuil, 1987) et Claire Soussen, « L'oubli, arme, trace ou droit », in *e-Spania* [en ligne], mis en ligne le 9 février 2021, consulté le 8 février 2023. URL : http://journals.openedition.org/e-spania/37702 ; DOI : https://doi.org/10.4000/e-spania.37702.

publique officielle. Dans les états totalitaires qui visent une forme d'amnésie sociale, l'oubli imposé fait office d'arme puissante. Dans d'autres circonstances, l'oubli peut également être mobilisé, par ces mêmes détenteurs d'autorité, pour tenter de faire taire le souvenir de déchirements passés et calmer le cercle infernal de la vengeance. Différemment encore, dans le cas de traumatismes liés à des conflits armés, lorsque des événements passés sont particulièrement traumatisants et chargés émotionnellement, le mécanisme de refoulement sert alors, souvent en partie inconsciemment, à cicatriser provisoirement les plaies collectives.

S'appuyant sur les travaux psychanalytiques portant sur la violence d'État, Muriel Katz, Manon Bourguignon et Alice Dermitzel étudient (chapitre 2) précisément les mécanismes sur lesquels repose la politique d'effacement des crimes politiques dans le cadre de systèmes dictatoriaux. En donnant la parole aux descendants de disparus politiques, ils démontrent combien le silence imposé aux survivants, comme au corps social tout entier, complexifie le travail de l'héritage. Les défauts d'inscription psychique génèrent des blancs, des silences, des secrets qui se transmettent à travers les générations non sans de graves conséquences. Leur contribution met en lumière les ressorts d'une politique d'effacement qui vise précisément à nuire à la cohésion sociale. Cette étude évoque, d'une certaine manière, ces oublis imposés qui nourrissent les mémoires « empêchées », comme les a définis Paul Ricoeur (2000), fruits d'une mémoire sélective, partielle et reconstruite, source de déni et d'oubli.

Il arrive en effet que des éléments du passé soient omis involontairement. Il est alors difficile de mesurer précisément la part d'involontaire qu'il peut y avoir dans l'omission d'éléments d'un passé commun. Si l'omission involontaire peut servir de refuge, elle peut également prendre la forme d'un dédouanement pour des acteurs publics soucieux de justifier l'évacuation d'un pan de la réalité passée. Dans certaines situations, des « souvenirs-écrans » contribuent en effet à rendre la réalité plus apaisante, ou plus conforme. À l'historien alors de décrypter les souvenirs, les silences qui les entourent, et de leur donner une signification.

L'oubli collectif comme le résultat de multiples interprétations de l'histoire

L'oubli collectif est le résultat complexe du rapport que le groupe entretient avec son propre passé. Il est le fruit de multiples interprétations de l'histoire, d'effacements volontaires d'aspects jugés dérangeants, et menaçants. Le long silence qui a entouré les relations de la Suisse avec l'Allemagne nazie correspond à cette motivation[26].

---

26 Le 22 mars 2002, au terme de cinq années d'investigation, la Commission indépendante d'experts Suisse-Seconde Guerre mondiale publiait son rapport final sous le titre : La Suisse, le national-socialisme et la Seconde Guerre mondiale : rapport final (Zurich : Editions Pendo, 2002). Née dans la tourmente des avoirs en déshérence, la « Commission Bergier » – du nom de son président – a permis d'éclairer une page sombre de l'histoire suisse. La curiosité publique fut d'abord énorme, puis les critiques nombreuses. Le rapport fut d'abord soigneusement remisé dans un tiroir par les autorités, et oublié. Voir, à ce sujet, les travaux de Marc Perrenoud, conseiller scientifique, et cheville ouvrière de la commission, notamment son dernier ouvrage :

Précisons que les processus involontaires, que les psychologues définissent comme « naturels », d'oubli sélectif doivent être distingués des tentatives politiques d'oblitérer tout ou partie du passé qu'illustre le dernier exemple donné. Les processus sont souvent plus complexes qu'ils n'y paraissent au premier abord. Le psychologue américain William Hirst, qui s'est intéressé aux interactions entre mémoire individuelle et mémoire collective dans des contextes traumatiques, a démontré comment rappeler certains événements conduit non seulement à en consolider la mémoire, mais aussi à altérer la mémoire des événements non commémorés.

De tout temps, dans des contextes et pour des motifs les plus variés, des individus ont réalisé un travail de sélection, au nom de leur groupe d'appartenance. À la suite de Michael Pollak, les sociologues les désignent comme des « entrepreneurs de mémoire »[27]. Par leur truchement, un passé commun devient plus homogène, acquière une plus grande visibilité, et contribue à conforter une identité collective, le plus souvent en opposition avec des entreprises mémorielles concurrentes. Gerard Schwedler (chapitre 4) s'est précisément penché sur les reliques et les vestiges de tentatives d'effacement que le passé nous livre, notamment à travers les œuvres des érudits médiévaux qui font œuvre de mémorialistes. Il arrive que ces derniers évoquent de manière explicite les motivations qui les guident dans leur travail d'omission et de sélection qui accompagne leur relecture du passé. Ainsi, lorsque le bénédictin Arnold de Saint-Emmeram entreprend, au XIe siècle, de réécrire la *Vita Haimhrammi*, en omettant plusieurs passages, il le fait avec l'intention de contribuer au progrès de l'humanité. Sous sa plume, l'histoire se tisse conformément à ses croyances et à sa perception du monde qui l'entoure. Hugues de Fleury, un siècle plus tard, cherche également à guider de manière efficace le lecteur de son *Historia Ecclesiastica*. Pour ce faire, il sélectionne avec attention ses sources et laisse, par la même occasion, de côté des œuvres qu'il ne juge pas utiles. À travers la démarche de ces auteurs, ce sont des pans de savoir qui sont bannis de la mémoire voués à l'oubli. En reconstituant des souvenirs, en remodelant l'histoire, ils se présentent comme des facilitateurs d'oublis.

Un phénomène d'effacement mémoriel peut également prendre place, comme le montre Isabella Lazzarini (chapitre 8), à travers le réarrangement, le classement et la définition des documents écrits publics qui sont produits par des autorités politiques. Cette dernière met en lumière comment ces opérations de sélection, qui prennent place dans le cadre des archives des pouvoirs territoriaux italiens entre la fin du XIVe siècle et le début du XVIe, exercent des conséquences à court et à long terme, qui participent à la construction d'une mémoire politique.

Une attention portée à l'oubli projette parfois également un éclairage nouveau sur l'élaboration de certains écrits, comme le montre Olivier Ribordy, mais aussi sur leur parution, voire leur diffusion. Ce dernier met en lumière comment plusieurs anciennes versions de la *Ratio studiorum*, exposant les fondements du système éducatif jésuite, sont mises de côté, abandonnées, au profit d'une version synthétisée jugée

---

Migrations, relations internationales et Seconde Guerre mondiale. Contributions à une histoire de la Suisse au XXe siècle (Neuchâtel : Alphil-Presses universitaires suisses, 2021).
27 Michael Pollak, *Une identité blessée. Etudes de sociologie et d'histoire* (Paris : Métailié, 1993).

plus conforme, parue plus tardivement, en 1599. L'exemple du traité cartésien *Le Monde* est également particulièrement évocateur. Cette œuvre, publiée de manière posthume en 1664, révèle l'attachement de René Descartes à l'hypothèse du mouvement terrestre, que la condamnation de Galilée en 1633 avait provisoirement rétrogradée dans l'antichambre du savoir. L'oubli apparaît ici comme un mécanisme de défense, plus ou moins conscient, mobilisé pour faire face à une forme de malaise que représente l'évocation d'une pensée considérée comme inappropriée.

La disparition de souvenirs passe par l'écrit, par les sources documentaires, mais aussi par des structures architecturales. Comme Lucas Clemens le relève (chapitre 5), la disparition progressive des bâtiments de l'Antiquité, en de nombreux lieux à travers l'Occident, s'est accompagnée d'un processus d'oubli collectif. Il soutient que la disparition et l'effacement des vestiges structurels antiques auraient favorisé des innovations dans l'architecture et dans les arts donnant lieu à une « renaissance » dès le haut Moyen Âge. Les observations de Lucas Clemens apportent une dimension importante au débat : l'oubli collectif, dans sa dimension historique, ne comporte pas qu'une dimension destructive ; il s'avère en effet aussi, parfois, source de créativité et d'innovation.

Oubli collectif et construction d'une identité collective

L'oubli collectif, peut, en effet, aussi s'appréhender comme un espace où se jouent non pas seulement des forces dévastatrices mais également des mouvements d'assimilation constructifs, propres à nourrir des imaginaires et à générer créativités et innovations. L'oubli est en effet encore souvent associé, pas seulement par les historiens et historiennes, à une donnée négative, une défaillance, un non-retour, une lacune, un black-out, ou *vuoto di memoria* comme la langue italienne le formule si bien. A y regarder de plus près, à la lumière des réflexions de Gerard Wetzel, notamment, on s'aperçoit que cette zone grise qui entoure la mémoire ne s'apparente pas réellement à de simples trous noirs, mais davantage à des « vides-pleins » comme les a désignés le sociologue Roger Bastide. Des « vides pleins » de quelque chose, de traces, de « schémas » dont se sont imprégnés les membres d'un groupe. La mémoire collective produit en effet des zones d'ombre elles aussi porteuses de significations multiples, parfois même positives. En suivant le psychiatre et psychanalyste Simon-Daniel Kipman, on peut effectivement se demander : « les oublis, les blancs dont l'histoire est jalonnée ne constituent-ils pas ce qui donne le sens général ? Les souvenirs fixent un événement, une personne, un moment ; les oublis collectifs s'inscrivent dans un continuum, une logique qu'il s'agit de décrypter. Mais ce décryptage n'est pas, comme on voudrait nous le faire croire, ranimer des souvenirs ou cultiver les souvenirs de la guerre pour ne plus la voir, mais comprendre le sens des oublis ».

Comme nous l'avons dit, l'oubli collectif résulte de multiples interprétations de l'histoire, d'effacements volontaires. Ce processus se mesure également à l'échelle d'un monument. C'est le défi que s'est lancé Antonella Ballardini (chap. 10), en investiguant sur l'histoire de la chapelle de Sixte IV ouverte le long du flanc sud de l'ancienne basilique Saint-Pierre en 1479. Située au cœur d'un édifice, le plus important de la Chrétienté, lui-même objet de permanentes transformations, la tombe de Sixte IV ne se comprend que si l'on considère le modèle oublié qui l'a inspirée, issu du haut Moyen Âge. Antonella Ballardini témoigne, à travers son étude, de la complexité qui accompagne une enquête menée sur des vestiges en partie silencieux, effacés ou dont on a perdu la signification. Comme son étude le montre si bien, la reconstitution historique est une affaire de liens, d'associations et d'intuitions.

L'oubli collectif se mue encore parfois en stratégie de survie pour assurer la cohésion sociale et l'identité collective d'une communauté. L'oubli collectif, au même titre que la mémoire collective, est une construction sociale dont les mécanismes sont révélateurs de la manière dont se créent les identités collectives, souvent multiples, mouvantes et évolutives. Andreas Rehberg éclaire ainsi comment l'influence exercée par les papes sur la ville de Rome conduit, au cours du XVe siècle, à l'exclusion progressive de l'histoire communale de Rome de l'historiographie pontificale. Ce n'est que la recherche antiquaire, au XVIe siècle, qui permet une redécouverte du « Moyen Âge » romain, qui était tombé dans l'oubli face à la suprématie de l'héritage antique. Comme la mémoire collective, mais selon d'autres modalités, l'oubli collectif résiste en effet difficilement aux récupérations politiques et à toute forme de légitimation du pouvoir. Quels sont les objectifs visés par une autorité lorsqu'elle recourt à l'instrument de l'oubli ? Cette question est valable, quel que soit le contexte temporel ou idéologique. L'étude proposée par Hans-Joachim Schmidt (chapitre 7) nous livre précisément un exemple des mécanismes et des effets que peut induire l'instrumentalisation de l'oubli lorsque celui-ci est utilisé comme un instrument politique, en particulier dans des phases de transition politique. Les testaments royaux peuvent alors se retrouver au cœur d'une stratégie complexe visant à assurer l'autorité d'un souverain au-delà de sa mort. Si l'on pressent qu'il ne pourra pas être respecté, un testament peut être alors volontairement ignoré, oublié, comme dans le cas mis en lumière du testament de l'empereur Henri VI mort en 1197. Une « méthode » similaire a été appliquée au testament de l'empereur Frédéric II que l'on a cherché, en le manipulant, à oublier de manière intentionnelle. Dans les deux cas, l'impact identitaire et géopolitique a été considérable, sur la longue durée. Dans cette société médiévale, enjeux politiques et religieux sont intrinsèquement liés. En s'intéressant à l'attitude à l'endroit des pauvres à la fin du Moyen Âge, notamment dans les milieux urbains, Martial Staub (chap. 13) met en lumière comment se mêlent idéaux religieux et représentations « civiques » dans le développement d'un « droit des pauvres ». L'inscription de la citoyenneté dans la pauvreté s'accompagne d'un souci évangélique : les pauvres sont à l'image du Christ souffrant, perçus comme des intercesseurs privilégiés avec le divin ; il faut donc s'en occuper, et ne pas les oublier, par charité, et aussi par souci d'ordre public. Les autorités craignent la misère urbaine qu'ils perçoivent comme une menace pour la morale comme pour la paix civile. Cette période est aussi celle de saint François d'Assise, des ordres mendiants, promoteurs d'une pauvreté volontaire qui devient un dispositif social fonctionnel. La pauvreté se transforme en vertu permettant de retrouver l'idée que l'on se fait de la simplicité qui aurait caractérisé la société chrétienne des origines. Une élite « paupériste » perçoit le pauvre comme l'« image du Christ » et contribue à nourrir l'idée que la pauvreté volontaire (jamais, précisons-le, vécue comme celle contrainte) se présente comme un pouvoir, celui de renoncer à une richesse légitimement possédée. Cette représentation, évolue dans les derniers siècles du Moyen Âge. Elle perd peu à peu en importance et s'efface dès le XVIe siècle au profit de nouvelles formes d'interprétations de la pauvreté qui place les indigents en marge de la réalité sociale. On assiste en effet à une transformation capitale des sensibilités face à la pauvreté : objet de fascination et d'idéalisation au XIIe et XIIIe siècle, la pauvreté est essentiellement associée, dès le XIVe siècle, au vagabondage, au mépris et au dégoût. Le regard que l'on porte sur la pauvreté est révélatrice des représentations multiples qu'elle peut engendrer en fonction des contextes religieux, politiques et sociaux dans lesquels elle s'inscrit. Au fil du temps, ces représentations, qu'elles portent sur la notion de pauvreté ou sur d'autres réalités, évoluent, changent de nature et parfois tombent dans l'oubli.

Ce volume se présente donc comme une enquête exploratoire, à plusieurs voix, qui pose plus de questions qu'elle n'en résout. Il faut le reconnaître, le défi était considérable, tant sont vastes les territoires que la notion d'oubli collectif recouvre. Les contributions présentées dans cet ouvrage dessinent les contours d'une notion encore en voie de construction, notamment dans le champ historique. L'ensemble des contributions présentées dans cet ouvrage révèlent combien l'oubli collectif manifeste l'instabilité identitaire, sociale et culturelle souvent profonde dont il est la marque et qu'il contribue aussi à générer. L'histoire apparaît en fin de compte comme la somme de multiples oublis. Ce sont précisément ces oublis, cachés souvent dans les profondeurs intérieures de la société, qui donnent sens à l'histoire. Peut-on, dès lors, « faire de l'histoire », explorer le passé, sans une attention portée à l'oubli dans sa dimension collective ?

Biographies des auteurs

Antonella Ballardini est chercheuse en histoire de l'art médiéval à l'université de Roma TRE. Ces dernières années, elle s'est intéressée à l'étude du mécénat des pontifes romains, à la sculpture du haut Moyen Âge et aux arrangements liturgiques des VIIIe et IXe siècles.
Les recherches, initiées avec son doctorat et menées à la Bibliothèque Vaticane sur les manuscrits de Tiberio Alfarano († 1596) et de Giacomo Grimaldi (1568-1623), constituent toujours l'un de ses champs d'investigation privilégiés, avec l'étude de l'ancienne Saint-Pierre et de ses transformations vers la nouvelle fabrique. En 2015, avec Hugo Brandenburg et Christof Thönes, elle a publié *St Peter's. Histoire d'un monument*.
Julien Bogousslavsky, a former full professor of neurology and head of university department of neurology in Switzerland, now chairs the *Center for brain and nervous system disorders* of the Swiss Medical Network, along with his position of Chief editor of *European Neurology*, the third oldest neurological journal. He has published numerous scientific papers including works on brain and creativity, and was the millenium president of the *International Stroke Society*. He is also the author of books and papers on Marcel Proust, Blaise Cendrars, André Breton, Louis-Ferdinand Céline, Surrealism, and the relationships between avant-garde poets and painters.
Manon Bourguignon is a senior researcher at the Institute of Psychology of UNIL (Laboratory for Research in Psychology of Intra and Intersubjective Dynamics (LARPsyDIS). She obtained her master's degree at the Free University of Brussels in Belgium in 2013 and her PhD in 2020 at the University of Lausanne. She is also a clinical psychologist in an institution for teenagers.
Lukas Clemens is since 2004 Professor of Medieval History at the University of Trier. He studied History and German Studies at the University of Trier. 1991 PhD in History with a thesis on "Trier – Eine Weinstadt im Mittelalter"; 2000 Habilitation in Medieval History at the University of Mainz with the thesis "Tempore Romanorum constructa. Zur Nutzung und Wahrnehmung antiker Überreste nördlich der Alpen während des Mittelalters"; from 1993 to 2004 curator at the Rheinisches Landesmuseum Trier for the Medieval Archaeology and Urban Archaeology Units/ Research focus on the social and economic history of the Middle Ages as well as medieval archaeology / Director of the "Arye Maimon-Instituts zur Erforschung der Geschichte der Juden" / 2016 to 2019 speaker of the research cluster of the Universities of Trier and Mainz "Gesellschaftliche Abhängigkeiten u. soziale Netzwerke" / Chairman of the "Gesellschaft für nützliche Forschungen zu Trier" and corresponding member

of the "Section Historique de l'Institut Grand-Ducal de Luxembourg" as well as the "Académie nationale de Metz".

Alice Dermitzel is a junior researcher at UNIL (Laboratory for Research in Psychology of Intra and Intersubjective Dynamics (LARPsyDIS). She obtained her master's degree at UNIL in 2019. She is also a psychologist in a support service for families coping with illness.

Muriel Katz-Gilbert is a senior lecturer in clinical psychology at the Institute of Psychology of the University of Lausanne (Laboratory for Research in Psychology of Intra and Intersubjective Dynamics (LARPsyDIS), UNIL) in Switzerland since 2001; she obtained her PHD in 1999 at the same university. She is also a psychotherapist.

Muriel Katz, Manon Bourguignon and Alice Dermitzel's work focuses on the subjective, familial and group repercussions of social disasters from a psychoanalytical perspective. Their current research, founded by The Swiss National Science Foundation, explores the impact of enforced disappearance on families. The undermining of the grieving process is part of their questioning as well as the impact of exile on the way relatives cope with the loss of a loved one. This qualitative research focuses also on the specificity of the work of memory and transmission between generations among families affected by enforced disappearance.

Karen Langer, Ph.D., is a psychologist specializing in clinical and neuropsychological rehabilitation of persons with neurological disorders and disabilities. Dr. Langer is a Clinical Professor of Rehabilitation Medicine at NYU Grossman School of Medicine.

Isabella Lazzarini (Mantova, 1964) studied at the Scuola Normale Superiore, Pisa, and qualified as Professor of Medieval History in 2013; she teaches at the University of Molise. Her research interests focus on the political, social, and cultural history of late medieval Italy, with an emphasis on Renaissance diplomacy and the growth of different political languages in documentary sources.

Among her most recent publications, *The Italian Renaissance State*, Cambridge 2012, ed. with A. Gamberini; *Communication and Conflict. Italian Diplomacy in the Early Renaissance (1350-1520)*, Oxford, 2015; *Social Mobility in Medieval Italy (1100-1500)*, Rome 2018, ed. with S. Carocci; *L'ordine delle scritture. Il linguaggio documentario del potere nell'Italia tardomedievale*, Rome 2021; *The Later Middle Ages*, (ed), *The Short Oxford History of Europe*, Oxford, 2021.

Noëlle-Laetitia Perret is Assistant Professor in Medieval History at the University of Geneva (Switzerland) and Associate Researcher at the École Pratique des Hautes Études – Université Paris Sciences et Lettres. Her research interests include the social, intellectual, and cultural history of late medieval Europe as well as the history of diplomacy. She has published *Les traductions françaises du De regimine principum de Gilles de Rome. Parcours matériel, culturel et intellectuel d'un discours sur l'éducation)* (Brill, 2011) and co-edited, with Stéphane Péquignot, *A Critical Companion to the "Mirrors of Princes" Literature* (Brill, 2022).

Since 1995 Dr. **Andreas Rehberg** is Fellow of the German Historical Institute of Rome. He is a member of the "Società Romana di Storia Patria", the association "Roma nel Rinascimento" (2004) and the "Gruppo dei Romanisti" (2004). On

28 May 2011, in the Palazzo Borghese in Rome, he was awarded the Daria Borghese Prize for his merits in the study of the history of Rome.

Agrégé de lettres classiques, docteur en Histoire de l'art de la Sorbonne, archéologue spécialiste du bâti, ancien directeur de l'UMR 5138 *Archéologie et Archéométrie*, ancien membre sénior de l'Institut Universitaire de France, **Nicolas Reveyron** est professeur d'histoire de l'art et d'archéologie du Moyen Age à l'Université Lumière-Lyon 2. Ses thèmes de recherche : l'architecture religieuse du Moyen Âge (fonctions, organisation de l'espace, stylistique), l'archéologie du bâti (chronologie, chantier, techniques de construction, d'entretien et de restauration), l'image monumentale.

Olivier Ribordy, Ass.-Prof. Universität Wien. Dans le cadre de recherches portant sur le Moyen Âge et le début des Temps modernes, il étudie différentes conceptions philosophiques de l'espace et du temps. Quelques publications récentes : « Fin du monde et fins dernières. Diversité des horizons eschatologiques chez Pierre d'Ailly et Francisco Suárez », in : *Histoire de la fin des temps* (ed.) E. Mehl, C. Trottmann, Strasbourg, PUS, 2022, pp. 227-250 ; *Descartes en dialogue*, (ed.) O. Ribordy, I. Wienand, Basel, Schwabe, 2019; *René Descartes, Der Briefwechsel mit Elisabeth von der Pfalz*, Französisch-Deutsch, übers. von I. Wienand, O. Ribordy, B. Wirz, A. Schiffhauer, Hamburg, Meiner, 2015 (PhB 659).

Hans-Joachim Schmidt: birth 30-04-1955 ; Studies of History, French Philology and Pedagogy at the Universities of Trier (Germany), Nantes (France) and Santander (Spain) ; 1981-1984 Scholarship student by a Grant of the Henkel-Stiftung Düsseldorf; 1980-1997 Assistant and Assistent Professor at the Freie Universität Berlin and the University of Giessen ; 1991 Invited Researcher at the Deutsches Historisches Institut and the University of Berkley ; 1998-2022 Professor of Medieval History at the University of Fribourg (Switzerland) ; since 2006 Member of the Scientific Board of the Forschungsstelle für Vergleichende Ordensgeschichte Dresden.

Gerald Schwedler est professeur d'histoire médiévale à la Christian-Albrechts Universität zu Kiel depuis 2018. Il a étudié à Salzbourg, Oxford, Heidelberg et Rome. Depuis son assistanat à Zurich, il s'est intéressé de près à l'oubli dans le passé et a rédigé la thèse d'habilitation intitulée : *Vergessen, Veränder, Verschweigen. damnatio memoriae im frühen Mittelalter*.

Martial Staub has been Professor of Medieval History at the University of Sheffield (UK) since 2004. He studied at the Ecole Normale Supérieure de Fontenay/Saint-Cloud and at the Universities of Paris I Panthéon-Sorbonne and Paris X Nanterre where was awarded his PhD (1997). He was a researcher at the Max Planck Institute of History in Göttingen (Germany) before been awarded his Habilitation at the École des Hautes Etudes in Paris (2003).

He has taken an interest in both medieval religious and urban history and, through his focus on twentieth-century scholarly exile, in contemporary intellectual history. His contribution to the volume combines these specialisms. He is currently working on a monograph on *The Global Citizen, c. 1200 – c. 1600* as well as on representations of migration in medieval societies and contemporary scholarship.

Dietmar J. Wetzel (born 1968) is Professor of Social Sciences at the MSH Medical School, University of Applied Sciences & Medical University, Hamburg, graduate in French Studies and Lecturer at the University of Basel as well as at the ZHAW Winterthur; Co-leader SNF project "Transformative Gemeinschaften als innovative Lebensformen?", University of Basel (2016-2021); Current research interests: Sociology of resonance, body and affect, sociology of memory, sustainability and transformation. Current publication: "Metamorphosen der Macht. Soziologische Erkundungen des Alltags" (BoD 2019).